30.00/5% 1 set

D0920812

# Historiología Cubana

## Desde 1898 hasta 1944

## II

COLECCION CUBA Y SUS JUECES

EDICIONES UNIVERSAL, MIAMI, Florida, 1974

José Duarte Oropesa

# Historiología Cubana

## Cubana

Desde 1898 hasta 1944

# II

*Ediciones Universal*
P. O. Box 353 (Shenandoah Station)
Miami, Florida, 33145. U.S.A.

© Copyright, 1974,
by José Duarte Oropesa

Library of Congress Catalog Card Number: 74-81336

ISBN - 84 - 399 - 2580 - 8 (obra completa)
ISBN - 84 - 2581 - 6 (tomo II)

Depósito Legal: Z - 520 - 74

IMPRESO EN ESPAÑA
PRINTED IN SPAIN

Cometa, S. A. — Ctra. Castellón, km. 3,400 - Zaragoza - 1974

# ÍNDICE

CAPÍTULO V

ALFREDO ZAYAS ALFONSO

(1921-1925)

CAPÍTULO VI

GERARDO MACHADO MORALES

(1925-1933)

CAPÍTULO VII

LOS CIEN DIAS

(1933-1934)

CAPÍTULO XI

FULGENCIO BATISTA ZALDIVAR

(1940-1944)

# INTRODUCCION

El vocablo "Historiología" ha sido inventado por el autor para titular este tratado de la historia de Cuba, que es una interpretación nacionalista y revolucionaria del proceso histórico cubano desde la era mesozoica hasta nuestros días. Esta edición de la obra "Historiología Cubana" comprende solamente el período desde 1898 hasta 1959.

Aunque todos los libros en que el autor divide su "Historiología Cubana" son interesantísimos, es en el intitulado "La República" donde asombra al lector con la original técnica que utiliza para presentar detalladamente su proceso histórico. Hace prácticamente una "biografía" de los cuatro sectores nacionales que en definitiva "hacen la historia": el militar, el estudiantil, el proletario y el electoral, vinculándolos a través de sus inter-relaciones, sus influencias y repercusiones recíprocas; relatando los hechos descarnadamente; nombrando por sustantivos y apodos a sus autores y fautores; ofreciendo criterios sobre causas y efectos; con claridad meridiana anatematizando a quienes considera culpables de la quiebra republicana y honrando caballerosamente a quienes honor merecen. El autor no se excluye de responsabilidades históricas y su persona y quehacer revolucionario se identifican en el texto por medio del "personaje anónimo", un "veterano de la II Guerra Mundial", la "otra persona", el "miembro del grupo" y "Ricardo", hasta finalmente revelarse el primero de enero de 1959 con su verdadero nombre de pila y su jerarquía de comandante del Ejército Rebelde y jefe del Quinto Distrito Militar. De esta encumbrada posición gubernamental fue relevado en mayo de 1959 y "enchuchado" en el cargo de Inspector del Ejército Rebelde cuando se negó a poner en práctica un adulterado adoctrinamiento revolucionario de las tropas a su mando y a implantar el paredón de fusilamiento en los Escuadrones bajo su control regimental. De la Inspección General (G-5) fue licenciado en agosto de ese año, debido a su protesta a la tolerancia del Estado Mayor a la infiltración comunista en el Ejército Rebelde, y junto con otros altos oficiales fue trasladado al Banco de Seguros Sociales de Cuba (BANSESCU), donde ocupó los cargos de Presidente de los Retiros Marítimo y Azucarero hasta que, en mayo de 1960, fue abruptamente cesanteado y poco después enviado a prisión acusado de tener bajo nivel revolucionario y de sospechársele actividades contra los poderes del Estado. Puesto en libertad restringida, se dedicó a las labores clandestinas que son relatadas en el período de su "Historiología Cubana", que va desde 1959 hasta 1966.

El autor sabe que su obra es conflictiva y polémica porque choca de frente con esquemas narrativos tradicionales, leyendas épicas, biografías románticas y piadosos disimulos. Sabe, asimismo, que su pensamiento nacionalista y su acción revolucionaria se han imbricado con el texto —que dista mucho de ser retórico— hasta el punto que pueda acusársele de haber fundido impropiamente la fría objetividad del historiador con la apasionada subjetividad del intérprete o el protagonista. Pero sabe también —como todos los cubanos— que siempre se nos enseñó una Historia de Cuba pletórica de luz, bella ternura, suaves impactos y exquisitas expresiones retóricas; siempre huérfana de tenebrosa oscuridad, fea crudeza, duras colisiones y vernacular lenguaje. Frente a esta verdad —con más valentía que erudición, con más sinceridad que cortesía, con más desprendimiento que ambición— ha fabricado el puente que une estas contradicciones historiográficas y las presenta como un todo humano, nacionalista y revolucionario.

En esta "Historiología Cubana" se han invertido los polos narrativos y analíticos. Hay en ella menos material acerca del pasado colonial que del presente republicano. La razón de ello es obvia: nadie lo había hecho así antes. Quizás si por consideraciones de índole personal tendientes a evitar incidentes con personajes aludidos o con sus herederos. Tal vez si por motivaciones patrióticas equivocadas que inspiran a ocultar amargas verdades en favor de una precaria concordia nacional basada en dulces mentiras. El autor cree que por causa de esta falla nuestro desconocimiento de los hechos coloniales y republicanos —buenos y malos— y de sus protagonistas —buenos y malos—, nos hizo incapaces de madurar una conciencia ciudadana y que —por comisión u omisión— hemos sido todos responsables de la quiebra cívica que sufrimos. Pero está convencido también de que en el presente —al igual que siempre sucedió en el pasado y sucederá en el futuro— surgirá una Minoría Histórica que con impar sacrificio y gallardo patriotismo eche sobre sus hombros la responsabilidad de rescatar los valores civiles y militares secuestrados por la perfidia comunista para que Cuba siga su ineluctable devenir de País, a Colonia, a Patria, a Pueblo, a República y, finalmente, a Nación. Y a lo largo de sus páginas establece una categórica diferencia entre "masa" y "pueblo", al tiempo que ratifica la certeza —y la bendita esperanza— del resurgimiento ciudadano enmarcado dentro de una nueva Minoría Histórica.

Parte de esta obra fue escrita en Cuba comunista, bajo un régimen de terror que enerva y muchas veces paraliza el más profundo deseo de escribir, pues el castigo es terrible para quien se atreva a hacer obra intelectual contra el Gobierno. Allí, durante cuatro años pletóricos de zozobras y actividades clandestinas, el autor vive una doble vida y visita, busca, indaga, investiga en bibliotecas y archivos públicos y privados toda publicación a su alcance, consulta protagonistas y recurre a su privilegiada memoria para compilar datos que lo ayuden en su labor. El "frente" que tuvo que inventar para disfrazar sus actividades, los peligros que corrió, los golpes de suerte que le favorecieron, la abnegación y lealtad de quienes lo alentaron y ayudaron a perseverar en la obra son cosas de leyenda que hacen un épico relato.

El escritor no sólo hallaba obstáculos para encontrar la información requerida; tuvo también que afrontar la carencia de papel de escribir, de papel carbón, de cinta mecanográfica, así como la ausencia de lugares donde guardar los originales y copias de sus diarias páginas escritas a salto de mata. Su patriótico ejemplo le consigue la inapreciable ayuda de compatriotas de ejemplar devoción revolucionaria: Ángel Cuadra Landrove, uno de los más notables poetas jóvenes; Jorge Gelabert, profesor de Geografía del Instituto del Vedado; Julio Ruiz Pitaluga, capitán del Ejército Rebelde; Aparicio Aparicio Paneque, profesor universitario y Gran Orador de la Gran Logia de Cuba; Rolando Borges, jefe de acción de "Unidad Nacional Revolucionaria" (UNARE), y José Antonio Sánchez, estudiante universitario (todos hoy sufriendo prisión en Cuba), le ayudaron y alentaron en su hercúlea labor y jamás pronunciaron su nombre ante los esbirros fidelistas. El fallecido historiador Ramiro Guerra Sánchez le facilitó su biblioteca, sus inéditos documentos, y le consiguió la credencial que le permitió el acceso a la Biblioteca y Archivo Nacionales bajo el engaño de un nombre falso y de estar efectuando una investigación de carácter histórico-económico por él encomendada. Gonzalo Vicente, coordinador del "Movimiento 30 de Noviembre" —hoy en el exilio—, brindó los contactos para hacer llegar gradual y secretamente (hasta que su correo fue arrestado por el G-2) a las manos de Ramón Meilán, asilado en la Embajada de México, todo el material que comprendía hasta septiembre de 1947 y que éste sacó en la valija diplomática cuando recibió el salvoconducto para viajar a México en 1966. El resto de la obra, hasta el primero de enero de 1959, quedó allá, en algún lugar de Cuba, escondido o destruido.

Cuando, a su vez, el autor, casi milagrosamente, llega al destierro a fines de 1966, a instancias de amigos y admiradores decide tratar de reproducir el texto faltante. A pesar de trabajar doce horas diarias para librar la subsistencia y ahorrar suficiente dinero para dedicarlo a la causa de Cuba, y de los riesgos corridos al encabezar las acciones anticomunistas que en Los Ángeles destruyeran totalmente la organización del movimiento pro-castrista en California y que le acarrearan intenso hostigamiento policíaco y amenazas comunistoides a su integridad física, se sumerge largas noches e interminables fines de semana en el sótano de la biblioteca de la Universidad de California, en Los Ángeles, buscando datos en su hemeroteca y de nuevo, recurriendo a su prodigiosa memoria, reconstruye penosamente el proceso que va desde 1947 hasta 1959. En la actualidad está enfrascado en la redacción de la etapa que corre desde 1959 hasta el presente.

Así como una vez Bernal Díaz del Castillo, con sencillo lenguaje, publicó su versión de testigo y protagonista de la Conquista de México junto a Cortés, situando las cosas en su lugar y separándolas para siempre de la fantasía y la mixtificación creadas por los "mejicanólogos" de su tiempo, José Duarte Oropesa duplica esa tarea histórica en relación a los "cubanólogos" que por docenas se cuentan en los caminos del mundo y a la insurrección contra la dictadura de Batista que acaudillase Fidel Castro. El distinguido periodista, profesor y miembro de la Academia de la Historia, Dr. Octavio R. Costa, al hacer la crítica de esta obra en el periódico "La Opinión", de Los Ángeles, magistralmente expresa lo siguiente:

*"No es que Duarte Oropesa haya manejado nuevos hechos o que haya dislocado los ingredientes históricos con que hasta ahora se han contado. Es que los ha iluminado con nueva luz. Con una luz revolucionaria. Con una luz de profundo sentido nacionalista. Con una sinceridad cargada de pasión. De pasión positiva, fecunda, edificante, aleccionadora, porque si hay que conquistar el porvenir desde el pasado, no es posible ofrecer este pasado a media luz, envuelto entre sombras crepusculares. Es casi increíble la reconstrucción pormenorizada que nos hace el autor de esta etapa republicana. La información que nos ofrece revela en primer término una investigación exhaustiva, un conocimiento asombroso de todos los*

*episodios y personajes que constituyeron la trama de la Re-
pública. Lo que muchos cubanos creían saber, pero que no
sabían, es reconstruido y presentado a toda crudeza, a toda
verdad, a toda sinceridad. Y todo con un lenguaje que responde más bien a la novela y al periodismo que al tratado
histórico. He aquí el gran acierto de José Duarte Oropesa. Nos
ha dado una obra fuerte, tensa, intensa, apasionante, sencilla,
clara, directa, aleccionadora. Provocará muchas discrepancias,
pero quedará para todos los tiempos como el más honrado
esfuerzo hecho por un historiador para iluminar la realidad
del pasado cubano. Desde ese pasado tendremos que conquistar el porvenir..."*

En conclusión, el autor, por medio de su obra, hace pública
confesión de su propósito de demostrar la inevitabilidad de
la revolución cuando se frene el progreso; de probar que habrá revolución mientras existan revolucionarios; de afirmar
que habrá revolucionarios donde gobiernen los reaccionarios;
de advertir que no puede comprenderse la revolución si no
se trata de comprender el móvil revolucionario; y de patentizar que el espíritu nacionalista se nutre y vigoriza con el
dolor de las defraudaciones domésticas y la humillación del
sometimiento a un extranjero.

Duarte Oropesa escribió su "Historiología Cubana" en Cuba
y el destierro por Cuba y para los cubanos. Él vivió la historia;
fue parte principal de ella. Y, además, como lo ha demostrado,
sabe escribirla. Seamos ahora, sus compatriotas, al leerla, sus
defensores, sus acusadores, sus jueces o sus verdugos.

ANA GUERRA DEBÉN.
Universidad de California.

Los Ángeles. 1972.

2

# LA INTERVENCION

*Panorama cubano. — Constitución Provisional americana. — Asamblea de Santa Cruz del Sur. (Diciembre 1898.)*

El drama cubano que venía desarrollándose desde la Conquista, se veía interrumpido por un entreacto, o mejor dicho, un interregno, que es como se designa el intervalo durante el cual está sin soberanía un país. España había perdido su soberanía sobre Cuba; el Ejército Libertador no se había hecho cargo del poder tal como por derecho le correspondía en representación del Gobierno en Armas y el Gobierno americano estaba obligado, a nombre de los Estados Unidos, por la "Joint Resolution" a renunciar *a toda intención o propósito de ejercer soberanía, jurisdicción o dominio...* sobre la Isla, gracias a la Enmienda Teller. Una incógnita se abría sobre el futuro de Cuba, ahora a merced del Poder Interventor, que sólo podía ser resuelta favorablemente a sus intereses por la inmediata aplicación de las doctrinas de José Martí y el programa del Partido Revolucionario Cubano, sin reservas mentales ni trasfondos politiqueros y entrándole a las soluciones revolucionarias *con la manga al codo, como el carnicero a la res...*, con una conciencia plena del anti-imperialismo y el americanismo que siempre vibró en el alma del Apóstol, lejos de toda mediatización y ajenos al tutelaje que sobre Cuba se barruntaba ominosamente. Nada de eso ocurrió sino que, por el contrario, la Revolución se atenuaría y se disolvería en la primera y amarga frustración de las muchas que ha experimentado nuestro pueblo republicano.

\* \* \*

Así como veinte años atrás, en el 78, sucedió, el panorama cubano de la post-guerra era desolador. La descripción de él que aparece en la obra "Los primeros años de la Independencia", del Dr. Rafael Martínez Ortiz, es de obligada transcripción para relatarlo:

*"El país quedaba arrasado; la riqueza pública había sido totalmente destruida, en los campos al menos. Imposible era creer pudiera tamaño estrago en muchos años repararse. Los sitios de labranza y las plantaciones de caña, fuentes principales de la producción, habían desaparecido por completo. Por leguas y por leguas nada percibíase cultivado, y entre el verdor monótono de los herbazales, sólo sobresalían a trechos los restos ahumados de los ingenios y de las casas incendiadas, únicos y mudos testigos de la desolación y el desastre.*

*"Ni siquiera una choza rompía, con el tinte oscuro de su techumbre de bálago, la igualdad triste del paisaje; ni una res pastaba en las praderas inmensas; ni apenas un ave cruzaba el espacio, o alteraba con su canto el lúgubre silencio de aquella soledad augusta. La vida animal parecía haberse extinguido por completo; en el furor tremendo de la lucha, todo, absolutamente todo, había sido aniquilado. La herencia de los siglos había sido deshecha; del trabajo de las generaciones sólo quedaban, como huesos de esqueletos esparcidos al acaso, torres solitarias, muros ennegrecidos, montones informes de hierros tomados a moho y ladrillos rotos o calcinados.*

*"Los centros de población, aun los del litoral, menos castigados por las calamidades, mostraban también sus huellas. Muchedumbres hambrientas pululaban por todas partes y cubrían con harapos de luto por la muerte de deudos más o menos próximos, cuerpos extenuados hasta lo inverosímil, o, a veces, hasta lo inverosímil también, abultados por la hidrohemia. Aquellas pobres gentes, sin auxilio alguno, habían agotado sus recursos y echado mano de toda clase de alimentos. Los más inmundos y repugnantes animales se devoraron con deleite y se buscaron con empeño frenético. Las raíces, los troncos y las hierbas se utilizaron también.*

*"Las mujeres y los niños famélicos, buscaban en los pesebres de las fuerzas de caballería acampadas en las calles y entre la tierra polvorienta los granos abandonados, para comerlos crudos, y las semillas y cortezas de las frutas se recogían también como preciosos hallazgos. Con frecuencia llevábanse a pedazos, y a pesar de los esfuerzos de la policía para impedirlo, los restos de animales muertos por enfermedades contagiosas. Eran aquellos reclusos infelices las reliquias de los campesinos reconcentrados por el general Weyler.*

*"Hacinadas las personas en barracas, sin alimentos y sin medicinas, las sanas dormían junto a las enfermas y a las*

*moribundas, tendidas y mezcladas en el suelo. Todas las ma-
ñanas se recogían los muertos por docenas en las mismas salas
y muchas veces, sin identificarlos, se arrojaban unos sobre otros
en carretones usados para las basuras y se sepultaban en zan-
jones abiertos en los cementerios provisionales; los existentes
resultaban en todas partes pequeños. Hubo familias extinguidas
por completo; las salvadas presenciaron los horrores más grandes de la miseria. No hubo cuadro de desolación que no se presentase a la vista. En uno de los bohíos de la ciudad citada y
tras muchas muertes sucesivas en él, fue encontrado, único
superviviente, un niño mamando los pechos exhaustos de su
madre, cadáver desde muchas horas antes; la infeliz criatura
no pudo salvarse; había bebido el veneno de la muerte en los
propios senos maternos..."*

A esta dantesca descripción —rememorativa de Dachau y
Buchenwald— había que añadir la incultura y el analfabetismo
en que se hallaba sumida la población. Las dos terceras partes
de ella eran ignorantes: sólo 8.629 cubanos blancos y 198 de
color poseían instrucción superior, es decir, un cubano blanco
por cada 121 y un cubano negro por cada 2.627 de sus respectivas razas. No había ni casas-escuelas, ni maestros, ni Escuelas
Normales. La instrucción pública era inexistente, pues las pocas
aulas que existían habían sido clausuradas por Weyler y solamente algunos niños afortunados recibían instrucción privada.
En una población total de un millón y medio de habitantes,
medio millón de ellos eran totalmente analfabetos.

\* \* \*

En tanto se procedía por los Estados Unidos y España a la
preparación de las negociaciones permanentes de paz, las fuerzas expedicionarias americanas comenzaron a gobernar militarmente el territorio oriental de Cuba, donde se hallaban acanto-
nadas. El inepto y grotesco general Shafter fue pronto sustituido
en el Departamento de Santiago por el general Lawton y éste
prontamente organizó en la ciudad un día de júbilo en honor
al Ejército Libertador y un acto de desagravio al general Calixto
García, acto que no ha sido resaltado mucho y que en demasía
sobrepasó lo infortunado de la incidencia con el gordinflón
Shafter. Si antes no se había permitido al jefe cubano la entrada
en Santiago, ahora su recibimiento fue apoteósico. Varias compañías de soldados americanos le tributaron honores dignos de
su jerarquía y el general Wood, en representación del Gobierno
americano, con un nutrido grupo de sus oficiales lo escoltó desde

las afueras de la ciudad hasta el Palacio de Gobierno, en cuyo lugar se le recibió oficialmente por el general Lawton. Por la noche se le ofreció un baile de gala, en un bello acto de desagravio y confraternización. Un corresponsal del "Herald" lo entrevistó y el general García explicó en esta forma su desavenencia con Shafter:

*"Deseo que se aclare bien que no he tenido disgusto con Shafter; me hizo la formal promesa, que no cumplió, de que juntas entrarían en la ciudad las tropas americanas y cubanas. Naturalmente, indignéme de su conducta y más todavía de que conservara en sus puestos en Santiago a las autoridades españolas. No armonizando, pues, en aquel instante mis sentimientos con las órdenes que tenía de cooperar con el ejército americano, presenté mi dimisión y envié al general Shafter la carta que se ha publicado..."*

Cuando el reportero, con inquisitorial intención, le preguntó su opinión acerca de la causa de su destitución como Lugarteniente General, y de su dimisión ante Gómez y posterior aceptación de aquélla por éste, Calixto García dio rienda suelta a su proverbial impetuosidad de genio en un exabrupto que le granjeó la enemistad de Bartolomé Masó:

*"Niego la legalidad del acto del titulado gobierno provisional cubano. Según la Constitución, el Gobierno debía formarse de un Presidente, un Vicepresidente, cuatro Secretarios y cuatro Subsecretarios. El Gobierno se compone hoy de sólo dos personas; no pueden formar quorum y sus actos son ilegales. Mientras no armen mucho ruido los dejamos allá en Camagüey, haciendo leyes, pero no le hacemos caso. No es gente de pelea y el verdadero Partido Revolucionario Cubano es de los que pelean. ¿Ha oído hablar usted alguna vez de Don Bartolomé Masó, como hombre de pelea, o sabe usted que el señor Méndez Capote haya tomado parte jamás en batalla alguna? Masó fue, en un tiempo, titulado coronel, bajo mis órdenes, y le aseguro a usted que nunca entró en combate. Mi dimisión fue militar y a mi jefe. Sus instrucciones fueron cooperar y ponerme a las órdenes de los jefes americanos. Esas órdenes las transmití siempre a mis subordinados, para que se obedecieran, aun estando en contradicción con alguna mía. Pero llegó un instante en Santiago en que hubiera sido personalmente humillante para mí y mi ejército obedecerlas y entonces presenté mi dimisión. Tal vez estuve algo romántico, pero ya mi misión había concluido..."*

El día primero de octubre de 1898 comenzaron en París las discusiones del Tratado de Paz entre los Estados Unidos y España, manteniéndose alejadas de ellas a la representación del pueblo cubano que justamente merecía un lugar de honor en la mesa de conferencias, algo que hirió profundamente a los Libertadores y que produjo gran satisfacción a integristas y autonomistas. Mientras tenían lugar las discusiones el general Wood, Comandante General de la provincia de Oriente, promulgó una Constitución Provisional que a los cubanos, víctimas del despotismo español durante siglos, lució incomprensible e impresionante, pues ella contenía frases y derechos que hasta aquellos momentos desconocían. La constitución colonialista del autonomismo hablaba de la organización administrativa pero no de los derechos ciudadanos que ahora se legalizaban. Los artículos que siguen, de la Constitución Provisional, eran una patente demostración de la diferencia entre el americanismo democrático y el servilismo monárquico:

*PRIMERO: El pueblo tiene el derecho de reunirse pacíficamente para tratar de asuntos que se refieran al bienestar general, y de acudir a las autoridades para la reparación de los agravios, por medio de solicitud o representación.*

*SEGUNDO: Todos los hombres tienen el derecho natural e irrevocable de adorar a Dios Todopoderoso de acuerdo con los dictados de su propia conciencia. Ninguna persona podrá ser ofendida, molestada o impedida en el ejercicio de sus creencias religiosas, si a su vez no perturbare a otros en su culto religioso; todas las iglesias cristianas serán protegidas y ninguna oprimida; y ninguna persona, por motivo de sus opiniones religiosas, podrá ser excluida de ningún cargo de honor, confianza o utilidad.*

*TERCERO: Las Cortes de Justicia atenderán a todas las personas; todos los perjuicios a las personas o a la propiedad serán justamente remediados, y el derecho y la justicia se administrarán sin venta, negocio o tardanza. Ninguna propiedad privada se tomará para uso público sin ser debidamente indemnizada.*

*CUARTO: En los procesamientos criminales el acusado tendrá derecho a ser oído personalmente o por medio de su representante legal, a que se le informe de la naturaleza o motivo de la acusación contra él, a que se obligue a comparecer a los testigos que deben declarar en su favor y a ser careado con los que depusieran contra él.*

*QUINTO: El acusado no puede ser obligado a declarar en contra suya, ni podrá privársele de la vida, de la libertad o de su propiedad, sino por las leyes del país*

*SEXTO: Ninguna persona, una vez juzgada y absuelta, podrá ser juzgada de nuevo por el mismo hecho; es decir, no podrá sometérsele dos veces al riesgo de ser absuelta o condenada por el mismo delito.*

*SEPTIMO: Cualquiera persona podrá ser puesta en libertad mediante fianza suficiente, menos en aquellos delitos que tuvieren señalada pena aflictiva, cuando exista prueba plena o presunción bastante de culpabilidad; no pudiendo privársele del derecho a una orden de "habeas corpus" sino cuando el General en Jefe lo considere conveniente.*

*OCTAVO: No podrá exigirse fianza excesiva a los acusados, imponérseles multas exageradas ni condenárseles a castigos crueles y desusados.*

*NOVENO: Todo ciudadano será garantizado en sus negocios, personas, papeles, casas y efectos, contra todo registro y embargo injustificados, mientras el motivo probable de culpabilidad no haya sido declarado bajo juramento.*

*DECIMO: La libre comunicación de pensamiento y opiniones es uno de los derechos inviolables del hombre libre, y todas las personas pueden libremente hablar, escribir o imprimir sobre cualquier materia, siendo responsables de esa libertad. Las leyes municipales serán administradas de acuerdo con la presente declaración de derechos y sujetas a las modificaciones que de tiempo en tiempo puede hacer el General en Jefe, para que estas leyes puedan, a su juicio, adaptarse a los benéficos principios de una civilización ilustrada.*

\* \* \*

El horizonte de Cuba se abría promisorio al amparo de estas leyes democráticas y, por lo tanto, la emigración revolucionaria emprendió el regreso a sus playas, desde el más humilde obrero hasta el más encumbrado capitalista. Detrás quedaron tan sólo los representantes oficiales de la Revolución o quienes habíanse asentado definitivamente en predios extranjeros. En Filadelfia, el general Emilio Núñez cerró el capítulo heroico de las expediciones con la siguiente Alocución a los abnegados compatriotas del exilio:

*"Terminada la Guerra de Independencia ha quedado cumplido el objeto para el cual se estableció este Departamento; en su virtud, obedeciendo órdenes del Delegado del Gobierno en el exterior, ordeno la disolución de dicho cuerpo, dejándolos a ustedes en libertad de proceder conforme a sus propios intereses.*

*"Al verme obligado a dar esta orden necesaria, no puedo menos que, profundamente entristecido, lamentar no poder daros otra recompensa que la convicción de que nuestro pueblo sabrá apreciar el servicio que le habéis prestado en todo lo que vale, y que podréis volver a vuestros desolados hogares convencidos y satisfechos de haber cumplido con vuestro deber. Hubiera querido, en unión de vosotros, tener el placer de regresar a la patria redimida conducido por uno de aquellos barcos en que arrostramos tantas veces los peligros del mar y las iras de España; pero no ha podido ser, nos ha tocado comprar con inmensos sacrificios la victoria y no hemos podido disfrutar de sus placeres; pero esto no obsta para que yo os diga con la sinceridad que me caracteriza, que debemos estar satisfechos.*

*"Cuba, nuestra idolatrada, ha conseguido su libertad, no volveremos jamás a ver teñidas en sangre sus fértiles campiñas, sus ciudades y pueblos arrasados, sus hijos muriendo en los campos de batalla o dispersos por tierras extranjeras. La paz ha quedado asegurada en nuestra tierra.*

*"Ahora bien, nuestro deber, como el de todos los cubanos, olvidando las tristezas del pasado, es volver a nuestro patrio suelo, con el trabajo honrado levantar nuestros hogares, dar vida a industrias, facilitar el comercio y procurar por todos los medios obtener un bienestar económico que nos permita formar un Gobierno capaz de garantizar nuestras libertades e inspirar respeto a los demás pueblos y de ese modo establecer una corriente de inmigración necesaria para poder desarrollar las riquezas materiales de nuestra privilegiada tierra.*

*"Sólo así podemos reclamar con justo derecho la estimación de nuestros conciudadanos; pero si por el contrario persiguiendo ideales olvidamos las miserias de nuestro pueblo, creerán que sólo procuramos recompensas, que aunque justificadas, nunca estarán a la altura de nuestros merecimientos.*

*"No quiero terminar sin manifestar que al éxito alcanzado por el Departamento mucho ha contribuido la eficaz ayuda de los Agentes de la Delegación Especial de la Florida, que han luchado con nosotros sin reparar en sacrificios ni peligros, para la consecución de nuestros propósitos..."*

\* \* \*

El Consejo de Gobierno se enfrentaba a una situación dificilísima en el orden político interno, ya que el Ejército Libertador gravitaba pesadamente sobre él, con sus problemas de suministros y de licenciamiento. La terminación de las hostilidades había creado unas circunstancias para las que no se habían dictado leyes ni previsto medidas. El Gobierno americano, de manera contumaz, se negaba a reconocer legalidad alguna a la representación cubana y sobre ésta persistían las mismas necesidades de aprovisionamiento para los soldados insurrectos que si bien antes, durante la guerra, se mantenían de los asaltos a los convoyes españoles o de las siembras de las prefecturas, ahora carecían de ambas fuentes de aprovisionamiento, pues los primeros habían dejado de existir y las segundas eran abandonadas por sus moradores, quienes retornaban a la legalidad, bien a las poblaciones o bien a sus originales predios campesinos. En la práctica, los soldados insurrectos estaban acampados y viviendo de la caridad pública. Si para sustentarse se valían de los medios que habían utilizado cuando la contienda, serían calificados como bandoleros y perseguidos como tales. Y no tenían, la mayoría de ellos, tierras a donde volver como cultivadores.

De manera astuta nada había sido declarado por las autoridades americanas que las comprometiese a mantener en vigencia la organización revolucionaria cubana y siguiendo la tradicional política de *dejar hacer; dejar pasar,* esperaban el conflicto que inevitablemente se habría de producir entre los líderes cubanos, civiles y militares, por causa de la determinación que habría de tomarse en relación al licenciamiento del Ejército Libertador, a la readaptación de los mambises y emigrados al nuevo orden de cosas, la reconstrucción del país y, sobre todo, al asunto de la colaboración con ellas en la labor interventora. El Consejo de Gobierno ni tenía reservas monetarias ni podían ya percibir contribuciones o impuestos de los hacendados y azucareros, pues el intentar tal cosa en la paz sería calificada de extorsión. A todos se hacía evidente que el Consejo de Gobierno tendría que hacer el primer movimiento en el juego que se iba a desarrollar entre los intereses cubanos y los americanos, ya que éstos eran los dueños de los destinos de Cuba y además contaban con la previa aprobación del propio Consejo cuando éste confirmó la decisión del Delegado Estrada Palma de ofrecer, a nombre de Cuba, una incondicional cooperación a las fuerzas interventoras. Los autonomistas y los anexionistas solapadamente esperaban la ocasión para añadir su pizca de veneno a la caldera que pronto entraría en ebullición. El imperialismo se afilaba garras y colmillos en Wall Street presto a cebarse en el infortunio de la tierra siboney. Solamente un reavivamiento de la doctrina martiana podía frenar las fuerzas de la reacción colonialista y del monopolismo imperialista antes de que hicieran de Cuba su presa.

El Consejo de Gobierno, consciente de que su autoridad se desplazaba inevitablemente hacia el interventor americano, de que carecía de fuerzas militares con que hacerse valer y considerar y, sobre todo, de que la población integrista, la autonomista y la masa neutra se pondrían incondicionamente a las órdenes americanas si el Gobierno interventor —como seguramente harían— brindaba oportunidades económicas que ellos no podían ofrecer, luchó bravamente por hacerse reconocer como el legítimo representante del pueblo cubano y decidió, al amparo del Artículo 41 de la Constitución, constituirse en Asamblea de Representantes de la Revolución Cubana, con la esperanza y la legítima ambición de llegar a ser reconocidos por los Estados Unidos como la entidad legal que ostentara la representación de un pueblo heroico y sacrificado a quien se le había negado participación en la mesa de conferencias donde iban a debatirse sus destinos. El Consejo quiso cumplir protocolarmente con el Presidente de los Estados Unidos y le informó de sus intenciones en una comunicación que en sus más interesantes líneas decía así:

*"La Constitución establece que al lograr la Independencia de Cuba, se convoque a una Asamblea de Representantes, para que provea interinamente al régimen y gobierno de la República, hasta que se reúna la Asamblea Constituyente definitiva. Esa es la Asamblea que tenemos convocada y que no está llamada a crear una situación definitiva para Cuba, sino preparar y facilitar su advenimiento, trabajo para el que no está capacitado este Consejo de Gobierno; pues constituido para la guerra, su acción termina cuando la paz llegue. Limitada su jurisdicción a los hombres que se han puesto al servicio directo de la Revolución, no tiene medios de sentar las bases amplias de una legalidad común a todos los elementos que deben intervenir en los asuntos públicos. Nuestra convocatoria de hoy se dirige a las personas a quienes nuestra acción alcanza, sin distingos, diferencias ni exclusividades. Esta Asamblea no está llamada, pues, a decidir definitivamente sobre nuestra Constitución, sino sobre los problemas internos nuestros y sobre la entidad gubernamental cubana que debe aspirar a dirigir interinamente los asuntos públicos, mientras se convoca y reúne una Asamblea General Constituyente, compuesta de los Representantes de todos los cubanos. A esta segunda Asamblea, de que hablamos, pertenecerá tan sólo el decidir de cosas tan trascendentales y en ella*

*es lógico que estemos representados, cuantos debemos formar
la nacionalidad cubana, con olvido completo de anteriores diferencias, pues para algo se hace la paz y nuestro pueblo necesita
una pacificación total y completa, que no conseguirá cuando
un Partido triunfante, con un régimen de exclusión y de venganza cometiera el crimen de dar formas nuevas a la lucha..."*

La Asamblea se compuso de 48 miembros, o séase 8 por cada
Cuerpo de Ejército, pero no todos los electos acudieron a Santa
Cruz del Sur, lugar de la cita, o tomaron posesión de sus curules
y muchos no estuvieron presentes en todas las sesiones celebradas. El 24 de octubre de 1898 tuvo lugar la sesión inaugural
y en ella el Presidente Masó hizo entrega al Lugarteniente General, Calixto García, como miembro de mayor edad, el sitio
preferencial después de haber presentado su informe sobre los
propósitos de la Asamblea. Una vez terminada la sesión inaugural, Masó envió sus padrinos a García, reclamándole reparación
por las ofensas publicadas en el "Herald". Las dos figuras más
cimeras de la Revolución, después de Máximo Gómez, respetadas
por las balas enemigas, se hallaban amenazadas por una muerte
fratricida. Juan Gualberto Gómez, designado por Calixto, oyó
a Masó decirle indignado: *"Ha dicho que no soy hombre de
pelea; que jamás entré en acción de guerra; en suma, que soy
un cobarde..."* Al trasladar a García sus palabras, éste respondió con hidalguía al mensajero amigable: *"Yo no soy responsable de lo que escriba un periodista; además, yo nunca podía
haber dicho que Masó era un cobarde, puesto que precisamente
sobre el campo de batalla, por su valor, yo lo ascendí a Coronel..."*
Al saberlo, Masó se dio por reparado y en esa forma terminó otro
de los conatos de duelo entre insignes patriotas. Los anteriores,
como sabemos, fueron los de Céspedes-Agramonte, Gómez-
Maceo, Maceo-Crombet, Martí-Collazo, José Maceo-Crombet y
Gómez-Portuondo.

Una vez aprobadas las actas de los Representantes, la mesa
definitiva del Cuerpo quedó así formada: Domingo Méndez Capote, Presidente; Fernando Freyre de Andrade, Vicepresidente;
Manuel María Coronado y Porfirio Valiente, Secretarios. La
Asamblea, dentro de las limitaciones que le ofrecían sus posibilidades, se propuso tres cosas: licenciar en condiciones óptimas
al Ejército Libertador, adquirir carácter de representación ante
el Gobierno americano y constituir una Comisión Ejecutiva
que actuase como Gobierno en los territorios ocupados por el
Ejército Libertador. Para ello acordó el nombramiento de una
Comisión con el encargo de trasladarse a Washington —formada por Calixto García, como su Presidente, y contando como

Vocales a José Miguel Gómez y José Ramón Villalón— para que allí se ocupase de lograr los dos primeros puntos expuestos, bajo las siguientes bases:

1. *Exponer a la consideración del Gobierno americano que próxima a terminar la evacuación del territorio cubano por las tropas españolas y debiendo ser ocupado temporalmente por las fuerzas de los Estados Unidos de América ese mismo territorio, la Asamblea de Representantes del pueblo armado de Cuba estima llegada la hora del licenciamiento del Ejército cubano, a menos que el Gobierno americano no considere conveniente contar con todo o parte de él para ayudarle a mantener el orden y desenvolver su política, mientras se cumple el fin supremo de la intervención.*

2 *Manifestar al propio Gobierno americano que la justicia, la equidad, la previsión y las conveniencias todas del Ejército y del país cubano aconsejan que no se lleve a cabo la disolución de las fuerzas que lucharon por la Independencia sin que se proporcione a los que formaron en sus filas recursos pecuniarios suficientes para atender sus necesidades, en tanto se normalice la situación del país y puedan subsistir con su trabajo.*

3. *Solicitar que, con las garantías de las rentas de Cuba, y en la forma que se acuerde como más conveniente con los Poderes Públicos de los Estados Unidos, se facilite a la representación oficial del Ejército cubano la suma necesaria para proceder al licenciamiento, con abono de una cantidad racional a cada individuo que se licencie.*

4. *Ofrecer al Gobierno americano el apoyo decidido de los elementos de toda clase que constituyen la agrupación revolucionaria actual, consignando expresamente que basándose la intervención en las Resoluciones del Congreso americano de 19 de abril último, que aseguran la independencia de este país, los cubanos revolucionarios están dispuestos a secundar la acción del Gabinete de Washington, ya continuando organizados como en la actualidad, ya del modo que se le indique, por lo que ruega al Gobierno de los Estados Unidos que manifieste sus deseos en ese extremo, para orientar nuestra actitud de suerte que resulte siempre en armonía con los propósitos de dicho Gobierno y los intereses y derechos de nuestro pueblo.*

La Comisión Ejecutiva que tendría la función de materializar el último punto expuesto arriba, quedó formada por Rafael Portuondo, como Presidente, y Juan Gualberto Gómez, Aurelio Hevia, Francisco Díaz Vivó y José de Jesús Monteagudo, como

Vocales. Fue comisionada con las siguientes atribuciones: *a)* *representar a la Asamblea en sus relaciones con las Fuerzas Cubanas; b) cuidar de que se complete un estado general del Ejército Libertador; c) resolver las propuestas pendientes relativas a grados y ascensos, y d) arbitrar recursos necesarios para el sostenimiento de las Fuerzas Libertadoras.* Una vez aprobadas las mociones, la Asamblea acordó recesar hasta una nueva convocatoria, que sería hecha después del regreso de la Comisión que iría a Washington. Como se puede fácilmente ver, la Asamblea de Santa Cruz del Sur ilusamente repetía los mismos esfuerzos que el antiguo Consejo de Gobierno cuando los Estados Unidos y España estaban a punto de guerrear.

\* \* \*

*El Tartufo. — El Tratado de Paz. — Contradicciones.*

La Conferencia de Paz que se inició y completó en París entre españoles y americanos tuvo, por parte de estos últimos, la colaboración de un tartufo personaje, cubano de nacimiento y anexionista de sentimiento, José Ignacio Rodríguez, quien desde la época del Liberalismo Ilustrado habíase reptilmente arrastrado por los corrillos imperialistas, donde era conocido con el remoquete de *"a cuban-american lawyer"*, vituperando a José Martí y, desde las sombras, oponiéndose a todas las gestiones del Apóstol en pro de la Independencia. Puso siempre la notable mentalidad que poseía al servicio de la anexión —emulando a los colonialistas del autonomismo— y llegó en su indignante servilismo a publicar una voluminosa obra intitulada *"Anexión de Cuba a los Estados Unidos"* en la que descaradamente abogaba por el secuestro de la Independencia y la incorporación de Cuba a los Estados Unidos como una colonia al estilo de Filipinas o Puerto Rico. Poseído por la envidia y el rencor llegó a escribir en ella, después de muerto Martí y en los momentos en que se debatían los destinos patrios frente a la politiquería matrera de McKinley: *"Martí, el alma y el todo del Partido Revolucionario Cubano, declaraba rebelde al que manifestaba opinión distinta de la suya. Favorecido por el Cielo con una inteligencia clara y una imaginación fervidísima, pero indisciplinadas la una y la otra, aparecía muchas veces, a ojos de los que no eran sus discípulos, como si fuese víctima de un desequilibrio mental. Predicaba el odio al hombre rico, cultivado y conservador; el odio a España y a los Estados Unidos.*

*Su oratoria fácil, abundante y sonora era incorrecta y llena de extrañezas monstruosas..."*

\* \* \*

El uso de tipejos de la calaña de este descastado anexionista, incomprensiblemente ha sido preferido, salvas honrosas excepciones, por los gobernantes americanos en sus relaciones con Hispanoamérica y al cabo de los años esta viciosa práctica les ha rendido buenos frutos económicos pero les ha granjeado la enemistad de los pueblos y servido para que el comunismo internacional haya levantado el fantasma del anti-yanquismo. Los gobernantes americanos, pensando en términos de *estabilidad* han considerado *peligrosos* a los hombres del calibre patriótico de Martí porque éstos no son *"de la raza vendible"* sin realizar que, los que ellos prefieren, de gelatinoso espinazo y susceptibles al soborno, son los que contra ellos crean el odio en los pueblos al Sur del Río Bravo. Estos funcionarios del gobierno americano de las épocas pasada y presente, compradores de conciencias y tramitadores de revoluciones, ciegos en sus frenéticos *dollarium tremens,* fueron y son traidores a los principios de los Convencionales de Filadelfia y los mayores enemigos de los intereses del noble pueblo de Jorge Washington y Abraham Lincoln. Y ellos son los sembradores, conscientes o inconscientes, de la mala yerba comunista que se aprovecha de estos desgraciados errores para socavar los cimientos de la Democracia Representativa en Hispanoamérica.

\* \* \*

El Tratado de Paz quedó firmado el 10 de diciembre de 1898 y según sus estipulaciones España abandonaría el país a las 12 meridiano del día primero de enero de 1899. El Tratado de París —como se conoce el documento— no contiene ningún punto que se refiera a los derechos del pueblo en armas a hacer su revolución en el Poder, a castigar criminales de guerra, a confiscar riquezas ilegítimamente adquiridas al amparo de cargos gubernamentales, ni a efectuar reformas económicas, educacionales y sociales. Es más, ni siquiera menciona al Ejército Libertador ni se refiere en la más mínima forma a la lucha por la Independencia llevada a cabo por los cubanos. El documento en cuestión —de larga y tediosa lectura para muchos— no puede, sin embargo, ser pasado por alto o resumido brevemente por nosotros, ya que es de capital importancia historiológica, puesto que en él se demuestra que Cuba significó, tanto para los Estados Unidos como para España, un simple *objeto de traspaso* y no lo prescrito en la Resolución Conjunta: *"El pueblo de Cuba es y de derecho debe ser libre e independiente"* y lo que era, además, el Pueblo de José Martí, con sentimientos y tradiciones arraigados profundamente en su ser y que se había ganado el derecho soberano durante treinta largos y duros años de pelea contra España. El Tratado especificaba lo siguiente:

*Art. 1. España renuncia a todo derecho de soberanía y propiedad sobre Cuba. En atención a que dicha Isla, cuando sea evacuada por España, va a ser ocupada por los Estados Unidos, los Estados Unidos mientras dure su ocupación, tomarán sobre sí y cumplirán las obligaciones que, por el hecho de ocuparla, les impone el Derecho Internacional, para la protección de vidas y haciendas.*

*Art. 2. España cede a los Estados Unidos la Isla de Puerto Rico y las demás que están ahora bajo su soberanía en las Indias Occidentales, y la Isla de Guam en el archipiélago de las Marianas o Ladronas.*

*Art. 3. España cede a los Estados Unidos el archipiélago conocido por Islas Filipinas, que comprende las islas situadas en sus límites. Los Estados Unidos pagarán a España la suma de veinte millones de dólares dentro de los tres meses después del canje de ratificaciones del presente Tratado.*

*Art. 4. Los Estados Unidos, durante el término de diez años a contar desde el canje de la ratificación del presente Tratado, admitirán en los puertos de las Islas Filipinas los buques y las mercancías españolas, bajo las mismas condiciones que los buques y las mercancías de los Estados Unidos.*

*Art. 5. Los Estados Unidos, al ser firmado el presente Tratado, transportarán a España, a su costa, los soldados españoles que hicieron prisioneros de guerra las fuerzas americanas al ser capturada Manila. Las armas de estos soldados les serán devueltas.*

*España, al canjearse las ratificaciones del presente Tratado, procederá a evacuar las Islas Filipinas, así como la de Guam, en condiciones semejantes a las acordadas por las Comisiones nombradas para concertar la evacuación de Puerto Rico y otras Islas de las Antillas Occidentales, según el protocolo de 12 de agosto de 1898, que continuará en vigor hasta que sean completamente cumplidas sus disposiciones*

*El término dentro del cual será completada la evacuación de las Islas Filipinas y la de Guam, será fijado por ambos*

Gobiernos. Serán propiedad de España banderas y estandartes, buques de guerra no apresados, armas portátiles, cañones de todos calibres con sus montajes y accesorios, pólvoras, municiones, ganado, material y efectos de toda clase concernientes a los ejércitos de mar y tierra de España en las Filipinas y Guam. Las piezas de grueso calibre, que no sean artillería de campaña, colocadas en las fortificaciones y en las costas, quedarán en sus emplazamientos por el plazo de seis meses a partir del canje de ratificaciones del presente Tratado, y los Estados Unidos podrán, durante ese tiempo, comprar a España dicho material, si ambos Gobiernos llegan a un acuerdo satisfactorio sobre el particular.

Art. 6. España, al ser firmado el presente Tratado, pondrá en libertad a todos los prisioneros de guerra y a todos los detenidos o presos por delitos políticos a consecuencia de las insurrecciones en Cuba y en Filipinas y de la guerra con los Estados Unidos. Recíprocamente, los Estados Unidos pondrán en libertad a todos los prisioneros de guerra hechos por las fuerzas americanas, y gestionarán la libertad de todos los prisioneros españoles en poder de los insurrectos de Cuba y Filipinas. El Gobierno de los Estados Unidos transportará, por su cuenta, a España, y el Gobierno de España transportará, por su centa, a los Estados Unidos, Cuba, Puerto Rico y Filipinas, con arreglo a la situación de sus respectivos hogares, los prisioneros que pongan o que hagan poner en libertad, respectivamente, en virtud de este Artículo.

Art. 7. España y los Estados Unidos de América renuncian mutuamente, por el presente Tratado, a toda reclamación de indemnización nacional o privada de cualquier género de un Gobierno contra el otro, o de sus súbditos o ciudadanos contra el Gobierno, que pueda haber surgido desde el comienzo de la última insurrección en Cuba y sea anterior al canje de ratificaciones del presente Tratado, así como a toda indemnización en concepto de gastos ocasionados por la guerra. Los Estados Unidos juzgarán y resolverán las reclamaciones de sus ciudadanos contra España, a que renuncia este Artículo.

Art. 8. En cumplimiento de lo convenido en los Artículos 1, 2, y 3 de este Tratado, España renuncia en Cuba y cede en Puerto Rico y en las otras Islas de las Indias Occidentales, todos los edificios, muelles, cuarteles, fortalezas, establecimientos, vías públicas y demás bienes inmuebles que con arreglo a derecho son del dominio público, y como tal corresponden a la Corona de España.

Queda, por lo tanto, declarado que esta renuncia o cesión,

*según el caso, a que se refiere el párrafo anterior, en nada
puede mermar la propiedad, o los derechos que correspondan,
con arreglo a las leyes, al poseedor pacífico, de los bienes de
todas clases de las provincias, municipios, establecimientos públicos o privados, corporaciones civiles o eclesiásticas, o de
cualquiera otras colectividades que tienen personalidad jurídica
para adquirir y poseer bienes en los mencionados territorios
renunciados o cedidos, y los de los individuos particulares, cualquiera que sea su nacionalidad.*

*Dicha renuncia o cesión, según el caso, incluye todos los
documentos que se refieran existan en los Archivos de la Península. Cuando estos documentos existentes en dichos Archivos
sólo en parte correspondan a dicha soberanía, se facilitarán
copias de dicha parte, siempre que sean solicitadas. Reglas análogas habrán recíprocamente de observarse en favor de España,
respecto de los documentos existentes en los Archivos de las
Islas antes mencionadas.*

*En las antecitadas renuncias o cesión, según el caso, se hallan
comprendidos aquellos derechos de la Corona de España y de
sus Autoridades sobre los Archivos y Registros oficiales, así
administrativos como judiciales de dichas Islas, que se refieran a ellas y a los derechos y propiedades de sus habitantes.
Dichos Archivos y Registros deberán ser cuidadosamente conservados y los particulares sin excepción tendrán derecho a
sacar, con arreglo a las Leyes, las copias autorizadas de los
contratos, testamentos y demás documentos que forman parte
de los protocolos notariales o que se custodien en los Archivos
administrativos o judiciales, bien éstos se hallen en España
o bien en las Islas de que se hace mención anteriormente.*

*Art. 9. Los súbditos españoles, naturales de la Península,
residentes en el territorio sobre cuya soberanía España renuncia
o cede por el presente Tratado, podrán permanecer en dicho
territorio o marcharse de él, conservando en uno u otro caso
todos sus derechos de propiedad con inclusión del derecho de
vender o disponer de tal propiedad o de sus productos; y
además tendrán el derecho de ejercer su industria, comercio
o profesión, sujetándose a este respecto a las leyes que sean
aplicables a los demás extranjeros. En el caso de que perma-
nezcan en el territorio, podrán conservar su nacionalidad española haciendo ante una oficina de registro, dentro de un año
después del cambio de ratificaciones de este Tratado, una
declaración de su propósito de conservar dicha nacionalidad;
a falta de esta declaración se considerarán que han renunciado
a dicha nacionalidad y adoptado la del territorio en el cual
pueden residir. Los derechos civiles y la condición política de*

*los habitantes naturales de los territorios aquí cedidos a los Estados Unidos se determinarán por el Congreso.*

*Art. 10. Los habitantes de los territorios cuya soberanía España renuncia o cede, tendrán asegurado el libre ejercicio de su religión.*

*Art. 11. Los españoles residentes en los territorios cuya soberanía cede o renuncia España por este Tratado, estarán sometidos en lo civil y en lo criminal a los tribunales del país en que residan con arreglo a las leyes comunes que regulen su competencia, pudiendo comparecer ante aquéllos, en la misma forma y empleando los mismos procedimientos que deban observar los ciudadanos del país a que pertenezca el tribunal.*

*Art. 12. Los procedimientos judiciales pendientes al canjearse las ratificaciones de este Tratado, en los territorios sobre los cuales España renuncia o cede su soberanía, se determinarán con arreglo a las reglas siguientes:*

*1. Las sentencias dictadas en causas civiles entre particulares o en materia criminal, antes de la fecha mencionada, y contra los cuales no haya apelación o casación con arreglo a las leyes españolas, se considerarán como firmes, y serán ejecutadas en debida forma por la Autoridad competente en el territorio dentro del cual dichas sentencias deban cumplirse.*

*2. Los pleitos civiles entre particulares que en la fecha mencionada no hayan sido juzgados, continuarán en su tramitación ante el tribunal en que se halle el proceso, o ante aquél que lo sustituya.*

*3. Las acciones en materia criminal pendientes en la fecha mencionada ante el Tribunal Supremo de España contra ciudadanos del territorio que según este Tratado deja de ser español, continuarán bajo su jurisdicción hasta que recaiga la sentencia, su ejecución será encomendada a la Autoridad competente del lugar en que la acción se suscitó.*

*Art. 13. Continuarán respetándose los derechos de propiedad literaria, artística e industrial, adquiridos por españoles en las Islas de Cuba y en las de Puerto Rico, Filipinas y demás territorios cedidos, al hacerse el canje de las ratificaciones de este Tratado. Las obras españolas científicas, literarias y artísticas, que no sean peligrosas para el orden público en dichos territorios, continuarán entrando en los mismos, con franquicia de todo derecho de aduana por un plazo de diez años a contar desde el canje de ratificaciones de este Tratado.*

*Art. 14. España podrá establecer Agentes Consulares en los puertos y plazas de los territorios cuya renuncia y cesión es objeto de este Tratado.*

*Art. 15. El Gobierno de cada país concederá, por el término de diez años, a los buques mercantes del otro, el mismo trato en cuanto a todos los derechos de puerto, incluyendo los de entrada y salida, de faro y tonelaje, que concede a sus propios buques mercantes no empleados en el comercio de cabotaje. Este artículo puede ser denunciado en cualquier tiempo dando noticias previas de ello cualquiera de los dos Gobiernos al otro con seis meses de anticipación.*

*Art. 16. Queda entendido que cualquiera obligación aceptada en este Tratado por los Estados Unidos con respecto a Cuba, está limitada al tiempo que dure su ocupación en esta Isla, pero al terminar dicha ocupación, aconsejarán al Gobierno que se establezca en la Isla que acepte las mismas obligaciones.*

*Art. 17. El presente Tratado será ratificado por el Presidente de los Estados Unidos, de acuerdo con la aprobación del Senado, y por Su Majestad la Reina Regente de España; y las ratificaciones se canjearán en Washington dentro del plazo de seis meses desde esta fecha, o antes si posible fuese.*

\* \* \*

Los delegados españoles trataron de imponer que quedase a cargo de Cuba la deuda colonial que, según alegaban, España había contraído en beneficio de sus colonias. La deuda, que incluía los gastos expedicionarios de Prim a México, ascendían a más de 400 millones de pesos y era producto del latrocinio fiscal, emisiones inflacionistas, etc., y si hubiera sido reconocida jamás Cuba se habría recuperado económicamente. La parte americana rechazó categóricamente tan disparatada presunción española, pues de aceptarla se hubieran gravado los propios Estados Unidos que, en definitiva, iban a financiar la reconstrucción del devastado país. La parte española hizo otras proposiciones que fueron rechazadas por la parte americana. Las proposiciones españolas y su rechazo americano fueron hechas constar en un Memorándum-Protesta que fue anexado al Protocolo de Paz. El resumen de unas y otras aparece a continuación:

España exigió lo siguiente: Reconocimiento a los habitantes de los países cedidos y renunciados por España el derecho de optar por la ciudadanía que hasta entonces gozaron; respeto a los contratos celebrados para obras y servicios públicos; devolución a sus dueños de las cantidades que hubiesen entregado en las Cajas Públicas, en los territorios que dejaban de permanecer en posesión de España, en calidad de depósitos o fianzas de contratos y obligaciones contraídas; permanencia de las obligaciones que por el Tratado contraían los Estados Unidos respecto a cosas y personas de Cuba, limitando éstos su duración al tiempo de su ocupación militar; tomar a cargo de los Estados Unidos la pensión de gratitud que España venía pagando a los descendientes de Cristóbal Colón y el nombramiento de una comisión internacional que depurase las responsabilidades con respecto a la explosión del *Maine*.

La Comisión americana rebatió los puntos españoles alegando que la opción a la ciudadanía estaba contenida en el Artículo 9 del Tratado; que no podían ser aceptados los contratos sobre servicios públicos porque eran desconocidos la naturaleza, extensión y fuerza obligatoria de ellos; que se negaban a la devolución de los depósitos y fianzas porque eso obligaba a los Estados Unidos a devolver a españoles dinero que nunca había estado en manos americanas, pero les garantizaba que no se confiscarían propiedades y que los poseedores de créditos por obras cobrarían al cumplimiento de sus contratos y que en lo que se refería al desastre del *Maine* no se sentían obligados a discutir *obedeciendo en ello a bien establecidos precedentes y práctica en la historia del país...* El decir esto último complicó más aún las cosas en el no aclarado asunto de la explosión del *Maine* y dio parque acusatorio a los anti-americanos. Esta política americana de *dar lechada* (whitewash) cuestiones que debían ser aclaradas sin dejar margen a las dudas se actualizó nuevamente, en nuestra época, después del ataque artero japonés a Pearl Harbor y el asesinato del Presidente Kennedy en Dallas. En los dos casos se hallaron convenientemente culpables al general Short y al almirante Kimmel y a Lee Harvey Oswald y a Jack Ruby y se publicaron sobre ello voluminosos informes llenos de cientos de miles de palabras que mucho hablan y nada dicen.

De los tres documentos que hemos transcrito, quedaban como amargo recuerdo dentro de toda la suave dulzura de su fraseología y afirmaciones de solidaridad y de colaboración, ciertas líneas de ellos que eran una flagrante contradicción que sería demostrada después y que defraudarían las esperanzas del sacrificado pueblo cubano. En la Constitución Provisional promulgada por el general Wood en Santiago se decía: *"Las leyes municipales serán administradas de acuerdo con la presente declaración de derechos y sujetas a las modificaciones que de tiempo en tiempo pueda hacer el General en Jefe para que estas leyes puedan, a su juicio, adaptarse a los beneficios de una civilización ilustrada..."*; en la Alocución dirigida por el general Núñez a los humildes tabaqueros que con su sacrificio económico habían hecho posible las expediciones, se les decía: "...*ordeno la disolución de dicho cuerpo, dejándolos a ustedes en libertad de proceder conforme convenga a sus propios intereses*..." y en el Tratado de Paz se aseguraba a los españoles, que habían tiranizado y asesinado a los cubanos, que las obligaciones aceptadas por los Estados Unidos estaban "*limitadas al tiempo que dure su ocupación en esta Isla, pero al terminar dicha ocupación, aconsejarían al Gobierno que se establezca en la Isla que acepte las mismas obligaciones*...". El que Wood actuara como un procónsul, el que los tabaqueros fueran abandonados a su suerte y el que se impusiera a Cuba la Enmienda Platt, después, hacen recordar el chiste acerca del andaluz, quien después de asegurar que no bebía, que no fumaba, que no jugaba, que no debía a nadie, que no le era infiel a su esposa y que no perdía una misa, confesó que sólo tenía un defecto: ¡era el más grande mentiroso de la comarca...!

\* \* \*

La ocupación militar americana de la Isla después de la total evacuación española, la cuestión del licenciamiento del Ejército Libertador, el viaje a Washington de la Comisión presidida por Calixto García y las propuestas labores de la Comisión Ejecutiva se entremezclaron en forma tan complicada y tremenda que de ellas se aprovecharon los rectores de la política imperialista de McKinley para poner en práctica el conocido refrán de *divide y vencerás*..., que trajo como resultado la frustración del ideal nacionalista de José Martí porque provocó una nueva —y esta vez más calamitosa que todas las anteriores— pugna entre los elementos civiles y militares de la Revolución y que, sin lugar a dudas, fue elucubrada primero y alentada después por la Casa Blanca y el State Department. En beneficio de su interés historiológico haremos su relato prescindiendo de los detalles cronológicos y poniendo el acento en el cuadro general de su desarrollo.

\* \* \*

Los fabricantes de la política exterior americana estaban decididos a burlar el espíritu y la letra de la Resolución Conjunta al tiempo que McKinley estaba resuelto a desquitarse de la derrota recibida en el Congreso que votó, en contra de sus deseos, por la Joint Resolution. El Presidente estadounidense se propuso, como primer paso de su plan, emular a Olney —el Secretario de Estado de Cleveland— en aquello de *hacer perder al pueblo cubano en gran parte, si no por completo, el apoyo moral y la simpatía de que disfrutaba entre el pueblo de los Estados Unidos...* y utilizaría como palanca la característica inconsistencia del cubano medio para mantenerse firme en un propósito por un tiempo largo y penoso. Así fue que en su mensaje del 5 de diciembre de 1898, dirigido al pueblo americano, McKinley le habló de la guerra con España sin mencionar al Ejército Libertador ni reconocer en nada la ayuda recibida de éste en la campaña expedicionaria cubana. Tampoco se refirió a los derechos del pueblo cubano, por el cual había ido la Unión a la guerra, mas, sin embargo, hizo énfasis en la cordial y entusiasta bienvenida que se dio en Puerto Rico a los interventores. El más significativo párrafo de su mensaje, en lo que a Cuba se refería, era aquél en que McKinley descubría su intención de mofarse de la Resolución Conjunta. Decía:

*"El régimen español debe ser reemplazado por un justo, benévolo y humano gobierno, creado por el pueblo de Cuba, capaz de cumplir sus obligaciones internacionales, el cual estimulará el ahorro, la industria y la prosperidad, y promoverá la paz y la buena voluntad entre todos los habitantes, cualesquiera que hayan sido sus relaciones en el pasado. Ni la venganza ni la pasión, deben tener un lugar en el nuevo gobierno. Hasta que la tranquilidad de la Isla sea completa y se inaugure un gobierno estable, continuará la ocupación militar..."*

La facultad del pueblo cubano de escoger su propio gobierno, según especificaba la Resolución Conjunta, ahora se condicionaba a la exigencia de que éste fuera *un gobierno estable y capaz de cumplir sus obligaciones internacionales*, propiedades éstas que, naturalmente, serían admitidas como existentes en el tiempo y la forma que conviniesen al protectorado. Gran desasosiego causaron estas extemporáneas declaraciones de McKinley en los patriotas cubanos, quienes, no obstante ello, siguieron ilusionadamente esperando el resultado de las gestiones de la Comisión enviada a Washington con la encomienda, entre otras, de averiguar cuáles eran los reales propósitos de la Casa Blanca en relación a los destinos de Cuba.

\* \* \*

*La Comisión a Washington. — Licenciamiento del Ejército Libertador. — Proclama de Máximo Gómez. Traspaso de Poderes.*

Las gestiones de la Comisión a Washington fueron una verdadera odisea de largas y evasivas, pues los funcionarios del State Department la hicieron víctima de la más refinada versión del juego político y comercial que en los Estados Unidos se conoce con el nombre de *run-around* (tomar el pelo). En ningún momento, a pesar de las atenciones recibidas y los honores acumulados, pudieron obtener una respuesta concreta ni lograr un compromiso. En las palabras de un Comisionado así fueron relatadas las experiencias de la Comisión a Washington:

*"Fue imposible en absoluto a los Comisionados —a pesar de sus empeños y sus insistencias— obtener explicación alguna, sino sólo manifestaciones vagas, y aun frases más o menos evasivas, ni del Presidente, ni de los Senadores, ni de las demás personas a quienes consultaron y requirieron; por más que todos declararon que estaban resueltos a cumplir fielmente las resoluciones del Congreso de 19 de abril de 1898, sin que dejaran nunca escapar ni una palabra respecto de los medios que hayan de adoptarse para obtener este resultado, ni el tiempo de la ocupación de la Isla, como si en realidad ni tuviesen programa político definido; así es que, aun cuando varias veces solicitamos que, con el objeto de cooperar inteligentemente por nuestra parte con las autoridades americanas en la obra de reconstruir el país, se nos indicara el camino o la conducta que debíamos seguir, quedamos siempre en la misma densa oscuridad; porque jamás fueron explícitas y francas con nosotros aquellas eminentes personas a quienes acudimos en busca de luz con que guiarnos para no tropezar en el camino y para que nadie tropezara tampoco, y menos por causa de la confusión o los errores de nuestros informes o consejos..."*

\* \* \*

McKinley y sus consejeros, conociendo perfectamente bien la situación económica precaria del Ejército Libertador y de la carencia de estadísticas humanas por parte de sus rectores para saber el exacto número de sus soldados, recurrieron al *double-talk* (jerigonza), exigiendo informaciones que sobradamente sabían eran imposibles de tener a mano, siempre con la idea de ganar tiempo y que llegase la hora en que o bien la necesidad económica de sus miembros produjera el desmembramiento voluntario del Ejército Libertador o bien estallase un nuevo conflicto entre el General en Jefe, Máximo Gómez, y la Asamblea de Representantes. Según lo asegura Horacio Rubens en *Liberty*, la Casa Blanca había expresado al Congreso, refiriéndose a los mambises: *"Este ejército debe inevitablemente morirse de hambre, disolverse o dispersarse..."* Nada era más cierto: el Ejército Libertador, aún manteniéndose acuartelado en sus campamentos, estaba sufriendo más penurias que cuando la guerra y sus soldados abandonaban paulatinamente sus puestos en una especie de licenciamiento voluntario. Sus jefes se dirigían en consulta a Máximo Gómez y éste nada podía aportarles como solución, pues nada sabía tampoco de los proyectos americanos ni nada habíase logrado por la Comisión a Washington.

La zozobra del viejo general fue revelándose en sus conversaciones con sus íntimos y en las páginas de su Diario, mientras se hallaba acampado y a la expectativa en el Norte de Las Villas. Las fuerzas bajo su mando no estaban cohesionadas por el influjo de su personalidad ni por el rigor de la disciplina anterior, y atraídas por el reclamo del hogar, o forzadas por la necesidad de mantener sus cargas familiares, iban poco a poco desistiendo de la idea de permanecer en vigilante guardia. Los familiares reclamaban de los mambises su vuelta al hogar y esto, unido al espectáculo de paz y alegría que reinaba en las ciudades y a las posibilidades que la evacuación española ofrecía en empleos en los cargos públicos, fue socavando la unidad del Ejército Libertador, pues la pregunta de rigor entre sus miembros era: *Permanecer en pie de guerra, ¿para qué...?*, algo que nadie podía contestar como no fuera para decir que por si acaso no se cumplía lo dispuesto en la Resolución Conjunta. El Generalísimo conocía mejor que nadie lo que esperaba a Cuba, pero no quería ser motivo de discordia, aunque sabía, y así lo reconocía, que las enseñanzas de Martí tenían, más que nunca antes, fuerza y vigencia en aquellos momentos de transición de la guerra al protectorado. Así se expresó:

*"Hay que irse preparando para la paz. Quizás sea ésta una cuestión que no me concierna; pero mientras esté en Cuba, no podrá desinteresarme. Me debo al Ejército Libertador. La paz es más difícil que la guerra, porque la guerra necesita cualidades de valor y energía en determinados momentos; la paz las requiere constantemente... Depuestas las armas, habrá que pacificar los ánimos. El Manifiesto de Montecristi que Martí y yo firmamos, lo dice claramente: nosotros le hacemos la guerra al Gobierno español, no a los españoles... Los cubanos malos, los guerrilleros y los autonomistas serán los primeros*

*en encaramarse en los puestos públicos y no habrá quien los eche. Así ha pasado en Centro América. El adversario de la víspera, a fuerza de constancia y adulaciones se abre paso... Estamos todavía en guerra, y no quiero amnistiar aún a los guerrilleros y los autonomistas. No tendremos rencores, condenados en el Programa del Manifiesto en que proclamamos una política de atracción e igualdad. Pero no podemos abrir la mano tan pronto, y si debemos cuidar de librar a la República de hombres, cualquiera que sea la procedencia, que no le sean leales, esos fatales aprovechados, que los hay en todas partes, en acecho e intrigas para medrar a costa del bien público, olvidándose a los que han sido buenos patriotas, lo que es injusto y malo para la Nación... Hay que ver primero la actitud de los americanos. Creo que cumplirán. Martí los creía cumplidores; pero temía a su grandeza, no por su grandeza en sí, sino por nuestra vecindad. Yo, coincidiendo, le decía cuando proyectábamos la Independencia: un vecino así es una ventaja por ciertos lados, pero también una preocupación, y nuestra conducta deberá ser digna para que se nos respete. Martí consideraba al pueblo americano como un pueblo admirable; decía que no había opinión pública más sana. Pero también decía que, cuando consideraban una cosa como de interés vital para ellos, iban derechos al fin sin preocuparles la forma. Martí sabía lo que decía, porque todo lo apoyaba en hechos y lo explicaba con razonamientos concluyentes. El pensamiento de Martí era claro como el cristal, aunque la forma a veces me confundía... En cuanto a mí, tengo confianza en los americanos, pero deseo esperar la terminación de la guerra..."*

La preocupación mayor de Máximo Gómez consistía en la disolución del Ejército Libertador sin que antes se hubiese consolidado la Independencia, o sin que sus miembros hubiesen recibido los honores y las recompensas que justamente merecían, y para esto, ni la Asamblea de Representantes ni las autoridades interventoras le habían considerado ni dirigido una consulta. La confusa, y hasta cierto punto peligrosa situación, unida a las pesimistas noticias recibidas de Washington decidieron a Gómez a no esperar por las gestiones de la Asamblea, o por las gestiones de Estrada Palma ,y en uno de sus característicos impulsos se dirigió directamente a McKinley, no sin antes anotar en su Diario los móviles de aquella acción que iniciaría una última y definitiva querella civil-militar prerepublicana. La impaciencia del Generalísimo quedó expresada así:

— 42 —

*"Según lo pactado entre España y Estados Unidos la evacuación de la Isla, por parte de los españoles, se hará despacio y cómodamente, para después ocuparla los americanos. Mientras tanto, a los cubanos nos ha tocado el despoblado y por premio de nuestros servicios y sacrificios, el hambre y la desnudez, que hubieran sido más soportables en plena guerra que en esta paz, donde no nos es permitido ostentar nuestros laureles, bien conquistados. Determino mandar un pliego al Presidente McKinley exponiéndole la situación, para entregarlo por conducto de Estrada Palma o de Gonzalo de Quesada. Aún habrá que esperar y mientras tanto no sabemos de dónde sacar los recursos. Es, pues, apurada esta situación en que nos han colocado los americanos..."*

No era solamente en Cuba donde las dudas asaltaban a los patriotas sino también en la Emigración. Allí se suscitaron lamentables incidentes en Tampa porque debido al contenido de la orden de disolución de sus organizaciones y la disposición de que cada uno velara por sus intereses, el traslado a Cuba por cuenta de la Delegación fue objeto de algunos privilegios que encendieron la ira de los humildes, quienes se sintieron discriminados.

La Comisión presidida por Calixto García no llegaba a soluciones inmediatas, diluyéndose sus gestiones en conversaciones, trámites, proposiciones y contraproposiciones. Sobre todo, jamás fueron reconocidos como representantes oficiales del Consejo de Gobierno sino como personeros de los insurrectos y, por lo tanto, a pesar de que recibieron exquisito tratamiento, nunca se les tomó en oficial consideración. Ayudados por Horacio Rubens, lograron conferenciar con funcionarios y congresistas y del Senador Morgan, quien había sido heraldo de la causa de Cuba, recibieron, por escrito, su personal opinión acerca de la realidad de las relaciones cubano-americanas en aquel momento. Leámosla:

*"El congreso declaró, al romper con España, que el pueblo de Cuba es y de derecho debe ser libre e independiente. Esta declaración es buena y obliga moralmente a los Estados Unidos, pero no es un acuerdo pactado con nadie, ni es una ley, ni siquiera un decreto. La Resolución será ejecutada por los Estados Unidos en tiempo y forma que sus autoridades competentes decidan. Al cumplir con esa obligación que nos imponemos nosotros mismos, restauraremos la paz y el trabajo en la Isla, y con ese propósito el Ejérctio de los Estados Unidos la ocupará como supremo poder militar. Mientras no exista en Cuba un*

*gobierno civil permanente, las fuerzas militares de los Estados Unidos no podrán ser, en modo alguno, retiradas. Los poderes, militar y civil, se someterán a nuestro Ejército. El pabellón de los Estados Unidos, con el apoyo de sus armas, representa en Cuba el poder soberano y la autoridad; y la soberanía civil está en suspenso. La soberanía civil se le otorgará al pueblo de Cuba cuando tenga un gobierno permanente republicano... El procedimiento para obtener esos fines corresponde, de modo casi exclusivo, al Presidente de los Estados Unidos, jefe supremo de su ejército. El Congreso no puede promulgar leyes para ese país entretanto los Estados Unidos no asuman por completo la soberanía de la Isla. La paz con España no establece la paz en Cuba; y la paz verdadera no podrá existir hasta que quede establecido el gobierno civil, único, por su forma, que pueden reconocer por soberano las naciones de la Tierra. Todo gobierno puramente militar es interino. La nueva organización debe hacerse relacionándola con la libre y sincera expresión de la voluntad plena de todo el pueblo de Cuba. El Congreso no ha reconocido a una parte, sino a todo el pueblo de Cuba, el derecho de hacerse libre, soberano e independiente..."*

Estas últimas líneas encerraban el *gato en jaba* que la Administración McKinley ofrecía a los patriotas cubanos y al hacerlo, de hecho, se convertía en Gran Elector. *Todo el pueblo de Cuba* luego se vería que significaba inclusión en él de los integristas, autonomistas, guerrilleros, anexionistas y futuros colaboracionistas y advertía la negación del derecho a los mambises a decidir los destinos de Cuba de acuerdo con lo expresado en el Manifiesto de Montecristi y por José Martí personalmente en su Testamento Político y en su carta póstuma a Manuel Mercado. Quien antes era decidido partidario de la independencia de España, ahora se declaraba partidario, a nombre del Congreso americano, del protectorado y de la mediatización de la Revolución. Los coloquios capitalinos acerca de Cuba no eran sobre el hacer cumplir estrictamente la Resolución Conjunta a la Casa Blanca sino relativos a cómo endilgarle a Cuba una forma gubernamental que fuese garantía de la *estabilidad constitucional* requerida por las gigantescas inversiones de capital financiero que iban a volcar sobre la Isla los magnates de Wall Street.

El colmo del infortunio cubano se produjo en la entrevista que los Comisionados, al fin, lograron obtener de McKinley para tratarle del licenciamiento financiero del Ejército Libertador. Una indiscreción, que recuerda la del general Manuel de Quesada ante el Presidente Grant, puso en evidencia la disparidad de criterios que existía entre los Comisionados, algo que dio oportunidad a McKinley, como antes a Grant, a considerar dudosa la seriedad de la organización revolucionaria y los propósitos políticos de los cubanos. La Comisión se reunió con McKinley y a la pregunta de éste a Calixto García acerca de cuál sería el montante de la suma necesaria, el general cubano le respondió que tres millones de pesos, pero fue interrumpido por uno de los Comisionados quien, a su vez, aseguró al Presidente que la suma requerida era, por lo menos, de diez millones de pesos. El Presidente, enojado, recalcó la diferencia de pareceres entre los Comisionados y dio por terminada la entrevista. Antes de que pudiese rectificarse el desaguisado, la tragedia hizo presencia entre aquéllos y, por ende, en toda Cuba, al enfermar gravemente de pulmonía y morir pocos días después el Lugarteniente General, el 11 de diciembre, dejando acéfala a la Comisión, y al Ejército Libertador, sin la figura que podía, con honor suficiente, ocupar la posición de futuro Presidente de Cuba, sin oponentes, una vez que ya Máximo Gómez había expresado su decisión de no aceptar cargos políticos en la paz.

McKinley ofreció de manera final la suma de tres millones de pesos, pero la Comisión entendió que la oferta tenía en sí un carácter caritativo que era detrimental a la dignidad cubana. El Presidente exponía la incapacidad legal en que se encontraba de financiar un ejército extranjero y alegaba que el hacerlo en violación de la ley entrañaría el reconocimiento oficial de la existencia del Ejército Libertador y de la Asamblea de Representantes, por lo que la única salida era que se aceptara por los cubanos la suma ofrecida como una donación y jamás como un adelanto, o préstamo, a deducir de las rentas de la futura República. El estancamiento en las gestiones debido a la petición cubana de que se utilizasen las futuras rentas como base de un préstamo, fue roto por una comunicación del Secretario de Justicia de la Unión en la que se declaraba *que la Administración americana en Cuba no procuraría sino el bien de Cuba; que todas las rentas del país se invertirían en él y para su beneficio...* y además, textualmente, especificaba: *que los Estados Unidos no usarán ahora esas rentas para el pago de las tropas americanas en la Isla, y que si dichas rentas tuviesen un sobrante, se procuraría aplicar ese sobrante a nuevas entregas de dinero a las fuerzas cubanas, pero sin que en este momento pudiera contraer sobre ello compromiso concreto, pues que el asunto dependerá de la cuantía de los ingresos y la proporción de los gastos...* Siempre, indefectiblemente, la palabra o la cláusula facilitadora de una evasión al cumplimiento de lo que podía implicarse como una promesa. La palabra *ahora* insinuaba que aquello podría ser hecho *después*; la última sentencia declaraba la intención de no comprometerse. La batalla que estaban librando los Comisionados quedó empantanada, pues en tanto que éstos insistían en adquirir un préstamo por diez millones de pesos, la Administración americana se aferró en la suma señalada por el general García. A todos se hacía evidente el fracaso de la Comisión a Washington.

Casi en las vísperas del traspaso de Cuba de unas manos extranjeras a otras, el Generalísimo hizo pública una Proclama dirigida *Al Pueblo Cubano y al Ejército*, en la que rompía su impuesto silencio y aclaraba los motivos de su reserva y expectación con las siguientes palabras:

*"Ha llegado el momento de dar pública explicación de mi conducta y de mis propósitos, siempre, según mi criterio, en bien del país a que sirvo. Terminada la guerra con España, firmada la paz por nuestros aliados —tácitamente— los americanos, creía mi deber no moverme, sin un objetivo político determinado, del lugar donde disparé el último tiro y envainé mi espada, y mientras el ejército enemigo no abandonase por completo la Isla, para no perturbar, quizás, con mi presencia el reposo y la calma necesarias para consolidar la paz ni molestar tampoco a los cubanos con manifestaciones de júbilo innecesarias.*

*"El período de transición va a terminar. El ejército enemigo abandona el país y entrará a ejercer la soberanía entera de la Isla, ni libre ni independiente todavía, el Gobierno de la gran nación americana en virtud de lo estipulado en el Protocolo de Paz.*

*"La cesación en la Isla del poder extranjero, la desocupación militar no puede suceder entretanto no se constituya el gobierno propio de este país, y a esa labor es necesario que nos dediquemos inmediatamente para dar cumplimiento a las causas determinadas de la Intervención y poner término a ésta en el más breve tiempo posible.*

*"Mas antes es preciso —por el espíritu de justicia que encarnan— y para que el Ejército Libertador quede disuelto y vayamos todos a formar en las filas del pueblo, como garantía de orden, que se lleven a feliz término las negociaciones comenzadas para satisfacer en la medida de lo equitativo la deuda que con sus servidores ha contraído el país.*

*"Mientras todo esto queda resuelto, guardaré mi situación de espera en el punto que crea más conveniente, dispuesto siem-*

*pre a ayudar a los cubanos a concluir la obra a que he consagrado toda mi vida."*

La evacuación total de las tropas españolas y su sustitución por las americanas estaba prácticamente terminada. La Comisión de Evacuación había estado formada por americanos y españoles y los cubanos tuvieron que sufrir el sarcasmo de que uno de los envilecidos colonialistas del autonomismo, Montoro, estuviera representando en ella, con el consentimiento interventor, a un pseudo-gobierno lacayuno que fue anatematizado por los mambises.

El primero de enero de 1899, a la hora del mediodía, tuvo lugar, en el Palacio de Gobierno —hoy Ayuntamiento de La Habana— el traspaso de poderes. El general Jiménez Castellanos hizo la entrega a nombre de España y el general John R. Brooke, nuevo Gobernador Militar, tuvo a su cargo la aceptación. Varios generales mambises estuvieron presentes en las ceremonias y el general Lee, antiguo Cónsul americano y ahora Jefe del Departamento Militar de La Habana, mandó las tropas de revista. Fueron breves los discursos pronunciados antes que la bandera española fuese arriada de los mástiles y en su lugar se izara la de las barras y las estrellas. El símbolo de la Colonia era sustituido por el del Protectorado. Como bien lo había afirmado Máximo Gómez en su Proclama, Cuba no era libre ni independiente todavía.

La primera noticia oficial acerca de los propósitos del Protectorado la tuvieron los cubanos por medio de la Alocución firmada y publicada por el general Brooke el mismo día de Año Nuevo, dirigida *Al Pueblo Cubano*, y que decía:

*"Habiendo venido como representante del Presidente para continuar el propósito humanitario por el cual mi país intervino para poner término a la condición deplorable de esta Isla, creo conveniente decir que el gobierno actual se propone dar protección al pueblo para que vuelva a sus ocupaciones de paz, fomentando el cultivo de los campos abandonados y el tráfico comercial y protegiendo eficazmente el ejercicio de todos los derechos civiles y religiosos. A este fin tiende la protección de los Estados Unidos y este gobierno tomará todas las medidas necesarias para que se obtenga ese objeto. Para ello se valdrá de la administración civil, aunque esté bajo un poder militar, para el interés y el bien del pueblo de Cuba y de todos los que en ella tengan derechos y propiedades.*

*"El Código Civil y el Criminal existentes al terminar la soberanía española quedarán en vigor con aquellas modificaciones y*

*cambios que de tiempo en tiempo se crean necesarios en interés de un buen gobierno.*

*"El pueblo de Cuba, sin atender a su filiación anterior, es invitado y se requiere su cooperación con el fin de que ejercite la moderación, conciliación y buena voluntad de unos para con otros y con ello, y un sólido acuerdo con nuestro humanitario empeño, se asegurará un benéfico gobierno.*

*"El Gobernador Militar de la Isla se complacerá en atender a cuantos deseen consultarle sobre asuntos de interés público."*

\* \* \*

La Isla se dividió en siete Departamentos por disposición del Secretario de la Guerra de los Estados Unidos, y ellos comprendían las seis provincias más la ciudad de La Habana. A mediados de enero se constituyó el Gobierno Civil de la Isla por disposición del Gobernador Brooke. Con esta medida se inició el total desplazamiento de la autoridad moral revolucionaria hacia el poder material de la Intervención y se inclinó la balanza en contra de la Asamblea de Representantes. La reconstrucción del país, las promesas de una rápida entrega a los cubanos de su Isla, y la indudable buena fe de los colaboradores cubanos de Brooke marcaron el principio del ocaso de la Asamblea. Hasta su propio Presidente, Méndez Capote, y el miembro de la Comisión Ejecutiva, González Lanuza, renunciaron a sus cargos para formar parte del Gabinete Interventor junto con Pablo Desvernine y Adolfo Sáez Yáñez, este último impuesto por el State Department, pues los cubanos lo repudiaban a causa de sus pasadas simpatías autonomistas. Gonzalo de Quesada, el hombre que Martí había personalmente escogido para ser su sustituto, no estuvo a la altura que su Maestro le supuso y optó por la representación diplomática, ex-oficio, en Washington, y con su acomodaticia actitud permitió que la doctrina martiana se perdiese en la noche de los tiempos. En lugar de exigir su cumplimiento y reclamar los derechos que por legación expresa del Apóstol le correspondían, Quesada se decidió por una colaboración honrada, sí, pero totalmente equivocada y francamente mediacionista y no-revolucionaria que de estar vivo, Martí seguramente hubiera desautorizado. Revolucionariamente considerado, Quesada no fue para Martí lo que éste había sido para Mendive.

\* \* \*

La Asamblea del Cerro y el General en Jefe. — La apoteosis. — Exposición de la Asamblea. — Disolución de la Asamblea y del Ejército Libertador. — (Enero - Abril 1899.)

A fines de enero estalló la bomba de tiempo que eran las relaciones entre la Asamblea y el General en Jefe y el problema del licenciamiento del Ejército Libertador, su mecha avivada por la Administración McKinley. Gonzalo de Quesada sirvió de propicio atizador a la Casa Blanca, quizás si porque los años que llevaba fuera de Cuba le hubieran hecho olvidar lo celosos que eran sus compatriotas en lo que a dignidad personal se refería. O porque era un convencido creyente en el pragmatismo de la política americana de la época que hacía desconfiar a Martí *de la patria de Cutting* tanto como amaba *la patria de Lincoln...* O porque si tal vez no hubiera repasado las cartas que el Maestro le había dirigido, especialmente las de 19 de octubre de 1889 y de 12 de noviembre del mismo año, en cuya última le decía: *"Cambiar de dueño no es ser libre..."* La reseña del conflicto entre la Asamblea y Máximo Gómez, al riesgo de pecar de analíticos, la haremos con la valiosa ayuda de todos los documentos escritos por los autores y fautores del entuerto.

* * *

Aprovechándose de la carta recibida de Máximo Gómez, presentada a él por Quesada, McKinley ideó el enviar a su representante personal, Mr. Robert P. Porter, a tratar con aquél acerca del licenciamiento del Ejército Libertador tomando como base del financiamiento los tres millones de pesos solicitados por Calixto García y pasando por alto a la Asamblea, que era el Gobierno Civil de la Revolución y el superior jerárquico de Gómez, tal como lo especificaba la Constitución. La mayor parte de los jefes libertadores estaban de acuerdo con lo propuesto por la Asamblea y la respaldaban en esto sin reservas. Al llegar a La Habana, acompañando a Porter, Gonzalo de Quesada se apresuró a ofrecer unas declaraciones públicas, por medio del periódico *La Discusión*, en un intento de aliviar la tensión existente entre los cubanos por causa de su ignorancia acerca del tiempo que duraría la Intervención, y que textualmente decían:

*"No tengo la más remota desconfianza en la buena fe del gobierno americano, antes al contrario, creo firmemente que realizará cuanto ha ofrecido en los documentos oficiales.*

*"El último mensaje del Presidente McKinley es claro y terminante. Y por si no bastare lo que se dice en los documentos, los miembros todos del gabinete aseguran en sus conversaciones privadas que establecerán en Cuba la República cuando llegue el instante oportuno.*

*"Los Estados Unidos tienen el empeño de hacer de Cuba una república próspera y tranquila y para ello cuentan con la cooperación de nuestro pueblo. Están decididos a enseñar a las naciones cómo un gobierno debe cumplir la palabra comprometida.*

*"Mucho antes de lo que la generalidad se figura, pues es cuestión de meses, serán retiradas de Cuba la mayor parte de las tropas americanas, y si nosotros procedemos con cordura, con calma, perfectamente unidos todos los cubanos, la República se establecerá en fecha no lejana. De todos modos se establecerá, pero de nosotros depende que el plazo sea más o menos breve.*

*"Disparar un tiro en nuestros campos sería prolongar indefinidamente la realización de nuestros ideales y satisfacer los deseos de nuestros enemigos, porque la resolución de abril último dice que no se nos entregará el gobierno de la Isla hasta que la paz no esté asegurada. Debemos mirar a los americanos como nuestros verdaderos amigos y confiar en ellos, que Cuba será pronto una República y todos seremos felices..."*

González Lanuza, recién llegado de Washington, apoyó las declaraciones de Quesada y aseguró que la Intervención sólo duraría unos pocos meses, por lo que opinaba que el pago total de los haberes libertadores podía, y hasta debía, acordarse después de constituido el Gobierno cubano.

Porter y Quesada se dirigieron rápidamente a Remedios a conferenciar con el General en Jefe y éste aceptó el donativo ofrecido de tres millones de pesos y acordó impartir la orden de disolución del Ejército Libertador, conviniendo en que la distribución de los fondos la harían seis cubanos y seis americanos, dejando a ellos el método más propicio de hacerlo. Aunque los susodichos acuerdos fueron verbales, el cambio de cortesías epistolares fue hecho público y esto dio a las conversaciones un tono oficial y definitivo a los ojos de todo el pueblo cubano. Máximo Gómez escribió a Porter:

*"La visita de usted ha derramado luz en nuestro camino y cuanto hemos hablado me alienta a acercarme a La Habana para que, poniéndome al habla con el general Brooke, puedan dirigirse mejor los asuntos de este conturbado país.*

*"Sírvase usted decir al Sr. Presidente que le estoy agradecido
por sus atenciones y que haré cuanto esté a mi alcance para
que Cuba sea realmente libre e independiente, coadyuvando
de este modo a sus deseos y a los míos..."*

Porter, a su vez, respondió al general Gómez:

*"Doy a Ud. las gracias más sinceras por su carta y su re-
trato; ambas cosas las apreciaré más de lo que es posible que
Ud. pueda imaginarse. Si su conferencia de hoy resultase, como
esperamos, habrá una completa inteligencia entre su pueblo
y el pueblo de los Estados Unidos y nosotros tendremos razón
para sentirnos satisfechos.*

*"Nadie ha trabajado más honradamente que yo por la re-
construcción de Cuba, y su cooperación con las autoridades
de los Estados Unidos es todo lo que se necesita para adelantar
los intereses del pueblo de Cuba.*

*"Su cordial y pronta respuesta a los deseos del Presidente
será muy estimada por él, y yo me llevaré a Washington, a mi
retorno, los más agradables recuerdos de mi visita a Ud."*

Máximo Gómez dirigió un cablegrama al Presidente McKinley en el que le participaba:

*"He tenido mucho gusto en conferenciar con su comisio-
nado, Mr. Porter, presentado por mi amigo Quesada, y quedo
enterado y contento de los deseos de Ud. En breve marcharé
para La Habana a conferenciar con el general Brooke para
que todo marche bien, siguiendo los consejos de Ud., y para
cooperar gustoso a la reconstrucción de Cuba..."*

McKinley, siempre cuidadoso de no dar un paso que fuese
indicador de un reconocimiento a las autoridades cubanas, no
contestó directamente a Gómez sino que lo hizo por mediación
de Mr. Porter, en estos términos:

*"Transmita al general Gómez cordiales cortesías y mi apre-
cio y gratitud por su franco y amigable mensaje. La cooperación
del general Gómez en la pacificación de Cuba será del mayor
valor para ambos pueblos."*

\* \* \*

La suerte estaba echada. La maniobra haría aparecer a la Asamblea, si ésta persistía en sus propósitos de ser el máximo organismo revolucionario y de tener vigencia dentro de la estructura interventora —un Estado dentro de otro— como una facción radical y beligerante que estaba en contra del héroe supremo —Máximo Gómez—, que se producía por la colaboración pacífica con aquélla y por la disolución de los organismos revolucionarios (el Ejército Libertador y la Asamblea) en pro de la concordia y la paz y de acuerdo con los deseos del Presidente McKinley de que así fuese para en un breve plazo entregar a los cubanos su República. Gómez, una vez ofrecida y aceptada su colaboración, no podía retractarse, al menos que incurriese en el error que luego cometió la Asamblea. La dinámica de la política de poder o *power politics*, que implicaba una lucha entre la Administración McKinley y la Asamblea, semejaba una pelea de boxeo entre un viejo y experimentado campeón y un joven e inexperto principiante...

\* \* \*

Máximo Gómez emprendió viaje a La Habana, en un peregrinaje emocionante que, según los que vieron ambos, sólo puede compararse al efectuado por Fidel Castro después del primero de enero de 1959. Multitudes llenaban los pueblos a su paso y los honores y los agasajos eran verdaderamente agobiantes al tiempo que enternecedores. El pueblo de Cuba entero se volcaba incontenible sobre los caminos y ciudades para rendir homenaje al héroe indiscutible que les había desencadenado. El enfrentarse a sus deseos, o a sus orientaciones, sería igual a cometer un suicidio político, pues contaba con el irrestricto apoyo de las mayorías. En el fondo de su ser, el viejo general resentía la adulación de la masa —en esto se diferenciaba totalmente de Castro—, pues un día dijo sarcásticamente a uno de sus ayudantes: *"Si toda esta gente hubiera estado con nosotros a la hora de la pelea, hubiéramos derrotado a España a sombrerazos..."*

\* \* \*

Mientras Máximo Gómez viajaba hacia La Habana, llegó a la Capital el cadáver de Calixto García. En los momentos de salir el cortejo fúnebre del Palacio de Gobierno se produjo un desagradable incidente entre el Gobernador Brooke y la Asamblea de Representantes, porque el primero rompió el orden del programa colocando los carruajes de los generales americanos antes que los de la Asamblea. Inopinadamente la caballería americana se echó sobre los miembros de la Asamblea para despejar la calle y los Representantes tuvieron que correr atropelladamente a buscar refugio en los portales de la calle Obispo, a un coro de risas y chacotas de los espectadores. La burla popular molestó al general Freyre, quien envió un recado de protesta a Brooke y éste secamente contestó que "*lo sucedido eran sus órdenes...*", provocando la indignación de los funcionarios cubanos, quienes no sólo se retiraron del entierro sino que ordenaron a las tropas cubanas que hicieran lo mismo. Lanuza, quien iba a despedir el duelo, también se retiró en protesta por lo sucedido. El hijo del desaparecido Lugarteniente General, general Carlos García Vélez, ofuscado por lo que creyó era mezquino agravio a la memoria de su padre, por parte de la Asamblea que lo había destituido una vez, acusó a ésta ante el pueblo cubano de perfidia, azuzando contra ella al Ejército Libertador, calificando su retirada y orden de hacer lo mismo a las tropas cubanas *de acto cobarde y punible* y calificándolo de *vejaminoso, insultante e incompatible con el honor de las armas cubanas...* Méndez Capote, ex Presidente de la Asamblea y ahora Secretario de Estado en el Gabinete Interventor, ante los furiosos ataques que la prensa cubana dirigía a Brooke, dio amplias satisfacciones a nombre del Gobernador, quien hizo protestas de inocencia afirmando *que nadie en su sano juicio puede suponer que yo haya tratado de inferir, a sabiendas, un agravio a los cubanos...* El resultado final del incidente fue cargar la responsabilidad del mismo al Presidente de la Asamblea, Freyre de Andrade, como consecuencia de su susceptibilidad y puntilloso carácter, y el poner en evidencia a la Asamblea de Representantes como un grupo de *busca-pleitos*.

El 24 de febrero, aniversario de Baire, hizo su apoteósica entrada en La Habana el legendario centauro dominicano. Los que tuvieron la suerte de ser testigos presenciales del paso de los *barbudos* heroicos del Ejército Rebelde, de sus bravos Comandantes y de su luego traidor líder, pueden bien imaginarse las escenas de jubiloso patriotismo que tuvieron lugar aquel memorable día en que los habaneros contemplaban el paso del héroe nacional —símbolo de un patriotismo inclaudicante, fiel custodio de los ideales de una Patria por la que habían muerto, en orden, Agramonte, Céspedes, Martí, Maceo y Calixto García— erguido y tieso en los estribos, presidiendo la gloriosa caravana de los bravos Generales y los harapientos mambises, radiantes éstos —como después los barbudos— de honor y gallardía que hacían maravillarse a los espectadores que cupiera tanta riqueza espiritual dentro de aquella mugrosa miseria material.

El General en Jefe se hospedó en la Quinta de los Molinos y se puso de moda en La Habana el ir a visitarlo y a dar mítines y pronunciar discursos en su honor. El *Chino Viejo* apostrofaba mordazmente a los adulones y continuamente lamentaba el no haber tenido tantos soldados en la manigua como admiradores en la paz. Su magistral biógrafo, Benigno Souza, describió brillantemente el marco que rodeaba al Generalísimo:

*"Realmente no se puede describir el entusiasmo delirante que en todas las clases de la sociedad, pobres y ricos, negros y blancos, despertó el General, protagonista vivo de la leyenda mambisa y cuyo solo nombre era epopeya. No podía materialmente dar un paso en aquellos días el glorioso viejecito, sin verse agobiado por los besos y abrazos de las mujeres, desde las más encopetadas hasta las más humildes obreras; y su residencia, la Quinta de los Molinos, palacio de verano de los capitanes generales españoles, fue el punto de cita de todo lo que en Cuba representaba algo en esos momentos. Los grandes personajes de la Colonia, las notabilidades de la política americana, los militares de la Unión, todos deseaban serle presentados; todos corrían a conocer al indomable personaje que tan largas guerras sostuvo contra unos soldados cuyo sombrío valor y tradicional firmeza conocieron muy bien esos americanos en El Caney y San Juan. Cuando, por las tardes, el General, soberbio caballista, paseaba sobre "Zaíno" por nuestras calles, por el Prado, los coches, los jinetes y hasta los peatones interrumpían su marcha para servirle de escolta; si se detenía de visita en alguna casa de la ciudad, se adivinaba en seguida su presencia en ella por la tumultuosa muchedumbre aglomerada en la calle; en fin, Gómez, en plena apoteosis, monopolio de la actualidad, borró con su nombre a todo el mundo mambí. Para los cubanos él era la síntesis del poema revolucionario; los demás, nada..."*

\* \* \*

Unos días antes de la llegada de Gómez a La Habana, la Asamblea de Representantes reanudó sus actividades, esta vez en una casona del barrio del Cerro —por lo que llegó a ser conocida como *La Asamblea del Cerro*— y en ella se siguió tratando el candente asunto del licenciamiento del Ejército Libertador, aunque ya sabían sus miembros que el General en

Jefe había aceptado el ofrecimiento-donación de McKinley. El día 16 de febrero se recibió en la Asamblea un cable enviado desde Washington por un tal *señor Farrés*, calificado como *muy relacionado con ciertos asambleístas*, que decía, literalmente: *"Freyre o Sanguily, Asamblea Cubana. Si Asamblea suspende resolución proposición tres millones puedo comunicar otra proposición importante a mi llegada próximo sábado."* La Asamblea acordó dejar pendiente hasta la semana siguiente el tratamiento de ese asunto y nombró una comisión de Representantes *para saludar al general Gómez y, al mismo tiempo, tratar con él asuntos urgentes para el país y el Ejército...*, o séase, el problema del empréstito para financiar el licenciamiento del Ejército Libertador. Así, de forma tan sencilla, se inició la cadena de explosivos acontecimientos que atronaron y dividieron a la sociedad cubana y que destruyó definitivamente a la organización revolucionaria, consolidando con ello el dominio del poder interventor y finiquitando, de hecho, la gesta libertadora. Y junto con ésta, de paso, a la entelequia que ya era el Partido Revolucionario Cubano, fundado por José Martí *para lograr la independencia absoluta de la Isla de Cuba, y fomentar y auxiliar la de Puerto Rico.*

Unos días después de recibido el cable de Farrés llegó éste a La Habana acompañado de un personaje que se comparaba al misterioso *Mr. Pope* de la Guerra Grande, Mr. C. M. Cohen avispado cifarrero que decía ser representante de un sindicato bancario americano que estaba en disposición de negociar un empréstito con la Asamblea, la cual, el 26 de febrero, citó a Máximo Gómez para una sesión a la que éste no asistió. El sinuoso Mr. Cohen celebró reuniones con el Presidente de la Asamblea Freyre de Andrade y con otros Representantes, pero de carácter informal. La Asamblea nombró una comisión formada por cinco Representantes (Villalón, Lastra, Despaigne y Juan Gualberto Gómez) para que recibieran de Cohen proposiciones concretas, por escrito, y las dieran a conocer a la Asamblea junto con sus personales opiniones del asunto. La traducción literal del inglés de la carta-documento enviada por Mr. Cohen a la Asamblea es la siguiente:

*"Habiendo sido informado que esa honorable Corporación, después de amplia deliberación, ha resuelto que no puede considerar el ofrecimiento de facilitarle $3.000.000,00 hecho por el gobierno de los Estados Unidos, con el objeto de pagar a su ejército y retirarle sus armas, por considerar dicha suma del todo insuficiente, le presenta la siguiente proposición:*

*1. La Asamblea Cubana emitirá bonos por la suma de veinte millones de pesos, los cuales yo y mis asociados compraremos al precio de 62 centavos por peso. Los bonos serán pagaderos en 30 años, reservándose la Asamblea el derecho de amortizarlos, todos o parte de ellos, transcurridos los primeros veinte años. Dichos bonos devengarán el 5 % de interés, pagadero semestralmente en la ciudad de Nueva York o en La Habana, a opción del tenedor.*

*2. En la forma que se conviniere más adelante, se creará un fondo de depósito para la amortización de los dichos bonos.*

*3. El pago de los intereses comenzará a correr desde la fecha de recibo de la suma líquida del empréstito, o séase doce millones cuatrocientos mil pesos.*

*4. Este contrato no tendrá valor ni surtirá efecto mientras no reciba la aprobación del Presidente de los Estados Unidos, la cual aprobación, yo mismo y mis asociados, debemos obtener, sin que la Asamblea tenga nada que hacer en este sentido.*

*5. Tan pronto como el Presidente de los Estados Unidos apruebe este contrato, pondremos a la disposición de la Asamblea cubana, dentro de diez días, la suma de $ 12.400.000,00 y, como garantía de que así lo haremos, inmediatamente después de la aprobación del Presidente, depositaremos la suma de $ 500.000,00, la que quedará como multa o indemnización a favor de la Asamblea.*

*6. El importe del empréstito será aplicado, única y exclusivamente, al pago y licenciamiento del Ejército Libertador, operación que deberá realizarse en plazo breve y a entera satisfacción del gobierno de los Estados Unidos.*

*7. Respecto a la garantía, no pedimos que se afecte puerto alguno como seguridad; sólo deseamos que se comprometan las rentas totales del país; como se acostumbra en los Estados Unidos, asegurando a Uds. que deseamos tratarles como a honrados caballeros y valiosos ciudadanos de un país vecino.*

*8. Con el objeto de realizar esta proposición deberá la Asamblea enviar una comisión a los Estados Unidos, para informar al Presidente que la Asamblea, considerando insuficientes los $ 3.000.000,00 ofrecidos por él, y con el fin de levantar los fondos necesarios para pagar y licenciar el ejército cubano, ha resuelto presentar esta proposición a su aprobación."*

La Comisión de los Cinco, el día 6 de marzo, presentó a la Asamblea el pliego de condiciones de Cohen, y uno de ellos, Párraga, consideró la operación como *completamente invero-*

*símil.* Al pedírsele a Cohen referencias o garantías sobre su personalidad y las de sus poderdantes, declaró que las había entregado en Washington a Gonzalo de Quesada para que las enviara a la Asamblea. Como éste no lo hizo, su actitud despertó sospechas en la Asamblea y mortificó a muchos representantes ya de sí agraviados por sus declaraciones públicas y su participación en el viaje de Porter a Remedios. Cohen sugirió la firma de un convenio provisional hasta tanto se hubieran verificado sus referencias y garantías. El día 9 de marzo fue aprobado por mayoría de votos el proyecto de Cohen, algo inaudito en aquella Asamblea que hasta aquel momento había dado pruebas de cordura, serenidad y prudencia. El más simple examen de las condiciones del empréstito hacía ver que todo dependía, para los prestamistas, de la aprobación de McKinley, quien había aprobado y confirmado la oferta-donación de los $ 3.000.000,00 que en la negociación con Cohen se rechazaban. Qué fue lo que movió a la Asamblea a pensar que el rapaz Cohen contaba con influencias suficientes para hacer variar de pensamiento a McKinley, o para obligar a éste a romper el compromiso contraído entre Porter y Gómez, y a imaginarse que éste, intransigente con la idea de empréstitos, iba a variar su postura, no se ha sabido nunca a ciencia cierta, pues no existe documento oficial alguno —incluso la Exposición de la Asamblea al disolverse— que lo aclare. Esta contradicción en la conducta de la Asamblea solamente podríamos atribuirla a esa peculiar faceta de la psicología cubana que, heredada de nuestros mayores, nos hace actuar en la libertad como niños y enfrentarnos a la tiranía y a la muerte como hombres.

Enterado Máximo Gómez de las deliberaciones y acuerdos de la Asamblea se expresó contrariamente a ellos, lo que llenó de alarma a sus miembros al realizar éstos que si se hacía de público dominio la opinión negativa del ídolo popular, sus gestiones con Cohen estarían condenadas al fracaso. La Asamblea, en la noche del 9 de marzo, sesionó en secreto y acordó, como insensata medida disciplinaria en aquellos momentos, llamar al General en Jefe a la obediencia, y para ello nombró una Comisión *con poderes para requerir del General en Jefe del Ejército su adhesión absoluta e inmediata, a fin de que los acuerdos que inspiren a la Asamblea la necesidad y el deber de auxiliar a los soldados de la Revolución, destituidos de recursos de toda especie, y de preparar de ese modo su licenciamiento, en armonía con los propósitos declarados de la política interventora, tengan fuerza moral nacida de la unidad de opinión entre todos los servidores de Cuba, y obtenga de él decla-*

*raciones terminantes a cuyo tenor se ajustará su ulterior conducta el Supremo Poder de la Revolución...*

La Comisión, presidida por Salvador Cisneros Betancourt y formada por Lastra, Hevia, Céspedes y Monteagudo, visitó al Generalísimo y no solamente recibió la negativa de éste sino además una despedida violenta y cargada de improperios dignos del más incivilizado carretero y que, según un testigo presencial, *poco faltó para que el general echase mano al machetín y les cayera a planazos.* El informe que rindieron los Comisionados a la Asamblea levantó los ánimos contra Máximo Gómez hasta un punto enconado y ponzoñoso, especialmente en aquellos Representantes que en algún momento fueron objeto de la ira del General en Jefe desde 1868 y quienes no habían tenido oportunidad de desquitarse debido tanto a la disciplina militar a que estuvieron sujetos en campaña como a la indispensabilidad de la capacidad estratégica del glorioso, pero cascarrabias, líder guerrillero. Las acusaciones contra Gómez abundaron y la pugna hizo crisis en la sesión del día 11 de marzo al presentar el Representante Julián Betancourt la siguiente instancia, por medio de su Presidente, a la Asamblea:

*"La prudencia y el patriotismo de la Cámara que Ud. preside ha dado pruebas de su intenso e inquebrantable amor a la patria. No hay quien se atreva a dudar de nuestros excelentes propósitos encaminados siempre a la unión de las dos personalidades que representan al pueblo de Cuba en armas. Nuestros constantes fracasos en favor del heroico ejército cubano se los debemos al General en Jefe, que ha usurpado por completo nuestros poderes abusando de su popularidad, y a la mala fe del gobierno interventor, que ha pretendido siempre esa desunión, hasta el extremo de hacer caso omiso de una Asamblea de Representantes que, libre y espontáneamente, ha elegido el Ejército Libertador. Por tanto, ruego a la Cámara la admisión de mi renuncia como Diputado por el Segundo Cuerpo, si no se depone inmediatamente al rebelde General en Jefe, publicando un manifiesto dándole cuenta al país de nuestra patriótica y dignísima actitud..."*

La Asamblea fue un hervidero de pasiones. De nuevo se reeditaban los trajines nocivos de pasadas épocas y retumbaban los ecos de tremendas acusaciones y demandas de drásticas sanciones contra Gómez. Los estallidos de cólera y los extremismos de virulencia llegaban al paroxismo entre aquellos hombres de probado valor y patriotismo. Como somero ejemplo se pueden citar las siguientes inflamadas palabras de Juan Gualberto Gómez:

*"Yo aceptaría que la Asamblea se disolviera y dejara al General en Jefe solo con el gobierno americano para decirle lo que él estimase útil; pero como estoy plenamente convencido de que esa solución es fundamentalmente funesta para la tranquilidad de mi país, yo, señores, que no cuento con dos patrias donde poder pasar alternativamente los días de perturbación o de bonanza; yo que no me he de alejar de ésta, mi tierra, y que aquí he de permanecer cuando el dolor y la desgracia vengan, estoy defendiendo la tranquilidad del hogar de mis hijos a la vez que el reposo y el bienestar futuro de mi país, la dignidad de mi patria..."*

Si los aplausos que se dieron a las casi sacrílegas palabras de Juan Gualberto, al mencionar *las dos patrias* de Máximo Gómez en forma irreverente, demostraron el desenfreno de aquellos ardores, la fiera exclamación del general Lacret Morlot —segundo a nadie en valentía y honradez pero quizás rencoroso en el recuerdo de aquella serena amenaza que una vez le hiciera Gómez de que *un cepo de campaña también se lo doy a un general*—, rayó en la demencia: *¡Si la Asamblea hoy lo ordena y se necesita quien fusile al general Gómez, aquí está un general!"*

El día 12, después de otros acalorados debates, la Asamblea, por mayoría abrumadora de votos, aprobó la siguiente moción, contra la cual votaron cuatro Representantes: los generales Núñez y Monteagudo y los coroneles López Leyva y Céspedes:

*"La Asamblea de Representantes, en atención a la conducta últimamente observada por el General en Jefe del Ejército Cubano, con desobediencia y con menosprecio de los derechos y la dignidad de la Asamblea, como Poder Supremo de la Revolución, acuerda: Destituir de su empleo al General en Jefe, pasando en consecuencia el Mayor General Máximo Gómez, que hasta ahora la desempeñaba, a la clase de reemplazos y suprimiéndose por innecesario y por perjudicial en la actualidad el cargo de General en Jefe."*

Apenas se enteró de su destitución —la tercera desde 1868— Máximo Gómez dio a la publicidad el siguiente manifiesto, dirigido *Al País y al Ejército:*

*"Con las supremas facultades que le son atributivas, la Asamblea de Representantes del Ejército, solamente, acaba de despojarme del cargo de General en Jefe del Ejército Libertador, en cuyo puesto, atento siempre a las inspiraciones de mi conciencia y a las grandes necesidades nacionales, traté en todas las circunstancias de cumplir todo mi deber.*

*"La Asamblea estima como un acto de indisciplina y falta de respeto el que no apoye las gestiones encaminadas a levantar empréstitos de dinero que pueden comprometer para más tarde los grandes intereses financieros y políticos de Cuba, que yo pienso deben entrar a ejercer su propia soberanía de República, de unión y de concordia proclamados en el Manifiesto de Montecristi y sostenidos y mantenidos en los campos de batalla, libre de todo compromiso y siempre dejando a salvo el honor nacional.*

*"Esta es la causa primordial de la determinación que, respecto a mi persona, acaba de tomar la Asamblea. Por lo demás, como hombre sincero, confieso que le quedo agradecido, pues ello me releva de grandes compromisos políticos, a la vez que me deja libre para retirarme a mi hogar abandonado: única aspiración después de treinta años de lucha y brega por la ventura de este país que tanto amo.*

*"Extranjero como soy, no he venido a este pueblo, ayudándole a defender su causa de justicia, como un soldado mercenario y por eso, desde que el poder opresor abandonó esta tierra y dejó libre al cubano, volví mi espada a la vaina, creyendo desde entonces terminada la misión que voluntariamente me impuse.*

*"Nada se me debe y me retiro contento y satisfecho por haber hecho cuanto he podido en beneficio de mis hermanos. Y en donde quiera que el destino me imponga plantar mi tienda, allí pueden contar los cubanos con un amigo..."*

En cuanto fue publicada la réplica del ídolo de la hora, la agitación fue masiva en toda la ciudadanía. Los que sentían sincera simpatía por Gómez se volcaron llenos de odio contra la Asamblea; los colonialistas aprovecharon la ocasión para salir de su escondite y apoyarle como representativo de la cordialidad frente al radicalismo de sus opositores; los colaboracionistas del Protectorado se pusieron de su parte con todos los bríos que carecieron durante la guerra y, finalmente, es innecesario el decir de parte de quién estaba el Gobierno Interventor.

Tanto en la Capital como en el interior de la Isla se efectuaron mítines contra la Asamblea y en favor del General en

Jefe. Grupos de exaltados recorrieron las calles dando gritos de muerte contra los Representantes y quemando muñecos con los nombres de varios de ellos. Donde quiera surgía un improvisado orador que alentaba al populacho a asaltar y quemar las casas de los asambleístas. Muchos de éstos, oficiales distinguidísimos del Ejército Libertador, se vieron obligados a barricar sus hogares con la decisión de vender caras sus vidas frente a aquella chusma alborotadora. El espectáculo aquél —con la inmensa diferencia entre los móviles y los personajes que lo concitaron— puede compararse con la algarabía y la histeria provocadas por Fidel Castro contra el comandante Huber Matos de Camagüey. A tanto llegó la peligrosidad de los desórdenes que la policía tuvo que disolver a golpes los grupos amotinados y Máximo Gómez salir a calmar los ánimos so pena de ser involuntario culpable de algún hecho sangriento contra los Representantes.

Los cuatro Representantes que votaron contra la destitución de Máximo Gómez —Núñez, Monteagudo, López Leyva y Céspedes— publicaron una carta en la que analizaban los pormenores de su actuación y de la cual sus párrafos más esclarecedores, sin duda alguna, son los siguientes:

*"Inconveniente, al propio tiempo, resulta el acuerdo, porque el general Gómez es la encarnación de una idea noble y levantada; la idea de la unión y la concordia entre todos los elementos de esta tierra infortunada, y tal parece como que la Asamblea rechaza ese principio y rasga esa simpática bandera. Perjudicial también aparece esa resolución, porque siendo el General en Jefe lo que en el lenguaje diplomático se llama "persona grata" al gobierno interventor, el acto de desposeerlo de su elevadísima representación pudiera considerarse como de hostilidad manifiesta por parte del ejército cubano hacia el Gabinete de Washington y las consecuencias de ese acto, mírese como se mire y dígase lo que quiera, tal vez las experimenten en primer término nuestros sufridos soldados, nuestros propios mandantes, para quienes es muy posible que se hayan cerrado las puertas de toda esperanza de auxilio o de pago de sus haberes, en cuanto éste dependa de la voluntad de los Estados Unidos...*

*"Porque honradamente creíamos y seguimos creyendo que era poco hábil, poco político y poco cuerdo traer una perturbación más, aquí donde tantas existen; porque entendemos que la Asamblea es la representación legal efectiva del pueblo revolucionario de Cuba, no queríamos que, ni por un momento, apareciera ante el país y ante el gobierno interventor, como*

*tea de discordia, sino como lazo de unión que presentase ante
el mundo civilizado el espectáculo hermoso de un pueblo, que
si había luchado como un solo hombre por el sagrado principio
de la Libertad, unido y compacto luchaba también por la conquista de su personalidad y de su soberanía absoluta..."*

La Asamblea no cedió un ápice de su empecinamiento. Mientras más hostil le era la masa, más drásticas fueron sus medidas. La siguiente víctima de su ira fue Gonzalo de Quesada,
el día 13 de marzo, por medio de la siguiente resolución:

*"En consideración a que los actos realizados últimamente,
ya fuera, ya dentro de la Isla, y que son del dominio público
por su propia notoriedad y la mayor que le diera la prensa, por
el Encargado de Negocios de la Revolución en Washington, señor Gonzalo de Quesada, son contrarios a los intereses que la
Asamblea tiene el deber de promover y amparar, la Asamblea
de Representantes acuerda: Destituir de su empleo al señor
Gonzalo de Quesada, por no merecer la confianza de la Asamblea."*

Quesada prontamente se defendió con esta declaración publicada en los periódicos:

*"El acto de la Asamblea deponiéndome corre parejo con su
conducta hacia el fiel e inmaculado patriota general Máximo
Gómez. No me importa discutirlo porque la Asamblea no representa el sentimiento juicioso del pueblo cubano ni del
Ejército.*

*"Sin que me guiara ningún interés personal, he dedicado
toda mi vida a la causa de la Independencia de Cuba y durante
cuatro años he hecho cuanto he podido por establecer las bases
de las más cordiales relaciones entre los Estados Unidos y Cuba,
seguro de la decisión de los cubanos y sabiendo que los americanos no los juzgarán mal por estos actos precipitados y mal
aconsejados de un grupo de quejosos y ambiciosos. Yo continua-
ré trabajando por el gobierno propio, la reconstrucción y el
orden en mi país natal."*

\* \* \*

Evidentemente, se introducía como decisión un tercer factor
en la contienda: las relaciones entre el pueblo cubano y el
Gobierno Interventor. Como la Asamblea era representativa del

Ejército Libertador, aparecía como discriminatoria hacia el pueblo en general, a quien defendía sus derechos Máximo Gómez, respaldado por el Gobierno Interventor que reclamaba un gobierno de todos, sin diferencias ni distingos de militancia durante la guerra. La dialéctica empleada por Quesada y Mac Kinley, pretendiendo unir, lo que se proponía era dividir. Terciando en la contienda, el Gobernador Militar Brooke formuló una declaración que a todas luces era el clásico tiro de gracia a la Asamblea:

*"Estamos oficialmente autorizados para anunciar que el Presidente de los Estados Unidos no reconocerá ninguna obligación contraída por el cuerpo conocido por "Asamblea Cubana" y que todos los informes o aserciones en contrario son absolutamente falsos."*

De un golpe quedaban destruidos los planes de Cohen y las posibilidades de la Asamblea de efectuar un empréstito cualquiera. Irónicamente, por primera vez McKinley reconocía la existencia de la Asamblea, pero negativamente a ella.

La Asamblea, sin embargo, se resistía a morir sin librar una última y desesperada batalla —cosa que todo el mundo sabía inútil una vez que contra ella se concitaron el antagonismo de las mayorías enardecidas y el manifiesto repudio del Presidente McKinley— quizás si realizando sus miembros que su disolución significaba el derrumbe del último valladar que, simbólicamente, se oponía a la total absorción de Cuba por el Protectorado. El día 14 de marzo hizo públicos sus descargos en una exposición dirigida *Al Pueblo y al Ejército Cubano* firmada por tan excepcional grupo de Libertadores que nos obligamos y honramos en reproducirla íntegramente para con ello contradecir lo aseverado por Martínez Ortiz de que *estéril fue el empeño perseguido con su publicación; pocos lo leyeron íntegro entonces; seguramente menos lo examinarán más tarde como documento histórico...:*

*"La Asamblea de Representantes de la Revolución Cubana se ha visto en la necesidad de destituir del cargo de General en Jefe del Ejército Libertador al Mayor General Máximo Gómez. Y aunque ningún espíritu reflexivo dejará de admirar que para tomar resolución tan grave la Asamblea ha debido tener poderosos motivos, conviene a los intereses de todos que se expongan las razones que han determinado la conducta de los Representantes del pueblo revolucionario de Cuba, a fin de que no*

*se perturbe el juicio de la gente sensata ni se extravíe la opinión de los elementos sanos de nuestra tierra.*

*"En un manifiesto que acaba de dirigir al País y al Ejército, el Mayor General Máximo Gómez procura reducir las causas del conflicto a un solo extremo, afirmando que lo que la Asamblea estima como falta de disciplina de su parte, es que él "no apoya las gestiones combinadas a levantar empréstitos de dinero" que, a su juicio, "pueden comprometer para más tarde los grandes intereses financieros y políticos de Cuba". Comete una sensible inexactitud el Mayor General Máximo Gómez con esa aseveración, porque las faltas de indisciplina y de respeto por él cometidas, arrancan de muy atrás, y se manifiestan en la actitud que asumiera desde que se constituyó la Asamblea.*

*"Porque lo cierto es que el Mayor General Máximo Gómez, soldado brillante en los combates, nunca ha sido un militar disciplinado, obediente a las leyes y correcto ante los Poderes constituidos, a los cuales ha procurado siempre sobreponerse para realizar tan sólo su voluntad más o menos caprichosa.*

*"Con los dos Consejos de Gobierno que ha tenido la Revolución desde 1895, vivió en constante tirantez de relaciones; saben cuantos conocen la historia íntima de la última guerra, que la mayor prueba de patriotismo dada por los cubanos, así los que ejercían autoridad sobre el General en Jefe como los que dependían de la suya, ha sido la de sufrir sus arrebatos dictatoriales y su menosprecio de la legalidad, para no dar, frente al enemigo, el espectáculo doloroso de una deposición que más de una vez se presentó como justificada, conveniente y hasta necesaria.*

*"La Asamblea debía contar con que, limitado su cometido, a la liquidación de la empresa revolucionaria, sería más afortunada con el General en Jefe que lo fueron los otros Gobiernos de la Revolución. Por desgracia, desde sus primeros actos, el General en Jefe disintió, inmotivadamente, de la Asamblea. Decretado por ésta en 8 de noviembre del año pasado el licenciamiento de todos los individuos del Ejército que voluntariamente lo solicitasen, para facilitar de ese modo el sostenimiento de los que quedaran acampados, hasta que se verificase la disolución total del Ejército, en principio decidida, el General en Jefe, a espaldas de la Asamblea, y faltando desde esa hora a su deber, recomendó a los Jefes de Cuerpo el desconocimiento de aquella disposición superior, invitándoseles a que más que nunca mantuviesen nutridas las filas, so pretexto de encontrarnos en circunstancias que no definía ni explicaba, aun cuando las hacía aparecer como muy graves.*

"*Licenciadas las fuerzas del Tercer Cuerpo, por su jefe el general Lope Recio, dio órdenes el General en Jefe a la Brigada de la Trocha, perteneciente a dicho Cuerpo, para que se sostuviese bajo el mismo pie que antes, y hasta intentó reorganizar las fuerzas ya licenciadas, enviando en comisión al Camagüey con ese objeto a un General de su confianza.*

"*Llamado por la Comisión Ejecutiva desde diciembre último para que se acercase a conferenciar en ella, sobre particulares importantes, desatendió los ruegos corteses que más de una vez le fueron dirigidos verbalmente y por escrito.*

"*Extralimitándose de las facultades puramente militares que le correspondían, puesto que el Artículo 21 de la Constitución y el 14 de la Ley de Organización Militar sólo al Gobierno atribuían la dirección de la política de la guerra, levantó bandera personal, propagando un programa propio, sin consultarlo siquiera con sus superiores jerárquicos, y hasta contrariando el sentido general de las declaraciones de la Asamblea, ya que aceptada por ésta el hecho de la Intervención, con los fundamentos expuestos en las Resoluciones del Congreso, de los Estados Unidos, de abril de 1898, la Asamblea deseó siempre marchar de acuerdo con el Poder Interventor, en tanto que el General en Jefe, hasta hace pocas semanas, procuraba juntar a españoles y cubanos para oponer en esta pobre tierra, que acaba de salir de una lucha cruenta, la raza latina a la sajona.*

"*Para robustecer la actitud amenazadora de la paz pública en que se colocaba al seguir su propia personal política, proveyó a un sinnúmero de Jefes y Oficiales de Diplomas con propuestas de ascensos, redactadas en forma ambigua, como si no conociera la autoridad de la Asamblea, a quien debía referirlas, y como si ignorase los Artículos 31 y 32 de la Ley de Organización Militar; y permitió también a los Generales, Jefes y Oficiales que le rodeaban y constituyen parte de su Estado Mayor, la violación a sabiendas del Artículo 42 de la propia Ley, con el uso de insignias y divisas de grados militares de que no están en posesión legal, porque no han sido otorgados por quien únicamente tenía la facultad de hacerlo.*

"*Entró en tratos políticos con enviados del Poder Interventor, desconociendo la autoridad de la Asamblea, y para aumentar la gravedad de esta falta ha mantenido el mayor secreto sobre sus entrevistas y acuerdos con los agentes del Gobierno Americano, lo que hace tanto más inexplicables los móviles de proceder tan misterioso, cuanto que en esas entrevistas algo importante ha debido ocurrir para que súbitamente trocase su actitud, pasando de la hostilidad manifiesta hacia los america-*

— 65 —

5

*nos, a la intimidad más aparente con los representantes de los Estados Unidos.*

*"Al conocerse el resultado de las gestiones practicadas en Washington por los Comisionados de la Asamblea, la Mesa de ésta y la Comisión Ejecutiva empezaron a gestionar, con el fin de que se aumentasen hasta diez o doce millones de pesos la cantidad ofrecida por el Presidente McKinley y para facilitar una parte de sus haberes al Ejército Libertador. Varias corporaciones particulares y 70 Ayuntamientos de la Isla se adhirieron, en los días que median del 26 de enero al 7 de febrero, a la petición formulada por el Municipio de La Habana para que el Poder Interventor autorizase un empréstito con la garantía de las rentas públicas, y cuyo producto se destinase a aquel nobilísimo objeto. Ante ese movimiento de opinión, el Consejo de Secretarios, estimulado por el mismo General Brooke, estaba dispuesto a estudiar una solución que pudiera presentarse al Gabinete de Washington, apoyada por dicho General; y ya el Consejo de Secretarios se había fijado en varias medidas económicas que produjeran ingresos, que sumados a lo ofrecido por el Presidente McKinley podían satisfacer las primeras necesidades de nuestros soldados. Pero el General en Jefe, comprometiéndose por sí y ante sí, sin derecho ni razón, a disolver el Ejército con los únicos tres millones aludidos, paralizó el movimiento iniciado por los Ayuntamientos, secundado por la opinión pública y aceptado por el Consejo de Secretarios y por el General Brooke, anulando por tal manera los esfuerzos de tantas voluntades generosas en favor de los cubanos en armas.*

*"No queriendo desesperar todavía la Asamblea, envió a Matanzas una Comisión de su seno para que conferenciase con el General en Jefe, le pusiese al corriente de la situación, haciéndole ver el daño que causaba a los intereses de la Revolución y del Ejército, al obrar con independencia de la Asamblea; y pidiéndole que cooperase con ésta para que se reanudaran las gestiones que el Consejo de Secretarios y el General Brooke hubieron de comenzar, a excitación de los Ayuntamientos, y que fueron bruscamente interrumpidas por los resultados que se atribuyeron a su entrevista con Mr. Porter. El General en Jefe pareció acceder a estas solicitudes; pero llegado a La Habana desvaneció tal creencia manifestando opiniones propias, enteramente contrarias a las de la Asamblea.*

*"Agotados todos los medios naturales para lograr la indispensable subordinación del General en Jefe, todavía la Asamblea comisionó el día 10 de los corrientes a cinco de sus miembros para que se le acercaran, manifestándole que la Asamblea "con-*

*sideraba necesario en este momento crítico para la Revolución,
la paz y la prosperidad de la Isla de Cuba, requerir del General
en Jefe del Ejército Cubano su adhesión absoluta a sus acuerdos"; y como la Asamblea acababa de declarar insuficientes
los tres millones de pesos a que se ha hecho referencia varias
veces, se pedía únicamente al General en Jefe que hiciera
la misma declaración, a fin de que no apareciesen en divergencia ante la opinión pública y ante los interventores el Poder
Supremo de la Revolución y el General en Jefe del Ejército. Esta
última tentativa de conciliación se frustró por la rebeldía declarada del General en Jefe, quien no sólo manifestó a la Comisión
que no estaba dispuesto a acatar los acuerdos de la Asamblea,
sino que tenía además el propósito de aceptar el dinero que a
título de donativo le entregaría el Gobierno Americano, y que
lo repartiría por sí mismo entre los individuos del Ejército que
estimase acreedores a ello, los cuales desarmaría y licenciaría
en el acto de gratificarlos, prescindiendo en absoluto de cualquier acuerdo de la Asamblea que fuera contrario a su personal
criterio y a la palabra de honor que dijo haber empeñado con
el Gobierno Americano.*

*"Tales son los hechos descarnados ante los cuales la Asam-
blea de Representantes de la Revolución Cubana ha tenido que
detenerse para tomar una resolución decisiva. Con la actitud
del General en Jefe, los elementos revolucionarios, el Ejército
Libertador, la Revolución toda, en una palabra, aparecía sujeta
a dos direcciones contradictorias; y como ese dualismo no podía
subsistir sin esterilizar los mejores esfuerzos, había que escoger
entre estas dos soluciones; o consagrar la dictadura del General en Jefe, inclinándose ante la usurpación de funciones en-
comendadas a ese Cuerpo por nuestra Carta Constitucional o
deponer al General en Jefe, que ni quería someterse ni sabía
dimitir al encontrarse en voluntario disentimiento con la Autoridad Suprema, para que ésta pudiera ejercer libremente su
acción, en provecho del Ejército y del país y en beneficio de
la paz pública.*

*"Planteada de este modo la cuestión, no por voluntad, cierta-
mente, de la Asamblea, sino por deliberado propósito del General en Jefe, no era posible que vacilasen en el cumplimiento
estricto de su deber, los Representantes de la Revolución, que
agotaron todos los medios conciliadores, buscando reiterada-
mente avenencia con el Caudillo esforzado, cuyas dotes militares todos admiraban, y cuya adhesión y sometimiento a las
leyes, con su concurso moral promulgadas, siempre estimaron
un elemento valioso para terminar con gloria, o por lo menos*

*con honor, la empresa redentora en que parte tan principal había tomado.*

*"No pudiendo la Asamblea, ni por decoro ni por patriotismo, consentir en que se sustituyera, con su separación, al Poder legal emanado del sufragio, un Poder personal, nocivo, como todos los de esa índole, a los intereses públicos, y que a más de engendrar probablemente próximos disturbios en el país, había de inocular en nuestra ansiada República el virus odioso de la dictadura militar, los Representantes del pueblo armado de Cuba, mantenedores de la idea de la Independencia, han tenido que resignarse, con tristeza, pero serenamente, ante la necesidad, deponiendo de su cargo al General en Jefe.*

*"Por grande que sea la emoción que esta medida haya causado, por injustificadas que resulten las demostraciones de tumultuosas censuras que formulan principalmente aquellos elementos que durante la larga y gloriosa lucha, en que tantas ocasiones se ofrecieron a los que desearan de veras probar su amor sincero a la Independencia o siquiera su indignación ante las atrocidades de sus enemigos, supieron convivir con los opresores de su patria y permanecieron cuando menos impasibles en medio de tantas y tan espantosas calamidades, la Asamblea sabe que, pasado el primer momento de ofuscación y desvarío, o cuando cansados los agitadores interesados y maliciosos, se serenen los ánimos, podrá contar con la aprobación de los hombres honrados y de cuantos se interesan noblemente por el triunfo del derecho y de la libertad; pero sabe desde ahora mismo que con ella, para amarla, respetarla y obedecerla, en su defensa de grandes intereses comprometidos y del supremo interés de la paz, está ese glorioso Ejército Cubano, al cual sin duda se juntarán todos los compatriotas nuestros que profesan las ideas democráticas, repudian por estéril y funesta la dictadura y fían el porvenir de la sociedad al ejercicio de las instituciones libres.*

*"Y sabe también que ante el pueblo americano no podrá valer como pérfido argumento contra nuestra supuesta y siempre pregonada incapacidad de gobernarnos por nosotros mismos, la actitud que acaba de asumir la Asamblea; pues que sería preciso subvertir las leyes de la realidad y de la lógica para que no apareciese esa suprema resolución suya como la expresión más inconcusa de la firmeza de nuestro carácter político y del respeto profundo a las instituciones nacidas de nuestra voluntad y nuestro convencimiento.*

*"Y por último y sobre todo, sabe la Asamblea que ha cumplido con su deber, sin odio y sin interés mezquino, lamentando*

*el doloroso trance, pero amparada en su conciencia contra el error, la calumnia y la protervia."*

Firmaban esta exposición los siguientes Representantes: Generales Fernando Freyre de Andrade, Hugo Roberts, Armando de la Riva, José Lacret Morlot, Juan Eligio Ducasse, Rafael Portuondo, Pedro Sanz Yánez y Porfirio Valiente; Coroneles Domingo Lecuona, Ignacio Almagro, Juan Manuel Menocal, Aurelio Hevia, José García Pola, Alberto Schweyer, Gerardo Portela, Francisco Díaz Vivó, Julián Betancourt y Manuel María Coronado; Teniente-Coroneles Saturnino Lastra, Carlos Trujillo y José Ramón Villalón; Comandantes Modesto Tirado y Manuel Despaigne; Civiles Salvador Cisneros Betancourt, Arístides Agüero, Manuel Sanguily y Juan Gualberto Gómez.

\* \* \*

El día 14 de marzo la Asamblea intentó un postrer esfuerzo de rebeldía, pero tan a destiempo y mal aconsejado que redundó en su perjuicio, pues apareció como un gesto conciliador y de sumisión a los interventores que había impugnado y combatido. La declaración de Brooke debió haberles bastado para comprender que McKinley no quería saber nada con ella y que cualquier gestión cerca de la Casa Blanca sería pueril, pero la proverbial tenacidad y testarudez de Freyre de Andrade, Sanguily y Juan Gualberto, sus líderes indiscutibles, de nuevo se impuso a la prudencia y a la moderación. Aprobada por aplastante mayoría, la Asamblea aprobó una moción que contenía los tres puntos siguientes:

*1. Dar público testimonio de su profunda gratitud y de la gratitud sincera del Ejército y Pueblo de Cuba por la magnífica asistencia con que el Pueblo y el Congreso de los Estados Unidos robustecieron la causa de la Independencia de nuestra patria, acelerando y asegurando su triunfo; así como de sus más respetuosa consideración y reconocimiento al Presidente y al Gobierno de aquella noble nación por las inequívocas muestras de desinteresadas simpatías y ayuda que con tanta eficacia supieron dar a los cubanos, contribuyendo tan gloriosamente a su Independencia primero, y luego a la reconstrucción política y económica, así como al establecimiento del orden y de la nacionalidad cubana en la Isla arrasada y subvertida por la guerra.*

*2. Manifestar al propio tiempo al Pueblo y al Gobierno de los Estados Unidos que el Pueblo armado de Cuba y la*

*Asamblea, como su legítimo representante, están reconocidos al obsequio de $ 3.000.000,00 con que quiere contribuir el Presidente de los Estados Unidos al alivio y el licenciamiento de nuestros soldados; pero que, fundados en el mayor y más exacto conocimiento del carácter y de las necesidades de nuestro Ejército y de la situación agrícola y económica de nuestro país, la Asamblea de Representantes, porque anhela la paz y se propone coadyuvar a los humanitarios fines de la política interventora, considera su deber ineludible declarar que aquella suma que por honra nuestra no podemos aceptar como donativo, sino en préstamo, es de todos modos insuficiente y, por ende, ineficaz, y, como consecuencia, solicita del Presidente de los Estados Unidos su necesaria autorización para levantar los fondos indispensables que aplicaría exclusivamente a auxiliar a las tropas cubanas, a fin de que puedan licenciarse sin dificultades ni aprehensiones, como medida inexcusable y previa para que la paz impere definitiva y perdurablemente en la Isla de Cuba.*

*3. Nombrar una Comisión de tres Representantes que iría a Washington a gestionar asuntos pendientes y entregar al Presidente McKinley estas manifestaciones; y con facultades para firmar el contrato aprobado el día 9 de marzo con Cohen, si lo consideraba viable después de su entrevista con el Presidente.*

La Comisión se trasladó a Washington y en una entrevista que sostuvo con el Secretario de Estado, John Hay, éste les dijo francamente que, en su opinión, McKinley ni los reconocería ni autorizaría el empréstito con Cohen. Los Comisionados insistieron en hacer llegar a manos de McKinley el memorándum que traían y en conocer la respuesta a él del Presidente. Breve tiempo después el Secretario Hay hizo llegar a manos de Villalón, uno de los Comisionados, la siguiente seca y escueta esquela: *He manifestado al Presidente el objeto de nuestra conversación de esta mañana y me significó dijera a Ud, que no tiene nada más que agregar a la comunicación verbal que ya tuve el honor de hacer a Ud. y al Sr. Hevia...* En buen romance esto equivalía a decirle a los Comisionados que se fuesen al diablo.

Como era de esperarse, la Comisión regresó alicaída. La Asamblea se reunió el 4 de abril para escuchar su informe y después de una corta sesión decretó el licenciamiento definitivo del Ejército Libertador, ratificó el compromiso de pagarles sus haberes una vez constituida la República y, finalmente, acordó su propia e inmediata disolución.

\* \* \*

El Gobierno americano dispuso que se repartieran los fondos del licenciamiento bajo condiciones que resultaron francamente humillantes para los Libertadores. Se les obligó a entregar sus armas y equipos en el momento de cobrar una suma que de $ 100,00 se rebajó a $ 75,00; se fijó la fecha 17 de julio de 1898 como límite de ingreso a filas para tener derecho al cobro; las oficinas de licenciamiento estuvieron situadas en lugares prefijados y bajo la custodia de tropas americanas; no se permitió la concentración de fuerzas cubanas más que hasta el límite de un Regimiento; las armas entregadas fueron vigiladas por tropas americanas una vez recogidas por dos oficiales cubanos que Máximo Gómez designó para cada oficina de licenciamiento y, finalmente, las armas recogidas fueron remitidas a los arsenales de La Habana y Santiago de Cuba para su remisión a los Estados Unidos.

Varios generales mambises renunciaron en protesta apenas vieron el funcionamiento de las oficinas y hubo gran malestar entre los soldados cubanos porque la gran mayoría de ellos se negó a entregar sus reliquias de guerra a cambio de dinero, juzgando, razonablemente, que eso los hacía aparecer como vulgares mercenarios. Gómez usó su influencia con los interventores y éstos suavizaron los términos impuestos, variando las disposiciones para que los Libertadores pudieran cobrar aunque no presentasen arma alguna, para que fueran los Alcaldes municipales los recolectores de ellas y para que las concentraciones de licenciados se hicieran como mejor fuese posible a los interesados. A fines de mayo de 1899 se había completado el licenciamiento y la liquidación de haberes a razón de $ 75,00 por soldado, que importó la suma de $ 2.544.750,00 —fueron en total 33.930 hombres—, lo que arrojó un sobrante de $ 455.250,00, que fue devuelta a Washington por concepto de resto de los tres millones de pesos donados por McKinley.

\* \* \*

*La primera enseñanza histórica. — Gobierno de Brooke. — Leonard Wood. — Elecciones municipales. La Convención Constituyente. (Mayo 1899 - Septiembre 1900.)*

El Partido Revolucionario Cubano había muerto con Martí en Dos Ríos; la Delegación en los Estados Unidos quedó disuelta por orden de Estrada Palma; la Asamblea de Representantes había culminado en un rotundo fracaso y, finalmente, el Ejército libertador se había disuelto. Todas las organizaciones revolucionarias que habían nacido y vivido por y para la Guerra de Independencia quedaban destruídas en la paz. Nada orgánico ni estructural quedaba del móvil ideológico puesto en función por José Martí. El balance post-insurreccional, tristísimo y desconsolador, beneficiaba solamente a la reacción colonialista. Los integristas, autonomistas, anexionistas y, por supuesto, los ingerencistas, estaban de fiesta. El Pueblo, obra de la Minoría Histórica, perdía su vigencia como consecuencia de la perfidia imperialista de la Casa Blanca y de su propia equivocación al jerarquizar la muchedumbre. El Pueblo daba un salto atrás y volvía a su primitiva condición de masa. Las personalidades, los caudillos, sustituirían los principios; la ideología sería triturada por la maquinaria electorera. Se iniciaba la larga senda de frustraciones cívicas. *Los pobres de la tierra* tendrían que esperar por la hora de la futura redención. Los ricos de dinero y de alma caerían bajo el impacto de la *canalla dorada* que los sustituiría. La Revolución quedaba por hacer. Y esto era bueno. Porque en el corazón del Pueblo quedaba la esperanza y la determinación de llegar a realizarla cualquier día a cualquier precio. Para levantar, con su heroísmo, el espíritu de los inconformes y para provocar, con su tenacidad, el renacimiento de los mediatizados y los conformistas. La primera frustración ciudadana fue nuestra primera enseñanza histórica.

\* \* \*

El general John R. Brooke, hombre honrado y pundonoroso militar, realizó su obra administrativa con despreocupación de las cuestiones políticas, cubanas y americanas por igual, con estricta adhesión a los cánones tutelares que se le fijaron. No puede negarse que su mando se distinguió favorablemente para Cuba, pues creó instituciones de orden y derecho que España siempre había negado a los cubanos. La cooperación que recibió de sus colaboradores nativos fue amplia y sin reservas. Brooke fue encarrilando la administración pública por caminos idóneos para el cambio previsto en la Resolución Conjunta. Fueron creados Cuerpos de Policía y de la Guardia Rural, que sustituyeron a los Celadores y a la Guardia Civil, respectivamente. Se creó el Tribunal Supremo de Justicia y se dio vida a los Tribunales Correccionales, en el primero de los cuales se hizo famoso el capitán Pitcher —predecesor del genial Armisén— cuyas rápidas sentencias popularizaron el dicho *Mr. Pitcher no come bolas: ten days or ten dollars* y quien acabó radicalmente con la delincuencia menor y con la cochambrosa vestimenta de carretoneros y arrieros. Se procedió al saneamiento e higienización de las ciudades; se introdujeron métodos administrativos que rompieron el espinazo de la sedentaria burocracia colonial y, gracias a la gestión de Emilia de Córdova, se dio la oportunidad a la mujer cubana de trabajar en las oficinas públicas, algo escandaloso en aquella atrasada españolizante sociedad. El acierto mayor de la Intervención fue el nombramiento de Mr. Alexis E. Frye como Superintendente General de Escuelas, pues este genial pedagogo sentó las bases de la futura educación pública y creó el primer cuerpo magisterial de Cuba, los *maestros de certificado,* que regaran la simiente patriótica que recogerían futuras generaciones en espléndidas cosechas cívicas. Brooke suprimió la Lotería, secularizó los cementerios y dictaminó como válidos, únicamente, los matrimonios civiles. Fue aún más lejos el general americano, pues otorgó, como botín de guerra, la posesión de sus caballos a los soldados cubanos que los tenían en su poder desde la guerra, a pesar de la protesta de sus antiguos dueños, que lo acusaron de *confiscador,* y suprimió de un plumazo *el derecho de puñalada,* odioso privilegio que disfrutaba la familia O'Reilly, a la que había que pagarle una regalía por cada res que se sacrificase para consumo público. La medida de profilaxis social mejor implantada por Brooke fue el ordenar el inmediato ahorcamiento de los bandoleros que asolaban las comarcas orientales en el instante de su captura. Esta saludable medida de Brooke fue copiada en 1959 por el Comandante del Ejército Rebelde, Jefe Militar de la provincia de La Habana y puesta en práctica contra los traficantes de drogas heroicas, lo que dio por resultado la condena a muerte por fusilamiento de un notorio expendedor de mariguana y corruptor de menores.

Durante el período de gobierno del general Brooke, el general Wilson, Gobernador Militar de Matanzas, se opuso a la creación de la Guardia Rural alegando que ofrecía peligro de convertirse en instrumento de una dictadura militar futura y propuso invertir el dinero dispuesto para su creación en ganado, aperos de labranza y reconstrucción de bohíos, seguro de que con esa medida se lograrían mejores resultados que con la otra, cosa que al transcurrir los años resultó una profecía.

En esta época se efectuó un censo de la población, que arrojó la suma de 1.572.845 habitantes, o séase 59.842 menos que en 1887. Partiendo de la base del aumento de los nacimientos sobre las muertes, en 12 años Cuba había perdido, por defunciones y por emigración, cerca de medio millón de habitantes, causada esta tremenda pérdida, naturalmente, por la guerra contra España y las inhumanas medidas de la Reconcentración.

El movimiento obrero cubano dio sus primeros pasos organizativos con el retorno a la Isla de los trabajadores emigrados a la Florida durante la contienda, y quienes habían sido el sostén económico del Partido Revolucionario Cubano. Durante su permanencia en los Estados Unidos habían experimentado los beneficios del unionismo laboral y bajo los auspicios de Ramón Rivero se constituyó, en septiembre de 1899, la Liga General de Trabajadores Cubanos, que acordó las siguientes bases:

1. *Que los obreros cubanos en general disfruten de las propias ventajas y garantías que los extranjeros empleados en las distintas industrias del país.*

2. *Gestionar por todos los medios cuanto tienda a proporcionar ocupación en los talleres a los emigrados cubanos, cuya repatriación se hace necesaria.*

3. *Iniciar una campaña en favor de los intereses morales y materiales de la clase obrera cubana.*

4. *Poner en práctica todo lo conducente a proporcionar oficio a la totalidad de los huérfanos que pululan por nuestras calles, sean o no hijos de Libertadores.*

5. *Estar preparados a la defensa contra todo elemento nocivo que por algún medio pretenda obstaculizar la buena marcha de la futura República Cubana.*

La declaración de principios de la Liga incluyó su afirmación anti-monopolista y el derecho de los trabajadores cubanos al aprendizaje en los empleos cualificados así como a la equidad en el reparto del trabajo, lo que significaba la nacionalización de éste, cosa que combatieron los anarquistas españoles que dirigían los Gremios tabacaleros bajo la premisa —conveniente a los intereses extremistas y antinacionalistas— de que *los trabajadores carecían de patria y sólo tenían un enemigo a quien combatir: el capitalismo...*

* * *

La situación del campesinado no era mejor que la que había sufrido bajo el dominio español, pues seguía atado a la tierra, sin que la poseyese ni disfrutase ampliamente del producto de su trabajo sobre ella. La mediatización forzada por la Intervención impidió la justa confiscación de tierras a los geófagos colonialistas —que se habían aprovechado de las expropiaciones a los terratenientes libertadores— para devolverlas a sus originales propietarios o legítimos herederos o para confiscar legalmente las de aquéllos y repartirlas entre los mambises campesinos. Nada de esto hizo el Gobierno Interventor sino que solamente se preocupó por la reforma administrativa, cosa a que en su tiempo aspiró el autonomismo colonialista. El censo de 1899 fijó la existencia de 60.711 fincas de labor en la Isla, con un área de 262.858 caballerías, de las cuales sólo se cultivaban 26.732. De estas 26.732 caballerías, el 52 % eran labradas por arrendatarios, la mayoría de los cuales, como el restante 48 % de propietarios, empleaban colonos, partidarios y aparceros a quienes explotaban miserablemente.

\* \* \*

La destrucción de la industria azucarera había sido notable y su producción había bajado de 1.004.264 toneladas largas, con un valor de $ 45.440.932,00 en 1895, a 335.668 toneladas largas, con un valor de $ 18.571.839,00 en 1899. Al comenzar la Guerra de Independencia existían 1.100 ingenios; al terminar ésta tan sólo 205. Las cifras ganaderas mostraban un descenso de 3.719.179 cabezas en 1895 a 872.391 en 1899, en las que se incluían vacunos, caballar, porcinos y caprinos. El tabaco había bajado en producción desde 20 millones de libras en 1895 a 8 millones en 1899. El movimiento de la población había sido intenso del campo hacia las ciudades como consecuencia de la Reconcentración, ya que la población urbana había aumentado desproporcionalmente, habiendo ascendido a 741.273 habitantes, o séase un 47,1 % de la cantidad total de habitantes censados. El cuadro demográfico se completaba con las siguientes cifras: agricultores, pescadores y mineros: 299.197; comercio y transportes: 79.427; manufactura e industrias mecánicas: 93.034; servicios profesionales: 8.736; servicio doméstico y personal: 141.936; desocupados: 950.467. De un total de 1.572.797 habitantes, según el censo, más del 50 % de ellos no tenían ocupación lucrativa alguna.

\* \* \*

En la provincia de Oriente su Gobernador, Leonard Wood, alentó el despojo —remedando los *carpetbaggers* de la era de la reconstrucción del Sur americano— de los empobrecidos cubanos, facilitando la penetración del capitalismo financiero y reaccionario en violación descarada de la Ley Foraker, aprobada desde el mes de marzo de 1899 por el Congreso americano. Esta ley decretaba que no se otorgarían concesiones de ninguna clase por los Estados Unidos ni por ninguna autoridad militar o civil en la Isla de Cuba mientras durase la ocupación. Las intenciones del Senador Foraker (según las expresó en su obra "Notes of a Busy Life" (Notas de una Vida Atareada) eran *el acabar con muchos sueños dorados de súbita riqueza, librar a la Intervención de muchas tentaciones y muchas oportunidades de escándalo y el estimular el interés de muchos hombres de negocios para que terminase cuanto antes la Intervención...*

Los finales del año 1899 contemplaron un gran adelanto en la obra administrativa de Brooke, algo que la Intervención dejó como saldo positivo. Pero también los cubanos no percibían el fin de ésta, tal como les había sido prometido por Quesada y Lanuza, sino por el contrario, veían asombrados el incremento de una campaña proanexionista y de otra en pro de la indefinida extensión del Protectorado. Personajes americanos que antes se pronunciaron en favor de la Independencia ahora se manifestaban abiertamente por la anexión. Porter, el enviado personal de McKinley, aseguraba que *el porvenir de Cuba sólo puede residir en la anexión...,* que a una futura Asamblea se le presentarían tres soluciones: *Cuba, república independiente; Cuba, república bajo el Protectorado americano, y Cuba, anexada...;* y que *los Estados Unidos nunca se anexarían a Cuba por la fuerza...* El antiguo Cónsul y ahora General, Fitzhugh Lee, no paraba en mientes para defender la permanencia interventora y en Washington se daba por cierto la sustitución del general Brooke por el general Wood, ya que éste simpatizaba con la anexión, cosa que repudiaba aquél. La incógnita de las intenciones de la Administración McKinley sobre Cuba se aclaró un poco como consecuencia del Mensaje al Congreso, del Presidente, el 5 de diciembre de 1899, en el cual especificó con relación a Cuba lo que sigue:

*"Esta nación ha contraído ante el mundo entero una grave responsabilidad relacionada con el futuro buen gobierno de Cuba. Hemos aceptado un deber sagrado, cuyo cumplimiento exige la más severa honradez en los fines y el ejercicio del más alto grado de la sabiduría. La Nueva Cuba, que ha de surgir de las cenizas del pasado, tiene que estar necesariamente ligada a nosotros por vínculos especiales de intimidad y fuerza, si es que ha de asegurar su perdurable bienestar. Si estos vínculos han de ser orgánicos o convencionales, es lo cierto que los futuros destinos de Cuba, de cierta forma y manera legítimos, están irrevocablemente unidos a los nuestros, pero sólo es dado al porvenir el determinar hasta dónde y en vista de los acontecimientos. Sea cual fuere el resultado, debemos cuidar de que Cuba Libre sea una realidad y no un mero nombre; una entidad*

*perfecta, y no un experimento que lleve en sí los elementos del fracaso. Nuestra misión, para cuyo cumplimiento le declaramos la guerra a España, no se cumple soltando una comunidad débilmente organizada, para que le haga frente a las vicisitudes consiguientes a las potencias débiles, cuya riqueza y abundantes recursos naturales suelen compensarse mediante la deficiencia de su organización política y las coyunturas que se repiten para las rivalidades internas, que propenden a minar sus fuerzas y a disipar sus energías..."*

Toda la elegante palabrería del mensaje podía quedar resumida en lo siguiente: Cuba ha de estar ligada a nosotros de cualquier manera; el futuro dirá cómo ha de ser; no la soltaremos hasta estar seguros de lo primero.

Los rumores de sustitución del Gobierno Militar por uno Civil se recibieron en Cuba con manifiesta hostilidad por cuanto ello significaba una violación de lo estatuido en la Resolución Conjunta. El Consejo de Veteranos, movido por la angustia que consumía a los cubanos separatistas, envió un mensaje a Mac Kinley en el cual le dejaban saber el sentimiento que los afligía y al que el Presidente no prestó atención alguna:

*"Consejo de Veteranos de la Independencia en esta capital, informado de que el Gobierno Americano proyecta modificar el carácter de la ocupación militar, creando un Gobierno Civil americano, considera que semejante medida altera los nobles fines de la intervención de los Estados Unidos en nuestra lucha con España.*

*"Intérpretes de la opinión de la mayoría del país, el Consejo de Veteranos pide respetuosamente al Presidente de los Estados Unidos que, lejos de alterar el carácter de la ocupación militar, la mantenga con su índole transitoria y provisional, apresurando, cuanto sea posible, la creación de los organismos electivos que deben constituir el gobierno estable y puramente cubano al que, según la Joint Resolution de 19 de abril de 1898, debe entregarse la Isla independiente y soberana.*

*"Toda alteración que no se encamine a ese fin, provoca recelos y siembra alarma en este pueblo, que aspira a encontrar siempre en el de los Estados Unidos un grande y generoso amigo."*

Los esfuerzos fueron vanos. El día 13 de diciembre de 1899, McKinley nombró a Leonard Wood para el cargo de Gobernador General de la Isla. Se iniciaba en Cuba la era de *big busines politics*, o séase la era de la política de los grandes negocios.

El austero militar profesional que era Brooke había sido cambiado por el militarista ambicioso Wood. La Casa Blanca, duélenos decirlo, se puso al servicio de Wall Street.

\* \* \*

El período de gobierno del general Wood fue pródigo en contradicciones y en dinamismo administrativo, tal como correspondía tanto a su personalidad como a la política exterior estadounidense de la época. Era Wood, indudablemente, el prototipo de los constructores del imperio financiero y político de la Unión y estaba dotado de todas las condiciones necesarias para llevar a cabo sus empeños. No era militar de profesión sino médico y, sin embargo, hizo una carrera de armas vertiginosa que hasta le ganó la más alta condecoración de su patria en la lucha contra los indios apaches: la Medalla de Honor del Congreso. No era un político militante y no obstante poco le faltó para ser postulado a la Presidencia de los Estados Unidos. No era diplomático acreditado y dio clases a los sesudos del State Department de cómo cabildear entre los bastidores del Congreso y la Casa Blanca. Fue impugnado, acusado y juzgado por el Comité de Asuntos Militares del 58° Congreso —a instancias de varios generales del Ejército americano— y encontrado inocente y además ratificado en su ascenso a Mayor General, saltando en el escalafón sobre graduados de West Point. Contó con el apoyo personal de tres Presidentes: McKinley, Roosevelt y Taft y solamente el Presidente Wilson, en 1918, le hizo paladear la amargura de un fracaso, pues le negó, en favor del general Pershing, la jefatura de las Fuerzas Expedicionarias Americanas en la Primera Guerra Mundial, cosa que era la suprema y final aspiración de Leonard Wood. Las razones que dio Woodrow Wilson a un defensor de Wood del porqué de su decisión de no comisionarlo a Francia al frente de las tropas expedicionarias es elocuente y puede servirnos de introducción al personaje:

*"En primer lugar, no lo mando porque el general Pershing ha manifestado que no lo quiere, y en segundo lugar, porque la oposición del general Pershing a que se mande al general Wood está muy bien fundada. Donde quiera que va el general Wood hay controversias y diversidad de criterios. En este lado de los mares, nosotros podemos arreglarlo todo, porque no se está combatiendo aquí; pero sería fatal que ocurriera en el frente o en cualquier lugar cercano al frente.*

*"Yo he tenido mucho que ver con las actuaciones del general Wood. Es un hombre de extremada habilidad; pero evidentemente incapacitado para someterse al juicio de los superiores en jerarquía. Lamento mucho que su gran habilidad no se pueda aprovechar en Francia; pero, por fortuna —y lo hago saber a placer— le podemos aprovechar para entrenar los soldados en estos lugares, tarea para la que está grandemente capacitado y que viene cumpliendo con diligencia y éxito..."*

Su paso por la gobernación de Cuba, que después de todo no fue más que un reflejo de la política de McKinley, historiológicamente considerado, no nos interesa el analizar detalladamente en su obra administrativa sino el demostrar cómo su persona y sus métodos influenciaron negativamente en la creación de la República. Dos distinguidos y bien reputados historiadores, uno americano y otro cubano, han dejado semblanzas de Leonard Wood que nosotros, con honor, reproducimos, ya que ellas al tiempo que describen al personaje ilustran sobre sus métodos operacionales y de gráfica manera hacen el recuento de su período de gobierno. Del primero de los prominentes autores referidos, A. G. Robinson, traducimos de su obra "Cuba and the Intervention" (Cuba y la Intervención):

*"El general Wood se había convertido, así de hecho como nominalmente, en el Gobernador de la Isla, aunque ello era contrario a los propósitos expresos del país que representaba. Él mantenía la necesidad en que estaba el cubano de tener un gobierno y justificaba su conducta llamando preferentemente la atención del público sobre sus obras, la paz y el orden reinantes en la Isla entera, la limpieza de las calles, la reducción de la mortandad y el desarrollo educacional. Al adoptar esta actitud, el general Wood pasaba por alto otros factores que eran de importancia suprema. La paz y el orden se mantenían por el carácter genuinamente pacífico y ordenado del pueblo. Él se arrogaba a sí mismo y a su gobierno el crédito por la lucha paciente y sin ostentación que con tanta persistencia mantenía el pueblo cubano para la restauración de su patria y el establecimiento de un nuevo orden político y social.*

*"Es probable que no pocos de los males en los gobiernos municipales de Cuba, especialmente en el de la ciudad de La Habana, dependieron del poco tacto y diplomacia del general Wood, de su desconfianza en la capacidad cubana y de su deseo de gobernar todos los Departamentos de conformidad con sus propias ideas. Esto pudo obedecer a un deseo sincero de gobernar movido por altos ideales; pero encierra una apreciación vanidosa*

*de sus propios ideales. Está fuera de toda duda que su actitud provocó resentimiento, y es más probable que mucha de la confusión resultante se debió a la falta de armonía entre los que deseaban un gobierno propio y se consideraban capacitados para ejercerlo, y el funcionario superior cuya actitud demostraba a las claras desconfianza en la capacidad y competencia de sus gobernados..."*

Del segundo de los autores, el notable historiador cubano Dr. Herminio Portell Vilá, transcribimos su calificado juicio sobre Wood, tomado de su detallada obra titulada "Historia de Cuba en sus relaciones con los Estados Unidos y España":

*"Mucho se ha hablado de los cambios de Wood en la judicatura y el sistema de administrar justicia en Cuba por quienes se empeñan en justificar todo lo hecho por él como reformas esenciales, prudentes y correspondientes a un plan progresista y bien integrado. Nada está más lejos de la realidad que ese juicio; y cualquiera que haya estudiado el derecho y los procedimientos en Cuba, y al mismo tiempo conozca el régimen jurídico norteamericano, no puede menos que concluir que los cambios y las innovaciones de Wood respondieron a la arbitrariedad y falta de coordinación de que dio abundantes pruebas durante su gobierno y que, desgraciadamente, nada hicieron para interrumpir la tradición administrativa de caprichosas imposiciones y creciente complicación en que España había fundamentado su sistema colonial y que así fue transmitida, íntegra o con extraños y poco científicos aditamentos, al régimen republicano. Además de la impracticabilidad, el conflicto y la perturbación causados por tales cambios, éstos dejaban un sedimento de futilidad de la ley ante la voluntad del ejecutivo, que iba a causar gravísimos perjuicios en la vida republicana de la Isla. Si todavía hay quienes creen que la intervención militar americana en Cuba tuvo por objeto preparar a los cubanos para el gobierno propio bajo un régimen democrático, hay que preguntar, a los que así opinan, si tales objetivos eran posibles con el ejemplo dado por Leonard Wood en sus años de dictadura en Cuba, durante los cuales sus aciertos y sus desaciertos, que fueron igualmente numerosos, tuvieron siempre la característica de imposición inconsulta, de decisión arbitraria e inapelable, en que su voluntad era ley y no había tribunales, ni congreso, ni autoridad superior a la suya, en la Isla, que pudiera llamarle a capítulo, vetar sus disposiciones o declararlas inconstitucionales.*

*"Fácil es a los apologistas de Leonard Wood y a los interesados*

*partidarios de la intervención norteamericana en Cuba el destacar reformas dignas de loa y significativos progresos que, más que nada, prueban el adelanto y la inteligencia del pueblo cubano; pero si al general Wood se le acreditan mejoras, también hay que cargarle la responsabilidad de lo que no hizo, de lo que deshizo y de lo que quedó mal hecho, y, por sobre todo ello, la influencia malsana de su ejemplo de gobierno personal e infalible que pesa sobre la historia política de Cuba hasta nuestros días. Para decirlo de una vez, Leonard Wood no representa en la evolución política del pueblo cubano la inyección de las instituciones norteamericanas de gobierno propio y responsable y respetuosos de la ley, a estilo de los Estados Unidos, sino un último gobernador colonial a la española, pero más progresista y más justo y con mayores facultades que sus predecesores.*

*"Mientras Wood jugaba a la dictadura personal y ponía en el juego sus pasiones, sus preferencias y sus instintos, su ejemplo ejercía los más desmoralizadores efectos sobre el futuro político de Cuba, porque tanto a los pro-españoles, a los pro-norteamericanos y a los indiferentes, que estaban al lado de la autoridad en ejercicio, como a los partidarios de la independencia a quienes los Estados Unidos habían demostrado su preparación y determinación de controlar los destinos de Cuba, el despotismo ilustrado de Wood, y la infalibilidad y los caprichos de este gobernador omnipotente y omnisapiente abrían horizontes insospechados respecto a las arbitrariedades que era posible cometer impunemente en la administración pública mientras se conservase el orden y se tuviese la confianza del gobierno de Washington. El ideal de todo político cubano desprovisto de escrúpulos, llegó a ser el ejercicio del despotismo benévolo del tipo de Wood, en el que el país obedeciese sin chistar a cambio de una elemental satisfacción de sus necesidades materiales por parte del gobierno..."*

\* \* \*

Pero en toda justicia, aunque nos abochorne el admitirlo, no fue solamente Wood el culpable de que el sentimiento patriótico cubano degenerase y decreciese en su capacidad revolucionaria. Muchos cubanos, y de ellos algunos notables ciudadanos, se expresaron en favor de la indefinida protección interventora, ya que dudaban de la capacidad gubernativa de aquellos que les habían llevado a la victoria en la guerra. El general Gómez, una vez disuelto el Ejército Libertador, carecía de ascendencia material sobre sus antiguos miembros y la ausencia de

6

Martí, Maceo y Calixto García era por demás imposible de llenar. Los generales libertadores más notables vivían bajo la pesadumbre de no poder enfrentarse a la situación so pena de ser considerados insurrectos en potencia. El liderazgo de la sociedad, bajo la Intervención, había pasado del liberalismo revolucionario a un sector conservadorista rayano en la reacción. Las clases económicas establecidas deseaban a todo trance mantener el *status quo* que, sin alteraciones radicales ni cambios drásticos, les mantuviese su falso carácter de *fuerzas vivas* y para eso, y amparándose en el derecho a la libertad proclamado por la Intervención —que siempre fue negado a los cubanos por sus protectores y protegidos españoles— se permitían predicar abiertamente contra la independencia fuera de la tutela, reviviendo la infamia autonomista, en órganos de prensa que convenientemente habían cambiado de nombre pero no de línea política. Lo que esta conjunción de viejos politicastros coloniales y de nuevos autonomistas pretendían —y finalmente lograron— fue la permanencia del mismo collar colonialista. Pero con diferente perro.

La prueba documental es irrebatible. Saliéndonos del estricto marco cronológico, puesto que estas cuestiones empatan unas con otras a pesar de que sucedieron en fechas distintas, veremos cómo el cansancio y los temores a una nueva contienda en algunos próceres cubanos se entremezclaron con los designios imperialistas de la Casa Blanca para producir una poda de libertad en Cuba para que de ésta brotara el denigrante sarmiento que fue la Enmienda Platt.

\* \* \*

En abril de 1900 se promulgó una Ley Electoral, conforme a la cual debían celebrarse elecciones municipales. Wood se pronunció contra el sufragio universal, a favor del cual estaban los Libertadores lidereados por Bartolomé Masó. El argumento esgrimido por Wood fue contundente por su autocratismo y cretinismo: *Pienso que debe restringirse el derecho electoral; un bien creo esto: deben votar los que sepan leer y escribir, los que hayan militado en las filas del ejército separatista y los mayores de 21 años que posean $250,00, por lo menos, aunque no sepan leer ni escribir ni hayan peleado por la patria. Todo aquel que al llegar a los 21 años no ha tenido la laboriosidad suficiente para reunir $250,00 o no ha podido aprender a leer y escribir o no ha ido a defender a su patria estando en guerra, es un elemento social que no merece se cuente con él para fines electorales: ¡que no vote!...* Esta descarga, producida después de haberse publicado los resultados del censo de 1899, no merece comentarios. Las elecciones municipales se celebraron con la concurrencia a ellas de dos partidos municipales: el Nacional y el Republicano. El primero contaba su más fuerte baluarte en La Habana y el segundo tenía el suyo en Las Villas. En realidad ninguno de ellos era un partido completamente nacional y ambos carecían de programa e ideología. La lucha entre ellos se redujo a la selección de personalidades en razón de sus simpatías o en las de los interventores. Era el primer ejemplo de mixtificación del proceso democrático-representativo de los muchos que sufriríamos los cubanos. Máximo Gómez resultó involuntario Gran Elector, pues aunque no hizo pública demostración de simpatías expresas por candidato alguno, el hecho de haberse agrupado en el Republicano los más notables componentes de la Asamblea del Cerro, la opinión pública lo situó al lado del Nacional y por éste se inclinó la balanza sufragista. En los momentos pre-electorales se habló de revivir el Partido Revolucionario Cubano, pero Máximo Gómez hizo una trascendental declaración: manifestó que no deseaba *un Partido Revolucionario porque eso olía a machete y a Yo Mando.* Dijo además: *Ya pasó la guerra y quien estuvo en ella no vale más que el que no estuvo; cada uno hizo lo que pudo; hoy todos son ciudadanos iguales...* El viejo héroe estaba cansado, no queda duda alguna de ello. La idea de un nuevo período insurreccional le angustiaba y el conocimiento de su debilitación física le movía al apaciguamiento en una reacción propia de sus luengos años y de sus tristes experiencias. No es que hubiera olvidado la decisión de José Martí: *¡Revolución es la que vamos a hacer en la República...!,* sino que el tiempo había domado los bríos del cáustico paladín que ahora se conformaba con unas elecciones municipales y le hacía no recordar su pensamiento revolucionario de hacía apenas un año antes, y expresado en esta forma en su *Diario de Campaña:*

*"Los americanos están cobrando demasiado caro con la ocupación militar del país, su espontánea intervención en la guerra que con España hemos sostenido por la Libertad y la Independencia. Nadie se explica la ocupación. Así como todo espíritu levantado, generoso y humano se explicaba, y aún deseaba la intervención. Siempre es laudable y grato el oficio de factor de paz y concordia, de armonizador, pero indudablemente queda desvirtuada la obra cuando en ella se ostentan sin reparo el espíritu y las tendencias de especulación. La actitud del Gobierno americano con el heroico pueblo cubano, en estos mo-*

*mentos históricos, no revela más que, a mi juicio, un gran*
*negocio, aparte de los peligros que para el país envuelve la*
*situación que mortifica el espíritu público y hace más difícil*
*la organización en todos los ramos, que debe dar, desde un*
*principio, consistencia al establecimiento de la futura Repú-*
*blica; cuando todo fuera obra completamente suya, de todos*
*los habitantes de la Isla, sin distinción de nacionalidades.*

"De todas estas consideraciones se me antoja creer que, no*
*puede haber en Cuba verdadera paz moral, que es la que nece-*
*sitan los pueblos para su dicha y ventura, mientras dure el*
*gobierno transitorio, impuesto por la fuerza dimanante de un*
*poder extranjero y, por tanto, ilegítimo e incompatible con los*
*principios que el país entero ha venido sustentando tanto tiempo,*
*en defensa de los cuales se ha sacrificado la mitad de sus hijos*
*y han desaparecido todas sus riquezas.*

"La situación, pues, que se le ha creado a este pueblo, de*
*miseria material y de apenamiento por estar cohibido en todos*
*sus actos de soberanía, es cada día más aflictiva, y el día que*
*termine tan extraña situación, es posible que no dejen los*
*americanos aquí ni un adarme de simpatía..."*

Las elecciones celebradas tuvieron como rúbrica dos comunicaciones: una de Máximo Gómez a Leonard Wood y una de éste
al Secretario de la Guerra, Elihu Root. Dijo el primero al
Procónsul: *Dos días felices he tenido en mi vida: aquél en que*
*vi arriar la bandera española del Morro y hoy, al ver el orden*
*en que se han efectuado las elecciones. El tercero será el día en*
*que vea enarbolar la bandera cubana...* El segundo cablegrafió
a su superior en Washington: *Las noticias que he recibido de*
*toda la Isla demuestran que las elecciones han sido perfecta-*
*mente ordenadas y pacíficas. No se me ha dado cuenta de un*
*solo disturbio. Casi todos los electores registrados han votado.*
*Todas las noticias son satisfactorias...*

El colofón a esta primera farsa electoral lo suministra un
párrafo de un "Curso de Historia de Cuba" enseñado a nuestros
jóvenes en las Escuelas Secundarias: *El pueblo de Cuba tam-*
*bién podía sentirse satisfecho. Las elecciones habían sido pre-*
*paradas con imparcialidad y el cuerpo electoral había demos-*
*trado fe. Confiaba en los elegidos, y éstos, a su vez, por regla*
*general, se preparaban a cumplir nuestros deberes cívicos en*
*los cargos para los que habían sido electos...*

\* \* \*

El general Wood dio un viaje a Washington y regresó reservado e incomunicativo. El día 25 de julio de 1900, la "Gaceta Oficial" publicó un decreto que se reveló como la manzana de la discordia en aquel *Jardín del Edén* interventor. Decía así su más importantísima parte:

*"Por cuanto el Congreso de los Estados Unidos, por su Resolución Conjunta de 20 de abril de 1898 declaró:*

*"Que el pueblo de Cuba es y de derecho debe ser libre e independiente.*

*"Que los Estados Unidos por la presente desechan todo deseo o intención de ejercer soberanía, jurisdicción o dominio sobre la Isla, a no ser para la pacificación de ella y declaran su determinación, cuando ésta se realice, de dejar el Gobierno y dominio sobre la Isla.*

*"Por lo tanto se ordena que tenga lugar una elección general en la Isla de Cuba, el tercer sábado de septiembre de 1900, para elegir delegados a la Convención que habrá de reunirse en la ciudad de La Habana a las doce del primer lunes de noviembre del año de 1900, para redactar y adoptar una Constitución para el pueblo de Cuba y como parte de ella proveer y acordar con el Gobierno de los Estados Unidos en lo que respecta a las relaciones que habrán de existir entre aquel Gobierno y el Gobierno de Cuba y proveer por elección del pueblo, los funcionarios que tal Constitución establezca y el traspaso del Gobierno a los funcionarios elegidos..."*

\* \* \*

De nuevo aparecía la trampa disimulada entre toda la palabrería previa acerca de promesas y derechos. La limitación a la soberanía era explícita porque aparecía implícita en la frase *...y como parte de ella,* refiriéndose a la futura Constitución, como los posteriores hechos se encargaron de probarlo. La política exterior de los Estados Unidos —como la de toda otra gran potencia— siempre se ha caracterizado por el *double-dealing,* o rejuegos, en sus relaciones con los pueblos pequeños y débiles militarmente y por su vacilación y concesiones ante los poderosos. La prueba más palpable de ello la tuvimos en lo que se conoció como Carta del Atlántico. Allí se declaró categóricamente *el derecho de todos los pueblos a escoger la forma de gobierno bajo la cual vivirán... y el gobierno propio restaurado a aquellos a quienes se les ha quitado por la fuerza...,* pero todo cambió cuando los pueblos africanos y asiáticos interpretaron lo primero como un repudio al colonialismo franco-inglés y Stalin, en Yalta, no aceptó lo segundo para los países europeos que sus tropas ocupaban. El final que tuvo la Segunda Guerra Mundial, que entonces pareció un triunfo del y para el mundo democrático, no fue más que una solución a medias —las Naciones Unidas— un *dejar pasar* que, cual bumerang, retornó a Washington con una etiqueta que decía: *Made in Russia.*

\* \* \*

Al instante de hacerse pública la convocatoria a la Constituyente comenzaron las polémicas entre los cubanos inconformes y los conformistas. Estos últimos estaban formados por los españolizantes y colonialistas, los comerciantes adinerados y los patriotas que ansiaban, sobre todo, el quitarse de encima cuanto antes al Gobierno Interventor, al precio que fuese, inclusive el orgullo nacional. Los primeros sentían muy profundamente la frustración del ideal libertador pero también se hallaban muy comprometidos con la actuación de la Asamblea del Cerro y comenzaban a ser infiltrados por colonialistas y españolizantes rencorosos de los Estados Unidos. No podemos pensar hoy en términos de Partidos con doctrinas y programas para aquella época, sino en personalidades y proselitismo electoral. Las ideas nacionalistas y anti-imperialistas de Martí se desecharon por conflictivas con la Intervención y, por lo tanto, la opinión pública cubana que comenzaba a gestarse se guiaba por los pronunciamientos que sobre las cuestiones políticas hacían los hombres públicos a quienes contemplaba como sus conductores y maestros. O séase, que el viejo vicio español del caudillismo ahora se vestía con un ropaje yanqui de politiquería de Comités y Asambleas.

Lo que podemos llamar *neutralización* de Máximo Gómez, unido a su repudio a la creación de un Partido Revolucionario, privó completamente al pueblo cubano de un instrumento de acción revolucionaria que no fuera el parlamentario. Y para llegar al Parlamento se necesitaba, en aquella época, el aval de una personalidad relevante en la cosa pública o la manifiesta simpatía del Interventor. Como algunos de los más preclaros patriotas formaban parte del Gobierno Interventor, era solamente natural que sus opiniones influyesen pesadamente en el ánimo público y que fuesen consideradas, al publicarse, como oficiosas o reflejo del pensamiento del nuevo *Señor Gobernador.* El ámbito estaba candente desde que el general Rius Rivera, en su carta-impugnación al maridaje de mambises y autonomistas en una Unión Democrática que proclamaba como su base programática al Tratado de París en lugar de la Resolución Conjunta, propuso que todos los Partidos exigieran al unísono la convocatoria a elecciones Constituyentistas y Presidenciales, cosa que implicaba un repudio al Protectorado y la anexión y lo cual costó a Rius Rivera la salida del Gabinete Interventor del cual formaba parte. Al establecerse que la creación de la República se circunscribiría al terreno constitucional, previa una elección popular, los incipientes políticos cubanos inmediatamente se movilizaron y, conforme a la tradición, empezaron a opinar al respecto. La base o fundamento de la controversia entre los cubanos se centró en el problema de la parte que tomaría el Gobierno de Washington en la redacción de la Constitución y en la consideración de lo que significaba para Cuba la ingerencia americana.

Enrique José Varona, la más cultivada mentalidad educacional y filosófica de Cuba en aquellos momentos pero escéptico y tibio revolucionario, a la sazón Secretario de Instrucción Pública en el Gabinete de Wood, renunció a su postulación como Convencional por Camagüey para no verse envuelto en la controversia, pero al mismo tiempo sentó las bases de un inoportuno fatalismo con estas frases de su carta al general Ramos:

*"La intervención vino porque tenía que venir; porque estaba anunciada desde la época de Grant, cuando el Gabinete de Washington declaró que no podía consentir a sus puertas un país en insurrección permanente. Y sólo hubiera dejado de venir en la forma material de la ocupación militar, si los cubanos hubiéramos tenido fuerza bastante para vencer a España y expulsarla de nuestro territorio, o España previsión bastante para pactar con los cubanos. No ocurrió lo uno ni lo otro; y los Estados Unidos intervinieron con sus fuerzas de mar y tierra; y a su intervención se debe que la furia española y la desesperación cubana no hayan convertido a Cuba en un yermo sembrado de escombros y cadáveres. Los Estados Unidos han salvado a Cuba para la civilización y la humanidad; y éste es un título eterno a nuestra gratitud, les da, a los ojos del mundo y en el estado actual de esas relaciones que se amparan del nombre del Derecho Internacional, un título, que ninguna potencia les disputará, a considerarse parte en la constitución de nuestro gobierno definitivo.*

*"Si los Delegados a la Convención se obstinan en pretender que en las relaciones internacionales de Cuba, cualquiera que sea su índole, nada tenga que decir el Gobierno de Washington, vamos a dar contra un muro infranqueable y podemos encontrarnos, por muchos años, en la posición de las provincias otomanas que Austria-Hungría administra y ocupa militarmente..."*

González Lanuza, prominente jurista, a los requerimientos de Manuel Sanguily, respondió con no menos pesimismo y conformidad:

*"Creo que la intervención de hecho ha de durar más de lo que el Partido desea y los mismos interventores dicen; y entiendo que, para el bien de Cuba, es conveniente que dure un poco más. El Partido que hoy va a aprobar definitivamente su programa tiene dos afirmaciones capitales: primera, que la intervención americana debe cesar en Cuba lo antes posible —cuanto antes mejor—; y segunda, que en este país debe constituirse, en el más breve período, un Estado soberano cuya soberanía, completa, total, no esté sometida a ninguna limitación. No estoy conforme con ninguna de ambas afirmaciones capitales del Partido Republicano.*

*"Preveo que Ud. dirá que soy partidario del "Protectorado". Sea; no discutiré el nombre; hasta confesaré que me parece propio y adecuado a la cosa. Y claramente lo digo, porque ocultarlo equivaldría a abochornarme de mis pensamientos y no comprendo que nadie tenga que avergonzarse de lo que en su corazón, en su cabeza nace y germina sin ningún motivo ruin. Nuestro íntimo contacto y relación permanente y sólida con los Estados Unidos es cosa ya definitivamente establecida, real y verdadera, traída, preparada, producida al par que por razones geográficas por una larga serie de acaecimientos históricos; hecho que tomará ya unas, ya otras formas, pero que no nos es dado borrar ni mucho menos 'desacaecer'..."*

Tomás Estrada Palma, posteriormente Presidente de la República, fue consultado por el general Núñez y por Gonzalo de Quesada y se mostró decidido partidario de lo que luego sería vergonzante apéndice constitucional, pues dijo ambiguamente al referirse al rechazo de la Convención a las pretensiones ingerencistas de Washington:

*"Tal vez se habría encontrado una fórmula honrosa y términos adecuados, para conceder sin resentimiento algo de lo que aquel Gobierno pide, en cambio de lo que tanto necesita nuestro país para promover su prosperidad, que es fuente positiva de bienestar común, y, por consiguiente, base firme de paz, de orden y de gobierno estable..."*

\* \* \*

No puede ser pretensión nuestra el explicar todo el proceso que llevó a la Convención Constituyente a aceptar la imposición de la Enmienda Platt, especialmente cuando existen obras históricas tan minuciosas como "Proceso Histórico de la Enmienda Platt", de Manuel Márquez Sterling, y "La Historia de la Enmienda Platt", de Emilio Roig de Leuchsenrig, sin pasar por alto los capítulos dedicados a ella por el Dr. Portell Vilá en su obra ya citada, pero sí esforzarnos por sintetizar y destacar los hechos y las circunstancias históricas y humanas —historiológicos— que decantaron en el menoscabo de nuestra Independencia y en la maldición cívica que tomó arraigo en nuestra patria bajo el remoquete de *fatalismo geográfico.*

El grado de osadía a que llegó la reacción bajo la égida de la Intervención una vez disueltos los organismos revolucionarios puede aquilatarse al leer los siguientes párrafos del periódico "El Nuevo País", que antes fuera "El País", vocero del autonomismo:

*"Cuba no está bien preparada para la independencia absoluta. Es necesario establecer el gobierno de este país de un modo que realice la conservación del orden y la paz con procedimientos conservadores y evolucionistas. No se debe ir sin transición al gobierno independiente, sino de un modo lento y gradual capaz de formar en los cubanos hábitos de gobierno y servirle de educación pública."*

*"Independientes son las tribus errantes del Sahara; independientes son Santo Domingo y Haití; independientes viven Venezuela, Colombia, Guatemala, Costa Rica, Ecuador, etc.; ¿es ésa la independencia que quieren los radicales? El derecho de asesinarnos recíprocamente en campos y poblados, para la elección de un déspota a quien se llame "Presidente" por eufemismo, ¿es la aspiración suprema de los que a sí propios se llaman los más y los mejores entre los cubanos...?"*

Bajo Wood, hasta el catolicismo ultramontano que, como vimos, apoyó decididamente a España y aplaudió las abominables medidas de Weyler, presentó a Cuba reclamaciones que le correspondían hacer a España y que, sin embargo, les fueron pagadas por la Intervención para granjearle votos católicos en los Estados Unidos al Presidente McKinley. A Horacio Rubens se le obligó a renunciar su cargo en la Comisión de Impuestos porque propuso se gravasen las tierras baldías propiedad de latifundistas. Y el comandante Estes G. Rathbone, Director de Correos —uno de los que iba a enseñarnos buen gobierno—

cometió un escandaloso fraude en su Departamento, pero por conveniencias políticas le fue echada tierra al turbio asunto.

No deben quedar dudas en la mente de nadie que las clases explotadoras se aliaron a la Intervención y al anexionismo con el propósito de entorpecer el camino hacia la República. El discurso pronunciado en la Cámara de Representantes por Towsend Scudder, en repudio a la Joint Resolution y en apoyo a la Enmienda Platt, demuestra ciertamente el flagrante contubernio referido. Prueba al canto:

*"La nueva Constitución instituye el sufragio universal que pondrá el poder político en manos de una población ignorante y viciosa, en su mayoría compuesta de negros. Así, pues, todo sistema de paz resultará vano si se retiran las tropas americanas. De otra parte están profundamente alarmados los propietarios y comerciantes. Abundan en la documentación del Departamento de Estado las cartas reservadas de hombres importantes en los negocios que piden a este país, desde La Habana y desde otras ciudades de la Isla, que no los desamparen, que no los dejen a merced de aventureros y patriotas de profesión que influyen ahora en el sentimiento público. Estos hombres importantes en los negocios dicen que al resignar los Estados Unidos el poder, las autoridades cubanas, cuyas ideas de gobierno se derivan de las de sus predecesores, arruinarán el comercio, a los bancos, a los ingenios de azúcar, y correrán peligro la propiedad y la vida.*

*"En Cuba existe gente aterrada. El Gobierno español, aunque atrozmente corrompido, era, por lo menos, capaz de tener en orden los centros comerciales. No hay fundamento para esperar algo análogo de un Gobierno constituido por cubanos. Y las estipulaciones del Tratado de París hacen descansar sobre los Estados Unidos la protección de vidas y haciendas. Será un problema difícil obtener este resultado si Cuba debe ser soberana e independiente. No hay ligereza en presumir, a la luz de la historia, que todo el progreso sanitario introducido en la Isla desaparecerá si los cubanos llegan a gobernarla con absoluta potestad. Los cubanos repugnaban esas mejoras. No querían ser limpios y salubres. Resistieron a las innovaciones americanas como si fuesen asaltos a la libertad personal y a sus privilegios tradicionales. Preferían el antiguo sistema. Gustaban de los malos olores. Les agrada la mugre..."*

Pasando por alto, en favor de la brevedad relacional, el desenvolvimiento Constituyente, diremos solamente que en 22 días quedó completado el Texto y cuando se nombró una Comisión para estudiar y proponer lo que fuera pertinente a la organización de las relaciones futuras entre Cuba y los Estados Unidos —tal como lo había exigido la alocución del general Wood— sus miembros fueron invitados por el Gobernador a una cacería de cocodrilos en la Ciénaga de Zapata. Cuando estaban a bordo del yate *Kenosha,* Leonard Wood les presentó una comunicación del Secretario de la Guerra, Root, donde éste, entre otras cosas, le exponía claramente los puntos bajo los cuales tenía que estatuirse el Tratado y que eran, en síntesis: *a) No entrar en tratados ni convenios sin el permiso de los Estados Unidos; b) No contraer deudas públicas mayores de su capacidad de renta; c) Derecho a intervenir en Cuba; d) Confirmar todo lo hecho por la Intervención; y e) Bases navales.* Esta exigencia americana, impúdica violación de la Resolución Conjunta, hirió en lo más hondo el sentimiento de los Convencionales, muchos de los cuales habían cooperado con la Intervención sacrificando sus ideas independentistas y que ahora eran pagados en mala moneda por aquellos a quienes habían creído amigos sinceros. Con la esperanza de una rectificación por parte de Washington que no humillase a la República con un apéndice constitucional denigrante a su soberanía, elevaron una contestación a las impositivas cláusulas en la que la Convención diplomática, pero firmemente, resistía la coacción con las siguientes palabras:

*"Nuestro deber consiste en hacer a Cuba independiente de toda otra nación, incluso de la grande y noble nación americana; y si nos obligásemos a pedir consentimiento a los gobiernos de los Estados Unidos para nuestros tratos internacionales; si admitiésemos que se reserven y retengan el derecho de intervenir en nuestro país para mantener o derrocar situaciones y para cumplir deberes que sólo a gobiernos cubanos competen; si, por último, les concediésemos la facultad de adquirir y conservar títulos a terrenos para estaciones navales, y mantenerlas en puntos determinados de nuestras costas, claro es que podríamos parecer independientes del resto del mundo, aunque no lo fuéramos en realidad, pero nunca seríamos independientes en relación con los Estados Unidos..."*

\* \* \*

*La Enmienda Platt. (Octubre 1900 - Mayo 1901.)*

Mientras en La Habana era confeccionada la Constitución, en Washington se reunían los miembros del Partido Republicano pertenecientes a la Comisión de Relaciones con Cuba del Congreso, con el fin de planificar su ofensiva contra la Joint Resolution. Presidida por el Senador Orville H. Platt, la cónclave acordó los términos bajo los cuales serían retiradas de Cuba las tropas de ocupación americanas. Éstas fueron contenidas en la comunicación que Wood presentó a los Convencionales a bordo del *Kenosha*. Como plan alterno, en la eventualidad que la Convención pusiese reparos al dogal, se decidió el presentarlo al Congreso en forma de una Ley. Aquello era todo un chanchullo imperialista ribeteado de leguleyismo. Al conocerse en Washington el dictamen opuesto de la Convención, se puso en movimiento la maquinaria congresional y se le dio carácter de voluntad nacional a lo que era solamente un capricho de Mac Kinley. Aprovechando la ocasión de discutirse la Ley de Presupuestos del Ejército, se le añadió a ésta, como *percha*, el indigno mamotreto presentado por el Senador Platt con el nombre de *Enmienda*. Su texto completo —que en términos cubanos es *Apéndice Constitucional*— fue como sigue:

*"Que en cumplimiento de la declaración contenida en la Resolución Conjunta aprobada en 20 de abril de 1898, intitulada "Para el reconocimiento de la independencia del pueblo cubano", exigiendo que el Gobierno de España renuncie a su autoridad y gobierno en la Isla de Cuba, y retire sus fuerzas terrestres y marítimas de Cuba y de las aguas de Cuba y ordenando al Presidente de los Estados Unidos para llevar a efecto estas resoluciones, el Presidente, por la presente, queda autorizado para dejar el Gobierno y control de dicha Isla a su pueblo, tan pronto como se haya establecido en esta Isla un Gobierno bajo una Constitución, en la cual, como parte de la misma, o en una ordenanza agregada a ella se definan las futuras relaciones entre Cuba y los Estados Unidos sustancialmente como sigue:*

*1. Que el Gobierno de Cuba nunca celebrará con ningún Poder o Poderes extranjeros ningún Tratado u otro convenio que pueda menoscabar o tienda a menoscabar la independencia de Cuba ni en manera alguna autorice o permita a ningún Poder o Poderes extranjeros, obtener por colonización o para propósitos militares o navales, o de otra manera, asiento o control sobre ninguna porción de dicha Isla.*

*2. Que dicho Gobierno no asumirá o contraerá ninguna deuda pública para el pago de cuyos intereses y amortización definitivas después de cubiertos los gastos corrientes del Gobierno, resulten inadecuados los ingresos ordinarios.*

*3. Que el Gobierno de Cuba consiente que los Estados Unidos puedan ejercitar el derecho de intervenir para la conservación de la independencia cubana, el mantenimiento de un Gobierno adecuado para la protección de vidas, propiedad y libertad individual y para cumplir las obligaciones que, con respecto a Cuba, han sido impuestas a los Estados Unidos por el Tratado de París y que deben ahora ser asumidas y cumplidas por el Gobierno de Cuba.*

*4. Que todos los actos realizados por los Estados Unidos en Cuba durante su ocupación militar, sean tenidos por válidos, ratificados y que todos los derechos legalmente adquiridos a virtud de ellos, sean mantenidos y protegidos.*

*5. Que el Gobierno de Cuba ejecutará y en cuanto fuese necesario cumplirá los planes ya hechos y otros que mutuamente convengan para el saneamiento de las poblaciones de la Isla, con el fin de evitar el desarrollo de enfermedades epidémicas e infecciosas, protegiendo así al pueblo y al comercio de Cuba, lo mismo que al comercio y al pueblo de los puertos del Sur de los Estados Unidos.*

*6. Que la Isla de Pinos será omitida de los límites de Cuba propuestos por la Constitución, dejándose para un futuro arreglo por Tratado la propiedad de la misma.*

*7. Que para poner en condiciones a los Estados Unidos de mantener la independencia de Cuba y proteger al pueblo de la misma, así como para su propia defensa, el Gobierno de Cuba venderá o arrendará a los Estados Unidos las tierras necesarias para carboneras o estaciones navales en ciertos puntos determinados que se convendrán con el Presidente de los Estados Unidos.*

*Que para mayor seguridad en lo futuro, el Gobierno de Cuba insertará las anteriores disposiciones en un Tratado Permanente con los Estados Unidos.*

\* \* \*

La aprobación congresional del proyecto del Secretario Root, presentado como si fuese iniciativa del Senador Platt, no dejó de tener impugnadores, para honor del pueblo americano y satisfacción del cubano. Era de tal bastarda naturaleza el interés que movía a la Casa Blanca, que el senador Morgan, aunque partidario de la anexión, no pudo menos que protestar de la infamia que iba a cometerse con un pueblo pequeño para servir a los poderosos magnates del monopolio imperialista. Estos párrafos de su discurso en el Senado así lo demuestran:

*"El que nosotros promulguemos hoy una regla férrea a la cual Cuba debe conformarse será necesariamente una ofensa para el orgullo de esos hombres que están convencidos de que tienen el derecho a gobernar en Cuba y que ése es su país... Estamos realizando un acto de despotismo que no nos hemos atrevido nunca a realizar con una tribu de indios en los Estados Unidos... Las imposiciones son un ultimátum legislativo con el cual decimos a los cubanos: Aceptad esto o la muerte, porque Cuba no puede resistir; aceptad esto y abandonad toda esperanza de un gobierno independiente, soberano y autónomo; aceptad esto y deponed vuestro orgullo nacional y de raza a los pies del anglosajón y dejad que os pisoteemos..."*

El Senador Jones pronunció palabras que resultaron proféticas:

*"Reservar a los Estados Unidos el derecho de mantener un gobierno, siendo los mismos Estados Unidos los que deben precisar la clase de gobierno adecuado para la protección de la vida y la propiedad, me parece que equivale a reservar a los Estados Unidos el derecho a sostener o derrocar el Gobierno de Cuba cuando lo crean conveniente..."*

El Senador Foraker —el mismo que trató de prevenir la rapiña de Cuba por los aventureros financistas— vaticinó con precisión hechos que luego se realizarían:

*"Supongamos que tienen una elección. Uno u otro partido será derrotado. Es probable que el partido derrotado se queje, y con una cláusula como ésta me parece que podría hacerse muy naturalmente; se creería que presentando objeciones, armando disturbios y creando dificultades sobrevendrían ciertas condiciones que produjeran una intervención de los Estados Unidos para derribar del poder al partido victorioso. O podría resultar a la inversa, que la utilizase el gobernante derrotado. Me parece que en vez de una influencia refinadora, se ejercería una influencia excitante y que el mismo resultado que la Comisión de Relaciones con Cuba evidentemente procuró obtener, será frustrado, resultando lo contrario."*

\* \* \*

En definitiva el Presidente McKinley triunfó en sus propósitos, pues la Enmienda fue aprobada íntegramente por una votación de 43 votos a favor y 20 en contra, el día 25 de febrero de 1901, pasando a la Cámara para su aprobación o rechazo, ocurriendo lo primero por votación de 159 contra 134, el día primero de marzo. El Presidente McKinley la sancionó al siguiente día y se convirtió en una Ley de los Estados Unidos, comunicándoselo inmediatamente al Gobernador Wood quien, ni tardo ni perezoso, lo participó a la Convención con la advertencia siguiente: *Es ya Ley por haberla aprobado el Presidente de los Estados Unidos; el que espera la acción que acerca de ello tome la Convención...* Ese mismo día se produjo una espontánea explosión de patriotismo en La Habana en contra de la imposición americana, efectuándose mítines y manifestaciones en los que tomaron parte miles de concurrentes. Los tres partidos políticos, Republicano, Nacional y Unión Democrática, estuvieron representados, así como gran parte del pueblo —sin distinciones de razas, profesiones ni rango social— y fueron todos unidos hasta el local de la Convención a ofrecerle el apoyo incondicional contra la Enmienda Platt. De allí se dirigió una comisión de los protestantes hasta el Palacio de Gobierno a establecer ante Wood la irritación cubana ante el escarnio sufrido.

El ladino Wood, haciendo honor a la política americana de ganar tiempo, apaciguó los ánimos con el embuste de que la Enmienda era tan sólo una proposición a los Convencionales y que el Presidente McKinley convocaría al Congreso a sesión extraordinaria para decidir sobre un acuerdo definitivo, cosa de la que se retractó a los pocos días, una vez calmados los ánimos. El día 4 de marzo, con motivo de su toma de posesión para un nuevo término presidencial, McKinley pronunció un discurso en el que hipócritamente hizo votos de preocupación por el bienestar de Cuba y manifestó su satisfacción al Congreso por haber aprobado la Ley *que consideraba esencial para servir los más altos intereses de los Estados Unidos y de Cuba...*

El día 7 de marzo la Convención trató el problema de la Enmienda y de su seno salió una ponencia de Juan Gualberto Gómez en la que se aceptaban las cláusulas numeradas 1, 2, 4 y 5 y se rechazaban las numeradas 3 (derecho de intervención), 6 (omisión de la Isla de Pinos de los límites de Cuba) y 7 (venta o arrendamiento de bases navales o carboneras). Ante la intransigencia de la Convención, Root y Wood iniciaron una ofensiva de cansancio hasta que surgieron voces conciliadoras que comenzaron a resquebrajar la resistencia Convencional, apoyadas desde fuera por las presiones ejercidas por las corporaciones económicas más influyentes: el Círculo de Hacendados y Agricultores de la Isla de Cuba, el Centro de Comerciantes, la Unión de Fabricantes de Tabacos y la Sociedad Económica de Amigos del País, gente que al decir de ellos mismos entonces —y siempre después— representaban *los intereses generales y perma-*

*nentes del país,* pero quienes, desde entonces acá, no han demostrado ser otra cosa que una agrupación de mercachifles sin otros sentimientos que el amor al dinero salvas sean las honrosas excepciones de todos conocidas.

La Convención, suspendiendo los debates sobre la ponencia de Juan Gualberto, nombró una comisión para que se dirigiera a Washington *a conocer las miras o propósitos del Gobierno de los Estados Unidos acerca de cuantos particulares se refieran al establecimiento de un orden definitivo de relaciones, en lo político y lo económico, entre Cuba y los Estados Unidos, y gestionar con el propio Gobierno, las bases de un acuerdo sobre estos extremos que proponer a la Convención para su resolución final...,* en un baldío esfuerzo pero en la creencia de que la peor gestión es la que no se hace. La Comisión la formaron el Presidente de la Convención, Méndez Capote, y los Representantes Tamayo, González Llorente, Portuondo y Betancourt, quienes partieron para Washington al tiempo que allí las autoridades del State Department declaraban que la Comisión viajaba por cuenta propia y sin invitación oficial alguna y que, por otra vía, el Gobernador Wood partía rumbo al Norte. Las discusiones que tuvieron lugar en las riberas del Potomac no hace falta reseñarlas, pues fueron de idéntico carácter a las celebradas con la comisión que presidió Calixto García. La actitud de los Comisionados cubanos estuvo a la altura de las palmeras y, de ellos, Méndez Capote se expresó en tal rebelde forma que reivindicó completamente la acusación anterior de que se había vendido a los americanos...

La Comisión regresó a Cuba convencida de la futilidad de sus esfuerzos y el día 7 de mayo de 1901 rindió su informe a la Convención Constituyente y desde ese día hasta el 25 de ese mes se suscitaron candentes debates entre los miembros de ella, que se habían dividido en *transigentes* e *intransigentes.* Todos estaban en contra de la Enmienda Platt y en favor de la soberanía cubana, pero los primeros eran presa del conformismo en tanto que los segundos se mantenían irreductibles. De todos los Convencionales sólo existe una excepción históricamente reconocida: la del Dr. Gener, calificado como *lleva y trae...* del Gobernador Wood, y quien —según afirmación de Martínez Ortiz— *estuvo jugando con dos barajas,* al extremo que perdió el favor de Wood y el respeto de los cubanos.

Es injusto, pues, el dividir a los Convencionales en grupos de *a favor* y *en contra* de la Enmienda Platt. Es justo, a su vez, el calificarlos como resignados unos y recalcitrantes otros. De los primeros, Manuel Sanguily fue el vocero; de los segundos, Juan Gualberto Gómez fue el heraldo. *El negrito,* como despectivamente lo bautizara Wood, se irguió en desafío al poder interventor a nombre de su pueblo y su discurso fue un monumento a la dignidad cubana que, por su extensión y por su imposible sintentización, so pena de mutilarlo, no podemos reproducirlo aquí, pero aconsejamos su valiosa lectura. El pecho se nos hincha de orgullo patrio al realizar que un hermano negro, hijo de esclavos, derrochó el coraje que les faltó a muchos encumbrados y que ese *hombre de hedionda reputación, así en lo moral como en lo político*..., según le difamase Leonard Wood, mostró más entereza, hidalguía y civismo que toda la retahila de abyectos potentados colonialistas que suplicaban la anexión o se arrastraban reptilmente a los pies del *Míster Governor* americano como lo habían hecho antes a las plantas del *Señor Gobernador* español.

\* \* \*

La Convención, imitando los inútiles esfuerzos hechos por aquella Comisión enviada a Washington presidida por Méndez Capote antes de la paz, trató de armonizar la exigencia americana con la lastimada dignidad cubana y produjo un nuevo dictamen lleno de palabrería y retórica que disfrazaban la crudeza del texto de Mr. Platt con una serie de condicionadas aceptaciones, especialmente en lo que a soberanía se refería, a pesar de que conocía la respuesta que González Llorente le había dado a Sanguily de que *la intervención podía prolongarse indefinidamente* cuando éste le preguntó, a su regreso de Washington, cuál sería la actitud americana si la Convención rehusaba aceptar la Enmienda. El nuevo y *amigable* dictamen decía así:

*"La Convención Constituyente, al efecto, y con el propósito de aceptar, en lo sustancial, dicha disposición, resuelve y declara: que la Constitución de la República de Cuba, votada por esta Convención Constituyente, se considere adicionada con la provisión de la Ley de Presupuestos del Ejército de los Estados Unidos arriba transcrita, con el sentido y alcance que se consignan en los párrafos anteriores y los que se consignan en las aclaraciones siguientes:*

*1. Que las estipulaciones contenidas en la cláusula primera y segunda de la Enmienda Platt son limitaciones constitucionales internas, que no restringen la facultad del Gobierno de la República de Cuba para celebrar libremente tratados políticos o mercantiles con cualquier nación, ni sus facultades de*

7

*contraer empréstitos y crear deudas, sino en cuanto deban sujetarse a lo que establece la Constitución cubana y a lo que se declara en las dos mencionadas cláusulas.*

*2. Que la intervención a que se refiere la cláusula tercera no implica, en manera alguna, entrometimiento o ingerencia en los asuntos del Gobierno de Cuba, y sólo se ejercerá por acción formal del Gobierno de los Estados Unidos para conservar la independencia y soberanía de Cuba, cuando se viera ésta amenazada por cualquier acción exterior o para restablecer, con arreglo a la Constitución de la República de Cuba, un Gobierno adecuado al cumplimiento de sus fines internos o internacionales, en el caso de que existiera un verdadero estado de anarquía.*

*3. Que la cláusula cuarta se refiere a los actos debidamente realizados durante la ocupación militar y a los derechos legalmente adquiridos a virtud de ellos.*

*4. Que la cláusula quinta se contrae a medidas y planes de sanidad que mutuamente se convengan entre el Gobierno de la República de Cuba y el de los Estados Unidos.*

*5. Que aunque la Isla de Pinos está comprendida en los límites de Cuba y regida por el mismo Gobierno y Administración, el Gobierno futuro de Cuba y el de los Estados Unidos fijarán, por un tratado especial, la pertenencia de dicha Isla de Pinos, sin que esto suponga un perjuicio en contra de los derechos que Cuba tiene sobre ella.*

*6. Que, en virtud de la cláusula séptima, el Gobierno de la República de Cuba queda habilitado para concertar con el de los Estados Unidos un tratado en que se haga la concesión de carboneras o estaciones navales en los términos que se convengan por ambos Gobiernos, las cuales se establecerán con el solo y único fin de defender los mares de América, para conservar la independencia de Cuba en caso de una agresión exterior, así como para la propia defensa de los Estados Unidos.*

*"El Gobierno de la República de Cuba concertará, al mismo tiempo, un tratado de comercio basado en la reciprocidad, en el que se aseguren mutuas y especiales ventajas para los productos naturales y manufacturados de ambos países en los mercados respectivos, sin que resulte limitada la facultad de promover y convenir en lo futuro mayores ventajas."*

Presentado el dictamen a la Convención para su votación el día 28 de mayo, se produjo un último incidente entre Juan Gualberto y Sanguily cuando el primero exigió que se leyese el juramento prestado al constituirse la Convención y que especificaba: *Renunciamos públicamente y solemnemente a toda fidelidad prestada o pacto contraído directa o indirectamente con cualquier Estado o Nación; jurando la soberanía del pueblo libre e independiente de Cuba...* y el segundo estimó que con ello *se intentaba señalar como perjuros a los Delegados que aceptasen con sus votos la Ley de Platt...* Juan Gualberto dio satisfacciones a Sanguily y de inmediato se produjo la votación nominal con el siguiente resultado:

Votaron afirmativamente en favor del informe presentado los siguientes Representantes: Berriel, Betancourt, Giberga, Gómez (José Miguel), González Llorente, Méndez Capote, Monteagudo, Morúa, Núñez, Quílez, Quesada, Rodríguez, Sanguily, Tamayo (Diego) y Villuendas. Total: 15.

Votaron negativamente: Alemán, Cisneros, Fernández de Castro, Ferrer, Fortún, Gener, Gómez (Juan Gualberto), Lacret, Manduley, Portuondo, Robau, Silva, Tamayo (Eudaldo) y Zayas. Total: 14.

Erróneamente, la generalidad de los cubanos habíamos llegado a creer que la Enmienda Platt se aprobó en la Convención por un solo voto a favor cuando lo exacto es que lo que se aprobó en esa forma fue un dictamen que contenía la Enmienda alterada y adicionada, en un simbólico gesto de salvación del honor nacional. Apenas se supo en Washington lo sucedido en La Habana, McKinley montó en terrible cólera, citó a su Gabinete y con la aprobación de éste envió, por medio de Root, a Leonard Wood con destino a Méndez Capote un virtual ultimátum que se conoció con el nombre de *Amendment without qualification,* o séase *Enmienda sin enmiendas,* según puede verse a ese respecto en la siguiente porción de la carta-remache del Secretario Root al Gobernador Wood:

*"...permítaseme recordar la relación en que está el Presidente con respecto a la llamada Enmienda Platt. Siendo ése un estatuto acordado por el Poder Legislativo de los Estados Unidos, el Presidente está obligado a ejecutarle y a ejecutarlo tal como es. No puede cambiarlo ni modificarlo, añadirle o quitarle. La acción ejecutiva que pide el estatuto es la retirada del ejército de Cuba, y el estatuto autoriza esta acción cuando, y solamente cuando, se haya establecido un Gobierno bajo una Constitución que contenga, ya en su cuerpo o en un apéndice, ciertas disposiciones terminantes, especificadas en el estatuto. El Presidente no está autorizado para actuar en modo alguno, según el estatuto, hasta que un Gobierno cubano se establezca bajo una Constitución. Cuando esto se haya hecho, será su*

*deber examinar la Constitución y ver si en ella se han adoptado, en sustancia, las demás disposiciones que se especifican en la Ley del Congreso. Si entonces él encuentra esas disposiciones en la Constitución, estará autorizado para retirar el Ejército; si no las encuentra allí, entonces no estará autorizado para retirar el Ejército.*

*"Es bien evidente que si ahora se organizara un Gobierno en Cuba bajo la Constitución adoptada por la actual Convención, sin otra acción de esa Convención, definiendo las relaciones entre Cuba y los Estados Unidos, el Presidente no podría encontrar ni en la Constitución ni en el apéndice las disposiciones especificadas en la Ley del Congreso llamada "Enmienda Platt" por razón de que las declaraciones que siguen a la aceptación de la Enmienda Platt, en el acuerdo de la Convención, de tal manera cambian dichas disposiciones, como han sido aceptadas, que ya no son las mismas ni en la forma ni en la sustancia..."*

\* \* \*

El Coloso del Norte al fin se había quitado la careta. *Viví en el monstruo, y le conozco las entrañas: y mi honda es la de David...*, había escrito, la víspera de su inmolación, a Manuel Mercado, el Apóstol. Y sin más disimulos se revelaba el abusador gigante, sin ni siquiera conceder a la Convención una salida airosa del abismo en que la Enmienda Platt la había sumido. Por el contrario, al dolor del secuestro de su soberanía se le añadía a Cuba el insulto de la bravuconería de la *enmienda sin enmiendas*. La Administración McKinley era la personificación del *Norte revuelto y brutal* que despreciaba los pueblos hispanoamericanos, la representación de *la patria de Cutting* temible y la absoluta negación de *la patria de Lincoln* amada. Con la imposición de la Enmienda Platt quedaba al imperialismo expedito el camino para el saqueo de las riquezas cubanas. Criminalmente la semilla del odio se regaba dentro de un surco de oprobio. McKinley era, para Cuba, la edición americana de Cánovas del Castillo.

\* \* \*

El 12 de junio de 1901 se reunió la Constituyente para someter a votación la Enmienda Platt *without qualification*. Dentro de un ambiente de pesimismo, amargura y dolor los Convencionales oyeron la moción presentada sin que ninguno de ellos hablara ni a favor ni en contra de ella. La votación nominal arrojó el siguiente resultado:

Dijeron que sí: Berriel, Betancourt, Ferrer, Giberga, González Llorente, Gómez (José Miguel), Méndez Capote, Monteagudo, Morúa, Núñez, Quílez, Quesada, Rodríguez, Sanguily, Tamayo (Diego) y Villuendas. Total: 16.

Dijeron que no: Alemán, Cisneros, Fernández de Castro, Fortún, Gómez (Juan Gualberto), Lacret, Manduley, Portuondo, Silva, Tamayo (Eudaldo) y Zayas. Total: 11.

\* \* \*

El crimen contra Cuba se había consumado. McKinley había logrado su desquite. El Pueblo había sido castrado de su virilidad revolucionaria. El resumen de la infamia se recogía en las palabras de dos Convencionales —quienes hablarían por boca de las tendencias que representaban— pertenecientes a una Constituyente que repudiaba la merma en la soberanía patria, pero que se había visto obligada a capitular por la fuerza impositiva de la conjunción de la Casa Blanca y Wall Street.

Dijo el Representante José N. Ferrer justificando su cambio de criterio, de intransigente a conformista:

*"Entiendo que ya se ha resistido bastante y que no puede resistirse más. Consideré útil, provechosa y necesaria la oposición a la Ley Platt en tanto que hubo esperanzas de que ésta se modificara o retirara por el Congreso americano, y de acuerdo con esto voté en contra del dictamen de los señores Tamayo, Villuendas y Quesada. Hoy considero dicha oposición inútil, peligrosa e infecunda si se tiene en cuenta la gran vía que el Tribunal Supremo ha abierto al imperialismo en los Estados Unidos del Norte, y perdida además la esperanza de que el Congreso de aquella nación reconsidere su acuerdo conocido por Ley Platt. Por esto y porque es el único medio para establecer el Gobierno de la República..."*

Los degenerados de la Convención —como les llamara despectivamente Wood en carta a Theodore Roosevelt, de 12 de abril de 1901— profetizaron, por boca de Juan Gualberto, que si se aceptaba la enmienda:

*"Sólo vivirían los gobiernos cubanos que cuenten con su apoyo y benevolencia; y lo más claro de esta situación sería que únicamente tendríamos gobiernos raquíticos y míseros, conceptuados como incapaces desde su formación, condenados a vivir más atentos a obtener el beneplácito de los Poderes de la Unión que a servir y defender los intereses de Cuba. En una palabra, sólo tendríamos una ficción de gobierno y pronto nos*

*convenceríamos de que era mejor no tener ninguno y ser administrados oficial y abiertamente desde Washington que por desacreditados funcionarios cubanos, dóciles instrumentos de un Poder extraño e irresponsable..."*

\* \* \*

*Génesis de la politiquería. — La campaña electoral. El Gran Elector. — Nacimiento de la República. (Junio 1901 - Mayo 1902.)*

De acuerdo con la Constitución, procedía el nacimiento de la República mediante un proceso electoral y a ese efecto la Convención, después de largos y candentes debates, elaboró un Proyecto de Ley Electoral que declaraba obligatorios los registros de electores y la inscripción de aquéllos que desearan ejercer su voto; creó Juntas Electorales; dispuso el establecimiento de Distritos y Secciones en el mismo número que existían en Cuba de Provincias y Municipios; dictó pautas para la designación de candidatos y la impresión de boletas electorales y definió los posibles delitos e infracciones del Código Electoral, normas todas que habían sido copiadas de las leyes electorales de los Estados Unidos en su mayor parte. Nada se hizo para hacer las elecciones inmunes al fraude. Suponemos, en el mejor de los casos, que ello fue el resultado de la inexperiencia. Pero a partir de aquellas primeras elecciones ya no quedó margen a la ignorancia y, por lo tanto, consideramos que lo que siguió sucediendo en los procesos electorales subsiguientes no fue otra cosa que intencionada maldad o culpable complicidad por los promotores, participantes y supervisores de dichos fraudulentos procesos electorales.

Sometido el proyecto a Wood, éste objetó ciertas partes del mismo y sugirió modificaciones que fueron aceptadas inmediatamente. Fueron ellas el reducir a dos las elecciones: una general o directa de Compromisarios, Presidenciales y Senatoriales, Representantes a la Cámara, Gobernadores y Consejeros Provinciales, y otra especial, o de segundo grado, de Presidente, Vicepresidente y Senadores. También se aceptó la proposición de Wood de sustituir a la Convención por una Junta Central de Escrutinio, para la cual se nombraron a Domingo Méndez Capote, Diego Tamayo, Alfredo Zayas, Enrique Villuendas y Martín Morúa Delgado.

La fundación de los primeros partidos políticos cubanos se hizo en forma improvisada, a nivel municipal y provincial e inspirada en personas y no en ideas o programas. Para tener una idea precisa de este acontenecer hay que situarse en la época aquélla y mirarlo en perspectiva de ayer y no de hoy. La única experiencia tenida por los cubanos en el orden electoral había sido a través de los comicios coloniales, viciados de trampas y procacidades y sometidos al capricho metropolitano. Al igual que en la Península, la política localista era dominada por el cacique de turno. No existían, por tanto, como herencia colonial, las condiciones apropiadas para crear un partido de carácter nacional.

Sobre estos débiles cimientos cívicos la Intervención dispuso la celebración del proceso electoral, injertando en ellos los fundamentos del sistema sufragista americano. Nada debemos decir de éste, pues su descripción más exacta se encuentra en las Obras Completas de José Martí. Allí, el Maestro, con lujo de detalles, explica lo que eran el *boss* y los *halls*; las interioridades e intrigas de la política americana de la era; la política de acometimiento de la época; los *caucus;* los antecedentes, transformaciones y significación, entonces, de los Partidos y resume todos los detalles y consideraciones que podían explicar de una manera definitiva, como clave para sus movimientos futuros, la política americana. Un ejemplo de lo que era ese sistema electoral —que Leonard Wood, por indicación expresa de la Casa Blanca, forzó su implantación en Cuba— el cual hubieran rechazado nuestros próceres si hubieran estado en libertad de hacerlo, se lee en los siguientes párrafos de la carta de Martí al periódico "La Nación", de Buenos Aires, de fecha 15 de marzo de 1885:

*"Es recia y nauseabunda una campaña presidencial en los Estados Unidos. Los políticos de oficio, puestos a echar los sucesos por donde más le aprovechan, no buscan para candidato a la presidencia aquel hombre ilustre cuya virtud se ha de premiar, o de cuyos talentos pueda hacer bien al país, sino el que por su maña o fortuna o condiciones especiales pueda, aunque esté maculado, asegurar más votos al partido, y más influjo en la administración a los que contribuyen a nombrarlo y sacarlo victorioso.*

*"Una vez nombrados en las Convenciones los candidatos, el cieno sube hasta los arzones de las sillas. Las barbas blancas de los diarios olvidan el pudor de la vejez. Se vuelcan cubas de lodo sobre las cabezas. Se miente y exagera a sabiendas. Se dan tajos en el vientre y por la espalda. Se creen legítimas todas las infamias. Todo el golpe es bueno, con tal que aturda al enemigo. El que inventa una villanía eficaz se pavonea orgulloso. Se juzgan dispensados, aun los hombres eminentes, de los*

*deberes más triviales del honor. No concibe nuestra hidalguía latina tal desborde. Todavía asoman detrás de cada frase, las culatas de aquellas pistolas, con que años atrás, y aún hoy de vez en cuando, se argumentaba acá en los diarios en época de elecciones. Es un hábito brutal que curará el tiempo.*

*"Ocupados los unos en fabricar riquezas; privados muchos, en la batalla por el pan del día, del bienestar que hubiera podido moverles a ver con celo por el buen gobierno que ha de conservárselo; y abandonados todos, por la solidez que tras al ánimo de esta vida precipitada, suntuaria y avariciosa, la política, aunque jamás desamparada de eminentes y pulcros servidores, fue aquí quedando por gran parte en manos de los políticos ambiciosos, los empleados que les ayudan para obtener puestos o mantenerlos en ellos, los capitalistas que a cambio de leyes favorables a sus empresas apoyan al partido que se las ofrece, los extranjeros que votan al consejo de sus intereses y pasiones, y los leales partidarios que, encariñados con las glorias pasadas, a las ideas añejas, recuerdan sólo la cosa pública, con consecuencia mal entendida, los días en que las elecciones les ofrecen la oportunidad de ejercitar su autoridad y confirmar su fe..."*

No eran estos ataques del Maestro a la urdimbre electorera de aquel entonces una embestida a las instituciones políticas americanas, sino solamente al sistema de capataces, de caciques y gamonales del voto. La más fehaciente demostración de lo que aseguramos está en las líneas que copiamos de ese largo reportaje a "La Nación":

*"Yo esculpiría en pórfido las estatuas de los hombres maravillosos que fraguaron la Constitución de los Estados Unidos de América: los esculpiría, firmando su obra enorme, en un grupo de pórfido. Abriría un camino sagrado de baldosas de mármol sin pulir, hasta el templo de mármol blanco que los cobijase; y cada cierto número de años, establecería una semana de peregrinación nacional, en otoño, que es la estación de la madurez y la hermosura, para que, envueltas las cabezas reverentes en las nubes de humo oloroso de las hojas secas, fueran a besar la mano de piedra de los patriarcas, los hombres, las mujeres y los niños.*

*"A los que en ese Universo nuevo levantaron y elevaron en alto con sus manos serenas, el sol del decoro; a los que se sentaron a hacer riendas de seda para los hombres, y las hicieron y se las dieron; a los que perfeccionaron al hombre, esculpiría yo, bajo un templo de mármol, en estatuas de pórfido. Y*

*abriría, para ir a venerarlos, un camino de mármol, ancho
y blanco..."*

\* \* \*

En las elecciones que se habían celebrado, de carácter municipal, se habían distinguido tres agrupaciones electorales: los partidos Nacional, Republicano y Unión Democrática. Este último muy combatido por haber encontrado refugio en él los remanentes del colonialismo autonomista. Estos partidos, como hemos dicho, tenían un carácter estrictamente local o provincial y estaban influenciados por la personalidad de sus dirigentes, que eran, en el orden referido, Alfredo Zayas, José Miguel Gómez y el Dr. Eusebio Hernández. Innecesario se hace el decir que el interés primordial de la Intervención era la imposición de la Enmienda Platt y que sus simpatías o antagonismos se canalizarían hacia aquéllos que la aceptasen o contra aquéllos que la repudiasen, según fuere el caso. Pero con todo y eso, la Intervención a veces tuvo que morder el cordován de la derrota, como le sucedió en Cienfuegos, donde su candidato favorito fue electo de una forma tan escandalosamente fraudulenta que Wood se vio obligado a aceptar el fallo del coronel Scott, Juez Investigador, a favor de García Vieta, candidato anti-plattista.

El Partido Nacional Cubano tenía su sede en La Habana y como en esta ciudad habíanse asentado después de la guerra numerosos jefes libertadores, entre ellos el Generalísimo, fue natural que su núcleo principal se erigiese alrededor del indiscutido Caudillo. El Partido Republicano tenía su fuerte en Las Villas y reunía en él a un dinámico grupo de antiguos separatistas, en su mayoría jóvenes de gran popularidad. Unión Democrática contaba con algunos notables libertadores como Collazo, Mayía Rodríguez y Eusebio Hernández, pero como consecuencia de la carta-impugnación pública que les dirigiera Rius Rivera, sus valores eran casi inexistentes comparados con los de los otros dos Partidos.

Una vez que fue conocida la determinación de llevar a cabo las elecciones presidenciales, empezaron a delimitarse las posibilidades de los futuros candidatos, de los cuales la figura cimera, sin lugar a dudas, era Máximo Gómez. Para éste y para los generales Roloff y Rius Rivera se había previsto una cláusula constitucional que les permitía ser Presidente de la República, dándoles categoría de nativos por haber luchado diez años, con las armas, y alcanzado el grado superior del Ejército Libertador, en favor de la Independencia. Un derecho similar le concedió el Gobierno Revolucionario, en enero de 1959, al argentino Ernesto Guevara, por haber luchado dos años, en activo, y alcanzado el grado máximo del Ejército Rebelde, derecho al que hizo pública renuncia antes de embarcar a subvertir a Bolivia en favor del comunismo internacional y allí encontrar merecido castigo por su traición fidelista. Los dirigentes de los Partidos se inclinaron hacia la unánime elección de Máximo Gómez, pero éste, lleno de emoción, rechazó el honor diciendo que el futuro Presidente de Cuba debía ser cubano por nacimiento y expresando, además: *Prefiero libertar a los hombres a tener que gobernarlos...*

Rehusada la candidatura presidencial por el Generalísimo, se hizo evidente que el candidato que él seleccionase sería triunfador indiscutible. Pronto en la opinión pública se barajaron los nombres de Bartolomé Masó y de Tomás Estrada Palma como los candidatos en potencia que se disputarían el favor del Gran Elector. Pero antes de que ese momento llegara, las pasiones políticas comenzaron a crear un caldeado ambiente de inculpaciones pro y anti-americanas como consecuencia de la Enmienda Platt. Las hostilidades se iniciaron por Masó cuando éste dio publicidad a una carta dirigida al general Lacret, acérrimo anti-plattista, cuyo lema en la vida era *Todo por Cuba,* en la que decía —en respuesta a una pregunta de Lacret acerca de cuál era el pensamiento de Masó sobre la futura marina cubana—:

*"La marina, así mercante como de guerra, tiene que resultar de imperiosa necesidad, dadas sus especiales condiciones, para la existencia del pueblo soberano de Cuba, el que, como tal, debía tener todos sus derechos y la libertad de ejercitarlos, hasta donde no pudiera oponerse el derecho mismo.*

*"Pero hay uno, es decir, un derecho contra el cual se estrellan todos los demás, como suelen estrellarse contra las rocas las naves poderosas y podrán estrellarse también los propósitos de aquella Asociación, que no pueden predecirse, por tanto, hasta dónde serán ellos realizados o realizables.*

*"Ese derecho es el de la fuerza, del que ha nacido la Ley Platt, esa decantada ley que tan horrorosa decepción nos ha hecho sufrir, haciéndonos aceptar, entre otros, el juicio del profesor italiano Camazza Amari que "condena la intervención como resultado de la tendencia que tienen siempre los fuertes de dominar a los débiles e imponerles su ley y atacar y destruir a su vez la autonomía de los Estados..."*

La carta de Masó despertó simpatías entre los elementos anti-ingerencistas y aunque el Gobernador Wood no hizo comentarios públicos sobre ella, se supo que habíase sentido altamente mortificado. Del lado de Masó se situaron de inmediato los generales Lacret, Banderas y De la Riva, así como los comandantes Secades y Campos Marquetti. Máximo Gómez no aventuró opiniones pero embarcó hacia los Estados Unidos a visitar a Estrada Palma en Central Valley, de cuyo lugar regresó portando sus nuevas acerca de su conformidad con la decisión de la Asamblea de aceptar la Enmienda Platt, de sus deseos de que se estableciese el gobierno propio y haciendo profesión de su fe cubano-americana. El Partido Nacional de Oriente y el Republicano de Las Villas se pronunciaron por la candidatura de Estrada Palma. En La Habana se celebró una reunión de miembros y simpatizantes del Partido Nacional Cubano, entre los que se encontraban Méndez Capote, Tamayo, Zayas, Villuendas y Morúa, y en la cual se encomendó al general Rius Rivera el solicitar de Estrada Palma una Declaración de Principios. Estrada Palma contestó en una larga, pero no esclarecedora, carta en la que afirmaba la urgencia de negociar con los Estados Unidos un Tratado de Reciprocidad favorable a las exportaciones cubanas, la obligación del pago a los Veteranos y el cumplimiento de la Enmienda Platt en una forma que no lastimase el orgullo cubano. Se efectuó una reunión de los más notables representativos de los partidos Republicano, Nacional y Democrático en la que, después de leída la carta de Estrada Palma, se acordó patrocinar su candidatura por medio de un Manifiesto, con la excepción de Juan Gualberto Gómez y Ezequiel García, quienes se mostraron inconformes con la tolerancia de Estrada Palma hacia la Enmienda Platt. El 28 de septiembre de 1901 se dio a la publicidad un *Manifiesto al Pueblo de Cuba* que contenía un velado ataque a la capacidad de estadista de Masó y el que a continuación reproducimos íntegramente, ya que fue el cúmulo de sus brillantes signatarios el que realmente apabulló las aspiraciones presidenciales de Masó y no el veto de Leonard Wood o de la Casa Blanca, como después se ha querido hacer aparecer en forma tendenciosa e injusta. Que la Intervención prefería a Estrada Palma sobre Masó era una cosa cierta, pero que el Gran Elector fue Máximo Gómez es irrebatible. Decía el Manifiesto:

*"Motivos de hondas y serias preocupaciones para todos los que se interesan en nuestros asuntos son las circunstancias especiales en que va a constituirse y habrá de funcionar el primer gobierno cubano. Y como punto culminante del mismo,*

*natural es que se vuelvan ansiosamente los ojos hacia la Presidencia de la futura República. Las condiciones del ciudadano que haya de ocupar ese alto cargo, por sus dificultades y la situación en que ha de ejercerse, convierten su elección en uno de los actos más graves del Cuerpo Electoral.*

*"Ha de ser unánime el deseo de que la persona que el voto popular eleve a nuestra primera Magistratura, a más de un patriotismo indiscutible y una probidad acreditada, posea también la práctica de los asuntos de Gobierno y el trato público de propios y extraños, lo que implica el tacto, la prudencia, la energía mesurada y la constancia de los propósitos que caracterizan al hombre de gobierno.*

*"Reconociendo nosotros en el Sr. Estrada Palma todos aquellos requisitos, nos reunimos a fin de comunicarnos con él, como lo hemos hecho, para concertar, mediante su asentimiento, un programa electoral y de gobierno con el cual pudiésemos recomendar su candidatura de Presidente de la República al voto desinteresado del país.*

*"Consideraciones de orden elevado, y por tanto ajenas a todo interés que no sea el supremo de nuestra tierra, han inspirado nuestra conducta; porque, como tan oportunamente lo ha dicho el propio Sr. Estrada Palma, "cuanto se haga, cuantas medidas se adopten para conciliar los ánimos y unificar las voluntades, siempre fija la mirada en los verdaderos intereses de Cuba, dentro de su independencia y soberanía, serán laudables esfuerzos y levantado y recto patriotismo; y aún más, pueden considerarse hoy y mañana y en todo tiempo como deber a que nos obliga el honor de nuestro nombre, si es que no lo impone el instinto de propia conservación".*

*"En las conferencias que en varias ocasiones celebramos los firmantes, estuvimos unánimemente de acuerdo, no ya en la conveniencia, sino en la necesidad de que el hombre que ocupe la primera Presidencia de la República de Cuba sea elevado a ella por la mayor suma de voluntades que, prestándole la suma autoridad moral necesaria, le rodee al propio tiempo del respeto afectuoso de todos, haciéndole sentirse apoyado en la confianza de la inmensa mayoría del pueblo cubano, a fin de que en el ejercicio de su noble y alto ministerio proceda, antes que como representante de un partido o de fracciones o grupos político-sociales, como legítimo e imparcial mandatario del pueblo todo; lo que, al asegurar la independencia de sus funciones, también le garantiza el concurso de los cuerpos deliberantes, como exponentes de la opinión general.*

*"La carta que íntegra insertamos a continuación, expresa las opiniones del Sr. Estrada Palma sobre los extremos que*

*debe comprender un programa de gobierno siquiera en lo más esencial y perentorio, y por su sabiduría y superiores miras nos atrevemos a creer que merecerá la aprobación de los hombres sensatos.*

*"En cuanto a nosotros, hemos de manifestar que por la sinceridad y la honradez de propósitos que revela, ha satisfecho nuestros deseos; por lo que, como amigos particulares del señor Estrada Palma y sin atribuirnos representación determinada, la recomendamos a la meditación de nuestros conciudadanos, seguros de que habrá de mover su ánimo en pro de la candidatura del ilustre patriota, como la más conveniente y acertada. En las circunstancias actuales, si por suerte cuenta el país con otros hijos eminentes, la candidatura del Sr. Estrada Palma es una de las muy contadas que por motivos especiales tiene a su favor grandes probabilidades de salir triunfante. Así seguramente sucederá si estudiando las declaraciones de su carta en relación con nuestro actual estado político, social y económico, se persuade la mayoría de la conveniencia de favorecer con sus sufragios al hombre que muestra las cualidades de prudencia, entereza y civismo que en aquéllas palpitan y que en el gobierno de los pueblos son promesas de moralidad, de orden y de paz."*

Firmaban la apelación electoral en pro de Estrada Palma las siguientes personalidades: Generales: Máximo Gómez, Rius Rivera, Pedro Betancourt, Sánchez Echevarría, Monteagudo, José Miguel Gómez, Emilio Núñez, Mayía Rodríguez, Carrillo y Sánchez Agramonte; Coroneles: Villalón y Portela; Civiles: Alfredo Zayas, Méndez Capote, Berriel, Sanguily, Párraga, Figueredo, Chávez Milanés, Carlos de la Torre, Trujillo, Coronado, Dolz, Bárzaga, Lincoln de Zayas, Estrada Mora, Morúa Delgado, Guiteras, Tamayo y Quesada.

Cinco días después de publicado el Manifiesto fueron nombrados por la Convención los cinco miembros de la Junta Central de Escrutinios, como aparece en página precedente. Esta Junta era un organismo similar al Tribunal Superior Electoral de nuestra época, entidad supuestamente imparcial, y que, no obstante, en aquellos momentos fue compuesta por hombres que aparecían solidarizándose con la candidatura de Estrada Palma previamente a su nombramiento en la Junta: Méndez Capote, Tamayo, Zayas y Morúa. El quinto, Villuendas, aunque no aparecía firmando el Manifiesto era un reconocido partidario de Estrada Palma también. A reserva de la reseña posterior de las elecciones, podemos adelantar que fueron elegidos Senadores Méndez Capote, Zayas y Morúa. Villuendas fue electo Representante y Diego Tamayo nombrado Secretario de Gobernación en el Gabinete de Estrada Palma, cargo que también ocupaba en el Gabinete de Wood.

Bartolomé Masó viajó a La Habana y los pronunciamientos que hizo desconsolaron a sus partidarios, ya que se mostró conciliador en lugar de agresivo y su afirmación conformista de *que iría donde el pueblo lo llevase...* sonó más a resignación que a determinación a los oídos de sus simpatizantes. Esto se sumó a la desventaja que significaba el apoyo a Estrada Palma de Máximo Gómez y sus seguidores, así como al manifiesto antagonismo que le dispensaba la Intervención

\* \* \*

Las estadísticas electorales de aquella época son imperfectas, pero pueden tomarse como base para tener una idea general de cómo se organizaron las fuerzas partidaristas y se movilizó el electorado en aquellas primeras elecciones generales que se efectuaron en Cuba y de las cuales nació la República. El censo de 1899 había arrojado un total de 1.572.797 habitantes, divididos por provincias en la siguiente forma: Pinar del Río, 174.034; La Habana, 424.811; Matanzas, 202.462; Las Villas, 356.537; Camagüey, 88.237, y Oriente, 327.716. En las elecciones celebradas para la Asamblea Constituyente habían ejercido el voto 175.501 electores en las siguientes proporciones: Pinar del Río, 18.191; La Habana, 49.565; Matanzas, 18.344; Las Villas, 29.662; Camagüey, 11.122, y Oriente, 48.617, y ellos habían elegido 31 Constituyentes en la siguiente forma: Pinar del Río, 3; La Habana, 8; Matanzas, 4; Las Villas, 7; Camagüey, 2, y Oriente, 7.

Los partidos que habían concurrido a las elecciones constituyentistas habían sido el Nacional Cubano en Pinar del Río y La Habana y una coalición del Republicano y Unión Democrática en La Habana, Matanzas, Las Villas, Camagüey y Oriente. En esta última provincia también participó un partido provincial denominado Concentración Patriótica. El Nacional Cubano ganó las tres actas de Pinar del Río y seis de las ocho de La Habana. La coalición Republicano-Democrática ganó dos actas en La Habana, las cuatro de Matanzas, las siete de Las Villas, las dos de Camagüey y tres de las siete correspondientes a Oriente. La Concentración Patriótica ganó las cuatro restantes de esta provincia. En aquellos momentos todavía la Unión Democrática no había recibido la incorporación masiva del antiguo autonomismo y estaba presidida por Mayía Rodríguez.

En las elecciones municipales de 1901 los Partidos Republicano Federal, presidido por José Miguel Gómez; Nacional

Cubano, bajo el liderato de Alfredo Zayas, y Unión Democrática, dirigido por Mayía Rodríguez, eligieron los alcaldes que, un año después, el 5 de julio de 1902, fueron ratificados para el ejercicio de un año más en el ejercicio de sus cargos. El Republicano Federal y el Nacional Cubano poseían una abrumadora mayoría de las alcaldías de la Isla. Al efectuarse las elecciones en los Municipios para los cargos en las Juntas de Escrutinios, organismos que tenían por obligación el empadronamiento de los futuros electores, primero, y el conteo de los votos, después, como es de colegirse fueron *copados* por los estradistas, quienes, como se demostró después, arbitrariamente se apoderaron de la mayoría y minoría en las Juntas de Escrutinio y aumentaron ilegalmente las listas de electores en Las Villas.

Los Partidos existentes al momento de la convocatoria a elecciones presidenciales y congresionales, por medio de la ficción electoral americana del sistema de compromisarios y la mecánica cabildera española, eran provinciales y regionales y aunque sus nombres fueran similares ello no significaba necesariamente que fueran partes de un mismo partido nacionalmente organizado y todos ellos respondían al interés electoral de sus dirigentes. En Pinar del Río el principal era el Partido Republicano, que dirigía Alfredo Betancourt, aunque allí existía también una fracción del Nacional Cubano. En La Habana existía el mayor número de agrupaciones políticas de toda la Isla, pues en ella se contaban el Nacional Cubano, de Alfredo Zayas; el Republicano, de Méndez Capote; la Unión Democrática, de Eusebio Hernández, quien había sustituido a Mayía Rodríguez cuando éste se pasó al estradismo, y dos partiditos insignificantes: el Obrero, de Diego Vicente Tejera, y el Nacionalista, de Agustín Zárraga. En Matanzas el más poderoso era el Republicano, de Pedro Betancourt, siguiéndole Unión Democrática y una fracción del Nacional Cubano. El Republicano Federal, fundado por José Miguel Gómez y presidido por Pelayo García, era, en Las Villas, el indiscutido soberano. En Camagüey, el Nacional Cubano se dividía en dos ramas: una, grande, de Cisneros Betancourt, y una, pequeña, de Loynaz del Castillo. En Oriente se disputaban la supremacía el Republicano, de Demetrio Castillo, y el Nacional Cubano, de Bravo Correoso. Unión Democrática, aunque no aparecía fuertemente organizada más que en La Habana, era una potencia en receso. Contaba con los militantes del antiguo autonomismo colonialista en toda la Isla, quienes, como es de suponerse, estaban forzados a guardar silencio en aquella atmósfera pre-republicana en que abundaban y ardían rescoldos anti-guerrilleros.

La controversia que la Enmienda Platt produjo en la Convención gravitó pesadamente sobre los Partidos, porque los miembros de éstos, que habían formado parte de aquélla, lograron que los pronunciamientos oficiales del Nacional Cubano y el Republicano pintaran a Estrada Palma como *plattista*. Con esto se produjo un cisma en los referidos Partidos. Del Republicano se produjeron desprendimientos en La Habana, Las Villas y Oriente, y en el Nacional Cubano, aunque los disidentes se mantuvieron en su seno, se pronunciaron públicamente por Masó. La cuestión de la Enmienda Platt se entretejió con la secular rivalidad entre Cisneros Betancourt y Máximo Gómez y con la oportunidad que se brindaba por la suerte a los colonialistas del autonomismo de resurgir en la vida política cubana. El comienzo electoral aquél era un verdadero mosaico.

Las fuerzas electorales que iban a disputarse el Gobierno de la futura República —Presidencia, Senado, Cámara y Gobiernos Provinciales— finalmente quedaron alineados en dos bandos contrarios: la Coalición Nacional-Republicana y la Coalición Por Masó. Formaban la primera de estas coaliciones los partidos Nacional Cubano, Republicano y Republicano Federal. La segunda coalición era un verdadero ajiaco de partidos, grupos y fracciones: Unión Democrática; Republicanos Independientes de Pinar del Río, La Habana, Matanzas y Oriente, de Juan Gualberto y Lacret; Republicanos Libres de Las Villas, de Alemán; Nacionales Liberales de Camagüey, de Cisneros Betancourt; Republicanos de Oriente, de Castillo, y, por último, los partiditos Obrero y Nacionalista de La Habana. Los principales propagandistas de las opuestas candidaturas presidenciales fueron: Máximo Gómez por la Coalición Nacional-Republicana, y Juan Gualberto Gómez y el antiguo autonomista Rafael Fernández de Castro por la Coalición Por Masó. En aquellos momentos se produjo el asesinato del Presidente McKinley por el anarquista León Czolgosz, en la ciudad de Buffalo, pero este lamentable hecho no alteró los acontecimientos cubanos en nada.

Las candidaturas presidenciales fueron las siguientes: Tomás Estrada Palma y Luis Estévez Romero, por la Coalición Nacional-Republicana, y Bartolomé Masó y Eusebio Hernández, por la Coalición Por Masó. Desde el punto de vista insurreccional y nacionalista, la segunda candidatura era muy superior a la primera, pero partiendo de una base práctica electoralista, la primera estaba predestinada a derrotar a la segunda. Estévez Romero había sido activo emigrado y era esposo de la eximia patriota villareña Marta Abreu, de quien hubo de decir Máximo Gómez: *Si el Gobierno hubiera tenido facultades para premiar con grados militares a las mujeres patriotas, a la señora Abreu le hubiera correspondido uno igual al mío...* El Dr. y general Eusebio Hernández era hombre de gran inteligencia y probado patriotismo, pero tenía reputación de ser intrigante entre los Libertadores, tal como aparece en testimonio de Maceo, relatado por el general Miró Argenter en su obra *Crónicas de la Guerra.*

La campaña electoral se inició violentamente y en ella no se escatimaron los insultos ni los ataques personales. El paroxismo de la iracundia tuvo lugar en Camagüey, donde los parciales de Cisneros Betancourt apedrearon a Máximo Gómez y su comitiva, sin consideración alguna a su rango ni a sus canas, cosa que se repitió en Manzanillo, feudo de Masó. Lo sucedido en Camagüey afectó profundamente al anciano general Gómez, pues creía tener allí el cariño de los camagüeyanos, con quienes había realizado la mayor parte de sus gloriosas campañas. Pero bien olvidó o bien restó importancia a sus pasadas querellas con Cisneros Betancourt y al hecho que en dos ocasiones les había metido la guerra *como taco en escopeta* a los patrióticos y altivos agramontinos. Pero cuando los acompañantes de Gómez se brindaron para darle una carga a los atacantes, el Generalísimo amargamente les dijo que *él había luchado contra los españoles treinta años para que los cubanos tuvieran el derecho de tirarle unas cuantas piedras...* El 26 de noviembre de 1901, por medio de un poder a Diego Tamayo, Estrada Palma renunció a su ciudadanía americana para estar legalmente capacitado en su aspiración presidencial. Había estado fuera de Cuba desde 1878 y había jurado no regresar a ella hasta que fuera libre. Sea hecha la salvedad que no había renunciado a su ciudadanía cubana porque entonces ésta no existía, sino a la española, antes de hacerse súbdito de la Unión.

Ante las flagrantes, y por demás estúpidas, violaciones de la ética electoral por parte de los estradistas —estúpidas porque la victoria de ellos era segura— copando las Juntas de Escrutinio y rellenando las listas de votantes, los masoístas pidieron al Gobernador Wood la rectificación de la composición de las Juntas para que se admitiera en ellas por lo menos a uno de sus partidarios, cosa que rehusó terminantemente aprobar éste bajo la premisa de que eso atañía a la Convención y no a él. En vista de esto los masoístas enviaron a Washington a su candidato senatorial por Las Villas, Fidel G. Pierra, para que gestionase de las autoridades allí, mediante protesta ante ellas, el aplazamiento de las elecciones. Tampoco lograron eso, pues el Secretario de la Guerra respaldó la decisión de Leonard Wood. Procede aclarar que como Cuba se hallaba bajo ocupación militar, el Secretario de la Guerra aparecía siempre firmando las decisiones que se tomaban respecto de ella en el Departamento de Estado y en la Casa Blanca. En vista de que no podían lograr una reforma en los procedimientos electorales, la Coalición Por Masó ordenó a sus partidarios el retraimiento de las urnas. Las elecciones se celebraron el 31 de diciembre de 1901 y, naturalmente, ganaron de calle Estrada Palma y Estévez Romero. Solamente en Camagüey fueron los masoístas a las urnas y allí triunfaron rotundamente al elegir Senadores a Cisneros Betancourt, Lope Recio y Silva.

El cómputo electoral arrojó los siguientes resultados: la candidatura presidencial triunfante obtuvo 158.970 votos de un total de 179.303 que se dividieron provincialmente en esta forma: Pinar del Río, 20.946; La Habana, 55.486; Matanzas, 22.837; Las Villas, 42.974; Camagüey, 5.535, y Oriente, 31.525. Los electores registrados fueron 335.699 y los votantes sumaban 213.116. Las diferencias entre los elegibles al voto y los que realmente ejercieron el sufragio, así como las diferencias entre la suma de votos provinciales y los nacionales para el ticket presidencial, no aparece explicada en los documentos concernientes a esa elección que hemos podido obtener en el Tribunal Superior Electoral, pues el gobierno comunista sistemáticamente está saqueando todos los archivos de la República. Únicamente gracias a la previsión y el celo del señor Mario Riera, distinguido periodista que recopilara informes de los procesos electorales desde 1902 a 1955 en su libro *Cuba Política,* es que hemos podido reconstruir las estadísticas sufragistas de todas las elecciones cubanas que comenzaron con el turbio proceso en razón del cual nació la República, no como hija legítima del sufragio democrático-representativo sino como bastarda de la Intervención.

Los partidos de la triunfante coalición obtuvieron los siguientes cargos, por provincias: el Nacional Cubano ganó 1 Senador y 3 Representantes en Pinar del Río; 1 Senador, 11 Representantes y el Gobernador en La Habana; 1 Senador y 1 Representante en Las Villas; 4 Senadores (de los cuales 3 se pasaron al masoísmo), 4 Representantes y el Gobernador en Camagüey y 3 Senadores, 9 Representantes y el Gobernador en

Oriente. Total: 10 Senadores, 28 Representantes y 3 Gobernadores Provinciales.

El Republicano obtuvo 2 Senadores, 4 Representantes y el
Gobernador en Pinar del Río; 3 Senadores y 5 Representantes
en La Habana; 3 Senadores, 8 Representantes y el Gobernador en
Matanzas; 3 Senadores, 18 Representantes y el Gobernador
en Las Villas. No ganaron acta alguna ni en Camagüey ni en
Oriente. Total: 11 Senadores, 30 Representantes y 3 Gobernadores Provinciales.

Unos partidos titulados *Independientes*, con arraigo provincial solamente, ganaron un acta Senatorial en Pinar del
Río, una en Matanzas y una en Oriente, así como cuatro actas
de Representantes en Oriente.

El análisis historiológico, contrastado con los resultados
electorales, muestra que no se debatieron —como generalmente
habíamos creído los cubanos— las grandes cuestiones del Veteranismo y la Enmienda Platt en estas primeras elecciones. Es
decir, que no influyeron ni en los estradistas ni en los masoístas
estas dos cuestiones al concurrir a las urnas, ya que tanto unos
como otros llevaron en sus candidaturas a personas que se habían
opuesto a la Enmienda Platt o que se habían pronunciado a su
favor, así como a separatistas que fueron acérrimos enemigos
de España o a lacayos de ésta dentro del autonomismo colonialista.

En la candidatura estradista, que la voz popular consideraba como *plattista*, fueron elegidos Senadores: Zayas, Fortún,
Cisneros, Silva y Eudaldo Tamayo, y Representante: Rafael
Portuondo, quienes, como Convencionales, habían votado en
contra del Apéndice Constitucional. En contraste, Quílez y Giberga, quienes dieron su aprobación a la Enmienda Platt, figuraron en las filas masoístas. Quílez, como candidato a Gobernador por Pinar del Río, y Giberga, como uno de los más
férvidos propagandistas de Masó. Rius Rivera y Bravo Correoso,
quienes aunque no estuvieron presentes en las sesiones en
que se aprobó el Apéndice Constitucional pero que se habían
declarado anti-plattistas, también obtuvieron posiciones en el
Gobierno estradista: el primero fue Secretario de Hacienda y
el segundo, después de ser electo Senador por los Independientes de Oriente se tramitó al estradismo. Se mantuvieron firmes en su anti-plattismo dentro del masoísmo (aunque no
fueron electos como consecuencia del retraimiento) Lacret,
Alemán, Gener, Robau, Fernández de Castro, Manduley y Juan
Gualberto Gómez. No hemos podido saber qué del anti-plattista
arrepentido a última hora José N. Ferrer.

El colonialismo autonomista tuvo su representación en

ambas candidaturas, aunque con más número dentro del masoísmo. En sus filas figuraron Montoro, Pierra, Giberga y Fernández de Castro. Dentro del estradismo fueron electos Senadores por Pinar del Río: Sánchez de Bustamante y Ricardo Dolz. Luego de electo, Estrada Palma llevó a su Gabinete a otros dos antiguos colonialistas: García Montes y Terry.

Otra singular característica que tuvo esta primera elección presidencial fue que el candidato triunfante, Estrada Palma, no estuvo en ningún momento presente en el territorio cubano durante la campaña. Ésta fue hecha, en su nombre, por Máximo Gómez, a quien, sin duda alguna, favorecieron votando por Estrada Palma todos aquéllos que hubieran querido hacerlo por él. Después de su larga ausencia, Estrada Palma era virtualmente desconocido en Cuba, es decir, personalmente. Faltaba de la Isla hacía más de veinte años y carecía de las simpatías que le sobraban a Masó y, además, no ostentaba el record insurreccional de éste ni gozaba del respeto que el manzanillero tenía entre los Libertadores. Solamente el apoyo irrestricto de Máximo Gómez le encumbró en la Presidencia de la República, puesto que Masó, como popularmente se dice en estos casos, era *el amo de la calle...*

Pero además de la simpatía de Máximo Gómez por Estrada Palma, Masó tenía también en su contra algo decisivo: el deseo de todos los cubanos neutrales de que terminara de una vez la Intervención. La elección de Estrada Palma la veían como el inmediato vehículo a la República, porque conocían de la predilección que por él sentían los gobernantes americanos, en tanto que en Masó —por su postura anti-plattista y por la campaña de Juan Gualberto— contemplaban la posibilidad de la continuación del ingerencismo. La elección de Estrada Palma se daba por descontada, de aquí que resulta incomprensible la acción —más estúpida que criminal— de sus partidarios de recurrir al copo y al fraude, en combinación con Wood, para asegurar su victoria en las urnas.

\* \* \*

Estrada Palma llegó a Cuba desembarcando por Gibara, el mismo puerto por donde había embarcado prisionero para España, en 1878, y después de un triunfal recorrido llegó a la Capital para, en ella, comenzar sus labores pre-gobiernistas. El Gobernador Wood le brindó honores hasta el punto de hacer ondear en el Morro, por primera vez, la bandera cubana. En el Ayuntamiento se le recibió con grandes galas y se intercambiaron discursos patrióticos. De acuerdo con la Orden Militar emitida con anterioridad por Wood, la Convención había sido disuelta y se procedió a la constitución del Senado y la Cámara, lo que quedó terminado el día 14 de mayo de 1902. El Senado quedó presidido por Domingo Méndez Capote, teniendo como Vices a Ricardo Dolz y Alfredo Zayas. En la Cámara fue electo Presidente Pelayo García, con los Vices Carlos Fonts y Carlos Manuel de Céspedes. El 15 de mayo quedó formalmente constituido el Congreso y proclamados por éste Presidente y Vice de la República Tomás Estrada Palma y Luis Estévez Romero. El día 16, Leonard Wood hizo las proclamaciones Presidencial y Congresional y determinó que la entrega de Poderes sería hecha el día 20 a las doce meridiano.

Mientras tenían lugar estos trajines legales, Estrada Palma enfrentaba sus primeras complicaciones como futuro gobernante. Ya había declarado a la prensa capitalina, quién sabe si acomplejado por el conocimiento que debía su elección a Máximo Gómez: *Nadie me dominará. Soy libre para proceder sin temor. No he hecho promesas para obtener el cargo...* Ya Masó le había advertido durante la entrevista que tuvieron en Bayamo *que le esperaban padecimientos, conturbaciones, disgustos, asechanzas e intrigas de los ambiciosos, de los pérfidos y desleales...*, pero el fausto recibimiento que donde quiera le rendían llegó a imaginarlo como un tributo a su persona y no a lo que él en realidad representaba: la evacuación americana. Wood y Máximo Gómez le instruían casi a diario en entrevistas que la sagacidad cubana interpretaba como un tutelaje y que Estrada Palma resentía. Los Partidos que lo habían elegido Presidente comenzaron a presionarlo por mediación de sus líderes para que nombrase su Gabinete de entre sus parciales, hasta que un día Estrada Palma explotó diciendo *que ése era un privilegio presidencial y que no admitiría imposiciones...* Se cuenta que esto hizo exclamar al general José Miguel Gómez después: *¡Este viejo nos va a dar muchos disgustos...!* Los dos partidos coaligados, el Nacional y el Republicano, se disputaban las posiciones cimeras del futuro Gobierno, en tanto que Wood y Máximo Gómez se impacientaban con la demora en la publicación del nombre de los Secretarios.

Al fin, el nuevo Presidente hizo saber su elección que, por cierto, no complació ni a los Libertadores ni a los líderes políticos. Dividió los cargos entre Nacionales y Republicanos y se reservó dos posiciones para sus amigos. De los primeros nombró a Diego Tamayo en Gobernación y a Manuel Luciano Díaz en Obras Públicas; de los segundos, a Carlos Zaldo en Estado y Justicia y a José García Montes en Hacienda, y de los últimos, a Eduardo Yero en Instrucción Pública y a Emilio Terry en

Agricultura. García Montes y Terry estaban moteados de autonomismo. A la hora de formar su Gabinete, Estrada Palma había preterido a los que consideraba *radicales* y se había inclinado por los *moderados*, creyendo así complacer tanto a Máximo Gómez como a Leonard Wood. Muy temprano comenzó la popularidad de Gómez a hacer mella en el sentimiento patriarcal de Estrada Palma. Donde quiera que aparecían juntos, los mayores aplausos eran para el Generalísimo y a él se le encargaban los discursos finales de los actos y no al Presidente. Máximo Gómez parecía complacerse con su reconocida autoridad de *poder tras el poder* en tanto que Estrada Palma secretamente tramaba cómo cambiar aquella enojosa situación que, aunque natural dadas las circunstancias, le ofendía profundamente y que consideraba detrimental a la dignidad de su cargo de Primer Magistrado y como un renacimiento del caudillismo militar que tanto él había combatido durante la Guerra de los Diez Años.

El día 20 de mayo se efectuó la transmisión de poderes, tal como había sido programada. En el Palacio de Gobierno, con gran pompa y ceremonial, Wood leyó una proclama del Presidente Roosevelt, que en una de sus partes decía:

*"Por disposición del Presidente de los Estados Unidos os hago ahora entrega, como representante debidamente elegido por el pueblo de Cuba, del Gobierno y mando de la Isla, para que de los mismos os hagáis cargo y los ejerzáis dentro de los preceptos de la Constitución de la República de Cuba, con anterioridad acordada por la Convención Constituyente y promulgada el día de hoy; y por la presente declaro que la ocupación de Cuba por los Estados Unidos y el Gobierno Militar de la Isla ha terminado..."*

También mencionaba la proclama la obligación contraída por la naciente República con las prescripciones del Tratado de París y de la Enmienda Platt, la entrega de $689.191,02 a reserva de las reclamaciones y obligaciones pendientes de pago y de la suma de $100.000,00 que separaba para sí el Gobierno Interventor para cubrir el cierre de sus asuntos en la Isla.

Estrada Palma respondió a Wood diciendo:

*"Como Presidente de la República de Cuba recibo en este acto el Gobierno de la Isla de Cuba que Ud. me transfiere, en cumplimiento de las órdenes comunicadas a Ud. por el Presidente de los Estados Unidos y tomo nota de que en este acto cesa la ocupación militar de Cuba. Al aceptar ese traspaso*

*declaro que el Gobierno de la República asume, de acuerdo con lo preceptuado en la Constitución, todas y cada una de las obligaciones que se impuso respecto a Cuba el Gobierno de los Estados Unidos por virtud del Tratado firmado el 10 de diciembre de 1898 entre los Estados Unidos y Su Majestad la Reina Regente de España...*"

Se procedió, entre vítores y aclamaciones, a bajar la bandera americana y a izar la cubana en el Morro y en el Palacio de Gobierno. Correspondió el honor, en el Morro, al coronel Izquierdo, glorioso mutilado a quien el Consejo de Gobierno de Jimaguayú había negado ayuda para salir de Cuba, provocando con ello la ira de Calixto García contra Cisneros Betancourt.

El Presidente del Tribunal Supremo tomó juramento al Presidente Estrada Palma: *¿Jura Ud. por Dios o promete por su honor desempeñar fielmente su cargo, cumpliendo y haciendo cumplir la Constitución y las leyes del país?* Estrada Palma respondió: *Sí, juro y prometo por mi honor...*

Inmediatamente después prestaron juramento los Secretarios de Despacho. Al quedar consumados los ritos oficiales, Máximo Gómez abrazó al general José Miguel Gómez, pronunciando sus famosas palabras: *Creo que hemos llegado...*

Breve tiempo después, las últimas tropas americanas partían a bordo de transportes, mientras el general Leonard Wood lo hacía a bordo del acorazado *Brooklyn,* buque insignia de la flota que había hundido a la española en Santiago de Cuba.

\* \* \*

El día 20 de mayo de 1902 comenzó la Isla de Cuba su vida independiente, pero no soberana. Nació La República y con ella murió La Colonia. Pero El Pueblo que había vivificado y unido José Martí pasaba a un letargo de frustración del cual se sacudiría violentamente treinta años después. El País, La Colonia, La Patria y El Pueblo habían costado en sus procesos cientos de miles de vidas y cientos de millones de pesos. Y al momento de surgir al concierto de naciones por medio de una Constitución, como República, aquélla fue saludablemente gestada y luego enfermada de *Apendicitis,* que no era otra cosa para Cuba la percha que el Congreso americano le había colgado a la Ley de Presupuestos del Ejército. El no haberse constituido un Gobierno Revolucionario inmediatamente de ganada la guerra a España impidió las medidas económicas que hubieran desempobrecido al soldado libertador y al campesino mambí, como hubieran sido ellas el aplicar las mismas leyes confiscativas que la Colonia aplicó a los patriotas, a los partidarios de España. El que no se hizo esto, ni se le devolvió a los cubanos lo que España les había robado y que luego habían adquirido a precios miserables los lacayos de ésta, y que además se mantuvieran en los cargos públicos a los servidores de la Península, todo esto por la Intervención, dejó a la tropa insurrecta y a los laborantes desamparados y a merced de sus más perentorias necesidades, así como despertó en algunos de sus líderes el apetito presupuestal como única vía y remedio para recompensarse en alguna forma leguleya de su infortunio económico.

La introducción de un sistema electoral disparatado y vulnerable agudizó una situación que a todas luces puede considerarse como intencionalmente provocada por las autoridades interventoras con el fin de crear una entidad jurídica viciada de origen. Indisputable es el hecho de que La República nació de esas fraudulentas elecciones y no de la Revolución de Baire ni del Partido Revolucionario Cubano. La República que a su gusto moldearon los interventores para luego entregarla a los cubanos no puede considerarse que fue un Estado ni mucho menos una Nación. Era independiente, sí, en el orden jurídico internacional y de acuerdo con ese tipo de derecho, pero no era más libre, en lo político y lo económico, de los Estados Unidos, que lo son hoy de Rusia las Repúblicas de Rumania o de Checoslovaquia. Pero era, sin discusión alguna, respecto a derechos individuales, un millón de veces más libre e independiente que lo es hoy el titulado *Territorio Libre de América*, o cualquiera de los países del campo comunista universal.

No era un Estado Soberano porque su Carta Fundamental estaba clavada en una especie de horcas caudinas bajo las cuales tenían que pasar doblando su cabeza su Gobierno y su Congreso. Era un remedo de Estado que se denominaba República, porque es mucha y muy grande la diferencia que existe entre una República independiente y un Estado soberano. Porque donde el Pueblo no es soberano el Estado no existe, aunque jurídicamente y/o legalmente se considere otra cosa y se le dé carta de naturaleza internacionalmente. El Estado es una realidad política, un hecho social de naturaleza política y como un hecho es una realidad, en la naciente República se percibía la ficción de la vigencia de este hecho. La realidad política que le había servido de base —la Resolución Conjunta— había sido adulterada en su espíritu y su materia y el hecho social de naturaleza política que la había constituido —la Constitución— había sido prostituída por la Enmienda Platt. El vehículo político legítimo con que cuenta la Democracia Representativa para su materialización —el proceso electoral— había sido falsificado y, en consecuencia, los poderes de él emanados iban a resultar inadecuados para obtener el desarrollo del cubano en ciudadano y para respetar y mantener las Libertades Políticas, la Honestidad Administrativa y la Justicia Social, fines absolutos encaminados a proteger los principios básicos de la convivencia social.

\* \* \*

El tiempo del entreacto había terminado. El drama cubano estaba listo a continuar su accidentado desarrollo en el escenario isleño. El choque de las pasiones humanas en receso, la colisión entre el Gobierno y su gobernados y entre los gobernantes mismos no se haría esperar. De eso se había ocupado muy bien Leonard Wood en representación de los intereses financieros de Wall Street a través de la Casa Blanca y del Departamento de Estado durante la Administración McKinley. Se asegura que antes de partir Leonard Wood afirmó al círculo de sus íntimos: *Sesenta días después de inaugurada la República habrá lucha y se derramará sangre en Cuba por cuestiones políticas...*

Se equivocó el Procónsul, pues no ocurrió eso a los sesenta días. Fue a las sesenta semanas.

## BIBLIOGRAFIA

ARCINIEGAS, GERMÁn. *Biografía del Caribe.* Buenos Aires, Editorial Suramericana, 1945.

ATKINS, EDWIN F. *Sixty years in Cuba.* Cambridge, Harvard University Press, 1926.

BANGS, JOHN K. *Uncle Sam trustee.* New York, Riggs, 1902

BEALE, HOWARD K. *Theodore Roosevelt and the rise of America to world power.* Baltimore, John Hopkins Press, 1956.

BROOKE, JOHN R. *Civil Reports.* La Habana, 1899.

CISNEROS BETANCOURT, SALVADOR. *Voto particular contra la Enmienda Platt.* La Habana, Instituto de la Historia, 1963.

ESCALANTE BEATON, ANÍBAL. *Calixto García*. La Habana, páginas 19...

COLLAZO, ENRIQUE. *Cuba Independiente*. La Habana, La Moderna Poesía, 1900.

CUBA, TRIBUNAL SUPERIOR ELECTORAL. *Censo de Población, 1899*. Washington, D. C., Govt. print. off., 1900.

ESCALANTE BEATON, ANÍBAL. *Calixto García*. La Habana. Páginas 19...

FERRARA, ORESTES. *Mis relaciones con Máximo Gómez*. La Habana, Molina, 1942.

FORAKER, JOSEPH. *Notes of a busy life*. Cincinnati, Stewart & Kidd Co., 1916.

GÓMEZ BÁEZ, MÁXIMO. *Cartas*. Santo Domingo, García, 1936. *Diario de Campaña*. Ceiba del Agua, La Habana, Centro Superior Tecnológico, 1941.

HAGEDORN, HERMANN. *Leonard Wood*. New York, Harper & Bros., 1931.

GUERRA SÁNCHEZ, RAMIRO. Et. al. *Historia de la Nación Cubana*. La Habana, 1952.

HOLME, J. G. *The life of Leonard Wood*. New York, 1920.

INFIESTA, RAMÓN. *Historia Constitucional de Cuba*. La Habana, Selecta, 1942.

JESSUP, PHILLIP C. *Elihu Root*. New York, Dodd & Mead, 1938.

LIZASO, FÉLIX. *Panorama de la cultura cubana*. México, Fondo de Cultura Económica, 1949.

MARBAN, EDILBERTO. *Curso de Historia de Cuba para los Institutos de Segunda Enseñanza*. La Habana.

MÁRQUEZ STERLING, CARLOS. *Don Tomás Estrada Palma*. La Habana.

MÁRQUEZ STERLING, MANUEL. *Historia de la Enmienda Platt*. La Habana, El Avisador Comercial, 1909.

MARQUINA, RAFAEL. *Juan Gualberto Gómez en sí*. La Habana, Ministerio de Educación, 1956.

MARTÍ, JOSÉ. *Obras Completas*. La Habana, Lex, 1953.

MILES, NELSON. *Memoirs. Serving the Republic. The work of the Army as a whole*. New York, Harper & Brothers, 1911.

MONTORO, RAFAEL. *Ideario autonomista*. La Habana, Secretaría de Educación, 1938.

NEARING, SCOTT & FREEMAN, JOSEPH. *La diplomacia del dólar*. La Habana, Ideas, 1960.

Ortiz, Fernando. *Contrapunteo cubano del tabaco y el azúcar.* La Habana, J. Montero, 1940.

Partido Revolucionario Cubano. *Correspondencia de la Delegación en New York.* La Habana, Editorial Habanera, 1932.

Pérez Landa, Rufino. *Bartolomé Masó y Márquez, estudio biográfico documentado.* La Habana, Muñiz, 1947.

Piedra Martel, Manuel. *Mis primeros 30 años.* La Habana, Minerva, 1944.

Portell Vila, Herminio. *Hisotria de Cuba en sus relaciones con los Estados Unidos y España.* La Habana, J. Montero, 1938.

Rhodes, James Ford. *History of the United States.* New York, Macmillan, 1920.

Riera Hernández, Mario. *Cuba política, 1898-1955.* La Habana, 1955.

Rodríguez, José Ignacio. *Estudio histórico sobre el origen, desenvolvimiento y manifestaciones prácticas de la idea de la anexión de la Isla de Cuba.* La Habana, La Propaganda Literaria, 1900.

Roig de Leuchsenring, Emilio. *Cuba no debe su independencia a los Estados Unidos.* La Habana, Sociedad Cubana de Estudios Históricos, 1950. *La Enmienda Platt.* La Habana, Municipio, 1954. *La guerra Hispano-cubanoamericana.* La Habana, Municipio, 1955. *La guerra libertadora cubana de los 30 años.* La Habana, Municipio, 1952.

Rubens, Horatio S. *Liberty: The story of Cuba.* New York, Brewer, Warren & Putnam, 1932.

Santovenia, Emeterio. *Theodore Roosevelt y la soberanía de Cuba.* La Habana, Academia de la Historia, 1958.

Souza, Benigno. *Máximo Gómez, el Generalísimo.* La Habana, Trópico, 1936.

Torriente, Cosme de la. *Cuba y los Estados Unidos.* La Habana, Rambla y Bouza, 1929. *La Enmienda Platt y el Tratado Permanente.* La Habana, Rambla y Bouza, 1930.

Varona, Enrique José. *De la Colonia a la República.* La Habana, Cuba Contemporánea, 1919.

Vitier, Medardo. *Las ideas en Cuba.* La Habana, Trópico, 1938.

# CAPÍTULO PRIMERO
## LA REPÚBLICA

## TOMAS ESTRADA PALMA
### (1902-1906)

*Constitución de 1901. — Demografía. — Don Tomás. Agitación tabacalera. — El Tratado de Reciprocidad. Prosperidad económica. — Ratificación del Tratado Permanente. — El primer veto. — Las parciales de 1904. — El quórum Dolz. — El primer empréstito. — Aspectos presupuestales.*

La Carta Fundamental de la República, nacida al socaire de la política imperialista de la Administración McKinley, no contaba con la característica de "libre", como la han calificado prestigiosos historiadores constitucionalistas, porque no había emanado de una Asamblea Constituyente soberana. Si lo hubiera sido, no se le habría añadido el vergonzante apéndice de la Enmienda Platt. Los Asambleístas se habían expresado libremente, pero la soberanía había radicado en la voluntad del Presidente americano. Fue un calco, un poco oscuro, del constitucionalismo americano. El sistema peculiarmente representativo que se originaba en los compromisarios presidenciales era una especie de quinta rueda en el coche.

La Constitución de 1901 establecía el sufragio universal y hacía a todos los cubanos iguales ante la ley, dentro de la existencia de tres poderes jurisdiccionales: el Ejecutivo, el Legislativo y el Judicial. El Ejecutivo (Presidente y Vice) y el Senado no eran elegidos por el voto directo de los ciudadanos —como ocurría en la Cámara—, sino por un cuerpo de personas denominadas *compromisarios* por los cuales se votaba al tiempo que se hacía por la candidatura presidencial. Es decir, que el votante, a pesar de que escogía los candidatos presidenciales de su preferencia, no estaba votando directamente por ellos, sino por una serie de señores que tenían el *compromiso* de elegirlos por el votante. Esta mecánica electoral, de difícil comprensión, se utiliza bajo la premisa de que el votante universal no debe elegir directamente al Presidente, sino comprometer a un número escogido de superhombres para que lo hagan por él. Porque puede darse el caso, según alegan los defensores del sistema, que el pueblo no escoja el mejor Primer Mandatario para la nación, sino a un hombre que le agrade, y en aquella forma los compromisarios tienen el poder de rectificar la voluntad soberana del pueblo, porque saben más que el pueblo lo que a él le conviene.

La Constitución daba el derecho del veto al Presidente sobre los acuerdos camerales, pero al mismo tiempo el Congreso podía reconsiderarlo, y al así hacerlo le daba fuerza ejecutiva a la ley en disputa, por encima de la voluntad del Presidente, que tenía que acatarla o renunciar al cargo. Si es que no deseaba que lo expulsasen de él por desacato al Congreso. La Constitución reconocía las libertades de culto, de palabra, de prensa y de locomoción, así como prohibía la expatriación por motivos políticos, la violación del domicilio, los abusos de la fuerza y la alteración por el Congreso de las cantidades fijadas en el presupuesto por el Ejecutivo para atenciones públicas. Creaba el derecho de Habeas Corpus y la inmunidad parlamentaria. Pero nada decía de derechos sociales, ni de la intervención estatal en la planificación económica, ni de la organización laboral, ni de leyes de seguridad social, ni de protección al campesinado de la geofagia y el latifundismo. En síntesis, que la raíz popular de la guerra de pueblo y el ala del pensamiento martiano habían cedido el paso al interés de la estructura económica del capitalismo financiero o reaccionario.

Todos los códigos existentes en la Colonia se mantenían vigentes dentro de la República en 1902: el Código Penal de 1870, el Código de Comercio de 1866, la Ley Hipotecaria de 1893 con sus "Instrucciones Generales", la Ley de Minería de 1859, la Ley de Obras Públicas de 1866 y la Ley del Notariado de 1863. Como puede fácilmente verse, todas estas leyes eran de un tiempo muy anterior al 24 de febrero de 1895, por lo que podía decirse que la Revolución no había llegado a la Constituyente. No había hecho ésta, tampoco, provisión de Leyes Municipales y por tanto quedaba vigente la de la Colonia, basado en la cual podía el Capitán General destituir a su gusto y capricho Alcaldes y Concejales. En aquella época el Alcalde era designado por selección de los Concejales, con uno o más Teniente-Alcaldes como sustitutos. Quiere esto decir que no se elegía popularmente al Alcalde, sino a un número de Concejales que de su seno escogía después al Mayor de la

Ciudad. Los Consejeros Provinciales se designaban por circunscripciones, o territorios, que comprendían en ellos a varios municipios. El Gobernador Provincial tenía el poder de destituir Concejales y Alcaldes. En la República existían 110 municipios distribuidos por provincias en la siguiente forma: Pinar del Río, 15; La Habana, 25; Matanzas, 21; Las Villas, 26; Camagüey, 5, y Oriente, 18. Los Partidos Judiciales, que comprendían en ellos diferentes municipios, eran en total 41, en la siguiente forma: Pinar del Río, 5; La Habana, 8; Matanzas, 5; Las Villas, 6; Camagüey, 5, y Oriente, 12. El territorio de la Isla contaba solamente con 256 kilómetros de carreteras de primera y 1.555 kilómetros de vías férreas. Las inversiones de capital extranjero, americano principalmente, se estimaban en unos 50 millones de pesos. El capital español, declarado intocable por la Intervención, se consideraba como nativo.

La composición étnica de la población cubana al momento de nacer la República era la siguiente: nativos blancos, 910.299; extranjeros blancos, 142.098. Total de blancos: 1.052.397. Negros, 234.738; mestizos, 270.805. Total de color: 505.543. La población blanca doblaba en proporción a la de color, como echa de verse. Los asiáticos eran tan sólo 14.857. Estas cifras son importantísimas de tener en cuenta a la hora de analizar la posterior Ley de Inmigración y las consecuencias de ella derivadas sobre la economía nacional. De la población total, que alcanzaba la cifra de 1.572.797 habitantes, 815.205 eran varones y 757.592 eran hembras. La población nativa de Cuba era de 1.400.262 habitantes; de españoles peninsulares, 129.240, y de otros países y desconocidos, 43.295. La ciudadanía cubana la ostentaban 1.296.367 habitantes; la española, 20.478; en suspenso por no haberse decidido por cuál optarían, 175.811, y otras y desconocidas, 80.211.

El estado conyugal de la sociedad cubana era de 1.108.709 solteros; 246.351, casados; 131.732, *arrimados;* 85.167, viudos, y 838, desconocidos. La prole ilegítima localizada era de un total de 185.030 personas, divididas en las siguientes categorías: blancos nativos, 58.686; blancos extranjeros, 254, y de color, 126.090. Los analfabetos alcanzaban la cifra de 690.545, de los cuales 359.585 eran blancos nativos; 290.235 eran personas de color, y 40.745 eran blancos extranjeros. Existían solamente 1.510 escuelas y de ellas 755 eran públicas, 726 privadas y 29 religiosas. Estaban distribuidas en 1.557 edificios y eran atendidas por 2.665 maestros.

\* \* \*

La Administración Estrada Palma comenzó a significarse como una paternal benevolencia, tal como correspondía a la personalidad presidencial, que era la de un maestro y no la de un estadista. El Presidente, a quien todos referían como *Don Tomás*, era un hombre de modestos hábitos y extraordinaria frugalidad. Gustaba caminar Obispo abajo o de tomar el tranvía para dirigirse a sus quehaceres particulares. Recibía sin protocolo y a veces en pantuflas y con gran sencillez a sus Secretarios. Se acostaba temprano y se levantaba a la aurora, como un burócrata cualquiera, y poseía el hábito de llamar *hijito* a sus colaboradores, cual si fuera ello una reminiscencia de sus días magisteriales en Central Valley. Su esposa gobernaba el Palacio como una casa de familia, sin lujos ni chambelanes. Era *Don Tomás* de una virtud y honradez irreprochables, pero también de una terquedad y susceptibilidad extraordinarias. Su patriotismo inmenso se contrapesaba con su escepticismo sobre la capacidad cívica de sus compatriotas. Más que un político, era un moralista, y más que un gobernante, era un administrador. No transigía con las *botellas* y confundía lamentablemente las críticas a su Gobierno con ataques a su persona, y de aquí que profundamente resintiese las campañas de prensa o la propaganda oposicionista y que las considerase como agravios personales y no como legítima crítica. No sabía perdonar los ataques políticos de sus adversarios ni admitía en ellos la rectificación. Y lo que más recónditamente le amargaba era el pensamiento que Máximo Gómez se considerase con patriarcal autoridad para bajo cuerda dirigirle. Para un viejo educador cuya palabra en el aula era indiscutible ley, para el altivo y austero ex Presidente de la República en Armas, para el Primer Magistrado de la naciente República, la mera sugerencia de gobernación se convertía, a sus ojos, en una ofensa a la dignidad de su cargo presidencial.

\* \* \*

La primera gran dificultad con que se enfrentó el Gobierno no fue de carácter político, sino social. Como no se había hecho provisión para ello en la Constitución y como no se había firmado aún el Tratado de Reciprocidad con los Estados Unidos, la agricultura, la industria y el comercio se hallaban en un estado de transición que hacía muy penosa la situación de los trabajadores. La natural efervescencia que conllevan los períodos post-revolucionarios comenzó a bullir en La Habana entre los obreros tabacaleros, quienes habían sido los mejor organizados gremialmente durante la Colonia y quienes estaban orientados por anarquistas peninsulares cuya misión era agitarlos en todo momento y contra cualquier situación enemiga a sus intereses extremistas. La adquisición de la casi total producción tabacalera por los Estados Unidos ofrecía grandes posibilidades de aumento en la industria y en el precio del producto. El regreso de los tabaqueros exiliados y su natural y legítima ambición de establecerse en la patria por la cual se habían sacrificado, creó un estado de competencia dentro de la masa de trabajadores tacabaleros. Los patronos no querían aumentar los salarios y los obreros amenazaron con ir a la huelga. Junto a las reclamaciones de aumento de salarios estaba una reivindicación laboral: la prohibición en los talleres y escogidas del ingreso, como aprendices, de los importados de la Península con el propósito doble de monopolizar el trabajo y de pagarles míseros jornales, y la demanda de preferencia del nativo sobre el extranjero, en igualdad de conocimientos, para ocupar cargos en la industria. Era la primicia de la justa Ley de Nacionalización del Trabajo que debe ser fundamental preocupación de los gobernantes como medio de protección a la fuerza laboral nativa.

La mayor dificultad con que tropezó la organización laboral fue la renuencia de la población habanera a considerar la huelga como una cosa justa, ya que temía el daño a la propiedad extranjera y, consecuentemente, una represalia por parte de los propugnadores de la intervención. Los propietarios se creían por encima de las leyes de Cuba y los Veteranos no veían con buenos ojos que los que se habían mantenido al margen de la lucha por la Independencia ahora se mostraran dispuestos a crearle dificultades a la República. Solamente el Secretario de Gobernación y el Alcalde demostraron simpatías por la causa del proletariado y le alentaron a la lucha. Los anarquistas, aunque desaprobaban el tinte nacionalista de la campaña, no desaprovecharon la oportunidad de la agitación y como todos ellos eran españoles la opinión pública y las autoridades sospecharon un motivo anti-cubano en sus actividades directoras de la anunciada huelga tabacalera, que de pronto se tornó en una huelga general contra la carestía de la vida. El general Máximo Gómez, a instancia de los Veteranos, ofició como mediador, ya que el temor era, tanto en ellos como en el Gobierno, *que los americanos volvieran...* Los anarquistas secretamente alimentaban la esperanza de que debido a ese temor obtendrían sus demandas y de ahí que se lanzaron a una acción violenta provocativa. Las gestiones del Generalísimo fracasaron y en una reunión obrera fue objeto de gritos y denuestos que lo pintaron como intruso en las cuestiones obreras. Unos días después la policía disolvió a

9

toletazos una manifestación huelguista y el alcalde O'Farrill cesanteó al Jefe de la Policía Municipal, general Rafael de Cárdenas, con el visto bueno del Secretario de Gobernación, Diego Tamayo, medida que envalentonó a los huelguistas. El día 24 de noviembre de 1902 se inició la huelga general. Se paralizó por la persuasión o la fuerza a la mayor parte de los servicios públicos, y la policía, esta vez por orden expresa del Alcalde y del Secretario de Gobernación, entró en vigorosas funciones represivas. A tiros y palos riñeron obreros y policías, con el resultado de muchos heridos y lesionados. Se movilizó la Guardia Rural desde el interior hacia La Habana, ya que el Ministro inglés reclamó seguridades para los británicos y sus propiedades. Se dio el primer curioso incidente que la Havana Electric, empresa americana, se situase, virtud a su interpretación de la Enmienda Platt, por sobre la autoridad del Gobierno al fijar en las estaciones tranviarias un cartel que decía textualmente:

*"En vista de que el Gobierno cubano no garantiza las vidas ni los intereses de esta empresa, se suspende el tráfico..."*

Después de varios días de angustia y miedo a la intervención, Estrada Palma ordenó la cesantía del Alcalde y del Secretario de Gobernación y la reposición del general Cárdenas en su cargo de Jefe de la Policía. Los obreros volvieron al trabajo después de llegar a un arreglo amistoso. Se pasó el primer susto republicano y se experimentó la primera muestra del plattismo.

El Tratado de Reciprocidad con los Estados Unidos se negoció en diciembre, en medio de una prosperidad hasta aquel momento desconocida en Cuba y que coincidía con la inauguración del ferrocarril Habana-Santiago de Cuba, construido por el empresario canadiense Van Horne, quien hábilmente había evadido la Ley Foraker al incorporar su empresa ferrocarrilera en New Jersey en lugar de en Cuba y conseguir *permisos revocables* en lugar de concesiones prohibidas por la Ley. El Secretario de Agricultura, Terry, propuso la concertación de un empréstito por cuatro millones de pesos, de carácter interior, para ayudar al campesinado en la reconstrucción de sus predios, pero no encontró el apoyo necesario porque los banqueros se negaron a financiar una empresa que perjudicaría sus usurarios intereses, cosa que hizo a Terry renunciar a su cargo. Dentro de las esferas palaciegas, el Ministro americano Herbert Squiers comenzó a ejercitar sus presiones plattistas, concordando esto con la exclusión que se hacía a Máximo Gómez del acceso a la intimidad gubernamental, la que llegó a su extremo en el Cacahual, el 7 de diciembre, cuando no lo regresaron en el coche presidencial después del acto de recordación a Maceo y a su hijo Panchito, cosa que le hizo exclamar entre jocoso y amoscado: *"¡Tomasito me ha dejado en tierra...!"*

El Tratado de Reciprocidad establecía que Cuba otorgaba preferenciales que oscilaban desde un 20 % hasta un 40 % a los Estados Unidos, mientras esta nación se reservaba el derecho de aumentar unilateralmente el Arancel, pero conservando los preferenciales. Esta ventaja significó la casi total dependencia del mercado de importación cubano en un solo país, o séase que aumentó el monto del porcentaje de un 45 % en 1899 a un 90 % en 1903. De cada peso que Cuba vendía a los Estados Unidos, devolvía 35 centavos en importaciones de ese país. El Tratado fue combatido en el Senado por Manuel Sanguily y defendido por Sánchez de Bustamante, personajes que se odiaban cordialmente. El primero pensaba que el segundo era un hombre sin convicciones ni principios; el segundo opinaba que el primero era un demagogo y un cambia-casacas. Los párrafos más importantes de sus discursos en el Senado en pro y en contra de la aprobación del Tratado fueron los siguientes:

*"Nosotros recibimos de los Estados Unidos el beneficio de un 20 % y ellos reciben, en cambio, de nosotros, una serie progresiva de beneficios; y como la totalidad de lo que nos conceden es sorprendentemente inferior a la totalidad de lo que les concedemos, no puede negarse la incorrección de considerar a éste como un Tratado de verdadera y equitativa reciprocidad... Los Estados Unidos, en cuanto a las circunstancias actuales lo consienten, se han subrogado a nuestra antigua metrópolis española, han reducido nuestra condición general, bajo el aspecto de la hacienda y del comercio, a aquellas mismas relaciones sustanciales en que se encontraba Cuba respecto de España, cuando España dominaba en Cuba; han convertido, por tanto, nuestra nación en una colonia mercantil, y a los Estados Unidos en su metrópolis... Primero poco a poco, y ya con rapidez alarmante, nos invaden esas asociaciones, como pulpos inmensos que se empeñan en recoger en sus tentáculos, para ahogar nuestra personalidad, cuantas manifestaciones reales y posibles consienten nuestra vida general y nuestra vida económica; y no os desatendáis de que esas combinaciones de capitales que se llaman "trusts" no existen ni podrían existir por la mera explotación de las industrias, sino que por fuerza han de vivir y sólo viven en razón de los privilegios que obtienen, por lo que de propia necesidad tienen*

*que explotar al Estado, sujetándolo a su influencia y poderío corruptor..." (Sanguily).*

*"La reciprocidad verdadera está en tener conciencia de nuestras respectivas necesidades; la reciprocidad está en conceder lo que podamos sin peligro del Arancel y de la recaudación del país y en obtener lo que podamos sin perjuicio de los intereses capitales que se agitan en el mercado vecino. Nos han dado, no lo que nosotros queríamos, sino lo que podían darnos, y nosotros hemos concedido, no lo que nos pedían, sino lo que podíamos darles sin ningún peligro serio y efectivo... Nosotros les damos a ellos comercio, mercado y desenvolvimiento, y ellos nos dan a nosotros desenvolvimiento, mercado y comercio; nosotros procedemos con ellos como amigos y ellos proceden con nosotros como compañeros; nosotros partimos nuestras diferencias comerciales, no como enemigos, sino como aliados recíprocos y, si quedara alguna diferencia, si todavía allá en el fondo, sumando y restando, pesando en los platillos de la balanza hubiera alguna ventaja para ellos, como llevamos hidalgamente en el alma motivo de gratitud para ese gran pueblo, más a nuestro placer se lo pagaremos con serias ventajas en los derechos de aduana que con jirones de nuestro territorio o con pedazos de nuestra soberanía..." (Sánchez Bustamante).*

Puesto a votación nominal el Tratado, fue aprobado por 16 votos a favor y 5 en contra. El viejo e irreductible patricio Cisneros Betancourt, al votar en contra, lo hizo con la aclaración de que el Reglamento lo obligaba, porque de otro modo *ni siquiera habría votado...* El Tratado, al igual que sucedió con la Enmienda Platt, fue rechazado por el Senado americano y devuelto a Cuba para que fuese enmendado a gusto y regusto de un Congreso extranjero, evidenciando con ello la supeditación legislativa de la República a los caprichos de los intereses norteños. De nuevo surgieron voces de protesta en el Senado Cubano —aunque no tan airadas como la primera vez —pero Sánchez de Bustamante se encargó de aplacarlas exclamando en su perorata pro-tratadista: *"¡Pobre Cuba si en un momento de verdadera ansiedad e incertidumbre, por escrúpulos de orgullo, por no ser grande o no ser pequeña, dejamos morir esta noche, en nuestras manos, una gran esperanza de progreso y de salvación: el Tratado de Comercio...!"* De nuevo se aprobó el Tratado, pero esta vez en proporción menor que la anterior: 12 votos a favor y 9 en contra.

En un movimiento indicador de su celo autoritario, Estrada Palma creó el Cuerpo de Artillería, organismo que se encargaría de su custodia personal y de la ocupación de las fortalezas, neutralizando así al Cuerpo de la Guardia Rural que había sido creado por la Intervención y puesto en manos del general Alejandro Rodríguez, quien era persona adicta al Ministro Squiers, el que trató que Estrada Palma disolviese el Cuerpo de Artillería, negándose enfáticamente a hacerlo el Presidente. El Ministro Squiers fue puesto en su lugar por el Secretario de Estado, Zaldo, cuando pretendió disfrutar de un especial fuero y visitar al Presidente en ignorancia del Protocolo que exigía lo hiciese a través del Secretario de Estado. Squiers protestó ante Estrada Palma y éste le dio la razón, ordenando a Zaldo que enviase una nota al Ministro americano notificándole la suspensión de lo prescrito y que podía visitarlo cuando quisiese haciendo caso omiso del Secretario de Estado. El digno y competente Zaldo renunció irrevocablemente antes que aceptar la humillación. Tanto abusó Squiers de la paciencia de Estrada Palma, que éste se quejó a Wáshington y el soberbio diplomático fue sustituido. Lo mismo ocurrió con el Cónsul Bragg, quien escribió una carta en que denigraba a los cubanos y quien fue sustituido por el funesto Frank Steinhart.

* * *

La Isla gozó de prosperidad durante el año de 1903. Las importaciones de divisas al país desde 1899 sumaron cerca de 20 millones de pesos; las inversiones americanas subieron de 50 a 170 millones de pesos; las exportaciones del año 1902 alcanzaron la suma de 77 millones de pesos; se molieron ese mismo año de 1902, 780.600.124 arrobas de caña, con una producción de 850.181 toneladas largas de azúcar, que, al precio de 1,83 centavos libra, tuvieron un valor estimado en $ 34.850.583,00, al tiempo que las mieles produjeron $ 1.350.000,00. La ganadería dio un salto tremendo, pues de la misérrima cantidad de 120.000 cabezas de todo tipo de ganado vacuno que sobrevivieron la Guerra de Independencia, en 1903 había ya en los campos de Cuba 1.223.613 cabezas, gracias a la industriosidad de los criadores y a las facilidades de importación concedidas por las leyes, que permitían la libre introducción de ganado de cría, así como su entrega oficial a los criadores para que lo pagaran en plazos de 12 a 30 meses con el 4 % de interés anual. La República nació sin Presupuestos —no los tuvo hasta 1904—, pero los datos muestran que los ingresos estatales, casi todos procedentes de Rentas de Aduanas, eran de diecisiete millones y medio de pesos, de los cuales se gastaron quince millones en los distintos departamentos gubernamentales.

* * *

El siguiente duelo parlamentario se suscitó con motivo de
las urgentes demandas del Ministro Squiers acerca del cumplimiento del punto de la Enmienda Platt referente al establecimiento de carboneras. Los Estados Unidos reclamaron cuatro puertos: Guantánamo, Cienfuegos, Nipe y Bahía Honda. La
pretensión que tuvieron sobre La Habana fracasó tanto por
la enérgica repulsa del pueblo como del Gobierno cubanos.
Estrada Palma y Zaldo se defendieron subresalientemente de
Squiers hasta lograr, en una gran victoria diplomática, que se
redujesen a dos los puertos reclamados (Guantánamo y Bahía
Honda) y que éstos no fuesen cedidos a perpetuidad, sino bajo
arriendo. Junto con el Tratado de Arriendo se envió por Wáshington al Congreso cubano la ratificación del Tratado Permanente o Enmienda Platt. Esta vez fue Alfredo Zayas quien
trató de obstruccionar las aprobaciones y Sanguily quien salió
en su defensa para su rápida aprobación. Sometida a votación,
fue aprobada la ratificación por 12 votos contra 4. Cisneros
Betancourt de nuevo mantuvo su intransigente anti-ingerencismo. Le acompañaron Zayas, Tamayo y Cabello. El Senado
americano dio su visto bueno a lo hecho, con excepción de
la situación de Isla de Pinos, cuya posesión quedó en suspenso, pues tenía la firme intención de anexionarla a los Estados Unidos.

El primer veto lo ejerció Estrada Palma en ocasión de haberse aprobado, por iniciativa del Senador Morúa Delgado, el
restablecimiento de la Renta de Lotería, una infame y degeneradora influencia colonialista. Este veto fue seguido de otro
en razón de una inicua *ley-retrato* que aprobó la Cámara para
evitar el enjuiciamiento del Representante Mariano Corona,
quien había matado en Santiago de Cuba al periodista Constantino Insúa por una cuestión personal iniciada con una
*trompetilla* que surgió de un grupo en los momentos que pasaba
frente a él el difunto periodista. La ley fue aprobada a pesar
de que Corona había solicitado su procesamiento, ya que consideraba había obrado en legítima defensa de su vida. *Don Tomás*
se ganó la enemistad del Congreso, pero la opinión pública
aplaudió el texto de sus vetos, que decían, respectivamente:

*"Ya el año pasado estuvo a punto de autorizarse la creación de vallas públicas para las lidias de gallos, espectáculo
cruel, semibárbaro y desmoralizador. Si ahora llegara a cons-*

*tituirse como especulación del Estado la lotería, pudiéramos decir que se ha levantado un muro infranqueable para separar la nación con que soñamos en la época revolucionaria, de la que realmente existe y que parece inclinarse a retroceder en dirección de la antigua metrópolis."*

*"El Proyecto de Ley que motiva este mensaje, además de hallarse en abierta contradicción con algunos preceptos del Código Fundamental, con el espíritu democrático en que éste se inspiró y con las sanas doctrinas de un régimen verdaderamente republicano, puede muy bien dar un pretexto plausible para abrigar desconfianzas de la honradez y rectitud de nuestros Tribunales de Justacia y para levantar protestas injustificadas..."*

Las elecciones para renovar la mitad de la Cámara sumió a ésta en unas vergonzosas actividades que la pusieron aún más baja en nivel cívico que las peores diputaciones coloniales. El Parlamento se convirtió en un verdadero lupanar legislativo. Ni se trabajaba, ni se legislaba, ni se lograban quorums, se hacían mangas y capirotes con la Ley Electoral para ajustarla a personales conveniencias; se reñía como perros callejeros por las nominaciones, se daban *carpetazos* a los regentes camerales y se intrigaba abiertamente contra todo el mundo. La propaganda barriotera adquirió caracteres francamente vituperables y surgió a la palestra política ese tipo mercenario y despreciable que se conoce con el remoquete de *sargento político,* profesional del forro y matón de oficio, a quien amparaba otro no menos despreciable y criminal sujeto: el cacique electoral. La sevicia se apoderó de hombres que habían luchado en la Guerra de Independencia con gran coraje y lealtad, hasta el punto de llegar a crear *partidas de la porra* para que apalearan y en ocasiones asesinaran a sus opositores. Fue tal la ignominia de los envueltos en los trajines electoreros que la ciudadanía responsable se sustrajo de los procesos electorales y desde aquel instante en Cuba la política fue sinónimo de rapacidad y objeto de repudio por parte de las personas decentes, quienes, confundiéndola con la politiquería, la consideraban como un medio de enriquecerse ilícitamente y en el Congreso no veían a la representación democrática del pueblo cubano, sino a un antro de bandidos.

Estrada Palma, como recordamos, había sido elegido por una "Coalición Nacional-Republicana", sin estar afiliado a Partido alguno. El retraimiento de la "Coalición Por Masó" había proporcionado a los contrarios de ésta una mayoría absoluta en el Gobierno. Pero dentro de los órganos legislativos y el Poder Ejecutivo hervían pasiones politiqueras y gruñían apetitos presupuestales a los cuales, hasta aquel momento, había sido invulnerable el Presidente. La dinámica partidista se dividió, dentro del Gobierno, en *moderados* y *liberales*, sin que estos términos implicasen conceptos filosóficos políticos, sociales o económicos, sino simplemente dos actitudes ante los métodos de gobierno. Los Republicanos que formaban parte de la Coalición estradista derivaron hacia el apelativo de *conservadores* y capitaneados por los Senadores Méndez Capote, Dolz y Párraga y por el Gobernador de Las Villas, José Miguel Gómez, iniciaron la creación del "Partido Republicano Conservador", cosa que produjo el descontento en muchos Republicanos que se auto-denominaron *radicales*. Los integrantes coalicionistas del Nacional Cubano se consideraron trampeados y en unión de los Republicanos *radicales* crearon el "Partido Liberal Nacional", bajo la égida de Alfredo Zayas, a quien en seguida se sumó Juan Gualberto Gómez con la fracción Republicana Independiente que había apoyado a Masó. El Partido Liberal Nacional polarizó en su seno a las siguientes organizaciones caudillistas: Nacional Cubano (Zayas); Republicano Independiente (Juan Gualberto); Nacionales Liberales de Camagüey (Lope Recio); Republicanos Independientes de Las Villas (Robau); Nacionales Libres (Alemán); Republicanos Liberales de Vuelta Abajo (Luis Pérez); Republicanos Castillistas (Castillo Duany) y Nacionalistas (Zárraga). Masó afirmó su simpatía por el Liberal Nacional apenas fue fundado. José Miguel Gómez, indiscutido jerarca villareño, se mantenía al lado de Estrada Palma con la esperanza de ser postulado a la Presidencia cuando éste finalizase su mandato. Las maniobras electoreras resonaron en la Cámara y en ésta se aliaron los Nacionales a un grupo de Republicanos que se auto-denominaron *históricos* para desalojar de su Presidencia a Rafael Portuondo y sustituirlo con el sabio naturalista Carlos de la Torre. Esta fracción *histórica* se había separado del Republicano, en La Habana, cuando Unión Democrática se disolvió y sus componentes autonomistas pasaron al Republicano encabezados por Montoro. Eusebio Hernández, presidente de Unión Democrática, se pasó al Liberal Nacional.

Las elecciones parciales de 1904, en las que cesaban 31 Representantes y la mitad de los Consejeros Provinciales, fueron lo que se llama un asco. Se robaron urnas, se asaltaron las mesas electorales, se coaccionó a los electores, se compraron votos y conciencias y se abusó de la violencia y el fraude por todos los candidatos. Sin excepciones. Se dio el triste caso de que un candidato de Matanzas, Juan Garmendía, se suicidó al no postularlo para la reelección el Liberal Nacional de esa provincia. Según los resultados que aparecen en la documentación de la época, el Liberal Nacional copó en La Habana; el Republicano Conservador, en Matanzas y Las Villas; el Nacional Moderado, en Camagüey, y en Oriente, el Nacional Radical (Bravo Correoso) copó, frente a la Coalición Oriental Independiente, formada por el Liberal Nacional, el Masoista, Unión Democrática y el Liberal Independiente. En Pinar del Río, los Liberales Nacionales y sus oponentes, los Republicanos Conservadores, se confabularon para dividirse por igual las actas en disputa. El cómputo de estas elecciones —primera demostración amplia que de la Democracia Representativa se burlan los politiqueros— fue como sigue: Republicano Conservador, 13 Representantes y 17 Consejeros; Liberal Nacional, 11 Represtantes y 20 Consejeros; Nacional Moderado, 2 Representantes y 2 Consejeros, y Nacional Radical, 5 Representantes y 7 Consejeros.

Lo que sucedió en la Cámara después supera en depravación a la impudicia de las elecciones. Si no fuera porque los documentos prueban la veracidad de los hechos ocurridos, el lector imaginaría una fiesta de brujas y demonios en lugar de un Parlamento. Únicamente porque es necesario relatarlas es que consignamos estas desvergüenzas, y el dolor de hacerlo se atenúa con la esperanza de que estos malos ejemplos se recuerden y a toda costa se evite su repetición futura por algunos derelictos de posteriores aquelarres congresionales que taimadamente esperan la derrota de la tiranía comunista para intentar un regreso a estas abominables prácticas sufragistas.

* * *

La mayoría de las actas ganadas en las parciales se hallaban bajo impugnación, y por ello los Nacionales de la Cámara no concurrían a hacer el necesario quorum a las Sesiones que, según la Constitución, requerían para ser comenzadas *las dos terceras partes del número total de sus miembros*... y que asimismo disponía *ni continuarlas sin la mayoría absoluta de ellos*... La sesión de apertura de la legislatura había gozado del necesario quorum, pero no así las siguientes, cosa que verificaba cuidadosamente el Presidente de la Cámara, Carlos de la Torre, del Liberal Nacional. El día 13 de junio de 1904 un grupo de Republicanos secuestraron a Carlos de la Torre y lo mantuvieron escondido hasta que fue sustituido por el Vicepresidente de la Cámara, José A. Malberty, quien, con la complicidad de los Secretarios Rodríguez Acosta y Carlos Mendieta, certificó un falso quorum y en el término de cuarenta y cinco minutos fueron aprobadas como buenas todas las Actas de Representantes de candidatos electos por todos los Partidos y así se notificó al Poder Ejecutivo para que éste autorizara el cobro de haberes a los electos. En los instantes que ocurría este embrollo, llegó a la Cámara un mensaje de la Presidencia que le comunicaba haber contratado un empréstito de $ 35.000.000,00 para liquidar los haberes del Ejército Libertador y que la urgía a que nombrase una Comisión Liquidadora. Los Veteranos se agitaron y empezaron a presionar a la Cámara para que se reuniera en quorum, pero ni los Liberales Nacionales ni los Republicanos cejaban en sus empeños y sus querellas y hasta rechazaron el arbitraje del Tribunal Supremo para que éste decidiera cuáles actas eran legítimas y cuáles falsas.

Como la agitación de los mambises iba en aumento y se rumoraban alzamientos, los parlamentarios en discordia llegaron a una decisión inconcebible: acordaron que se constituyera la Cámara con la mitad que no fue renovada y con los electos en las parciales que fueran Veteranos, estuvieran o no impugnadas las actas de éstos. Este disparate fue aceptado por un distinguido grupo de Libertadores, a quienes movió el deseo de solucionar la penuria de sus antiguos compañeros de armas, pero que al hacerlo echaron sobre sí la responsabilidad cómplice de aquella patraña cameral que enlodaba la reputación del veteranismo, puesto que las actas de algunos de ellos eran falsas sin lugar a dudas, y quienes con tal execrable acto se hacían sospechosos de cohonestación de aquella falsedad. Fueron ellos Rafael Portuondo, Carlos Manuel de Céspedes, Rafael Manduley, Alfredo Betancourt, Faustino Guerra, José Clemente Vivanco, Bernabé Boza, Generoso Campos Marquetti, Octavio Zubizarreta, José Manuel Núñez, Agustín Cruz y Justo Carrillo.

Al correr el tiempo y estar a punto de cerrarse la Legislatura (o serie de sesiones) en el Senado se produjo otra barbaridad similar a la que se había cometido en la Cámara. Ricardo Dolz logró la aprobación de un acuerdo que decía: *"El Senado resuelve: que la palabra «Sesiones», conforme aparece en el artículo 54 de la Constitución, se entiende en el sentido que se da a la palabra «Legislatura» en la propia Constitución..."* Este sofisma dialéctico, conocido con el nombre de *quórum-Dolz*, se mantuvo vigente durante la friolera de ¡treinta años! Quería decir que si en la Sesión de apertura de la Cámara y el Senado había habido quorum, ése servía para todas las demás Sesiones del período o Legislatura, aunque en las demás no se alcanzara la cifra necesaria que constituyese un quorum. No ha de extrañarnos, pues, que la voz popular bautizase a Cuba como *el país de la Siguaraya*.

La Administración Estrada Palma efectuó un empréstito con la Casa Speyer por la suma de $ 35.000.000,00 para la liquidación de los haberes del Ejército Libertador, dando con este paso la razón tanto a Máximo Gómez como a la Asamblea del Cerro en aquella cuestión del empréstito con Cohen, que los había enzarzado en una gran querella. Si bien Máximo Gómez no deseaba que la República comenzase con un empréstito, éste se efectuaba dos años después de inaugurada, y por su parte la Asamblea, que pretendió un empréstito sin lograrlo, ahora veía materializarlo, aunque no bajo las leoninas condiciones de Cohen. En los gastos del empréstito no se incluyeron solamente los haberes libertadores, sino también la amortización de los bonos emitidos por la República en Armas. El empréstito se hizo mediante bonos al 90 % de su valor nominal, redimible en cuarenta años y con intereses al 5 %. Para cubrirlo se creó un Impuesto Especial permanente sobre fabricación, expendio o consumo de bebidas alcohólicas nacionales o extranjeras, fósforos, tabacos, cigarros o picaduras, barajas y sacos de azúcar, el cual, como todos los Impuestos Especiales que en Cuba se han dispuesto, adquirió caracteres de eternidad y sirvió de base para multitud de impuestos posteriores.

La liquidación de los haberes a Veteranos fue la más cruel de las maniobras de especulación que se efectuaron en la naciente República, pues se esquilmó a los mambises del producto de la legítima deuda que con ellos había contraído el país.. Nada hizo el Gobierno por impedir la usura de los Shylocks de la época y, es más, dio su infame aprobación a lo que éstos hicieron cuando dictó dos Decretos que más adelante reproduciremos. Si la actuación de los Legisladores procedentes de las filas Libertadoras no fue correcta en cuanto a los métodos parlamentarios, su manifiesta complicidad en la extorsión sufrida por los Veteranos fue totalmente abominable. Prueba al canto:

El Gobierno había reconocido los créditos de los Libertadores que habían sido certificados como legítimos y sobre los cuales se había prometido el pago en no lejana fecha posterior. Como la mayoría de los mambises eran hombres humildes y analfabetos y estaban apremiados financieramente, o bien perdieron la confianza en el valor de sus créditos o bien fueron éstos rematados por garroteros y prestamistas por un valor ínfimo. Personas sin escrúpulos, bien situadas dentro de las esferas del Gobierno, se confabularon para adquirir créditos o para lograr su endoso a ellos por los incautos mambises, sabiendo muy bien de la proximidad del empéstito que iba a liquidarlos, convirtiéndose en *apoderados* de aquellos héroes ingenuos e incultos. Se procedió con la mayor impunidad, a sabiendas del Gobierno, porque todo estaba permitido en aquella estructura política fundada en el *dejar hacer - dejar pasar* corruptora de la democracia. No seamos nosotros los que derramemos la invectiva sobre los métodos que se usaron y las tropelías que se cometieron con los indefensos Libertadores, sino que dejaremos que sea un testigo presencial, Martínez Ortiz, quien haga la descarnada descripción de los hechos:

*"Los interesados no confiaban mucho en la eficacia del esfuerzo y pronto comenzó una especulación inusitada sobre los créditos. Se formaron compañías para adquirirlos; los agentes pululaban por todas partes, y procuraron hacerlos suyos al menor precio posible. Se daban muy pocas esperanzas y se procuraba engañar a los incautos; eran los más, y haciaseles creer que sus alcances eran letra muerta; no había para cuando pudieran sacar algo de ellos. Se lograron fortunas fabulosas y rápidas. De poca utilidad fue que la prensa alzara la voz para contener la impaciencia y acrecentar la fe; no hubo modo de lograrlo; cualquiera daba su crédito por la cuarta parte del valor, y cuando vieron los interesados ir la cosa de veras, era ya tarde; el mal no tenía remedio; habían entregado por nada, o poco menos, los haberes ganados en la guerra. En tanto los pescadores de créditos se daban gusto y recorrían de cabo a rabo la Isla visitando bohíos y haciendo escrituras de cesiones, el Congreso discutía el proyecto y aprobaba la Ley..."*

Pero no estaban ajenos a esta trapisonda los funcionarios de Wáshington. El Secretario de la Guerra, Root, era al mismo tiempo Consejero de la Casa Speyer. Su biógrafo, Phillip C. Jessup, asegura que Root hacía excepción en su labor de Secretario para ayudar a sus clientes mediante consultas con el Secretario de Estado, Hay, y con el Presidente Roosevelt, y cita los casos específicos de los empréstitos a Cuba, Costa Rica y Venezuela. Las citas correspondientes a estos hechos, en su idioma original, el inglés, se encuentran en la obra del Dr. H. Portell Vilá, citado en la bibliografía, quien asegura que especuladores americanos estaban en posesión de más de $ 16.000.000,00 en valores que habían rematado por una pequeña parte de su precio. Este prestigioso historiador cubano (a quien no puede acusarse de comunista, cuyo anti-imperialismo compartimos y con quien discrepamos acerca de Horacio Rubéns), califica de falsía de Root su promesa a los cubanos, en 1901-02, de sincero respeto por su soberanía si aceptaban la Enmienda Platt. En su obra sentencia el Dr. Portell Vilá: *"Con las citas*

*que acabamos de hacer queda bien demostrado que la estrecha*
*e inmoral alianza del Gobierno de Wáshington, por medio de*
*políticos corrompidos, con los banqueros norteamericanos, para*
*establecer la dominación financiera del capital yanqui sobre*
*los países de la América Latina, no es un invento de los anti-*
*imperialistas, sino una realidad innegable y confesada..."*

Para acallar el escándalo y favorecer a los garroteros y explotadores, se promulgó el Decreto 114, de 17 de mayo de 1905, autorizando que cobraran, en lugar de los Libertadores, sus apoderados. Cuatro días después, el 21, se promulgó el Decreto-Regla por medio del cual se permitía embargar el 50 % de los haberes a percibir por los Libertadores. En definitiva, el pago no benefició en nada ni a los mambises ni a las clases humildes, sino que, por el contrario, les perjudicó a causa del encarecimiento de la vida que trajo consigo la inyección de dinero, pues los mercachifles inmediatamente alzaron los precios de todos los artículos de consumo.

* * *

Las reservas monetarias de la República eran grandes, tanto por la frugalidad de la Administración de *Don Tomás* como por los efectos de la reconstrucción. Los presupuestos, que en realidad no eran tales, sino más bien "estado de cuentas", habían ido en aumento: 17 millones el primero; 18, el segundo; 19, el tercero, y 22, el cuarto. La producción azucarera seguía su ritmo ascendente: 998.873 toneladas, a 1,96 libra, por un valor de $ 43.515.495,00, en 1903; 1.040.228 toneladas, a 2,61 libra, por un valor de $ 60.815.889,00, en 1904, y 1.163.258 toneladas, a 2,79 libra, por un valor de $ 72.698.971,00, en 1905. Se habían aumentado en un 30 % ciertas partidas del Arancel para compensar el desequilibrio del Tratado de Reciprocidad, y ello se añadió a los ingresos aduanales, ya de sí voluminosos. El alcance del comercio subió a $ 172.000.000,00 en 1904, de los cuales correspondieron $ 82.000.000,00 a importación y $ 90.000.000,00 a exportación. De los primeros, $ 6.000.000,00 fueron en divisas libres, o séase efectivo. En octubre de 1905 había en el Tesoro próximo a $ 25.000.000,00, de los cuales tan sólo $ 3.500.000,00 eran depósitos del empréstito.

*Don Tomás* era tan tacaño que de él se cuenta la anécdota de que cuando los buzones de correo necesitaban pintura, quiso que los pintaran los carteros en su tiempo libre. Pero a pesar de la prosperidad consustancial a un período de reconstrucción y del tesoro acumulado en Hacienda, el país seguía atrasado porque no se votaban créditos para obras públicas en el Congreso, pues sus miembros estaban, en su mayoría, disgustados con la renuencia del honrado Presidente a conceder contratas sin subasta y a repartir botellas. Esta situación llegó a calar tan hondo el ánimo de Estrada Palma que arraigó en él la firme creencia de que los Congresistas querían entrar a saco en la Tesorería, algo en que quizás no estuviera despistado *Don Tomás*. Pero había una incongruencia en la actitud del Presidente en cuanto al agro cubano, puesto que él había sido un hombre del campo: en el presupuesto de 1905-06, que era de $ 18.000.000,00, sólo se concedía a la Secretaría de Agricultura la irrisoria suma de $ 181.663,00, en tanto que al Servicio Exterior —parasitario las más de las veces— se le beneficiaba con cerca de medio millón de pesos.

* * *

*Política de inmigración. — El Partido Moderado. — El Gabinete de Combate. — Latidos de revolución. — Muerte del Generalísimo. — Destituciones de Alcaldes. Los sucesos de Cienfuegos. — La reelección.*

La política de inmigración fue un soberano disparate que se disfrazó con el ropaje de *blanquear al país*, porque, como quedó demostrado, el Censo de 1899 probó que el porcentaje de la población total estaba compuesto del 66,9 % de blancos; el 14,9 % de negros; el 17,2 % de mestizos, y el 1,0 % de amarillos. La inmigración que se necesitaba era una de calificados agrónomos y artesanos, y lo que se nos echó encima fue una nube de jornaleros y domésticas analfabetos, así como una plaga de *sobrinos*, prófugos de las levas de quintos, que nutrieron las filas de dependientes del comercio español, en detrimento de la juventud cubana. Desde 1902 hasta 1907 entraron en Cuba, protegidos por las Leyes de Inmigración, 155.252 extranjeros, de los cuales 38.301 no tenían, según declaración jurada, ocupación determinada, y 59.841 alegaron que venían a trabajar *en lo que sea*, pues no tenían oficio ni beneficio alguno. En resumen, 98.152 extranjeros que vinieron a aumentar la fuerza laboral, a aumentar la competencia por los trabajos y con ello producir una baja en los salarios y a aumentar la pobreza del nativo. Sólo 2.915 inmigrantes del total volcado sobre Cuba eran labradores o agricultores. Los peninsulares habían quedado en posesión de las tierras que se les habían confiscado o rematado a los patriotas, y además dominaban el comercio, que había nutrido las filas de los Voluntarios. Al nacer la República vendieron las tierras a empresarios americanos y continuaron importando parientes y amigos para emplearlos en sus negocios. En su propia tierra, con Constitución y República, el cubano seguía siendo tan paria como bajo la Colonia. Se dio el curioso caso, en 1905, de que los americanos residentes en Isla de Pinos, encabezados por un aventurero de apellido Pearcey, constituyeron allí un Gobierno independiente con la intención de convertirla en una Texas cubana, aprovechando que no se habían fijado los límites de la Isla de Pinos dentro de los de la Isla de Cuba. La intentona no tuvo ulteriores conscuencias al ser ignorada tan descabellada osadía tanto por las autoridades cubanas como por las americanas.

El comienzo de las grandes dificultades con que tropezó *Don Tomás* tuvo lugar en el terreno político. De las fraudulentas parciales de 1904 surgieron fuerzas electorales que concurrirían a las elecciones presidenciales de 1906 y que, siguiendo el camino caudillista, se agruparían alrededor de las figuras que aspirasen, o que tuviesen mejor oportunidad de ser nominadas, a las primeras magistraturas. Estrada Palma, hasta aquellos instantes de mediados de 1904, seguía sin afiliación partidista alguna. En la calle y en los corrillos privados volvía a hablarse de Máximo Gómez —quien se hallaba excluido de Palacio— como posible candidato presidencial, aunque también se les conocían aspiraciones a los generales José Miguel Gómez y Emilio Núñez, así como al Dr. Alfredo Zayas.

Dentro de las filas del Partido Republicano Conservador cobró impulso una tendencia que se auto-tituló *moderada* y de la que eran regentes Méndez Capote, Dolz y Párraga. Como Unión Democrática, antaño masoísta, se había disuelto, sus componentes autonomistas, tales como Montoro, Cueto, Giberga, Sola y Delmonte, ingresaron en el Republicano. En agosto de 1904 ya estaba definida la organización bajo el patronímico de "Partido Moderado" y a sus cuadros concurrieron el Republicano Conservador de Pinar del Río, La Habana y Matanzas; el Nacional Radical de Oriente y el Nacional Moderado de Camagüey, creado por Silva al tramitarse del masoísmo al estradismo. Todos aceptaron a Méndez Capote como jefe supremo, con lo que propiciaron un gran revés a José Miguel Gómez, Gobernador de Las Villas, quien, no obstante, siguió fiel al Presidente y esperando el endoso de éste a su aspiración presidencial. Máximo Gómez despejó la incógnita candidaticia cuando hizo pública esta declaración:

*"Es mi firme propósito no aceptar ninguna designación. Por razones de alta conveniencia política no deben perdurar en dicho puesto los elegidos, que tanto equivaldría entonces*

*a establecer —aunque la Constitución lo autorice— un régimen monárquico en este país esencialmente demócrata y republicano. A nada aspiro; nada ambiciono; es más, no modificaré esa resolución porque mi conciencia lo rechaza. Ruego, pues, que se detenga esa campaña en favor mío..."*

De hecho, el Gran Elector repudiaba la posible reelección de Estrada Palma y quedaba en situación de ejercer su influencia sobre los votantes para situar en la poltrona palaciega a un nuevo protegido. Éste era, como todos sabían, el general Emilio Núñez, Gobernador de La Habana.

Los villareños miguelistas, ni tardos ni perezosos, comenzaron sus *amarres* para neutralizar las maniobras de Méndez Capote y revalorizar a su caudillo. Lo primero que hicieron fue pasar un Acuerdo de la Asamblea Provincial Republicana en el que se pedía que el Partido Moderado, como desprendimiento que era del Republicano Conservador, rigiese su programa por el de éste y tuviese Delegados a la Asamblea Nacional en proporción al número de Congresistas que cada una de las tendencias tuviese, cosa que, naturalmente, daba ventaja a los miguelistas sobre los moderados. Se hacía la advertencia de que en el caso de no ser aceptado el acuerdo, los villareños se declararían independientes. El cisma villareño no se hizo esperar y las fuerzas se alinearon así: de una parte, los moderados con Frías, y de la otra, los miguelistas con los coroneles Enrique Villuendas y Orestes Ferrara, italiano-mambí este último, quien, debido a su funesta actuación posterior durante el machadato puede señalársele como la contraportada del argentino-rebelde *Che* Guevara del fidelato. En el Congreso las fuerzas en discordia también perfilaron su definición mendizta o miguelista. Mientras tanto, Alfredo Zayas y sus Nacionales no perdían pie ni pisada a unos y otros adversarios pensando pescar en río revuelto...

A mediados del mes de enero de 1905 se produjo el vuelco del apacible *Don Tomás,* en forma violenta, hacia el providencialismo, que parecían haberlo convencido sus consejeros moderados. Después de una reunión en Palacio con los más furiosos moderados y de haber recibido una congratulación de Teodoro Roosevelt —quien había sido reelecto— *"por la cordura y firmeza con que iba guiando los destinos de Cuba durante sus primeros críticos años",* Don Tomás perdió los estribos y se lanzó desbocadamente al logro, a todo riesgo y por cualesquiera métodos, de su reelección. La verdad de aquel momento era que en Palacio se había regresado a los tiempos de Tacón y la camarilla y que *Don Tomás* emulaba a Porfirio Díaz y sus *científicos* pensando en el visto bueno de la Casa

Blanca y en el tercer punto de la Enmienda Platt. Un hombre tan sobrio como él parecía embriagado con el Poder. Lucía como si de veras se creyese un predestinado o que deseaba poner en práctica sus ideas de gobierno que no pudieron materializar en la manigua y que para ello, al igual que entonces, estaba dispuesto a arrogarse el cargo de General en Jefe del Ejército. Su perenne ritornello de *"Tenemos República, pero no tenemos ciudadanos..."*, habíase transformado en un dogma del cual él, Tomás Estrada Palma, era su bonzo excelso. *"¡A moderarse a las buenas o a las malas...!"*, fue el grito de batalla de su grupo de corifeos —en manos de quienes entregó las riendas del Gobierno— que paladinamente se auto-denominaron "el Gabinete de Combate". El 1.º de febrero acudió al Palacio el Comité Ejecutivo de la Asamblea Provincial habanera del Partido Moderado y en su presencia, y la de periodistas, el Presidente hizo profesión de fe moderada con estas palabras, que fueron, en definitiva, su sentencia de muerte política:

*"Estando de acuerdo con los principios y las doctrinas que constituyen el programa del Partido Moderado, con sus procedimientos de sensatez y discreción y su amplitud de miras, dentro del más recto y elevado patriotismo, me es grato afirmar en presencia de tan honrosa delegación, que estoy identificado completamente con el Partido Moderado y que formo, desde luego, parte de él como ciudadano de la República..."*

La reacción de los miguelistas no se hizo aguardar. Rompieron la coalición parlamentaria Republicano-Conservadora y sus legisladores pasaron a la oposición; crearon el Partido Republicano Villareño; iniciaron contactos con el Liberal Nacional de Zayas y recibieron, llenos de contento, la bendición del Gran Elector en forma de un telegrama que les decía: *"Los felicito a todos; de ese modo se entrará en la verdadera República que tanto ha costado a este heroico pueblo..."* Con el apoyo de Máximo Gómez, los anti-reeleccionistas gozaban por anticipado del próximo triunfo electoral. Ante esto, *Don Tomás* tuvo un momento de vacilación, pero pronto se repuso de él y se empecinó en medir la fuerza de su poder gubernamental con la popularidad del Caudillo, contando de antemano con la idea de que *ni los liberales se iban a alzar, ni los americanos se lo permitirían...* La voz del venerable anciano Marqués de Santa Lucía se levantó admonitoria: *"Reflexione el Presidente si es que no está resuelto a que una vez más se confirmen las inmutables palabras de Milton: Los gobernantes fijan por la fuerza los límites del Gobierno cuando éste se separa del ca-*

10

*mino de la Ley...*" El premio que recibió por su consejo fue un insultante desaire en ocasión de una visita que hizo al Palacio. "*El enojo del Marqués fue inmenso, no tuvo límites...*", reportó un cronista.

El Gabinete de Combate apretó las clavijas burocráticas y las cesantías llovieron sobre las cabezas de los militantes liberales que se negaban a moderarse. Los generales Freyre de Andrade y Rafael Montalvo, desde Gobernación y Obras Públicas, respectivamente, hicieron rodar las cabezas de los zayistas y miguelistas insertos en las nóminas y forzaron al general Ríus Rivera, Secretario de Hacienda, a partir en misión diplomática a Suramérica para que no interfiriese sus planes. Apoyándose en las aún vigentes leyes municipales coloniales, promovieron expedientes de separación en las Alcaldías y llegaron a destituir 32 Alcaldes en las provincias más significadas como liberales. Fueron ellos los Alcaldes de los siguientes Municipios: Pinar del Río: Guane, San Juan y Martínez, San Luis, Consolación del Sur, Artemisa, Guanajay, Cabañas y Viñales. La Habana: Habana, Marianao, Güines, Batabanó, Aguacate, Alquízar y Guanabacoa. Las Villas: Camajuaní, Vueltas, Placetas, Yaguajay, Calabazar, Trinidad, Cienfuegos, Rodas, Lajas, Ranchuelo, Sagua la Grande, Santo Domingo, Cruces, Caibarién, Rancho Veloz, Santa Clara y Sancti Spíritus. El lograr esto, como veremos, no fue una labor fácil. Ni los miembros de las Juntas de Educación se salvaron de la degollina presupuestal. En una carta pública, Máximo Gómez protestó de los atropellos que se cometían, pero le hicieron el caso del perro, ya que los estradistas estaban convencidos de contar con el apoyo americano a la reelección.

Quien primero salió a la palestra de una posible insurrección fue el Partido Liberal Nacional, al publicar, en abril de 1905, un manifiesto que contenía los siguientes puntos:

1.º *El Partido Liberal Nacional se declara en abierta y decidida oposición al actual Gobierno.*

2.º *El propio Partido ha observado con profundo disgusto la conducta del Gobierno inspirada en la infracción de las Leyes y en la arbitrariedad.*

3.º *El Partido Liberal Nacional se valdrá de todos los medios que estén a su alcance para oponerse tenazmente a la conducta y propósitos del Gobierno.*

4.º *Se harán todos los esfuerzos necesarios por mantener abierto el Congreso, sin interrupción, hasta las próximas elecciones.*

El 17 de abril se celebró una reunión de elementos liberales a la cual asistió Máximo Gómez. Consumió un turno en la tribuna y con su rudo lenguaje de siempre apostrofó al Gobierno, calificó a sus líderes de oligarcas, reputó de *crimen de lesa patria* a la reelección y electrizó a sus oyentes al exclamar exaltado: *"¡Siento latidos de revolución...!"*. Se aprobó entusiásticamente organizar una concentración de Libertadores en La Habana, quienes vendrían de todo el país, y presididos por el Generalísimo irían a Palacio a exigir de Estrada Palma el cumplimiento estricto de las Leyes y la Constitución so pena de ser destituido. *Don Tomás* sintió frío hasta la médula y prometió a Sanguily, amigable componedor, que *"el Gobierno hilaría más delgado en el futuro si en justa compensación Máximo Gómez desechaba la idea de aquella formidable concentración patriótica..."*. El *Chino Viejo* accedió, pero tan pronto fue conjurada su cólera, *la camarilla* volvió a sus andadas.

Alentados por Máximo Gómez, los Liberales Nacionales y los Republicanos Conservadores iniciaron en firme los planes de fusión entre sí y entre los grupos afines a ellos. Mientras se llevaban a efecto las conversaciones, el Generalísimo inició una jira política hacia Santiago de Cuba, combatiendo la reelección, pero sin endosar a candidato presidencial alguno, ya que esperaba la fusión de los anti-reeleccionistas para entonces hacer público su respaldo al general Emilio Núñez, Gobernador de La Habana y miembro del Liberal Nacional. La fusión fue completada a mediados de mayo, naciendo de ella el Partido Liberal, compuesto por el Liberal Nacional, con Zayas y Juan Gualberto; el Republicano Villareño, con Ferrara, Monteagudo y Pelayo García; el Grupo Masoísta, con Goodwall Maceo y Bartolomé Masó Martí (quien no era familiar del ex-Presidente en Armas y quien luego se pasó al estradismo); los Liberales Independientes, con Castillo Dnany, Manduley, y el Republicano Histórico, con José A. Malberti. La primera resolución aprobada por el nuevo partido fue el nombrar Presidente de Honor a los Mayores Generales Máximo Gómez y Bartolomé Masó, quienes al aparecer unidos en contra del reeleccionismo daban a éste el puntillazo.

El viaje de Máximo Gómez a Oriente tenía los mismos caracteres apoteósicos que el que antes había efectuado apoyando a Estrada Palma contra Masó. Multitudes de Veteranos y ciudadanos particulares lo ovacionaban delirantemente en cada parada. En Las Villas se le unió José Miguel Gómez con su caravana. Pero el sinnúmero de manos que estrechó en la suya produjeron una lesión en la diestra del viejo mambí, originándole un foco septicémico, algo mortal en aquellos tiempos en que no se conocían los antibióticos. En medio de una consternación general se supo que el viejo caudillo se hallaba herido de muerte. Emilio Núñez vio esfumarse su sueño presidencial, pues el 23 de mayo el Partido Liberal proclamó el ticket José Miguel Gómez-Alfredo Zayas. El general Núñez se sintió *madrugado* y se separó del Partido Liberal, reviviendo el Liberal Nacional, al cual se sumaron los generales Alemán, Robau, Rego y Joaquín Castillo, así como el Dr. Diego Tamayo, los que pactaron con el Moderado a cambio de una Senaduría para Tamayo, los Gobiernos Provinciales de La Habana y Las Villas para Núñez y Alemán, más tres actas de Representantes y cinco de Consejeros Provinciales, a decidir después en qué provincias.

El Generalísimo fue trasladado moribundo a La Habana en un tren especial, el 8 de junio. Desde ese día hasta el 17 todos los ánimos se recogieron y las actividades políticas y politiqueras virtualmente cesaron mientras por su hogar desfilaban todas las figuras principales del Gobierno y la Oposición, encabezados por *Don Tomás* y por viejos generales mambises por cuyos rostros rodaban lágrimas de hombres. En su agonía, el consumido adalid se irguió en su lecho mortuorio para gritar: *"¡Si estoy muerto, entiérrenme...!"*, antes de exhalar su último hálito de vida, el día 17 de junio de 1905. Su entierro fue una plétora de honores y con él se fue el último obstáculo que se presentaba a la imposición reeleccionista y a la rebelión que ésta traería como consecuencia.

La guerra entre estradistas y miguelistas fue haciéndose más violenta cada día. En el Congreso se impidió la aprobación del Presupuesto y Estrada Palma lo puso en vigor por Decreto, aunque carecía de facultades legales para hacerlo. A su vez, el Presidente se vengó del Senado vetando una Ley de éste porque no hacían provisión de cantidades para los Municipios. El general Núñez, ahora enemigo implacable de sus antiguos amigos liberales, le hizo un *paquete* al Alcalde de La Habana, O'Farrill, por medio de un falso quorum, y lo cesanteó, sustituyéndolo con el Teniente-Alcalde, Eligio Bonachea, quien inmediatamente se pasó al estradismo. Pero el Cabildo habanero se reunió y vetó el acuerdo del Gobernador, nombrando a su vez Alcalde al liberal Orencio Nodarse, por 13 votos contra 12. Pero Núñez y Diego Tamayo influyeron con Estrada Palma y éste legalizó la elección de Bonachea. El Gobernador de Pinar del Río, Luis Pérez, se opuso a la destitución de los Alcaldes de Guane y Guanajay, ordenada directamente desde la Secretaría de Gobernación, y Freyre de Andrade ordenó a la Guardia Rural su desalojo por la fuerza. Los Gobernadores se habían dividido parejamente: tres, por José Miguel (Pérez, de Pinar del Río; Lope Recio, de Camagüey, y Alberdi, de Las Villas), y tres, por Estrada Palma (Núñez, de La Habana; Lecuona, de Matanzas, y Sagol, de Oriente). En Vueltas, Las Villas, Freyre ordenó la destitución del Alcalde porque, según acusaba, habían desaparecido los fondos municipales, pero el Gobernador Alberdi se opuso a ello. Freyre ordenó a la Guardia Rural que prestase asistencia a los auditores que harían el arqueo, pero esa noche el Ayuntamiento ardió hasta los cimientos, hecho por el cual fue detenido y acusado Orestes Ferrara. La violencia gubernamental y oposicionista se extendió por provincias y los planazos y los tiros hacían olas. El general González Clavel fue apuñalado en Guantánamo, y Juan Gualberto Gómez fue objeto de un intento de asesinato en La Habana, al igual que sucedió con Estrada Palma en una visita que hizo a Santiago de Cuba. El general José Miguel Gómez dirigió una carta pública al Presidente denunciándole las coacciones y los abusos perpetrados contra sus parciales y reclamándole garantías para ellos, algo que, como es de suponerse, no logró. Al fin, la hora de la trágica confrontación entre miguelistas y estradistas tuvo su minuto fatal en Cienfuegos, el día 22 de septiembre de 1905.

El Partido Liberal había hecho un alarde de fuerzas electorales en La Habana el día 17 de ese mes, por medio de una gigantesca concentrarión de sus parciales movilizados de toda la Isla, cosa que decidió a *la camarilla* a actuar a la tremenda. Freyre de Andrade, en contubernio con Montalvo y Dolz, llenó las cárceles de Cuba con militantes liberales y decretó un final arrase de opositores que apareciesen en las nóminas de las Secretarías que aquellos regenteaban (Gobernación, Instrucción Pública, Obras Públicas y Agricultura). De nada valió que la airada voz del venerable Cisneros Betancourt se alzara en protesta en el Senado. Ante esta guerra de grupos, *Don Tomás* adoptaba una *política de avestruz* similar a la que cuarenta años después asumiera Ramón Grau San Martín en ocasión de la vendetta entre los *caballeros del gatillo alegre* que tuvo su espantosa culminación en la masacre de Orfila.

Cienfuegos era tierra de nadie. El Senador Frías, estradista, y el Representante Villuendas, miguelista, estaban abocados a un choque frontal. El primero contaba con el apoyo del Jefe de Policía, Ángel Illance, coronel que era del Ejército Libertador y en el cual había servido nada menos que a las órdenes del ajusticiado general Roberto Bermúdez, lo que ya de hecho lo retrataba como hombre de armas tomar. Enrique Villuendas, también coronel Libertador, era un joven de gran promesa ciudadana, brillante polemista y agudo en el verbo, quien tenía como cofrade al taimado napolitano Ferrara. Villuendas había hecho blanco de sus saetas verbales a Illance, cosa que en términos taurinos equivalía a ponerle banderillas a un miura. Al mismo tiempo, aconsejado por Ferrara, utilizaba la prensa capitalina con fines alarmistas, como lo prueba el siguiente telegrama que envió al periódico "La Lucha" y que fue publicado el día 19 de septiembre en ocasión de haber asaltado la policía de Illance el Círculo Liberal de Cienfuegos:

*"Escandalosos atropellos Abreus, Cienfuegos, Palmira, Cruces. Pueblo Lajas, familias fueron insultadas, mujeres transitaban calles desnudadas y ofendidas en su pudor. Capitán Iglesias jáctase estos vandálicos hechos diciendo Freyre los ordena. Tiroteos nocturnos mantienen inquietud que pronto se trocará indignación. Preveo días luto patria, y aunque sé Estrada Palma provoca intervención Estados Unidos, como paso previo anexión, denuncio a pueblo cubano y opinión imparcial extranjera hechos que avergonzarían a cualquier tirano infame Centro América. Ruégole publique estos hechos. General Machado, Ferrara y yo amenazados muerte. Dos individuos salidos de presidio, donde estaban por homicidio, ingresaron mismo día uno de policía Cienfuegos y otro Guardia Rural. ¡Salve, virtud incomparable venerable Don Tomás...!"*

Las familias de Cienfuegos comenzaron a abandonar la ciudad, que tomó aspecto de plaza sitiada. El ambiente era uno igual al de películas de Chicago en la era de Al Capone. Dentro de la propia casa de José Miguel Gómez fueron desarmados por la policía de Illance sus guarda-espaldas. El día 22 de septiembre, José Miguel se dirigió a La Habana a entrevistarse con Estrada Palma para advertirle lo explosivo de la situación, ya que el día anterior Villuendas estuvo a punto de ser muerto en un Juzgado donde efectuaba la defensa de algunos de sus correligionarios. La mañana de ese día Villuendas envió una carta a José Miguel, en la que le decía, entre otras cosas:

*"Anoche pude cerciorarme de que tanto por la mañana en el tren, como por la tarde en el Correccional, se trataba de un complot contra mi vida tramado por Frías. Cuando nos veamos le contaré todo esto. El que había de matarme, por la mañana, es un mulato, Mantilla, que afortunadamente se encasquilló y dijo que por veinte centenes no se exponía a que yo lo matara a él. El de por la tarde era el propio Illance, que me encañonó con un revólver a dos pasos de distancia. Pero no tenga usted cuidado ninguno por mí; aquí el problema es si el pueblo irá a votar o no, y en el primer caso, si se le debe llevar inerme a una matanza segura..."*

Estando reunido Villuendas con varios miembros de la Asamblea Liberal, en su cuarto del Hotel "La Suiza", hizo acto de presencia el coronel Illance, acompañado al Secretario del Juzgado, Herminio Parets, quien mostraba un mandamiento judicial firmado por el Juez Cubas, disponiendo un registro de la habitación, ya que se acusaba a Villuendas de ocultar dos bombas de dinamita para volar el cuartel. Villuendas, sabiéndose protegido por la inmunidad parlamentaria y además inocente del hecho que se le imputaba, ordenó a los presentes que se retiraran, cosa que no efectuó un matón de oficio que le protegía y que se ocultó tras una puerta del cuarto, armado de un revólver. En los momentos que Parets se disponía a levantar acta del registro, el guarda-espaldas de Villuendas salió de su escondite y disparó tres balazos a Illance, hiriéndole mortalmente. Parets desenfundó su arma y Villuendas se le abrazó tratando de desarmarlo, momentos en que José *Chichí* Fernández, el guarda-espaldas, disparó contra Parets, hiriéndole con dos balazos. Los policías que habían acompañado a Illance, y quienes se habían quedado en el corredor, corrieron al cuarto mientras *Chichí*, haciendo honor a los de su clase, huía por el fondo, dejando a Villuendas solo en el forcejeo con el herido Parets. Uno de los hombres de Illance, al ver a su jefe muerto y a Villuendas luchando por desarmar al sangrante Parets, tomó a aquél por el pelo y, echándole la cabeza hacia atrás, lo mató de un tiro en la nuca. Todo esto sucedió en menos tiempo que el que ha llevado el contarlo.

Cienfuegos vivió horas de terror hasta que la Guardia Rural dominó la situación. Fueron muertos y heridos en las calles varios liberales y el cadáver de Villuendas profanado. Solamente el viejo coronel Paulino Gueren, ayudante que había sido de Máximo Gómez, tuvo el coraje de reclamar el cadáver de Villuendas, velarlo y conducirlo personalmente en el *carro de la lechuza,* destinado a los indigentes, a su última morada. Ferrara puso pies en polvorosa y los miembros de la Asamblea Liberal firmaron una carta —luego dijeron que obligados— en la que exoneraban de culpabilidad al Alcalde Vieta. En la Cámara de Representantes se nombró una comisión que no pudo lograr la exhumación del cadáver del infortunado Villuendas. En su mensaje anual, Estrada Palma no hizo mención del asesinato de Villuendas y en cambio tuvo frases de lamentación para con Illance.

* * *

La elección de las mesas electorales se significó por los abusos y atropellos ejercidos por los moderados, al punto que al mediodía los liberales ordenaron el retraimiento. Dos días después José Miguel Gómez renunció al Gobierno de Las Villas y a su postulación presidencial por medio de una carta a la Asamblea Nacional del Partido Liberal, en la cual, después de llorar la muerte de Villuendas, condenar el abuso de la fuerza pública y aconsejar a su Partido que no vaya a la guerra, descubre la veta amarilla del plattismo:

*"Otro camino quedaría abierto; el que usan todos los pueblos del mundo en análogas circunstancias: ejercitar el derecho de rebelión. Pero Cuba se encuentra en un caso especialísimo y la lucha armada traería, inevitablemente, la intervención extranjera. Antes que ésta llegase, la prosperidad material del país se pondría en grave peligro. Las propiedades que en gran número existen en manos de los extranjeros, serían destruidas... Yo, que tuve el valor de rebelarme contra el Gobierno de España, cien veces más fuerte que el del Sr. Estrada Palma, no quiero aceptar la responsabilidad moral de sumir hoy a mi país en una guerra..."*

La Asamblea no le aceptó la renuncia y dispuso la concurrencia a las elecciones, pero desengañada después decidió el retraimiento definitivo en octubre 15 de 1905, abriendo con ella las puertas al copo estradista. Los reeleccionistas llegaron a tal extremo de *guataquería* que crearon un grupo llamado *Los carneros de Don Tomás*, a los que éste recibió en Palacio con grandes honores. Fueron los precursores de los *incondicionales* de Machado, los *grulleros* de Batista, los *comandos auténticos* de Grau y Prío, los *vanguardias* de Fidel y los *agentes* de la C. I. A. De octubre a noviembre se produjeron esporádicos alzamientos, que pronto fueron dominados por la Guardia Rural. Se celebraron las elecciones presidenciales con la sola concurrencia del Partido Moderado, el cual como es natural, ganó de calle. Estas elecciones no fueron un asco, sino un estercolero. En algunos lugares aparecieron más votos moderados que habitantes existían. En otros, votaron los muertos y los recién nacidos. En febrero de 1906 fue asaltado el cuartel de Guanabacoa y muertos varios Guardias Rurales. El Senador Murúa Delgado fue acusado de inductor del hecho sin que se le pudiera enjuiciar a causa de la inmunidad parlamentaria que gozaba. José Miguel regresó a Cuba y se dedicó al fomento agrícola en Ciego de Ávila, vigilado estrechamente por el Gobierno, hasta que, cansado de ello, envió una carta a Freyre emplazándole a que le dijera *"si es que puedo trabajar tranquilo, o si es que se quiere que se piense en abandonar mi patria, o en defenderme en ella de agresiones que no provoco...*" Recibió la callada por respuesta.

En marzo los compromisarios presidenciales, entre los que se encontraban los generales Lorente, Santana, Varona y Menocal, *eligieron* Presidente y Vice a Tomás Estrada Palma y Domingo Méndez Capote. También fue ratificada la elección de Senadores y Gobernadores, electos todos sin oposición. Méndez Capote renunció a la Vicepresidencia alegando que le costaba dinero el ocupar el cargo, pero le fue prometida una gratificación extra de $ 6.000,00 con cargo a "Gastos de Representación" y entonces decidió que la patria valía el sacrificio de seguirla sirviendo. Freyre de Andrade fue electo Presidente de la Cámara y Ricardo Dolz del Senado. El Gabinete de Combate cambió su nombre por el de "Gabinete de Altura". Al serle notificada su elección, *Don Tomás* respondió olímpicamente: *"Continuaré mi política administrativa, aunque Cuba no tenga ciudadanos..."* Su mensaje al Congreso fue de tono insultante y provocador, pues se refirió a los disturbios habidos como *brutales atentados a la dignidad ciudadana...* y decía que esperaba que sus opositores *cesasen en su aberración absurda y anti-patriótica...* La toma de posesión fue un acto descolorido y tibio, más lleno de formalidad que de entusiasmo. La carrera política de *Don Tomás* se impulsaba hacia el abismo.

\* \* \*

*El Comité Central Revolucionario. — La guerrita de agosto. — Salto al vacío. — Actitud conciliadora de Roosevelt. — Solicitud cubana de intervención. — Bacon y Taft. — Exposición de los comisionados americanos a Estrada Palma. — Apelación de Roosevelt. Respuesta de Estrada Palma. — El crimen de lesa patria.*

Los liberales constituyeron clandestinamente un "Comité Central Revolucionario" que muy pronto fue un secreto a voces. No se trataba de hacer una revolución, sino de dar un golpe de estado rápido y que no ocasionara la intervención americana. El plan era sencillo y su modelo ha servido, sin cambio alguno, a través de las décadas a todos los *putschismos* fracasados o exitosos. Toma de las estaciones de policía y edificios gubernamentales; asalto al Palacio y secuestro del Presidente y Vice; apoyo al movimiento de personalidades e instituciones y alzamientos en provincias. Enterado por los rumores, Estrada Palma se mudó para la Fortaleza de la Cabaña, donde tenía sus cuarteles su guardia personal, el

Cuerpo de Artillería. El Gabinete de Altura se dividió en *cordiales e intransigentes,* triunfando los últimos bajo la orientación del Secretario de Gobernación, Juan O'Farrill, y la inspiración de Méndez Capote, Frías y Freyre de Andrade. El Gobernador Núñez, de acuerdo con el Presidente, decretó la disolución del Cabildo habanero y del Alcalde Bonachea, y después nombró nuevos Concejales que procedieron a elegir como Mayor de la Ciudad a Julio de Cárdenas, lo cual llenó de rabia al coronel Orencio Nodarse, quien se había tramitado del liberalismo y era ahora Presidente de la Asamblea Municipal del Partido Moderado y que aspiraba al cargo alcaldicio. A consecuencia de lo que consideró una traición a su persona, Nodarse se tornó en enemigo jurado de Estrada Palma, y Núñez y se afilió a la conspiración que se gestaba.

El Comité Central Revolucionario dispuso que el general Carlos García Vélez fuera el jefe insurrecto de La Habana; el coronel Manuel Lazo, de Pinar del Río; el general José Jesús Monteagudo, de Las Villas, y el general Demetrio Castillo y Juan Gualberto Gómez, conjuntamente, de Oriente. El alzamiento se fijó para el día 19 de agosto de 1906, y la señal para su comienzo debía ser la llegada a Las Villas del general Monteagudo para unirse a los generales José Miguel Gómez e Higinio Esquerra. Pero la policía secreta, al mando de José Jerez Varona, tenía todos los hilos de la conspiración y procedió a la detención de los principales conjurados el día 17, cayendo en la redada García Vélez, Monteagudo, Castillo, Juan Gualberto, José Miguel y los generales Manuel Piedra y Loynaz del Castillo. Este último pudo burlar a sus captores y tomó al monte junto con los comandantes Ernesto Asbert y Baldomero Acosta, en La Habana. El coronel alzado Faustino *Pino* Guerra dio el primer combate en Arroyo Hondo, Pinar del Río, batiendo a la Guardia Rural. El anciano general Quintín Banderas se pronunció, con un pequeño grupo, en Arroyo Arenas, en las afueras de la Capital, pero, enfermo y achacoso, entró en conversaciones para acogerse a la legalidad cuando fue sorprendido por fuerzas de la Guardia Rural al mando del capitán Ignacio Delgado y asesinado a machetazos a pesar de la exigencia del legendario veterano de las tres guerras y teniente de Maceo de que se le diese muerte por fusilamiento. Este acontecer es una de las más negras páginas de nuestra historia. Su cadáver fue traído a La Habana en un carretón de la basura y arrojado como carroña al piso del necrocomio y luego enterrado en una fosa común.

*Pino* Guerra aumentó la presión de sus operaciones y tomó a San Luis y a San Juan y Martínez, desde donde telegrafió un desafío a Estrada Palma. El Gobierno decretó un aumento de las milicias y nombró Jefe de las Fuerzas en Operaciones al general Montalvo, Secretario de Obras Públicas. El 14 de septiembre, en El Wajay, a las puertas de La Habana, una fuerza de 400 hombres de la Guardia Rural, al mando personal de su Jefe, el general Alejandro Rodríguez, fue descalabrada y puesta en vergonzosa fuga por los alzados del general Loynaz del Castillo, en una carga al machete que pareció salida de otros tiempos. Los milicianos fueron batidos cerca de Güines por el comandante Asbert, a pesar de que estaban dirigidos por el coronel Destrampes, jefe de la Infantería de Máximo Gómez en La Reforma. El alzamiento villareño estuvo comandado por el general Eduardo Guzmán y sus rebeldes fueron batidos por la Rural en Cascajal y Rancho Veloz. Guzmán lanzó una amenaza que sonaba a plattismo: *"¡Si pronto no hay un arreglo destruiré los ferrocarriles y las propiedades extranjeras...!"* Muchos liberales se alistaron en las milicias para luego escabullirse al monte con armas y cabalgadura.

Los Veteranos de la Independencia, neutrales en el conflicto, intervinieron como amigables componedores a instancias de Bartolomé Masó y oficiados por los generales Agustín Cebreco y Mario García Menocal. Estrada Palma los recibió hablándoles del principio de autoridad que era suyo, calificando a los insurrectos de delincuentes y de ser gente que sólo quería robarse el Tesoro, obsesión ésta que lo atenaceaba. Se negó a tratar con los alzados y a lo único que se comprometió fue a dejarlos ir tranquilamente de regreso a sus hogares si abandonaban las armas. Se formó una Junta de Veteranos, presidida por Menocal y compuesta por los generales Sánchez Agramonte, Cebreco, Griñán, Lope Recio, Alberto Nodarse y Molinet y por el coronel Manuel Lazo, para actuar como intermediarios. Se entrevistaron con *Pino Guerra* y éste los remitió a Alfredo Zayas, Presidente del Partido Liberal, quien les sometió las siguientes condiciones de paz a nombre del Comité Revolucionario:

1.—*Renuncia de Senadores, Representantes, Gobernadores y Consejeros de la última elección.*
2.—*Nueva Ley Electoral para elecciones en que serían cubiertas las vacantes y los cargos de Alcaldes y Concejales.*
3.—*Elecciones en un plazo de tres meses, con votación previa de una Ley Municipal que prohibiera la suspensión o destitución en forma gubernativa de Alcaldes y Concejales, salvo disposición judicial.*
4.—*Respeto a las minorías políticas.*
5.—*Nueva Ley del Poder Judicial. Ley de Empleados, con inamovilidad e ingresos y ascensos por capacidad.*

6.—*Licenciamiento de los alzados y milicianos al hacerse la convocatoria a elecciones.*
7.—*Suspensión de procedimientos judiciales y administrativos y libertad de presos políticos, al ser aprobadas las bases.*
8.—*Acatamiento del resultado de las nuevas elecciones, y apoyo al Gobierno en caso de perturbación.*

Para demostrar su respaldo a las condiciones, un grupo de Senadores, Representantes y Consejeros liberales anunció su propósito de renunciar a sus actas si con ello se allanaba el camino del entendimiento.

Los generales Menocal y Sánchez Agramonte fueron portadores del pliego de condiciones a Estrada Palma, quien, al leerlas y ver que su ascendiente presidencial no estaba en disputa, declaró *"que estaba dispuesto a ayudar, aunque no era posible que él exigiera a nadie la renuncia de su cargo electivo..."* y pidió tiempo para consultar con Méndez Capote y otros de sus amigos. Los intermediarios se entrevistaron con Méndez Capote, quien no se mostró propicio a la avenencia si ello significaba la renuncia de los electos, aunque hizo la salvedad que acataría la voluntad de *Don Tomás* al respecto. Esa misma noche el Presidente, dando un giro de 180 grados, declaró a Sánchez Agramonte que ni apoyaría las resoluciones ni pactaría con los alzados, y les reprochó a él y a Menoscal el no haberse puesto de su parte para ayudarlo a aplastar la rebelión. Al día siguiente Menocal volvió a Palacio y no fue atendido por Estrada Palma, sino por el general Montalvo, quien le confirmó la nueva actitud del Gobierno y le participó que en aquel momento se daba por terminada la tregua y que se comenzaría a actuar contra los sublevados. Esto fue ratificado por la prensa americana, a la que *Don Tomás* declaró que los rebeldes tenían que rendirse incondicionalmente, ya que iba a ejercer la autoridad de su poder a todo trapo y contra viento y marea. Inmediatamente el Presidente convocó al Congreso en sesión extraordinaria y dio el salto al vacío: envió a buscar al Cónsul Steinhart para entrevistarse con él. El cablegrama que Steinhart envió al Secretario de Estado americano habla lisa y llanamente de lo que le plantearon en Palacio:

*"El Secretario de Estado de Cuba me ha rogado, en nombre del Presidente Palma, pida al Presidente Roosevelt el envío inmediato de dos barcos de guerra: uno a La Habana y otro a Cienfuegos. Las fuerzas del Gobierno son impotentes para sojuzgar la rebelión. El Gobierno resulta inefectivo para proteger la vida y la propiedad. El Presidente Palma convocará*

*al Congreso el viernes próximo y éste pedirá que intervengamos por la fuerza. Debe permanecer secreta y con carácter confidencial esta petición de barcos que hace Palma. Nadie aquí, excepto el Presidente, el Secretario y yo, está enterado de ello. Aguardo la respuesta con ansiedad...*"

En cuanto Estrada Palma supo que serían enviados los barcos solicitados procedió a suspender las Garantías y a encarcelar a los Congresistas liberales a quienes pudo echar el guante la policía. Los alzados arreciaron sus ataques, quemando varias estaciones ferrocarrileras, descarrilando y tiroteando trenes al tiempo que daban noticias falsas sobre quemas de centrales y colonias azucareras de propiedad americana. Los Veteranos consideraron ya inútiles sus gestiones y disolvieron su Comité. La situación se complicaba por momentos y la amenaza de intervención se agrandaba día por día, responsabilidad ésta que enteramente caía sobre los hombros de Estrada Palma y que lo pondría negativamente en nuestros anales históricos. Como si su equivocación no hubiera sido ya suficientemente grande, el día 12 de septiembre el Secretario O'Farrill entregó oficialmente una nota al Cónsul Steinhart que decía literalmente:

*"La rebelión ha tomado incremento en las provincias de Santa Clara, La Habana y Pinar del Río, y el Gobierno cubano carece de elementos para hacerle frente y para defender los pueblos e impedir que los rebeldes destruyan la propiedad. El Presidente Palma pide la intervención americana y ruega que el Presidente Roosevelt envíe a La Habana, con la mayor reserva y rapidez, dos o tres mil hombres para evitar una catástrofe en la Capital. La intervención que se pide no debe ser conocida del público hasta que las tropas americanas estén en La Habana. La situación es grave y cualquier demora puede producir una matanza de ciudadanos en La Habana...*"

\* \* \*

El hecho y su trascendencia no pueden ser aminorados historiológicamente porque en ello vaya la vergüenza de una República y la honra de un gobernante que, hasta aquellos momentos, sólo pecaba de intransigente y de tacaño. El apasionamiento que siempre nos ha tarado a los cubanos, saltaba de la cuestión personal a la de la dignidad patria que debe siempre estar por encima de la soberbia y al nivel del indeclinable orgullo nacional y del decoro ciudadano. Pidiendo la intervención, *Don Tomás* rendía ignominiosamente la República a un poder extranjero, aunque lo hiciese por culpa de una mal entendida convicción en la capacidad cívica de sus compatriotas. Así como una vez Horacio Rubéns le diera una lección de civismo a él y a sus compañeros de Delegación, ahora sería el Presidente Roosevelt quien, alarmado por la responsabilidad que Estrada Palma asumía y por el paso que le obligaban a él a dar, levantara la voz amonestadoramente por medio de una carta que, aunque impropiamente dirigida a Gonzalo de Quesada, ya que éste no era más que un funcionario diplomático, transcribiremos íntegramente porque la consideramos de capital importancia en el proceso que analizamos. La carta fue escrita con una sana intención de ayuda y consejo, a pesar de la venenosa correspondencia que sobre los asuntos cubanos le habían dirigido el Ministro Squiers y el Cónsul Steinhart, quien en aquellos momentos era la máxima autoridad diplomática americana en La Habana, virtud a la ausencia del Ministro Morgan, quien había sustituido a Squiers hacía cinco meses:

*"En esta crisis por la cual atraviesa la República de Cuba, escribo a usted, no sencillamente por ser usted el Ministro de Cuba acreditado cerca de este Gobierno, sino porque usted y yo concurrimos intimamente unidos a la misma labor, en aquella época en que los Estados Unidos intervinieron en los asuntos de Cuba, con el resultado de convertirla en una nación independiente.*

*"Usted sabe muy bien cuán sinceros son mis sentimientos de afecto, admiración y respeto hacia Cuba. Usted sabe que jamás he hecho ni haré nada, tampoco, con respecto a Cuba que no sea inspirado en un sincero miramiento en favor de su bienestar. Usted se da cuenta, asimismo, del orgullo que he sentido por haberme cabido la satisfacción, como Presidente de esta República, de retirar las tropas americanas que ocupaban la Isla y proclamar oficialmente su independencia, a la vez que le deseaba todo género de venturas en la carrera que le tocaba emprender como República libre.*

*"Yo deseo, por mediación de usted, decir unas palabras de solemne advertencia a su pueblo, que tiene en mí a quien mejores intenciones pudiera abrigar en su favor.*

*"Durante siete años Cuba ha disfrutado de un estado de paz absoluta y su prosperidad se ha desarrollado de una manera lenta, pero segura. Cuatro años también han transcurrido durante los cuales esa paz y esa prosperidad se consolidaban bajo su Gobierno propio e independiente. Esa paz, esa prosperidad y esa independencia se encuentran ahora amenazadas, porque, de todos los males que puedan caer sobre Cuba, es*

*el peor de todos el de la anarquía, en que la precipitarán seguramente lo mismo la guerra civil que los simples disturbios revolucionarios.*

*"Quienquiera que sea responsable de la revolución armada y de los desmanes que durante ella se cometan; quienquiera que sea responsable, en cualquier sentido, del actual estado de cosas que ahora prevalece,* ES ENEMIGO DE CUBA; *y resulta duplicada la responsabilidad del hombre que, alardeando de ser el campeón especial de la independencia de Cuba, da un paso que puede hacer peligrar esa independencia.*

*"Porque Cuba no tiene más que un medio de conservar su independencia, y es mostrar que el pueblo cubano puede continuar marchando pacífica y tranquilamente por la senda del progreso. Los Estados Unidos no le piden a Cuba sino que continúe desarrollándose como durante los siete últimos años pasados; que conozca y practique la libertad y el orden que proporcionarán seguramente a la hermosa «Reina de las Antillas», en creciente medida, la paz y la prosperidad.*

*"Nuestra intervención en los asuntos de Cuba se realizará únicamente si demuestra Cuba que ha caído en el hábito insurreccional y que carece del necesario dominio sobre ella misma para realizar pacíficamente el gobierno propio, así como que sus facciones rivales la han sumido en la anarquía.*

*"Solemnemente conjuro a todos los patriotas cubanos a unirse estrechamente para que olviden todas sus diferencias, todas sus ambiciones personales, y recuerden que el único medio de conservar la independencia de su República es evitar, a todo trance, que surja la necesidad de una intervención exterior para salvarla de la anarquía y de la guerra civil.*

*"Espero ardientemente que estas palabras de apelación, pronunciadas en nombre del pueblo americano, por el amigo más firme de Cuba y el mejor intencionado hacia ella que puede existir en el mundo, serán interpretadas rectamente, meditadas seriamente y que se procederá de acuerdo con ellas, en la seguridad que, si así se hiciere, la independencia permanente de Cuba y su éxito como República se asegurarán.*

*"Según el Tratado que existe con vuestro Gobierno, yo tengo, como Presidente de los Estados Unidos, un deber que no puedo dejar de cumplir. El artículo tercero de este Tratado da explícitamente a los Estados Unidos el derecho de intervención para el mantenimiento en Cuba de un Gobierno capaz de proteger la vida, las propiedades y la libertad individual de los habitantes. El Tratado a que me refiero es ley suprema de la nación y me confiere el derecho y los medios para llenar el cumplimiento de la obligación que tengo de proteger los intereses americanos.*

*"Los informes que tengo a mi disposición demuestran que los lazos sociales, en toda la extensión de la Isla, se han relajado y que no hay ya seguridad para la vida, las propiedades y la libertad individual. He recibido noticias auténticas relatando perjuicios causados a propiedades americanas y hasta la destrucción de ellas en ciertos casos.*

*"A mi juicio es, pues, imperativo, para bien de Cuba, que las hostilidades cesen inmediatamente y que se haga un arreglo que asegure la pacificación permanente de la Isla.*

*"Mando, al efecto, a La Habana al Secretario de Guerra Mr. Taft y al Subsecretario de Estado Mr. Bacon, como representantes especiales de este Gobierno, para que presten la cooperación que sea posible a la consecucción de esos fines.*

*"Esperaba que Mr. Root, Secretario de Estado, hubiera podido detenerse en La Habana, para hacer algo, a su regreso de la América del Sur; pero la inminencia de la crisis me impide demorar la acción por más tiempo.*

*"Deseo por su mediación comunicarme de esta manera con el Gobierno y con el pueblo cubano. Y le envío, en su consecuencia, una copia de esta carta al Presidente Sr. Estrada Palma, ordenando al mismo tiempo la publicación de la misma."*

"Los informes que tengo a mi disposición...", etc., a que se refería el Presidente Roosevelt habíanse ido acumulando en su mesa de trabajo durante cierto tiempo previo a la redacción de su carta a Quesada y ellos habían sido enviados por el depuesto Ministro Squiers; por su sucesor, Morgan; por el segundo de éste, Sleeper, y por el Cónsul Steinhart, quien en aquellos precisos momentos en que estaba ausente el Ministro Morgan, asumía el control diplomático de la situación. Estos diplomáticos no contaban ni con el afecto ni con el respeto del Presidente americano, pues se refirió a Sleeper como *worthless creature* (criatura sin valor), y a Steinhart como *something not wort a damn* (algo que no vale un comino), pero Roosevelt no podía ignorar los requerimientos oficiales cubanos que se hacían a través de ellos. Los hechos pre-intervencionistas se sucedieron complejamente y en rápida sucesión, por lo que su exacta cronología es difícil de relatar; por ello dependeremos para hacer esto último de la documentación histórica que a ellos se refieren en lugar de en los relatos hechos por corresponsales y cronistas.

* * *

El crucero "Denver" llegó a La Habana en la tarde del día 12 de septiembre y su comandante habló con Estrada Palma en Palacio. El día 13 se produjeron dos hechos insólitos: el Cónsul Steinhart envió un telegrama a Wáshington, de tal naturaleza denigrante a Cuba que provocó la renuncia del Jefe del Despacho de la Secretaría de Estado, coronel Aurelio Hevia, y la del Embajador de Cuba en España, coronel Cosme de la Torriente; y se produjo un desembarco de infantes de Marina solicitados por el Encargado de Negocios, Sleeper. Decía el telegrama de Steinhart:

*"El Presidente Palma por mi conducto oficialmente pide la intervención americana porque no puede impedir que los rebeldes entren en las ciudades y quemen las propiedades. Luce dudoso el quorum del Congreso mañana. El Presidente Palma ha decidido renunciar irrevocablemente y entregar el Gobierno de Cuba al representante designado por el Presidente de los Estados Unidos tan pronto como hayan desembarcado suficientes tropas americanas en Cuba. Este acto del Presidente Palma es para salvar a su patria de una completa anarquía. Puede hacerse necesario el desembarque de fuerzas del «Denver» para proteger propiedades americanas. Probablemente ocho mil rebeldes sitian La Habana. Cienfuegos también a merced de ellos. Tres plantaciones de azúcar destruidas. Lo que antecede ha sido resuelto en Palacio en presencia del Presidente, el Secretario de Estado, el Secretario de Guerra y Steinhart..."*

Ése fue el día que tuvo lugar el combate de El Wajay ya relatado en una página anterior. Roosevelt, indignado, ordenó el reembarque de los *marines* del "Denver" al tiempo que reprendía a Sleeper su osadía de actuar sin antes consultar a Wáshington. Roosevelt estaba empeñado en atenuar sus anteriores actuaciones en Centroamérica, además de que sentía sincero afecto por Cuba y los cubanos, y aún a pesar de su declarado expansionismo, en el caso cubano se mostraba reacio a ordenar la intervención. El retorno de los *marines* al "Denver" disgustó a Estrada Palma, ya que su permanencia en tierra daba la impresión de un respaldo americano a su Gobierno. Al siguiente día no se llegó a ningún acuerdo de paz en el Congreso. Por el contrario, al recibir un mensaje del Ejecutivo que entre muchas otras cosas decía: *"el incremento que ha tomado la rebelión hace que la fuerza regular de que disponemos no pueda impedir que las partidas rebeldes diseminadas en una extensa área del territorio, penetren en los pueblos y caseríos, levanten rieles de las vías férreas, vuelen alcantarillados y puentes y causen otros muchos daños, apareciendo ya, en al-*

11

JOSÉ DUARTE OROPESA

*gunos lugares, bandas de "plateados" que dejan a su paso el rastro odioso del pillaje y la violencia",* tomó varias disposiciones de respaldo al Gobierno, entre las cuales resaltaba una que ordenaba: *"La Guardia Rural se aumentará para lo sucesivo hasta diez mil hombres y la Artillería hasta dos mil, siendo el Jefe de la Guardia Rural el Jefe de todas las fuerzas armadas de la República, con el grado de Mayor General. El Ejecutivo organizará, provisionalmente, estas fuerzas por medio de Decretos, pudiendo nombrar, separar y ascender libremente a los Jefes, Oficiales y soldados o guardias hasta que el Congreso provea su definitiva organización..."* En efecto, Don Tomás sufría de belicosis y alteraba el orden de las palabras de su lema MÁS MAESTROS QUE SOLDADOS... También echaba a los vientos su tacañería, pues otro artículo lo facultaba *"a disponer de los fondos del Tesoro, suspendiendo la ejecución de todos los créditos que estime necesarios, ya sean votados en leyes especiales, ya consignados en los presupuestos, dando cuenta al Congreso cuando se restablezca la normalidad, para que adopte las leyes que estime pertinente..."*

Steinhart envió al Subsecretario de Estado, Bacon, una alarmante comunicación que movilizó a la Cancillería del Potomac:

*"El Presidente Palma ha resuelto no continuar a la cabeza del Gobierno y está listo a presentar su renuncia aunque los disturbios actuales cesaran de inmediato. El Vicepresidente ha resuelto no sustituirle. Los Ministros del Gabinete han declarado que renunciarán con antelación a ello. Bajo estas condiciones es imposible que el Congreso pueda reunirse por falta de una persona propiamente autorizada para convocarlo y que decida el nombramiento de un nuevo Presidente. La consecuencia será la falta del poder legal y el actual estado anárquico continuará al menos que el Gobierno de los Estados Unidos adopte las medidas necesarias para evitar ese peligro. Lo que antecede debe permanecer secreto y confidencial hasta que el Presidente de los Estados Unidos tome acción..."*

Enfrentado a una situación tan apremiante y compleja, Roosevelt citó a conferenciar a sus consejeros y después fue cuando redactó, envió e hizo pública la carta a Gonzalo de Quesada que hubimos de transcribir.

La publicidad que recibió la carta de *Teddy* Roosevelt movilizó toda la opinión pública y produjo el efecto de un cubo de agua helada sobre los ardores bélicos gobiernistas. Estrada Palma dictó una orden suspendiendo las operaciones militares —cosa intrascendente, pues el Gobierno llevaba la peor parte en los combates— y esto envalentonó a los alzados pinareños que iniciaron una marcha sobre la Capital. Los Veteranos, lideareados por Menocal, de nuevo iniciaron gestiones de paz con el general Montalvo, quien había asumido la pose de *hombre fuerte* del Gobierno, y éste prometió libre tránsito a Zayas para que se entrevistase con sus seguidores presos, clandestinos y alzados con el objeto de lograr un armisticio antes de la llegada a La Habana de los comisionados Taft y Bacon. Pero Montalvo hizo la salvedad de que la solución a que se llegase no debía lesionar la respetabilidad del Gobierno, o séase, la legitimidad reconocida de las fraudulentas elecciones, cosa a que difícilmente accederían los liberales.

Al tiempo que Taft y Bacon salían para Cuba, los Veteranos, como hemos dicho, comenzaron sus nuevas amistosas gestiones y lograron una entrevista entre Zayas, Montalvo y Méndez Capote, de la cual se derivó el excarcelamiento de los legisladores liberales detenidos, así como la promesa de la posible libertad de los jefes del movimiento que estaban presos. Los Veteranos enviaron comisiones de su seno a parlamentar con los líderes alzados en pro de un firme armisticio. Méndez Capote aseguró a Zayas estar facultado con un voto de confianza del Partido Moderado para tratar de la paz y que el Presidente acataría lo que el Partido Moderado decidiese, ya que Estrada Palma jamás consentiría a tratar con los sublevados. Zayas se reunió con la Asamblea del Partido Liberal y allí se decidió que el Partido hiciese suyo el programa y los puntos del Comité Revolucionario, oficialmente, cosa que soliviantó los ánimos estradistas, volviendo a enredarse la madeja.

El día 19 por la mañana llegaron los enviados presidenciales americanos en el crucero "Des Moines». La primera visita que recibieron fue la del Secretario de Estado, O'Farrill, quien les impuso de la gravedad de la situación y de la *injusticia* de la rebelión liberal. Los comisionados se trasladaron a Palacio y allí Estrada Palma les contó con amargura de sus sacrificios, su empeño por educar al pueblo cubano, la carencia de espíritu cívico en el país, el mucho dinero que tenía acumulado en el Tesoro, sus gestiones en pro de la inversión de capital extranjero en Cuba, las ganas de robarse el dinero que tenían los alzados y la incitación a guerra que hacían entre la canalla y los analfabetos. La sinceridad de las expresiones del viejo Presidente fueron de tal naturaleza que los comisionados se conmovieron. Le hablaron ellos entonces a *Don Tomás* de las gestiones pacifistas de Menocal y vieron con asombro cómo Estrada Palma se tornaba violentamente contra aquél y los Veteranos *porque no se habían puesto de su parte como era su deber...,* porque todo el mundo sabía que la razón estaba de su parte y no de la de los alzados. Taft y Bacon saludaron brevemente a Zayas y luego conversaron extensamente con Méndez Capote y éste les manifestó que su Partido estaba en disposición de llegar a un acuerdo con sus contrarios, basado éste en la redacción de Leyes Municipales y Electorales que asegurasen la imparcialidad de las elecciones municipales y la representación de las minorías y en la condición de que los rebeldes debían disolverse previa entrega de sus armas. Más tarde, Zayas, a su vez, les aportó copiosa documentación demostrativa del fraude electoral cometido y puso como condición la anulación de los comicios efectuados y la reposición de los Alcaldes destituidos, aclarando que de otra forma los alzados no entregarían sus armas. La maraña ya no les parecía tan fácil de resolver a los señores comisionados.

Siguiendo el sistema de oír a todas las partes envueltas en la cuestión a mano antes de emitir un juicio definitivo, los comisionados entrevistaron al general Menocal y éste les participó la imparcialidad de los Veteranos y les manifestó que los alzados estaban dispuestos a deponer las armas si los electos en los últimos comicios renunciaban a sus cargos y si se nombraba un nuevo Gabinete formado por ciudadanos neutrales y que aceptaban la permanencia del Presidente, del Vice y de los Congresistas y Consejeros que no se renovaron, para que de esa forma pudieran funcionar el Congreso y los Consejos Provinciales. Los comisionados quedaron favorablemente impresionados y consideraron estos puntos como principios de un arreglo futuro. Después entrevistaron a otras personas de la banca y el comercio y a los antiguos Secretarios de los Gabinetes de Brooke y Wood, siempre tratando de hallar una orientación que los aproximase lo más posible a la verdad, antes de elevar su informe al Presidente Roosevelt, ya que estaban dispuestos, según dijeron a uno de sus visitantes, *a lograr hacer la paz, cueste lo que cueste*. Y como para demostrar su decisión, el día 21 fondearon en el puerto de La Habana los siguientes buques de guerra: «Louisiana", "Virginia", "Cleveland», "Tacoma", "New Jersey", "Minneapolis" y "Newark". En Cienfuegos echó anclas el crucero "Marietta", y su comandante, actuando por la libre, desembarcó fuerzas y las destacó en varios centrales azucareros mientras proclamaba:

*"Las tropas de marines de los Estados Unidos que han sido desembarcadas con la bandera americana, son sólo para proteger las vidas y propiedades de los ciudadanos americanos en las cercanías de Cienfuegos. Muchos han sido los saqueos, las amenazas y las exigencias, y muchos de los bienes y valores*

*pertenecientes a ciudadanos americanos que han sido usurpados. Cualquier agresión a la propiedad americana o cualquier acto hostil o amenazas a las fuerzas americanas que han sido enviadas a proteger sus ciudadanos y sus propiedades, y cuya misión es la de paz, podría ser sólo considerada como acto de guerra en contra de la bandera americana..."*

Esta vez no fue ordenado el reembarque de éstas tropas que intervenían sin orden expresa de la Casa Blanca.

La entrevista que más impresionó a los comisionados fue la que sostuvieron con Freyre de Andrade, y de la cual salieron predispuestos contra el Gobierno, puesto que, según informaron a Roosevelt, sucedió lo siguiente:

*"Le preguntamos si era cierto que había usado de la Guardia Rural y de la Policía para efectuar las elecciones y nos contestó que se había limitado a responder a la fuerza con la fuerza. También preguntamos si había cambiado algunos Alcaldes con el propósito de poner Moderados en lugar de Liberales y fue su respuesta que nosotros comprobaríamos cómo hubo para la remoción de los Alcaldes y los Ayuntamientos sobradas causas esparcidas en los expedientes del Departamento.*

*"Cuando le preguntamos si en las listas electorales no había 150.000 electores más de los que tenían derecho a votar en toda la Isla, nos dijo que esto quizá fuera cierto; «pero que era imposible efectuar elecciones en Cuba sin fraudes...», y que los funcionarios que fueron elegidos para la inscripción, al saber que los liberales no iban a inscribirse ni a votar, impulsados «por espíritu de travesura», habían aumentado las listas de esa manera pródiga.*

*"Lo cierto parece ser que el general Andrade y los que con él simpatizaban en el plan, cuya realización persiguió, se habían convencido de que la cláusula de la Constitución referente al sufragio universal y las elecciones legales, de conformidad con la Constitución y con la Ley, dado el estado de ignorancia en que el cuerpo electoral cubano se encontraba, produciría tal inestabilidad en el Gobierno, que impediría el desarrollo del país, sobre las bases de prosperidad alcanzada bajo la dirección del Presidente Palma, y que era preciso, para servir a Cuba, que obtuviese apoyo sólido en ambas Cámaras, para poder desarrollar una política adecuada a tal propósito. La dificultad estuvo en que no se dieron cuenta cabal, al poner en acción semejante plan, de la necesidad de una gran fuerza para poder aplastar la resistencia e insurrección que pudieran creer posible los que, de modo tal, iban a ser despojados de*

*su derecho a tomar parte en el Gobierno. Hay razones para sospechar que en ciertos elementos se llegó a creer que la Enmienda Platt y la intervención de los Estados Unidos habían de suplir la fuerza necesaria para suprimir y acabar esa rebelión."*

\* \* \*

La Habana se encontraba desguarnecida, por lo que el general Montalvo ordenó a las fuerzas gobiernistas su traslado a ella. Zayas se quejó a Taft y éste influyó con Montalvo para que diese contraorden. Zayas sabía que sus partidarios eran más numerosos en la Capital y con la excusa de evitar un nuevo choque alejaba de ella a sus enemigos armados. El Partido Moderado envió un memorándum a Taft en el que le participaban que ellos sometían la cuestión en discordia al arbitraje de los comisionados del Presidente Roosevelt, *"previa la deposición de las armas por parte de los Liberales alzados y el compromiso solemne, por parte de dicho Partido, colocado dentro de la legalidad, de acatar y cumplir, en toda su integridad, el laudo arbitral..."*. Se hizo evidente que las cláusulas expuestas por los Moderados iban a hacer imposible el entendimiento.

Taft y Bacon emplearon los servicios de agentes del Servicio Secreto americano en su investigación. Existe un informe de éstos en la correspondencia de Roosevelt en el que expresaron que el financiamiento de la rebelión alcanzó la suma de un millón y pico de pesos, aportados por particulares, por exigencias a colonos y vegueros, por productos de fraudes municipales y por personas de marcada filiación anexionista que esperaban que ésta se produjese como consecuencia de los desmanes que traería consigo la revuelta.

Teniendo una idea más clara cada día de la situación cubana, los comisionados informaron a Roosevelt:

*"Se nos hace más claro cada día que el Gobierno de Palma no puede mantenerse en el Poder. Si no hubiera sido por su carta y por el desembarco de los marines del "Denver", los insurrectos tuvieran control de La Habana y el populacho hubiera hecho de las suyas, robando e incendiando... No podemos mantener a Palma en el Poder excepto por la fuerza de la intervención, esto contra la opinión pública de la Isla. El Gobierno, a través de Freyre, alteró las elecciones y cesanteó Alcaldes a diestro y siniestro... Es probable que los Liberales hubieran hecho igual que hicieron los Moderados, si hubieran*

*ellos sido Poder, pero me niego a creer que lo hubieran ellos sido de manera tan brutal e innecesaria... Trataremos de procurar que Palma continúe en la Presidencia, con un nuevo Gabinete, pero se presentan dos dificultades para ello: primera, que los insurrectos no estén de acuerdo, y segunda, que Palma sea dócil instrumento nuestro en este propósito que encierra la renuncia de la mitad del Senado y de la Cámara y la restauración de los Alcaldes depuestos... El compromiso debe incluir la proclamación de la Ley Municipal que requiere la Constitución, así como una Ley que haga inamovibles a los Jueces de Primera Instancia. La nueva Ley Electoral debe ser pareja a la Ley Municipal y las elecciones efectuadas en un tiempo razonable... No creemos que a esto cooperen los Moderados. Bacon, a favor de mantener a Palma en la Presidencia, apoyando su punto de vista con los razonamientos siguientes: continuidad constitucional del Gobierno; honestidad de Palma y confianza de los intereses comerciales en su honradez; ausencia de material humano apropiado en el Partido Moderado y carencia de ellos en el Partido Liberal propios para sustituirle..."*

Roosevelt, con su característica impaciencia, contestó a Taft:

*"Ponga un Ejecutivo cualquiera provisionalmente y lleve a cabo el plan de acción que me detalló en su cable, incluyendo la renuncia de la mitad del Congreso, la restauración de los Alcaldes indebidamente destituidos y efectúe nuevas elecciones bajo nueva Ley Electoral. Los Moderados deben acceder a estas condiciones porque si no se caerán como castillo de naipes si nos ponemos contra ellos. En cuanto a los insurrectos, hágales saber que desembarcará tropas inmediatamente, para proteger vidas y haciendas en La Habana o en cualquier otro lugar, si se acercan más de lo que usted crea prudente..."*

Taft envió comunicaciones al general Montalvo y a los generales *Pino* Guerra y Loynaz del Castillo, ordenándoles la inmediata inmovilización de sus respectivas fuerzas so pena de actuar contra ellas con las tropas americanas. El día 24 se reunieron los comisionados Taft y Bacon con el Comité Revolucionario y éste aceptó los puntos de aquéllos: renuncia de los electos y no anulación de las elecciones para que continuara en el Poder Estrada Palma. En esos instantes les llegó una carta de Méndez Capote en la que hacía constar la decisión del Partido Moderado de no aceptar el arbitraje si previamente los rebeldes no se disolvían. Los comisionados enviaron a Méndez Capote un proyecto conciliatorio que decía:

*"Los miembros del Partido Moderado que ahora desempeñan cargos en virtud de las últimas elecciones, excepto el Presidente Palma, presentarán sus renuncias a la Comisión Americana de Paz, a fin de que surtan sus efectos en su totalidad o en parte y solamente mediante la firma de un convenio de paz por acreditados representantes del Partido Liberal, incluyendo los insurrectos en armas y también mediante la entrega garantizada de las armas, por dichos insurrectos, a la Comisión de Paz, según convenio..."*

Méndez Capote hizo saber, por medio de la prensa, su respuesta:

*"Me parecen inaceptables todas esas bases pacificadoras. Las rechazamos en conjunto y a cada una de ellas por separado. Mi opinión es que no se acepten ni íntegras ni modificadas..."*

Taft y Bacon solicitaron una entrevista con Estrada Palma y esa noche fueron recibidos en Palacio por el Presidente, los Secretarios de Estado y Justicia, Instrucción Pública, Hacienda y Gobernación, el Vicepresidente Méndez Capote y los Presidentes del Senado y la Cámara, Dolz y Andrade. La entrevista fue tempestuosa. El bonachón Taft perdió los estribos y gritó indignado, acusando de haberse violentado las urnas, cosa que vigorosamente la rebatió *Don Tomás*. Taft relató después que Estrada Palma consideró incompatible con su honor el acceder al convenio con los alzados y que al decirle él que *"el patriotismo a veces demandaba sacrificios..."*, el Presidente le había respondido orgullosamente: *"¡No tolero que se venga a darme lecciones de patriotismo...!"*. El reporte de Taft a Roosevelt sobre el resultado de la entrevista es clarísimo y a la vez una confesión de su fracaso mediacionista:

*"Palma absolutamente rehúsa el ayudarnos a lograr un compromiso con los Liberales, permaneciendo en el cargo. El plan meramente requiere que Palma nombre un Gabinete neutral. Palma sostiene que el mantenerse en el cargo mientras sus partidarios del Congreso son obligados a renunciar es detrimental a su honor, y que la paz que con ello se obtenga no durará tres meses. Él y su Gabinete dicen que la única vía abierta a los Estados Unidos es el combatir a los rebeldes y controlar la situación. El Partido Moderado no está de acuerdo*

*con acatar nuestra decisión y no aceptan renuncias de candidatos electos al menos que los rebeldes depongan las armas, cosa que estos últimos no aceptan. Pensábamos que rendirían las armas al momento que se anunciaran las renuncias. Es muy evidente que Palma, y me temo que el Partido Moderado también, está determinado a forzarnos a intervenir. Es muy difícil el encontrar un hombre apropiado para sustituir a Palma si éste renuncia y más difícil aún el lograr que el Congreso lo ratifique en la Presidencia, ya que lo controlan los Moderados. Méndez Capote, el Vicepresidente y líder del Partido Moderado, es un hombre capaz, pero no goza de la confianza de nadie. Dice que renunciará si Palma lo hace. Pediremos a los rebeldes mañana su aceptación de las condiciones de los Moderados de que rindan sus armas y le avisaremos a usted. En el entretanto esperamos más barcos y sugerimos la inmediata movilización de tropas..."*

Enfrentados a una situación intervencionista por la voluntad del Gobierno cubano y preocupados por la repercusión que ella traería sobre la política exterior que en aquellos momentos practicaba el State Department —que hacía esfuerzos por acallar los sentimientos anti-imperialistas provocados por la anterior política expansionista de Roosevelt— y también pensando Taft en el perjuicio que haría a sus aspiraciones presidenciales el aparecer como fracasado en Cuba, los comisionados dirigieron una larga exposición a Estrada Palma, en la que claramente demostraban su repugnancia a tener que disponer una segunda Intervención —que de hecho se había realizado en la zona de Cienfuegos— y en la que le planteaban a *Don Tomás* la reconsideración de su intransigencia. Aunque larga, su texto es de obligatoria reproducción, sin quitarle una tilde ni una coma:

*"Cuando visitamos a usted esta noche teníamos redactada una carta en la que describíamos la situación tal como nosotros habíamos llegado a hacernos cargo de ella; carta que intentamos poner en sus manos, como fundamento para la actitud que le pedimos se sirviera adoptar. Descontentos, en verdad, por la determinación de usted, no le dejamos dicha carta; pero hemos al fin decidido apelar una vez más y someter a su consideración estas declaraciones.*

*"El estado en que encontramos hoy a la República de Cuba debería producir en todos sus amigos el pesar más profundo. Existen cerca de 15.000 hombres levantados en armas, cuyo propósito manifiesto no es otro que el de derrocar al presente Gobierno, a menos que sean concedidas ciertas reformas for-*

*muladas. Según las informaciones que hemos recibido, cuentan ellos con la simpatía de la mayoría de la población de la Isla. Hemos sido informados por el Secretario Montalvo y por el general Rodríguez, jefe de las fuerzas del Gobierno, de que éste no podría resistir a los insurrectos si marcharan ahora sobre La Habana, y también que la Isla se encuentra en estado de anarquía. Esto ha venido a confirmar los telegramas enviados por usted al Presidente Roosevelt, antes que esta citada autoridad escribiese su carta al Dr. Quesada y antes de que nosotros saliéramos de los Estados Unidos. La información que hemos obtenido y otras fuentes nos ofrecen los mismos resultados.*

*"Una guerra entre las fuerzas del Gobierno y los insurrectos significaría un gran desastre para este país y probablemente el derrocamiento del Gobierno. Aun cuando la insurrección llegara a ser sofocada por la intervención de los Estados Unidos, probablemente eso sólo se obtendría después de sufrir grandes pérdidas de vidas y la destrucción de una gran parte del capital invertido en Cuba. Para evitar esta guerra y la destrucción nos ha enviado el Presidente Roosevelt, para ver si podíamos con nuestra mediación influir en el restablecimiento de la paz. Hay que convenir, por supuesto, en que bajo circunstancias normales, con un Gobierno capaz de mantenerse por sí mismo, serían dispersados por la fuerza u obligados a rendirse todos los individuos que contra él se hubiesen levantado en armas; pero como esto representaría una guerra de destrucción terrible para Cuba, el Presidente se ha mostrado sumamente ansioso de evitar la intervención haciendo, por lo tanto, un decidido esfuerzo para que se haga la paz entre los contendientes, y, para lograrlo, ha ofrecido sus buenos oficios. Antes de nuestra llegada ya había hecho el general Menocal, con el consentimiento de usted, un esfuerzo para arreglar las diferencias. Dadas esas circunstancias, no cabía encastillarse ya en el principio general y «verdad teórica» que no es posible tratar con los rebeldes, levantados en armas contra un Gobierno constituido. A nuestra llegada, le visitamos y obtuvimos su permiso para consultar con los jefes del Partido Liberal que representaban a los insurgentes, y más tarde, bajo el salvoconducto de su Gobierno, celebramos una entrevista con los principales generales insurrectos, a fin de que nos fuera dable obtener una delegación de autoridad en una comisión con la cual pudiéramos entrar en negociaciones. El hecho en virtud del cual ha surgido el presente conflicto es la ilegalidad de las elecciones celebradas en 1905; la preliminar en septiembre y la fundamental, más tarde, para Presidente, Vicepresidente, una mitad del Senado, otra de la*

*Cámara de Representantes y todos los Gobernadores de Provincias con sus Consejeros. Los Liberales pretenden que la ilegalidad de las elecciones exige que los funcionarios declarados elegidos renuncien a sus cargos, o sean destituidos para celebrar nuevas elecciones.*

*"Nos ha sido imposible, por supuesto, determinar la verdad de los cargos hechos, como se hace en las investigaciones judiciales, es decir, con el debido examen de las pruebas. Ante la gente levantada en armas, ante la perspectiva de combates que pueden librarse, ante la tremenda destrucción de la propiedad cubana que, caso de continuar la guerra, sobrevendría necesariamente, nos parece, en verdad, propicio el momento para la apreciación delicada de los testimonios, o para una decisión que revistiera la sanción y la exactitud de un fallo judicial. A nosotros, como mediadores, sólo nos compete sugerir probabilidades que puedan servir de base para el pacto y las consecuciones que se proponen. Sucede a menudo que en la índole de un pacto influye la consistencia de sus términos.*

*"Creemos que la Ley Electoral es deficiente porque ofrece sobradas oportunidades para que el Gobierno abuse de su poder al manejar el resultado de las elecciones. Y existen fundamentos para creer que los agentes de su Gobierno, no usted mismo, utilizaron la Ley referida para realizar ese manejo. ¿Cómo afectará este hecho a la actitud que deba tomarse respecto a los funcionarios electos?*

*"Primero. — Veamos en primer término el caso del Presidente. Creemos que, sin haber utilizado la Ley Electoral en la forma expuesta, usted, indudablemente, hubiera sido electo Presidente. Aun cuando esto fuera dudoso, no por eso debe ser la elección rechazada o desdeñada, porque usted ha tomado posesión inaugural como Presidente y actuado como tal casi durante un año. Ni se pudiera pedir a usted ni permitirle tampoco que renunciara en tales circunstancias, y en verdad que respecto a este particular no puede sostenerse la pretensión de los Liberales.*

*"No redundaría, tampoco, en beneficio de Cuba el que se rompiera la continuidad del Gobierno constitucional, y la permanencia de usted en el cargo de Presidente será la mejor prueba de su conservación. A usted se debe el muy alto crédito que disfruta Cuba en el extranjero, y la confianza que se tiene en todo el mundo en la honradez y en los principios conservadores que usted ha inducido a la inversión de capitales. El presente deplorable estado de cosas ha conmovido el crédito financiero de Cuba e intimidado al capital. La continuación de usted como Presidente contribuiría mucho a restablecer el estado de cosas anterior.*

*"Segundo. — Parécenos claro que los Moderados de la Cámara y del Senado y los Gobernadores provinciales del mismo partido no hubieran sido electos, de no haberse retirado los Liberales de las elecciones fundamentales, a causa de la ilegalidad de las preliminares. Es imposible ahora, en las circunstancias de la presente emergencia, determinar el número exacto de los que hubieran sido electos. Y creemos que, dado el presente estado de cosas, sería un pacto razonable la renuncia de aquéllos que fueron electos en las últimas elecciones para la Cámara y el Senado y para cargos de Gobernadores y de Consejeros Provinciales, y proceder a una elección especial de los que debieran sustituirlos.*

*"Las renuncias de los Senadores y Representantes debieran presentarse inmediatamente. Los Gobernadores y Consejeros Provinciales presentarían sus renuncias para que surtieran sus efectos para el 15 de enero de 1907, esto es, quince días después de la elección de sus sucesores.*

*"Tercero. — Otra cuestión de las presentadas por el Partido Liberal, que debe ser decidida, es la relativa a la restauración de ciertos Alcaldes Municipales y Concejales que fueron removidos de sus cargos en las distintas provincias durante la presente Administración.*

*"Es nuestra impresión, en el asunto, que algunas de esas remociones se llevaron a cabo en una época tan inmediata a las elecciones y en tales circunstancias, que con razón daría cabida a la suposición de que se consumaron por las representaciones de los agentes del Gobierno con el propósito de dominar las elecciones; si bien no cabe duda tampoco de que algunas de esas remociones se hicieron por motivos justos. Tómese, como ejemplo, el caso del presente Ayuntamiento de La Habana. Fue nombrado mucho tiempo después de las elecciones y se compone de individuos de alta reputación, que no toman participación activa en la política. Y resulta para nosotros imposible el distinguir las dos clases de remociones. Sería muy embarazoso, bajo la ley ahora vigente, combinar la remoción de los actuales funcionarios y la reposición de los antiguos. Parece lo más prudente, por tanto, el acordar una elección para los sucesores de todos los funcionarios municipales de la Isla, en el plazo de tres meses, como a continuación sugerimos.*

*"Bien es sabido, Sr. Presidente, que usted comenzó su Administración sin estar afiliado a ningún partido; pero que, animado del propósito de hacer más efectivos sus servicios a la República, terminó por identificarse con el Partido Moderado. Sin abrigar la menor duda respecto a los honrados propósitos y altos motivos patrióticos que usted tuvo al hacer*

*esto, y conviniendo en un todo sobre la gran efectividad de un Gobierno ejecutivo que gobierne con un Partido en un Gobierno constitucional, en circunstancias normales, nosotros, con la mayor deferencia, nos aventuramos a creer que ese cambio de usted, según lo han probado los hechos, no fue de manera alguna acertado, dadas las circunstancias que aquí imperan. No existe la menor diferencia entre los principios políticos o económicos de los Partidos; la única diferencia es de carácter personal. En tales circunstancias creemos que la medida más prudente es volver a la actitud adoptada primeramente. Encarecidamente le rogamos, por tanto, acepte las renuncias de los miembros de su actual Gabinete, quienes, según se nos ha dicho, están deseosos de presentarlas, y nombre otro Gabinete, verificando la selección sin atender a la fliación política de los individuos.*

*"Existen importantes estipulaciones legislativas requeridas por la Constitución a las cuales no se ha dado fuerza de ley durante los últimos cuatro años transcurridos, y son: Primera, la Ley para la organización de las Municipalidades, basada sobre principios que establezcan un sólido Gobierno propio local, restringido únicamente por estipulaciones respecto a la disciplina y remoción, después de oírles debidamente, de aquellos funcionarios que fueren declarados culpables de incompetencia, corrupción o mal comportamiento en sus cargos. Segunda, la promulgación de una Ley Electoral que contenga suficientes preceptos para asegurar, por medio de acumulación de votos o de otra manera, la representación de las minorías, y la cual, al mismo tiempo, ponga el control de las elecciones bajo la autoridad de una oficina de elecciones de carácter independiente, investida, durante un razonable período de tiempo anterior y posterior a las elecciones, del manejo de la regulación, registro, conteo y certificación de los votos, a fin de impedir, de una vez y para siempre, el uso del mecanismo electoral para dominar sobre los resultados. Tercera, una Ley para la selección y promoción de los servidores del Estado, por medio de exámenes de competencia, no sólo en lo que se refiere al servicio ordinario civil, sino también aplicable a la Policía y a la Guardia Rural. Cuarta, una Ley estableciendo que las remociones sólo pueden ser en virtud de procesamiento.*

*"La renuncia de los miembros de la Cámara y el Senado, según se ha informado, no requerirá, de acuerdo con una interpretación jurídica de la Constitución de este país, la suspensión legislativa del Congreso. Será necesario, sin embargo, celebrar elecciones para sustituir a aquéllos que renuncian sin que haya expirado su término. Estas elecciones debieran ser*

*celebradas en fecha tan próxima como fuere posible y compatible con la promulgación de la nueva Ley Electoral. Creemos que el primero de enero de 1907 es una fecha apropiada. Al mismo tiempo debieran celebrarse las elecciones municipales bajo los preceptos de la nueva Ley Municipal. Y esas leyes habrían de ser formadas y proclamadas con debida diligencia.*

*"Parécenos que esas leyes podrían ser preparadas por una Comisión compuesta de igual número de miembros de los dos grandes partidos políticos, en unión de un jurista americano, que fuera nombrado por el Presidente de los Estados Unidos. Esta Comisión podría recomendar por mayoría de votos la forma de las leyes que debieran ser adoptadas por el Congreso existente y en las cuales, por anticipado, conviniesen los dos grandes partidos políticos.*

*"Es claro y primordial objeto de este pacto el producir la paz y la continuación del Gobierno bajo la Constitución. Tan pronto como renuncien los miembros de la Cámara y del Senado, por tanto, las personas levantadas en armas contra el Gobierno deberán deponerlas y dispersarse hacia sus hogares. Esas armas se entregarán a una Comisión compuesta de Veteranos cubanos, que no hayan tomado parte en la revolución, y de oficiales americanos. Al mismo tiempo deberá concederse por acción, tanto Ejecutiva como Legislativa, una amnistía general de las ofensas políticas que hayan derivado de este conflicto.*

*"Este arreglo envuelve concesiones de carácter material y es de peso para ambos partidos. Esas concesiones no se tomarán por una u otra parte como reconocimientos de sus errores, ni de la injusticia de aquéllas de sus pretensiones que no resulten satisfechas, sino como una prueba del patriotismo de todos, al mostrarse dispuestos a ceder en lo que estiman un deber para lograr la paz en este hermoso país.*

*"Si esta proposición merece su aprobación, Sr. Presidente, y usted, aunque reacio a ceder a algunos de sus términos y disintiendo de cualquier extremo que a ellos pueda referirse, presta su aquiescencia a tal convenio y pone de su parte lo posible para llevarlo a la práctica, nosotros intentaremos traer a los Liberales y a los Moderados a un convenio sobre las bases sustancialmente expuestas a usted antes.*

*"Por supuesto, Sr. Presidente, que si usted puede sugerir cualesquiera otras bases para un convenio que resulten más satisfactorias para usted, y en el cual concierten ambos partidos, logrando, por tanto, asegurar la paz, nos complaceremos mucho en que usted nos las exponga, y realizaremos nuestras gestiones más esforzadas para que puedan llegar a ser un hecho.*

*"Tanto el Presidente Roosevelt como nosotros sabemos que usted, en las actuales circunstancias, preferiría renunciar a su cargo; pero si el pacto propuesto puede llevarse a la práctica, el Presidente confía sinceramente en que usted añadirá un sacrificio más a los inmensos que durante cuarenta años de su vida, la más honorable y esforzada, ha hecho por su Cuba amada..."*

La expectación pública se trocó en esperanzas de un pronto arreglo, pues el trastorno era grande en todas las esferas de la vida cubana. Los alzados se apropiaban de caballos, aperos y comestibles pagando por ellos con vales, en tanto que las fuerzas del Gobierno también hacían de las suyas bajo el pretexto de combatir la rebelión. La prosperidad del país decrecía por momentos y los comerciantes e industriales no ocultaban su disgusto y apremiaban a los comisionados a una pronta intervención armada. El tránsito estaba virtualmente paralizado y las ciudades empezaban a sufrir la escasez de provisiones. Después de una reunión en Palacio con sus asesores, *Don Tomás* envió su respuesta a Taft y Bacon, a quienes en privado rencorosamente calificaba como *dos alzados más...*, y en la que decía testarudamente:

*"Tengo el honor de acusar recibo de su nota de ayer, 24, en la que exponen, desde un punto de vista general, sus opiniones, así como también sus puntos de vista, de acuerdo con sus investigaciones personales, en lo que se refiere a la causa de la presente rebelión en Cuba, del actual estado de cosas y de la manera de ponerle término, a fin de dar al país la paz, el orden y la tranquilidad deseadas.*

*"Pudiera yo presentar algunas objeciones y justificarlas, en lo que se refiere al número de hombres armados y a las simpatías que ustedes atribuyen a los insurrectos; pero como sería inútil ahora entrar en consideraciones de esta clase, en vista de la línea de conducta que ustedes se han trazado y de la determinación de obtener la paz a toda costa, será bastante a mi cortés intención de contestar a su carta el reiterar aquí, en síntesis, lo que hube de manifestarles en la entrevista que ustedes tuvieron la bondad de celebrar anoche conmigo; en otras palabras, que las condiciones por ustedes estimadas absolutamente necesarias para que los rebeldes depongan las armas son contra mi decoro personal y la dignidad del Gobierno que presido. Es por consiguiente irrevocable mi propósito de presentar, ante el Congreso, la renuncia oficial del cargo para el cual fui electo, por la voluntad del pueblo cubano, en las últimas elecciones presidenciales."*

El Partido Moderado celebró una reunión de emergencia y después de calurosos debates, en los cuales se insultó de lo lindo a Taft y Bacon, y de ratificar Méndez Capote que debía considerárseles, en lo adelante, como dos alzados más, les enviaron una comunicación en la que reafirmaban que no entrarían en conversación alguna a base de los puntos expuestos por los comisionados. En una visita posterior, Méndez Capote dijo a éstos claramente que los Congresistas moderados se retirarían sin renunciar a sus actas si ellos insistían en las bases presentadas. El astuto Zayas se adelantó a ofrecer a Taft y Bacon un documento firmado por todos los miembros del Comité Revolucionario en el cual ofrecían la aceptación, sin modificación alguna, de las bases presentadas, con lo que les ganó la partida a los Moderados y con ello el beneplácito de los comisionados americanos al liberalismo.

Pero la ilusión zayista de que Taft y Bacon considerasen la insurrección como fuente de derecho distaba mucho de la realidad y su aspiración a ser el cerebro del movimiento armado se hallaba fuera de foco. Los comisionados captaron la idea insurrecta y la transmitieron a Roosevelt torciéndola en el proceso en forma que no hacía favor alguno a Liberales o Moderados:

*"La mera idea de dar a la fuerza insurrecta el trato de Gobierno de Facto me hace temblar. No es ella un Gobierno característico, sino una horda de hombres indisciplinados bajo la dirección de jefes partidistas de dudosa reputación. El movimiento es amplio y formidable y cuenta con la simpatía de la mayoría del pueblo cubano, pero éstos son las clases miserables y los incultos. El Partido Liberal que respalda el movimiento, tiene hombres hábiles y de sustancia, pero no son los titulados líderes de la revuelta... Los Moderados son ciertamente la clase más elevada y conservadora del país, pero entre ellos hay indeseables que sólo anhelan vengarse por medio de crearnos nuevas dificultades. Hay una ausencia de patriotismo verdadero en las dos facciones que es de lo más desalentadora..."*

El Presidente Roosevelt intentó un nuevo esfuerzo por disuadir a *Don Tomás* de su obstinación renunciante y a esos efectos envió a éste el siguiente mensaje, por medio de Taft:

*"Encarecidamente la ruego que sacrifique sus propios sentimientos ante el altar de la prosperidad de su país, y acceda a la petición de Mr. Taft, de que continúe usted en la Presidencia el tiempo a su juicio necesario para que se establezca*

*el nuevo Gobierno temporal, bajo el cual sea posible llevar a cabo las negociaciones para la paz. Yo envié a Cuba a Mr. Taft y Mr. Bacon en virtud de los repetidos telegramas de usted manifestando que renunciaría, que tal determinación era irrevocable y que no podía continuar más tiempo en el Gobierno.*

*"Es evidente que, en las presentes circunstancias, no puede subsistir el Gobierno de usted, y que la tentativa de mantenerlo o de dictar los términos indicados por usted respecto al nuevo Gobierno no significará otra cosa que el desastre o quizás la ruina de Cuba.*

*"Bajo su Gobierno, y durante cuatro años, ha sido Cuba república independiente. Yo le conjuro, en bien de su propia fama de justo, a que no se conduzca de tal suerte que la responsabilidad por la muerte de la República, si tal cosa sucediere, pueda ser arrojada sobre su nombre. Le suplico proceda de manera tal que aparezca que usted, por lo menos, se ha sacrificado por su país y que lo deja aún libre cuando abandone su cargo.*

*"No sería usted entonces responsable de los desastres que más tarde pudieren, desgraciadamente, sobrevenir a Cuba. Llenará usted su misión como caballero y como patriota, si procede en este asunto de acuerdo con las indicaciones de Mr. Taft, y le ruego encarecidamente que lo haga así."*

*Teddy* Roosevelt, siguiendo su apotegma de *hablar suave y blandir un tolete*..., ordenó a Taft, al tiempo que escribía a Estrada Palma, dijera a los alzados *"que sería aquélla la última oportunidad que les daba y que si los Estados Unidos se veían obligados a hacer armas a los insurrectos, podían dar por seguras dos cosas: la extinción de la resistencia, cualquiera que fuesen la destrucción y el tiempo empleado para lograrlo, y la pérdida de la República, de lo que serían responsables ante la Historia, porque cuando Cuba era libre e independiente la redujeron a un estado de dependencia, por su propio proceder inicuo..."* Todavía *Don Tomás* persistió tozudamente en su postura. Es más, inconcebiblemente remachó su intransigencia por medio de una convocatoria al Congreso para que éste conociera, no ya sólo de su renuncia, sino ahora la de sus Secretarios. Su respuesta a Roosevelt fue ésta:

*"Le estoy profundamente agradecido por las frases de consideración personal consignadas en su cable de hoy, y deploro, por consiguiente, encontrarme en posición tan difícil como ésta, en que, deseando acceder a sus deseos, me es imposible hacerlo; porque aceptar las bases propuestas por M. Taft y Mr. Bacon, a fin que los rebeldes depongan sus armas, sería,*

— 177 —

*sencillamente, darles la victoria y alentarlos a que, una vez dejadas a un lado, continuaran con el mismo espíritu de rebelión y echadas las simientes para nuevas revueltas en lo futuro.*

*"Todo lo que no se encamine a demostrar a los insurrectos y al pueblo cubano en general que en lo sucesivo no sería posible perturbar el orden público, no representa otra cosa que la suspensión del actual conflicto hasta las nuevas elecciones. En tales circunstancias hácese imposible para mí continuar en el Poder, encontrándose mi autoridad grandemente quebrantada y viéndome yo sin medios para robustecerla.*

*"Desde el primer momento expliqué a los señores Taft y Bacon que la única solución posible, en armonía con la autoridad que represento y adecuada a la preparación de unas elecciones imparciales, era decretar inmediatamente una Ley Electoral y otra Municipal, a fin de que las elecciones municipales pudieran tener lugar en toda la Isla en enero o febrero, siendo electas las nuevas Municipalidades por la libre voluntad del pueblo en cada distrito, lo que constituiría una base sólida para las elecciones que tendrán lugar en diciembre del año próximo para miembros de la Cámara de Representantes y del Consejo Provincial.*

*"No ha llegado a mí noticia de que esta proposición haya recibido la más ligera consideración de parte de los comisionados. Respecto a los cablegramas en que yo anunciaba mi intención de renunciar, debe tenerse entendido que mi único deseo era llevar al ánimo del noble caballero que preside los destinos de la Gran República Americana la convicción de que el único objeto que yo tenía al hablarle de la situación de Cuba era salvar a mi país de la anarquía en que los rebeldes estaban a punto de sumirlo, con sus amenazas de destrucción de la propiedad; pero nunca el solicitar apoyo para mí personalmente, a fin de continuar en el Poder, que yo estaba dispuesto a abandonar tan pronto como quedaran restablecidos el orden y la tranquilidad pública.*

*"Mis sacrificios en pro de Cuba han sido siempre provechosos. El sacrificio que hoy yo hiciera, continuando al frente de un Gobierno impuesto por la fuerza de las armas, sería más que inútil, vergonzoso para mí personalmente y para mi país..."*

\* \* \*

Los ajetreos politiqueros continuaron entre Liberales y Moderados hasta que Taft, perdida ya su paciencia por causa de tantos dimes y diretes, tantos alardes de intransigencia por parte del Gobierno, tantas amenazas de marchas sobre La Habana por parte de los rebeldes y hasta por rumores de una contra-revolución capitaneada por el general Montalvo, lanzó a todos un ultimátum: *"Si el Congreso no designaba una persona para sustituir a Estrada Palma, no se detendría la Intervención..."* Con ella, naturalmente, sería arriada la bandera cubana y cesarían en sus cargos y, por tanto, eliminados de la nómina gubernamental, Senadores, Representantes, Gobernadores y Consejeros Provinciales. El corre-corre entre los *manengues* fue de novela. Había que *sacrificarse por la patria...* y llegar a un arreglo antes que fuese cortada la tripa del ombligo presupuestal por los americanos. Menocal inició nuevamente gestiones de acercamiento, ahora ayudado por Sanguily, y por poco termina abofeteando a Dolz, quien lo acusó de aspirar a ser candidato de transacción. Zayas interfirió en todas las gestiones de avenencia, porque no transigía en que fuera electo un Moderado a la Presidencia provisional y porque sabía perfectamente bien que al renunciar todos los Secretarios de Despacho y no haberse nombrado otros no podía efectuarse la sustitución reglamentaria de *Don Tomás*. Dolz prefería la intervención porque, según alegó en sus afanes leguleyescos, «*es, después de todo, un estado de derecho...*» La realidad era una: los partidos políticos en discordia preferían el deshonor de la Intervención antes de ceder el uno al otro una pulgada de concesiones.

El Congreso, reunido en sesión conjunta, oyó la lectura de la renuncia presentado por *Don Tomás* y luego la de los Secretarios de Despacho, sin que se hubiese nombrado a nadie para sustituirlos. La enormidad del crimen de lesa patria que estaba por cometerse no pudiera ser definida más que con obscenidades que la decencia y el respeto a los lectores prohíben. Todavía un legislador, Manduley, aterrado por las consecuencias, se alza para rogar que vaya una Comisión a Palacio a suplicar a *Don Tomás* que no hunda a la República en el abismo de una segunda Intervención, pero Zayas, temiendo que se le escape la presa, se opone a ello con la falaz imputación de que el Congreso carece de facultades para tomar esa determinación. La moción contraria de Zayas fue derrotada y a Palacio fue una Comisión a encarecer del Presidente la retirada de su renuncia, pero éste se mantuvo irreductible y reafirmó su decisión de renunciar irrevocablemente, pasase lo que pasase. Todavía quedaba al pueblo cubano, víctima inocente de la canallada, una posible solución a su mal: que el Congreso nombrase un Presidente provisional en la sesión de aquella noche del 28 de septiembre de 1906. Pero los Congresistas del Partido Moderado sesionaron en casa de Ricardo

Dolz, Presidente del Senado, y allí decidieron abstenerse de concurrir al Congreso y permitir con ello que se perdiese la República, aunque un grupo de ellos después hizo acto de presencia en el Congreso pretendiendo una rectificación a aquella terrible equivocación. Los nombres de quienes abominablemente —en un instante de irreflexivo apasionamiento— enlodaron su apellido y la honra de su patria y de los cuales muchos después se reivindicaron, son los siguientes: Domingo Méndez Capote, Ricardo Dolz, Carlos Fonts, Oscar Fonts, Santiago Gutiérrez de Celis, José Rodríguez Acosta, Luis Fortún, R. Armas Nodal, Pedro Martínez Rojas, Francisco Duque Estrada, Justo Carrillo, José H. Martínez Gallardo, César Cancio Madrigal, José Antonio Frías, José Antonio Blanco, Juan Maza y Artola, Fernando Freyre de Andrade, Carlos I, Párraga, Alberto Schweyer y José Adan Galarreta. Aquéllos que pretendieron una rectificación fueron: Antonio Bravo Correoso, Manuel Ajuria, Emilio Chivás, Manuel Rodríguez Fuentes, Mariano Corona, M. Yero Sagol, F. Maspóns, Ramón Boza, A. Rivero Beltrán, Enrique Hortsman, Miguel Coyula, Mario García Kholy, A. Betancourt, Manduley, Lorenzo D. Beci y Teodoro Cardenal. Sólo cuatro militantes Liberales acudieron a la sesión: Emilio Bacardí, Gonzalo García Vita, B. Boza y Ambrosio Borges.

* * *

*Proclama de la Intervención. — El árbol caído. — Balance de la Administración Estrada Palma. — Autojustificación póstuma de* Don Tomás.

La expectación fue inmensa la noche del 28. El general Montalvo, alardoso y truculento, revistó la Guardia Rural, de completo uniforme y con machete al cinto, pretendiendo con ello intimidar a los Congresistas para que no eligieran un Presidente provisional. Por su parte, los Congresistas liberales, con excepción de los nombrados arriba, esperaron impávidamente en casa de Zayas la caída de la sesión congresional que hubiera podido evitar la Intervención. Los jefes insurrectos, aunque luego lo negaron, se habían sometido a la voluntad de Zayas. Al día siguiente, fecha bochornosa que marca la primera traición consumada contra Cuba por sus desgobernantes, día 29 de septiembre de 1906, el Secretario de la Guerra de los Estados Unidos, Mr. William Howard Taft, decretó la Segunda Intervención de la Isla y asumió el cargo de Gobernador Provisional por medio de la siguiente Proclama, dirigida "Al Pueblo de Cuba...":

*"El no haber el Congreso tomado acuerdo en cuanto a la renuncia irrevocable del Presidente de la República de Cuba, o elegido un sustituto, deja a este país sin Gobierno en una época en que prevalece gran desorden y se hace necesario, de acuerdo con lo pedido por el Presidente Palma, que se tomen las medidas debidas, en nombre y por autoridad del Presidente de los Estados Unidos, para restablecer el orden, proteger las vidas y propiedades en la Isla de Cuba e islas y cayos adyacentes, y, con este fin, establecer un Gobierno Provisional.*

*"El Gobierno Provisional establecido por la presente, por orden y en nombre del Presidente de los Estados Unidos, sólo existirá el tiempo que fuere necesario para restablecer el orden, la paz y la confianza públicas, y una vez obtenidas éstas, se celebrarán las elecciones para determinar las personas a las cuales debe entregarse de nuevo el Gobierno permanente de la República.*

*"En lo que sea compatible con el carácter de un Gobierno Provisional, establecido bajo la autoridad de los Estados Unidos, éste será un Gobierno cubano, ajustándose, en lo que fuere posible, a la Constitución de Cuba.*

*"La bandera cubana se enarbolará, como de costumbre, en los edificios del Gobierno de la Isla. Todos los Departamentos del Estado, y los Gobiernos Provinciales y Municipales, incluso el de la ciudad de La Habana, funcionarán en igual forma que bajo la República de Cuba. Los Tribunales seguirán administrando justicia y continuarán en vigor todas las leyes que no sean inaplicables por su naturaleza, en vista del carácter temporal y urgente del Gobierno.*

*"El Presidente Roosevelt ha anhelado obtener la paz bajo el Gobierno Constitucional de Cuba y ha hecho esfuerzos inauditos para evitar la presente medida. Demorar más, sin embargo, sería peligroso.*

*"En vista de la renuncia del Gabinete, hasta nuevo aviso, los Jefes de los diferentes Departamentos se dirigirán a mí para recibir instrucciones, incluso el Mayor General Alejandro Rodríguez, Jefe de la Guardia Rural, y demás fuerzas regulares del Gobierno, y el Tesorero de la República, general Carlos Roloff.*

*"Hasta nuevo aviso, los Gobernadores civiles y Alcaldes también se dirigirán a mí para recibir órdenes.*

*"Pido a todos los ciudadanos y residentes de Cuba que me apoyen en la obra de restablecer el orden, la tranquilidad y la confianza públicas..."*

\* \* \*

Estrada Palma, por medio de una comunicación oficial, entregó a la Intervención la suma de $ 13.625.539,65 que se hallaban en las arcas del Tesoro Nacional, rehusó el ofrecimiento americano de un buque de guerra para trasladarlo al lugar que quisiese, y a los 71 años, solo y casi abandonado por los que anteriormente le endiosaron, con lágrimas en los ojos, partió para Matanzas y de allí para una destartalada finca en la cual fabricó una pequeña casa de madera y tejas con el dinero que le había producido la venta de su antiguo hogar en Central Valley. Una vez relevado de sus obligaciones presidenciales, *Don Tomás* volvió a ser el austero patriota y honesto ciudadano de siempre y se dedicó al cultivo de la tierra, mientras su distinguida esposa e hijas se ocupaban de todos los menesteres domésticos porque carecían de criados. *Don Tomás* soportó estoicamente los insultos y las calumnias que le fueron dirigidos por aquellos miserables que siempre hacen leña del árbol caído. Todos los que le habían apoyado quisieron zafarse de las responsabilidades que les correspondían por la quiebra de la República y las amontonaron sobre el desdichado bayamés. Menocal lo acusó cruelmente de TRAIDOR, y Freyre de Andrade, el mismo que dirigiera el "Gabinete de Combate", afirmó ser inocente de lo que calificó como ACTIVIDADES INTERVENCIONISTAS DE ESTRADA PALMA... Solamente un puñado de fieles amigos se mantuvieron en contacto con él. Dentro de la soledad de su voluntario ostracismo se mantuvo silencioso hasta el día de su muerte, que ocurrió el día 4 de noviembre de 1908. La honestidad en el manejo de los fondos públicos que demostró *Don Tomás* no ha sido igualada después en Cuba, ni sus virtudes personales de frugalidad y sencillez hogareñas en Palacio han sido emuladas por ningún otro Presidente después. En la hora de su muerte todos, sin distinción de ideas o partidos políticos, rindieron tributo a uno de los grandes próceres de la gesta del 68. El más justo le fue ofrecido por el despilfarrador y deshonesto procónsul que lo sustituyó, Charles E. Magoon, y aparecía escrito en la cinta de la corona que envió a sus funerales: *"A la memoria de un hombre honrado..."*

\* \* \*

El balance de la Administración Estrada Palma habla muy en su favor, sin discusión alguna. En 1906 funcionaban 3.850 aulas de instrucción primaria con una matrícula de 189.000 alumnos y con cerca de 4.000 maestros, mientras que el número de soldados del Ejército no llegaba a las 3.000 plazas. Allí donde España había dedicado tan sólo $247.000,00 para instrucción pública, *Don Tomás* había apropiado el 25 % del presupuesto, $4.200.000,00 para el mismo capítulo de gastos gubernamentales. Las ciudades cambiaron su fisonomía de la noche a la mañana, los sistemas de transporte se modernizaron rápidamente, la población aumentó de manera notable y del déficit presupuestal de $7.000.000,00 en época de Wood, el Tesoro pasó a tener un superávit de más de $27.291.200,00 aún a pesar del consiguiente y progresivo aumento en los gastos de ésta.

\* \* \*

No es necesario que hagamos nosotros el panegírico de Tomás Estrada Palma, pues tanto sus distinguidos biógrafos como sobresalientes historiadores lo han hecho con magistral perfección en el pasado. Pero sí deseamos hacer resaltar que la brillantez de su patriotismo ejemplar se vio empañada por la tara de su conservadurismo y de su complejo ingerencista. Si algún grave defecto tuvo fue no ser un revolucionario integral como Martí y el carecer de fe en los valores cívicos de su Pueblo. Su contradicción era achacar la falta de madurez política en el cubano al carácter apasionado de éste sin darse cuenta que, él mismo, era el más destacado ejemplo de testarudez y apasionamiento. Dependió más en la fuerza que otros parecían brindarle —la Enmienda Platt y el Gabinete de Combate— que en sus propias convicciones y en la hora de enfrentar la violencia con la violencia se abroqueló en su orgullo —rayano en soberbia— y actuó como un maestro de escuela frente a discípulos malcriados y no como un estadista sobre cuyos hombros descansaba la República. En lo más recóndito de su ser albergaba un sentimiento ingerencista que le hacía creer preferible la dependencia de los Estados Unidos con beneficios económicos, a la independencia de todos, al riesgo de la pobreza. Creyó a pie juntillas en la inflexibilidad de su decoro y confundía las cuestiones morales con las sociales y pagó el precio de la catastrófica equivocación de considerar oneroso el discutir su autoridad con los alzados y no el rendirla al interventor extranjero. Existe en el Archivo Nacional un documento de absoluta legitimidad que explana sus puntos de vista a un anónimo amigo sobre el dilema que encaró y en el que expone su claudicante decisión: una carta de su puño y letra fechada en 10 de octubre de 1906. Aunque no estamos de acuerdo con sus razonamientos, nuestro deber democrático de revolucionarios nos obliga a sacarla de su oscuridad y abrirle las páginas de nuestra Historiología, para que en la lectura de sus líneas sea póstumamente el propio *Don Tomás* quien presente su auto-justificación a los cubanos:

*"Dicto estas líneas a impulso de un sentimiento que enaltece y hace feliz: el de la gratitud. En medio del desequilibrio social que impera en Cuba y del confuso ruido de hojarasca populachera, es grato y fortalecedor recibir el testimonio de aprobación y simpatía de parte de espíritus superiores, capaces de comprender los actos de abnegación y desinterés, inspirados por el más puro amor al país. En el cumplimiento de mis deberes públicos y privados, sobre todo en las ocasiones difíciles, nunca he esquivado las grandes responsabilidades que las circunstancias me imponían; las he asumido, sin titubear, con el valor y la resolución propios de una conciencia tranquila, ajena a todo interés personal y movido sólo por un patriotismo sensato, recto y verdadero. Quede para los que a sabiendas ocultan a sí mismos la realidad de las cosas la censurable tarea de gritar, en coro, con los inconscientes, haciendo alardes de jactanciosa patriotería. A mí me basta la convicción de haber salvado a mi tierra, tan querida, de una horrenda desmoralización, de haberla salvado de la anarquía y sus secuelas forzosas: la ruina y el pillaje.*

*"Desde los primeros días del movimiento insurreccional, tomé el pulso a la situación, y pude apreciarla con ánimo sereno. Vi enfrente a masas numerosas cansadas ya del orden y la legalidad a que parecían acomodadas durante los cuatro años de República; las vi, ávidas de licencia y correrías, unirse, en muchedumbre, al primer aventurero que las invitaba a seguirlo; por doquiera, simpatizadores con el desorden y alentadores de la perturbación; a la prensa, mañana y tarde y a toda hora, auxiliando, con cinismo sin igual, al laborantismo, plenamente organizado en favor de los rebeldes; me encontré, de súbito, en medio de una tremenda desorganización social, con millares de insurrectos en tres provincias y la amenaza de rebelión en otras dos, sin fuerzas regulares suficientes para emprender, sin descanso, una campaña activa contra los primeros, batirlos y desorganizarlos; al mismo tiempo que temía, a cada instante, que llevaran aquéllos a los grandes Centrales de Las Villas las medidas de destrucción realizadas ya en las estaciones de los ferrocarriles, en las locomotoras, puentes, alcantarillas, etc., veía reducidas a la mitad las rentas de Aduanas y a un 25 % los demás ingresos del Estado; los millones del Tesoro, gastándose a raudales con resultado incierto, o provecho muy dudoso; invirtiéndose una gran parte en sostener milicias improvisadas a la ventura, las cuales, por esta misma razón, no podían inspirar bastante confianza en el sentido, sobre todo, de afrontar los trabajos, las privaciones y peligros de una constante persecución contra los adversarios, cubanos también, y en gran número de casos, amigos y com-*

*pañeros. Entre tanto, como si fuera una consigna previamente acordada, resonaba en todas direcciones, día tras días, la amenazadora voz de "Paz a todo trance...", con tendencias de exigirla del Gobierno cualquiera que fuese la humillación a que éste se viera obligado a someterse y sin que nadie se detuviera a pensar sobre lo irrealizable, en la práctica, de las condiciones; ni siquiera darse cuenta de las funestas consecuencias para el porvenir. Siguiendo este orden de reflexiones, pudiera añadir otras circunstancias desfavorables, de intensa gravedad, sobre las cuales, sin embargo, debo guardar silencio por la naturaleza personal de las mismas.*

*"Ahora bien, la situación, en la esfera particular de los cubanos entre sí, presentaba el siguiente dilema: De un lado, la necesidad de vencer la insurrección por la fuerza de las armas; del otro, la de llegar a un pacto con los insurrectos.*

*"Fácil es de expresar el primer extremo en muy pocas palabras, pero su completa realización era asunto difícil, como se habrá podido juzgar por lo expuesto anteriormente. De todos modos, demandaba un plazo de algunos meses, gran derramamiento de sangre, pérdida de vidas, destrucción de propiedades y consumo de los millones destinados a obras de utilizad pública, dejando, a la postre, arraigados en el país los odios de la guerra civil, para retornar cada vez que se presentase oportunidad propicia. Mis humanos sentimientos de civilización cristiana, el apego que sentí a los ahorros acumulados en las Arcas del Tesoro, a fuerza de resistir la tendencia contraria de los impróvidos legisladores, y la imposibilidad de proteger, mientras durase la lucha armada, las vidas y haciendas cubanas y extranjeras, me hicieron desechar semejante extremo, sujeto, además, a que el Gobierno de Wáshington, que ya preparaba fuerzas al sur de los Estados Unidos, creyese, en un momento dado, que era tiempo de intervenir.*

*"La solución del pacto con los alzados en armas era la peor que pudiera pensarse. Aun suponiendo que los distintos jefes rebeldes y los directores e instigadores del movimiento llegaran a un acuerdo entre sí, y que se convinieran con el Gobierno las bases fundamentales para poner término a la contienda, los problemas secundarios que se originarían después serían tantos y tan difíciles de resolver, debilitada, si no perdida, la fuerza moral del Poder legítimo y sin otra autoridad que dirimiese las diferencias, serían tantos y tan difíciles de resolver, repito, esos problemas, que darían lugar a que el país se mantuviera muchos meses en medio de una constante agitación, de efectos tan perniciosos como los de la guerra misma. Desde el instante de tratar el Gobierno con los rebel-*

*des, se colocaba en una pendiente de concesiones interminables, iniciaba la era de sucesivas insurrecciones y hacía que viniese a descansar sobre la base deleznable la estabilidad de los Gobiernos futuros. Jamás podía yo consentir en ser cómplice de tan grandes males, a cambio de seguir ocupando la Presidencia de la República, desprestigiada, humillada por las imposiciones de la insurrección, y en condiciones imposibles de que yo pudiera prestar a mi patria, desde ese puesto, los servicios que mis nobles y desinteresadas aspiraciones hubieran deseado.*

*"No, de ninguna manera, ni el uno ni el otro extremo del dilema; ni contestar la guerra con la guerra, ni degradar mi autoridad de Jefe legítimo del Estado y mi decoro personal, sometiéndome a las exigencias de hombres armados, desprovistos de toda representación social, de principios e ideales, sirviendo de instrumento a unos cuantos ambiciosos sin entrañas, que tuvieron la habilidad bastante para quedarse a buen recaudo, mientras desataban contra la sociedad, inerme, esas masas inconscientes, prontas al pillaje y al desorden.*

*"Cuando vi que la insurrección tomaba proporciones serias, sentí mi alma herida de profundo desencanto, contemplando por tierra la obra paciente y gloriosa de cuatro años, y resolví, de una manera irrevocable, renunciar la Presidencia, abandonar por completo la vida pública y buscar en el seno de la familia un refugio seguro contra tantas decepciones. Pero antes de realizar este propósito, tan grato a mis deseos, era absolutamente necesario que hiciera el último sacrificio en aras de mi patria. No era posible que yo dejara el Gobierno en manos criminales, las de aquéllos que habían asestado el golpe fatal contra el crédito de la República y el nombre prestigioso del pueblo cubano. La conciencia de un deber superior, de esos que hacen manar sangre del corazón y arrastran consigo la impopularidad y el odio, me imponía, como única medida de salvación, la necesidad de poner en conocimiento del Gobierno de Wáshington la verdadera situación del país, y la falta de medios de mi Gobierno para dar protección a la propiedad, considerando que había llegado el caso de que los Estados Unidos hicieran uso del derecho que les otorgó la Enmienda Platt. Así lo hice, consultando a muy pocos, pues no era tiempo de exponerse a contradicciones, por buscar copartícipes en las responsabilidades, sino de asumir éstas con la firmeza y legítima convicción y el valor de que van siempre acompañados los actos que se inspiran en el más acendrado patriotismo.*

*"Si hice bien o no, el tiempo lo dirá. Por lo pronto, justifica mi actitud mi decreto del 17 de septiembre, que virtual-*

*mente puso fin a la guerra al mes justo de haber principiado, ahorrándose así mayor derramamiento de sangre y pérdida de vidas; la justifica, también, el hecho de estar ya desarmados los insurrectos, de regreso en sus casas, habiéndose restablecido la tranquilidad en todas partes, garantizada por la fuerza moral y material de la autoridad americana. De esta manera todo temor ha desaparecido, de emprender inmediatamente en los campos las ocupaciones ordinarias, y es de esperarse que, a virtud de la próxima zafra de azúcar y las siembras de tabaco, empiece el país, desde luego, a reponerse de la crisis económica. En cuanto al orden público, nada me atrevo a predecir, ni en lo que se refiere a los partidos, ni tocante al resultado probable de la Intervención.*

*"Ha sido siempre mi sentir desde que tomé parte activa en la guerra de los diez años, que no era el término final de nuestros nobles y patrióticas aspiraciones la independencia, sino el propósito firme de poseer un Gobierno estable, capaz de proteger vidas y haciendas y de garantizar el ejercicio de los derechos naturales y civiles de cuantos residieran en la Isla, ciudadanos y extranjeros, sin que la práctica de la libertad se convirtiera, nunca, en perniciosa licencia, en violenta agitación, y mucho menos, en perturbaciones armadas del orden público. Jamás he tenido empacho en afirmar, y no temo decirlo en alta voz, que es preferible cien veces para nuestra amada Cuba una dependencia política que nos asegure los dones fecundos de la libertad, antes que la República independiente y soberana, pero desacreditada y miserable por la acción funesta de periódicas guerras civiles."*

# CAPÍTULO II

## LA SEGUNDA INTERVENCION

### (1906-1909)

*Charles Edward Magoon. — La Comisión Consultiva, los Jefes de Despacho y los Supervisores Militares. Nueva Ley Electoral. — Versión de Roosevelt al Congreso americano. — El Partido Conservador. — Censo de 1907.*

Paralelamente al envío de esta carta por *Don Tomás* a quien resultó ser el Sr. Teodoro Pérez Tamayo, de Matanzas, el Partido Moderado cometió la estupidez de publicar un manifiesto en el que trataba de justificarse por la intervención provocada y en el mismo vertía agrios conceptos contra la Cancillería americana. Ésta, con todo derecho, publicó toda la documentación que hemos transcrito relativa al proceso ingerencista, y la cual, como hemos visto, la exoneraba de culpa y la hacía recaer sobre los cubanos, especialmente sobre *Don Tomás*. Inmediatamente el coronel Hevia aclaró las razones que lo habían obligado a presentar su renuncia y esto puso en mayor compromiso al Gobierno sustituido. Menocal se apareció con una carta pública en la que instaba a los Veteranos a que depuraran las responsabilidades de Estrada Palma, O'Farrill y demás consejeros so pena de ser todos *"culpables del delito de alta traición"*. El Partido Moderado fue engullido por el torbellino que creó con su manifiesto y se vio obligado a disolverse, dando con ello fin a su funesta actuación en el breve lapso que duró su vida política.

Taft asumió la Gobernación de la Isla con carácter estrictamente temporal, ya que sus aspiraciones estaban puestas en la Presidencia de los Estados Unidos. Mientras en Washington se barajaban nombres para sustituirlo, dispuso una amnistía general que incluyó a los acusados por el asalto al Cuartel de Guanabacoa y a los inculpados en las muertes de Illance y Villuendas. Los Liberales informaron a Taft la creación de una Comisión para tratar con él personalmente o con una que él designase los problemas de la paz. Lo primero que hicieron los comisionados Liberales y los de Taft fue dar carta de legitimidad a los caballos tomados, pedidos o robados durante la revuelta y adjudicarlos a quienes los tenían en su poder, pagando por ellos la República la suma de $296,508.84 más $44,080.55 por raciones presuntamente consumidas por los equinos, medida que produjo gran cantidad de riñas, juicios de reclamación y acusaciones de cuatrerismo. Algo que nos recuerda lo sucedido en las primeras semanas de 1959, cuando ocurrió lo mismo con los automóviles que las *milicias* habían hecho suyos pero que nadie pagó a sus dueños. La Secretaría de la Guerra de Washington finalmente nombró para sustituir a Taft a un personaje obeso y displicente que con anterioridad administraba las obras de excavación del Canal de Panamá y quien gozaba fama en los círculos gobernantes americanos *de saber tratar a los latinos* —el prototipo de los titulados *expertos en asuntos Latinoamericanos*—, cuyo nombre era Charles Edward Magoon y a quien cupo la triste gloria de cambiar el drama cubano en un sainete pornográfico.

Charles Edward Magoon —en palabras de sus biógrafos— procedía del Condado de Steele, estado de Minnesota, y después de concurrir a la Universidad de Nebraska se había recibido de abogado y establecido en la capital de ese Estado, Lincoln, donde había hecho fortuna en negocios de compraventa de terrenos. Lleno de aspiraciones políticas y con dinero en el banco, aceptó un oscuro puesto de asesor legal en una de las subdivisiones de la Secretaría de la Guerra en Washington, donde se destacó al hacer una reconciliación de las emergencias militares de los Estados Unidos en Cuba con los Códigos españoles en vigor en la Isla, cosa que llamó la favorable atención del entonces Secretario Elihu Root, quien le encargó la misma labor en relación con Filipinas. Magoon publicó un voluminoso libro titulado "Reporte sobre la ley del gobierno civil en territorio sujeto a la ocupación militar por las fuerzas armadas de los Estados Unidos", y como premio a este esfuerzo recibió el título de *experto en asuntos Latinoamericanos* y en consecuencia nombrado Gobernador de la Zona del Canal en 1905. Estaba listo para ser enviado a Filipinas cuando ocurrió la guerrita de agosto. Como el informe de Taft y Bacon a Roosevelt hablaba de que se imponían para Cuba reformas legales y la implantación de nuevas leyes electorales y municipales, Magoon lució a los ojos de la Casa Blanca como el hombre pintado para el puesto.

Si Magoon fue un terremoto de inmoralidades administrativas y, por tanto, merecedor de la invectiva de los historiadores cubanos, no es menos cierto que la culpa de su desgobierno recae, por igual, sobre Taft y sobre los politicastros cubanos que le brindaron cooperación. Este hecho último ha sido incomprensiblemente atenuado por ciertos distinguidos historiadores al relatar la obra nefasta de Magoon, pues Taft lo escogió personalmente y luego supervisó todos sus actos en tanto que los segundos fueron sus íntimos colaboradores y en ciertas ocasiones sus cómplices. En ningún momento de su mandato tuvo Magoon la libertad de acción que gozó Wood y siempre tuvo informado al State Department de su actuación en Cuba, cosa que está más que demostrada en sus "Annual Reports 1906-1909". La obra que se le encargó la cumplió a cabalidad, tanto en lo bueno como en lo malo, y no existe prueba que se enriqueció en el desempeño de su cargo, a pesar de lo cierto que fue que permitió el peculado, la botella y la alteración de precios en las obras públicas hasta extremos escandalosos. Lo desalentador en la actuación de Magoon fue la actitud indiferente de Roosevelt hacia ello, especialmente después de haber mostrado tanto interés por el bienestar de la República. La estrella de Magoon fue de extraordinaria fugacidad, pues una vez terminado su mandato en Cuba se sumió en el más profundo anonimato en la vida oficial de los Estados Unidos. No volvió a ocupar cargo alguno en el Gobierno, a causa, según aseguran sus apologistas, de su tremenda gordura y de la mala salud que ésta le acarreaba. Algo que nos hace recordar al general Shafter y a la ineptitud que se le cargó a su panza.

Los primeros decretos de Magoon fueron efectuados con el propósito de materializar las ideas de Taft, y paso previo a ello fue el coordinarse con el "Comité de Peticiones", creado por los liberales para asignarse los puestos que vacasen los moderados, en una franca demostración de su apetito presupuestal y de negación a los principios que alegaron como fundamentos de la rebelión. Ya Taft, antes de irse, había decretado la suspensión de pagos a los Congresistas de la serie no renovada; el no reconocimiento de los nuevos electos; la creación de tribunales especiales para juzgar a los miembros del "Ejército de Pacificación" americano y la exención de derechos que se importasen para éste. Esto último dio lugar al contrabando en gran escala y además se repitió la broma pesada de la intervención anterior, en que los soldados americanos pasaban a los incautos cubanos dinero confederado como si fuera moneda de curso legal en los Estados Unidos. No detallaremos la Administración Magoon cronológicamente, sino que la reseñaremos bajo los dos aspectos que tuvo y que dejaron profunda huella en la sociedad cubana: la corruptela político-económica y la legislación reformadora.

Para sustituir al Congreso fue creada la Comisión Consultiva, que se compuso de cubanos y americanos, y la cual, presidida por Enoch Crowder, contaba entre sus miembros a Blanton Winship, Otto Schoernrich, Alfredo Zayas, Juan Gualberto Gómez, Carrera Jústiz, Manuel M. Coronado, Erasmo Regüefeiros, García Kholy, Viondi, González Sarraín y Rafael Montoro. Esta mescolanza de interventores, liberales, conservadores y colonialistas redactó la Ley Electoral, la Ley Orgánica de las Provincias y Municipios, el Reglamento para las Secretarías de Despacho, la Ley del Servicio Civil, la Ley de Contabilidad Municipal, la Ley de las Fuerzas Armadas y la Ley Orgánica del Poder Judicial, las cuales, si no eran todo lo modernas que podían haber sido, por lo menos significaron un adelanto dentro de la estructura semicolonial en que se hallaba enmarcada la Isla. También se constituyó la Comisión Revisora del Código Penal, formada por Govín, González Lanuza y Desvernine; la Comisión Consultiva Agraria, presidida por Rafael Fernández de Castro, el autonomista cuyos *cinco mil jaruqueños* no llegaron a tirarle un gollejo a un voluntario, y la Junta Central Electoral, formada por Hernández Cartaya, Pelayo García, Averhoff, Bruzón y De la Guardia, que tuvo a su cargo la supervisión de las elecciones parciales y presidenciales de 1908.

La Intervención determinó el cese del Gabinete estradista, pero para no desarticular sus funciones optó por nombrar los Jefes de Despacho de aquél en lugar de los Secretarios, al tiempo que designaba Supervisores Militares para que *aconsejaran* a dichos bates emergentes secretariales. Así fue cómo Francisco Vildósola llegó a la Secretaría de Agricultura; Gabriel García Echarte, a la de Hacienda; Diego Lombillo, a la de Obras Públicas; Lincoln de Zayas, a la de Instrucción Pública; Manuel Sobrado, a la de Gobernación; Manuel Landa, a la de Justicia, y Justo García Vélez, a la de Estado. Mirando por encima del hombro de todos ellos se situaron el comandante J. D. Terrill, en Hacienda; el teniente-coronel William M. Black, en Obras Públicas; el teniente-coronel E. J. Greble, en Gobernación, y el coronel Enoch Crowder, en Justicia. El comandante J. R. Kean fue escogido para el Departamento de Sanidad, y el comandante H. J. Slocum fue situado como cancerbero en la Comandancia General de las Fuerzas Armadas. El general Fredich Funston, quien había peleado a las órdenes de Calixto García, fue relevado de la regencia de la Comisión de Paz y enviado de regreso al Norte, como consecuencia de las protestas surgidas del affaire del pago de los caballos tomados por los alzados liberales como botín de guerra. Las conversaciones entre el Comité Revolucionario y Magoon produjeron la reposición de 22 Alcaldes de los 32 destituidos por Freyre de Andrade. Fueron ellos los de Guane, San Juan y Martínez, Consolación del Sur, Guanajay, Güines, Aguacate, Alquízar, Guanabacoa, Camajuaní, Vueltas, Placetas, Yaguajay, Calabazar, Trinidad, Cienfuegos, Rodas, Lajas, Ranchuelo, Cruces, Palmira, Rancho Veloz y Sancti Spíritus. Con posterioridad la Intervención dispuso el cese de varios Ayuntamientos que no contaban con los suficientes ingresos para considerarse como tales e incorporó sus territorios a los Términos Municipales colindantes.

Los Gobernadores Provinciales fueron mantenidos en sus cargos hasta el 6 de abril de 1908, cuando fueron sustituidos por oficiales del Ejército de Pacificación, como garantía de imparcialidad en los comicios a celebrar. En esa fecha renunciaron 48 Consejeros Provinciales y 5 Gobernadores. El sexto, de Camagüey, se negó a hacerlo y fue expulsado de su cargo. Los Gobernadores electos en 1905 y sus reemplazos americanos fueron: Pinar del Río: Indalecio Sobrado (George W. Read); La Habana: general Emilio Núñez (Frederick S. Folts); Matanzas: coronel Domingo Lecuona (Edmund Wittenmeyer); Las Villas: general José B. Alemán (William D. Beach); Camagüey: coronel Manuel Silva (Wallis O. Clark), y Oriente: coronel Federico Pérez Carbó (Andrew J. Dougherty).

\* \* \*

La Ley Electoral que fue adoptada garantizaba la representación minoritaria y disponía que los trabajos de la elección se verificasen bajo la dirección de la Junta Electoral neutral, que tuviera a su servicio la Policía y a cuyo cargo corriese la inscripción, escrutinio y declaración del resultado de las elecciones. Facultaba a los Partidos a reorganizar sus Asambleas, previa la confección de los Registros Electorales por las Juntas Municipales, pero creaba un sistema de representación proporcional a través de una votación mixta que facilitaba el *relleno* de las boletas en los colegios y las *piñas* de candidatos para repartirse la votación. El *forro* electoral se inició en Cuba a partir del Censo de 1907 porque antes de esa época los registros de votantes se hacían en cada elección y a partir de 1908 se dispuso que los registros fueran permanentes, añadiéndose a ellos los individuos que alcanzaran edad electoral y restándoseles las pérdidas por muertes o inhabilitaciones, sistema que sirvió para la inscripción fraudulenta de millares

13

de votantes. Los males del proceso electoral que prostituyen a la Democracia Representativa —como sucedió casi siempre en Cuba— no los detallaremos en esta ocasión, sino más adelante, en su correspondiente lugar historiológico. Una cabal interpretación de la política cubana de aquellos tiempos es difícil de obtenerse en la Cuba de hoy bajo el comunismo, pero se puede uno hacer una idea más o menos gráfica de lo que sucedía leyendo estas líneas del "Annual Report 1906-1907", de Magoon, que traduciremos del inglés:

*"Los lazos de los partidos no ligan mucho a los individuos en Cuba. Pocas son las bases, si es que hay alguna, que envuelvan puntos esenciales de la política nacional, o verdaderas diferencias de principios políticos. El elector individual ofrece su fidelidad al Partido que en aquel momento satisface sus inclinaciones, y fácilmente se pasa de un partido a otro. Un individuo podía ser liberal un mes, moderado al siguiente, o viceversa, guiándose por la personalidad del candidato, o por los jefes locales que defienden su candidatura..."*

Básicamente nada importante ha variado este esquema desde entonces hasta nuestros días, según se puede hacer memoria de todas las elecciones efectuadas y del trasiego de candidatos y electores de un partido a otro y del Gobierno a la Oposición, o al revés, según el interés personal o político envuelto en la cuestión. O el dinero pagado o recibido por ello.

\* \* \*

En su mensaje anual al Congreso, el Presidente Roosevelt se refirió a Cuba con las siguientes palabras, que resumían lo acontecido y que advertían claramente a los cubanos lo que debían esperar de la Casa Blanca:

«*En agosto último estalló en Cuba una revolución, cuyo rápido desarrollo hubo de evidenciar la impotencia del Gobierno cubano existente para sofocarla. Este Gobierno recibió del de Cuba reiteradas peticiones para intervenir y finalmente fue notificado por el Presidente de Cuba de sus intenciones de dimitir; que ése su deseo era irrevocable; que ninguno de los demás funcionarios constitucionales se avenía a la continuación del Gobierno y que por su parte se consideraba impotente para mantener el orden.*

*"Era, pues, inminente una situación caótica y todas las probabilidades advertían que de no dar este Gobierno los pasos necesarios para restablecer el orden, los representantes de varias naciones europeas en la Isla tendrían que acudir a sus*

*Gobiernos respectivos para una intervención armada, con el objeto de amparar la vida y proteger las propiedades de sus ciudadanos. Gracias al estado de preparación en que se halla nuestra Marina, pude enviar inmediatamente barcos a Cuba, logrando evitar una situación sin esperanzas. Además hice ir allí al Secretario de la Guerra y al Subsecretario de Estado, a fin de que pudieran abordar la situación sobre el terreno. Todos los esfuerzos fallaron para obtener una inteligencia entre las facciones contendientes, por medio de la cual pudieran, entre ellos mismos, convenir, amigablemente, un «modus vivendi», estableciendo, de común acuerdo, un Gobierno Provisional.*

*"Finalmente el Presidente de la República renunció y faltó, por deliberado propósito de sus miembros, el quórum en el Congreso; de manera que, a la renuncia de aquél se carecía de una fuerza que le sustituyese, quedando el Gobierno paralizado. Con arreglo a la llamada «Enmienda Platt» que forma parte de la Constitución de Cuba, proclamé en el acto un Gobierno Provisional para la Isla, actuando, como Gobernador, el Secretario de la Guerra hasta tanto que, reemplazado por Mr. Magoon, ex-embajador en Panamá y ex-gobernador de la Zona del Canal en el Itsmo, le fueron enviadas tropas en su apoyo para sustituir las fuerzas de marines, habiéndose realizado las expediciones con eficacia y prontitud.*

*"Los jefes revolucionarios, inmediatamente, convinieron en que sus fuerzas depondrían las armas, disolviéndose; y ese convenio fue cumplido.*

*"El Gobierno Provisional ha continuado con el personal empleado por el anterior Gobierno y sus leyes, tanto cuanto ha sido posible y sin alteraciones y continuará administrando la Isla durante algunos meses, hasta que la tranquilidad se restablezca y una nueva elección se haga debidamente, y se inaugure un nuevo Gobierno. La paz restaurada en la Isla, el corte de la caña de azúcar, la gran cosecha cubana, está ya a punto de dar comienzo sin obstáculo.*

*"Cuando las elecciones se hayan llevado a cabo y el nuevo Gobierno esté inaugurado, ordenada y pacíficamente, entonces el Gobierno Provisional llegará a su término.*

*"Aprovecho esta oportunidad para decir, en nombre del pueblo americano, de la manera más solemne, que abrigamos la firme esperanza que el pueblo de Cuba habrá de realizar la imperiosa necesidad de mantener justicia y orden en la Isla. Los Estados Unidos nada desean de Cuba, excepto que prospere moral y materialmente, y nada desean tampoco de los cubanos, salvo que sean capaces de preservar el orden entre ellos mismos, a fin de mantener su independencia. Si las elec-*

*ciones se vuelven una farsa y el hábito insurreccional llegara
a apoderarse de la Isla, entonces queda fuera de toda duda
el que pueda continuar independiente, y los Estados Unidos,
que han aceptado ante el mundo civilizado la misión de ser
garantes de la carrera de Cuba como nación, tendrían que
intervenir otra vez y velar por que el Gobierno sea mantenido
de manera ordenada para afianzar la protección de vidas y
propiedades. La senda que tienen que atravesar los que ejerci-
tan el Gobierno propio es siempre ardua y nosotros debemos
ser tolerantes y pacientes con los cubanos, mientras tengan
que vencer este paso difícil. Yo les profeso y abrigo respecto
a ellos las más grandes simpatías, pero debo, encarecida y solemnemente, conjurarles a que pesen sus responsabilidades y
procuren inaugurar su nuevo Gobierno de manera que se des-
lice suavemente, libre de escandalosas negociaciones del derecho, de una parte, y de tumultos revolucionarios de otra..."*

El discurso de Roosevelt ante el Congreso y su promesa
de que la Intervención tendría su fin después de unas elecciones ordenadas pusieron en movimiento las ruedas de la
maquinaria política de liberales, moderados, independientes,
autonomistas y toda otra gama de colores de la fauna y flora
electoral. La pugna entre zayistas y miguelistas cobró nuevos
bríos y a ella se unió la campaña por el restablecimiento de
las peleas de gallos, con tanto ardor esta última que se hizo
cuestión de honor y base de la campaña presidencial. La pugna
intestina del liberalismo hizo concebir esperanzas a los disueltos moderados que se agruparon detrás de Enrique José
Varona, José A. González Lanuza y Rafael Montoro. Nombraron
presidente de la agrupación a Varona y secretario a Cosme
de la Torriente, pero como necesitaban de un caudillo se atra-
jeron al general Mario García Menocal. Las bases de este
nuevo partido político que se tituló *Conservador* —para oponerse al *Liberal*— fueron las siguientes: renovación del Tratado
de Reciprocidad entre Cuba y los Estados Unidos y aclaración
del artículo 3 de la Enmienda Platt; legislaciones provincial
y municipal descentralizadas; restricción de la inmunidad
parlamentaria; gobierno de seis años sin reelección inmediata; concurrencia de los Secretarios a las Cámaras, con
voto en ellas sólo cuando formaren parte del Cuerpo respec-
tivo; reorganización de las fuerzas públicas; fomento de la
inmigración y *cuestiones económicas, de aranceles y sociales...*
pero sin explicación de éstas ni consideración trascendental
ninguna acerca de ellas. A partir de aquel momento en que
el electorado se dividió en dos grandes corrientes sufragistas,
liberal y conservadora, el éxito de las campañas politiqueras

no se basó en cuestiones de principios, reformas socio-económicas o moralización administrativa, sino en los discursos rimbombantes, las citas a Martí, la mecánica de la coacción y el soborno y el conveniente ataque a la Enmienda Platt.

En la primavera de 1907 pasó Taft por La Habana, y después de imponerse de la situación, ordenó a Magoon la confección de un nuevo Censo, la celebración de elecciones municipales y provinciales en agosto de 1908 y las presidenciales en noviembre de ese mismo año. El Censo se efectuó de mayo a noviembre de 1907, bajo la dirección de Mr. Víctor M. Olmstead y la supervisión del general José J. Monteagudo, o séase con un año de antelación a las anunciadas elecciones municipales, provinciales y presidenciales.

La población total de Cuba era, en 30 de septiembre de 1907, de 2.048.980 habitantes. Había aumentado en 476.183 personas desde 1899, o sea un 30 %. La Habana era la provincia más poblada, con más de una cuarta parte de la población total de Cuba. La seguían Oriente y Las Villas, con casi igual población entre sí, y ocurría lo mismo con Matanzas y Pinar del Río, siendo Camagüey la más despoblada de todas. La población urbana sumaba 899.667 habitantes, o sea el 43'9 % de la población total. De los 2.048.980 habitantes que tenía Cuba en 1907, 1.074.822 eran varones y 974.098 eran hembras, y sus respectivos porcientos eran de 52'5 % y 47'5 %. El total de nacidos en Cuba ascendía a la cifra de 1.280.239, o sea un 88'8 % de la población total. La población blanca del país, incluyendo los nativos y los extranjeros, ascendía a 1.428.176 habitantes, o sea un 69'7 %, más de dos terceras partes de la población total, habiendo aumentado un 33'8 % desde 1899. La población de color, incluyendo negros, mestizos y amarillos, ascendía a 620.804, o sea un 30'3 %, un poco menos de la tercera parte de la población total, que había aumentado tan sólo un 19'3 % desde 1899.

El resumen del estado conyugal del pueblo cubano demostraba que el 66'8 % eran solteros; el 20'7 % eran casados; el 8,6 % eran *arrimados* y el 3,9 % eran viudos. La mayor proporción de legítimos matrimonios se hallaba entre el campesinado, y había una proporción de casados casi tres veces mayor entre todos los blancos que entre todos los de color, o sea el 40,3 % y el 15 %, respectivamente. Los *arrimados* se encontraban en mayor proporción entre los elementos de color que entre los blancos, o sea un 17'4 % contra un 4'8 %, una proporción tres o cuatro veces mayor de unos a otros. El número de niños ilegítimos en la población total ascendía a 257.888, o sea un 12'6 %, más o menos una octava parte de la población total. De ellos correspondían un 8'5 % a las zonas urbanas y un 13'8 % al campesinado. El número de niños ilegítimos entre los naturales blancos ascendía a 94.772, o sea un 7'7 % de ese elemento de la población. El número de estos niños entre los extranjeros blancos sólo llegaba a 341. El número de niños ilegítimos entre los elementos de color ascendía a 162.775, o sea un 22'2 % de toda la población de color. El número de niños ilegítimos entre el elemento de color era casi dos veces mayor que el que se encontró entre el elemento blanco.

Había un total de 3.898 presos en los 30 establecimientos penales de la República, o sea el 1'9 % por mil de habitantes. De ellos el 49'6 % eran blancos, el 49'7 % de color y el 0'7 % amarillos, o sea que la proporción de internados blancos era mucho menor que la proporción de blancos en relación a la población total y que la proporción de negros y mestizos sumadas, 20 % y 29'7 %, respectivamente, era mucho más grande comparativamente. En los 56 hospitales en existencia se albergaban 5.906 enfermos, de los cuales 1.783 eran locos de Mazorra. Todos sumaban la quinta parte del 1 % de la población. El promedio de vida de los cubanos era de 26 años. La enfermedad que lo mataba en un mayor porciento era la tuberculosis en sus diferentes formas.

El lado cultural de la población cubana, según el Censo de 1907, presentaba grandes adelantos en comparación a la Colonia. El número de maestros era de 3.649, de los cuales 2.437 eran blancos y solamente 217 de color, debido esto al atraso secular en que la Colonia había sumido a este sufrido sector de la población cubana que no había podido pasar los exámenes para obtener el *certificado* que los habilitaba provisionalmente como maestros de instrucción elemental. El número total de casas-escuelas era de 2.149 y el de aulas era de 3.666. El total de alumnos matriculados era de 122.214, lo que venía a ser el 4 % de la población y el 36 % del número de niños de edad escolar (6 a 18 años) con arreglo al censo escolar de 1906, que dio 336.524 de ellos. Del total de matriculados, 66.322 eran varones y 55.892 eran hembras, y según sus razas, 82.164 eran blancos y 40.050 de color, siendo la proporción entre las dos razas casi la misma en relación a la población total. El promedio de asistencia a clases era el 78 % de los matriculados, muy elevado, casi el doble que en 1899. Los niños de la raza de color en edad escolar concurrieron en un 32'3 % a las escuelas, en una sorprendente demostración de afán superativo de ese respetable núcleo de la población. En 1907, de los habitantes de 10 años de edad y mayores, que ascendían a 1.481.573, sabían leer 837.958, o sea un 56'6 % de esta clase de habitantes. Un 40'9 % de la población total sabía leer, y en 1899 dicha proporción era del 36 %. La mayoría de los electores estaban clasificados entre los analfabetos, rémora social que la Colonia había legado a la República. El censo económico de la población mostraba que en Cuba los habitantes de 10 años de edad y mayores ascendían a 1.481.573, de los cuales 772.502 se ganaban la vida y representaban un 52'1 % de la población total. Sólo una séptima parte de los que tenían de 10 a 14 años se ganaban la vida, proporción que ascendía a cerca de un 50 % en el grupo de 15 a 19 años. De 19 a 65, casi todos, o sea las tres cuartas partes, ejercían trabajos lucrativos. Las cifras correspondientes al grupo de profesiones más comunes y sus porcientos son como siguen: Industrias agrícola, pesquera y minera, 374.969 (48'5 %); Servicio doméstico y personal, 122.288 (16 %); Industrias fabriles y mecánicas, 126.021 (16'3 %); Comercio y transportes, 136.419 (17'6 %), y Profesionales, 12.805 (1'6 %). Del total de varones blancos, un 65'6 % ejercían trabajos lucrativos y el 63'7 % de los varones de color también se ganaban la vida. Pero solamente el 3'9 % de las hembras blancas trabajaban en la calle, comparadas al 15 % de las hembras de color que lo hacían. Las extranjeras blancas, casi todas gallegas, se ganaban la vida en una proporción del 14'7 % de su total, o sea cuatro veces más que las blancas nativas. Un 52'2 % de todos los varones que ejercían trabajos lucrativos eran agricultores, un 7'2 % eran comerciantes y un 6 % eran jornaleros. Un 31'8 % de las hembras que se ganaban la subsistencia eran criadas y un 32'7 % eran lavanderas. Entre los blancos nativos los agricultores y labradores representaban cerca de las tres quintas partes de los que se ganaban la subsistencia. Los comerciantes ocupaban el próximo puesto, pero su número era menos de la décima parte de los agricultores. Luego seguían los escribientes, copistas, jornaleros y tabaqueros. Entre los habitantes de color, los agricultores eran mayoría, como nueve vigésimas partes de los que se ganaban la vida. Después seguían los criados, que eran como una décima parte, y finalmente, los lavanderos y jornaleros.

La producción azucarera de 1907 fue de 1.427.673 toneladas largas, que al precio de 2,12 centavos libra importaron $ 71.315.212,00. El total de exportaciones sumó $ 116.592.648,00, y las importaciones alcanzaron $ 105.218.208,00, aproximadamente $ 57,00 las exportaciones y $ 51,00 las importaciones per cápita de la población total. Ese año se exportaron $ 12.500.000,00 en divisas, de los cuales $ 10.000.000,00 fueron a los Estados Unidos. Se importaron solamente $ 757.000,00 en divisas ese año, cosa que indicaba, en relación a la exportación

de ellas, una rápida amortización en las inversiones hechas
por el capital extranjero, americano principalmente.

\* \* \*

*La huelga de la moneda. — Los galleros. — Aborto
anti-imperialista. — Crucigrama de Partidos. — Las
parciales de 1908. — El Partido Liberal. — Elecciones
presidenciales. — Villanías de la Segunda Intervención. — Génesis del militarismo. — Constitución del
Congreso.*

La Administración Magoon tuvo que hacerle frente a una
serie de huelgas ocasionadas por la carestía de la vida generada por los altos ingresos que percibía el comercio y los
miserables jornales que se pagaban a los trabajadores. En
aquellos momentos circulaban en la Isla tres monedas distintas: el luis francés, el oro español y el dólar americano.
Los trabajadores eran pagados en moneda española, que se
encontraba a un valor más bajo que el dólar y por tanto
exigieron que se les pagase en esta última moneda, cosa que
en realidad equivalía a un aumento del 10 % en los salarios,
algo a que se negaron los patronos y que dio lugar a *la huelga
de la moneda,* que culminó con un triunfo laboral muy al
pesar de los patronos, que estaban acostumbrados a que las
autoridades coloniales españolas siempre se pusieran de su
parte. Animados por el triunfo obtenido por los tabaqueros,
se inició una reacción en cadena y sucesivamente fueron a
la huelga los ferrocarrileros, albañiles, carretoneros, mozos y
sirvientes, los cuales obtuvieron algunos triunfos mínimos y
algunas derrotas mínimas también, puesto que las demandas
que plantearon no eran de gran importancia. Ocurría también
que la disponibilidad de la fuerza de trabajo era tanta que
los rompe-huelgas se conseguían fácilmente y los paros du-
raban solamente unos días, resumiéndose luego las actividades laborales como si nada hubiese sucedido.

En enero de 1907 ocurrió un incidente singular, que envolvió a personajes que luego serían notables en los asuntos
públicos y cuyo origen fue raíz de posteriores acontecimientos
electorales. Durante un asalto que dio la policía a una valla
de gallos clandestina, en Marianao, fueron detenidos los generales José Miguel Gómez, *Pino* Guerra y José J. Monteagudo
y el coronel Carlos Mendieta. Como las peleas de gallos estaban
prohibidas y el populacho reclamaba su restablecimiento, la
natural viveza criolla dio al incidente carácter profético, ya

que los detenidos eran todos personajes cuyos nombres se barajaban para las próximas elecciones, por lo que de inmediato se dio por descontado que si los Liberales ganaban la Presidencia, las lidias de gallos serían autorizadas y de nuevo volverían a ser el deporte nacional. El periódico habanero "La Discusión", de tendencia conservadora, dio al incidente gallístico carácter de tragedia cívica, y a los $ 50,00 a que fueron multados sus protagonistas, categoría de vergüenza nacional, y ello costó a su Director, el ex-congresista Manuel M. Coronado, ser víctima de un atentado por parte de un desconocido miguelista que le partió la cara con una manopla. El que el Partido Liberal más tarde adoptara como emblema un gallo sobre un arado ratificó en la opinión popular las sospechas de los enemigos de las peleas de gallos y consiguió innumerables votos para los galleros liberales en las subsiguientes elecciones.

Ese mismo año, en septiembre, se produjo un alzamiento, que fue calificado por sus promotores como de anti-imperialista. Esto, como puede suponerse, no fue más que nominal, pero al mismo tiempo una curiosidad historiológica. Massó Parra, el traidor villareño, había retornado a Cuba virtud a las garantías que le ofreció Magoon, a pesar de que tanto Leonard Wood como Estrada Palma se habían negado a permitir su retorno de España. Tan pronto como puso planta en Cuba, Massó Parra se dio a la tarea de conspirar contra la Intervención y estableció contactos con los generales mambises Lara Miret y Juan Ducasse, así como con antiguos guerrilleros y miembros de su mercenaria brigada "Cuba Española", con el propósito, según declararon algunos encartados, "de incendiar cañas, destruir propiedades y matar americanos...", y según Massó Parra, "para librar su patria del yugo imperialista...". Fue condenado tan sólo a tres años de prisión. Lara Miret y Ducasse fueron absueltos.

La lucha por el control de las asambleas y por las nominaciones fue enconada en el liberalismo, puesto que los zayistas y los miguelistas aspiraban a llevarse la parte del león en la contienda electoral próxima. Los miguelistas tenían su más fuerte baluarte en Las Villas y su vehículo sufragista había sido el Republicano, partido que ahora trataban de revivir separándolo de la coalición que se había retraído frente al Moderado y perforando las filas de simpatizantes zayistas. Esto dio lugar a que se fomentaran aspiraciones en el general Eusebio Hernández y que, unido a sus parciales, creara dentro del liberalismo una fracción que se denominó Histórica, que dio apoyo a sus ilusiones presidenciales. A su vez, los zayistas se agruparon en una rama del liberalismo que se auto-nombró

*Tradicional.* Era el Liberal, sin duda alguna, un poderoso partido de raíz popular desde aquellos tiempos, tanto así que todavía era electoralmente fuerte en el momento de la huída del dictador Batista en 1959, con quien habían compartido criminales responsabilidades durante veinte años, durante los cuales, con nobles excepciones, se dedicó al trasiego politiquero, a la compra de votos, al reparto de prebendas y botellas y a conseguir indultos, algunos merecidos y otros infamantes.

El Partido Conservador Nacional formalizó sus cuadros y nombró Presidente de su Asamblea Nacional a Enrique José Varona y como jefes provinciales a Alfredo Porta, en Pinar del Río; a Diego Tamayo, en La Habana; a Domingo Lecuona, en Matanzas; al general Francisco Carrillo, en Las Villas; a Miguel Machado, en Camagüey, y a Manuel Fernández Guevara, en Oriente.

La Agrupación Nacional Independiente de García Kholy, Govin y Fortún se unió a los zayistas, en tanto que el Partido Republicano de La Habana, resucitado por Enrique Roig, Varona Suárez y Viondi, se fusionó con el Liberal Histórico de Eusebio Hernández. El Partido Liberal Camagüeyano de Lope Recio y Nicolás Guillén se bifurcó, pasando al Conservador Nacional el primero y al Liberal Tradicional el segundo. La Junta Patriótica de Cisneros Betancourt, Collazo y García Vélez se mantuvo afín al liberalismo, pero independiente de las facciones en pugna dentro de éste. El Partido Provincial-Gestor de Oriente, del general Portuondo y el coronel Céspedes, se pasó al liberalismo después de las parciales.

Otros partiditos que se inscribieron para las parciales fueron: Conjunción Patriótica Matancera, Partido Regionalista Vueltabajero, Legión Municipal de La Habana, Coalición Independiente de Guane, Independientes Baracoanos y, finalmente, dos agrupaciones que luego dejarían sangrientas huellas de su paso por la vida republicana: el Partido Obrero de Manzanillo —engendro del Comunista— y el Partido Independiente de Color, de Estenoz y Surín, que fue admitido con características racistas por el supervisor Crowder, quien le puso luz verde y otorgó derechos electorales a esta especie de *black power* cubano de aquella era.

El Conservador cerró sus filas con la incorporación oficial de los generales Menocal y Rabí, el coronel Torriente, el comandante Coyula y los doctores González Lanuza y Maza y Artola. La Ley Electoral por que se rigieron las parciales hizo elegibles, pero no votantes, a los extranjeros: no podían votar, pero sí ser elegidos. Era una reeditación del sofisma político de José Antonio Saco durante el reformismo y *el problema negro.* A partir de aquellas parciales la lucha electoral futura fue una que se disputó entre *generales y doctores,* cosa que inspiró a Carlos Loveira más tarde a escribir una satírica novela costumbrista con ese título.

Las elecciones parciales se celebraron ordenadamente el 1.º de agosto de 1908, y sus resultados demostraron que la división liberal favoreció enormemente al conservadorismo. Votaron en toda la República 269.132 electores: 157.900 Liberales (Históricos y Tradicionales), 107.751 Conservadores, y 3.481 Independientes. Los miguelistas controlaron la facción Histórica del Liberal después que Eusebio Hernández se pasó al zayismo por la promesa de su líder de llevarlo como candidato vicepresidencial en noviembre. Las alcaldías en disputa se dividieron así: 32 a Históricos; 17 a Tradicionales; 3 a ligas locales de estos dos grupos, y 30 a los Conservadores. Los 48 cargos de Consejeros Provinciales fueron ganados en esta proporción: 18 Históricos, 9 Tradicioales y 21 Conservadores. Los Históricos ganaron las Presidencias de los Consejos Provinciales de Pinar del Río, Matanzas, Camagüey y Oriente; los Tradicionales la de La Habana, y los Conservadores la de Las Villas. Los Gobernadores electos fueron: Pinar del Río, coronel Indalecio Sobrado (Conservador); La Habana, comandante Ernesto Asbert (Tradicional); Matanzas, coronel Domingo Lecuona (Conservador); Las Villas, general José L. Robau (Conservador); Camagüey, comandante Gustavo Caballero (Histrórico), y Oriente, Rafael Manduley (Histórico).

Los números probaron que los miguelistas y zayistas, ambos originalmente Liberales, superaron en todas las provincias la votación del Conservador, y lo mismo ocurrió en los Municipios. Examinemos solamente los resultados en los Gobiernos Provinciales y en la Alcaldía de La Habana:

En Pinar del Río los candidatos a Gobernador derrotados, zayista y miguelista, Llaneras y Díaz, sacaron 7.000 votos más, juntos, que el Conservador electo, Sobrado.

En La Habana el derrotado miguelista, Loynaz, y el electo zayista, Asbert, juntos sacaron 17.000 votos más que el derrotado Conservador, Núñez.

En Matanzas los derrotados miguelistas y zayistas, Montero y Cuéllar, sacaron juntos 4.000 votos más que el Conservador electo, Lecuona.

En Las Villas el miguelista y zayista derrotados, Machado y Guzmán, sacaron juntos 8.000 más que el Conservador electo, Robau.

En Camagüey el zayista derrotado, Guillén, y el miguelista electo, Caballero, sacaron juntos 2.000 votos más que el derrotado Conservador, Machado.

En Oriente el miguelista electo, Manduley, y el derrotado zayista, Galano, sacaron juntos 10.000 votos más que el derrotado Conservador, Guerra.

En la ciudad de La Habana los derrotados zayistas (Betancourt), miguelistas (Nodarse) y populares (O'Farrill), sacaron juntos 8.000 votos más que el electo Alcalde Conservador, Julio de Cárdenas.

La estadística hizo recapacitar a los Liberales y se unieron, mediante el sacrificio-renuncia de Eusebio Hernández a la aspiración presidencial, en el "Partido Liberal Fusionado", que ahora sería campo de batalla asambleario y crematístico de José Miguel Gómez y Alfredo Zayas por la postulación presidencial.

Los miguelistas se impusieron a los zayistas en razón de haber ganado más Gobernadores, Consejeros y Alcaldes que éstos y por haber perdido otras posiciones por muy pocos votos de diferencia. De acuerdo con la Ley Electoral de aquella época, para que un candidato presidencial triunfase necesitaba ganar dos provincias grandes de cualquiera de las tres: La Habana, Las Villas y Oriente, y una pequeña de las tres restantes: Pinar del Río, Matanzas y Camagüey. El balance post-electoral de las parciales demostró que la facción miguelista era la más poderosa dentro del liberalismo y por tanto fue escogido el ticket José Miguel Gómez-Alfredo Zayas para oponerlo al ya escogido por los Conservadores, formado por Mario García Menocal y Rafael Montoro. José Miguel condensó sus promesas electorales en una sola que, efectivamente, luego cumplió: *"El Ejecutivo, en ningún caso, ni con el falso pretexto del bien público, podría sustituirse, por medio de decretos, al Poder Legislativo, y si yo resultase electo, sus asambleas y el país podrían tener la seguridad de que el Ejecutivo habría de mantenerse dentro de los límites que la Constitución y las leyes han fijado a ese poder..."* Menocal hizo promesas de *gobernar con un alto espíritu de justicia...* y se declaró campeón de *la revisión constitucional y de la reciprocidad política y mercantil...*, ninguna de las cuales cosas hizo cuando le tocó la oportunidad de regir los destinos de Cuba. Mientras tenía lugar la campaña electoral fallecieron Estrada Palma y Bartolomé Massó, dejando al Marqués de Santa Lucía como único sobreviviente de los Presidentes de la República en Armas. Juan Bautista Spotorno vivía, pero como se había tramitado al colonialismo autonomista, el pueblo cubano lo había borrado de la lista de los próceres del 68. La fusión Liberal disgustó a Juan Gualberto Gómez, quien se retiró de la palestra política en espera de mejores tiempos. En los Estados

Unidos, William H. Taft fue electo Presidente por el Partido Republicano.

El día 14 de noviembre se celebraron las elecciones y en ellas triunfó rotundamente, en las seis provincias, la "Coalición Liberal", formada por el Liberal Histórico, el Liberal Tradicional, el Provincial-Gestor de Oriente, la Agrupación Nacional Independiente y la Junta Patriótica. El pacto celebrado entre los Históricos y los Tradicionales prohibía la reelección de José Miguel, maniobra encaminada a favorecer a Zayas. La campaña se significó por el fuerte ataque de los Veteranos, dirigidos por el Marqués y los generales Esquerra, Betancourt, De la Vega y Capote contra Rafael Montoro, por causa de la felicitación a Weyler que éste había firmado a nombre del autonomismo cuando la muerte de Maceo y por su servilismo a España durante la Guerra de Independencia. Los Independientes de Color fracasaron en su empeño de llevar candidaturas *de una sola pinta...* La Coalición Liberal obtuvo 201.199 votos contra 130.256 el Partido Conservador, obteniendo por tanto la totalidad de los 24 Senadores, así como 51 actas de Representantes. Los conservadores ganaron 32 escaños en la Cámara. La toma de posesión presidencial se fijó para el 28 de enero de 1909, aniversario del natalicio del Apóstol.

\* \* \*

En su mensaje-despedida al pueblo americano, el saliente Roosevelt no pudo dejar de referirse a Cuba diciendo:

*"En Cuba nuestra ocupación cesará dentro de dos meses, poco más o menos. Los cubanos han elegido ordenadamente sus propias autoridades gubernamentales y la Isla les será devuelta. Esta vez nuestra intervención ha durado poco más de dos años y Cuba ha florecido y prosperado bajo ella. Constituye nuestra más vehemente esperanza y nuestro único deseo, que el pueblo de dicha Isla se gobierne ahora a sí mismo con justicia, de manera que puedan ser garantizados la paz y el orden.*

*"A la obtención de ese resultado le ayudaremos de buena gana; pero yo solemnemente les conjuro a que recuerden la gran verdad de que la única manera que tiene un pueblo de evitar, permanentemente, el ser gobernado por extraños es demostrar que no sólo puede gobernarse a sí mismo, con sus propios elementos, sino que también lo lleva a la práctica."*

Se equivocaba de medio a medio el Presidente americano saliente cuando exclamaba que *Cuba había florecido y pros-*

*perado bajo la intervención...* Si era cierto que la República
había mejorado, esto se había hecho, sin duda alguna, *a pesar
de la Intervención.* Las medidas que ésta había tomado, decididamente beneficiosas, como fue el facilitar $ 5.000.000,00 a
los bancos, se hizo para financiar la zafra azucarera que surtía
al mercado americano el trust azucarero. Era una medida de
sensatez económica, pero al mismo tiempo defensiva de los
intereses capitalistas americanos invertidos en la Isla, que en
1909 sumaban $ 141.000.000,00, repartidos en la forma siguiente:
Ferrocarriles, 34 millones; azúcar y tabaco, 68 millones; bienes
raíces, 18 millones; bancos, 5 millones; compañías navieras,
1 millón y medio; hipotecas, 3 millones y medio, y diversos,
7 millones. La comparación que puede hacerse de estas inversiones con nuestro tiempo fue la realizada con Alemania
Occidental en el programa de reconstrucción a la derrota del
nazismo en 1945.

La Segunda Intervención fue pedida por los cubanos y
provocada por los cubanos y sus males fueron un merecido
castigo que tuvimos. No puede tratarse la Segunda Intervención dándole el mismo carácter ingerencista que tuvo la Primera, pero de ahí a que considerara Roosevelt y que aún se
considere por algunos que resultó beneficiosa para Cuba media
un abismo que se llamó Charles Edward Magoon, alias *el
office-boy de Frank Steinhart.* El progreso económico de Cuba
era inevitable, tanto por la inversión de capitales como por
la laboriosidad de su pueblo. El que Roosevelt se expresara en
esa forma equivocada acerca de la Segunda Intervención podemos achacarlo a una falta de información real por parte de
sus subordinados en el State Department. Esto nos es hoy muy
fácil de entender, pues sufrimos la dolorosa experiencia de
Bahía de Cochinos como consecuencia de falsas informaciones
acerca de la situación cubana ofrecidas por la C.I.A. y el State
Department al Presidente Kennedy. La atención que siempre
ha prestado la Casa Blanca a estos *americanos feos* del servicio diplomático en Hispanoamérica ha resultado contrapro-
ducente a las buenas intenciones del gran país norteño.

Don Tomás, dechado de virtudes y ejemplo de fatales errores, dejó en el Tesoro más de 13 millones de pesos de superávit,
en tanto que Magoon, carente de virtudes y pletórico de trampas, entregó a José Miguel Gómez un déficit de más de 9 millones de pesos que obligó a éste a tomar un empréstito que
el propio Magoon y Steinhart habían contratado de antemano
con la Casa Speyer, de la cual era Steinhart agente, a la vez
que Cónsul General de los Estados Unidos en Cuba. Ni siquiera
puede decirse que los despilfarros de la Administración Magoon
ayudaron a los Estados Unidos a crear amistades cubanas,

pues, por el contrario, lo que generaron fueron rencores y malos ejemplos. Leonard Wood fue malo, pero Magoon fue pésimo. Muy lejos estuvieron ambos de la honradez, integridad y hombría de bien que distinguieran a los generales John Brooke y Nelson Miles. Wood se asemejaba a un procónsul romano, pero Magoon era la imagen de un *gauletier* nazi. Quedó a Mr. González y a Enoch Crowder el ser efigies de un *enviado* soviético.

* * *

Magoon inició el sistema de prebendaje en Cuba fomentando la discordia entre los jefes del Partido Liberal por su reparto, algo que luego gravitó pesadamente sobre la vida política cubana. El peculado y la botella, así como la alteración de nóminas y la concesión de contratas sin previa subasta eran males coloniales y por tanto ninguna novedad en Cuba, pero en lugar de erradicarlos, como era su deber, la Segunda Intervención los yanquizó en una versión del *pork-barrel,* el *grease-thumb,* el *graft* y el *payola* originales de la politiquería en los Estados Unidos, que tan caramente pagan allí quienes son sorprendidos en tales infames trajines. En estas actividades en que descollaba Frank Steinhart, complicó a la Iglesia Católica americana. El único dinero que Magoon gastó apropiadamente fue el empleado en socorrer a los damnificados por el ciclón que azotó la Isla en 1906.

La compra de los bienes de la Iglesia Católica —maniobra politiquera efectuada en combinación con el Obispo Sbarreti para ganarle votos católicos a Taft— había sido rechazada por *Don Tomás,* a pesar del convenio existente entre el Obispo y Wood. Ya Cuba, desde 1861 a 1899, había pagado por alquileres de las propiedades confiscadas por los gobiernos liberales de la Península a la Iglesia más de veinte millones de pesos o sea infinitamente más de lo que valían todas las propiedades eclesiásticas en la Isla de un clero que, por su probada solidaridad con la barbarie colonial y odio a la Independencia, merecían haber sido confiscadas por la República inmediatamente de su nacimiento. El proceso de la indemnización fue largo y turbio pero al fin Magoon pagó a la Iglesia Católica la cantidad de $1,387,083.75 por las propiedades en litigio en La Habana y $360,900.00 por las de Santiago de Cuba, en agradecimiento de lo cual el Papa Pío X concedió a Magoon la Orden de San Gregorio el Magno.

El enjuague de la Havana Electric Railway Company tuvo un negro trasfondo entre Steinhart y los dignatarios de la Iglesia Católica americana. En 1901, un sindicato americano compró los tranvías y ferrocarriles suburbanos y recibió una concesión para modernizar las líneas y sustituir *las guaguas de caballos* por tranvías eléctricos, así como para extenderlas por los barrios habaneros. Esta corporación fue la primitiva Havana Electric Railway Company, que usó materiales americanos. En 1902, un grupo financiero cubano, en sociedad con capital inglés, bajo una concesión por decreto de Estrada Palma, comenzó la construcción de un sistema de alumbrado eléctrico y fuerza motriz, utilizando equipos europeos, haciendo la competencia a la Spanish-American Light & Power Company, una corporación americana que se había hecho cargo de todas las propiedades de las primitivas compañías de gas y electricidad, la cual quebró y fue absorbida por la nueva empresa, que, al refundirse con la vieja, empezó a funcionar con el nombre de "Compañía de Gas y Electricidad de La Habana". La reconstrucción y electrificación de las líneas del sistema de tranvías por la Havana Electric se llevó a cabo prontamente y con eficiencia, pero a medio camino, en 1906, empezó esta empresa a confrontar tremendas dificultades para conseguir equipos en los Estados Unidos y para lograr nuevas aportaciones de capital. Steinhart, desde su cargo consular, estaba al tanto de lo que sucedía y se dirigió a Boston a proponerle al Arzobispo Farley el negocio de que comprase un millón de dólares en bonos de una corporación formada por él, Steinhart, a $85.00 con el 5 %, con la garantía que les serían redimidos a $90.00 dentro de un año subsiguiente a la compra. El Arzobispo facilitó el millón de pesos y Steinhart obtuvo el control de la Havana Electric. Magoon adquirió 200 acciones de la nueva empresa que luego multiplicaron su valor. Steinhart devolvió *religiosamente* a la Iglesia de Boston el dinero facilitado por ésta y continuó sus maniobras bursátiles desde su cargo consular hasta lograr la consolidación —con la ayuda del trust de la Electric Bond & Share— de los tranvías con la luz y el gas, metafóricamente expresado, en lo que vino a ser la Havana Electric Railway, Light & Power Company, nomenclatura que, traducida al cubano, significó *Compañía anticubana de Electricidad* o *Pulpo Eléctrico,* de maldita recordación.

La sordidez de los contratos del alcantarillado de La Habana y para el abastecimiento de agua de la Capital sólo se compara con la de las obras de carreteras y caminos. El kilómetro de éstos que bajo Estrada Palma ascendió a $6,278.00, llegó a costar $18,345.00 bajo Magoon, sin que fuesen de la calidad exigida por la Administración del primero. Como si todas estas villanías de la Segunda Intervención no fueran suficientes, Magoon, tres días antes de su partida, acordó pagar a España la suma de $300,000.00 por conceptos de sobrantes de guerra propiedad de ésta, destinados a matar mambises, que habían quedado en las fortalezas al evacuar la Isla sus fuerzas. El sarcasmo llegaba al colmo cuando los cubanos tendrían que pagar a sus esclavizadores por instrumentos de guerra que se importaron con el fin de impedir que fueran libres. Se le pagó a España por algo que *Don Tomás* se negó de plano a considerar como deuda cubana. En síntesis, se ha calculado que la Administración Magoon costó a Cuba la friolera de 74 millones de pesos malbaratados en dos años. Y última, si no principalísima, de sus iniquidades fue la prodigalidad de sus indultos. Llegó a indultar a 1.140 criminales en dos años y pico, o sea un promedio de 46 mensuales, creando una práctica viciosa en la política del perdón que taró la legislación penal.

* * *

El 4 de abril de 1908 fue puesta en vigor, por el Decreto 365, la Ley Orgánica de las Fuerzas Armadas. El artículo 2 de la Ley decía: *"Las Fuerzas Armadas de la República constarán de: 1) el Ejército Permanente; 2) la Guardia Rural, y 3) la Milicia."* Estas breves líneas, sin importancia alguna para la generalidad de los cubanos y que ningún historiador ha categorizado, para nosotros son de capital importancia y de colosal trascendencia historiológica, puesto que este organismo republicano ha sido fundamental parte de los desequilibrios políticos que ha sufrido la República. El sentimiento civilista arraigado en la sociedad cubana la ha hecho mal interpretar sus obligaciones ciudadanas y mantenido en crasa ignorancia del proceso político-social de la institución armada y su repugnancia por las cuestiones electorales la han mantenido voluntariamente alejada de la palestra cívica, haciéndola, era tras era, víctima de la proclividad de militaristas y politiqueros. Siempre ha preferido la sociedad cubana cerrar los ojos al militarismo y a la politiquería que hurgar a fondo en esos tumores sociales sin temor a la podre y fetidez que con ello puedan promoverse. La cabal comprensión de los golpes militaristas y los carpetazos politiqueros se logra únicamente por medio de la investigación y el estudio de sus causas y sus efectos para luego hacerlos públicos y evitar su repetición futura. Jamás deben ser estos procesos ignorados; siempre deben trasladarse al pueblo, como enseñanzas, sus resultados funestos.

* * *

Al disolverse el Ejército Libertador y producirse la ocupación militar americana muchos miembros de aquél, previamente seleccionados, fueron ocupando el lugar de las tropas españolas que evacuaban el país, bajo las directas órdenes de los Gobernadores Militares americanos en cada provincia. Fueron siendo agrupados en dos cuerpos de seguridad, uno urbano y otro rural, organizados éstos según el criterio del Gobernador o las necesidades del servicio. A las fuerzas de seguridad que prestaban servicios en las poblaciones se les denominaba "Guardia Urbana" en la Capital y "Policía Municipal" en el resto de la Isla. A las fuerzas que prestaban servicios en los campos se les denominaba variadamente y sus servicios eran, en muchas ocasiones, pagados por los hacendados y ganaderos, en una especie de mesnada feudal que sustituyó a la Guardia Civil española, aunque conservó a muchos antiguos miembros de ésta. Pero a medida que la Intervención iba consolidándose, y que ocurrían brotes de bandolerismo, se fue organizando militarmente esta fuerza rural. El primer escuadrón de ella se fundó en Guantánamo, con el nombre de "Policía Rural". En Santiago de Cuba fue organizada una pequeña fuerza de 40 hombres que se denominó "Destacamento del Arsenal" oficialmente, pero que por causa de vestir uniformes americanos y ser sus instructores oficiales de ese ejército, vino a ser conocida como "Escolta del General Wood". En Manzanillo se organizó un pequeño grupo armado que se denominó primeramente "Cuerpo de Gendarmería Provincial", después "Policía Rural" y finalmente "Guardia Rural". En Holguín la fuerza se organizó, la mayor de todas, con 125 hombres; fue desde su inicio denominada "Guardia Rural".

A fines de 1898 se creó la Jefatura de la Guardia Rural de la Provincia de Oriente y a la vez el Distrito de Santiago de Cuba. Con el nombramiento de Jefe de Provincia quedaron a las órdenes de éste todos los demás jefes de mandos menores ya creados en la misma en distintos Términos Municipales, con el personal subalterno que cada uno de dichos mandos tenía a sus órdenes y se dividió la provincia en 4 Distritos, a saber: Santiago de Cuba, Guantánamo, Manzanillo y Holguín. El primer y segundo jefe de este cuerpo fueron los coroneles del Ejército Libertador Francisco de Paula Valiente y Juan Vaillant. El Jefe del Distrito fue el comandante del Ejército Libertador José Martínez Sallés. Sus uniformes eran una pintoresca mezcla del español y el americano.

A medida que se iba produciendo la evacuación española, de Este a Oeste de la Isla se fueron organizando las fuerzas rurales y urbanas. Camagüey fue la segunda provincia que se organizó, en enero de 1899. Su Guardia Rural fue puesta bajo el mando del coronel libertador Brulio Peña y se dividió en 4 mandos menores, o Zonas: Camagüey, La Trocha o Ciego de Ávila, Nuevitas y Santa Cruz del Sur. Las Villas organizó su Guardia Rural bajo la dirección del general libertador José Jesús Monteagudo, con la categoría éste de Jefe de la Provincia de Santa Clara. Esta tropa, desde su inicio, tuvo organización militar y se distinguió enormemente de las otras fuerzas provinciales por sus cuadros y disciplina. Se dividió en 4 Distritos, cuyos jefes fueron luego importantísimos en la vida política cubana y eran todos ellos generales del Ejército Libertador: Gerardo Machado, Higinio Esquerra, José Luis Robau y José González Planas, y tenían sus jefaturas, respectivamente, en Santa Clara, Cienfuegos, Sagua la Grande y Remedios. El Capitán del Puesto de Sagua la Grande era el coronel Carlos Mendieta. Hubo una reorganización del Cuerpo, bajo la protesta de Monteagudo, y a causa de ella desapareció el nombre de "Guardia Rural" y se adoptó el de Policía Rural.

La Habana, por sus especiales características de Capital de la Isla y centro de mayor población de ella, organizó primero una fuerza urbana procedente de las tropas libertadoras del coronel Raúl Arango y como Jefe de ella fue nombrado el Mayor General Mario García Menocal. Esta "Guardia Urbana" prestaba servicios de policía en los barrios de Arroyo Apolo, Arroyo Naranjo, Calvario, Luyanó y Jesús del Monte. Los 100 hombres de la fuerza original fueron aumentados en marzo de 1899: primeramente se formaron dos Escuadrones, que tuvieron 220 hombres más sus Oficiales; después de formaron otros dos, con 203 alistados más sus Oficiales. Estos Escuadrones prestaban servicios en la ciudad de La Habana con el nombre, ya expresado, de Guardia Urbana, y en los pueblos de Guanabacoa, Regla, Campo Florido y sus barrios rurales bajo el patronímico, también ya dicho, de Policía Rural. Además de Menocal, otros Jefes de la Policía Urbana que tuvieron gran resonancia en la vida republicana fueron: Rafael de Cárdenas, Armando Sánchez Agramonte, Manuel Piedra Martel, Armando de la Riva, Charles Aguirre y Julio Sanguily Echarte.

La Guardia Rural de La Habana y Pinar del Río fue fundada el día 11 de julio de 1899, componiéndose de un Jefe, el coronel libertador Martínez Amores; un Ayudante y 106 hombres. La última provincia en organizar su Guardia Rural fue Matanzas, el 1.º de enero de 1901, virtud a la resistencia que ofreció a Leonard Wood el Gobernador Militar de esa provincia, general James H. Wilson, quien era reacio a la creación de fuerzas armadas profesionales en un país que desconocía la democracia, porque temía que fueran semilla de futuras dictaduras militares. Es histórico que el general Wilson, al ser consultado por Wood acerca de la creación de la Guardia Rural en Matanzas, le contestó: *"Denme lo que piensan gastar en la Guardia Rural y yo lo emplearé en bueyes, aperos de labranza y reconstrucción de bohíos, y garantizo el orden en la Provincia a mi mando...*" Wilson, al ver que se estaba cubriendo el cupo de los 100 hombres del Cuerpo con Libertadores y con cubanos de cultura y dominio del inglés, dispuso que siquiera veinte de ellos fueran civiles pacíficos, blancos, negros y españoles.

Como ha podido apreciarse, no existía uniformidad en los Cuerpos de la Guardia Rural a causa de que en cada provincia existían Gobernadores Militares americanos y de ellos dependía el gobierno de las fuerzas, fundando cada uno las suyas en la forma que creyó más adecuada a las necesidades del territorio bajo su mando. No había equiparación ni en los grados ni en los sueldos. El 5 de abril de 1901 se publicó la Orden Militar 114, por la cual se dio a la Guardia Rural una organización más uniforme y completa que la que hasta entonces había tenido, bajo el nombre de "Reglamento para la Guardia Rural de la Isla de Cuba", el que además de tener Reglas para el funcionamiento de este Cuerpo contenía Tablas de Organización, por lo que dicha Orden Militar puede considerarse como los cimientos de la estructura de las Fuerzas Armadas de la República. Este Cuerpo quedaba a las órdenes del Gobernador Militar de Cuba y sus miembros estaban obligados a prestar servicios en cualquier parte de la Isla que se les destacase. Como "Jefe de la Guardia Rural de la Isla de Cuba" fue nombrado el general Alejandro Rodríguez, y como "Ayudante General, con el grado de Teniente Coronel", Emilio Avalos.

El Cuerpo de Artillería, ya existente, quedó bajo las órdenes de la Guardia Rural hasta que por el Decreto 45 de abril de 1903, Estrada Palma lo segregó de ésta, convirtiéndolo en su guardia personal, integrado por una Plana Mayor y seis Compañías, al mando del Teniente Coronel Rafael Rodríguez. El Decreto de 4 de abril de 1908 lo refundió en el Ejército Permanente, creado por ese mismo Decreto y que vino a ser el organismo armado más poderoso de todos, puesto que se componía de los siguientes elementos: un Cuartel General; una Brigada de Infantería; un Cuerpo de Artillería de Campaña; un Cuerpo de Artillería de Costa y un Cuerpo de Ametralladoras. La Guardia Rural quedaba en funciones de policía montada. La Milicia, cuerpo que se creaba virtud al mismo Decreto, se movilizaría a discreción del Gobierno en situaciones de emergencia, con cualidades para-militares. La Marina de Guerra en aquella época era un Cuerpo de policía marítima y como tal pertenecía a la Secretaría de Hacienda, adscrita dentro de ésta al Negociado de Guardacostas de la

Sección de Aduanas. Todas las organizaciones militares y navales tenían como superior jerárquico al Secretario de Gobernación. La Policía Urbana se sometía disciplinariamente a los Alcaldes. El Decreto de abril 4 de 1908 nombró para la jefatura del Ejército Permanente, con el grado de General, a Faustino *Pino* Guerra, líder de la revuelta contra Estrada Palma y de militancia zayista, a quien Magoon envió a los Estados Unidos a tomar un cursillo de artes militares en mayo de ese año. El 20 de enero de 1909, una semana antes de la toma de posesión de José Miguel Gómez, Magoon nombró Jefe de la Guardia Rural al general Monteagudo, antiguo Senador miguelista, en una maquiavélica jugada politiquero-militarista que luego tendría malas consecuencias.

* * *

La constitución del Senado y la Cámara se hizo normalmente, siendo la única excepción el hecho que siete Senadores debían seguir en funciones hasta 1910 y por lo tanto siete de los nuevos electos quedaron de suplentes hasta el vencimiento del término de aquéllos. El ingenio público los bautizó con el remoquete de *Senadores de reserva*. La transmisión de poderes se hizo con el consabido ritual de cortesías y discursos galantes. El juramento se efectuó ante el Tribunal Supremo, en el balcón del Palacio, a la vista del público congregado en la Plaza de Armas. Martín Morúa Delgado fue electo Presidente del Senado y Orestes Ferrara de la Cámara. Los miembros de más edad en dichos Cuerpos legisladores eran dos Presidentes de Cuba en Armas: Salvador Cisneros Betancourt, Marqués de Santa Lucía, en el Senado, y Juan Bautista Spotorno en la Cámara. En el reparto de las posiciones del Gabinete correspondieron a los zayistas las carteras de Estado —Justo García Vélez—; Agricultura, Comercio y Trabajo —Ortelio Foyo—; Obras Públicas —Benito Lagueruela—; e Instrucción Pública y Bellas Artes —Ramón Meza—. A los miguelistas tocaron Justicia —Luis O. Diviño—; Gobernación —Nicolás Alberdi—; Hacienda —M. Díaz de Villegas—; Sanidad y Beneficencia —Matías Duque—, y Presidencia —José L. Castellanos—. El mismo día de la toma de posesión del nuevo Presidente, Charles Edward Magoon partió de regreso a los Estados Unidos y al olvido.

CAPÍTULO III

## JOSE MIGUEL GOMEZ

### (1909-1913)

Tiburón. — *El caso Lavastida.* — *Inversiones extran-*
*jeras y adelanto económico.* — *La Ley Arteaga.* — *El*
*chauvinismo y los monopolios.* — *Los gastos secretos.*
*La Ley Morúa.* — *Los Independientes de Color.* — *Las*
*parciales de 1910.* — *La agitación Veteranista.* — *La*
*primera* Nota. — *Resultados.*

La era presidencial de José Miguel Gómez se inició tarada
por un decreto-remache de Magoon, similar al de Wood antes
de *Don Tomás,* por el cual se aceptaban como legítimos todos
los actos realizados por la Segunda Intervención y en el cual
se hacía una velada amenaza con la Enmienda Platt.

José Miguel —según lo demostró después— llevó consigo
a Palacio una obsesión: no terminar como *Don Tomás.* Es
decir, que ni le derrocarían ni acabaría sus días en la miseria.
Para ello comenzó por ampliar los créditos del Ejército y colocar en sus posiciones claves a quienes eran sus amigos,
pasando por alto la idea escalafonaria. Organizó la Escuela
de Aplicación de Caballería y la Escuela de Cadetes del Morro
y propuso una Ley, que el Congreso aprobó, convirtiendo el
Servicio de Guardacostas en Marina Nacional, a la cual dotó
de buques de guerra, siendo, en efecto, el creador de la Marina de Guerra cubana. Un año después de su toma de posesión, antes de las parciales de 1910, tiempo en que ya se
hallaba distanciado del Vicepresidente Zayas, el Jefe del Ejército Permanente, general *Pino* Guerra, fue víctima de un
atentado personal que le hirió gravemente, cuando una noche
salía del Palacio. Guerra acusó de inductor al general Monteagudo, Jefe de la Guardia Rural, pero sin consecuencias
judiciales algunas para éste. Por el contrario, fue nombrado

sucesor de Guerra cuando éste renunció su alto cargo castrense para irse de enviado especial diplomático al extranjero. De esta forma José Miguel aseguró el control de las Fuerzas Armadas y se guardó las espaldas de un posible cuartelazo zayista. La otra cuestión, la de asegurarse una vejez sin problemas monetarios la consideraremos más adelante.

José Miguel ideó un método original para comprometer a sus enemigos políticos cuando se presentaban a su Gobierno problemas de trascendencia: los llamaba a Palacio a conferenciar y a discutir las soluciones posibles. Si las cosas salían bien, el mérito era suyo, y si salían mal, la culpa era de todos. A pesar de su voracidad monetaria, siempre dejaba margen para amigos y opositores, y de ahí el lema que distinguió su Administración: *Tiburón se baña, pero salpica...* Este sistema le valió no tener complicaciones congresionales y el poder restaurar un número de Ayuntamientos que habían sido eliminados por Magoon. Sólo ejerció el veto cuatro veces: contra la creación del Consulado cubano en Shanghai; contra el reinicio del jai-alai; contra una amnistía para los condenados en la guerra racista y contra la Ley de Seguros de Accidentes del Trabajo. Los dos primeros fueron demagógicas medidas para disimular el monto de los atracos al Tesoro; las dos últimas demostraciones reaccionarias de su *liberalismo,* el cual, en verdad, para el Presidente no tenía significado filosófico, sino un concepto de populachería, juego de gallos, lotería y música de *La Chambelona.*

El tipo de justicia que aplicaba el *Tiburón* se comparaba al de Porfirio Díaz en México. Un ejemplo de ello lo tenemos en el caso del capitán Lavastida, a quien se aplicó en Placetas *la ley de fuga,* acusado de intentar alzarse contra el Gobierno en marzo de 1909. Al tiempo que los ejecutores de Lavastida eran exonerados de culpa, los acompañantes de aquél, ocho en total, fueron condenados a muerte por una Corte Marcial. Apelada la sentencia, la Audiencia de Santa Clara los declaró inocentes al considerar que no se habían alzado, sino *huído al monte por miedo a ser arrestados...* José Miguel se enfureció, y aunque aceptó el veredicto de la Audiencia, se aprovechó de que la Ley de Inamovilidad Judicial firmada por Magoon no entraba en vigor hasta el siguiente mes para cesantear a los Magistrados. Es decir, a todos los que votaron por la absolución, porque al que votó por imponerles una multa a los acusados no lo cesanteó: lo trasladó a Pinar del Río.

La Administración Gómez tuvo que concertar el empréstito de $ 16.000.000,00 con la Casa Speyer para cubrir el déficit dejado por Magoon, pero durante el cuatrienio de su Gobierno el país gozó de gran prosperidad. La inversión de capital extranjero continuó su ritmo ascendente, pues de 1909 a 1913 penetró la economía cubana en la siguiente forma: capital americano invertido en ferrocarriless, tranvías, plantas de alumbrado, ingenios, tierras, minas, etc., $ 35.000.000,00; capital francés invertido en instituciones bancarias, ingenios, etc., $ 12.500.000,00; capital inglés invertido en compañías telefónicas, ferrocarriles, obras de puertos, ingenios, etcétera, $ 60.400.000,00; capital alemán invertido en fábricas de jarcias, plantas eléctricas, etc., $ 4.500.000,00. El total de estas inversiones fue de $ 112.400.000,00.

La riqueza nacional aumentó su valor en más de $ 500.000.000,00, pues esta cifra se descomponía en las siguientes: $ 84.000.000,00 de aumento habido en fincas rústicas; $ 115.900.000,00 de aumento habido en fincas urbanas; $ 28.000.000,00 de aumento habido en urbanización de terrenos; $ 61.500.000,00 invertidos en construcciones en La Habana; $ 29.000.000,00 invertidos en obras públicas, y $ 19.500.00,00 invertidos en obras especiales. Existían ya 3.170.416 cabezas de ganado, pero no obstante ello se importaban anualmente un promedio de $ 5.000.000,00 en leche condensada, carne y grasas comestibles.

El monto de las zafras azucareras en el cuatrienio de 1909-1913 fue de 7.611.321 toneladas, a un precio promedio de 2'57 libra, que importaron $ 427.213.164,00. Las importaciones y exportaciones alcanzaron un promedio de $ 102.000.000,00, y el 70 % de ellas se efectuaba con los Estados Unidos.

A pesar de estas cifras, demostrativas del adelanto económico que tenía lugar en Cuba, las clases pobres se beneficiaron muy poco porque en esos cuatro años entraron en la Isla cerca de 140.000 inmigrantes que perjudicaron tremendamente las oportunidades de la clase laboral nativa al vender su fuerza de trabajo por jornales de miseria y porque no existían impuestos que gravasen las fantásticas utilidades que obtenían los inversionistas extranjeros que, naturalmente, las exportaban. Algo sí hizo José Miguel que abonó su crédito en las clases populares: votó un crédito de $ 150.000,00 para crear 150 nuevas aulas de instrucción primaria; decretó la creación de seis Granjas-Escuelas, una en cada provincia, y dispuso que el cierre de los establecimientos se hiciera a las seis de la tarde en lugar de a las nueve de la noche.

Desde el punto de vista social, la más trascendental Ley aprobada en tiempos de José Miguel Gómez fue la llamada LEY ARTEAGA, que prohibió el pago a los jornaleros con vales, chapas, fichas o medallas, disposición que por mucho tiempo después burlaron las compañías azucareras en contubernio con las autoridades. El Representante Arteaga también presentó un proyecto de ley que no fue aprobado y en cuyos dos primeros artículos se especificaba: *"Sólo los cubanos, por naturaleza o nacionalización, podrán obtener propiedades en Cuba"*, y *"Se suspenderán todas las transacciones o traspasos de dominio que se hayan iniciado para conceder derechos de propiedad a los extranjeros..."* Este disparatado proyecto de ley ha sido considerado como *nacionalista* por algunos escritores cubanos, cuando lo cierto es que arrancaba de una proyección *chauvinista*, o séase de un nacionalismo extremista, perjudicial al desarrollo económico y tendente a generalizar arbitrariamente en cuanto a la inversión de capitales extranjeros se refiere. Tan perjudicial es a un país subdesarrollado la inversión de capital extranjero con fines de explotación desmesurada, como lo es la idea de limitar insensatamente el derecho natural de las personas y las empresas a la propiedad y el comercio legítimos en todos los ámbitos del Orbe. Porque el nacionalismo genuino, en nuestro criterio, es aquél que no impide el desarrollo de la industria y el comercio, ni estanca la riqueza inversionista, ni favorece el robo con la excusa de la expropiación ilegal, sino el que alienta la iniciativa particular, facilita la asociación productiva del Estado con la empresa privada y sabiamente legisla para impedir que el inversionismo financiero llegue a convertirse en monopolio y para evitar que las inversiones foráneas se lleven del país la totalidad de sus utilidades sin que éstas se consideren como amortización del capital invertido más su rédito.

El no haberse aprobado una ley de tipo verdaderamente nacionalista en aquellos tiempos —siguiendo las ideas de Manuel Sanguily expresadas en el senado cuando Estrada Palma— dio oportunidad a que los *trusts* iniciaran el aprisionamiento en sus tentáculos de la economía cubana. El del azúcar, capitaneado por la Cuban American Sugar Company, en la zona de Chaparra, Oriente, del cual era Administrador General el capacitado general Menocal, controlaba el 70 % de la producción azucarera cubana, en tanto que la American Cigar Company y la Betlehem Steel Corporation dominaban, respectivamente, el 90 % de la exportación tabacalera y el 80 % de la extracción minera. La Compañía de Gas y Electricidad de La Habana contaba en 1912 con 21.664 consumidores, habiendo elevado ese año la cifra de sus ingresos en $ 600.000,00. La Havana Electric, los Ferrocarriles Unidos, el Ferrocarril de Cuba y la Havana Central señoreaban en el campo del transporte de pasajeros y carga.

La creación del Banco Territorial de Cuba no pasó de ser un intento estimable, puesto que sus operaciones fueron de extraordinaria pobreza en resultados, ya que al terminar el período miguelista los gravámenes sobre la propiedad urbana y rústica llegaban a la colosal suma de $ 453.445.232,00, de los cuales sólo fueron pagados la cantidad de $ 104.708.267,00. La concesión del Banco fue otorgada al fullero Miramón Juliach, quien más tarde en la República originó una quiebra bancaria y se fugó al extranjero enriquecido.

El promedio presupuestal, que en realidad no era otra cosa que un estimado de ingresos y gastos, fue durante el período miguelista de $ 35.000.000,00 lo primero y $ 32.000.000,00 lo segundo. Pero el aumento en ciertos renglones de los gastos indican claramente el inicio de la quiebra en los valores morales administrativos republicanos. Allí donde los gastos palaciegos de *Don Tomás* sumaron $ 62.390,00, bajo Gómez y sus salpicantes baños aumentaron a $ 148.120,00 en el año 1910-1911. Los epígrafes de ese total son elocuentes: la Secretaría de la Presidencia saltó de $ 11.950,00 bajo *Don Tomás*, a $ 56.700,00 bajo Gómez; los Gastos Varios, de $ 600,00 bajo el primero, a $ 15.000,00 bajo el segundo. Los gastos de atenciones domésticas de Estrada Palma fueron $ 7.740,00, pero José Miguel los dobló hasta $ 14.620,00. Dos capítulos de gastos que jamás aparecieron en las cuentas de Estrada Palma hicieron aparición, para luego quedarse en Palacio, en la libreta del caudillo villareño: los Gastos Secretos y los Gastos Imprevistos. En 1910 los primeros fueron de $ 12.000,00 y los segundos de $ 25.000,00. Estos últimos llegaron posteriormente a $ 105.000,00 y fueron consumidos ¡a los cinco meses de concedidos...! Al entregar la Presidencia a su sucesor, José Miguel dejó en el Tesoro solamente $ 3.500.000,00 en efectivo. El resto se componía de cuentas a cobrar a los Municipios por anticipos para obras que en muchos casos nunca llegaron a realizarse.

Las elecciones parciales estaban señaladas para 1910, pero antes de que se efectuaran el Congreso modificó la Ley Electoral de 1908 a los propósitos de señalar un mismo día, el 1.º de noviembre, para la celebración de elecciones parciales o generales. El Senador Morúa Delgado, de la raza negra, introdujo una enmienda a la Ley Electoral que rezaba: *"No se considerará en ningún caso como partido político o grupo independiente ninguna agrupación constituida por individuos de una sola raza o color, ni por individuos de una clase; con motivo del nacimiento, la riqueza o el título profesional..."* En defensa de su proyecto, el Senador Morúa expresó con profunda convicción este pensamiento, que puede, y debe, ser suscrito por todo cubano anti-racista: *"Creo perfectamente inconstitucional la agremiación política, la organización de cualquier partido, su existencia en nuestra República, siempre que ese partido tienda a agrupar a los individuos por motivos*

*de su raza, o de clase, siempre que esa clase no contenga en
sí los elementos étnicos todos de que se compone la sociedad
cubana...*" Después de debatida la Enmienda, pasó a la Cámara
redactada en la forma siguiente:

"*No se considerarán como partidos políticos o grupos independientes, a los efectos de esta Ley, a las agrupaciones
constituidas exclusivamente por individuos de una sola raza
o color, que persigan fines racistas...*"

Mientras se efectuaban los trámites congresionales de aprobación a la Ley Morúa, las Juntas Electorales demoraban la
inscripción como Partido de los Independientes de Color, en
espera de las disposiciones legales que aquélla determinara.
La impaciencia hizo presa de los Independientes de Color y
comenzaron a efectuar reuniones donde expresaron fuertes
conceptos de matiz racista. En abril de 1910 fueron detenidos
sus líderes y acusados de conspirar para la rebelión. Los más
fuertes ataques de los Independientes, sin embargo, no fueron
dirigidos a los blancos ni al Gobierno, sino al Senador Morúa
Delgado, a pesar de que otros encumbrados personajes de su
raza, como Juan Gualberto Gómez, el general Cabreco, el general Sánchez Figueras y el comandante Campos Marquetti
estaban igualmente opuestos a los partidos racistas. Morúa
Delgado falleció cuatro días antes que su Enmienda fuese
aprobada por la Cámara y que ésta fuese parte del artículo 17
de la Ley Electoral. Los líderes racistas Estenoz, Pinto, Cal-
derón, Peruyero, Ivonet y Sierra fueron libertados bajo fianzas que prestaron por ellos, entre otros, Aurelio Hevia, Cosme
de la Torriente, Eduardo Dolz y Manuel M. Coronado, todos
ellos del Partido Conservador y de la raza blanca. Una vez
aprobada la Ley Morúa, las Juntas Electorales tacharon a los
Independientes de Color y les excluyeron del proceso electoral
que se avecinaba, acusándolos de propiciar la creación de una
*República Negra*. La Audiencia absolvió a los procesados, en
diciembre de 1910, habiéndolos defendido brillantemente el
general Freyre de Andrade, Conservador y belicoso mentor
del Gabinete de Combate, quien después de electo Representante en las parciales, inició sin éxito una fuerte gestión para
que la Cámara derogara el artículo 17 de la Ley Electoral en
la parte que contenía la Enmienda conocida como LEY MORÚA.
Los Independientes de Color tenían como emblema un caballo
negro cerrero encabritado, como símbolo de que a ellos *no
había quien los montase...*
Entre muchos más, se inscribieron dos piquetes políticos en
las Juntas Electorales que se destacaron por lo desusado de

sus emblemas: la Agrupación Independiente Popular, que tenía la imagen de Cristo crucificado, y la Agrupación Nacional Independiente, del general Emilio Núñez, que tenía a *Liborio* recostado en una palma real.

Las parciales se efectuaron sin contratiempos notables y en ellas Conservadores y Liberales juntaron sus intereses locales para repartirse las actas, cosa que provocó las renuncias del Presidente y Vice del Partido Conservador, Enrique José Varona y José A. González Lanuza. El Liberal obtuvo la mayoría de los sufragios, designando 23 Representantes, 12 Consejeros Provinciales, 53 Alcaldes y 436 Concejales. El Conservador eligió 18 Representantes, 12 Consejeros Provinciales, 33 Alcaldes y 326 Concejales. Las fuerzas electorales quedaron definitivamente agrupadas en dos grandes partidos: el Liberal y el Conservador, acaudillados, respectivamente, por los generales José Miguel Gómez y Mario García Menocal, y sublidereados por los doctores Alfredo Zayas y Rafael Montoro. En sus respectivas órbitas girarían todos los satélites del sistema del forro, el crimen político y el asalto a los colegios electorales. *Generales* y *Doctores* se complotarían, era tras era, para chantagearse mutuamente y para corromper la moral sufragista cubana. Los militaristas agazapados medrarían con el impúdico ejemplo de los politiqueros, prestos a inclinar la balanza del Poder hacia el mejor postor.

En el otoño de 1911 comenzó una agitación del sector Veteranista que por poco provoca una revuelta armada contra el Gobierno y que dio oportunidad al State Department a chasquear su látigo plattista sobre Cuba. El general Emilio Núñez, a nombre del Consejo Nacional de Veteranos, hizo circular una proclama en la que, después de analizar todo el proceso independentista, finalizaba con estos dos siguientes párrafos que se explican por sí solos y que dieron a la campaña un sesgo de cruzada contra *guerrilleros y traidores*. Las reclamaciones del Veteranismo eran del todo justas y morales, pero tropezaban con una dificultad insalvable: eran anticonstitucionales gracias a la Enmienda Platt. Decían los párrafos:

*"Nada pedimos para los Veteranos, aunque la miseria les hiera muchos hogares, sólo queremos que a los desleales sustituyan en los cargos públicos los cubanos que amaron a Cuba y los que no deshonraron su existencia; todos los cubanos menos los que combatieron contra Cuba. Queremos, porque Cuba lo necesita más que ningún otro pueblo, que aquí siempre se execre la traición y se aprecie el patriotismo. Para los cargos de la República ya no deben confundirse los traidores*

*con los patriotas. El que igualar pretenda a los demás cubanos*
*al guerrillero vil, tiene la conciencia de un guerrillero.*
*"Que los traidores aren en paz la tierra que sembraron*
*de buenos cubanos, pero que jamás usurpen ni profanen los*
*cargos de la República que tanto odiaron los espías, los movi-*
*lizados, los guerrilleros, los que profanaron el cadáver de An-*
*tonio Maceo y destrozaron la juvenil cabeza de Panchito*
*Gómez, siniestros malvados cuya aparición en nuestros cam-*
*pos era para la familia cubana la señal terrible del incendio,*
*la bestialidad y la matanza, a cuyo furor brutal rodaban las*
*ancianas cabezas y eran ahogados los sollozos de las madres*
*y los gritos de la inmaculada inocencia..."*

La respuesta patriótica no se hizo esperar. La masa respondió a la inflamada arenga del General Núñez sin detenerse a pensar en qué interés político podía ocultarse tras aquella noble causa perdida que se presentaba en una forma que excluia del proceso a los autonomistas que estaban incluidos en el Partido Conservador y en la nómina del Gobierno. Emilio Núñez era un patriota probado y con un expediente libertador inmaculado, pero actuaba en este asunto con visos demagógicos indicativos de una pretensión de actualizarse en la contienda electoral, ya que había sido derrotado en sus aspiraciones a la Gobernación de la Provincia de La Habana y valiéndose del Centro de Veteranos como vehículo apropiado. La apelación sentimentaloide y las fieras descargas verborreicas frenetizaron a la masa veteranista al extremo que se propuso ahorcar a los que no renunciasen o a los jueces que los amparasen en su derecho a no hacerlo. La prensa se hizo eco de las amenazas de revuelta y pronto los caldeados ánimos mambises estuvieron dispuestos a echar mano al machete y tirar al monte. José Miguel se dio cuenta del lazo que los Conservadores le echaban y decidió hacer el juego a la agitación veteranista, pero astutamente utilizándola a su favor. Llamó a Palacio a los representantes del Veteranismo y les participó sus simpatías por ellos, pero manifestándoles la imposibilidad en que se encontraba de resolver la cuestión por causa de la Ley del Servicio Civil que garantizaba la inamovilidad burocrática. Pero si el Congreso la anulaba, él daría su sanción y procedería a la limpieza de la nómina gubernamental. Freyre de Andrade presentó una moción a esos efectos y la Cámara decretó la suspensión, por 18 meses, de la inamovilidad burocrática. Esto era beneficioso a los caciques electorales, pues se aprovecharían de ella para nutrir con sus parciales las nóminas.

Que los móviles detrás de la agitación Veteranista eran

politiqueros y no patrióticos lo indican perfectamente el análisis de la cuestión y las cláusulas de los acuerdos que se tomaron con el Gobierno. La mayoría de los altos oficiales libertadores gozaban de holgada y merecida posición económica, tanto dentro como fuera del Gobierno, y en nada les beneficiaría la depuración que se planeaba llevar a cabo. Los Veteranos de humilde origen que podían ser beneficiados por ésta, no contaban con la cultura suficiente para sustituir a los colaboracionistas en altas posiciones que fueran cesanteados. Al mismo tiempo, no convenía al Gobierno dejar fuera de la nómina a sus más oscuros servidores, lanzándolos a la miseria y echándolos en brazos de la oposición Conservadora, a la cual, en definitiva, sólo interesaba crear un estado de agitación política que perjudicase las oportunidades de un triunfo gubernamental en las próximas elecciones presidenciales. El acuerdo tomado por Núñez y sus seguidores con el Gobierno dispuso que la depuración recayese *"En aquellos funcionarios que tomaron las armas contra la causa de la Independencia de Cuba en cualquiera de las guerras separatistas y que no hayan sido rehabilitados al amparo de las leyes de la Revolución..."*; pero se excluía *"a los empleados públicos de la clase de obreros y jornaleros..."*, y también *"a los empleados del Ejecutivo Nacional cuyo sueldo no exceda de mil pesos anuales en La Habana y seiscientos en provincias..."* Es decir, que se aplicarían sanciones contra los agazapados en altos puestos que hubieran sido activos guerrilleros —que serían muy pocos— y se les tiraba la toalla a los que, habiéndolo sido —que eran muchos—, eran solamente basureros, peones camineros, jornaleros de pico y pala, limpiadores de fosas mauras y letrinas, etc., cargos todos que hubiera sido un vergonzante insulto ofrecerlos a los Libertadores desocupados. La causal *"haber tomado armas"* eliminaba convenientemente de la degollina a los autonomistas que eran figuras del Gobierno, como el Secretario de Hacienda, Martínez Ortiz, que había sido candidato a Representante por Santa Clara por el colonialismo en 1898, y a los muchos de ellos que figuraban en el Partido Conservador, encabezados por Montoro, en la eventualidad que llegasen a ser Gobierno.

Una vez echada a rodar, la bola de nieve de la agitación se agigantó y amenazaba aplastar tanto al Gobierno como a la Oposición, ya que en varias poblaciones los crédulos y enardecidos Veteranos y simpatizantes habían sacado por la fuerza de sus cargos oficiales a muchos funcionarios y empleados. En Guane, Pinar del Río, una comisión armada impidió al Juez Eduardo de la Vega, antiguo oficial de Voluntarios, ejercer sus funciones. El Secretario de Justicia, Barraqué, quiso hacer prevalecer y amparar al Juez, pero se desató contra él tal campaña contraria que se vio obligado a renunciar, acto que imitó el Juez De la Vega. A esta turbulencia se sumó la que armaron los Independientes de Color —que contaban con muchos mambises negros—, aprovechando la cuestión y echando en ella su cuarto a espadas mediante la exigencia de la mitad de las posiciones que vacaran para sus militantes. Metidos en aquel atolladero que ellos mismos habían creado irresponsablemente, gobernantes y oposicionistas, iban, al parecer, a ser víctimas de los odios que generaron. Pero un ancla de salvación les fue echada por el Secretario Knox en forma de una *Nota* —la primera de una larga cadena de ellas— entregada al Presidente Gómez por el Ministro de los Estados Unidos en Cuba, Mr. Beaupre, que decía así:

*"La situación que, según noticias recibidas, existe en Cuba, causa grave preocupación al Gobierno de los Estados Unidos.*

*"Que las leyes dictadas con el fin de asegurar las instituciones republicanas deberán cumplirse y no escarnecerse es, a todas luces, esencial en el mantenimiento de la legalidad, del orden y estabilidad tan indispensables a la vida nacional de la República de Cuba, en cuyo bienestar sin interrupción los Estados Unidos siempre han demostrado —y no pueden evadir— un interés vital.*

*"El Presidente de los Estados Unidos espera, por tanto, que el Presidente y Gobierno de Cuba eviten una situación amenazante que obligará al Gobierno de los Estados Unidos a pensar, muy a pesar suyo, en las medidas que debieran tomarse en cumplimiento de las obligaciones que le imponen sus relaciones con Cuba..."*

La Nota tuvo la facultad de ponerles las carnes de gallina tanto a Liberales como a Conservadores, y el general Núñez se vio de pronto atacado por tirios y troyanos y acusado de provocador por su bravata de anunciar, en su carácter de Presidente del Consejo de Veteranos, *que en caso de Intervención éstos pelearían hasta la muerte contra ella...* Durante dos noches seguidas, las del 17 y 18 de febrero de 1912, las luces de Palacio estuvieron encendidas hasta altas horas, mientras los creadores de aquel rollo le buscaban una salida airosa al entuerto. La prensa de la época relacionaba los siguientes conferenciantes del Palacio: el Presidente Gómez; el Vicepresidente Zayas; el Jefe del Ejército, Monteagudo; el Segundo Jefe, Pablo Mendieta; los Secretarios Machado, de Gobernación; Sanguily, de Estado; Duque, de Sanidad; Martínez Ortiz, de Hacienda; Del Junco, de Agricultura; Juan M.

Menocal, de Justicia; Babé, de Obras Públicas; García Kholy, de Instrucción Pública, y Ramírez, de la Presidencia; el Presidente del Senado, Gonzalo Pérez; el de la Cámara, Ferrara; el general Eusebio Hernández; el Presidente del Partido Conservador, Varona, y los miembros de ese partido Coyula, Lanuza y el Director de "La Discusión", Coronado, y los dirigentes veteranistas Núñez, Alfonso, Aranda y Gálvez. El globo de la agitación veteranista se desinfló después de la reunión. El epílogo de la algarada iniciada por el general Núñez contra *guerrilleros y traidores* fue el que sigue:

Se dio por terminada la cruzada veteranista y así se notificó oficialmente a los Consejos Locales por el Consejo Nacional; se publicó en "La Discusión" un largo mamotreto que explicaba que se daba fin a la campaña *para no dar justificación a ninguna intervención en nuestros asuntos internos por parte de la nación americana*...; se celebró en Camagüey una Asamblea Magna de Veteranos, en la que se decidió enviar una Comisión a los Estados Unidos *a explicar a la prensa y al pueblo de aquel país, así como a su gobierno, la verdad de la marcha política y administrativa de la República*...; apoyar en las elecciones generales *a los candidatos de un no discutido patriotismo*... y dejar constituido el Consejo Supremo de Veteranos, presidido por Salvador Cisneros Betancourt y teniendo como primer vicepresidente al general Mario García Menocal.

Por su parte, José Miguel resolvió su problema con la cooperación del Tribunal Supremo, que, ante un recurso de apelación, decretó inconstitucional la ley que suspendía la inamovilidad burocrática, basándose su fallo en el artículo 4 del Apéndice Constitucional, o Enmienda Platt, que rezaba: *"Que todos los actos de los Estados Unidos en Cuba, durante la ocupación militar de la misma, se ratifican y revalidan, y que todos los derechos legítimos por la misma adquiridos serán conservados y protegidos"*, y en el artículo 11 de la Constitución que preceptuaba: *"Todos los cubanos son iguales ante la ley. La República no reconoce fueros ni privilegios personales..."*

La raíz de esta interpretación había que buscarla no en los artículos citados, sino en la Orden Militar 97 de 10 de abril de 1902, por medio de la cual el procónsul Wood había medido por el mismo rasero a toda la sociedad cubana y equiparado con los mambises, laborantes y emigrados a los guerrilleros, voluntarios, integristas y autonomistas porque en ella, después de conceder indultos parciales a los sentenciados a las penas de cadena perpetua o temporal, presidio o prisión mayor, etc., ratificaba la Orden Militar de 23 de marzo de 1899 que amnistió a los criminales de guerra españoles porque limpiaba las culpas *"por hechos que hubieren sido cometidos por fuerzas o individuos en operaciones o en servicios militares durante la pasada guerra, y a favor de los individuos constituidos en autoridad civil por las órdenes o disposiciones que hubieren dictado o actos que hubieren llevado a cabo para suprimir o alentar la Revolución..."*. El insulto estaba flagrante en el considerar iguales en culpabilidad criminal a los que hubieren *suprimido* como a los que hubieren *alentado* la Revolución, porque lo que se debió haber hecho es haber declarado punibles los actos de los tiranos contra el pueblo y lícitos los de los patriotas contra España.

Pero como que había que salvar la cara —muy dura por cierto en algunos de los regañados por Knox— se hizo que renunciaran los Secretarios de la Presidencia y Obras Públicas, Dámaso Pasalodos y Joaquín Chalons, quienes como miembros que habían sido del ejército español, sirvieron de carneros de sacrificio junto con el Director de la Beneficencia, Sánchez del Portal. El resto de la morondanga colonialista continuó imperturbada el disfrute presupuestal de una República que habían combatido, mientras que los más necesitados de sus fundadores seguían en la indigencia. Y los más encumbrados de ellos, en los distintos Gobiernos, doblaban el testuz bovinamente a las Notas amenazantes con la aplicación de la Enmienda Platt.

\* \* \*

*La guerra de razas. — La tercera intervención. — La leyenda y la verdad sobre José Miguel Gómez. — Pugnas internas del Partido Liberal. — La maquinaria política. — Las elecciones presidenciales de 1912.*

La sublevación de los Independientes de Color, conocida impropiamente como *la guerra de razas,* fue una rebelión sectaria motivada por la ignorancia, la desesperación y el odio descontrolados después que se trató de utilizar esa organización racista, irresponsablemente, con fines electorales por blancos y negros, por igual, tanto Liberales como Conservadores. Ya se vio, en una página anterior, cómo estos últimos les brindaron su ayuda financiera y sus conocimientos legales para favorecerlos en la hora de su prisión y ganárselos frente a José Miguel. Existen testimonios bastantes en el Archivo Nacional para de ellos concluir que José Miguel, siguiendo su sistema favorito de crear problemas para luego solucionarlos y aparecer luego como el salvador del país y distraer la opinión publica de los *chivos* palaciegos, intentó utilizar los Independientes de Color pero no pudo hacer lo mismo que con la campaña veteranista, y el río racial se salió de madre porque sus líderes fueron criminalmente estúpidos o estúpidamente criminales.

Una vez puestos en libertad, los dirigentes racistas continuaron sus esfuerzos —con la ayuda en la Cámara de Freyre de Andrade— por lograr la abrogación de la Ley Morúa. Como su organización era ilegal se veían en grandes dificultades para celebrar reuniones, ya que las autoridades los detenían frecuentemente. Al principio casi todos creyeron en Cuba que se disolverían e integrarían en los partidos mayoritarios y de ahí que los dirigentes de éstos los entretuvieran con largas y promesas, tratándolos como a niños sin realizar que todos eran hombres y muy peligrosos por cierto. La agitación veteranista coincidió con las actividades de los Independientes de Color, y como en el seno de éstos había gran cantidad de mambises, hubo una mescolanza de las dos actividades que nadie sabía, a ciencia cierta, dónde una empezaba y dónde la otra terminaba. Tomando ventaja de esta situación, los Independientes de Color se ramificaron por toda la Isla, aunque más extensamente en Oriente, donde contaban con su más fuerte baluarte.

José Miguel Gómez —al igual que Gerardo Machado, Fulgencio Batista y Fidel Castro— se hacía pasar por un gran protector y benefactor de la raza negra con el malsano propósito de usar la parte más vulnerable de sus miembros para combatir a sus enemigos —blancos y negros por igual— pero sintiendo en el fondo de su ser, todos ellos, el más absoluto desprecio por ese sector de la población, cosa que fehacientemente han demostrado los hechos porque criminalmente concitaron contra la raza negra el odio de gran parte de sus opositores sin haberle dado otra cosa que promesas incumplidas, aguardiente, congas y terribles castigos a aquellos de sus héroes que gallardamente se les opusieron cual nuevos Maceos, Moncadas, Banderas, etc.

Los estenocistas eran hombres muy pobres todos y, sin embargo, sus jefes viajaban confortablemente de un lado al otro de Cuba y efectuaban gastos imposibles a su personal fortuna, al menos que contaran con caudales procedentes de alguna fuente de trasfondo electoral. Llegaron a visitar, en Comisión, al Presidente Gómez para quejarse ante él de la persecución a que los tenía sometidos el Secretario de Gobernación, general Machado, quien después de la visita renunció y fue sustituido por el coronel Federico Laredo Brú. Fue voz popular el que José Miguel les había prometido el resolverles el problema con Machado y les había expresado su repugnancia por la Ley Morúa. Los Conservadores acusaban al Presidente de instigar una sedición racial para luego resolverla y hacer creer después al pueblo indispensable su reelección. Pero, por otra parte, los Independientes de Color, o estenocistas, insultaban a los legisladores que demoraban la discusión de la Ley Freyre que les beneficiaba y que los Conservadores secretamente patrocinaban. No porque la creyeran justa o porque fueren racistas sino porque ponía en grave dilema a José Miguel. Los estenocistas contaban con la dirección politiquera de Eugenio Lacoste, una mezcla de santón, cacique local y abogado de manigua, quien era lisiado y se movía en una silla de ruedas.

Precisar exactamente el móvil del estallido de la rebeldía racista no ha podido hacerlo nadie, pero sucedió el 20 de mayo de 1912. Unos dicen que lo produjo la dilación en el debate del proyecto de Freyre de Andrade que abrogaba la Ley Morúa; otros aseguran que detrás de ello estaba el intento reeleccionista de José Miguel; no faltan los que establecen que los Independientes de Color deseaban provocar la intervención americana en contubernio con los Conservadores, y muchos dan por cierto que Lacoste había insuflado a los infelices negros que lo veneraban con una especie de dervishismo sudanés. El Gobierno fue indudablemente sorprendido, pues no había movilizado fuerzas con antelación suficiente para hacer abortar la rebelión. No dio importancia al movimiento racista, pues ni siquiera suspendió las garantías constitucionales. Las tropas que envió a Oriente no se dieron a una ofensiva en masa, ni los alzados cometieron las temidas tropelías, ni en los territorios por ellos ocupados se reportaron casos de rapiña ni violaciones de blancas. Los desmanes que se cometieron fueron la obra de bandoleros y asesinos, tanto insurrectos como gobiernistas, en determinadas zonas orientales. Pero apenas había transcurrido una semana de aquella insurrección sin aparentes graves consecuencias, cuando el Ministro Beaupre entregó al Ministro de Estado Sanguily la siguiente Nota:

*"Tengo el honor de participar a S. E. que he recibido un telegrama de mi Gobierno informándome que, como medida precautoria, se ha decidido enviar un cañonero a la bahía de Nipe, y reunir una fuerza naval en Key West en anticipación de posibles eventualidades. Se me ordena que participe a S. E. que en caso de que el Gobierno de S. E. no pueda o deje de proteger la vida y haciendas de los ciudadanos americanos, mi Gobierno, siguiendo la conducta de siempre para tales casos, desembarcará fuerzas para prestar la protección necesaria. Mi Gobierno añade explícitamente que esto no debe considerarse como intervención..."*

La Nota hizo variar totalmente el sesgo de las operaciones militares contra los alzados. El general Monteagudo se hizo cargo directo de las fuerzas en campaña, amenazando con degradar a los Generales y Coroneles si no actuaban como cabos y sargentos y volcando sobre las zonas rebeldes todo el poderío de la Guardia Rural y del Ejército Permanente. La actuación del Gobierno frente al alzamiento fue explicada en una respuesta a Taft, firmada por José Miguel, pero redactada por Manuel Sanguily, que era en realidad una digna protesta a la Nota ingerencista:

*"Me comunica el Secretario de Estado que ha recibido una Nota del Sr. Ministro de los Estados Unidos en esta ciudad, participándole que el Gobierno que usted preside ha ordenado el envío de un cañonero a la bahía de Nipe y la concentración de una fuerza naval en Cayo Hueso, en anticipación de posibles eventualidades; así como, en el evento de inhabilidad o fracaso de este Gobierno para proteger la vida y la propiedad de ciudadanos americanos, desembarcarán en el territorio cubano fuerzas de los Estados Unidos para la necesaria protección de aquéllos, añadiendo que estas medidas no deben ser consideradas específicamente como una intervención, pero como en realidad no parecen otra cosa, y el desenvolvimiento natural de los sucesos, una vez desembarcadas esas tropas extranjeras, acentuarían aquel carácter, es mi deber advertir a usted que una resolución de esta especie tan grave, alarma y lastima el sentimiento de un pueblo, amante y celoso de su independencia, sobre todo cuando ni tales medidas se deciden por previo acuerdo entre ambos Gobiernos, lo que coloca al de Cuba en humillante inferioridad por el olvido de sus derechos nacionales, acarreándole el consiguiente descrédito dentro y fuera del país; ni tampoco se justifica la acción del Gobierno americano; ni él mismo ni ningún otro en circunstancias análogas hubiera desplegado, como lo ha hecho el de Cuba, tan extraordinaria actividad en la movilización y en las operaciones, siendo como es evidente que en sólo cuatro días ha acumulado más de tres mil hombres de fuerzas regulares sobre los alzados, enviándolas desde Occidente a Oriente por tierra y por mar, y que en tan corto tiempo ha limpiado toda la Isla, con excepción de un limitado territorio oriental, de partidas armadas, al extremo de no existir ya ninguna que haga frente ni en Pinar del Río, ni en esta provincia, ni en Santa Clara, donde aparecieron desde el día 19 del corriente algunas de ellas que fueron castigadas y desbandadas; y cuando, por otra parte, ha levantado el espíritu público, ha repartido para la defensa de fincas y poblados más de nueve mil rifles con*

*su correspondiente dotación de pertrechos y se prepara a inundar de patriotas combatientes y de soldados la relativamente estrecha zona a que se ha reducido a los alzados, siendo realmente asombroso el hecho de que, hasta el presente, ningún ingenio ha suspendido sus trabajos.*

*"Acudo, pues, a usted, amigo leal de Cuba y respetuoso de sus derechos, para que con razón serena y elevación de ánimo aprecie los datos expuestos, seguros de que abrigará la convicción de que este Gobierno es muy capaz y suficiente, apoyado en el valor y el patriotismo de su pueblo, de aniquilar a unos cuantos desgraciados sin razón y sin bandera.*

*"Si usted aprecia debidamente estos hechos, se apresurará sin duda a reconocer que no es un Gobierno amigo quien, acaso por prevención injustificada, debe precipitarse en contribuir al desprestigio de mi Gobierno y de un pueblo como los de Cuba, colocados, es cierto, en condiciones difíciles, aunque no superiores a sus medios, su patriotismo y su corazón..."*

La digna respuesta exageraba un poco la realidad de la acción gubernamental en aquellos momentos, pero su tono de herida vergüenza obligó a Taft a dar a José Miguel una respuesta conciliadora en la que explicaba que la orden de enviar buques a Cuba era tan sólo *"para prestar apoyo y auxilio moral al Gobierno cubano y desligada de toda cuestión de intervención...",* confirmándose con lo ocurrido el viejo axioma de que para que se nos respete tenemos que empezar por darnos a respetar. Cuando todo parecía que iba a tener un final sin consecuencias, los sublevados incendiaron el pueblo de La Maya y cometieron una serie de villanías tales que contra ellos se concitó el furor ciudadano en toda Cuba. Se inició una revancha de blancos contra negros en la que muchos de éstos fueron linchados y en la que prestigiosos oficiales libertadores, Generales y Coroneles, sufrieron la humillación de ser arrestados aun cuando eran opuestos a la rebelión. Desechando lo expresado en su carta, el Presidente Taft ordenó el desembarco de tropas yanquis en Daiquirí, Oriente, en una abierta violación del territorio cubano y de la propia Enmienda Platt, pero equivalía de hecho a la Tercera Intervención americana en Cuba. Ante aquella situación, el general Monteagudo hizo saber al Jefe de la Base Naval Americana de Guantánamo que no podía permitir el desembarco de sus tropas sin órdenes afirmativas del Gobierno cubano y telegrafió al Presidente Gómez pidiéndole instrucciones. José Miguel se fue por la tangente y contestó a Monteagudo lo siguiente:

*"Puede usted consentir que desembarquen tropas america-
nas para que protejan propiedades extranjeras. Inmediatamente que fuerzas americanas ocupen una propiedad, retire usted
de ellas la fuerza cubana, que dedicará a perseguir a los alzados, cesando toda responsabilidad del Gobierno cubano..."*

El conocimiento del desembarco americano, unido a las
tropelías cometidas en La Maya y a las burlas que sufría la
población blanca por parte de negros maliciosos e ignorantes,
exacerbó los ánimos en ésta de tal manera contra los alzados
—y de rebote contra la raza de color—, que se desencadenó
una furiosa represión contra aquéllos, que fueron perseguidos
y diezmados inmisericordemente y sus cadáveres abandonados
en las encrucijadas y las serventías en un ejemplo salvaje de
terror vengativo. Un teniente de la Guardia Rural, de la raza
negra, Arsenio Ortiz, creó un grupo móvil de soldados de su
raza para acosar a los alzados en la zona de Holguín y al
final de su campaña llevó para Santiago de Cuba, como macabro trofeo de sus felonías, un canasto lleno de orejas cortadas a sus víctimas. Les fue aplicada la Ley de Fuga a los
*generales* Evaristo Estenoz y Pedro Ivonet y al *coronel* Ramón
Miranda, quien había asaltado el cuartel de Guanabacoa y
asesinado a sus Guardias Rurales en tiempos de *Don Tomás*.
Lacoste fue capturado vivo y llevado prisionero a Santiago de
Cuba. Menocal, oportunísticamente, ofreció al Gobierno 3.000
hombres del Partido Conservador pidiendo armamentos y carta
blanca para actuar contra los alzados, pero *Tiburón* declinó
la oferta por temor a que aquél fuese a salirle, después de
tener 3.000 hombres sobre las armas, la criada respondona.
En dos meses terminó la insensata y criminal insurrección que
dejó un balance de una docena de militares muertos y más
de tres mil personas de color, rebeldes y pacíficos, entre muertos en combate o asesinados. Gregorio Surín, titulado *general*
estenocista, milagrosamente salvó la vida cuando cayó en manos de Arsenio Ortiz. Las tropas intervencionistas, ante el vacío que le prodigaban los cubanos, optaron por retirarse del
territorio oriental que ocupaban. El sangriento epílogo de la
guerra de razas eliminó los problemas raciales y no dejó ningún saldo de rencores, sino que tendió sobre tal infortunada
sublevación un manto de piadoso olvido. Hasta que ahora,
cincuenta años después, Fidel Castro ha revivido los odios de
raza entre cubanos.

A José Miguel Gómez se le ha presentado, generalmente,
como el prototipo *criollo*, o cubano típico, por su carácter
campechano, incapaz de odiar, pródigo en hacer favores y afecto a sus apodos de *Bacuino* y *Tiburón*. Sus caricaturas en "La

Política Cómica", lo presentan rodeado de chivos y botellas, siempre sonriente y jocoso. Las anécdotas que de él se cuentan son todas de sabor picaresco, siempre en lo político, pues no hubo nada, jamás, que empañase en lo más mínimo la santidad de su hogar, que era un modelo de virtud doméstica señoreado por la grande y noble dama que era su distinguida y caritativa esposa, América Arias. Estas virtudes humanas de José Miguel, unidas a su magnífico record militar en la Guerra de Independencia, a las órdenes directas de Máximo Gómez, contribuyeron a su leyenda, pero lo separan de la realidad de su proceder político de acuerdo con los anales históricos.

Él fue quien inició en la República el sistema de enriquecimiento personal a costa del Tesoro Público y durante su período el *chivo* fue rampante: el cambio de los terrenos del Arsenal por los de Villanueva; el dragado de los puertos; la creación de la Lotería y el restablecimiento de las peleas de gallos; el acueducto de Cienfuegos y el contrabando de ganado para sus fincas. Complicitó en sus *jugadas* a los Congresistas, propiciándoles los Gastos de Representación, que les representaban más de $ 1.500,00 mensuales sobre los $ 300,00 que tenían asignados como sueldo. Dejó la Presidencia —según las crónicas de prensa— con una fortuna calculada en $ 8.000.000,00, maravilla de ahorro sobre un sueldo de $ 25.000,00 anuales que cobraba. Se le ha acusado de *bañarse* y *salpicar* a sus cofrades en la compra de los buques para la Marina de Guerra; el empréstito gestionado por Steinhart; el dragado de los puertos; el ferrocarril de Júcaro a Morón; el monopolio de colecturías de billetes de la Lotería; la compra de materiales de guerra; el Banco Territorial; la concesión a la Cuban Telephone Company; el puente de *Pote,* en La Habana, y en la concesión garrafal de indultos.

El canje Arsenal-Villanueva provocó una riña a puñetazos entre los Representantes liberales coronel Severo Moleón y general Silverio Sánchez Figueras, en la que llevó la peor parte el segundo, quien había roto la consigna de aprobarlo y se había opuesto a ello. Después ambos Representantes sostuvieron un duelo irregular, a tiros, y Sánchez Figueras mató a Moleón mientras que, gravemente herido por éste, gritaba: "¡Yo como plomo...!". El atraco de la Cuban Ports Company comenzó con Gómez y terminó con Menocal. El primero concedió la contrata del dragado a un americano que respondía al largo nombre de Tillinghast L'Hommedieu Huston, quien, a su vez, subcontrató con Michael J. Dady, Snare & Triest, McArthur, Perks & Company y la Bowers Southern Dredging Company. El Trust Company of Cuba se encargó de financiar el sucio negocio, siendo su Administrador General Mr. Norman H. Davis, antiguo socio de Huston. Los consejeros legales de la operación eran Orestes Ferrara, Presidente de la Cámara; González Lanuza, Representante conservador que había aconsejado a Magoon el pago de los bienes de la Iglesia Católica, y Carlos Miguel de Céspedes, a quien se consideraba como el *cerebro* del affaire y quien aparecía como Administrador General de la Cuban Ports Company.

El Gobierno americano protestó, a instancias de los inversionistas ingleses en Cuba, y José Miguel decretó la modificación del contrato original y disponiendo que el Gobierno cubano podía llegar a un arreglo comprando las obligaciones pendientes de la Cuban Ports Company, a un precio que debían señalar tres tasadores: uno nombrado por Cuba, otro por la Cuban Ports y un tercero por los Estados Unidos. El remate se efectuó durante el mando de Menocal —como habremos de ver— y nuevas lascas se le sacaron al chivo. *Tilly* Huston ganó el suficiente dinero del negociazo para invertirlo en la compra del club de base-ball de la Liga Americana, New York *Yankees.* El aprovechado Norman H. Davis luego llegó a ser consejero del Presidente Woodrow Wilson y Embajador Viajero de éste con el rango de *Experto en Asuntos Latinoamericanos.*

\* \* \*

La Ley Electoral se modificó una vez más en 1910, disponiéndose la reorganización de los Partidos en forma que se obligasen a demostrar su condición de tales y no de grupitos electorales o *piñas,* pero en realidad con la intención de forzarlos a que se integrasen, eventualmente, a cualquiera de los dos Partidos mayoritarios en existencia. El Partido Liberal, que había fusionado sus facciones en 1908, de nuevo fue objeto de pugnas internas que lo dividieron en tres grupos: el Hernandizta, el Zayista y el Asbertista, respectivamente acaudillados por Eusebio Hernández, Alfredo Zayas y Ernesto Asbert. El primero quiso imprimir a su grupo un curso nacionalista rudimentario, plagado de romanticismo y matizado de demagogia; el segundo, experto en argucias asambleárias y en *amarres,* contaba a su favor con la promesa anti-reeleccionista del Presidente Gómez; y el tercero aspiraba a contar con el apoyo de José Miguel, en contra de Zayas, a quien todos sabían *Tiburón* detestaba. Zayas forzó la mano y controló la Asamblea Nacional Liberal, nombrando jefes provinciales en Pinar del Río a *Pino* Guerra (enemigo del Jefe del Ejército, Monteagudo); en La Habana, a Juan Gualberto Gómez (aplastando a Asbert); en Matanzas, a Francisco Cuéllar (hermano de su yerno); en Las Villas, a Carlos Mendieta (aspirante a sustituirlo en la Presidencia); en Camagüey, a Gustavo Caballero (soslayando a Cisneros Betancourt), y en Oriente, a Rafael Manduley (incondicional suyo).

\* \* \*

Los Conservadores, por su parte, ratificaron a Enrique José Varona como su Presidente y alentados por el fraccionamiento liberal procedieron a nombrar sus jefes provinciales: Francisco Galatas, en Pinar del Río; Armando André, en La Habana; Víctor de Armas, en Matanzas; Francisco Carrillo, en Las Villas; Bernabé Sánchez, en Camagüey, y Luis Milanés, en Oriente. Aunque en minoría frente a los Liberales, los Conservadores contaban con la ventaja de su unidad partidista.

\* \* \*

El Gobernador de La Habana, Asbert, al ser víctima del copo zayista, se separó de éste y revivió el Liberal Nacional. José Miguel, después de varios devaneos, se decidió a apoyar bajo cuerda la aspiración presidencial de Asbert, produciendo con ello el pase a los zayistas de Orestes Ferrara, Gerardo Machado y Carlos Mendieta. Se hicieron amigables gestiones de acercamiento entre Zayas y Asbert y cuando el último estaba dispuesto a brindar su apoyo al primero a cambio de tres Gobiernos Provinciales y varias postulaciones congresionales, Zayas —quien había asegurado la postulación presidencial con el apoyo hernandizta— quiso desquitarse con José Miguel y se negó al pacto. La candidatura Liberal se compuso del ticket Alfredo Zayas-Eusebio Hernández.

José Miguel Gómez contraatacó, eliminando a los zayistas de su Gobierno, y dio un paso decisivo contra Zayas —absurdo para nosotros, pero completamente sensato en aquella época del *jipijapa* y el *coco-macaco* (sombrero alón de paja y grueso bastón nudoso), insignias del *manengue* o sargento político—: escribió a Menocal instándole a que fuera nuevamente el candidato presidencial del Partido Conservador. Esto, viniendo de un rival político y por añadidura Presidente de la República, era lo que se dice en lenguaje vernáculo *ponerle la tapa al pomo*... La eminencia gris detrás de esta jugada electoral era el Jefe del Ejército, general Monteagudo, enemigo jurado de Zayas y cofrade de Gómez. Los Conservadores no perdieron tiempo y postularon el ticket Mario García Menocal-Enrique José Varona. El Conservador y el Liberal Nacional se integraron en la "Conjunción Patriótica Nacional" y se concedió a Asbert la Gobernación de La Habana, más cuatro Senadurías y ocho actas de Representantes. Monteagudo, simulando ayudar al liberalismo, nombró *milicianos* a gran cantidad de sargentos políticos zayistas y los insertó en la nómina del Ejército, pero a la hora de la reorganización los llamó a filas y los trasladó de sus zonas, impidiéndoles su labor politiquera y sujetándolos a juicio por deserción si no obedecían las órdenes recibidas. La queja zayista a esta monstruosidad produjo la renuncia del Secretario de Gobernación, coronel Laredo Brú, y posteriormente la del propio Monteagudo, dando lugar esta última a un malestar en el Ejército que José Miguel conjuró ratificándolo en su cargo mientras sustituía a Laredo Brú con Manuel Sanguily.

De acuerdo con la mecánica electoral de aquel período, en el cual no existían las cédulas y que los electores se proveían con certificados de votantes que eran fácilmente falsificados, los Conservadores tenían, con el concurso de Asbert, asegurada La Habana, que era una provincia grande. Teniendo a Pinar del Río como fuerte menocalista, se les hacía necesario a éstos ganar otra provincia grande —Las Villas u Oriente— o las dos restantes pequeñas —Matanzas y Camagüey—. Decidieron, pues, concentrar su esfuerzos por ganar Oriente, con la ayuda de Monteagudo, cuyas fuerzas ya habían dado muerte en Güira de Melena, La Habana, al coronel mambí Isidro Acea, de militancia zayista, a quien se acusaba de querer dar muerte al general Menocal.

* * *

Aquí se hace indispensable el reseñar el método operacional de la politiquería de aquella época, no sólo para que la juventud cubana pueda captar en toda su crudeza la realidad de los turbios procesos electorales republicanos, sino porque, con ligeras variantes, ese método abominable ha sido el fundamental en Cuba, que ha prostituido la excelencia del espíritu Democrático-Representativo y con ello propiciaron abrir el portillo por donde, con consignas de reformas sociales y de erradicación del militarismo y la politiquería, irrumpió la traición fidelista en la estructura revolucionaria nacionalista para secuestrarla y luego implantar en Cuba un sistema más terrible mil veces de nueva politiquería y militarismo.

* * *

La base de la estructura donde descansaba la maquinaria política eran los sargentos políticos. Estos individuos eran el punto de contacto entre la masa de electores y los candidatos, aunque a veces ostentaban el doble carácter de sargento y de cacique. El sargento gozaba de grandes influencias que le permitían el hospitalizar, colocar, cesantear y hasta en ocasiones liquidar físicamente a los electores. Ellos gestionaban la condonación de multas, los indultos y hasta las condenas. Lo mismo conseguían las cosas por simpatías y favores que por la fuerza bruta. Cuando los intereses de estos raqueteros tropezaban, había material abundante para llenar la crónica roja de los periódicos. Ellos eran elegidos a las asambleas de barrio, que, posteriormente, seleccionaban las asambleas municipales. A partir de aquí entraban en funciones los caciques, quienes, con un sistema más refinado, pero no menos canallesco, se repartían el botín de las asambleas provinciales y nacional. Esta última parte del mecanismo ya la conocemos, tanto por la descripción del informe de Magoon reproducido en una página precedente, como por los detalles de los procesos electorales que hemos venido analizando.

La base del proceso fue heredada de la Colonia, en la forma de elección cabildera y selección alcaldicia, y a ésta se añadió el caciquismo inherente al mecanismo electoral americano, como aparece descrito por el Apóstol en los párrafos de su carta-reportaje al periódico "La Nación", de Buenos Aires, fechada en 15 de marzo de 1885, que ya reprodujimos.

El prestigio de los Generales, Coroneles y demás oficiales Libertadores, así como el *meollo* de los Doctores laborantes, emigrados, deportados a prisiones africanas y residuos del autonomismo colonialista fueron la cantera de donde salieron los primates de nuestra vida pública republicana. De ellos, para gloria nacional, se destacaron numerosas honrosas excepciones que contrapesaron la nefasta actuación de quienes infectaron de trapisondas los procesos cívicos cubanos. Se daban casos en que civiles, médicos, abogados, Jueces y Magistrados —y a veces Senadores y Representantes— pasaban a ostentar cargos de relevancia en el Ejército. Y otras veces, la más, Generales, Coroneles, Comandantes, etc., cambiaban el uniforme por actas en el Congreso o por altos puestos en el Gobierno. Estos vaivenes politiquero-militaristas se hacían de acuerdo con la conveniencia política o económica de los interesados o de sus caudillos. El cúmulo de infamias de este aborrecible sistema electoral permitió que después de 1952 la sociedad cubana, especialmente su juventud, prestara oídos a unos cantos de sirena disfrazados de nacionalismo y de respeto constitucional que decantaron en la tiranía comunista que hoy sufrimos.

\* \* \*

Las elecciones presidenciales se celebraron dentro de una relativa calma, habiéndose perpetrado hechos de sangre notables solamente en Cienfuegos, Las Villas, lugar donde pereció en una emboscada *Chichi* Fernández —el mismo del caso Villuendas—, en venganza por la muerte a tiros recibida por el Alcalde Méndez, y en Sancti Spíritus, también en *las inquietas Villas,* donde fue asesinado su Alcalde, Judas Martínez. Haciendo bueno el retruécano de que *tranquilidad* viene de *tranca,* Monteagudo garantizó el triunfo menocalista en Oriente con ayuda de la Guardia Rural. En Jiguaní los generales mambises Rabí y Lora asaltaron once colegios electorales y destruyeron la documentación de los mismos en represalia por lo que alegaron ser *coacciones liberales.*

La candidatura Menocal-Varona obtuvo 194.502 sufragios contra 180.640 la de Zayas-Hernández. La Conjunción Patriótica obtuvo 11 Senadurías (7 Conservadores y 4 Miguelistas); 26 Representantes (18 Conservadores y 8 Miguelistas), y 5 Gobernadores (4 Conservadores y 1 Miguelista). También ganaron los Conjuntistas 61 Alcaldes y 17 Consejeros. Los Liberales solamente eligieron 2 Senadores por Matanzas, el Gobernador de esa provincia, 24 Representantes, 47 Alcaldes y 13 Consejeros. Freyre de Andrade fue electo Alcalde de la Capital en la candidatura Conjuntista, por un margen de sólo 1.068 sufragios. El 20 de mayo de 1913 se hizo el cambio de poderes del general José Miguel Gómez a su protegido, el general Mario García Menocal. El *Tiburón* era sustituido por el *Mayoral.* Si algo queda por decir del primero de ellos, sea dicho esto en justicia: no fue un dictador ni un tirano; no se reeligió cuando, sin duda alguna, pudo haberlo hecho; y no cayó pesado jamás. Que esto, de acuerdo con nuestra tradición, fue su mayor triunfo. A pesar de que dividió el Partido Liberal, que hizo a Zayas víctima de una mala pasada, que decidió la elección del candidato contrario a su Partido original y que se merecía la repulsa de sus correligionarios por todo lo anterior, sin embargo José Miguel Gómez, el héroe de Arroyo Blanco, seguía siendo el caudillo natural del liberalismo.

# CAPÍTULO IV

## MARIO GARCIA MENOCAL

### (1913-1921)

*El Mayoral. — Política de Woodrow Wilson para His-
panoamérica. — El atraco de la Cuban Ports Company.
Asesinato del general Armando de la Riva. — Repulsa
cubana a Inglaterra, Francia y Alemania. — Reorganización de las Fuerzas Armadas. — Creación de la moneda
cubana. — Autoritarismo. — Las parciales de 1914.*

La síntesis biográfica del general Menocal justificaba el
júbilo con que fue acogida su exaltación a la primera magistratura por todos los que deseaban un cambio para el bien
de la vida pública cubana. Desde muy pequeño había sido
llevado a los Estados Unidos cuando sus padres se exiliaron
durante la Guerra de los Diez Años. Pasó parte de su infancia
y adolescencia en una plantación de México y se graduó de
Ingeniero en la Universidad de Cornell, uno de los más prestigiosos planteles tecnológicos de los Estados Unidos. Tomó
cursos agrícolas en la Universidad de Maryland y trabajó
duramente en su profesión en Nicaragua cuando allí se proyectaba la construcción de un canal inter-oceánico. El estallido de Baire lo encontró en La Habana y de inmediato se
trasladó a Oriente. Se alistó de soldado raso en el Ejército
Libertador y por méritos de campaña ascendió a Mayor General, habiendo servido bajo Máximo Gómez y Calixto García.
Fue el indiscutido héroe de la toma de Victoria de las Tunas,
lugar donde hizo gala de conocimientos militares y de valor
personal. La Intervención lo encontró de Jefe del Quinto Cuerpo del Ejército Libertador y lo nombró Jefe de la Policía
de La Habana, cargo que abandonó para aceptar una alta
posición con la Cuban American Sugar Company, para la cual
construyó, y luego administró, el Central Chaparra, en aquellos
instantes el más grande del mundo.

Era de una integridad personal y de una honradez irreprochables y, en su propio derecho, un hombre de empresa, un deportista, un militar y un caballero. Había prometido no reelegirse, abolir la Lotería, reformar las costumbres, rescatar la dignidad del cargo presidencial, poner fin al prebendaje y la botella y, no podía faltar, la revisión de la Enmienda Platt. La compañía de Enrique José Varona en la Vicepresidencia, educador y moralista, disipaban las dudas que se abrigaban respecto a su carácter autocrático y altanero y sobre su posible sumisión a los intereses azucareros a que estaba asociado, pues considerábase a aquél una influencia moderadora y un posible freno a las ambiciones del nuevo Presidente. *¡Quien administra bien un central azucarero debe administrar bien la República!* fue la deducción popular que le concedió el voto. Y no fue equivocado el cálculo: Menocal gobernó la República durante ocho años al estilo de un mayoral azucarero. De un central azucarero americano de la época, debe entenderse. Para el cual todo se subordinaba a la zafra. De ahí lo que quedó como sedimento musical de su Gobierno: *Tumba la caña — anda ligero — que viene el Mayoral — sonando el cuero...*

Coincidentemente con la toma de posesión de Menocal fue la del Presidente de los Estados Unidos, Woodrow Wilson, quien sustituyó a Taft. Wilson dictó una política a seguir en cuanto a Hispanoamérica que podía resumirse en la siguiente decisión: *No reconocer gobiernos nacidos de revoluciones.* Esta peculiar política exterior americana de la época —que ha sido lastre funesto después— no era otra cosa que el escudo protector de la penetración imperialista y un patíbulo para el movimiento nacionalista que pretendiese librarse de ella derrocando al tirano que fuese su instrumento. Para Cuba, que contaba en su Constitución con el denigrante rabo de la Enmienda Platt, esto significaba una aplicación *preventiva* de la Enmienda, pues en el futuro serían los Estados Unidos y no su pueblo quien juzgaría lo justo o injusto que sería una revolución. Esto, descarnadamente, era el llevar a la práctica la idea monopolista, especialmente del consorcio azucarero, pues si en la nación vecina llegó a considerarse *que lo que era bueno para la General Motors era bueno para los Estados Unidos...,* aquí se estableció axiomáticamente, bajo Menocal, *que lo que era bueno para la Cuban American Sugar Company era bueno para Cuba...*

Menocal estableció que no serían los Partidos sino él quien escogería sus colaboradores del Gabinete —cosa sensata y justa—, y formó éste con las siguientes personas: Cosme de la Torriente, Estado; Cristóbal de la Guardia, Justicia; Aurelio Hevia, Gobernación; Leopoldo Cancio, Hacienda; José E. Villalón, Obras Públicas; Ezequiel García, Instrucción Pública y Bellas Artes; Emilio Núñez, Agricultura, Comercio y Trabajo, y Enrique Núñez, Sanidad y Beneficencia. Rafael Montoro fue nominado Secretario de la Presidencia. La Guardia y García eran de procedencia miguelista; Torriente y Hevia fueron premiados por sus gestiones conjuncionistas, y Montoro era una deferencia de Menocal para con el remanente autonomista. Los restantes Secretarios eran selecciones personales del nuevo Presidente.

Lo primero que hizo Menocal fue el iniciar una depuración de las deudas y compromisos dejados por la Administración Gómez, no tanto por higienizar el crédito republicano como por desacreditar a quien debía la Presidencia y quitarse de encima un posible futuro competidor, práctica que indefectiblemente siguieron los demás Presidentes cubanos en relación a sus antecesores. La Cuban Ports Company fue el primer blanco del fuego menocalista: le fue cancelada la concesión bajo la acusación de que era ilegal, al tiempo que se ordenaba una suspensión de pagos a ella y se disponía que el dragado pasara a ser una función de la Secretaría de Obras Públicas. Menocal puso al descubierto la maniobra bursátil de Huston y Davis y denunció que la Cuban Ports había cobrado $ 3.000.000,00 en derechos portuarios en 27 meses en lugar de los estimados $ 600.000,00 que le correspondían. El Congreso sancionó el decreto de Menocal y el Tribunal Supremo lo ratificó como constitucional, pero los accionistas americanos y británicos de la Cuban Ports se quejaron a Washington —apoyándose en el artículo 3 de la Enmienda Platt— y el State Department ejerció presión sobre Menocal al extremo que éste solicitó del Congreso una ley que indemnizase a la Cuban Ports en la suma de $ 10.000.000,00, cosa que hizo, aun a sabiendas que las inversiones de aquélla sólo habían sido de $ 5.000.000,00. Como si esto no fuera suficiente, le fueron devueltos a la Cuban Ports $ 18.000.000,00 acumulados por concepto de cobros de impuesto sobre tonelaje. Fue un chivo que dio un salto retardado del potrero del *Tiburón* al del *Mayoral*. "La Política Cómica" publicó una caricatura en la que aparecía un tiburón bañándose con agua de una ducha que tenía una etiqueta que leía "Cuban Ports" y salpicando a la figura de un mayoral azucarero.

El verano de 1913 trajo a Menocal un golpe de suerte macabro que eliminó de su camino a otra figura presidencial: el Gobernador de La Habana, Ernesto Asbert. Una querella surgida entre el Jefe de la Policía, general Armando de la Riva, Asbert, el Representante por Matanzas, Eugenio Arias y el

Senador por Camagüey, Vidal Morales —consecuencia de la campaña contra el juego prohibido emprendida por De la Riva—, culminó con el asesinato de éste cuando iba en coche, por el Prado, acompañado de sus dos menores hijos. La investigación del hecho arrojó que Asbert y Arias habían disparado a mansalva contra el indefenso De la Riva y que Morales lo había hecho contra un Capitán de la Policía que había tratado de proteger a su Jefe. Armando de la Riva era el general más joven del Ejército Libertador y ocupaba la Jefatura de la Policía de La Habana por segunda vez, después de haber sido también Presidente de las Audiencias de Camagüey y Pinar del Río y Ministro de Cuba en México. El tuétano de la cuestión era que tanto Asbert como otros politicastros mantenían en operación *timbas,* o garitos, bajo el disfraz de Círculos Políticos y el general De la Riva los asaltaba. Se trató de darle visos de riña al crimen pero el Tribunal Supremo ordenó la detención de Asbert y de Arias y los metió en prisión. Asbert fue destituido de su cargo de Gobernador y Arias tachado y expulsado de la Cámara. Posteriormente el Congreso votó una amnistía especial para Asbert, que Menocal vetó, que el Congreso reconsideró y que el Presidente se vio obligado a sancionar. Pero a su vez Menocal indultó a Eugenio Arias. La ley-retrato que amnistió a Asbert contenía una línea que rezaba: *crímenes cometidos por Gobernadores provinciales...,* y el decreto-indulto de Arias una que especificaba: *disparo de arma de fuego contra determinada persona...* El asesinato del general Armando de la Riva liquidó a Asbert como candidato potencial a la Presidencia de la República.

Al Presidente Menocal y al Secretario de Estado Torriente cupo el honor de parar en seco las pretensiones de Inglaterra, Francia y Alemania de que Cuba indemnizara a sus súbditos por los daños habidos en sus plantaciones durante la Guerra de Independencia. Ya Máximo Gómez les había cantado las cuarenta en el cafetal "La Aurora" a los franchutes, teutones e hijos de la pérfida Albión cuando allí fueron a reclamarle daños y perjuicios durante la Guerra de Independencia. Estas pretensiones europeas eran un chantage por parte de tres poderosas naciones a una pequeña que comenzaba su vida internacional y veladamente recordaba el ataque que juntas habían efectuado contra Venezuela y México algún tiempo antes. Ya Manuel Sanguily, en tiempos de José Miguel, se había negado a considerar esa reclamación tripartita que hacía caso omiso de los tribunales cubanos y que se reía en la cara de los personeros de la Doctrina Monroe en Washington. No estaban dispuestos a bombardear puertos cubanos para presionar el cobro —ni probablemente los Estados Unidos se los hubieran permitido— pero metieron miedo a ver si las piernas cubanas se aflojaban y recurrieron a presiones diplomáticas y truculencias que el general Menocal no les aceptó. Que los yanquis abusaran de nosotros merced a la Enmienda Platt era algo nocivo pero que los tres más grandes poderes europeos pretendiesen atropellarnos era una cosa atroz. Pero así era de prepotente el imperialismo en todos los confines del Orbe. Ante la firme actitud cubana y en la disyuntiva de tener que ocuparnos para cobrar optaron por dejar el asunto en el olvido, satisfechos quizás con la creencia de que la peor gestión es la que no se hace y con el profundo dolor de quienes pensaban cobrarle a la República lo que costó a ellos la tea libertadora.

Una vez fuera de su camino las piedras políticas que eran José Miguel y Asbert, Menocal dedicó su atención a las Fuerzas Armadas. Éstas, como sabemos, estaban bajo el mando de oficiales adictos a Gómez. Pero en el año 1915 el Presidente promulgó el Decreto 165, disponiendo una completa reorganización del servicio militar y la cual tenía las siguientes características: creación de la Unidad de Mando, tanto directiva como administrativa; supresión del grado de General en los escalafones —desapareciendo con ello los Mayores Generales, Jefes de Cuerpos— y refundición de la Guardia Rural y del Ejército Permanente en el "Ejército de Cuba", bajo el mando éste de un Estado Mayor General y asumiendo el Presidente las obligaciones dispuestas en el párrafo 17 del artículo 68 de la Constitución, que lo hacían Jefe Superior de las Fuerzas Armadas de la República. En otras palabras, el Ejército Permanente, con sus 5.117 plazas y la Guardia Rural, con sus 5.298, pasaban a ser el Ejército de Cuba, con los siguientes efectivos: Estado Mayor General, 257 plazas; Sanidad, 326; Auditoría, 28; 1 Regimiento de Infantería, 1.386; 1 Regimiento de Artillería, 1.492; 6 Regimientos de Caballería, de 1.371 plazas cada uno, 8.226. Total: 11.715 plazas de Oficiales, Clases y Soldados.

Efectuada la reorganización técnica, Menocal dispuso un movimiento de personal que tenía marcado interés político: nombró Jefe de Estado Mayor del Ejército al general Pablo Mendieta Montefur —hermano de Carlos y de filiación miguelista— el día 1.º de marzo de 1915, y el día 17 de ese mismo mes y año, "a petición suya", lo enchuchó en la Secretaría de la Guerra y nombró en su lugar al coronel Emilio Avalos, ex-Jefe de la Guardia Rural, quien, a su vez, pidió licencia por enfermedad y fue sustituido por el coronel José Martí Zayas Bazán, hijo del Apóstol y hombre de confianza suyo. Nombró después Menocal al general Paula Valiente como Ayudante

General y luego lo retiró, reemplazándolo con el coronel
Ibrahim Consuegra, persona de su entera lealtad. Había res-
petado los escalafones y las jerarquías, pero ejerció a plenitud
las facultades que se otorgó en el Decreto 165 para eliminar
de los puestos claves a quienes suponía adictos a José Miguel
y fieles guardadores de la memoria del general Manteagudo,
alma del Ejército y miguelista rabioso, quien había fallecido
en 1914. Menocal ascendió a Coroneless, Tenienete-Coroneles
y Comandantes a varios oficiales de su confianza; creó 8 Distritos Militares; confirmó como Jefe de la Marina de Guerra
al Capitán de Navío Morales Coello, a pesar de que era yerno
de José Miguel; envió a estudiar en las Escuelas de Guerra
americanas a varios jóvenes oficiales; inició la Aviación Militar con el precursor de ella en Cuba, Agustín Parlá, y gestionó
el ingreso en la Academia Naval de Annapolis, Maryland, del
joven hijo de su Secretario de Gobernación con la idea de
que fuera luego titular de la Marina de Guerra, Carlos Hevia
y Reyes Gavilán.

Coincidente con la reorganización de las Fuerzas Armadas
fue la creación de nuestra moneda, eliminando de la circulación todas las demás, con excepción hecha del dólar americano,
que pasó a ser, junto con la cubana, moneda de curso legal.
Hubo gran descontento y fuertes protestas por parte de los
inmigrantes hispanos, por los que atesoraban oro español y
francés y por los comerciantes, que se vieron obligados a mar-
car sus productos con el valor de la nueva moneda. Fue el
primer cambio de moneda efectuado en Cuba, y aunque perjudicó a algunos, fue una medida que benefició la economía
del país, que no recibía bien alguno del atesoramiento que
retiraba de la circulación gran cantidad de numerario que
podía gastarse o invertirse saludablemente en lugar de esconderse con fines especulativos.

La Administración Menocal se destacó por la energía con
que combatió el bandolerismo que había surgido en los campos. Sin contemplaciones de ninguna clase, el Secretario de
Gobernación, Hevia, ordenó *matar en combate* a los más notorios secuestradores, salteadores de caminos, ñáñigos y brujos, al punto que en tres meses fue liquidada la plaga de
delincuentes, siendo capturada la bandolera Elena Martínez,
quien asolaba, vestida de hombre, la campiña camagüeyana.
El concepto del rescate de la autoridad llegó a extremos exagerados, pues hizo, en la conciencia pública, un ser intocable
del Presidente. Mariano Aramburu, prestigioso intelectual, fue
abofeteado en público por un ayudante de Menocal, el teniente
Silva, porque en un acto se atrevió a criticar al Gobierno. El

periodista Enrique Mazas publicó que Menocal cobraba como Supervisor de la Cuban American Sugar Company al mismo tiempo que era Presidente de la República —cosa que el *Mayoral* admitió—, y fue multado por desacato, ya que el Tribunal consideró lícita tal duplicidad de funciones. La propaganda conservadora en favor de la candidatura de González Lanuza a la Presidencia originó una contra-propaganda menocalista que afirmaba que un civil no sabría hacerse respetar de los Veteranos y del Ejército. Una ley tendiente a someter a la jurisdicción de los Juzgados de Instrucción y del Supremo, en lugar de al Correccional, las causas por injurias contra las autoridades fue vetada por Menocal. La autoridad presidencial estaba degenerando en autoritarismo. La protesta del Congreso hizo que Menocal consintiese que los Jueces Municipales fueran abogados en lugar de legos en la materia o recomendados políticos, y después de nombrar a nuevos Jueces de Primera Instancia, Instrucción y Municipales para sustituir a los que habían sido nombrados por 6 años en 1909, decretó la inamovilidad de los funcionarios del Poder Judicial.

\* \* \*

El Marqués de Santa Lucía falleció octogenario, terminando con él la existencia de la última de las grandes figuras de la gesta de La Demajagua, el impenitente civilista que sólo respondía cuando se le llamaba por Salvador Cisneros Betancourt o Senador, jamás cuando se le hacía por su legítimo título nobiliario o por el grado de Mayor General del Ejército Libertador, del que era legal poseedor.

\* \* \*

La oposición Liberal seguía empeñada en sus querellas internas. No hacía grandes críticas al régimen menocalista porque éste les mantenía sus prebendas en la Renta de la Lotería y le pagaba a Zayas $ 500,00 mensuales por redactar una Historia de Cuba de la cual sólo escribió dos capítulos, pero por la que llegó a cobrar la suma de $ 20.000,00. José Miguel, que seguía empeñado en destruir a Zayas, alentó la creación de un grupo opuesto a éste titulado "Partido Liberal Unionista". Ningún político cubano enfrentó más dificultades dentro de su partido a sus aspiraciones presidenciales que Alfredo Zayas. Ni hubo otro, con la excepción de Ramón Grau San Martín, más saturnino, paciente y porfiado para lograr sus propósitos con ardides leguleyescos, intrigas palaciegas o cubileteos de índole doméstico-electoral.

Las elecciones parciales de 1914 no presentaron ni enconados ni sangrientos aspectos. Sólo procedía la elección de Representantes y Consejeros Provinciales renovables, así como cubrir la vacante Senatorial camagüeyana ocasionada por la muerte del venerable patricio Cisneros Betancourt. También un par de Alcaldías que habían sido creadas y necesitaban Mayores: San Diego del Valle y Melena del Sur. Por estar en desacuerdo con la política autoritaria del Presidente, renunciaron a la Presidencia y la Secretaría del Partido Conservador Cosme de la Torriente y el Senador Maza y Artola, quienes prontamente fueron sustituidos por el Senador Sánchez Agramonte y el Representante Miguel Coyula. En virtud de un pleito electoral entablado, el Partido Liberal de Zayas perdió el derecho a presentar candidaturas en Las Villas, ganándolo el Liberal Unionista de Gómez, el cual presentó como insignia un gallo negro y la efigie del desaparecido Villuendas. Se inscribieron nuevas agrupaciones electoreras, pero ninguna alcanzó triunfo alguno. De estas agrupaciones, las más pintorescas fueron "Por la Moral", del coronel Aranda, que pretendía agrupar los Veteranos y Patriotas; "Cubanos Independientes", de Roig, que usaba como emblema una cotorra; "Popular de Las Villas", cuyo emblema era la ponzoña de un alacrán, y el "Feminista", que en La Habana dirigía Herminia Morales, con la pretensión de lograr el voto para la mujer cubana, que entonces no tenía derecho a él.

El resultado de las parciales dio al Conservador la vacante senatorial camagüeyana, las mencionadas Alcaldías, 22 Representantes y 13 Consejeros; al Liberal, 15 Representantes y 10 Consejeros, y al Liberal Unionista, 9 Representantes y 1 Consejero. El Nacional Cubano y el Liberal Provincial, de La Habana y Oriente, obtuvieron 1 Representante, el primero, en aquella provincia; 2 Representantes, el segundo, en esta última. Como se ve, los Liberales, unidos, seguían siendo superiores en número a los Conservadores. Entraron al Congreso, iniciándose con ello una especie de tradición dinástica que más tarde, en la República, se tradujo en nepotismo, el hijo de José Miguel Gómez —Miguel Mariano—, dos hermanos de Menocal —Gustavo y Pablo— y un yerno de Zayas —Celso Cuéllar—.

* * *

*Estadística económica. — Edén imperialista. — La importación de braceros. — La sucarocracia. — La Primera Guerra Mundial y Cuba. — Los cambios sociales progresistas. — El reverso de la medalla. — La increíble.*

La estadística económica del primer período menocalista revela un estado de prosperidad notable si se compara con los anteriores de *Don Tomás* y José Miguel y muy superior, en todo sentido, con todos los de la Colonia. No quiere esto decir, como veremos, que las clases populares fueran las recipientes directas de esta prosperidad, pero es cierto que a ellas llegaban sus beneficios en forma indirecta, a causa de los consiguientes adelantos sociales. No existían Presupuestos, sino estimados de ingresos y gastos que se prorrogaron iguales desde 1914, pero ya en 1917-18 fueron aquéllos aprobados por el Congreso y alcanzaron las siguientes cifras, sumados esos dos años: *I n g r e s o s :* Aduanas, $ 74.000.000,00; Alcohol y Fósforos, $ 7.600.000,00; Lotería, $ 7.600.000,00; C o m u n i c a c i o n e s, $ 2.900.000,00; Derechos Reales y Transmisión de Bienes, $ 1.700.00,00; Timbre, $ 4.000.000,00; Bancos y Sociedades, $ 3.300.000,00; Azúcar, $ 4.000.000,00; I m p u e s t o s Varios, $ 6.100.000,00. *Total Ingresos:* $ 112.000.000,00. *Egresos:* Deuda Pública, $ 12.400.000,00; Congreso, $ 2.700.000,00; Poder Judicial, $ 4.800.000,00; P r e s i d e n c i a, $ 200.000,00; Estado, $ 2.300.000,00; Hacienda, $ 7.500.000,00; Gobernación y Ejército, $ 28.000.000,00; Instrucción Pública, $ 16.600.000,00; Obras Públicas, $ 13.300.000,00; Sanidad, $ 11.600.000,00; Agricultura, $ 2.600.000,00; Comunicaciones, $ 6.500.000,00. *Total Egresos:* $ 108.500.000,00.

El examen de estas cifras no arroja la verdad de los gastos, pues se cargaban al capítulo de "Comunicaciones" las inicuas subvenciones que se hacían a los monopolios ferrocarrileros por el privilegio de construir sus vías en nuestro país y ganar millones de pesos que luego diligentemente exportaban. Este sistema, edén imperialista, beneficiaba primordialmente a los consorcios azucareros, a los terratenientes y a los especuladores de bolsa y por carambola al pueblo cubano, que era quien costeaba los gastos. No hay que decir que el Presidente, y sus íntimos, llevaban una parte del reparto de las ganancias. El círculo menocalista prefirió los negocios azucareros y ferrocarrileros, en tanto que Machado, el Secretario de Gobernación de José Miguel, fue *salpicado* con acciones del pulpo eléctrico.

Los ferrocarriles públicos, que de públicos no tenían más que el nombre, eran todos propiedad de extranjeros y las cifras a mano indican que en 1915 la Cuba Railroad recibió del Gobierno $ 274.000,00 como subvención de las líneas Marti-Bayamo-Manzanillo, y que le fue concedida otra de $ 6.000,00 por kilómetro por construir otra de Camagüey a Santa Cruz del Sur. Por ese mismo decreto se le dieron subvenciones al Ferrocarril de Hershey para la línea Habana-Canasí-Matanzas, a razón de $ 6.000,00 por kilómetro, y a los Ferrocarriles Occidentales, la cantidad de $ 93.000,00 por construir líneas de La Habana a Consolación del Sur. Las cifras de las subvenciones concedidas a fines del primer período menocalista dan vértigo: La Cuba Railroad recibió $ 2.000.000,00. El Ferrocarril del Norte de Cuba recibió $ 510.000,00, a cuenta de su subvención, que fue elevada de $ 6.000,00 a $ 12.000,00 por kilómetro, más una concesión de $ 1.700.000,00 por sólo 20 kilómetros de Morón a Nuevitas y 20 kilómetros de un ramal hasta el Central Cunagua, todas estas vías dentro del territorio cañero de la Cuban American, la Cuba Cane y la United Fruit Companies, poseedoras de los más grandes ingenios, los más grandes latifundios y las más grandes cuentas bancarias, tanto en Cuba como en el extranjero. Llegó a concedérseles un adelanto de $ 400.000,00 a cuenta de una subvención de $ 12.000,00 por kilómetro a un ficticio Ferrocarril del Noroeste que iba a construir una línea Bahía Honda-Guane, que aún está por verse. De acuerdo con esa misma Ley de Subvenciones, se les regaló $ 1.000.000,00 a los Ferrocarriles Unidos y $ 150.000,00 al de Guantánamo & Western, propiedad del financiero Antonio San Miguel. El capital financiero tuvo en tiempos de Menocal una Beneficencia.

\* \* \*

Haciendo una pequeña disgresión cronológica, en beneficio de no perder el hilo en el relato de esta turbia cuestión del enjuague ferrocarrilero, hemos de saber que después de la revuelta liberal de febrero de 1917 las *companies* ferroviarias se aprovecharon de esto para hacerse completas víctimas de la destrucción causada por aquélla a sus equipos —algo totalmente falso— para, con ayuda del State Department y del *Mayoral*, volver a ordeñar las ubres del Tesoro cubano. Este párrafo que sigue lo copiamos de un informe hecho por la Comisión de Ferrocarriles al momento de aprobarse las subvenciones: *"El problema importante para la producción de azúcar es el Ferrocarril de Cuba. Su estado físico, malo desde hace un año, fue empeorado por las destrucciones de puentes y material durante la revolución. Hace tres meses el Presidente de la Compañía informó que estaban a punto de quebrar. El*

*Gobierno les ha abierto un crédito de* $ 1.000.700,00, del cual *ha pagado ya* $ 600.000,00...” No obstante estos regalos de dineros del pueblo, los ferrocarrileros alegaron que habían perdido, en trenes e ingenios, durante la revuelta, equipos por valor de $ 7.500.00,00, y que, por tanto, además de los cientos sobre cientos de miles de pesos obsequiados a ellos por Menoscal, necesitaban *para lo más indispensable...* $ 300.000,00 mensuales del Gobierno durante varios meses. Encima de todas las subvenciones, Menocal autorizó a los ferrocarriles a aumentar sus tarifas en un 20 %. Cuando el Gobierno efectuó un empréstito, después el State Department, como veremos, insistió en que se usaran dineros de éste para financiar la Cuba Railroad. Y es pertinente aclarar que los equipos que trajeron los ferrocarrileros a Cuba eran obsoletos en los Estados Unidos y Canadá en esa época y que aunque los compraron baratísimos en esos países, los cobraron carísimos al Tesoro cubano luego.

* * *

El valor del comercio, en el primer cuatrienio menocalista, ascendió a $ 1.380.200.000,00 el de exportación y a $ 957.400.000,00 el de importación. Los porcentajes de los renglones más importantes del primero eran: Azúcar y derivados, 84 %; Tabaco, 9 %; Minerales, 3 %, y Varios, 4 %. Los del segundo eran: Alimentos, 36 %; Tejidos, 14 %; Maquinaria, 15 %, y Varios, 25 %. La exportación, por países, fue la siguiente: Estados Unidos, 75 %; Inglaterra, 19 %; España, 2 %; Francia, 2 %, y Otros, 2 %. La importación fue como sigue: Estados Unidos, 72 %; Inglaterra, 7 %; España, 6 %; Francia, 2%, y Otros, 13 %.

El monto total de las zafras fue de 12.171.367 toneladas de azúcar, que a un precio promedio de $ 0,13 libra, importaron $ 1.134.457.857,00. Significó ese monto el 18 % de la producción mundial de azúcar y su 75 % fue exportado a los Estados Unidos, donde representó el 58 % del total de azúcar consumido por sus habitantes. Comparando estas colosales cifras con las misérrimas de los presupuestos y dentro de éstos con lo ínfimo de lo cobrado por Impuestos, se puede muy bien realizar el porqué Menocal era el *golden boy* de Wal Street y el porqué se dio la brava electoral de 1917 para mantenerlo en el Poder. Sin que hayamos de olvidarnos de *las vacas gordas, los timbales* y *las Notas de Mr. González.*

El torrente proletarizador de la inmigración de braceros siguió desbordado, ahora incrementándose con haitianos y jamaiquinos. Durante el cuatrienio bajo examen se volcaron sobre Cuba 182.334 extranjeros, de los cuales el 85 % eran va-

rones y el 66 % completamente analfabetos. Nos invadieron
111.204 españoles, con el 20 % de analfabetos; 28.151 haitianos,
con el 94 %; 26.040 jamaiquinos, con el 6 %, y 16.939 chinos
y de otras nacionalidades, con el 80 %. Este analfabetismo se
entendía en los españoles porque no supieran leer y escribir;
en los demás porque no supieran siquiera hablar español. Los
haitianos y chinos eran los más ignorantes de todos, pues
además de no hablar español, ni siquiera sabían leer y escribir en su idioma original. Los jamaiquinos, o como ellos
se titulaban, *súbditos de Su Majestad Británica,* eran los menos incultos de todos. Pero todos estos inmigrantes arruinaban
la economía de los trabajadores campesinos cubanos porque
laboraban por un jornal diario de $ 0,25 cuando los nativos
exigían el legal de $ 1,00, sin que los últimos tuvieran protec-
ción alguna gubernamental de sus derechos. Por el contrario,
velando por los intereses de los azucareros, favorecíase la des-
leal competencia.

\* \* \*

Menocal era el arquetipo del gobernante fanático del
*laissez-faire,* cuya filosofía político-económica es la de poner
al Estado al servicio del interés particular y al beneficio del
capitalismo financiero, ocultándose tras un barniz titulado
*conservador.* No debe quedar duda en nadie que hubo adelantos en el país durante su Gobierno, pero este adelanto se logró
sacrificando el de las clases humildes de Cuba, que siguieron
embrutecidas y miserables mientras a su alrededor crecían las
redes ferrocarrileras, los centrales azucareros, los repartos re-
sidenciales, las mansiones de lujo, los emporios cañeros y
ganaderos latifundistas y se desarrollaba y medraba la casta
de barones del azúcar, o SUCAROCRACIA, como correctamente
puede calificárseles.

\* \* \*

La Primera Guerra Mundial había estallado y los Estados
Unidos estaban preparándose para entrar en ella, según se
hacía evidente. La situación mundial, al principio, había per-
judicado a Cuba porque el tabaco dejó de venderse en Inglaterra y porque el comercio con Europa, principalmente España,
que aún quedaba de la Colonia, había casi desaparecido. Pero
apenas la guerra hizo que se perdieran las cosechas remola-
cheras europeas, la demanda del dulce producto criollo se hizo
intensa y súbitamente la inversión financiera americana se
echó sobre Cuba como gavilán pollero. En aquellos momentos

el State Department era dócil instrumento de los mogoles capitalistas de Wall Street, quienes, a su vez, tenían en el *Mayoral* un gobernante que representaba una garantía a sus inversiones cubanas. Que esto era cierto lo demostró el Secretario de Estado americano, Lansing, en unas líneas refrendadas por el Presidente Wilson que envió para ser publicadas en la edición especial, conmemorativa del aniversario del 20 de mayo, en 1916, del periódico "La Lucha", de La Habana, y que decían:

*"Menocal, graduado de Cornell y favorablemente dispuesto hacia nosotros, parece no tener la fuerza electoral necesaria para triunfar. Creo que Menocal, en su segundo período, podría hacer mucho por su país y resolver las dos cuestiones ahora pendientes entre Cuba y los Estados Unidos. El Ministro González ha indicado ya que sería muy beneficiosa una declaración afirmando que los Estados Unidos están dispuestos a aplastar todo intento revolucionario. Así, pues, creí conveniente que el Presidente Wilson diera unas líneas a "La Lucha" expresando que hoy, más que nunca, en interés de Cuba y del Mundo, las autoridades constitucionales de la República, la ley y el orden deben ser mantenidos a toda costa..."*

*"Las dos cuestiones pendientes..."* eran el pago final a la Cuban Ports Company y a la empresa McGivney y Rockeby por el alcantarillado y pavimentación de partes de la ciudad de La Habana, cuestiones que, en tiempo y lugar conveniente a los extorsionadores americanos, resolvió oportunamente Menocal.

\* \* \*

El cambio que estaba experimentando la sociedad cubana, especialmente la capitalina, era uno de locura de dólares y pujos aristocráticos. La guerra europea había volcado sobre el hemisferio americano una retahíla de cazadores de fortunas, nobles arruinados y cernícalos clericales cuya intención primaria era aligerar a los nuevos ricos de su carga de oro a cambio de pergaminos heráldicos, títulos mohosos y apellidos centenarios. La sucarocracia levantó hermosos palacetes de bronce y mármol en Miramar, acaparó la crónica social y salió por los caminos del mundo a deslumbrar con sus extravagancias. Mientras en los cañaverales y los bateyes los barracones llenaban sus tinieblas con el dolor, la mugre y la miseria de la nueva esclavitud y las *zonas de tolerancia* se desparramaban sobre las ciudades y se nutrían de *cocottes*

importadas y de *margaritas* nativas. La miseria moral aquélla
se cubría sus llagas con polvos de arroz y con adjetivos ridícu-
los. María Calvo Nodarse, *La Macorina*, cortesana de alto rango,
era la primera mujer que en Cuba tenía licencia de conducción
y manejaba un lujoso "Fiat", regalo de uno de los potentados
azucareros y cacique político más influyente en los predios
menocalistas.

El cambio físico de las ciudades, en forma de urbanismo,
alcantarillado y pavimentación, unido a la introducción de
transporte eléctrico, automóviles, alumbrado moderno y acueductos, así como el desarrollo de las vías ferrocarrileras, el
aumento cultural de la población y la propagación periodística, originaron una corriente migratoria del campo hacia las
ciudades y un afán superativo en la clase pobre que se haría
sentir en la estructura social de la época por el aumento de
la clase media. La expansión del comercio y el aumento de
la burocracia dio entrada en la vida económica cubana a la
mujer, para la que se abrieron posibilidades en la enseñanza
y en las profesiones, sacándola de la reclusión hogareña y
haciéndola entrar en esferas de actividades que las viejas
costumbres coloniales les habían vedado. La introducción en
la Isla de revistas y catálogos americanos, el cambio radical
en las modas y, sobre todo, el cinematógrafo, contribuyeron
a imprimir en la sociedad cubana unas características ameri-
canizantes de renovación en el arte, el periodismo y la música
que puede mejor apreciarse examinando la prensa de la época
o leyendo los dos volúmenes de "Crónica Cubana", de León
Primelles.

Para nuestros abuelos, lo que hacían nuestros padres era
tan escandaloso como hoy nos parece a nosotros lo que hacen
nuestros hijos. Los *cinturas* de la época de nuestros padres
fueron los *tártaros* de la nuestra y son los *enfermitos* de la
presente. El guajiro contemplaba asombrado el ferrocarril, el
poblano se pasmaba con el automóvil y ambos se quedaban
atónitos ante el vuelo de los aeroplanos de lona y caña-brava.
Se trazaron planes para la Universidad de La Habana, la Carretera Central y el Palacio Presidencial. Se celebraron carreras de autos de La Habana a Guanajay, que hizo héroes de
los tragapolvos drivers de 45 kilómetros por hora y notoria a
la Curva de Cantarranas. El baseball superó en afición a los
gallos, y la entrada de Rafael Almeida, Armando Marsans,
*Mérito* Acosta, Adolfo Luque, etc., en las Grandes Ligas, fami-
liarizó a los cubanos con Babe Ruth, Ty y Cobb, Christy Mat-
hewson, etc., y producía el dolor que no pudieran destacarse
en los Estados Unidos peloteros de color del calibre de José
Méndez, Cristóbal Torriente, *Jabuco* Hidalgo, etc. La pelea de

boxeo por la corona mundial de los pesos pesados entre Jack Johnson y Jess Willard se celebró en el hipódromo de Oriental Park, con la asistencia del Presidente Menocal, a pesar que el Gobernador Bustillo fue acusado de prevaricación por permitirla y que el Senado aprobó una proposición suspendiendo el boxeo *"por su crueldad..."* Contábamos con tres campeones mundiales: Alfredo de Oro, en billares; Ramón Fonst, en esgrima, y José Raúl Capablanca, en ajedrez. Los *"gardenplays"*, o tennis de mujeres, y los salones de patinar musicales hacían su agosto noche tras noche. Como refrescos, el *"chichipó"* y el agua de coco con panales de azúcar cedieron la preferencia al *soda-cream* y al *daiquirí*. Hasta el viejo *carro de la lechuza*, guiado por el *solavaya*, fue cambiado por elegantes carros fúnebres tirados por percherones emplumados conducidos por elegantes *zacatecas*.

Existían 11 periódicos en La Habana, así como 7 revistas. Todas las ciudades grandes y medianas de provincias contaban con periódicos locales. Las simpatías de las lecturas políticas se dividían entre los voceros de los partidos, que eran, por los Liberales, el "Heraldo de Cuba", y por los Conservadores, "La Discusión". En la esfera internacional, "El Diario de la Marina" era germanófilo, en tanto que "El Mundo" respaldaba a los aliados. "Bohemia" era la de más circulación entre las revistas, al tiempo que "La Política Cómica" era la más leída entre las humorísticas. Amelita Galli-Curci, Tita Ruffo e Hipólito Lázaro rivalizaban operáticamente desde el "Nacional", con el bufo Regino López, Blanquita Becerra y Luz Gil en "Alhambra". Existían 40 cines en La Habana y 300 en el interior de la Isla, en los cuales los abuelos lloraban con Francesca Bertini, reían con *Canillitas* Chaplin, suspiraban con Pina Menichelli y Gustavo Serena y se emocionaban con Eddie Polo en "La Moneda Rota", *"película en veinte episodios y cuarenta rollos..."*, según se anunciaba.

La cantidad de moneda cubana acuñada era de $ 14.500.000,00 en oro y $ 6.200.000,00 en plata. Existían 23.652 teléfonos locales y un cable submarino de comunicaciones con los Estados Unidos; 3.000 automóviles particulares y de alquiler que corrían por 1.819 kilómetros de carreteras y caminos y que produjeron 34 muertos, 280 heridos y un sainete musical titulado *Delirio de automóvil*. El record de velocidad automotriz lo estableció Máximo Herrera —muerto después en un choque—, con 84 kilómetros por hora, en un Stutz Bearcat. Por su parte, el aviador Santiago Rosillo lograba la *bárbara* suma de tres *looping-the-loop*, seguidos en un biplano Stewart. Desde New York se informaba que el millonario cubano Ernesto Sarrá había alquilido 19 habitaciones en el elegante Hotel Majestic y luego las había amueblado a su gusto... *Pote* compró dos ingenios en $ 3.500.000,00 en efectivo, mientras el National City Bank comenzaba operaciones en Cuba, haciéndose cargo de los negocios del Banco de La Habana. La Betlehem Steel Co. pagó $ 32.000.000,00 por las minas orientales de la Spanish-American Iron Co., al tiempo que la Compañía Urbanizadora Playa de Marianao, regenteada por Carlos Manuel de la Cruz, Carlos Miguel de Céspedes y José Manuel Cortina —llamada *las tres ces*—, era autorizada a apropiarse de toda la zona marítimoterrestre que iba desde Miramar hasta La Concha.

* * *

El reverso de esta dorada medalla era de una tenebrosa opacidad: la huelga de Guantánamo fue disuelta a golpes y balazos por el Ejército; el periódico "Tierra", secuestrado y acusado de anarquista; el Secretario de Gobernación, Hevia, expulsaba a 15 españoles y amenazaba hacer lo mismo con los obreros que protestasen de ello; los obreros de tejares mantuvieron una huelga para lograr que se les pagase en moneda nacional; los chóferes de alquiler fueron a un paro contra el uso obligado de uniformes; Menocal rechazó obligar a los patronos a contratar el 75 % de sus obreros entre cubanos; se cometieron asesinatos a razón de 266 por millón de habitantes —comparado a 13 en Estados Unidos y 74 en España—; en Camagüey y Cienfuegos fueron balanceados grupos de negros por sentarse en el parque público; el Obispo de La Habana, en una circular, condenó la inmoralidad rampante en las playas públicas; la artista *Petite Rostow*, Sara Cabrera, fue multada en $ 50,00 porque vendía papeletas para una rifa cuyo premio era el acostarse con ella; 16 cubanos de cada 1.000 morían sin asistencia médica; la Junta de Sanidad recomendó comer carne de caballo a los pobres que no pudieran comprar la de res; el Cónsul americano en Santiago de Cuba informó a Wáshington que en Caimanera, *"mezclados con los pocos locales de negocios legítimos, están los cafés y casas de prostitución del tipo más degradado y no hay ningún lugar de diversión que no sea inmoral..."*; la prostitución y el proxenetismo se adueñaron de los barrios de Colón y Monserrate, en La Habana; y la estadística carcelaria arrojó la suma de 5.000 criminales presos. La nota final a tanta impudicia la copiamos del "Diario de la Marina, edición del día 8 de septiembre de 1917:

*"Un grupo de políticos, entre ellos varios Representantes (José Strampes, Ramón Souto, Silvio de Cárdenas, Cecilio*

*Acosta, Andrés Lobato, Francisco Pérez y Maceo Rizo), comen-
zaron una rumba y borrachera en el cabaret Boloña y luego
fueron a la finca La Mambisa con un grupo de cortesanas. Al
siguiente día entraron a caballo en La Habana y estuvieron
en El Telégrafo, Las Columnas, Anón del Prado, Vista Alegre,
en San Lázaro y Belascoain y en el Hotel Luz. En todos estos
lugares entraron a caballo haciendo destrozos por valor de
$ 20.000,00. El escándalo duró el día entero, sin que la Policía
los detuviera, por lo que se le formó expediente al capitán Hidalgo y a varios policías..."*

La Renta de la Lotería era el cuerno de la abundancia
donde los parasitarios parientes presidenciales y los caciques
politiqueros menocalistas nutrían sus bolsas. De los primeros,
en especial los del género femenino, contaban con jugosas
colecturías *para alfileres,* en tanto que a los distantes del
género masculino se les favorecía con botellas. La mecánica de
este juego de azar oficializado que Menocal había prometido
eliminar, usada para fines de corrupción electoral, era como
sigue: Se imprimía un número menor de billetes que los autorizados para que la demanda de ellos hiciera subir su precio
de venta al público. Los *colectores,* o personas que tenían
asignación oficial de un número determinado de billetes, sólo
estaban autorizados a recibirlos de la Renta con un 3 % de
descuento sobre el precio oficial. Pero como la demanda de
billetes por los jugadores era muy alta, el precio de ellos era
a veces un 20 % sobre el valor legal de venta. Los colectores
cedían, mediante un precio alto, sus asignaciones a las casas
mayoritarias que realmente vendían los billetes a los expen-
dedores y al público. Este infame proceso, con ligeras variantes,
ha sido el fundamental en todos los gobiernos republicanos
y tuvo su mayor auge en las épocas presidenciales de Grau
San Martín y Prío Socarrás cuando sirvió para financiar las
maquinarias electoras del BAGA y *La Aplanadora,* así como
para pagar el barato que les cobraban los grupos gangsteriles
disfrazados de revolucionarios.

Los plumíferos de alquiler recibían también sus mendrugos,
bien como pago por su silencio sobre los desmanes gubernamentales o bien como retribución por sus campañas difama-
torias contra los enemigos de éste. Fue precisamente en este
tiempo que Ramón Vasconcelos inició su camino de depravado
periodismo, mediante un artículo en que acusaba a los propios
cubanos de haber asesinado a los generales Antonio y José
Maceo. El general mambí Manuel Piedra Martel le prodigó

impublicables vituperios y lo acusó *"del infame propósito de fomentar odios de raza en provecho personal..."* Antonio Zambrana, bordeando la decrepitud y falto de su verborrea demagógica, aún tenía fuerzas para hacer uso de la pluma en "La Discusión", y alentando a Menocal a reelegirse.

El maremágnum menocalista era de naturaleza tal que sucedió lo increíble: la Secretaría de Sanidad demandó al Estado de North Carolina. El absurdo fue como sigue: Un grupo de *vivos* americanos ideó donar al Gobierno cubano, por mediación de la Secretaría de Sanidad, $ 2.000.000,00 en bonos de la Confederación, emitidos y luego repudiados por aquel Estado, para que Cuba, como país soberano, demandara a North Carolina el pago de los bonos, cosa que, de acuerdo con las leyes americanas, podía hacer una nación y no un individuo. La idea detrás de esto era que si la Corte admitía la legalidad de la demanda cubana los bonos objeto de litigio, así como el resto de la emisión, adquirirían un valor especulativo y se les podría sacar provecho vendiéndolos a los incautos. La Secretaría de Sanidad aceptó los bonos y, con la aprobación de la Secretaría de Justicia, dio poder a un bufete de abogados americanos para que en su nombre y representación demandase al Estado de North Carolina. Varios Senadores sureños pusieron el grito en el cielo, se quejaron al Ministro de Cuba en Wáshington y éste informó al Secretario de Estado Cubano, quien alegó desconocer el asunto. Puesto en antecedentes, el general Menocal dictó un decreto suspendiendo la acción por parte del Gobierno cubano el día 4 de enero de 1917.

\* \* \*

*Fraccionamiento del Partido Liberal. — Unificación de éste bajo José Miguel. — Campaña reeleccionista de Menocal. — La primera rebeldía estudiantil. — La campaña electoral 1916. — El cambiazo. — Las elecciones especiales de 1917. — Contraste entre Liberales y Conservadores.*

Teniendo como telón de fondo todo lo anteriormente relatado, el escenario político cubano estaba listo para ofrecer la tragi-comedia de las elecciones presidenciales para el cuatrienio 1917-21, para el cual el Héroe de Las Tunas había prometido no reelegirse, punto en el que no se podía creer mucho, puesto que también había hecho formal promesa de abolir la Lotería, las botellas y el prebendaje y era bien visible cómo no había cumplido su empeñada palabra. Si esto no bastaba para pesar en su contra, el Presidente encaraba dentro de su propio Partido una fuerte oposición, lidereada por el Senador Maza y Artola y secundada por el Vicepresidente Varona.

El Partido Liberal seguía conservando su condición mayoritaria, pero al mismo tiempo nuevamente volvía a fraccionarse en forma tal que lo hacía vulnerable a la cohesión Conservadora. El Partido Liberal original seguía bajo la égida de Zayas, pero Gerardo Machado y Carlos Mendieta jefatureaban, en La Habana y Las Villas, respectivamente, dos grandes núcleos del Liberal Unionista. Otros grupos de origen Liberal que restaban poder al zayismo eran el Provincial Unionista de Matanzas, el Liberal Independiente de Vueltabajo, el Liberal Nacional de Las Villas y otros dos grupos que se mantenían en La Habana alejados de los demás: el Hernandizta y la Conjunción Patriótica del ex-Gobernador Asbert. Esta última, aunque ligada al menocalismo, se hallaba disgustada con el Presidente como consecuencia del trato que se había dado a su líder cuando el asesinato del general De la Riva. José Miguel seguía conservando su antagonismo contra Zayas y con Asbert eliminado de la carrera presidencial nadie sabía de fijo si el *Tiburón* aspiraría de nuevo, apoyaría a Zayas o se decidiría por un tercer candidato. Zayas maniobró hábilmente entre bastidores y logró el apoyo a sus aspiraciones de las Asambleas Provinciales, que lo postularon, con Carlos Mendieta, a la candidatura presidencial en una unificación provisional de todas las tendencias Liberales, con la excepción de Eusebio Hernández, quien, disgustado, se tramitó al menocalismo para apoyar la reelección del *Mayoral*. Los Unionistas habían asegurado la postulación alcaldicia en La Habana para Varona Suárez, en perjuicio del zayista Aspiazu, tipo populachero, frecuentador de *bembés* y edición 1917 del *Chicho Pan de Gloria* de la *cordialidad* de Carlos y Antonio Prío Socarrás. En una maniobra intencionada a dividir el liberalismo municipal habanero, Aspiazu se pasó al menocalismo y fue provisto con innumerables botellas de Lotería y del Departamento de Recogida de Basura que repartió a diestra y siniestra en la Capital, tocándole la mala suerte de que los electores se las aceptaron y luego votaron por su contrincante, jugarreta criolla que se repitió en 1950 con el *hermanisimo*, Antonio Prío, frente a Nicolás Castellanos. De lo que sucedió con Azpiazu quedó una conguita habanera: *Azpiazu me dio botella — y yo voté por Varona, — aé, aé, aé, — aé La Chambelona...*

Advertido de que le era indispensable el apoyo del caudillo villareño —sin el cual perecería la maniobra asamblearia—,

17

Zayas envió parlamentarios al ex-Presidente Gómez y éste propuso como condiciones para aceptarle como candidato presidencial que se le nombrase a él Jefe del Partido Liberal y que se le respetase el derecho a nombrar candidatos para todos los cargos electivos y para vetar a quien le conviniese. Puso la condición, además, que las asambleas se disolviesen. Hubo idas y venidas de *componedores de bateas* hasta que se acordó en definitiva que José Miguel fuera Jefe Supremo de un Directorio Liberal formado de cinco miembros por provincia y un Comité Ejecutivo de doce, escogido de entre los treinta del Directorio, pero siempre ambos organismos regenteados por el Héroe de Arroyo Blanco. Esto hacía evidente a los ojos de todos que Zayas quedaba virtualmente prisionero de José Miguel, ya que Gerardo Machado, el más fuerte defensor de aquél, también se sometió a éste, quien, en definitiva, sólo codiciaba el puesto de indiscutido caudillo frente a Menocal. No todos los fraccionamientos liberales aceptaron la jerarquía del nuevo Directorio Liberal: optaron por trasegarse al reeleccionismo, junto con el Hernandizta, el Provincial de La Habana, el Independiente de Vueltabajo, el Nacional de Las Villas y el Histórico Regional de Matanzas. El Gobernador de La Habana, Bustillo, al ser desechado por Asbert y postular éste a Alberto Barreras, se mudó al menocalismo con todos los Liberales que cobraban por la nómina Provincial.

El *Mayoral* no encontraba el camino fácil hacia la reelección, pues dentro del Partido Conservador había una fuerte corriente determinada a impedirla. El Senador Maza y Artola se había convertido en censor de su Gobierno y en adalid de la moralización administrativa, ganándose con ello el odio de Liberales y Conservadores por igual, especialmente con motivo de su presentación de un proyecto de ley contra las botellas que no fue considerado y que por poco le cuesta su expulsión del Senado. Más tarde Maza y Artola presentó un nuevo proyecto disponiendo el saneamiento de la Renta de la Lotería en el que acusaba a Menocal de disponer de ésta en beneficio de sus familiares, pero fracasó en el empeño porque fue saboteado por los Congresistas. Freyre de Andrade, quizás con un remordimiento de conciencia por haber causado una revuelta por apoyar la reelección de Estrada Palma, se pronunció vigorosamente contra la de Menocal. El Vicepresidente Varona, el Presidente del Partido Conservador, Sánchez Agramonte, y cinco de los seis Presidentes de las Asambleas Provinciales de ese partido, a saber, Wilfredo Fernández, de Pinar del Río; Armando André, de La Habana; Víctor de Armas, de Matanzas; Sánchez Batista, de Camagüey, y Luis Milanés, de

Oriente, se pronunciaron contra la reelección. La sola excepción fue el Gobernador de Las Villas, Francisco Carrillo. Menocal comenzó su campaña reeleccionista mediante un viaje a Oriente a visitar el ingenio de su propiedad —que había construido durante su mandato presidencial— y que aprovechó para confabularse con los delegados conservadores a la Asamblea Provincial y destituir a Milanés. Los estatutos del Partido Conservador daban el derecho al voto en la Asamblea Nacional a las personas que hubieran sido Secretarios de Despacho en Gobiernos conservadores, y de esto se aprovechó Menocal —con la ayuda de Cosme de la Torriente— para que se aprobase que los ex-Secretarios de Estrada Palma eran "conservadores" porque procedían del Partido Moderado, que era la fuente del Conservador, con lo que quedaron asegurados para el Presidente los votos reeleccionistas de los ex-Secretarios estradistas Fonts Sterling, Montalvo, Zaldo, O'Farrill, Díaz, Casuso, García Montes y Lamar. Una vez controlada por los menocalistas la Asamblea Nacional Conservadora, postuló el ticket presidencial Mario G. Menocal-Emilio Núñez, a pesar de los apasionados discursos en contra de Maza y Artola, Freyre de Andrade, y Wilfredo Fernández. Sánchez Agramonte renunció a la Presidencia del Partido Conservador y la Asamblea nombró para sustituirlo a Ricardo Dolz, el mismo intransigente ex-autonomista que había conducido a *Don Tomás* al abismo y a quien Menocal estuvo a punto de abofetear en aquella ocasión y quien era Senador por Camagüey a pesar de ser oriundo pinareño.

Maza y Artola presentó una ley en el Senado disponiendo que *"cuando un Presidente sea candidato para un nuevo período, deberá entregar la Presidencia al Vice hasta ocho días después de las elecciones, y durante ese tiempo tampoco podrán ser Secretarios los anteriores..."*, que fue aprobada por ambos Cuerpos legisladores y que Menocal engavetó para vetarla cuando ya no tenía tiempo legal el Congreso para reunirse y reconsiderarla. En venganza, el Presidente suprimió las colecturías de los que habían votado en el Congreso a favor del proyecto y éstos respondieron con la presentación de un nuevo proyecto que suprimía la Renta de la Lotería, el cual, como es de suponerse, fue rechazado por una enorme mayoría de votos. Maza y Artola fue enjuiciado por el Comité Ejecutivo del Partido Conservador, que aprobó una resolución declarando *"que debía renunciar a su Senaduría por el Partido..."*, lo que aquél rebatió asegurando *"que sólo fusilándolo lo silenciarían..."*. Los estudiantes universitarios organizaron una manifestación callejera en apoyo de Maza y Artola con el concurso de obreros y de pueblo en general y fueron brutalmente apaleados por la Policía. Los líderes de aquella primera rebeldía estudiantil contra las inmoralidades gubernamentales fueron los jóvenes Rafael Guas Inclán y Manuel Dorta Duque. Lleno de furor por la audacia estudiantil de disputar su autoritarismo, el general Menocal alardeó a la prensa de *sus timbales*, que no eran instrumentos musicales de percusión precisamente a lo que se refería.

La campaña electoral se efectuó en medio de un clima de violencias tremendo. Reportes de prensa, tomados al azar, de ese período informan lo siguiente: en Marianao, seis personas heridas en un mitin Conservador; en Manguito tres muertos y dos heridos Liberales; en Cienfuegos un muerto y tres heridos de ambos Partidos; en Güines, el candidato alcaldicio Liberal mató a su rival Conservador; en Camajuaní los Liberales atacaron a los Conservadores, dejando un saldo de un muerto y diecinueve heridos; en Camagüey un policía muerto en un mitin Conservador; en Güira de Melena la Guardia Rural disolvió una riña política y causó dieciséis heridos; en Quemados de Güines fue muerto el Jefe de la Policía; en Manzanillo fue escopeteado un vocal de la Junta Municipal Electoral; en La Habana gran número de lesionados en una fiesta política en Belascoaín y Zanja, y en la Acera del Louvre un sargento político mató a otro a balazos; en Madruga un incendio hizo pavesas del Juzgado y la Junta Electoral Municipales. Los Conservadores dieron a la publicidad una estadística demostrativa que sufrieron cuarenta y dos muertos contra siete los Liberales, términos que éstos invirtieron en la suya. Apuestas por miles de pesos se cruzaron entre unos y otros simpatizantes como si se tratara de peleas de gallos.

Los días finales de la campaña electoral vieron una demostración del carácter cubano que pasmó a los observadores extranjeros: en las capitales de provincias los Liberales y Conservadores recorrían las calles dándose vivas mutuamente y cordializando como si nada hubiese ocurrido previamente. Una Comisión Conjunta de ambos Partidos acordó la suspensión de mítines durante los dos días últimos de octubre para suavizar los caldeados ánimos. A pesar de existir 69 Supervisores Militares nombrados por el Gobierno, el informe final preelectoral del Ministro americano decía a Wáshington: *"Ambos Partidos parecen tener confianza en la imparcialidad del Ejército y la Marina..."* El ticket Menocal-Núñez, con su lema *Honradez, Pan y Trabajo,* se batiría con el presentado por la oposición de *Zayas-Mendieta, victoria completa...,* en 2.097 colegios electorales, distribuidos así: 220 en Pinar del Río, 490 en La Habana, 259 en Matanzas, 489 en Las Villas, 136 en Camagüey y 497 en Oriente, por la votación de un caudal de electores que contaba entre ellos vivos, muertos, no-natos e imaginarios en número desconocido. Debido al fraude que se cometió, no llegó a saberse nunca con certeza el número de votos que alcanzó la candidatura victoriosa, es decir, la que se reconoció oficialmente como tal.

El día 1.º de noviembre de 1916 transcurrió en relativa calma, que sólo fue perturbada por triviales incidentes consustanciales al proceso electoral. La Secretaría de Gobernación había situado una pizarra lumínica en la azotea de su edificio y en ella aparecían los partes de los escrutinios realizados. La madrugada del día 2 éstos arrojaban una mayoría Liberal en las seis provincias, que se mantuvo hasta el mediodía, hora en que ya estaban escrutados más de la mitad de los colegios de la Isla. Esta mayoría Liberal era muy grande en La Habana y pequeña en las otras provincias. Al atardecer se mantenía una abrumadora mayoría Liberal en La Habana y una pequeña en Matanzas, Camagüey y Oriente, porque los Conservadores estaban ganando en Pinar del Río y Las Villas. Toda la prensa, incluida la menocalista, daba por victoriosa a la candidatura Liberal en la noche del 2 y en la madrugada del 3. Hevia, el Secretario de Gobernación, confesó a Menocal en presencia de periodistas: *"Hice cuanto pude, pero al fin los Liberales nos vencieron con votos..."* Menocal lo miró impasible, sin contestarle. El Secretario de la Legación americana cablegrafió a Wáshington: *"Zayas parece electo, orden completo..."*

Lo que sucedió a partir del atardecer del día 2 de noviembre —mediante pruebas documentales y testimonios de testigos presenciales— lo hemos reconstruido casi con exactitud y resumido en la forma que sigue:

Menocal se encontraba abatido y presto a conceder la victoria de Zayas cuando las damas de su familia le reconvinieron airadas tal cobarde decisión de permitir que Zayas y su parentela ocupasen el lugar de ellas, en detrimento de la sociedad del país. Uno de los más destacados *guatacas* menocalistas se permitió emitir un ofensivo concepto de la esposa de Zayas que fue acogido calurosamente por el grupo. Un apresurado consejo de guerra palaciego decidió proceder con un *cambiazo* y a esos efectos el general Emilio Núñez se encerró en la Dirección General de Comunicaciones con el Director, Charles Hernández, y el Secretario de Gobernación, Hevia. De inmediato fueron cortadas todas las comunicaciones telefónicas y telegráficas con el interior de la República, mientras un grupo de Inspectores de Comunicaciones se posesionaba del Centro Telefónico y otro lo hacía de la Dirección de Telégrafos. En el primero de esos lugares se censuraban las llamadas y en el segundo se sustraían los telegramas que iban dirigidos a la Junta Central Electoral procedentes de los colegios escrutados. La noche del día 2, el secretario particular de Menocal, Azpiazu, envió el siguiente telegrama a Panadés, en Trinidad: *"El General me encarga los felicite y les diga hagan todo esfuerzo, no omitiendo medio alguno para triunfar..."* Panadés, sin perder tiempo, se dirigió a Oscar Soto, también por vía telegráfica, en los siguientes términos: *"De orden general Menocal hay que ganar elecciones sin omitir medios..."*

La Junta Central Electoral dejó de recibir los partes que debía remitirle la Secretaría de Comunicaciones a partir de la tarde del día 2. El día 3 comenzó a recibirlos de nuevo, pero procedentes de la Secretaría de Gobernación en lugar de la de Comunicaciones, en una demostración de que en ésta se sustraían los pliegos que en aquélla se estaban falsificando. Cuando preguntó la causa de aquella anomalía y el Gobierno nada le respondió, la Junta ordenó suspender el conteo de la votación. El cambiazo consistía en abrir los sobres que contenían los pliegos y agregarles votos a los partiditos de bolsillo que eran reeleccionistas, tales como los "Amigos del Pueblo" (antiguos Independientes de Color), Liberales Independientes y Federal Obrero, formando tal maraña que sería difícil, si no imposible, el desenredar por la Junta. Los votos falsos eran añadidos solamente al ticket presidencial Menocal-Núñez y en algunos casos estos partiditos obtuvieron más votos que el Liberal y el Conservador juntos. Ricardo Dolz asumió la responsabilidad de la contra-campaña y de inmediato ordenó manifestaciones de los basureros, jornaleros y carretoneros celebrando la presunta victoria conservadora. Rafael Montoro convocó a la prensa para notificarle el cambio de votación favorable al Gobierno según los partes finales, acusando a *los telegrafistas liberales* de haber enviado anteriormente partes falsos a la Junta. Cuando los Liberales se reunieron en su Círculo de la calle Galiano, fueron disueltos violentamente por el Ejército, que les produjo un muerto y varios heridos. En Santiago de Cuba un hermano de Menocal, Pablo, sustrajo las boletas de la Junta Provincial —con la ayuda de varios hombres vestidos de soldados— y se las llevó al Hotel Imperial, donde las falsificaron, mientras que los Liberales que protestaban en la calle Enramada fueron disueltos a tiros y golpes de paraguayo por la soldadesca. En Matanzas fue impuesto el patrullaje y el pueblo desalojado de las calles y locales de escrutinio.

Ante las protestas vigorosas del Directorio Liberal, los Conservadores aceptaron discutir la situación y nombraron a Ricardo Dolz y al general Montalvo, los mismos *tanquistas* de

1906, que ahora eran seleccionados por el mismo general Menocal, que los combatió en aquella ocasión por reelegir a *Don Tomás*, pero que les echaba mano, como clavo ardiente, para que fueran sus guapetones de nuevo frente al liberalismo. Que la decisión de Menocal de no dejar tomar posesión a Zayas fue inspirada por instigaciones familiares femeninas, aparte del testimonio de cubanos a ese efecto, lo ratificó el Ministro americano, Long, cuando en un informe que envió al State Department en 1920, aseguró que Menocal le había expresado *"that he could not concede on account of Zayas' family..."*, o séase *"que no podía entregar a causa de la familia de Zayas..."* El día 9 una comisión compuesta por José Miguel, Zayas y Ferrara (Liberales), y Dolz y Montalvo (Conservadores), llegaron al acuerdo que *"los escrutinios de la votación del día 1.º sean ampliamente examinados y discutidos en los organismos electorales y judiciales por ambos Partidos, y éstos se ayuden mutuamente a descubrir los fraudes..."* Ese mismo día el Departamento de Comunicaciones envió el siguiente telegrama a todos los jefes de oficinas telegráficas de la República: *"Envíe este Departamento originales telegramas electorales inmediatamente, destruyendo copias. Acuse recibo..."* La jugarreta no era otra que el hacer impracticable lo acordado con los Liberales, ya que no se podrían cotejar esos partes originales con los falsificados después. La efervescencia Liberal fue mitigada por el leguleyismo conciliador de Zayas y por el despliegue militar del Gobierno. Los ánimos miguelistas se calmaron y decidieron esperar por el resultado final de los escrutinios para, de acuerdo con ello, decidir el curso de acción que procedía tomar.

Hasta el mes de diciembre no terminó el escrutinio. En esa fecha se informó oficialmente por la Junta Central Electoral que los Conservadores habían triunfado en Pinar del Río y Matanzas y los Liberales en La Habana y Camagüey, quedando por celebrar elecciones especiales en Las Villas y Oriente, que serían decisivas en la elección presidencial. Las impugnaciones presentadas por Zayas, sabio en recursos electorales, habían resultado vencedoras en los Tribunales, tanto en el Electoral como posteriormente en el Supremo cuando reclamaron en contra de ellas los Conservadores. Estos Tribunales fueron realmente acuciosos en el examen de las pruebas y no se dejaron coaccionar ni por el Gobierno ni por la Oposición, y a causa de ello recibieron denuestos de uno y otra. En definitiva, no fallaron radicalmente sobre si el fraude cometido en Correos era suficiente elemento de prueba para declarar victorioso al Partido Liberal, sino que optaron, como arbitraje feliz, que se celebrasen elecciones complementarias en los colegios en que más fehacientemente se probaron violencias y fraudes y que en sus escrutinios recayese el resultado final del proceso electoral presidencial. En tal caso, si el Gobierno persistía en la coacción se haría culpable de contumacia y quedaría al Partido Liberal el recurso legal que obligaría al Tribunal Supremo a destituir a Menocal. O les quedaba en última instancia, si lo anterior fracasaba por presión gubernamental, el recurso de alzarse en armas, derecho inalienable y obligación moral de un pueblo cuando no se respeta su voluntad demócrata-representativa por un dictador, un tirano, un politiquero o una Junta Militar.

El cuadro estadístico previo a la celebración de las elecciones especiales señaladas para el día 14 de febrero de 1917, mostraba en forma irrebatible la imposibilidad matemática de que los Conservadores pudieran obtener legítimamente el triunfo de la candidatura Menocal-Núñez. En Las Villas los Liberales contaban con una mayoría de 1.164 electores y el total de éstos que tenía que votar en los colegios anulados era de 2.443. No era posible, pues, matemáticamente considerado, que los Liberales perdieran esa provincia, que era un fuerte del miguelismo, pues ni aunque votasen todos los inscriptos y se dividiera la votación al 50 % podrían ganar los Conservadores. Únicamente si acudían todos los electores a las urnas y de ellos el 75 % votaba a Menocal —algo absurdo en Las Villas—, podía éste ganar, raspando, esta provincia. Si acudía a las urnas el 80 % de los inscriptos —cosa habitual— y de ellos el 75 % votaba menocalista —cosa improbable—, tampoco serían derrotados los Liberales. De alguna forma tendría que forzar la mano el *Mayoral* con un repiqueteo de *timbales* si quería derrotar al Partido Liberal en Las Villas.

En Oriente la situación era parecida: la mayoría menocalista, después de la depuración, se quedó en 83 votos y faltaban por votar en las nuevas elecciones los electores de 22 colegios anulados en Las Tunas. Allí, a pesar de que Menocal fue héroe mambí, siempre los Liberales habían triunfado en todas las elecciones habidas. No en balde los Conservadores incendiaron la Junta Electoral de ese Municipio antes de las elecciones del anterior 1.º de noviembre. El balance final sufragista era éste: los menocalistas estaban obligados a la carabina de ases de ganar las dos provincias disputadas; los zayistas necesitaban triunfar en una sola de ellas. El más ingenuo observador podía apreciar que solamente un milagro, o un ardid, impediría a los muchachos del gallo y el arado ganar la Presidencia para el ticket Zayas-Mendieta. Y que después cambiaran la música de fox-trot y one-step, que era favorita de Palacio, por el ritmo alegre y cumbanchero de "La

Chambelona". El cambiazo no podría repetirse por ser ya conocido el truco. Ni darse *la brava* en los colegios porque estarían custodiados imparcialmente por funcionarios de ambos Partidos. Ni *rellenar* las boletas, porque las comisiones de escrutinio estaban supervisadas por la Junta Central Electoral. Habría que inventar alguna nueva trampa para reelegir al *Mayoral*. Y, créase o no, ¡fue inventada...!

Rafael Montoro se hizo cargo de la dirección de una infame campaña difamatoria contra los miembros de la Junta Central Electoral y del Tribunal Supremo, al tiempo que Aurelio Hevia les quitaba la protección policíaca a los edificios de esas dos instituciones. A su vez, Dolz asumía la responsabilidad de reclutar y organizar pandillas de matasietes al servicio del Gobierno. La situación preelectoral fue descrita a Wáshington por el Ministro González en un mensaje urgente y confidencial que decía:

*"En diciembre se creía que los Tribunales decidirían contra los Liberales. Menocal me aseguró repetidas veces que sólo los Tribunales podrían decidir y que él reprimiría rigurosamente toda oposición a esas decisiones. Ahora los Tribunales deciden contra los Conservadores. La victoria Liberal está asegurada, a menos que una mayoría Liberal de 1.164 votos sea compensada en unas elecciones cuya votación total no puede exceder de 1.500. Menocal está muy resentido contra el Tribunal Supremo, y su estado de ánimo es que su Partido está autorizado para usar todos los medios para ganar las elecciones. Esto significaría el empleo de la fuerza, matar Liberales y falsear los escrutinios. Aunque simpatizo personalmente con la reelección de Menocal, creo que esos métodos, aún si no provocaran una revolución, le harían un daño durable a Cuba. No creo que la mayoría del Gabinete ni los líderes Conservadores sean partidarios de medidas extremas para ganar la elección. Espero que el Presidente cambie de actitud..."*

Freyre de Andrade, Varona, Maza y Artola, González Lanuza, De la Guardia, Wilfredo Fernández y otros varios notables Conservadores citaron a una reunión para pedir que las elecciones fueran completamente imparciales y el tremebundo Dolz se opuso violentamente a ello, acusándolos de traidores por expresarse en aquella forma anti-Partido. Menocal dispuso el traslado a Las Villas y Oriente de jefes militares de su confianza. Nombró Supervisor de Las Villas al coronel Ibrahim Consuegra, primo del fallecido general Monteagudo y, como éste, mortal enemigo de Zayas. Indultó cerca de un centenar de incorregibles criminales y los nombró *milicianos* para cuidar el orden en los colegios electorales. Cambió todo el personal de Correos y Telégrafos, que estaría envuelto en el proceso de reportar los partes de escrutinio por empleados de probada militancia menocalista y finalmente distribuyó pródigamente armas entre los elementos conservadores más camorristas que habitaban las dos provincias en debate.

El nuevo método inventado y que iba a usarse era el de la intimidación para provocar el retraimiento Liberal, el alejamiento de las urnas de quienes jamás votarían por Menocal y el de la coacción para que votaran por éste aquellos electores susceptibles al miedo. Sumando la abstención de los primeros, el alejamiento de los segundos y la colaboración forzada de los terceros a la votación menocalista normal, se lograría una fórmula matemática que arrojase un resultado contrario al vaticinado por los expertos electorales y observadores extranjeros. Incluyendo entre estos últimos a Mr. González.

El Directorio Liberal contempló intranquilo estas medidas gubernamentales, indeciso ante el camino a tomar, puesto que, al igual que en 1906, se le había situado en la disyuntiva de someterse o alzarse. Optó por enviar a Orestes Ferrara y Raimundo Cabrera a Wáshington a pedir que el State Department enviase a Las Villas testigos —no interventores— que certificasen la imparcialidad de las elecciones y la honradez en los escrutinios. Esto ocurría la primera semana de febrero de 1917. Hasta aquel momento, aunque las simpatías oficiales americanas estaban por Menocal, se mostraron imparciales y solamente deseosas que el orden no fuese alterado por Liberales o Conservadores.

El frente intelectual del liberalismo era de una pobreza extraordinaria. Sabían mucho sus líderes de chanchullos electorales, de artimañas politiqueras y de movilizaciones populacheras, pero estaban en el limbo en cuanto a proyecciones internacionales o política de altos vuelos. El "Lusitania" había sido hundido por submarinos alemanes el 7 de mayo de 1915; la Guerra Europea iba por su tercer año de existencia; los Estados Unidos se acercaban a pasos agigantados a su entrada en el conflicto mundial y cualquiera podía darse cuenta de que si eso sucedía el azúcar cubano sería un artículo vital para los esfuerzos bélicos y de aprovisionamiento del Tío Samuel. Pero en aquella época de aeroplanos y tanques los Liberales seguían pensando en cargas al machete y políticamente montados en quitrín en lugar de automóvil. Su líder principal, José Miguel Gómez, no era otra cosa que un cacique villareño cuya visión política terminaba en el límite de sus fincas ganaderas. Alfredo Zayas, por su parte, era un muñidor electoral cuyo conocimiento de la sicología cubana se circunscribía al soborno y al *amarre*. Contrariamente a ellos, Menocal era un hombre de mundo, capitán de industria y asociado a un trust azucarero que estaba al día en las intricacias del arte del financiamiento originario en Wall Street. Este trust azucarero precisaba que las zafras se efectuasen regularmente en Cuba, al máximo de su producción y con el mayor rendimiento de dividendos a los accionistas de la Cuban American Sugar, la Cuba Cane, la American Refining, la United Fruit, la Punta Alegre y la National Sugar, *companies* que ya poseían en Cuba la suma de 72 ingenios, cientos de miles de caballerías cañeras y que tenían invertidos cientos de millones de pesos en una industria básica de la cual era el Presidente Menocal su *Mayoral*.

Nada de esto comprendían José Miguel y sus Liberales, contrastándose con el pragmatismo de Menocal y sus Conservadores. El caudillo villareño seguía firme en la anacrónica creencia que con quemar una docena de cañaverales, volar un par de puentes, tirotear tres o cuatro trenes de la Cuba Railroad y coger el monte con varios cientos de jinetes obligaría a Wáshington a acordarse de Mr. Orville Platt. Pero también había en la mente tiburonesca de José Miguel algo más: desplazar de la Presidencia a un tiempo a Menocal y a Zayas y ser luego el candidato Liberal indiscutido, sin un oponente Conservador de valía. Pero el calculador hombre de negocios que era Menocal sabía por vía directa desde Wáshington que allí no estaban dispuestos a la ocupación, sino a aplastar la revuelta que iniciase cualquiera y que pusiese en peligro la zafra. Y el *Tiburón* metió el cuello en el lazo corredizo que le tendió el *Mayoral:* decidió alzarse antes de la celebración de las elecciones especiales, en contra de la voluntad de Zayas, quebrando la unidad del Partido Liberal cuando más necesitado estaba de ella.

* * *

*La revolución de* La Chambelona. — *Medidas de Menocal.* — *La rebelión en Las Villas.* — *Las* NOTAS *de Mr. González.* — *Ofensiva gobiernista.* — *Caicaje. Operaciones militares en Oriente.* — *La Cuarta Intervención.* — *Asesinato de Gustavo Caballero.*

José Miguel no pensó en una revolución, sino en un cuartelazo, o golpe militar. Su plan consistía en secuestrar a Menocal, producir un cuartelazo apoyado por civiles, pedir el reconocimiento americano y celebrar elecciones presidenciales después de un tiempo prudencial. Zayas se opuso al plan y propuso esperar hasta después de las eleccion̨ess especiales, ya que estaba seguro de que triunfaría en ellas. Rezongando, José Miguel accedió esperar hasta el día 16 por ̨el resultado electoral. Entre tanto, la conspiradera andaba suelta por toda la Isla y quien mejor enterado estaba de sus pormenores era el Presidente Menocal. José Miguel contaba con la oficialidad que le era adicta, entre la cual se destacaban los tres oficiales superiores de Camagüey: el coronel Enrique Quiñones, Jefe del Distrito; el teniente-coronel Eliseo Figueroa, Jefe de la Policía, y el comandante Luis Solano, Jefe del Tercio Táctico de Caballería y del Cuartel Agramonte. En Oriente contaba con el comandante Rigoberto Fernández y el comandante Luis Loret de Mola, quienes le habían prometido neutralizar al Jefe del Distrito interino, teniente-coronel Eduardo Lores, quien en aquellos momentos sustituía al Jefe en propiedad, coronel Matías Betancourt, ausente en La Habana. Todos los restantes mandos militares eran leales al Gobierno.

José Miguel soñaba que Gerardo Machado, Eduardo Guzmán y *Pino* Guerra, quienes habían sido altos oficiales del Ejército Permanente movilizarían —como ellos le habían asegurado— gran part̨e de la tropa en favor suyo, pero se equivocó tontamente, pues el Ejército había sido renovado casi totalmente por Menocal y ni se acordaba de aquéllos. Julio Morales Coello, el Jefe de la Marina, era su yerno, pero ̨el asunto no pasaba de ahí, como se demostró después. El día 8 de febrero, mientras recorrían Las Villas, Zayas y Mendieta fueron vejados y atropellados por la fuerza pública, acontecimiento que les hizo sospechar violencias futuras en las elecciones. Cuando le participaron a José Miguel lo sucedido, éste decidió efectuar el alzamiento el día 10 y para ello embarcó por Batabanó con rumbo marítimo al sur de Camagüey, diciendo que iba de pesquería, acompañado de su hijo Miguel Mariano. Machado partió por tierra hacia Santa Clara para ponerse al frente de la rebelión en aquella comarca suya. Cuando llegó a su destino se reunió en asamblea con Mendieta, Roberto Méndez Peñate y Clemente Vázquez Bello, quienes aceptaron secundar el movimiento revolucionario. Zayas participó en la reunión y luego de ella tomó el tren para La Ha-bana, pero se apeó en el paradero de Cambute (Guanabacoa) y fue a esconderse ̨en la finca de Rosalía Abreu, en Palatino, hasta ver qué pasaba. Los militares en activo con que Machado confiaba le fallaron a la hora cero y se tuvo que alzar con sólo 60 antiguos libertadores de su amistad. El plan de secuestrar a Menocal fracasó por la delación de uno de los comprometidos, quien entregó a los dos oficiales que lo iban a realizar, tenientes Castellanos y López. El planeado asalto al Campamento de Columbia por *Pino* Guerra, Baldomero Acosta y Federico Mesa falló por denuncia de un complotado al coronel Miguel Varona, quien inmediatamente acuarteló las fuerzas de su mando y arrestó a los comprometidos, mientras aquellos tres escaparon hacia Wajay. Hevia ordenó la prisión de todos los jefes liberales que pudieran ser hallados en toda la Isla, obligando con tal medida a gran cantidad de ellos a esconderse y restándole así fuerzas al pronunciamiento. José Miguel desembarcó por la zona de Júcaro y se dirigió hacia su región de Sancti Spíritus a preparar su estrategia y poner en acción su táctica.

El más exitoso golpe rebelde fue el cuartelazo de Camagüey. Allí se contó con el apoyo de la mayoría de las tropas y fue librado un combate victorioso contra los Conservadores atrincherados en la Jefatura de Policía. El alzado capitán José *Pepito* Izquierdo Juliá sometiendo a la humillante ofensa de arrodillarse, bajo amenaza de ser muertos, al general libertador Javier de la Vega y al Gobernador Sánchez Batista. El Senador Gustavo Caballero se autonombró *Jefe Superior del Movimiento* y dispuso la partida del grueso de las tropas sublevadas para que se unieran a José Miguel, quien, a su vez, se autotituló *Mayor General del Ejército Constitucional.* El coronel Enrique Quiñones, a su vez, publicó un manifiesto o proclama en el que explicaba que *"El levantamiento era para defender la Constitución que Menocal había violado...",* y firmaba con el carácter de *Coronel, Jefe del Ejército.* Se preparó un tren que salió de Camagüey hacia Ciego de Ávila con Quiñones, Solano, Carlos Miguel de Céspedes, las tropas mandadas por los dos primeros de ellos, los presos sacados de la cárcel y la Banda de Música del Regimiento tocando *La Chambelona,* que vino a ser el himno de guerra de la revolución iniciada. En toda la provincia hubo alzamientos y de éstos los más señalados fueron los de Nuevitas, Morón, Santa Cruz del Sur y Ciego de Ávila. Caballero quedó en Camagüey al frente de un *Consejo de Organización* que compartía con Enrique Recio y Rogerio Zayas Bazán. El dominio chambelonero del Camagüey era positivo.

En la provincia de Oriente el cuartelazo miguelista no se llevó a efecto hasta el día 12. En esa fecha los comandantes Rigoberto Fernández y Luis Loret de Mola, secundados por los capitanes Luis Estrada, Emilio Dubois y Jorge Vila, redujeron a prisión al teniente-coronel Lores, sublevaron las tropas de línea, ocuparon el Gobierno Provincial, encarcelando al Gobernador Rodríguez Fuentes y al Presidente del

Consejo, Alfredo Lora. Rigoberto Fernández se autonombró Gobernador Militar e hizo a Loret de Mola *Comandante de la Plaza de Santiago*. Inmediatamente secundaron el pronunciamiento los generales mambises González Clavel, Camacho y Blas Masó, el Senador Pérez André y el destituido Jefe Provincial del Partido Conservador, general Luis Milanés, ahora convertido en *Conservador Libre*. La guarnición de Guantánamo y parte de la de Holguín se sumaron al golpe militar, en tanto las restantes de la provincia se mantenían leales al Gobierno, en especial las aguerridas gavillas de los capitanes Sandó y Ortiz. El buque-escuela "Patria" y los cañoneros "Baire" y "Yara" escaparon de sus fondeaderos de la bahía santiaguera para evitar ser capturados por los alzados de Rigoberto y Loret.

El cuadro general del alzamiento Liberal se presentaba confuso, pues si bien las fuerzas gubernamentales se hallaban mejor armadas que los rebeldes y los superaban en jefaturas tácticas, aquéllos, a pesar de su divisionismo, arrastraban tras de sí gran número de civiles que merodeaban impunemente por los campos. Prácticamente toda la militancia Liberal se lanzó al campo de la insurrección, pero sus jefes, principalmente José Miguel, dieron a ésta el carácter de *protesta armada* y no de *revolución*, en la esperanza, como dijimos, de repetir los acontecimientos de 1906. El resumen final de la prensa estimó el número de fuerzas pronunciadas entre mil y pico de militares y diez o doce mil paisanos. Contra ellos Menocal movilizó ocho mil soldados y diecisiete mil milicianos. De once coroneles que estaban en servicio activo, sólo Quiñones se alzó en armas. Pero durante la primera semana del alzamiento no se podía asegurar a ciencia cierta por nadie el rumbo que tomarían las cosas: si el Gobierno conseguiría aplastar la insurrección o si ésta continuaría su marcha triunfal de Oriente a Occidente. El Ministro González hacía saber a Wáshington su punto de vista en la siguiente comunicación:

*"El Gobierno indudablemente está inquieto, porque duda si el Ejército le será leal, y por la cantidad de rifles capturados por los alzados. Mucho depende de que el pueblo, en la parte que no ha respondido a los jefes locales, se levante en favor de Gómez. Esto se sabrá dentro de unos días. Americanos con intereses en Cuba informan que la situación es grave para el Gobierno, y va empeorando, porque el pueblo secretamente se va adhiriendo a la causa revolucionaria..."*

El liberalismo organizó un frente diplomático en Wáshington, bajo la dirección de Ferrara y Cabrera, que solicitó de las autoridades americanas influyeran sobre Menocal para que éste suspendiera las programadas elecciones especiales. En La Habana, el comisionado Liberal ante la Junta Central Electoral pidió que aplazara las mismas en vista de las noticias del alzamiento, pero la Junta decidió en su contra puesto que Las Villas no se reportaba bajo el dominio rebelde y porque, según dijo, *"no le constaba la veracidad de los hechos de Oriente..."*. El State Department dio instrucciones al Ministro González para que gestionase con Menocal la suspensión de las elecciones especiales, pero el Presidente se agarró de la decisión de la Junta Central para negarse a complacerle. Inmediatamente después ordenó el rápido encarcelamiento de los más prominentes Liberales que aún se hallaban en libertad; suspendió la publicación del Heraldo de Cuba, La Nación y El Triunfo; destituyó al Gobernador de Matanzas, Rafael Iturralde; abrió un banderín de enganche para las milicias; *renunció* al Jefe de la Marina de Guerra, Morales Coello; al Inspector del Ejército, Manuel Sanguily, y al Cuartel Maestre, Paula Valiente; compró 10.000 rifles New Springfield con dos millones de cartuchos para ellos en los Estados Unidos, y envió, el día 13, al Regimiento de Artillería número 1, mandado por el coronel Eduardo Pujol, a bordo del crucero Cuba, en una expedición destinada a invadir a Camagüey por el Sur, separándolo de Las Villas, para batir a las fuerzas de Gustavo Caballero que se encontraban casi desarmadas y muy desorganizadas.

José Miguel partió desde Ciego de Ávila hacia Santa Clara en un largo tren, acompañado de Quiñones y Solano, mientras que Figueroa lo hacía al frente de fuerzas montadas, paralelamente al ferrocarril. Toda esta maniobra se ejecutaba con la misma algarabía y cumbancheo propios de una caravana electoral, o de una película mexicana de Pancho Villa, habiéndose adoptado como divisa insurreccional chambelonera un pañuelo rojo anudado al cuello. El comandante Solano se opuso a toda esta alharaca, pues quería llevar a cabo una guerra relámpago y no un paseo de carnaval con visos de rebelión armada, pero José Miguel hizo valer su estrategia basada en la idea de la *protesta armada*. Menocal, sin embargo, no perdió tiempo y telegrafió al coronel Consuegra *"que emplease todos los medios; que usase todos los procedimientos y que se apoderase de todos los recursos que pudiera utilizar el enemigo..."* Consuegra ya había dominado la rebelión del Tercio Táctico de Las Villas y ordenó una audaz maniobra que resultó decisiva en la campaña: preparó un tren con dos locomotoras al mando de dos tenientes, con sesenta soldados, y les ordenó recoger todos los aparatos telegráficos de los pueblos por donde pasaran para que no se pudiera informar a los rebeldes sus movimientos; llegar al río Jatibonico antes que el tren de José Miguel y quemar el puente sobre aquél, o si

no podían anticiparse al cruce de los rebeldes, lanzar su tren
contra el de éstos para descarrilarlo. Los encomendados lograron destruir el puente y cuando José Miguel llegó a Ma-
jagua y se enteró de lo sucedido decidió esperar allí la llegada
de la caballería de Figueroa y por las tropas que había solicitado le enviaran de Camagüey y Oriente, pues seguía obs-
tinado en su absurdo empeño de ganar la revolución con alardes de fuerza en lugar de combatiendo.

Una vez que se le unió Figueroa, en la tarde de ese día 13,
Gómez postpuso nuevamente su salida hacia Las Villas, esta
vez en la espera por las tropas camagüeyanas que en número
de 600 venían al mando del coronel Enrique Recio, Gobernador
electo, y las que no arribaron hasta el día 14 por la mañana.
Pero de nuevo José Miguel volvió a entretenerse insensatamente. Esta vez en la formación de tres Regimientos que
puso al mando de Recio, Figueroa y Solano, y en crear un
Estado Mayor del cual hizo jefe al brigadier Quiñones. Cuando
por fin llegó a Jatibonico, respaldado por un formidable con-
tingente armado, no partió velozmente hacia Santa Clara —que
se hallaba indefendida—, sino que una vez más decidió esperar. Esta vez, como la anterior, por el Regimiento montado
de Figueroa, mientras que ocupaba su tiempo requisando caballos, mulos, bueyes y carretas para transportar su gran impedimenta. Decidió, además, el pasar allí la noche al tiempo
que enviaba telegramas a Menocal proclamando su fortaleza
y advirtiéndole su inminente ofensiva. En tanto Gómez se
entretenía jugando a los soldados en Jatibonico, acumulando
fuerzas y amenazando truculentamente, el State Department
se alarmó y rompió su plan de mantenerse equidistante de
las fuerzas en pugna, al menos públicamente, y ordenó a
Mr. González que diera a la publicidad la siguiente Nota:

"El Gobierno de los Estados Unidos ha recibido con la mayor aprehensión los informes que le han llegado en el sentido
de existir en varias provincias una insurrección organizada
contra el Gobierno de Cuba y que los insurrectos se han apoderado de algunas poblaciones. Noticias como éstas de rebeldía
contra el Gobierno constituido no pueden considerarse sino del
carácter más grave, dado que el Gobierno de los Estados Unidos ha otorgado su confianza y apoyo únicamente a los Gobiernos establecidos por medios legales y constitucionales.

"En los últimos cuatro años el Gobierno de los Estados
Unidos ha venido declarando clara y terminantemente su actitud en lo tocante al reconocimiento de Gobiernos que suben
al Poder por la revolución y otros medios ilegales y desea en
estos momentos acentuar su actitud respecto de la situación

*reinante en Cuba. Su tradicional amistad para el pueblo de Cuba se ha demostrado en repetidas ocasiones y los deberes que le impone el convenio vigente entre ambos países obligan al Gobierno de los Estados Unidos a declarar ahora su política futura..."*

\* \* \*

El 14 de febrero se celebraron las elecciones especiales en Las Villas. Menocal suspendió las que debían celebrarse en Las Tunas, contradiciéndose en lo que respectaba a su afirmada obediencia a los dictados de la Junta Central Electoral, según había expresado al State Department. Los resultados de los comicios villareños mueven a risa. De los 2.460 votantes —17 electores más que los inscriptos—, aparecieron votando por Menocal 2.427, contándosele a Zayas solamente 33 sufragios. El sistema empleado por los muñidores menocalistas rebasó en sus resultados todos los cálculos y contradijo las matemáticas de los expertos hasta más allá de lo inusitado, pues el *Mayoral* alcanzó el 99 % de la votación y con ello quedaba legalmente —si no legítimamente— asegurada su reelección.

\* \* \*

Luis Solano, al frente de una columna volante, tomó Sancti Spíritus, pero su acción no fue respaldada por José Miguel, quien se había amilanado después de una escaramuza que sostuvo con las fuerzas leales al Gobierno mandadas por el coronel Rosendo Collazo. Estúpidamente Gómez dividió sus tropas en cuatro grupos, dejando tres en Las Villas y enviando uno de regreso a Camagüey. Collazo aprovechó esta división de las tropas miguelistas para recuperar Sancti Spíritus. El remache ingerencista a los disparates militares del *Tiburón* lo proporcionó Mr. González el día 19 con la siguiente Nota:

*"Apenas se hace necesario consignar que los acontecimientos de la semana última relacionados con la insurrección contra el Gobierno de Cuba han sido objeto de la más estrecha observación por parte del Gobierno de los Estados Unidos, el que habiendo definido en declaraciones anteriores su actitud respecto de la confianza y apoyo que presta a los Gobiernos constitucionales, de la política que ha adoptado hacia la perturbación de la paz por medios de empresas revolucionarias, desea otra vez informar al pueblo de Cuba su actitud frente a los actuales sucesos, a saber:*

*"1. El Gobierno de los Estados Unidos apoya y sostiene al Gobierno constitucional de la República de Cuba.*

*"2. La actual insurrección armada contra el Gobierno constitucional de Cuba se considera por el Gobierno de los Estados Unidos como un acto ilegal y anticonstitucional que no tolerará.*

*"3. A los jefes de la revuelta se les hará responsables de los daños personales que sufran los extranjeros y asimismo de la destrucción de la propiedad extranjera.*

*"4. El Gobierno de los Estados Unidos estudiará detenidamente la actitud que deba adoptar respecto de aquellas personas relacionadas con los que toman participación en la actual perturbación de la paz de la República de Cuba."*

El menocalismo se sintió reforzado, mientras que en el miguelismo cundía el pánico plattista. José Miguel decidió hacer una guerra de guerrillas en la misma zona geográfica que había sido su fuerte durante la Guerra de Independencia y que conocía palmo a palmo. Fraccionó nuevamente sus fuerzas, confiando ya solamente en provocar la intervención amenazada en la Nota de Mr. González, mediante la destrucción de campos cañeros y la ruina de la industria azucarera. El Consejo de Veteranos, por medio de su principal vocero, el Vicepresidente electo Núñez, expresó su apoyo a Menocal y su agradecimiento a los Estados Unidos por la Nota de Mr. González del día 19 copiada arriba. Las fuerzas gobiernistas de los coroneles Consuegra, Collazo y Pujol se concentraron en Sancti Spíritus. El general José Martí, Jefe del Estado Mayor, decidió que Pujol marchara con sus fuerzas a operar en Camagüey; que Consuegra regresara con las suyas a Las Villas a efectuar operaciones de limpieza y que Collazo se dedicara enteramente a perseguir y derrotar al alzado caudillo Gómez. Con este propósito el territorio de Las Villas fue dividido en seis zonas de operaciones: Santa Clara, Remedios, Sagua la Grande, Rodas, Cienfuegos y Trinidad. José Miguel quedaba, por tanto, aislado en el Sureste de la provincia villareña, dependiendo de su equivocada estrategia y sus limitados recursos frente a las superiores fuerzas y conocimientos militares de Rosendo Collazo. Gómez se movió continuamente de un potrero a otro, mientras Quiñones y Figueroa eran rotundamente batidos por Collazo en La Crisis en una desigual batalla de pelotones de ametralladoras Maxim y artillería de campaña Schneider formada en baterías respaldadas por compañías de fusileros móviles, gobiernistas, contra cargas de escuadrones de caballería tipo 1895, rebeldes. Desesperado, e incapaz militarmente de producir una táctica apropiada, José Miguel solicitó del Gobierno americano la celebración de nuevas elecciones en Las Villas, amenazando al mismo tiempo con destruir la propiedad yanqui si no era complacido. No se le hizo caso alguno, pues las cartas del State Department ya estaban echadas en su contra. Gómez, ya demasiado tarde, decidió concentrar todas sus disponibles fuerzas y marchar sobre Santa Clara, quemando cañas y destruyendo ingenios en el camino, pensando con ello paralizar la zafra y obligar una intervención americana que lo sacase del abismo en que él mismo, con sus vacilaciones iniciales y su oportunismo posterior, se había sumido y arrastrado con él al Partido Liberal. Reunió unos 2.000 hombres y los dividió en dos columnas. Puso a Figueroa al mando de una de ellas, formada por 800 hombres, y le ordenó marchar hacia el Norte en una acción diversionaria que facilitara el avance de la otra, bajo su personal mando —teniendo como subordinados a Quiñones, Recio, Solano, Mendieta, Céspedes y su hijo Miguel Mariano—, hasta juntarse nuevamente las dos columnas en La Solapa y allí inventar algo nuevo si aún no se había producido la intervención yanqui. Las columnas miguelistas se movieron paralelamente desde el 1.º al 6 de marzo, fecha en que llegaron a la región de Placetas.

Consuegra, quien había seguido sus pasos, tenía concentrados 2.000 hombres muy bien armados, entre regulares y milicianos, al mando de Collazo, Lima y Morales Broderman, quienes sorprendieron el campamento miguelista el 7 de marzo en plena celebración de un almuerzo campestre de lechón asado y durante cuatro horas los zurraron de lo lindo. Lo más notable del combate fue que el coronel Lima, antiguo mambí, con su caballería les dio a los miguelistas una carga al machete que dispersó en todas direcciones a la tiburonada. José Miguel y su flamante Estado Mayor encontraron momentáneo refugio en el lomerío de Caicaje, pero después fueron capturados todos, con la excepción de unos 50 rebeldes que se escaparon con Solano y Mendieta. Los alzados tuvieron cerca de cien muertos contra ninguno los gobiernistas. La pericia militar de Gómez quedó a la altura del betún y tanto él como lo que quedaba de su Estado Mayor fueron a dar con sus adoloridos huesos a las celdas del Castillo del Príncipe, en La Habana, a la merced de Menocal. Figueroa y Mendieta se unieron a Machado y Méndez Peñate en La Solapa, gracias a las acciones de retaguardia ejecutadas por Solano. De allí marcharon hacia Camagüey con un resto de cerca de mil hombres a reunirse con Gustavo Caballero y hacer frente a las superiores tropas de Pujol. Machado se cayó de su cabalgadura y fue atropellado por las de otros alzados que venían detrás, por lo que tuvo que quedarse en Las Villas reponiéndose del descalabro. La ridícula forma en que fue vencido y capturado José Miguel Gómez, unida a las Notas ingerencistas en favor del Gobierno predecían el fracaso y muerte de la revolución de *La Chambelona*.

En Oriente la confusión era tremenda. Rigoberto se apoderó de más de medio millón de pesos de los fondos gubernamentales y se dedicó a efectuar maniobras politiquero-militaristas sin concierto ni propósitos definidos, en combinación con Ferrara en Wáshington y ajeno a todo contacto con Caballero, Figueroa, Solano y Mendieta. Trató de bloquear la bahía de Santiago y le fue impedido por la flota americana allí fondeada, cuyo jefe le aseguró que no permitiría la entrada en ella a ningún buque menocalista. Rigoberto censuró la Nota de Mr. González del día 19, mientras ordenaba la paralización de la zafra, tratando de obligar a Wáshington a establecer contacto con él por mediación de Ferrara. Logró que la Cámara de Comercio de Santiago de Cuba enviara al Presidente Wilson un mensaje en el cual solicitaba que éste interviniese como mediador en el conflicto Liberal-Conservador para evitar daños a la propiedad, a lo cual el primer mandatario estadounidense contestó:

*"En opinión del Gobierno de los Estados Unidos la responsabilidad por los daños que se produzcan incumbe a los que se han rebelado contra el Gobierno legal. El Gobierno de los Estados Unidos no apoya más que métodos legales y constitucionales para el arreglo de las diferencias y no puede tratar con los rebeldes. No dará ningún paso en ese sentido hasta que aquéllos que se han insurreccionado no depongan sus armas, se reintegren en la obediencia al Gobierno y retornen a sus actividades pacíficas..."*

El coronel Matías Betancourt, jefe militar de Oriente, que se hallaba ausente del Distrito en los momentos de la asonada Liberal, desembarcó el 24 de febrero en Manzanillo, después de ser ampliamente pertrechadas sus tropas por el crucero americano "New York". Al frente de una poderosa columna gobiernista penetró hasta Bayamo, batiendo en el camino a los alzados generales mambises González Clavel, Capote y Milanés. No se detuvo allí Betancourt, sino que siguió adelante y sucesivamente tomó a Baire, Jiguaní, Palma Soriano, San Luis y Songo, donde hizo un alto para recuperarse de las fatigas de la marcha.

Rigoberto prosiguió sus maniobras diplomáticas zigzagueantes y entró en tratos con el comandante americano Bellknap, a bordo del crucero San Francisco, y ante aquél y el Cónsul Griffith firmó la siguiente acta, junto con Loret de Mola:

"*Nuestro único objeto al rebelarnos fue impedir el establecimiento de una dictadura en Cuba y obtener elecciones honradas en Las Villas y en Oriente. Estamos dispuestos a deponer las armas y volver a la obediencia al Gobierno de Cuba cuando se nos asegure el cese de las hostilidades y amnistía para nosotros y todos los que nos han ayudado. Como prueba de obediencia a la línea trazada por el Presidente Wilson, hemos ordenado a todos los ingenios reanuden sus operaciones y confiamos en la sabiduría y justicia del Presidente Wilson para el arreglo de las cuestiones por las que nos rebelamos...*"

Bellknap, actuando por su cuenta, prometió a los rebeldes *elecciones justas*, de acuerdo con la interpretación que había dado al mensaje de Wilson a la Cámara de Comercio, cosa que movió a Rigoberto a informar cablegráficamente a Ferrara "*que Bellknap lo había reconocido como Comandante Militar de Oriente y que pediría a Menocal que pusiese bajo su mando las fuerzas del Gobierno que hay en la provincia...*". Esto no era ilusión de Rigoberto Fernández, puesto que Bellknap dio a la publicidad una proclama en la que decía, entre otras cosas:

"*Declaro que toda actividad militar, excepto la necesaria para restablecer el orden y la tranquilidad, es perjudicial a la paz y bienestar de esta provincia, y asimismo advierto solemnemente a todas las que operan militarmente en la provincia oriental, se abstengan de hacerlo, a menos que sea bajo las órdenes del comandante militar de esta provincia, y además solemnemente advierto a todos los individuos armados que no estén al servicio de dicho comandante, que no deberán tomar parte en ninguna acción hostil ni penetrar en esta provincia con la intención de perturbar la paz. Todo el que actúe contrariamente a esta advertencia será castigado con la penalidad máxima que prescriben las leyes...*"

Matías Betancourt, quien avanzaba sobre Santiago, se negó a reconocer lo acordado entre Rigoberto y Bellknap, alegando, justicieramente, que no recibía órdenes más que del Presidente Menocal. Cuando su respuesta se supo en Santiago, Bellknap pidió a Rigoberto que evacuase la plaza para evitar su bombardeo por las fuerzas menocalistas, asegurándole que no permitiría la entrada en Santiago de esas fuerzas. Rigoberto y Loret abandonaron la ciudad, llevándose con ellos lo que quedaba de los fondos públicos, mientras Bellknap desembarcaba 500 marines que se hicieron cargo de la ciudad, efectuándose, de hecho, la Cuarta Intervención americana en Cuba. Las tres anteriores, como sabemos, habían tenido lugar en 1898, 1906 y 1912. En esos precisos instantes llegó a Oriente la infausta noticia del desastre miguelista de Caicaje y de los efectos derrotistas que produjo se aprovechó el coronel Varona, segundo al mando del general Martí, para inciar una ofensiva de paz que tuvo como resultado la presentación de los generales mambises alzados Milanés, González Clavel y Feria. Rigoberto Fernández y Loret de Mola quedaron abandonados a su mala suerte, sin posibilidad alguna de triunfo, escapatoria para unirse a Gustavo Caballero o embarcarse en algún puerto cercano para no ser capturados.

El State Department desautorizó los acuerdos habidos entre Bellknap y Rigoberto, entre ellos el de no permitir la entrada en Santiago de las fuerzas del Gobierno. Apenas lo supo, Menocal se apresuró a enviar una expedición mandada por el coronel Julio Sanguily, quien al llegar a la zona santiaguera ignoró completamente a Bellknap y desobedeció sus órdenes de que acampara en las afueras, haciéndolo en el Cuartel Moncada, mientras evacuaban la ciudad y se unían a Rigoberto, en Songo, más de 2.000 Liberales, militares y civiles, cosa que aprovecharon Varona y Betancourt para unir sus fuerzas con las de Sanguily en Santiago. Estos sucesos concitaron el odio Liberal contra Bellknap, a quien acusaron de perfidia y traición. Rigoberto declaró al Cónsul Griffith, desde Songo, *"que seguiría destruyendo propiedades de todas las nacionalidades y que no vacilaría en sacrificar vidas americanas para traer la intervención..."* Varona avanzó sobre Songo y lo tomó mientras Rigoberto se corría hacia Guantánamo perseguido por aquél, quien, siguiendo su política de pacificación, le permitió embarcar hacia Haití en compañía de Loret. Allí fueron detenidos por las autoridades americanas que entonces ocupaban ese país y que les confiscaron cerca de $200.000,00 que llevaban con ellos. La rebelión quedaba prácticamente sofocada en Oriente. Las elecciones especiales de Las Tunas se celebraron el día 9 de abril, con un triunfo arrollador para los Conservadores. Dadas las circunstancias, no podía ser diferente.

Un poco antes de esto, el 22 de marzo, Menocal se dispuso a dar la puntilla al alzamiento y para ello estableció tres Distritos Militares: uno comprendía Las Villas, menos su extremo Este, al mando de Consuegra; otro que abarcaba el extremo Este de Las Villas y la región de La Trocha, al mando de Collazo, y el tercero con el resto de Camagüey, al mando de

Pujol, a quien se le encomendó la destrucción de Caballero y sus fuerzas. El astuto Zayas vio una oportunidad de zafarse de responsabilidades por el alzamiento —y con él al Partido Liberal— y estableció desde su escondite contactos con Mr. González, pretendiendo que éste le consiguiera un salvoconducto de Menocal al tiempo que achacaba al miguelismo la culpa de la rebelión. Figueroa rehizo su columna con los fugitivos de Caicaje y en unión de Mendieta se infiltró al Camagüey, tratando de efectuar un enlace con Gustavo Caballero para, una vez juntos, decidir qué hacer frente a la agonía chambelonera y el respaldo americano a Menocal.

Caballero se movía en la región agramontina en un continuo culebreo, quemando cañas, destruyendo puentes y vías férreas y cortando hilos telegráficos y telefónicos, pero sin permitir actos de pillaje o bandolerismo, llegando en sus correrías hasta Manatí, Oriente. Su grado oficial era ya de *Mayor General, Jefe del Ejército Constitucional* y mantenía entre su abigarrada tropa una disciplina notable, ajena a los atracos y depredaciones que fueron notorios en otras comarcas, tanto por parte de los alzados como de los menocalistas. Quemó el pueblo de Nuevitas y el 12 de abril estableció contacto con *general Figueroa* y con su *Jefe de Estado Mayor, coronel Luis Solano.* Se presentaron desavenencias —algo usual entre Liberales— entre Caballero, Figueroa, Solano y Mendieta, que originaron una separación de las fuerzas. Figueroa pretendía el mando total de Camagüey y al serle negado éste se separó, junto con Mendieta, de Caballero, retirándose con sus fuerzas al Norte de la Sierra de Cubitas. Solano, a su vez, se negó a subordinarse a Figueroa o Caballero y marchó para Las Villas con un pequeño grupo de sus leales.

Pujol persiguió a Figueroa hasta batirlo decisivamente en Vega de Nigua. Después decidió encerrar a Caballero en un cuadrilátero cuyos lados Norte y Sur eran el mar y la Sierra de Cubitas y los Este y Oeste el río Máximo y el río Jigüey. Ocupó los vados de los ríos, bloqueó el litoral y cerró los pasos de la Sierra. Caballero trató de romper el cerco por los pasos de la Sierra sin lograrlo y entonces llevó a cabo con éxito la titánica tarea de abrir, con macheteros, un camino atravesando montes vírgenes hasta salir al llano. Después de incesantes combates cruzó el Máximo en medio de una crecida. Acampó su fatigada, hambrienta y casi sin parque diezmada tropa al Sur de Minas, donde fue abrumado por las frescas y numerosas huestes de Pujol. Caballero quiso evitar una carnicería de sus agotadas tropas y ofreció una capitulación, que le fue aceptada. Pujol telegrafió al Secretario de Gobernación, Hevia, la captura de Caballero, y recibió como respuesta la siguiente orden, que oyeron atónitos todos los telegrafistas que tenían sus líneas abiertas: *"Conduzca su cadáver a Camagüey..."* Pujol trató de evadir la orden de asesinato explicando que Caballero no estaba muerto, sino prisionero, pero le fue ratificada la orden de conducir su cadáver a Camagüey. Caballero fue introducido en un vagón custodiado por un sargento y dos alistados que se encargaron de cometer el vil asesinato en el trayecto y luego achacarlo a *ley de fuga.* Ante la posterior indignada protesta Liberal, los Conservadores consideraron el reprobable acto como una contraparte del *caso Lavastida* de 1909.

* * *

*Declaración de guerra a Alemania. — Consecuencias. — Empréstito. — Amnistía. — Las parciales de 1918. — Cambios en el Gobierno. — Atrocidades de la Economía de Guerra. — Censo de 1919. — El Código Crowder. — Las vacas gordas.*

La Constitución exigía que la proclamación presidencial se hiciera en sesión conjunta del Congreso y con la asistencia de las dos terceras partes de su membrecía. Zayas ordenó la concurrencia de los congresistas liberales a la proclamación declarando *"que el Partido Liberal no fue el instigador de la protesta armada..."*, echando con ello todo el peso de la culpa sobre los hombres del encarcelado José Miguel y dando el primer paso hacia su rompimiento definitivo con éste. Menocal y Núñez fueron proclamados sin contratiempos. Como forma de patentizar su agradecimiento a los zayistas por su cooperación, el Gobierno los exoneró de culpabilidad en un pretendido atentado dinamitero a Menocal, que se les achacó a los miguelistas. Paralelo a esto se producía la entrada de los Estados Unidos en la Primera Guerra Mundial, evento que movió a Menocal a declarar la guerra a Alemania con el apoyo de los congresistas liberales. Esto hacía del azúcar cubano un producto estratégico y llevaba a un callejón sin salida a los restos de alzados que operaban en las distintas provincias, ya que el Presidente autorizó el desembarco oficial de marines y la ocupación por éstos de porciones del territorio cubano bajo la excusa de hacer en ellos campos de entrenamiento, pero con la autorización gubernamental para combatir los alzados que entorpeciesen la zafra.

Menocal estableció la censura previa a las noticias de prensa; gestionó un empréstito de $30.000.000,00, que empeñó aún más la República, destinado a pagar daños de guerra a los monopolios azucarero y ferrocarrilero, así como para sufragar la movilización pretendida; reorganizó nuevamente las Fuerzas Armadas, creando la Secretaría de Guerra y Marina, poniendo al frente de ella al general José Martí; decretó un nuevo movimiento de oficiales superiores que la aseguró el completo control del Ejército; vendió globalmente la zafra de 1917-18 al Gobierno americano, que produjo a éste una utilidad de $42.000.000,00; autorizó la inmigración libre de braceros antillanos —que llenó la Isla de negros analfabetos y abarató la mano de obra campesina— y de españoles —que volcó sobre Cuba una caterva de anarco-sindicalistas peninsulares que fomentaron una cadena de huelgas que luego tuvo que reprimir con mano dura debido a que el Secretario de Estado, Lansing, había hecho, en 15 de mayo de 1917, las siguientes declaraciones refiriéndose al azúcar cubano y a la revuelta chambelonera:

*"Como las potencias aliadas y los Estados Unidos dependen en considerable grado de la producción de azúcar de Cuba, todo disturbio que perjudique la producción debe ser considerado como un acto hostil, y el Gobierno de los Estados Unidos se ve forzado a advertir que si los que están en armas contra el Gobierno de Cuba no se someten inmediatamente, será necesario que los Estados Unidos los miren como enemigos y los traten como tales..."*

Con esta deliberada declaración de fe monopolista, el State Department y la Casa Blanca sin recato descubrían las razones de su apoyo a Menocal y su indiferencia por las cuestiones cubanas que no fuesen los intereses azucareros de Wall Street y del clan Czarnikow-Rionda.

Una vez que con la ayuda ingerencista el *Mayoral* se sintió en firme control de las riendas gubernamentales, volvió por sus andadas politiqueras y concedió la libertad mediante amnistía, o indulto, a los presos o prófugos por el alzamiento de febrero. Conmutó la pena de muerte a que habían sido condenados Quiñones, Izquierdo, Roldós y Calzadilla, en Camagüey; Guzmán y Solano, en Las Villas, y Castro Caraveo, Socorro Méndez y Espinosa, en La Habana. Permitió el regreso de los exiliados y la salida de José Miguel para New York. El Senado y la Cámara se constituyeron bajo las presidencias respectivas de Ricardo Dolz y Miguel Coyula. Reaparecieron los periódicos clausurados. Se declararon *sin lugar* los Recursos de Alzada interpuestos por los 21 Alcaldes liberales destituidos por los Gobernadores Provinciales durante la revuelta y promulgó la Ley del Servicio Militar Obligatrio. El

Directorio Liberal acordó refundirse con la Asamblea Nacional Liberal y proceder a movilizar el Partido para las próximas elecciones parciales. Este último hecho significó que *La Chambelona* tocaba a *requiem*.

Las elecciones parciales de 1918 fueron la glorificación del forro. La apatía electoral de la población cubana dio oportunidad a los politiqueros a despacharse a su gusto en la falsificación de los Registros. Enoch Crowder describió vívidamente lo acaecido en esta forma:

*"Debido a esta falta de interés, los políticos, tanto Liberales como Conservadores, que controlaban los organismos electorales, se ponían de acuerdo para presentar solicitudes de inscripción de electores imaginarios. Estas peticiones reunían los requisitos legales externos, porque el agente político juraba conocer a los electores. Los Jueces Municipales, que dependen para su nombramiento del Partido en el Poder, aceptan estas inscripciones aunque por su número son evidentemente falsas, y nadie protesta contra ellas. Un ejemplo de tamaña inmoralidad se ofreció en Candelaria, Pinar del Río, donde en una población de 9.234 habitantes aparecieron inscriptos 28.820 electores..."*

El Partido Liberal de nuevo sufrió divisiones. Esta vez surgió en La Habana la Unión Liberal de Asbert y el Alcalde Varona Suárez. En Las Villas el Liberal Unionista de Mendieta y Ferrara se mantenía en superioridad sobre el Partido Liberal zayista, y lo mismo ocurría en Oriente a los zayistas con el Liberal Provincial de Fernández Mascaró, a quienes todos conocían con el apodo de *Saca un Pie*. Las pugnas locales que se iniciaron con las muertes violentas de Illance y Villuendas en Cienfuegos, se renovaron con furia en esa ciudad villareña. El Alcalde, Santiago Rey, nombró Jefe de la Policía a un homicida indultado, Eugenio Rodríguez Cartas, quien chocó con el sustituto de Rey cuando éste pidió licencia, Florencio Guerra, al negarse este último a colocar de policía municipal a Eustaquio Ordóñez, amigo de Rodríguez Cartas y matador años atrás de *Chichi* Fernández. El hampón Jefe de Policía, en unión de otros dos entes de su calaña, emboscó a Guerra asesinándolo a mansalva. Presos y juzgados, confesos criminales, fueron condenados a muerte por la Audiencia de Santa Clara y posteriormente las sentencias ratificadas por el Tribunal Supremo, Rodríguez Cartas, Ordónez y Recio. El Partido Conservador ganó las Senadurías vacantes de Cuéllar, en Matanzas, y Caballero en Camagüey y además 33 Representantes y 14 Consejeros; el Liberal obtuvo 20 Representantes y 9 Consejeros;

el Liberal Unionista logró elegir 6 Representantes y 1 Consejero, y el Liberal Provincial sacó 2 Representantes. La versión gubernamental del fraudulento proceso electoral de las parciales de 1918 la dio cínicamente Ricardo Dolz al decir: *"Lo único que pasó es que el pueblo, dándose cuenta de que, a causa del sistema de representación proporcional, su voto no influía en las elecciones, delegó en sus representantes en las mesas el hacerlas por él..."*

Maza y Artola hizo la proposición al Congreso —por primera vez en Cuba— de que para garantizar la pureza del sufragio se estableciese el voto obligatorio, cédula electoral con huellas digitales, datos personales y fotografía del elector y la publicidad inmediata del resultado de los escrutinios. Su proposición entonces —como las exigencias similares de Eduardo Chibás años después— fue soslayada porque esas medidas eran, y son, mortales a la supervivencia del prostituido sistema democrático-representativo que corrompe la vida cívica de los pueblos hispanoamericanos.

El Servicio Militar Obligatorio no se llegó a implantar totalmente, tanto por la recalcitrancia de los seleccionados a inscribirse en él como por el temor de Menocal a preparar militarmente y dar armas a posibles opositores de su Gobierno. Una cantidad enorme de matrimonios de ocasión se efectuó como manera de evadir su cumplimiento, y de ello nació una de las más populares tonadillas cubanas: *¡óyeme, amigo Rubén, — se te acaba la fama de Tenorio, — pues te agarra el Servicio Obligatorio, — óyelo bien, Rubén...!* Cesaron los Supervisores Militares en los Municipios y se nombró a los siguientes coroneles Jefes de Distritos: Primero (Santiago de Cuba), Juan Cruz Bustillo; Segundo (Camagüey), José Semidey; Tercero (Las Villas), Francisco Carrillo; Cuarto (Matanzas), Emiliano Amiel; Quinto (La Habana), Federico Rasco; Sexto (Columbia), Rogerio Caballero; Séptimo (La Cabaña), Leandro de la Torriente; Octavo (Pinar del Río), Alberto Herrera, y Noveno (Bayamo), Eduardo Lores. Rosendo Collazo pasó a las órdenes personales de Menocal después que fue relevado del mando de Camagüey debido a un escándalo que lo relacionó con el apoderamiento ilegal de una herencia y la expulsión violenta de la provincia de los periodistas que denunciaron el hecho. Ibrahim Consuegra había renunciado a su cargo de Jefe de Las Villas y posteriormente había sido electo Representante por el Partido Conservador de esa provincia. Los nuevos Secretarios de Despacho fueron: Juan L. Montalvo, Gobernación; Pablo Desvernine, Estado; Leopoldo Cancio, Hacienda; José R. Villalón, Obras Públicas; Eugenio Sánchez Agramonte,

Agricultura, Comercio y Trabajo; José Martí, Guerra y Marina; Luis Azcárate, Justicia; Francisco Domínguez Roldán, Instrucción Pública y Bellas Artes; Raimundo Menocal, Sanidad y Beneficencia, y Rafael Montoro, Presidencia. Después de grandes debates en el Congreso, violenta campaña contraria clerical y controversias periodísticas candentes fue aprobada la Ley del Divorcio. También, por otra Ley, se declaró que el matrimonio era un contrato civil y se le suprimió el valor legal al matrimonio religioso.

El Armisticio terminó con la *Economía de Guerra* que había sido fuente de especulación y de enriquecimiento ilícito, tanto para los más prominentes hombres del Gobierno como para los comisionados americanos en Cuba de Herbert Hoover y John Foster Dulles, quienes estaban a cargo de ese mismo programa en los Estados Unidos y lo coordinaban con los de las naciones aliadas. Se hicieron juegos malabares con la harina, la carne, el carbón, la leche, el arroz y la manteca, dando lugar a que las amas de casa cubanas sufrieran por primera ver la agonía de *las colas*. El contrabando de oro acuñado y la reexportación a España de productos alimenticios importados de los Estados Unidos hicieron a Mr. González acusar ante las autoridades de Washington a Henry Morgan, representante en Cuba de la War Trade Board y de la Shipping Board (Consejo de Comercio de Guerra y Consejo de Embarques), de haber participado en la bolsa negra de la harina que produjo un botín de más de $1.000.000,00. Morgan, a su vez, acusó al Presidente Menocal de complicidad en el atraco de los permisos de exportación de azúcar a los países neutrales. Los adelantos a cuenta del empréstito de $30.000.000,00 al Gobierno fueron suspendidos por orden de Foster Dulles, socio de un gran bufete de Wall Street, hasta que aquél entregó $3.000.000,00 como subsidio a la Cuba Railroad.

\* \* \*

En 1919 se efectuó un nuevo Censo de Población y Electoral. La población total de Cuba era, en 15 de septiembre de ese año, de 2.889.004 habitantes. Había aumentado en 840.024 personas desde 1907, o sea el 41 %. El promedio de población por kilómetro cuadrado era de 25,2 habitantes. La provincia más populosa era Oriente, siguiéndole en orden La Habana, Las Villas, Matanzas, Pinar del Río y Camagüey, lo que demostraba una alteración desde 1907, pues Oriente había desplazado a La Habana y Matanzas a Pinar del Río en número de habitantes. Las Villas seguía ocupando el tercer lugar, en tanto que

Camagüey mostraba un notable aumento del 93,6 % en su población desde 1907, aunque seguía siendo la menos poblada de todas las provincias. Los aumentos habidos en esas regiones podían achacarse al desarrollo de la industria azucarera, los ferrocarriles, caminos, etc., que impulsaron hacia ellas la ola migratoria tanto nativa como extranjera. La población urbana sumaba 1.290.955 habitantes, o sea el 44,7 % de la población total. De los 2.889.004 habitantes que tenía Cuba en 1919, 1.530.509 eran varones y 1.358.495 hembras y sus porcientos respectivos eran de 53 % y 47 %, habiendo aumentado los varones y disminuido las hembras desde 1907, en que eran, respectivamente, de 52,5 % y 47,5 %. El total de nacidos en Cuba ascendía a 2.549.922, o sea un 88,3 % de la población total. De éstos, 1.816.017 eran blancos y 733.905 eran de color. La población blanca del país, incluyendo los nativos y los extranjeros, ascendía a 2.088.047 habitantes, o sea un 72,3 %, muy cerca de las tres cuartas partes de la población total, habiendo aumentado en un 46,2 % desde 1907. El pueblo de color, incluyendo los negros, mestizos y amarillos, ascendía a 800.957, o sea un 27,7 %, poco más de la cuarta parte de la población total, habiendo aumentado en un 29 % desde 1907.

El resumen del estado conyugal del pueblo cubano demostraba que el 67 % eran solteros, el 23,1 % eran casados; el 6,1 % eran concubinos o *arrimados* y el 3,8 % eran viudos. La mayor proporción de casados existía en las ciudades en vez de en el campo, como ocurrió en 1907. Entonces había una proporción de casados casi tres veces mayor entre todos los blancos que entre todos los de color y en 1919 el promedio de personas de color que estaban casados era casi la mitad del que resultaba entre los blancos, o sea el 26,7 % y el 13,6 %, respectivamente. Como que con respecto a la población total había aumentado el número de casados de las dos razas, esto demostraba un perfeccionamiento moral en la familia negra, indiscutible y loable. Los *arrimados* eran de mayor proporción entre los de color que entre los blancos, o sea un 13 % contra un 3,5 %, manteniéndose, al igual que en 1907, una proporción tres o cuatro veces mayor entre unos y otros. El número de hijos ilegítimos en la población total ascendía a 693.455, o sea un 24 %, como una cuarta parte de la población total. Este bochornoso aumento habido desde 1907 se podía explicar solamente por el relajamiento moral que había traído consigo la incrementación del corruptor proceso político-social inherente a una prosperidad artificial momentánea. En otras palabras: lo que se conoce como *la dulce vida* bajo el capitalismo y el *amor libre* bajo el comunismo. De esta ilegitimidad infantil correspondía el 19,4 % a las zonas urbanas y el 25,2 %

al campesinado. El número de hijos ilegítimos entre los blancos nativos ascendía a 230.119, o sea un 12,7 % de ese sector de la población. El número de ellos entre los extranjeros blancos había subido de 341 en 1907 a 26.434, o sea el 9,7 % del total de ese elemento. El número de hijos ilegítimos entre el elemento de color ascendía a 436.902, o sea un 54 % de toda la población de color.

Había un total de 4.887 presos en 27 establecimientos penales, o sea el 1,6 % por 1.000 habitantes. De ellos, el 43,5 % eran blancos, el 54,2 % de color y el 2,3 % amarillos, habiendo aumentado los porcentajes de los dos últimos y disminuido el de los primeros desde 1907. Los 48 hospitales, centros de reclusión de menores y asilos albergaban 4.321 pacientes. Mazorra contaba con 1.997 dementes. El promedio de vida del cubano era de 27 años. Como consecuencia de las medidas sanitarias habían disminuido las epidemias, con excepción de una de influenza que hizo estragos en la población de 1917 a 1919, originada en Europa durante la Guerra Mundial y traído sus gérmenes a Cuba en buques procedentes de puertos de ese Continente.

La instrucción pública constaba de la Universidad, la Escuela Normal de Maestros, los Institutos de Segunda Enseñanza, las Escuelas Especiales de Pintura, Artes y Oficios y Agricultura y las Escuelas Primarias. Como complemento cultural existían Bibliotecas, Archivos y Museos así como Academias de Ciencias, de Historia y de Artes y Letras. La Universidad comprendía tres Facultades: la de Letras y Ciencias, la de Medicina y Farmacia y la de Derecho, cada una con sus respectivas Escuelas. Las cuatro Facultades contaban con 70 Profesores, 110 Profesores auxiliares y 2.342 alumnos, de los cuales 438 correspondían a la primera, 1.326 a la segunda y 578 a la tercera. El número de maestros primarios era de 5.473, de los cuales 4.698 eran blancos y tan sólo 775 de color y de todos ellos 913 eran varones y 4.560 hembras. El número total de casas-escuelas era de 3.344, las cuales contenían 5.662 aulas. El número total de alumnos matriculados era de 234.038, lo que venía a ser el 8,1 % de la población y el 23,3 % del número de niños de edad escolar —5 a 17 años— conforme al censo escolar de 1919, que dio 1.000.793 de ellos. Del total de matriculados, 116.602 eran varones y 117.436 hembras, y según las razas, 172.246 eran blancos y 61.792 de color. El promedio de asistencia a las escuelas fue de 151.183 alumnos, o sea el 67,2 % de los matriculados, algo menos que en 1907. Existían 40 escuelas nocturnas, con una asistencia de 1.682 alumnos, de los cuales 1.108 eran blancos y 574 de color, con un promedio de asistencia del 64 %. También existían 92 maestros ambulantes que atendían 247 grupos escolares en las zonas más alejadas, con un total de 4.725 alumnos, de los cuales 2.818 eran varones y 1.097 hembras, y entre ellos 4.161 blancos y 564 de color, o sea un promedio de 19 alumnos por grupo y el 73,5 % de los inscriptos. En 1919, de los 2.041.971 habitantes de 10 años de edad y en adelante, 1.245.165, o sea un 61 %, sabía leer. De la población total sabía leer un 47 %. En 1907 sabía leer un 40,9 %; en 1899 la proporción era del 36 %; en 1887, del 27,7 %, y en 1861, del 19,2 %, lo que demostraba el afán superativo de nuestro pueblo cuando se le daba la oportunidad cultural. Los comprendidos en edad electoral seguían siendo la mayoría de los analfabetos, lastre social que nos había legado la Colonia.

En 1919 el censo económico de la población cubana mostraba que los habitantes mayores de 10 años sumaban 2.041.971, de los cuales 947.736, o sea el 46,4 %, vivían de su trabajo personal, disminuyendo desde 1907, que era del 52,1 %. Solamente como una duodécima parte de personas de 10 a 14 años de edad eran asalariados, proporción que se elevaba hasta más de dos quintas partes en el grupo de 15 a 19 años. A partir de aquí hasta los 65 años, aproximadamente las tres quintas partes ejercían ocupación lucrativa. Las cifras correspondientes al grupo de profesiones más comunes y sus respectivos porcientos eran como sigue: Industrias agrícola, pesquera y minera, 462.471 (48,7 %); Servicio doméstico y personal, 115.002 (12,1 %); Industrias fabriles y mecánicas, 189.880 (20 %); Comercio y transporte, 147.854 (15,6 %), y Servicio profesional, 33.614 (3,6 %). La clase agrícola mantenía su nivel; los sirvientes habían disminuido junto con los comerciantes, y los trabajadores industriales y los profesionales habían aumentado. Del total de varones blancos, un 55,8 % ejercían ocupaciones lucrativas; el 57,1 % de los varones de color también se ganaban la vida. Pero solamente el 4,6 % de las hembras blancas trabajaban en la calle, comparadas al 11,5 % de las hembras de color. Las primeras habían aumentado su proporción y las segundas disminuido la suya desde 1907. Las hembras extranjeras habían también aumentado hasta el 16,4 %. En los varones más de la mitad (52,9 %) eran agricultores; cerca de una quinta parte (18,8 %) estaban empleados en trabajos industriales y de artes mecánicas; un resto de ellos (16,8 %) estaban dedicados al comercio y transporte; sobre una undécima parte (8,6 %) al servicio personal y sólo el 2,9 % eran profesionales. Cerca de la mitad de las hembras (46 %) estaban dedicadas a sirvientas y casi la tercera parte (31,8 %) estaban ya haciendo labores industriales en talleres de costura o en tabaquerías.

\* \* \*

Este Censo de 1919 fue consecuencia de la misión encomendada por el Gobierno americano a Enoch Crowder de purificar y organizar el orden electoral, y aunque éste no contó con las simpatías de Menocal, pudo llevar a cabo su misión. El *Código Crowder* disponía la reorganización de los Partidos cada dos años; la investigación por la Junta Provincial cuando la proporción de electores excediese lo normal; la exclusión del registro de los electores que no concurrieran a urnas y su posterior inscripción para las siguientes; la limitación a 400 del número de electores en cada colegio; el período de votación de 6 de la mañana a 3 de la tarde; la resolución a fondo de los recursos por los Tribunales sin excusas ni pretextos; la publicación por los Partidos de sus gastos electorales; la inamovilidad burocrática durante el período electoral; creaba la cédula; garantizaba el sistema de representación proporcional; eliminaba los escrutinios con la única presencia del personal de Mesas; separaba las elecciones generales de las parciales y disponía que los Jueces Municipales se reclutasen por oposición y ascendiesen por escalafón. Como ordenaba la reorganización, anulaba las Asambleas anteriores y obligaba a los electores a definir su militancia, impidiendo las coaliciones de Partidos. Este último punto era como un puñal clavado en el costado de los caciques politiqueros, que tendrían que inventar una manera de arrancárselo si querían mantener incólumes sus atroces privilegios.

* * *

Los finales dos años del segundo período menocalista fueron un huracán de pasiones y una orgía de millones que terminó en una bancarrota y tuvo su culminación en un nuevo fraude electoral. Durante estos dos últimos años se acentuó la penetración monopolista del capital financiero americano y tuvieron origen las primeras luchas de clases entre proletarios y capitalistas. *Las vacas gordas* o *Danza de los millones* fue una artificial prosperidad creada por la demanda de azúcar cubano una vez que la producción europea de azúcar de remolacha fue arruinada por la guerra. Cuba se vio de pronto sumergida en una ola de bancos y prestamistas que ofrecían dinero y más dinero por cañas, ingenios y azúcar. Los bosques eran talados sin consideración forestal alguna y el latifundio abarcaba en sus tentáculos miles sobre miles de caballerías de tierra. Las *companies* que tenían asegurada la venta de crudos y la refinación de éstos buscaban el apoyo de los politiqueros y militaristas, ofreciéndoles *refacción completa*, o sea prestándoles todo el dinero necesario para que desarrollaran colonias cañeras, de manera que sin aportar nada tenían la oportunidad de hacerse ricos. Sacando a los pobres guajiros a la guardarraya primero, naturalmente. Los bancos, a su vez, facilitaban dinero a sus Directores para que éstos lo invirtieran en ingenios. El Banco Nacional, agente del Gobierno por disposición de Menocal, era en realidad el *caballo blanco* de éste y sus parientes en el negocio azucarero. De 1918 a 1920 se fundaron 24 bancos que llenaron la Isla de sucursales, en las cuales se prestaba dinero a diestra y siniestra, e inflaban la economía con Letras, Notas y Pagarés. El Profesor americano Leland H. Jenks, en su libro "Our Cuban Colony" (Nuestra Colonia Cubana), ha hecho la más imparcial e impresionante descripción de esta época cubana que califica *como la más dramática, fatídica y compleja...* Los siguientes extractos de la obra citada son elocuentísimos:

*"El negocio en grande más permanente del capital yanqui fue el de la Cuba Cane Sugar Corporation, fundada en 1914 por Manuel Rionda y Miguel Arango. La familia Rionda estaba además interesada en la W. J. McCahan Sugar Refining Company, de Filadelfia. Había instalado en la costa Norte de Cuba un ingenio enorme, que llegó a tiempo de recoger los beneficios de la prosperidad de la industria. La casa Rionda tenía concesiones navieras importantes y un muelle carbonero bien situado en el puerto de La Habana. Disponía de un estado mayor de expertos ingenieros.*

*"A fines de 1915, Rionda y sus amigos, entre los cuales había cubanos y yanquis interesados en la Manati Sugar Company, formaron un sindicato para emplear cincuenta millones de dólares en ingenios azucareros cubanos y vender obligaciones en el mercado por esta cantidad. J. y W. Seligman figuraron como los principales banqueros del grupo, que abarcaba una selección de personalidades de la industria. En enero de 1916 llegaron a Cuba representantes del sindicato para comprar ingenios. La excitación fue tremenda. La Cuba Cane empezó con catorce ingenios, comprados a razón de $16,00 por cada saco de su producción, lo que suponía del 60 % al 100 % de exceso sobre el precio de los ingenios antes de la guerra. Se lanzaron rápidamente al mercado cincuenta millones de acciones preferidas y cincuenta millones en acciones comunes. La administración corrió a cargo de la Czarnikow-Rionda Company. Los antiguos propietarios continuaron en muchos casos dirigiendo sus ingenios mediante un sueldo convenido y con una participación en los dividendos preferentes. También tuvieron la satisfacción de formar parte de la mayor empresa azucarera del mundo.*

19

*"Así fue como, por primera vez, el azúcar cubano fue objeto
de especulación en el mercado extranjero de New York. Y no
fue éste el único negocio extranjero que se apoderó de la principal industria de Cuba. Los refinadores, corredores y agentes
de negocios tenían intereses que apenas se diferenciaban de
los del "hacendado independiente". El prodigioso desarrollo del
azúcar dio un impulso general a las grandes unidades de producción, forzando "capacidad" y la compra y venta en el mercado en gran escala. Su consecuencia más importante fue la
explotación de grandes cantidades de tierra virgen. El gran
país azucarero resultó ser la región oriental, cuando el desarrollo del ferrocarril hizo accesibles al mar los territorios del
interior. En ellos había grandes bosques que podían comprarse
baratos. Pocos se libraron de la tala. Durante varios meses,
cuadrillas de leñadores se dedicaron a su labor destructora.
Luego se prendió fuego a los árboles que quedaban, produción-
dose una conflagración simultánea en varios miles de hectáreas. Se plantó caña entre los muñones ennegrecidos, sin pre-
ocuparse de arar la tierra."*

Al igual que en tiempos de la Colonia, las reservas fores-
tales cubanas fueron convertidas en combustible para las cal-
deras de los ingenios. El método de los colonialistas americanos era idéntico al de los españoles: explotar la tierra cubana
y a sus pobladores hasta la última gota de sangre para luego
exportar el maldito oro logrado a la Metrópolis. Continuemos
la lectura de Jenks:

*"Las actividades del grupo del Banco Español, José Marimón
y sus amigos, constituyen una novela de filibusteros de la banca, demasiado tentadora para pasarla en silencio. Pero bastará
que digamos que los recursos del grupo fueron suficientes para
comenzar una penetración económica de los Estados Unidos,
por intermedio de la United States & Cuba Allied Works and
Engineering Corporation y la Standard Shipbuilding Corporation, y que el mismo fue el inspirador de la Telephone & Te-
legraph Corporation, que empezó en 1920 con el propósito de
organizar un gran sistema de comunicaciones Centro y Suramericanas concurrentes en La Habana. La verdadera dirección financiera en el desarrollo económico de Cuba vino del
Banco Nacional de Cuba, fundado por capitales yanquis al terminar la guerra con España, y que fue el primero en extender
por Cuba las facilidades comerciales bancarias..."*

Dentro de estas actividades piratescas sobresalió José López
Rodríguez, alias *Pote,* un inmigrante gallego de notable astucia

e inaudita osadía financiera. *Pote* había hecho algunos pesos en el negocio de imprenta y librería y sus contactos con los rapaces *generales* y *doctores* le permitieron ampliarse en el negocio de bienes raíces y de construcciones hasta redondear una fortuna de varios millones de pesos. Consiguió obtener control del Banco Nacional y saqueó sus reservas para dedicarlas a aventuras financieras hasta sobregirarse, en ocasiones, por varios millones de pesos. Merchant, el ave de rapiña americana facsímil de *Pote,* administraba el gigantesco fraude que era el Banco Nacional, que tenía en depósito, a mediados de 1920, más de 194 millones de pesos, cantidad que estaba estrechamente enlazada con las especulaciones de *Pote* en tierras, azúcar, contratas y financiamiento de chanchullos electorales.

La competencia bancaria fue una pelea de perros de presa. El National City Bank, el Canadian Bank of Commerce, la Corporación Bancaria Americana, el Royal Bank of Canada y el Bank of Nova Scotia no dieron cuartel a la plétora de bancos y banquitos cubanos y españoles que se esparcían como la verdolaga por toda la Isla y que eran administrados, mayormente, por aventureros o ignorantes. Jenks nos describe la competencia de marras:

*"Lo que hacía falta eran negociantes enérgicos que vendieran dinero a personas a quienes pudiera persuadirse que lo usaran. Los agricultores cubanos que habían conseguido de un banco todo el dinero que necesitaban para recoger su cosecha, fueron importunados por los bancos rivales para que pidieran más. Con el dinero podrían construirse una casa más grande, comprar un automóvil, enviar la familia al extranjero. Éste era el carácter dominante del negocio bancario en Cuba. No era un riesgo con corrientes fertilizantes de capital norteamericano. Era un chaparrón de crédito que descargaba sobre Cuba."*

El titulado chaparrón se convirtió en un diluvio cuando el azúcar se vio libre de controles y las jugadas de bolsa hicieron volar locamente los precios hasta llegar a cotizarse la libra del dulce producto a 22 1/2 centavos en mayo de 1920. La danza de los millones se convirtió en energúmeno frenesí. Leamos a Jenks:

*"Entre 1919 y 1920, es decir, durante la apoteosis de la industria azucarera, cambiaron de dueño cerca de cincuenta ingenios en Cuba, lo que representaba aproximadamente la cuarta parte de las fábricas. Y no fueron solamente los ingenios los*

*que pasaron de mano en mano. Derechos de colonos, cosechas almacenadas, caña cortada pero no molida, todo se vendía y se compraba. Los centrales que no habían ampliado sus maquinarias y capacidad de molienda tropezaban con dificultades en la obtención de caña suficiente par mantener su actividad. Se disputaban la caña en rabiosas subastas, y a veces tenían que traerla desde 200 kilómetros por ferrocarril. En muchos casos los colonos recibían más de ocho libras de azúcar por cada 100 de caña que entregaban, es decir, más de los dos tercios del azúcar que se podía extraer. Los grandes colonos eran ricos. En algunos casos, las ganancias se elevaban a centenares de miles. Algunos colonos, ya millonarios, compraron ingenios a propietarios europeos o yanquis, o se asociaron a ellos. Los pequeños colonos conocieron un bienestar inusitado. Tenían dinero para comprarse una corbata nueva o un par de zapatos; podían adquirir fonógrafos a plazos. Los más enriquecidos se construyeron suntuosas mansiones en el Vedado y Miramar y enviaban sus familias en excursiones por Europa y los Estados Unidos. Compraron los más lujosos autos y contrataron choferes que los manejaran. Los círculos selectos de la sociedad habanera les abrieron sus puertas...*"

* * *

*Dollarium Tremens. — Los crímenes de la brujería. Génesis del movimiento proletario. — Ola de huelgas. La quiebra bancaria. — La reorganización de los Partidos. — Los puritanos. — Reforma del Código Crowder. Informe de Crowder a Wáshington. — Estadística precomicial. — Las elecciones de 1921. — Balance del Mayoralato.*

Este desequilibrio económico no podía dejar de hacer sentir efectos demoledores sobre la estructura social cubana. El pueblo cubano vio, y vivió, una etapa escalofriante de conmociones que nuestros destacados historiadores han pasado por alto, pero que se encuentran plasmadas indeleblemente en las páginas de la prensa de la época y que en nada se diferencian de los *roaring twenties*, y la *ley seca* americana, el *auge cauchero* brasilero y *la caza de brujas de Salem*. La borrachera de dinero produjo un legítimo *dollarium tremens*. Cuentan los que de ello fueron testigos, que se vieron macheteros metidos en el fango con zapatos de dos tonos, pantalones de dril cien y guayaberas de hilo con botonaduras de oro. El juego prohibido y la prostitución aumentaron bárbaramente y la vagancia aumentó cuando la mano de obra era reclamada a gritos. El odio al cañaveral que generaba aquella locura del dólar se hizo patente en una irónica tonadilla que ha llegado hasta nuestros días: *Yo no tumbo caña - que la tumbe el viento - o que la tumbe Lola con su movimiento...* La importación desenfrenada de la negrada antillana, inculta y supersticiosa, revivió la brujería, el ñañiguismo y el infanticidio. El bandolerismo era rampante desde San Antonio a Maisí. Los *souteneurs* franceses y los chulos nativos dirimían pleitos sobre meretrices y burdeles a puñaladas y navajazos noche tras noche en la zona de tolerancia, mientras Menocal, fiel a la política disoluta de pan y circo, sancionaba una "Ley del Turismo" que convertía a Cuba en un gigantesco garito y un colosal prostíbulo. La usurpación de terrenos y los desalojos campesinos, en complicidad con la Guardia Rural, manchaban de cieno a la pureza supuesta del Poder Judicial.

Pero donde se colmó la copa de la demencia fue en lo que se llamó *los crímenes de la brujería*. Aquí nuestro devenir histórico se retrotrajo al medioevo. El sensacionalismo periodístico exacerbó las pasiones en grado superlativo y unido a los rumores de robos de niños perpetrados por brujos, crearon tal pánico en las familias que éstas encerraron a cal y canto la gente menuda. La imaginación infantil añadio su puñado de cianuro al veneno de la histeria colectiva, dando lugar a que se produjeran insólitas acusaciones contra *"negros que se convertían en murciélagos"* y contra otros *"que los querían meter en un saco"*. Pero también es exactamente cierto que se cometieron abominables asesinatos por practicantes de misas negras y de echado de caracoles. Como consecuencia de esta verdad, de los rumores, las noticias de prensa y el fanatismo religioso, en Matanzas por poco muere linchado un negro acusado de tratar de llevarse una niña, y una multitud enardecida incendió la casa de otro acusado de brujería. Las irresponsables declaraciones de "La Discusión" al efecto, *"que la opinión pública vería con gusto que se ejecutase en el acto a todos los sospechosos de crímenes de brujería..."*; de "El Día", que *"somos partidarios de la Ley de Lynch..."*; y de "La Prensa", preguntando en sus páginas *"¿cuándo acabará el pobre pueblo de indignarse de veras y exterminará por sus propias manos a las bestias feroces de la brujería, sin dar tiempo a que un abogadillo sin pleitos se haga cargo de su defensa...?"*, provocaron que en Regla fuese encarcelado un jamaiquino de apellido Williams porque había ofrecido dulces a una niña y porque el sombrero que usaba había sido comprado en Colón, Matanzas, donde se hablaba que existía un centro de brujería. Una enardecida multitud asaltó la cárcel de Regla, linchó al jamaiquino y arrastró su cadáver por las calles atado a la cola de un mulo. La prensa celebró el barbárico hecho como un paso dado hacia la civilización. Después se averiguó que el infortunado Williams no era brujo y que su linchamiento fue instigado por capitostes laborales de los muelles de Regla como consecuencia de una huelga que allí tenía efecto.

En Matanzas fueron presos cinco brujos y dos brujas cuando el sobrinito de uno de ellos declaró haber visto cómo mataron una niña y comieron sus entrañas. El capitán investigador *suicidó* a uno de los acusados en el Castillo de San Severino, y otro de ellos descubrió el lugar de enterramiento del cadáver de la infeliz infante. Por la noche la plebe trató de asaltar el Castillo y fue rechazada a tiros por los custodios, pereciendo dos de los pretendidos linchadores. Los restantes brujos y brujas fueron víctimas de la Ley de Fuga esa madrugada. En La Habana los ñáñigos de Jesús María y de Sitios tuvieron tres días seguidos de riñas a tiros y puñaladas. La nota cómica de este trágico período la proporcionó el tenor Enrico Caruso al correr despavorido, vestido del "Radamés", de la ópera "Aida", por la calle San Rafael, después que explotó una bomba anarquista en el Teatro Nacional, donde cantaba, al precio de $10.000,00 por función.

El frente proletario cubano libró sus más enconadas batallas durante este período de locura colectiva. Organizados por anarquistas peninsulares y por radicales cubanos, los obreros habían comenzado su lucha contra sus patronos mediante un manifiesto publicado en 1915 en Cruces, Las Villas, en el que se exhortaba a los trabajadores a reclamar mejoras económicas y laborales. La huelga habida en los centrales azucareros de la zona de Guantánamo estuvo dirigida por Luis Fabregat. La llegada a Cuba, desde Cataluña, de Marcelo Salinas, cubano expulsado de allí por anarquista, vigorizó las filas anarco-sindicalistas y popularizó el movimiento bolchevique que en aquellos momentos se apoderaba de Rusia. Bajo la inspiración de Salinas, los trabajadores presentaron una exposición al Gobierno en la que solicitaban la creación de zonas de cultivos menores y su venta sin intermediarios; el fomento de la ganadería; la abolición de subarrendamientos; la rebaja de los fletes; la limitación de todas las rentas al 6 % del capital invertido; la construcción de viviendas baratas y la reducción de la burocracia. No se les hizo caso alguno, como es de presumirse. Hubo una huelga azucarera que la fuerza pública terminó a palos y tiros, en 1917, y otra portuaria, con el mismo final, dirigida por Gervasio Sierra. Carlos Loveira servía de enlace entre la semi-organizada clase laboral cubana y la American Federation of Labor. Menocal pensó que la expulsión de Cuba de todos aquellos extranjeros señalados como extremistas pondría fin a la agitación proletaria y ordenó el reembarque de cerca de cien españoles. Luego dispuso la clausura de todas las imprentas donde hubieran trabajado seguidores del cubano Alfredo López.

La primera huelga general se declaró en noviembre de 1918, en solidaridad con los portuarios y en demanda de la excarcelación de los líderes obreros presos. Después de unas luchas callejeras que dejaron un saldo de varios muertos y veintenas de heridos, el Gobierno promulgó el Decreto 1.887, por el cual se concedía un aumento de salarios y la estricta reglamentación en la contratación de trabajadores, que debía hacerse con la intervención de delegados de los gremios obreros. Una huelga de los ferroviarios de la Cuba Railroad fue secundada por los trabajadores orientales y pronto se convirtió en la segunda huelga general, dirigida esta vez por el anarquista Antonio Penichet, que terminó con una victoria de los huelguistas porque lograron un aumento en los sueldos. En la misma medida que aumentaba la inflación económica se incrementaban los movimientos huelguísticos en toda la República, hasta el punto que en 1919 se produjo la tercera huelga general, esta vez contra la carestía de la vida. El State Department, azuzado por los inversionistas americanos en Cuba, envió a La Habana a los cruceros *Dubuque, Cincinatti* y *Eagle,* acompañados de diez cazasubmarino, por si las moscas. Las luchas callejeras entre obreros y fuerza pública causaron la muerte del vigilante Juan Violá, quien era un formidable jugador de baseball. Gervasio Sierra se vendió al Gobierno por un puesto de policía secreto, o *chivato,* para espiar a sus antiguos amigos, y éstos le hicieron objeto de un atentado que por poco le cuesta la vida. Un informe de la Legación Americana a Wáshington describía así la génesis del movimiento proletario cubano:

*"En Cuba hay 403 sindicatos o gremios. No tienen dirección conjunta, sino se ponen de acuerdo en cada caso. Incluida va una lista provista por el Servicio Secreto cubano, con los nombres de los líderes. Son 14 españoles y 11 cubanos. Los más conocidos de esos líderes son Antonio Penichet, Alejandro Barreiro, Juan Arévalo, Gervasio Sierra y José Bravo..."*

La confusión reinante en Rusia tenía resonancia en Cuba, pues las simpatías se dividían entre los socialistas-revolucionarios, anarquistas y bolcheviques locales, originando pugnas entre los dirigentes obreros. Los trabajadores cubanos se negaron a enviar una representación a la conferencia obrera de Wáshington en 1919 porque, según alegaron, *"en ella no se admitía a trabajadores de color de los Estados Unidos, México y Argentina, ni a organizaciones tildadas de radicales como la International World Workers...*" La expulsión de otro grupo de obreros hispanos y la detención de muchos otros hizo estallar la cuarta huelga general, que terminó nuevamente por la fuerza de las armas gubernamentales. Posteriormente se dictó una amnistía que libertó a cerca de 300 obreros presos en la Fortaleza de la Cabaña. Una manifestación pidiendo la rebaja del 50 % en el costo de los artículos de consumo fue disuelta violentamente por la policía capitalina, muriendo el obrero Luis Díaz Blanco. Una huelga declarada en los muelles habaneros fue rota por soldados, penados y chicos bien encabezados por el hijo menor del Presidente, Raúl Menocal Seva. Menocal echó mano, por primera vez en Cuba, al recurso reaccionario que favoreció al comunismo internacional diciendo: *"A la agitación obrera no son ajenas las maquinaciones de la secta antisocial que ensangrenta y devasta a Rusia...",* en lugar de dictar medidas favorables a la economía de los trabajadores y tratar de levantar el standard de vida de los humildes, restándoles a los falsos capitanes proletarios, de esta forma, oportunidades para crear el mito de la igualdad y la repartición beneficente de la fortuna ajena. Salinas y Penichet organizaron y presidieron un Congreso Nacional Obrero en 1920, apoyados por José Bravo y Alfredo López, y su resultado final fue el encarcelamiento de Salinas y Penichet, su condena a noventa días de cárcel por el Juez Armisén y la suspensión de las Garantías Constitucionales por Menocal después que comenzaron a explotar bombas y petardos en La Habana como protesta a la condena.

Las huelgas continuaron intermitentemente hasta llegar a sumar 187 en todos los centros industriales y de transporte. La idea de crear un Partido Socialista Radical propugnada por Doménech, Arévalo, Fabregat y Loveira fue combatida por Penichet y Barreiro. Los primeros demostraban inclinaciones bolcheviques, en tanto que los dos últimos seguían fieles al anarco-sindicalismo. En definitiva, se creó un esqueleto de partido que pactó con Zayas contra José Miguel, en una maniobra politiquera consecuente con la calaña moral de todos los extremistas y que sirvió de planta piloto a los servidores de Moscú para repetirla después con Machado, con Batista y con Fidel Castro. Fue la primera demostración —lamentablemente olvidada— de cómo los extremistas de la izquierda lo que siempre desean es reconocimiento electoral y posiciones gobiernistas para desde dentro socavar los cimientos republicanos.

En tanto el regocijo de los especuladores azucareros aumentaba con el alza del precio del dulce, los barones del azúcar se organizaron dentro de la Asociación de Hacendados y Colonos para, según expresaron, *"defender los intereses económicos, morales y materiales de la industria azucarera; ejercer sobre las autoridades públicas la presión necesaria para la regulación de los impuestos que paga la industria, y conseguir la promulgación de leyes agrícolas e industriales favorables a la misma..."* Lo que se transparentaba era el deseo de la sucarocracia que el Gobierno fuera el servidor de los grandes negocios y bufetes azucareros, o que los gobernantes terminaran por asociarse con ellos. Y lo lograron. Y con ello propiciaron las circunstancias funestas de que se aprovechó la sevicia comunista para destruir tan valiosa industria y para hacer pagar a justos y honestos hacendados y colonos los pecados de unos pocos explotadores.

La pompa de jabón que eran *las vacas gordas* hizo explosión el verano de 1920. La afluencia al mercado de azúcares procedentes de todas partes del mundo inició una declinación en los precios de magnitud tal que en siete meses —de mayo a diciembre— bajó de 22 1/2 centavos la libra a menos de 3, llevando a la ruina por igual a especuladores, bancos, depositantes, hacendados, colonos y obreros y empleados de la industria. Si la euforia de la prosperidad había sido grande, el pánico de la depresión fue gigantesco. Las Letras, Notas y Pagarés se convirtieron en papel sanitario. Durante aquel sálvese quien pueda..., los bancos americanos, respaldados por sus fondos en Wall Street, capearon la tempestad aprovechándose de la moratoria dictada por Menocal. Pero los bancos españoles y cubanos se hundieron bajo el peso de sus propios errores de cálculo. Diez y ocho bancos que tenían en conjunto más de 150 sucursales y cerca de 130 millones de pesos en depósitos, no pudieron cumplir las disposiciones que los obligaban a liquidar a sus depositantes el 25 % de sus fondos, declarándose en una quiebra que tuvo el efecto de una reacción en cadena sobre otro número de ellos encima de los cuales se lanzó la masa de depositantes para retirar su dinero, obligándolos a su vez a declararse en quiebra.

Marimón y Merchant se fugaron de Cuba llevándose con ellos todo el oro a que pudieron echar mano en el albur de arranque. *Pote* apareció ahorcado y hasta el presente sigue siendo un misterio si se suicidó o lo suicidaron. Debía cerca de una docena de millones de pesos en valores depreciados o incanjeables. J. I. Lezama, el principal especulador azucarero, se escapó al extranjero dejando detrás deudas por valor de $24.000.000,00. Los bancos americanos no facilitaron un centavo para salvar de la ruina a sus competidores cubanos y eventualmente los sustituyeron como agencias de créditos. Como magistralmente analiza y califica el economista Alberto Arredondo, nuestro país era una "Tierra Indefensa", título de su impar libro. Enoch Crowder regresó a Cuba con órdenes de Wáshington de planificar un refuerzo a la economía, pero no pudo lograrlo porque Menocal se negó a que el Gobierno ayudase a los bancos en quiebra. En plena crisis llegó el período electoral de la reorganización de los Partidos, la selección de candidatos presidenciales y las elecciones de 1920.

La reorganización de los Partidos trajo consigo la brega por las nominaciones a las candidaturas presidenciales. Dentro del Partido Conservador se daba por seguro que si Menocal no se decidía reelegirse, su personal selección de un sustituto sería decisiva. No ocurría lo mismo en el Partido Liberal, puesto que, a pesar de que Zayas había sido el candidato anterior, José Miguel era el indiscutible caudillo del liberalismo. Además, las relaciones entre ellos eran tirantes como consecuencia de la actitud de Zayas cuando el alzamiento de 1917. Zayas se abroquelaba en su legal liderazgo, pero desde el instante en que el Directorio Liberal se refundió en la Asamblea Nacional su posición, antaño sólida, era tambaleante. A pesar de la humillante derrota de Caicaje, José Miguel aparecía ante la masa liberal como un peleador, en tanto que Zayas lucía como un patiflojo que primero se había escondido y luego renegado de la revuelta. Zayas recurrió a su consabido leguleyismo y fabricó una serie de Delegados *de dedo* con intenciones de controlar la Asamblea, pero fue sonoramente derrotado en sus propósitos porque tres de sus principales seguidores: *Pino* Guerra, Eduardo Guzmán y Rogerio Zayas Bazán, se le pasaron al miguelismo. Carlos Mendieta renunció a su lógica e histórica postulación, proponiendo la candidatura Gómez-Zayas, ticket que aprobó la Asamblea presidida por Guerra. Zayas presentó un recurso reclamando para sí la jefatura del liberalismo, pero la Junta Central Electoral decidió en su contra, tomando como base la decisión de la Asamblea. Zayas creó entonces el Partido Popular Cubano, dividiendo una vez más al Partido Liberal, y se dio a propiciar un acercamiento con las fuerzas menocalistas mientras *Pino* Guerra era exaltado a la presidencia de aquél. José Miguel seguía ausente en los Estados Unidos.

Dentro del Partido Conservador se fomentaban las aspiraciones presidenciales del general Rafael Montalvo, el Vicepresidente Emilio Núñez y el ex Secretario de Gobernación

Aurelio Hevia, sin que Menocal diese muestra alguna de preferencia por cualquiera de ellos. Montalvo logró ser nombrado presidente del Partido en sustitución de Dolz, dando con ello el primer firme paso hacia la deseada postulación. Núñez y Hevia se separaron del Conservador mediante la creación de dos nuevos Partidos: el Demócrata-Nacionalista, del primero, y el Republicano, del segundo. Montalvo se enteró en forma sorpresiva y confidencial de las conversaciones secretas entre Menocal y Zayas y presentó su renuncia a la presidencia del Conservador, siéndole aceptada y sustituido por Aurelio Álvarez.

Varias notables figuras públicas, entre ellas Enrique José Varona, Manuel Sanguily, Eudaldo Tamayo, José Maza y Artola y José Manuel Carbonell, fundaron el Partido Nacionalista, dando a la publicidad un manifiesto con el cual se solidarizaron Manuel Márquez Sterling y el general Enrique Loynaz del Castillo. Más tarde se sumaron a ellos los generales Eusebio Hernández y Manuel Piedra, Emilio Roig de Leuchsenring, Salvador Salazar, Arturo Montori y Antonio Bravo Correoso. Se les conoció popularmente con el nombrete de *Partido de los Puritanos*. El Manifiesto del Partido Nacionalista, primero de su clase en Cuba, enfocaba los problemas político-sociales con visión de futuro y apelaba a los valores morales del pueblo cubano como salvaguarda de las instituciones republicanas. Los politiqueros cubanos y los observadores americanos se burlaron cruelmente de sus postulados, especialmente por su antiplattismo y por su carencia de maquinaria electoral. Cuando los únicos de sus miembros que tenían relevancia sufragista —Emilio Roig, Sanguily y Loynaz del Castillo— renegaron y se reintegraron al miguelismo, el Partido Nacionalista se disolvió y desapareció de la palestra política.

La reorganización, hecha bajo el Código Crowder, arrojó el siguiente cómputo de afiliaciones nacionales: Partido Liberal, 165.618; Partido Conservador Nacional, 160.442, y Partido Popular Cubano, 55.483. Quedaba demostrado que ninguno de los tres Partidos podría, por sí solo, alcanzar una mayoría de votantes. Al mismo tiempo, el nuevo Código prohibía las coaliciones. Ese nudo gordiano fue roto de un tajo por Menocal como paso previo a una candidatura Popular-Conservadora. Con la ausencia de los miguelistas y con los votos menocalistas, zayistas y el asbertista —bajo protesta de Maza y Artola— fue aprobado en el Congreso un proyecto que suspendió la prohibición que una persona figurase como candidato por más de un Partido a los cargos no sujetos a representación proporcional; que permitía la baja y afiliación nueva de cualquier elector mediante una solicitud firmada, o marcada, y presentada por otros dos electores que juraran su autenticidad; y que las instrucciones dictadas por la Junta Central Electoral fueran apelables ante el Tribunal Supremo. El primero de los puntos facilitaba la unión de votos menocalistas y zayistas en el reparto de la Presidencia, Senadurías, Gobiernos Provinciales y Alcaldías; el segundo introducía de nuevo el fraude en las inscripciones y registros, y el tercero podía ser utilizado en la paralización del proceso electoral al igual que se había hecho en 1917.

Menocal se dio cuenta que la crisis económica que se cernía sobre Cuba caería sobre los hombros del próximo gobernante. No quiso ser él quien se enfrentase a ella y estaba decidido a no entregar el Poder a su archi-rival José Miguel Gómez. Deseaba, al mismo tiempo, excluir al Partido Conservador de toda futura directa responsabilidad con un fracaso en la solución de la crisis que se avecinaba y conservar intacta su oportunidad de ser nuevamente su candidato presidencial en 1935, por lo que le era indispensable no levantar el crédito electoral de nadie dentro del Partido Conservador. Su maquiavelismo se encaminaba a lo siguiente: si el país se sumía en el caos económico-político, él, Menocal, sería el providencial salvador a quien todos acudirían. Y si lograba introducir una cuña divisionista en el Partido Liberal que lo partiera en dos para siempre, su triunfo estaría asegurado de antemano. Decidió, pues, apoyar a Zayas en sus aspiraciones presidenciales y no a un candidato Conservador. Copiaba el método de José Miguel cuando lo escogió a él y no a Zayas en 1913, aunque con diferentes propósitos, puesto que José Miguel actuó de acuerdo con su aversión personal por aquél y no con su ambición presidencial. Zayas, pensaba Menocal, sería un buen carnero de sacrificio en la poltrona presidencial. Las razones familiares que Menocal tomó como excusa para robar el triunfo Liberal en 1917 ahora no contaban para nada en su ánimo.

Por su parte, José Miguel se dio perfecta cuenta de la maniobra menocalista y trató de atajarla sin éxito. Una vez regresado a Cuba, ofreció a Zayas —según lo aseguró Juan Gualberto Gómez— la Vicepresidencia, la totalidad de los cargos electivos (Representantes, Senadores, Gobernador, Consejeros y Alcaldes) en la provincia de La Habana; la mitad de estos cargos electivos en las restantes provincias; la mitad de los cargos en el futuro Gabinete y medio millón de pesos en efectivo para la campaña o para su uso personal. Pero el ladino Zayas no creía ya ni en la santidad de los sepulcros. Ni iba a dejar camino por vereda. Le dio con la puerta en las narices a José Miguel. El villareño declaró su intención de no devolver a filas del Ejército a sus partidarios alzados en 1917 e inició una campaña de acercamiento hacia el State Department enviando a Wáshington a Fernando Ortiz con la misión de lograr la supervisión americana de las futuras elecciones. Rubricó sus maniobras logrando que el Partido Liberal postulase como Vicepresidente de la República a un ex Conservador, Miguel Arango, quien era Administrador General de la Cuba Cane, con lo que balanceaba su personalidad insurreccional con la de este monopolista ante los ojos de Wall Street, ratificando esta actitud al rehusar el apoyo que le ofrecieron las organizaciones proletarias que estaban siendo diezmadas por la represión menocalista. El ticket y el lema GÓMEZ ARANGO: LE ZUMBA EL MANGO..., fue acompañado de música de La Chambelona con ciertos cambios en la letra de sus estrofas que eran altamente ofensivos a la dignidad y el honor de las esposas de Menocal y Zayas y que los soeces cantantes de la chusma chambelonera merecidamente pagaron con cabezas y huesos rotos y hasta en ocasiones con la vida misma. Arango no solamente era figura cimera de la Cuba Cane, sino que había sido elegido Presidente de la Asociación de Hacendados y Colonos.

Menocal dispuso la licencia del Secretario de Guerra y Marina, general Martí, postulándolo Representante por Camagüey, y entregando esa cartera, junto con la de Gobernación, a Charles Hernández, su incondicional y principal colaborador de Emilio Núñez en el cambiazo de Correos de 1916. Éste dio un salto de regreso al Partido Liberal a cambio de una Senaduría por Las Villas, porque Menocal lo pretirió a Francisco Carrillo en la selección Vicepresidencial. Asbert no fue complacido en sus aspiraciones dentro del zayismo y en venganza se pasó de nuevo al miguelismo. Menocal utilizó la Renta de la Lotería para la campaña, dando de sus fondos $750.000,00 para el engrase de la maquinaria del Partido Popular y más de $1.000.000,00 para gastos de ajuste en la formación de la Liga Nacional, que así vino a llamarse la fusión Popular-Conservadora que llevó el ticket y la consigna ZAYAS-CARRILLO: TRIUNFO EN EL BOLSILLO... Los Liberales siguieron quejándose a Wáshington de las medidas preventivas de Menocal que alegaban iban encaminadas a arrebatarles nuevamente el triunfo electoral y amenazaron con ir al retraimiento. Norman Davis y Sumner Welles, *expertos en asuntos cubanos*, no lograron intimidar a Menocal con sus recados de que se mantuviera neutral en las elecciones. La campaña electoral ya había causado violencias, coacción y muertes por parte de los Supervisores Militares nombrados por Charles Hernández. En Oriente el perro de presa mayor de éstos era el capitán Arsenio Ortiz.

Las elecciones prometían ser reñidas y con vista a aminorar los apasionamientos se entrevistaron los dos caudillos, Menocal y Gómez, sin que ningún resultado positivo se lograra de su plática, pues los atropellos gobiernistas continuaron imperturbados. En Victoria de Las Tunas, Oriente, se cometió uno de los más execrables asesinatos politiqueros que se recuerdan en Cuba. El Representante por el Partido Conservador, Alfredo Guillén, matón de oficio, ultimó a sangre fría al cívico Juez Antonio González porque éste se negó a certificar unas fraudulentas inscripciones y a pesar de que el hermano de la víctima había pedido garantías para éste al Secretario de Gobernación, Charles Hernández. El asesino Guillén quedó libre y fuera de procesamiento gracias a la inmunidad —o más bien impunidad— parlamentaria que gozaba.

Los Jefes de Distritos Militares se mostraron renuentes a tomar partido en las controversias politiqueras, pero hicieron la vista gorda cuando Charles Hernández nombraba como Supervisores Militares, sin consultarlo con ellos, a Oficiales y Clases que actuaban en forma draconiana después, siempre en pueblos donde el Alcalde era de militancia Liberal. Estos Supervisores tenían a su cargo, supuestamente, las funciones de guardar el orden, pero en realidad se dedicaban a coaccionar y aterrorizar la Oposición. Aunque, en el fondo, los deseos Liberales eran de irse al monte, la experiencia triste de la revolución de *La Chambelona* frenaba sus impulsos. Se dedicaron a acumular actas notariales en las que se hacían constar los desafueros menocalistas para después presentarlas, por mediación de Fernando Ortiz, al State Department como pruebas de su indefensión y con la esperanza de obtener por parte del Tío Samuel un apoyo moral o material que aguantase los abusos menocalistas, pero sin recurrir a la Enmienda Platt, de la que se declaraban opositores. Giraban en un círculo vicioso de miedo y esperanzas. Renegaban de Platt y suplicaban a Crowder. No se daban, o no querían darse, cuenta que para el State Department el problema radicaba en la estabilidad económica producida por un Gobierno fuerte que asegurara los intereses monopolistas yanquis porque la Casa Blanca, libre de compromisos, resolvería *manu militari* cuando la ocasión se presentase.

El día de las elecciones los soldados que custodiaban los colegios electorales dividieron a los Liguistas de los Liberales en dos filas de votantes. Permitían a los primeros votar rápidamente, mientras a los segundos los demoraban largas horas. La víspera de los comicios la fuerza pública repartió *manatí* y planazos entre los Liberales a más y mejor. En Sagua la Grande, Las Villas, fueron muertos tres ciudadanos que defendían la candidatura Gómez-Arango. La soldadesca, alentada por los más severos represores del alzamiento de 1917, actuaban bajo la impresión que prevenían su licenciamiento si impedían triunfar al miguelismo, y de ahí que no escatimaron medidas, no importa cuán abominables éstas, para reducir a la más mínima expresión el sufragio Liberal. Los primeros escrutinios daban el triunfo de la Liga en cinco provincias, concediendo el triunfo oposicionista solamente en La Habana. Los Liberales reanudaron su gritería pidiendo la supervisión americana del conteo de votos. Gómez y Arango presentaron una Memoria al Embajador Long, quien había sustituido a Mr. González y aumentado en rango, aclarándole que agotarían todos los recursos legales, pero que los Estados Unidos debían decidir si procedía o no celebrar nuevas elecciones. Una semana después el Ejecutivo Liberal acordó pedir la nulidad de las elecciones efectuadas y llevar a cabo otras nuevas bajo la supervisión americana, enviando de nuevo a Fernando Ortiz, esta vez acompañado de Miguel Arango, a Wáshington a solicitarlo. Luis Fabregat, a nombre del movimiento proletario, se dirigió al Presidente Wilson protestando la solicitada supervisión y asegurándole la pureza de los comicios celebrados y el apoyo obrero a Zayas.

El sistema que se usaba en aquella época para el conteo de votos tenía la característica de permitir, debido a los recursos que se presentaban y a las elecciones complementarias que éstos provocaban, que los resultados oficiales no fueran conocidos hasta muchas semanas después de haberse celebrado los comicios. Durante ese tiempo se cometían toda clase de fraudes. A veces eran de más importancia las elecciones complementarias que las originales. Fueron tantos los recursos presentados, los colegios anulados y las protestas levantadas, que, unido esto a lo reñidas que habían sido las elecciones y a la exigua mayoría que parecían tener los Liguistas, se barruntaba una perturbación política similar a la de 1917. Sin consultarlo con Menocal, el State Department envió nuevamente a Cuba a Enoch Crowder en una misión que, aunque supuestamente económica, todos interpretaron como supervisionista. Crowder estaba sumamente familiarizado con los problemas cubanos desde la Primera Intervención y poseía amplia experiencia en cuestiones electorales y judiciales, pues había sido Preboste Marcial del Ejército Americano. Apenas llegado se entrevistó con Menocal y José Miguel, y después de varias semanas envió a Wáshington un informe en el cual expresaba gráficamente el problema politiquero-militarista que pesaba como losa de plomo sobre la democracia representantiva cubana:

"*El problema electoral de Cuba no es proteger el escrutinio, sino, como en todas las elecciones anteriores, proteger a los electores contra la violencia, amenaza o intimidación para no dejarlos votar. Es, por tanto, un problema de orden público. Para mantener este orden público se han usado los Supervisores Militares. Esta vez la cuestión ha sido complicada por el hecho de que uno de los candidatos es Gómez, hacia el cual desertaron en 1917 cierto número de oficiales del Ejército, mientras otros permanecieron leales. Esto hace que muchos oficiales crean que serán perjudicados si Gómez vuelve a la Presidencia. Muchos de estos oficiales, según han reconocido los Tribunales, han cometido actos de intimidación que han justificado la anulación de elecciones, de manera que la Presidencia está aún en duda. Estoy convencido de que, a pesar de los abusos cometidos, el sistema de Supervisores debe ser empleado en las próximas elecciones, porque es el único posible, excepto la supervisión directa de soldados americanos, ya que todos reconocen que las policías municipales son eminentemente partidaristas. Estoy convencido de que existe un gran número de oficiales no políticos, y que los abusos pueden evitarse nombrando sólo a éstos como Supervisores...*"

Para evitar la presentación de los oficiales acusados de coacción ante los Tribunales civiles, Menocal no firmó el Tratado de Paz con Hungría —cuestión meramente protocolar ésta—, permitiendo así que aquéllos se negaran a comparecer ante los Jueces alegando el estado de guerra con aquella nación, algo que los ponía fuera del alcance de la Justicia ordinaria. Arsenio Ortiz, Sandó y Luis del Rosal se hallaban prácticamente sublevados por temor a ser condenados, pero Menocal les aseguró que nada les pasaría, pues los Tribunales harían lo que su títere, Presidente del Tribunal Supremo y antiguo autonomista, José A. del Cueto, les ordenase. Hasta el mes de marzo de 1921 no quedaron resueltos todos los recursos presentados y la conclusión tribunalicia fue que se celebrasen elecciones especiales en 189 colegios de la República, que, al igual que en 1917, decidirían, no solamente la Presidencia, sino también otros cargos electivos en disputa. Esta vez no fue la familia femenina de Menocal quien lo instigó a dar la brava a los Liberales, sino la prensa Conservadora. Ejemplo de esto lo dio Sergio Carbó en un editorial de "El

Día", el 5 de enero de 1921, con las siguientes líneas de exhortación al Mayoral para que remarchase al miguelismo e impidiese el arbitraje de Crowder: *"Ahora la suerte de la República está en los timbales de Menocal, ahora hacen falta de veras sus timbales, prudentes y rectilíneos, corteses y firmes..."*

La estadística pre-comicial demostraba que la Liga tenía una mayoría de 1.064 votos en Pinar del Río, y que siendo los electores de los colegios anulados 1.275, su triunfo era seguro en esa provincia. En La Habana el triunfo Liberal no ofrecía margen a dudas, pues su mayoría era de 4.640 votos y los nuevos electores tan sólo 1.804. En Matanzas la mayoría Liguista era de 3.450 votos y los nuevos sufragistas 14.000, pero como la provincia era tradicionalmente Conservadora, el triunfo de Zayas parecía asegurado. En Las Villas la mayoría Liguista era de 224 votos y los electores 28.500, pero aquí sucedía lo inverso que en Matanzas, pues la provincia era de raigambre Liberal. En Camagüey la Liga tenía una mayoría de 836 votos y los colegios anulados 4.500 electores. Si se tenía en cuenta que esta provincia se había sumado casi totalmente a la rebelión chambelonera, podía pensarse en un triunfo miguelista en ella. En Oriente la mayoría Liguista era de 12.000 votos, y los votantes de las complementarias también 12.000, cosa que indicaba un probable triunfo zayista. En resumen: pareciendo victoriosos los Liberales en La Habana y Las Villas y perdedores en Pinar del Río y Oriente, tendrían que triunfar en Matanzas o Camagüey para derrotar a Zayas. A su vez, el Gobierno tendría que inventar un medio de asegurarse el triunfo en una de esas provincias para elegirlo. Crowder o no Crowder. Zayas, a la expectativa, no hacía esfuerzo alguno en su propio favor, sino que dejaba a la responsabilidad de Menocal el ganarle la Presidencia, pues de esto dependía la aspiración de éste de que aquél lo apoyara, a su vez, en 1925 contra el candidato que presentaran los Liberales.

Benjamín Sumner Welles, el flamante Jefe de la División Latinoamericana del State Department, vino a Cuba a pulsar la situación, y luego de un solo día de estancia en La Habana y de conferenciar con Long y Crowder, elevó un informe a sus superiores, que lo retrataban como lo que siempre fue: un trasnochado *componedor de bateas* y no un legítimo experto en asuntos cubanos. No es de sorprenderse, por tanto, del resultado de su funesta mediación en 1933. Su informe de entonces ratifica ese criterio nuestro:

*"Resumimos la situación así: Si Gómez es electo tendría la oposición del Ejército y la hostilidad personal de la mitad del pueblo, y la corrupción sería aún mayor que en el Gobierno*

*de Menocal. Si Zayas es electo, Crowder está convencido que
sería un discreto pero decidido antiamericano, la corrupción
sería grande y los puestos los llenaría con sus partidarios,
que son de un tipo todavía más objetable que los de Gómez.
Es evidente que la elección de un tercer candidato es deseable.
Hablando de ellos decidimos que los mejores serían, en este
orden: Céspedes, Desvernine y Bustamante. Las ventajas de
Carlos Manuel de Céspedes son: 1) el estar familiarizado con
los deseos del Gobierno de los Estados Unidos y su buena disposición a aceptar sus consejos; 2) el prestigio de su nombre;
3) el estar desconectado de la política desde hace tiempo, y
4) su integridad personal y su fortuna privada..."*

Crowder logró la formación de un Comité de Cordialidad
formado por cuatro personas por provincia, dos Liguistas y
dos Liberales, que a su vez nombrarían otros cuatro para actuar
en cada colegio en que se celebraran elecciones para velar
conjuntamente por la pureza del sufragio. Los Liberales se
quejaron de las coacciones militaristas a la Audiencia de Santa
Clara, pero ésta les respondió *"que sólo los varones fuertes
tenían derecho al sufragio..."*, decisión jurídica inconcebible
y provocadora. Ante las continuadas quejas que los miguelistas le presentaban, Crowder dio publicidad a una proclama
en la que aseguraba que a los Estados Unidos sólo interesaba
que las elecciones fueran honradas y en ella exhortaba a todos
a votar por sus respectivos candidatos. Menocal se negó a retirar a los Jefes de los Distritos Militares de Matanzas, Las
Villas y Camagüey, temporalmente, pero accedió a la retirada
permanente de los Supervisores Militares, a quienes inmediatamente Charles Hernández nombró Jefes de Puestos en los
mismos pueblos donde estaban destacados como Supervisores,
quedando cosa tal como siempre estuvo, aunque con un aspecto legal diferente. Las violencias contra los miguelistas
continuaron sin interrupción. José Miguel elevó una petición
al State Department solicitando que las elecciones se celebrasen supervisadas por un oficial americano *"con título de
Inspector General del Ejército Cubano, o con cualquier otro
título, siempre que tenga el carácter de Jefe Militar..."*, pero
el Presidente Harding —que había sustituido a Wilson— no
alteró la política de su predecesor, o sea la de mantenerse alejado de una intervención armada tanto como fuera posible
para no antagonizar a Hispanoamérica, y se negó rotundamente a ello. Encarado a la realidad de la negativa americana
a satisfacerle y al desafío inconcebible de la Audiencia acerca
de *"que sólo los varones fuertes tenían derecho al sufragio...",*

el caudillo villareño optó por ordenar el retraimiento del Partido Liberal.

Las elecciones se celebraron con la ausencia Liberal de las urnas. El cómputo final de los escrutinios arrojó 13.596 votos para Zayas y sólo 100 para José Miguel. Se abstuvieron de votar más de 35.000 electores en los colegios anulados. Los Liberales acordaron recurrir, prohibir a sus candidatos tomar posesión de los cargos para los que fueron electos y abstenerse de formar quórum en el Congreso para la proclamación de Zayas. El triunfo de éste quedó asegurado. La Liga Nacional obtuvo, además de la Presidencia de la República y su vice, 11 Senadores (10 Conservadores y 1 Popular); 31 Representantes (26 Conservadores y 5 Populares) y 5 Gobernadores, todos Conservadores. Los Liberales sólo ganaron 2 Senadores en La Habana, el Gobierno Provincial de la misma y 28 Representantes en toda la Isla entre los candidatos que no obedecieron la orden de retraimiento, primero, y los cuales, después, tomaron posesión de sus cargos y concurrieron al Congreso a proclamar a Zayas, haciendo caso omiso a las órdenes del Partido. La Alcaldía de La Habana fue ganada por el Liberal Díaz de Villegas.

José Miguel marchó a Wáshington a protestar allí personalmente de las elecciones y una vez más solicitar la celebración de otras nuevas, pero el Secretario de Estado, Hughes, y el Presidente, Harding, le hicieron saber que sus aspiraciones no tenían la menor oportunidad de ser consideradas. Enterado José Miguel que los suyos se acercaban a Zayas, escribió a éste desde Wáshington una carta pública en la que le ofrecía su apoyo en beneficio de la concordia cubana. Zayas aceptó el ofrecimiento, también en carta pública, pero haciéndole la salvedad que gobernaría de acuerdo con los intereses de la Liga Nacional. José Miguel se dispuso a regresar a Cuba, pero al igual que sucedió a Calixto García, contrajo una pulmonía doble que le produjo la muerte en breve tiempo. Su entierro fue multitudinario, mayor que el de Calixto García o el de Máximo Gómez. El pueblo cubano hizo demostración de su característica incapacidad de guardar rencores políticos, perdonando en la hora de su muerte a los gobernantes que lo han maltratado y rindiéndole tributos por las buenas cualidades personales y patrióticas que en vida ostentaron. Y que hace lo mismo con los honrados seres a quienes en vida negaron apoyo político, como si con ese postrer tributo funeral muchedumbroso les ofreciesen un homenaje de desagravio. Como fue el caso del entierro de Eduardo Chibás, en 1951.

El cuadro económico de los dos últimos años del Mayoralato mostraba que las exportaciones habían sumado 1.368

millones de pesos y las importaciones 916. De las primeras, el 90,5 % habían sido azúcares y derivados; el 7 % tabaco; el 1 % minerales y el 1,5 % productos varios. De las segundas, el 37,5 % habían sido alimentos; el 1,5 % tejidos; el 13,5 % maquinaria y el 3,4 % varias. Las dos últimas zafras habían logrado una producción de 7.500.000 toneladas, que a un precio promedio de 8,77 centavos libra, habían alcanzado el fantástico valor de $1.459.930.926,00, que había significado el 24,5 % de la exportación mundial y cuyo 79,5 % había sido hecho a los Estados Unidos, donde había sido el 66,5 % del consumo da azúcar de sus ciudadanos. Para lograr esto que antecede, en esos dos últimos años, Menocal había permitido la introducción en Cuba de 254.585 extranjeros, de los cuales el 92 % eran varones. De esos inmigrantes, 133.573 eran españoles, con un 11 % de analfabetos; 46.044 haitianos, con un 96 %; 51.187 jamaiquinos, con un 6 %, y 23.781 asiáticos y europeos de porcentaje desconocido de analfabetismo. El total de peones extranjeros analfabetos y semi-analfabetos que se volcó sobre la Isla durante el Mayoralato fue de casi medio millón, de los cuales la mitad fueron antillanos y asiáticos embrutecidos y la otra mitad españoles de la más pobre cepa social y cultural. El total de las zafras azucareras en los años 1915-1920, durante los cuales se produjo la penetración a fondo del capital financiero en Cuba, fue de 24.942.795 toneladas, que a un precio promedio de 4,77 centavos libra, tuvieron un valor de $4.721.600.000,00. De todo este esplendor de riquezas, danza de los millones, etc., nuestra indefensa tierra sólo heredó miseria, bancarrota, aumento en la deuda pública (ascendía a $48.811.500,00 la Exterior y $37.855.500,00 la Interior), desempleo, rastacuerismo, monocultivo, aversión ciudadana por la cosa pública y agarrotamiento de la economía por los monopolios extranjeros. Los pocos adelantos urbanísticos habían tenido lugar en las zonas de Miramar, Vedado y Marianao, donde habitaba la sucarocracia. Ni carretera central, ni caminos vecinales, ni educación popular, ni honestidad administrativa, ni justicia social.

Mario García Menocal se retiraba de la primera magistratura de la República después de ocho años de gobernarla como un legítimo déspota ilustrado. Su influencia política y politiquera sobre ella se iba a hacer sentir durante muchos años después. Zayas quedaba virtualmente prisionero del Partido Conservador Nacional. Desaparecido José Miguel Gómez, el Partido Liberal tendría que fabricar un nuevo caudillo para enfrentársele en 1925. Sus buenas relaciones con el State Department y la Casa Blanca no habían sido empañadas a causa de sus desavenencias con Crowder, quien iba a quedar en Cuba como oficioso interventor vigilando estrechamente el secular anti-plattismo del nuevo Presidente, Zayas. La prensa de la época le calculaba a Menocal una fortuna valorada entre los 20 y los 40 millones de pesos, y continuamente reportaba sus viajes de placer por el extranjero, la fama que adquirió en los más exclusivos hoteles, balnearios y restaurantes por sus propinas de cientos de dólares, los homenajes que se le tributaban en Europa por los cientos de miles de dólares que donó a creches y orfelinatos y su munificencia al reservar para él y su familia toda una cubierta en el trasatlántico más lujoso de la época. De su Gobierno no se ha podido probar nada constructivo, pues apenas si propició leyes de beneficio social. Aquellas pocas que se produjeron no fueron iniciativa suya, sino de Congresistas, especialmente de sus opositores, como Maza y Artola. Fue más dado al nepotismo que José Miguel y sin duda mil veces más autocrático que éste. Jamás demostró preocupación ni simpatía por las clases míseras o el campesinado, sino que, por el contrario, sus actos de gobierno fueron encaminados a la protección del capital financiero y en beneficio de la sucarocracia. Sus indiscutibles glorias mambisas de Mayor General del Ejército Libertador, su vastísima cultura tecnológica, y su noble abolengo criollo fueron socavados por el prolongado ejercicio del poder personal. El legítimo hombre de empresa que era lamentablemente se tornó en hombre de presa bajo la influencia de los consorcios azucareros. Fue él, y no José Miguel Gómez, quien dio la pauta para la doblez electoral, el chanchullo politiquero, la prepotencia militarista y los rejuegos asamblearios que fueran luego nuestro largo calvario republicano

CAPÍTULO  V

## ALFREDO ZAYAS ALFONSO
## (1921-1925)

El Chino. — *Crowder, Harding y Zayas.* — Las vacas
flacas. — *Nepotismo.* — *El empréstito chico.* — *Los
memorándums de Crowder.* — *El número 10 sobre la
Renta de Lotería.* — *El* Gabinete de Crowder. — *El
memorándum número 13.* — *El empréstito grande.*

El nuevo Presidente, Alfredo Zayas Alfonso, nos es familiar
ya, pero su ficha biográfica, un poco más extensa, nos muestra
que era hijo del colaborador y sucesor de D. José de la Luz
y Caballero en el Colegio El Salvador, Dr. Juan B. Zayas, y
hermano del general mambí, de gloriosa recordación, Juan
Bruno Zayas. Era de facciones asiáticas, que se acentuaron en
su vejez, por lo que esto, unido a su inveterada costumbre de
usar un dije hecho con una peseta española, recuerdo de su
prisión africana, hicieron que popularmente se le conociese
como *El Chino de la peseta,* o *El Chino.* Era de impasible
calma y el genuino tipo del Doctor que completaba el binomio
con los Generales. Graduado de abogado, se sumó al autonomismo en la época que éste no se había enfrentado al Separa-
tismo, pero pasó del primero al segundo en cuanto el Partido
Revolucionario Cubano fue fundado por Martí y comenzó a
organizarse extensivamente, después de 1892, llegando a ocupar el cargo de Delegado de la Revolución en La Habana.
Descubierto por las autoridades coloniales, fue deportado a
Ceuta, de donde regresó una vez terminada la Guerra de Independencia. Durante la Primera Intervención ocupó los cargos
de Juez de Puentes Grandes, Marianao, bajo Brooke, y de Subsecretario de Justicia, bajo Wood. Fundó el Partido Nacional
Cubano y en su candidatura fue electo Concejal del Municipio
habanero en 1900, y Constituyente en septiembre de ese mismo

año. Su anti-plattismo en la Convención Constituyente coincidió con la renuncia del general Alejandro Rodríguez como Alcalde de La Habana para ocupar el cargo de Jefe de la Guardia Rural. El Cabildo habanero designó a Zayas para sustituirle, pero su elección fue vetada por el procónsul Wood, quien se vengaba así de él por su actuación en la Constituyente. Su primera maniobra politiquera la efectuó cuando apoyó a Estrada Palma contra Masó, siendo elegido Senador por La Habana al tiempo que ocupaba el cargo de miembro de la Junta Nacional de Escrutinios, cuestión de duplicidad en otros estradistas que provocó el retraimiento masoísta. Luego fue elegido Secretario del Senado.

En 1903 fundó el Partido Liberal Nacional, que luego se fundiera con el miguelismo y diera origen al Partido Liberal, que le llevó en la candidatura Vicepresidencial que fuera fraudulentamente derrotada por el reeleccionismo estradista y que motivara la revuelta de agosto de 1906, provocadora de la Segunda Intervención, que lo nombró miembro de la Comisión Consultiva que presidía Enoch Crowder. Fue, como sabemos, electo Vicepresidente en 1909 y traicionado por José Miguel en favor de Menocal en 1913. Candidato presidencial en 1916, fue víctima del cambiazo reeleccionista de Menocal, que originó la revolución de *La Chambelona*. Derrotado nuevamente por José Miguel en sus aspiraciones presidenciales por el liberalismo, fue escogido por Menocal y financiado por éste en la creación del Partido Popular para que le sirviera de aguanta-vela hasta 1925. Zayas llegaba a la Presidencia con amplia experiencia en chanchullos y amarres politiqueros y con oportunidad de borrar, en su favor, todo el pasado menocalista. Pero lo que le sobraba en conocimientos parlamentarios y asambleios le faltaba en carácter e integridad personal. Cosas éstas que iba a necesitar en gran escala para hacerle frente al ingerencismo que representaba la presencia en Cuba del general Crowder, perro-guardián del State Department y cancerbero de los intereses financieros de Wall Street, que necesitaban una garantía máxima de vigilancia frente a la fama anti-ingerencista que gozaba Zayas desde sus días como Constituyente.

\* \* \*

Crowder representaría en Cuba una nueva aplicación práctica de la Enmienda Platt. De su fase impositiva, pasó a una *preventiva* y de aquí a la que actualizaríase como *ingerencista*. La situación de Crowder en Cuba quedó descrita por el State Department como de *enviado especial del Presidente...*, algo que le produjo conflictos con el Ministro Morgan, hasta el extremo que éste presentó su renuncia. Los historiadores americanos (especialmente Charles E. Chapman, en su libro "History of the Cuban Republic") han presentado a Crowder como un celoso y vigilante moralizador destacado ante Zayas por la Administración Harding, pero todos han olvidado decir que ésta fue la más corrompida de todas las que han ocupado la Casa Blanca y que, por tanto, difícilmente podía dar clases de moralidad a Zayas, ni aún por mediación de Crowder, quien era indudablemente honrado.

Warren G. Harding, del Partido Republicano, sustituyó al Demócrata Wilson, llevando en la Vicepresidencia a Calvin Coolidge, después de haber ganado la nominación a Leonard Wood. Fue conocido en su patria con el marbete de *el Presidente firmón* y nombró su Gabinete de acuerdo con los intereses y compromisos económicos de su Partido, cosa que le acarreó su desgracia. El Secretario del Interior, Albert Fall, era un especulador a quien Harding debía favores y dinero y se unió al Secretario de Marina, Danby, para confabularse con los magnates petroleros E. L. Dohenny y Harry Sinclair en una tremenda estafa al Gobierno Federal. Éste poseía terrenos con ricas reservas petroleras en California y Wyoming, que una ley había puesto a disposición de la Marina de Guerra, autorizando a ésta arrendarlas o confiar su explotación a firmas privadas. Fall consiguió que Denby transfiriese ese derecho a la Secretaría del Interior y secretamente arrendó las tierras petroleras de Wyoming conocidas como Teapot Dome y Elk Hills, a Sinclair y Dohenny, respectivamente. Las acciones de la Sinclair Oil Company subieron hasta 150 millones de dólares y el escándalo producido inició una investigación senatorial que probó que Fall había recibido $100.000,00 de Dohenny y $233.000,00 de Sinclair como regalía por su prevaricación, obligándosele a renunciar a su cargo en el Gabinete de Harding.

No fue la vergüenza de Teapot Dome y Elk Hills la única de la Administración Harding, sino que también el Secretario de Justicia, Doherty, sirvió de cómplice a innumerables atracos en tanto que el Director de la Administración de Veteranos, coronel Forbes, vendió sin previa subasta, a una casa comercial de Boston, sobrantes de guerra a un precio con el 20 % menor que su valor real, crimen que le llevó a la Prisión Federal de Leavenworth, Kansas. Durante el regreso de un viaje que dio a Alaska, Harding recibió en el vapor un telegrama cifrado cuyo contenido le produjo gran depresión de ánimo. A su llegada a San Francisco, California, enfermó misteriosamente de gravedad —dícese que por comer cangrejo enlatado— y murió envenenado. Su muerte fue certificada como producida por una embolia cerebral, sin que se le practicase una autopsia. Su viuda destruyó todos sus papeles confidenciales después de su muerte. Se hace muy difícil creer que semejante Administración tuviese, en realidad, capacidad para higienizar el hogar vecino cuando el suyo era un estercolero. No es de asombrarse, pues, que en definitiva Zayas hizo en Cuba cuanto le vino en ganas y que además pusiese en su lugar a Crowder, al State Department y a la Casa Blanca. Sin olvidarnos de Coolidge, el hombre de tan agrias facciones que parecía haber sido amamantado con vinagre.

La crisis económica que Zayas enfrentó, conocida como *las vacas flacas,* durante la cual el precio del azúcar descendió hasta 1,75 centavos libra, se complicaba con los atrasos financieros heredados del régimen menocalista. Aunque en papeles éste aparecía dejando a Zayas $4.877.140,00 en el Tesoro, la realidad era que solamente éste podía contar con $62.363,05 para cubrir los gastos del Presupuesto de 1921-22, pues la diferencia entre esta cantidad y la otra se hallaba comprometida en el abono de Órdenes de Pago ya emitidas y de cheques expedidos y en circulación. Cerca de $20.000.000,00 que aparecían acreditados al Gobierno en el quebrado Banco Nacional eran, por supuesto, incobrables. La congestión en los muelles era tremenda. Mercancías que habían sido fiadas a un precio de *vacas gordas,* ahora tenían que ser pagadas a un valor de *vacas flacas,* con un dinero que nadie tenía porque se había perdido en la quiebra bancaria. Los bancos fueron disminuyendo en número hasta quedar reducidos a 60 en 1922, de 394 que eran en 1920. La concentración de propiedades azucareras en manos de los monopolios, a través de los bancos, se hizo más intensa que nunca. El National City Bank of New York, por medio de la General Sugar, acaparó ocho ingenios; el Royal Bank of Canada, por conducto de la Sugar Plantations Operating Company, se adueñó de una docena; el First National Bank of Boston se hizo de dos centrales y de uno el Canadian Bank of Commerce. El Chase National Bank, a su vez, entró en posesión de cuatro ingenios. Todos los ingenios traían consigo a los bancos grandes extensiones de tierras cañeras o improductivas en las que pululaban los misérrimos peones antillanos y españoles, de los cuales muchos la indigencia convirtió en bandoleros y salteadores de caminos.

Zayas, apremiado por la crisis y por los aguijonazos de Crowder, empezó su Gobierno con un Gabinete compuesto de Conservadores y Populares, estos últimos procedentes de su Partido, conocido como *el de los cuatro gatos.* Sus primeros Secretarios fueron: Estado, Rafael Montoro; Justicia, Erasmo Regüefeiros; Hacienda, Sebastián Gelabert; Guerra y Marina, Demetrio Castillo Duany; Gobernación, Francisco Martínez

Lufriú; Instrucción Pública, Francisco Zayas; Sanidad y Beneficencia, Juan Guiteras; Obras Públicas, Orlando Freyre; Agricultura, Comercio y Trabajo, José M. Collantes, y Presidencia, José Manuel Cortina. Menocalistas eran Montoro, Freyre y Collantes; neutrales, Gelabert y Guiteras, y zayistas el resto del Gabinete. Zayas encasilló sus parientes en las más jugosas posiciones gubernamentales. Además de su hermano Francisco, Secretario de Instrucción Pública, hizo a su sobrino, Oscar Zayas, Subsecretario de Gobernación; a su hijo Alfredo, Subdirector de Lotería; a su entenado Willy Gómez Colón, Mayordomo del Palacio; a otro sobrino, José María Zayas, Director de Aduanas; a un primo, Carlos Portela, Subsecretario de Hacienda; a un yerno, Celso Cuéllar, Senador y hombre de confianza, y a otro yerno, Subdirector del Presidio. Eventualmente amnistió al asesino convicto Eugenio Rodríguez Cartas y éste casó con su hija María Teresa, llegando ambos a ser Senadores posteriormente.

El Senado, del cual fue electo Presidente el Conservador Aurelio Álvarez, quedó compuesto por 18 Conservadores, 2 Populares y 4 Liberales. La Cámara, presidida por el Conservador Santiago Verdeja, se formó con 59 Conservadores, 11 Populares y 50 Liberales.

\* \* \*

El exorbitante Presupuesto dejado por Menocal —que casi nada benefició a las clases populares— ascendía a $104.000.000,00 y el retraso en la deuda interior alcanzaba los $2.000.000,00. Los pagos de la deuda exterior se encimaban amenazadores sobre la economía cubana. Ante aquella ominosa situación, Zayas optó por rebajar el presupuesto en $50.000.000,00 y solicitar un nuevo empréstito extranjero. La primera medida trajo desempleo, y la segunda empeñó aún más a la República con la banca americana. Y lo peor del caso era que el empréstito se hizo para pago de la deuda flotante y amortizaciones de anteriores empréstitos y no para emplearlo en obras reproductivas. Crowder se aprovechó de la precaria situación económica en que Menocal había dejado a Cuba para iniciar una campaña ingerencista que se conoció como *la de los memorandums* y que obligó al *Chino de la Peseta* a aguzar su astucia y echar mano a su secular paciencia, que expresaba con su habitual dicho: *"En el mar estamos: Fe y Adelante..."*

\* \* \*

Todo el tiempo, durante 1921, se lo pasó Crowder informándose de los asuntos internos del Gobierno y escuchando todas las verdades y los chismes que se le dijeron por enemigos de Zayas, personas decentes y oficiosos alcahuetes. A principios de febrero de 1922, en nombre del State Department, Crowder solicitó formalmente el reconocimiento cubano del derecho de los Estados Unidos a investigar los organismos gubernamentales que les pareciese conveniente. Ya Zayas había contraído con la Casa Morgan un préstamo, a espaldas de Crowder, por $5.000.000,00, dando como garantía algunos títulos de la deuda interior. Este empréstito, conocido como *el chico*, fue un indiscutible triunfo personal del *Chino* sobre Crowder y los alabarderos del punto II de la Enmienda Platt. Con ese dinero se pudo conjurar la caótica situación económica de los burócratas, cuyos cheques eran rechazados por los bancos o eran objeto de la misma especulación que los créditos de los Veteranos cuando *Don Tomás*. También el empréstito *chico* sirvió para pagar deudas mercantiles contraídas por el régimen menocalista. La producción azucarera fue objeto de revisión, acondicionándola a los intereses remolacheros sin reducir aquélla. La figura de Horacio Rubéns hizo de nuevo aparición en Cuba, pero esta vez representando los intereses azucareros de la Cuba Company, que había contratado sus servicios. Esta segunda etapa de Rubéns, aunque no fue detrimental a Cuba, no fue tan elevada y patriótica como la primera, justo es decirlo, pues no se enfrentó a los monopolios en defensa de Cuba con la misma gallardía que lo hizo frente a McKinley y Estrada Palma. Sin embargo, en Camagüey se le recuerda como persona muy deferente y servicial comparado a los otros americanos mayordomos de José Miguel Tarafa. Zayas contestó la nota ingerencista de Crowder diciéndole que el hecho de que el Gobierno cubano no pudiese pagar algunas deudas a sus empleados y otros ciudadanos no constituía una violación de la Enmienda Platt, pero que estaba dispuesto a brindarle todas las informaciones que solicitase. Crowder se molestó y exigió de Zayas una respuesta concreta, de condición servil, pero el cazurro Presidente le dio la callada por respuesta, una y otra vez, hasta vencerlo por cansancio.

Zayas intentó desviar la atención pública lejos del peculado gubernamental y de la acusación que se le hacía de haberse comprado una finca valuada en $150.000,00 por medio de una campaña reeleccionista tempranera que coincidió con el regreso a Cuba de Menocal, a quien había prometido llevar de candidato presidencial en 1925. El plan zayista era unificar *los cuatro gatos* con el Partido Liberal para llevar un candidato único frente al Conservador, que sería él, naturalmente. Crowder se alarmó con las noticias de una posible reforma constitucional o una prórroga de poderes y dio inicio a su chaparrón de memorandums, que en total fueron 15. De ellos 13, los más importantes, estuvieron comprendidos en el período de marzo a julio de 1922. El *empréstito grande*, por un total de $50.000.000,00, estaba en juego, por lo que se inició una guerra de talentos entre el bilioso Crowder y el glacial Zayas, que, aunque parezca mentira, terminó con un triunfo de éste sobre aquél.

Los memorandums de Crowder se dividieron en dos tipos: *suaves y fuertes*, como si se tratase de cigarrillos. Los numerados del 1 al 5, emitidos los días 6, 7, 10 y 21 de marzo, así como el del 3 de abril, fueron del tipo suave y tenían que ver con la discusión del Tratado de Reciprocidad, la reducción del presupuesto, la negativa a una reforma constitucional y del registro electoral y el saneamiento de los contratos de Obras Públicas. En vista de que Zayas se hacía el desentendido respecto de sus indicaciones, Crowder se decidió a exigir de él una clara respuesta so pena de posible intervención, tal como se traslucía claramente de esta frase final suya: *"Si no se toman las medidas expuestas, mi Gobierno no podrá evitar las consecuncias naturales..."* Zayas se enteró que el State Department no había aprobado el tono perentorio usado por Crowder y continuó su táctica dilatoria contra éste, uniéndola ahora a una campaña en su contra, en la que lo hacía aparecer como un atropellador de la dignidad presidencial, que el pueblo acogió con calor y simpatía. Los memorandums 6, 7, 8 y 9 nos ilustran sobre la corrupción zayista, ya que en ellos se informaba al Presidente cubano sobre los chivos de Obras Públicas y las botellas de Agricultura y Comunicaciones, basándose para ello Crowder en las acusaciones públicas hechas al régimen por la Asociación de Buen Gobierno y por la Asociación Nacional de Veteranos. Dentro del círculo zayista se había gestado un comité para la gestión de cobrar para particulares las deudas gubernamentales por contratos de Obras Públicas, mediante una jugosa comisión, que produjo una ganancia espuria de más de un millón de pesos a sus promotores.

El informe de Crowder que más influencia ejerció sobre el State Department y sobre Zayas fue el memorándum número 10, de mayo 15 de 1922, sobre la Renta de Lotería. Este memorándum pone al descubierto la fetidez de la sentina que era —y que ha sido siempre después— esa lacra orgánica de la República y movió al Secretario de Estado americano, Hughes, a llamar al Ministro cubano en Wáshington, Céspedes, advirtiéndole la seriedad de la cuestión y recomendándole que aconsejase a Zayas hacerle caso a Crowder. Los párrafos más interesantes del memorándum número 10 son los siguientes:

*"La Lotería fue instituida por una ley de 1909. Según ella, el Estado vende los billetes a unas personas llamadas "colectores" que tienen puestos de venta al público en los cuales venden a $20,00 el entero y a $0,20 el pedazo de billete que adquieren con un descuento del 3 %. A las personas que compran los billetes a los colectores para revenderlos al menudeo por la calle se les llama "billeteros" y tienen derecho a cobrar un recargo del 5 % en cada billete entero o pedazo del mismo. Es decir, que legalmente el Estado vende a $19,40 al colector lo que éste vende a $ 20,00 al revendedor, o billetero, y que éste a su vez vende al público en $21,00. Pero todo no pasa de ser una suposición. Entre los colectores y los revendedores ha surgido un intermediario, el comprador al por mayor o "acaparador". El colector recibe todos los meses una autorización para extraer de Lotería los billetes de tres próximos sorteos, llamados "cargaremes", y los vende al acaparador que mejor se los pague, sin tener puestos de venta o realizar función de trabajo alguna. Naturalmente que el precio al público se aumenta ilegalmente de esta forma de un mínimo de $24,00 hasta un máximo que a veces alcanza $40,00 en las zonas campesinas.*

*"En la actualidad hay 2.000 colecturías y a cada una le corresponden 14 billetes en cada sorteo. El cargareme para tres sorteos lo pagan los acaparadores a $23,70 y el billete se vende al público a $30,00. De acuerdo con la ley, el público debía pagar un total de $22.000.000,00 al año por los billetes y la ganancia del Tesoro, en forma neta, ser de $4.000.000,00. Pero en la práctica, aunque el Tesoro sigue embolsando $4.000.000,00, el público paga un promedio de $31.500.000,00. De esa diferencia de $9.500.000,00, $6.000.000,00 van a los colectores, que no prestan servicio alguno, y esto es un "fondo de corrupción" que el Presidente, por medio del Director de Lotería, maneja y distribuye a su conveniencia.*

*"La lista de colectores está llena de nombres falsos, ya que los verdaderos figuran en una lista secreta que tiene en su poder el Director. Pero los informes a mano, de entero crédito, indican que la verdadera distribución es aproximadamente ésta: unas 800 colecturías se reservan por el Director para vender directamente a los acaparadores, lo que forma un fondo de más de $200.000,00 mensuales, de los cuales el Presidente recibe $80.000,00, otro tanto el Director y la mayor parte del resto va a la prensa, tanto gobiernista como de la oposición. El "Heraldo de Cuba" recibe $5.000,00 y una cantidad casi igual "El Mundo", "El Día" fue comprado con $50.000,00, que aportó la Renta y recibe $3.000,00 de ésta. Parte del fondo mensual se utiliza por la esposa del Presidente en funciones*

*de caridad y lo demás se "unta" a políticos de menor cuantía en cantidades de $50,00 a $200,00 mensuales.*

*"De las otras 1.200 colecturías, más de 200 las tienen los Senadores, un promedio de 8 cada uno, algunos 14 ó 16; 300 los Representantes, de 2 a 6 cada uno. Las otras 700 están distribuidas entre parientes y amigos íntimos del Presidente, oficiales del Ejército, líderes de la vida social, tanto hombres como mujeres, periodistas prominentes y hasta miembros del Poder Judicial. Sólo un exiguo número se distribuye entre Veteranos inválidos, viudas de patriotas u otros ciudadanos.*

*"Hay que hacer comprender a Zayas plenamente que los abusos de Lotería han trascendido fuera de Cuba, y que el Gobierno de los Estados Unidos se considera con derecho, en virtud del artículo 3 de la Enmienda Platt, a insistir que Zayas cumpla los compromisos que adquirió hace más de un año..."*

\* \* \*

En el ejercicio de sus presiones sobre Zayas, Crowder fue apoyado por un respetable sector de la sociedad que se constituyó en la Asociación de Buen Gobierno, organización que comprendía en ella a personas que representaban lo que vino a llamarse después *clases vivas.* Por primera vez en Cuba los ciudadanos particulares, comerciantes, profesionales, intelectuales y clase media en general se interesaban en las cuestiones públicas que hasta entonces habían sido coto privado de los politicastros de oficio. Aunque muchos de estos honorables ciudadanos luego tomaron un rumbo político distinto o se alejaron de la lucha cívica, su primitivo esfuerzo por moralizar la Administración pública merece que sus nombres sean recordados. Fueron ellos Andrés Terry, Carlos Alzugaray, Porfirio Franca, Adolfo Delgado, Gabriel García Echarte, Ricardo Sarabassa, César Castellá, Miguel A. Riva, Alfredo O. Ceberio, Juan Marinello, Enrique Berenguer, José Blanco Laredo y Leonardo Sorzano Jorrín.

Crowder exigió de Zayas una entrevista que éste renuentemente le concedió, no sin expresarle antes *"que la corrupción interna del Gobierno era asunto de la República que no tenía que discutir con el representante de los Estados Unidos y que lo hacía porque creía en la buena intención de esta nación y de su representante..."* La entrevista, y sus discusiones, se prolongaron por dos días y en virtud de la diplomacia desplegada por Cortina y la necesidad del empréstito grande se aceptó por Zayas la sugerencia de Crowder de una remoción ministerial que fue, de hecho, la primera crisis de Gabinete habida en la República. La opinión pública era favorable a un cambio en el equipo zayista, pues las pruebas de corrupción eran irrefutables. Todo se conjuró contra *El Chino* y éste determinó la remoción de sus Secretarios, por lo que el nuevo equipo gobernante vino a ser reconocido popularmente como *El Gabinete de Crowder o El Gabinete de la Honradez.*

Este Gabinete fue compuesto por las siguientes personas: Estado: Carlos Manuel de Céspedes, en lugar de Montoro; Hacienda: Manuel Despaigne, en lugar de Gelabert; Obras Públicas: Demetrio Castillo Pockorny, en lugar de Freyre; Gobernación: Ricardo Lancís, en lugar de Martínez Lufriú; Guerra y Marina: Armando Montes, en lugar de Castillo Duany; Sanidad y Beneficencia: Arístides Agramonte, en lugar de Guiteras; y Agricultura, Comercio y Trabajo: Pedro Betancourt, en lugar de Collantes. Permanecieron en sus cargos Regüefeiros, en Justicia; Zayas, en Instrucción Pública y Bellas Artes, y Cortina, en Presidencia. Montes era Jefe de Estado Mayor del Ejército, quien había sustituido al brigadier Rogerio Caballero —nombrado por Zayas cuando se retiró el general Miguel Varona— y fue sustituido, a su vez, por el general Alberto Herrera en la Jefatura del Ejército. Los hombres de confianza de Crowder eran Castillo Pockorny, Agramonte y Despaigne. Betancourt era Mayor General del Ejército Libertador y Presidente de la Asociación Nacional de Veteranos que hostilizaba a Zayas. Lancís era Fiscal del Tribunal Supremo. Céspedes había sido traído desde la Embajada cubana en Wáshington para que sustituyera a Zayas en la eventualidad que éste fuese destituido por un Congreso de mayoría menocalista. En esta forma el State Department pensaba asegurar una *solución constitucional,* cura de mercurocromo que es receta favorita americana para mediatizar las revoluciones que generan la tiranía y la corrupción politiquera que en muchos casos ellos fomentan, alientan y hasta en ocasiones protegen.

Zayas aceptó de malísima gana la imposición de Crowder y se hizo el propósito de tomar cumplida venganza tan pronto como pudiera. Lo primero que hizo fue solicitar y obtener el retiro de territorio camagüeyano de las tropas americanas que allí se encontraban desde 1917, alegando que violaban la soberanía cubana, cosa que era rigurosamente cierta. Firmó a regañadientes el Decreto que moralizaba la Lotería, suspendiendo de empleo y sueldo al Director y ál Subdirector, que eran, respectivamente, su primo y su hijo, demanda exigida en el mismo número 11 de Crowder. Despaigne, coronel libertador, decretó una degollina entre los Administradores de Aduanas mientras Lancís desataba una cruzada contra el juego

prohibido y la prostitución, y Castillo Pockorny enviaba al
Juzgado a numerosos funcionarios y contratistas. El Congreso
se vio obligado a reducir su presupuesto de gastos y su empleomanía. Menocal regresó a Cuba y comenzó a mover sus
peones electorales con vista a 1925. El memorándum número 12 pedía que se actuara en el proyecto del Banco de
Reserva.

Los planes para el empréstito grande decantaron en una
disputa entre los que con Despaigne favorecían un empréstito
exterior que liquidase, con efectivo, la deuda flotante y que
inyectase dinero al país y los que, con Zayas y Juan Gualberto,
lo calificaban como hipoteca de la República... y favorecían
a su vez una emisión de bonos que se entregaría a los acreedores. Crowder, por su parte, persistía en su negativa de aprobar
el empréstito hasta que fuese cumplida la obra moralizadora
administrativa, por lo que Zayas lo emplazó para que dijera
qué quedaba por hacer en esa cuestión. Esto originó el memo
número 13, el más famoso de todos, porque fue el único
publicado en la prensa por aquel entonces. En él Crowder
insistía en que el Congreso votase un presupuesto de
$55.000.000,00, un empréstito exterior de $50.000.000,00, y un
Impuesto sobre Ventas que produjese suficientes ingresos para
liquidar los intereses y amortizaciones del mismo. Insistía en
la reforma de la Renta de Lotería y en la cesantía de los
funcionarios encausados —mediante la suspensión de la Ley
de Servicio Civil—, así como en el establecimiento de un sistema bancario nacional controlado por accionistas norteamericanos, y en la abolición del Municipio de La Habana. Una
de sus cláusulas decía claramente que los Estados Unidos ac-
tuarían por su cuenta si no se llevaban a cabo las medidas in-
dicadas. Wáshington respaldó a Crowder por medio de una
declaración que vino a ser conocida como *la de los cinco puntos,*
porque exigía lo siguiente de la Administración Zayas:

1. — *Suspensión de la Ley de Servicio Civil.*
2. — *Ley de Contabilidad.*
3. — *Creación de una comisión investigadora de la deuda
   flotante.*
4. — *Ley facilitando la remoción de Jueces.*
5. — *Ley de empréstito exterior para pagar deuda flotante
   y hacer obras públicas y nuevos impuestos, principalmente sobre la venta bruta.*

Después de esto, nadie jamás ha podido ser convencido en
Cuba de que el empréstito grande de 1922 no fue impuesto
por el State Department y la Casa Blanca para acogotar más

21

aún a la República al yugo financiero imperialista de Wall Street. Zayas, a pesar de su corrupción y desgobierno, ante los ojos cubanos había ganado la partida a Crowder, pues se había necesitado la fuerza de la coacción desde Wáshington para someterlo. Así era de estúpida la decantada inteligencia de los *expertos en asuntos latinoamericanos* que dirigían —y dirigen— la política exterior americana para con los países al Sur del Río Bravo.

El Congreso aprobó el presupuesto, el impuesto sobre ventas y el empréstito que se efectuó con la Casa Morgan al 5 % y a $96,77. El precio del azúcar subió a 6 centavos libra y la recuperación financiera prontamente se hizo sentir en Cuba. La presión de Crowder sobre Zayas aflojó y éste ideó una manera de mantener esa situación en estado de permanencia: elevó la Legación de Cuba en Wáshington al rango de Embajada, con lo que Crowder regresó a Cuba en 1923 con carácter de Embajador y por tanto despojado de su autoridad ingerencista de Enviado Especial, además de frenado por razones diplomáticas y de estilo. Zayas se sintió seguro de su poder en Cuba, y convencido de haber neutralizado a Crowder, se dispuso a saborear el dulce placer de la revancha.

\* \* \*

*El banderillero. — Las parciales de 1922. — La* Ley *de los Sargentos. — Distribución del empréstito. — Derrota de Crowder. — Los cuatro gatos. — Los Chivos. La Ley Tarafa. — La Protesta de los Trece. — La Asociación de Veteranos y Patriotas. — Inexplicable actuación del general García Vélez.*

En la Primavera de 1923, Zayas comenzó a clavar banderillas al toro americano. El Congreso, alentado por él, pasó una resolución dirigida al Gobierno de los Estados Unidos en la que lo instaba a que se limitara a lo preceptuado en la carta del Secretario Root a Wood en 1903, en la que se especificaba que los derechos adquiridos por la Enmienda Platt no significaban autorización a intervenir en los asuntos internos de Cuba. En una amnistía que se dictó para beneficiar a ciertos funcionarios acusados de peculado, se hizo constar que ese crimen había sido introducido en la República por Magoon y no era, por tanto, castigable porque aquélla había ratificado todo lo hecho por éste como bueno. El State Department protestó indignadamente por el dardo que se le clavaba y esa parte del texto de la amnistía fue eliminada, no sin que antes se desbordara el regocijo criollo por los puyazos del *Chino* al *Tío Samuel*. Zayas se interesó en que se diera gran publicidad a los escándalos de la Administración Harding al tiempo que enfilaba sus baterías sobre el Gabinete de la Honradez, en especial sobre Despaigne y Castillo Pockorny. Zayas aprovechó la proximidad de la Conferencia Pan-Americana para desafiar al State Department a que le aplicara la Enmienda Platt por independizarse de la tutela de Crowder, sabiendo que eso es lo que luciría a las naciones del Hemisferio Sur su crimen contra los Estados Unidos. El State Department optó por ignorar un desafío que sabía no tenía fuerza moral para aceptar.

Las elecciones parciales de 1922 se llevaron a cabo dentro de una calma que sólo fue alterada por el asesinato del jefe del liberalismo municipal habanero, Rafael Martínez Alonso, quien había sido escogido como candidato alcaldicio por su Partido. Fue alevosamente ultimado por el Representante José Cano Guzmán y los móviles fueron descritos como odios generados en éste contra Martínez Alonso, también legislador, porque éste había torpedeado su aspiración a gobernador de La Habana y porque había desplazado a Miguel Mariano Gómez como jefe del liberalismo habanero. Cano Guzmán invitó a Martínez Alonso a un almuerzo y durante el transcurso de éste, por debajo de la mesa le vació un revólver en el vientre. Cano no fue procesado, a pesar de que la Cámara accedió al suplicatorio del Juzgado. El Partido Liberal postuló a la Alcaldía capitalina a José María de la Cuesta, miembro del *Cenáculo*, como se llamaba a la piña electoral del gallo y el arado en la Capital.

El Partido Liberal se movilizó con la intención de recuperar las posiciones perdidas en las elecciones generales y, efectivamente, lo consiguió, apoyado por la neutralidad que mantuvo Zayas en lo exterior, ya que secretamente lo protegió porque en el fondo de su ser *El Chino* era un Liberal de corazón. Los socios de ocasión de la Liga Nacional, el Conservador y el Popular, fueron separadamente a las elecciones parciales. El Liberal los derrotó a los dos, obteniendo 5 Gobernadores, 28 Representantes, 30 Consejeros y 81 Alcaldes. El Conservador ganó el Gobierno Provincial pinareño, 25 Representantes, 24 Consejeros y 31 Alcaldes. El Popular sólo eligió 4 Representas y 4 Alcaldes, reafirmándose su conocido mote de *los cuatro gatos*. Los Gobernadores electos fueron: Pinar del Río, Manuel Herryman; La Habana, Alberto Barreras; Matanzas, Juan Gronlier; Las Villas, Roberto Méndez Peñate; Camagüey, Rogerio Zayas Bazán, y Oriente, José R. Barceló, *el hombre de la sonrisa blanca*. Fueron a las urnas, en la Capital, el Partido Nacionalista, con Diego Tamayo; el Partido Reformista, con Leopoldo Sánchez, y el Partido Liberal, con Cuesta, que derrotó a todos los demás.

Las Fuerzas Armadas se fueron profesionalizando cada vez más y por un decreto Zayas redujo sus elementos en más de 6.000 plazas, dejándolas en 11.000, que comprendían a Oficiales, Clases y Soldados. Suprimió el 9.º Distrito Militar (Bayamo) y lo incorporó al de Santiago de Cuba. Restableció la Guardia Rural para los 24 Escuadrones de Caballería del Ejército. Fue aprobada una Ley, conocida como *la de los Sargentos,* por virtud de la cual todo Sargento que contara con más de 20 años de servicios y de ellos 8 en el grado, cualquiera que fuese su edad, sus conocimientos y aptitudes, sería nombrado Oficial Supernumerario con consideraciones de Segundo Teniente y derecho a ingresar, sin previo examen de admisión, en la Academia de Preparación que se creaba por esa Ley. También se disponía que todo Sargento que fuera retirado del servicio activo lo sería como Segundo Teniente y que la mitad de las futuras vacantes de Oficial se cubrieran con alumnos graduados de la Academia de Preparación. A pesar de que el general Montes convenció a Zayas de que vetara la Ley, el Congreso la reconsideró y Zayas tuvo que sancionarla. La Oficialidad no estuvo conforme con ella pero después terminó por descansar en los Sargentos para que éstos hicieran por ellos todo el trabajo administrativo, mientras ellos engordaban y se dormían en los laureles en un sueño plácido del que fueron despertados bruscamente el 4 de septiembre de 1933 por la acción revolucionaria de *"un sargento llamado Batista",* como irrelevante y desdeñosamente informara a Wáshington el inefable Sumner Welles.

La distribución que se dio a los fondos del empréstito Morgan fue la siguiente: Reposición de fondos de Cuentas Especiales, $9.000.000,00; Liquidación d e l empréstito chico, $5.000.000,00 Sueldos y Jornales adeudados hasta julio de 1922, $7.000.000,00; Pensiones adeudadas hasta esa misma fecha, $2.000.000,00; Intereses y Amortizaciones de la Deuda Interior, $3.000.000,00; Deudas de la Secretaría de Obras Públicas, $12.000.000,00; Deudas de otras Secretarías, $6.000.000,00; Obras públicas por ejecutar, $6.000.000,00. Total: $50.000.000,00. La prensa Liberal hizo resaltar que la suma de las deudas dejadas por Menocal era casi igual a la fortuna que se le calculaba había amasado durante su período presidencial. Esta afluencia de dinero a la economía contribuyó al restablecimiento del crédito en el país. Zayas propagandizó mucho a su favor el hecho de que los presupuestos de 1922-24 se liquidaran con un saldo favorable de más de $16.000.000,00 y que además se había reducido el montante de las Deudas Interior y Exterior en $30.000.000,00 en dos años (de 130 millones a 100), incluidos en éstos los intereses y amortizaciones del empréstito grande. Mucho de este éxito crediticio se debía a Crowder, al Gabinete de la Honradez y a las inyecciones de efectivo introducidas al pasar la mayor parte de la industria azucarera a manos de monopolios americanos que, para modernizarla, gastaron dinero en ella, que luego recuperarían con creces, pero el menocalismo se encargó de hacerlo resaltar mediante la afirmación que la recuperación económica no se debía a Zayas propiamente, sino a los americanos... Esto, unido a la incorporación de la Doctrina Wilson de 1913 —"*No reconocer a gobiernos surgidos de revoluciones...*"—, al Tratado de Paz y Amistad Centroamericanas negociado por Sumner Welles y conocido como *la Enmienda Platt de Centroamérica...*, afincó en Zayas el propósito de recuperarse ante la opinión pública y reavivar su vigencia frente a Crowder. Ideó un ataque doble: contra la Enmienda Platt, reviviendo el nacionalismo, y contra el Gabinete de Crowder, apoyándose en aquél para no ser derrocado.

La constante crítica cubana a la intromisión del State Department fue aprovechada astutamente por Zayas para enyugarla a los alardes públicos de Despaigne y Castillo Pockorny de que no podían cesantearlos debido a la influencia de Crowder sobre el Gobierno. Zayas, públicamente, emplazó al State Department a que le aclarase si él, como Presidente de la República, tenía o no facultades para remover su Gabinete a discreción o si estaba ilegalmente sujeto a la Enmienda Platt para poder hacerlo. A Wáshington no le quedó otro remedio que reconocer afirmativamente su derecho presidencial. Zayas inició una ofensiva contra Despaigne, Castillo Pockorny, Agramonte y Lancís, sometiéndolos a toda clase de mortificaciones e indignidades con la esperanza que renunciasen, pero los atacados no lo hicieron. Finalmente, el día 3 de abril de 1923, Zayas los cesanteó "*por altas razones de Estado...*", sustituyéndolos, respectivamente, en sus Secretarías, por Carlos Portela, Manuel Carrerá, Enrique Porto y Rafael Iturralde. El State Department inmediatamente protestó, alegándole a Zayas que había prometido mantener el Gabinete de la Honradez indefinidamente. Zayas socarronamente le contestó que había actuado dentro de sus facultades constitucionales, reconocidas por el mismo State Department con anterioridad, y que, además, el término *indefinidamente* podía considerarse lo mismo un tiempo largo que uno corto y que, en el terreno de los hechos, la Cancillería americana trataba de ampliar el alcance de la Enmienda Platt. El Congreso, inspirado por Wilfredo Fernández, apoyó con firmeza la decisión de Zayas y lo alentó a seguir por ese camino de potestad soberana... Crowder, el State Department y la Casa Blanca tascaron el freno y tácitamente reconocieron que la Enmienda Platt no funcionaba nada más que cuando la aplicaban por la fuerza armada o cuando los gobernantes cubanos se sometían ovejunamente a ella. Pero lo que era peor, congregaron alrededor de Zayas una opinión pública contraria a ellos y a su prepotencia que éste utilizaría para perjudicar al pueblo cubano en beneficio personal.

Zayas, demagógicamente, explotó al máximo su falsa postura nacionalista y su cierta actitud anti-plattista. En contubernio con el Congreso, echó atrás la reforma de la Lotería, volviendo a hacer de la Renta un foco de corrupción, y aprovechó el preámbulo de la nueva Ley de Lotería para dirigir un ataque a los Estados Unidos y hacer un llamado a todos los partidos políticos para que se unieran en declarar que los cubanos no deseaban interferencia alguna en sus asuntos por parte de aquéllos. La nueva ley sacó a la Renta del control de la Secretaría de Hacienda y la hizo autónoma, bajo la directa autoridad del Presidente y del Director de Lotería; dio facultades a éste para repartir a su juicio las colecturías de por vida con la aprobación presidencial; canceló todas las colecturías existentes; suprimió el porciento legal de ganancia autorizado; omitió la publicación obligatoria del nombre de los colectores y aumentó el número de billetes a 30.000, dejando al criterio del Director y Presidente el número y precio de los billetes de los Sorteos de Navidad. Hasta el extremo que llegó el relajo en Lotería se puede mejor apreciar leyendo el breve relato de la singular ocurrencia que tuvo lugar en el Sorteo de Navidad de 1923, que luego fue conocido con el apodo del de *los cuatro gatos,* no con significación política, sino cabalística, porque se podía asimilar a la persona de Zayas en lo físico con el *Chino de la Charada* y en lo electoral con el nombrete del Partido Popular Cubano. Fue tan enorme le coincidencia que nunca se ha sabido si fue suerte o si fue trampa lo ocurrido. Veámoslo:

La Ley de Lotería hacía posible la suscripción a un número determinado por un ciudadano, siempre que lo pagara por adelantado antes de cada emisión de billetes. El ciudadano que estaba suscrito al número 4.444 —el 4 equivale a *gato* en la charada china— fue informado que para el Sorteo de Navidad su número había sido reclamado *"por un personaje de influencia"* y por lo tanto no podía concedérsele. Al efectuarse el Sorteo, lo primera bola en salir del bombo que contenía los números fueron *los cuatro gatos* —el 4.444—, y la primera bola en salir del bombo de los premios fue la del segundo, por un valor de $200.000,00. La afortunada persona que había adquirido el billete entero en la Renta había sido ¡la esposa del Presidente de la República...! Aunque se aseguró por el Gobierno que había sido el azar quien intervino, no hubo quien creyera jamás que no había sido *pala* el asunto.

Libre de trabas ingerencistas por parte de Crowder, Zayas procedió a dictar una amnistía que hizo palidecer a las anteriores. Entre los amnistiados se encontraron José Cano Guzmán, el asesino de Martínez Alonso; Marcelino Díaz de Villegas, ex-Alcalde de La Habana; el Presidente del Ayuntamiento y varios Concejales, todos ellos procesados por malversación de caudales; los ex-Gobernadores Vigo, de Matanzas y Lora de Oriente, y el Tesorero Provincial de Oriente, Socías, acusados de fraudes y malversación; los asesinos del Alcalde cienfueguero, Florencio Guerra —Rodríguez Cartas, Recio y Ordóñez— y el ex-Director y el ex-Subdirector de la Renta de Lotería, Norberto Alfonso y Alfredo Zayas, primo e hijo, respectivamente, del Presidente Zayas.

El *chivo* del Convento de Santa Clara marcó otra de las grandes corruptelas de Zayas y su Administración. Este affaire se inició en 1920, cuando las autoridades eclesiásticas vendieron a una Sociedad Anónima el Convento por un razonable precio y ésta trató de venderlo, sin éxito, al Gobierno menocalista para oficinas públicas. En agosto de 1922 le fue ofrecido a Zayas, por la suma de $2.350.000,00, pero éste pospuso el negocio hasta marzo de 1923, cuando dictó un decreto efectuando la compra, que fue refrendado por el Secretario de Justicia, Regüeifeiros, en lugar del de Hacienda, que en ese entonces era Despaigne. Una petición de datos del Congreso sobre la compra dio lugar a uno de los complicados mamotretos leguleyescos que eran obra maestra de Zayas, en el cual citaba acciones similares a la suya por parte de sus antecesores presidenciales, cosa que si a él se le consideraba ladrón, a los otros había que considerarlos igualmente ladrones, algo que el Congreso no podía hacer porque a su vez había caracterizado como buenos los chivos de Magoon, José Miguel y Menocal. Cogido en la trampa, el Congreso demoró más de un año en aprobar la compra del Convento de Santa Clara, pero finalmente dio su visto bueno. La bolsa a repartir fue de más de un millón de pesos.

Otro gran atraco zayista fue la Ley Tarafa. La excusa para este chivo fue un proyecto de consolidación ferrocarrilera y de clausura de 47 subpuertos elucubrado por el magnate cubano José Miguel Tarafa y que resultó en una lucha entre los intereses ferrocarrileros y azucareros monopolistas, con gran beneficio marginal para el Presidente y sus adláteres. Los subpuertos eran lugares de embarque de azúcares, propiedad privada de los consorcios azucareros que utilizaban ferrocarriles de vía estrecha para el transporte hasta ellos del dulce producto. Cerca de un 85 % de las propiedades portuarias a clausurar eran de propiedad americana y por ellas se exportaban de 8 a 25 millones de sacos de azúcar anualmente. El Proyecto Tarafa —para el cual dispuso de medio millón de pesos en sobornos— era una ley que autorizara la consolidación de su línea, la Cuba Northern, con la Cuba Railroad y la Camagüey-Nuevitas y que concediera a este combinado el monopolio del transporte de sacos de azúcar y la futura expansión ferrocarrilera en la Isla, con vista a acaparar también las líneas al Oeste de Santa Clara.

Aparentemente Tarafa representaba los intereses ferrocarrileros en contra de los azucareros, pero tras bambalinas estaba el National City Bank of New York, que era ambas cosas, ferrocarrilero y azucarero. Ferrocarrilero porque financiaba a la Cuba Company —promotora de la consolidación—, y azucarero porque era dueño de la General Sugar, empresa que intentaba monopolizar la industria. La cuestión se trasladó a New York y Wáshington y en esos extranjeros lares se resolvió un asunto cubano entre Tarafa, el City Bank y los otros interesados. La ley fue aprobada en el Congreso cubano a pesar de la protesta del State Department, porque restaba oportunidades a otros intereses yanquis en Cuba, en otra conveniente demostración del *nacionalismo* que metía dinero deshonrado en los bolsillos de los desgobernantes zayistas. Los Ferrocarriles del Norte de Cuba, de Tarafa, con todas sus propiedades, pasaron a formar parte del Ferrocarril de Cuba, que había absorbido el de Camagüey-Nuevitas. Los tres sistemas formaron el Ferrocarril Consolidado de Cuba, bajo la propiedad de la Compañía de Cuba, presidida por Tarafa y administrada por Herbert Lakin y Horacio Rubens. El National City Bank of New York, de la familia Rockefeller, se convirtió así en la más poderosa institución bancaria de Cuba. Los consorcios azucareros americanos fueron autorizados a seguir usando sus subpuertos, pero prohibidos de fomentar otros nuevos. Una vez más Zayas se burló de la Enmienda Platt, esta vez con ayuda de los propios plattistas.

El chivo del Malecón tuvo su origen en una reclamación hecha a Magoon por los herederos de una propiedad costera que iba desde la calle G a la calle O en el Vedado, La Habana, por las cuales no se había pagado. Un grupo de *vivos* entró en contactos —en época de José Miguel— con los herederos y les compró sus derechos en la reclamación, sin que se especificase en la Escritura la certeza de la propiedad en cuestión, riesgo que quedaba a cargo del comprador, o compradores, puesto que se trataba de una zona marítimoterrestre que el Gobierno podía considerar suya y no pagar un centavo por ella. Los compradores ocultaron su identidad bajo el anonimato de la North Havana Land Company, la cual, en 1924, fue pagada con la suma de $2.247.075,65 por decreto de Zayas, refrendado por su primo Carlos Portela, Secretario de Hacienda, después que Regüeifeiros, Secretario de Justicia, a petición del Secretario de Obras Públicas, Sandoval, impidió que uno de los Fiscales impugnara la decisión del Juez que había concedido el derecho de posesión a la North Havana Land Company de tierras que correspondían al Estado. La bolsa repartida entre los cómplices gubernamentales del atraco fue de un millón de pesos en números redondos.

El chivo de la bahía de Cárdenas fue efectuado entre Zayas y el Congreso, mediante una falsa sesión efectuada tanto en la Cámara como en el Senado. En cinco minutos, el día 10 de julio de 1924, la Cámara aprobó 29 leyes sin que se cumpliese el requisito de su lectura y sin que, como dijimos, hubiese quórum legal en ella. La posterior investigación demostró que la ley del Dragado de la Bahía de Cárdenas se había disfrazado dentro de otra correspondiente a la concesión de un crédito para reparar el camino de Bahía Honda a La Palma, Pinar del Río. El Senado, a su vez, celebró una rápida sesión falta de quórum legal, en la cual, al igual que en la Cámara, se aprobaron *de a viaje* el grupo de leyes procedentes de ésta. El costo del supuesto dragado era de $2.700.000,00, y en la ley había un artículo especificando que se permitiría al Gobierno el cancelar el contrato mediante una gratificación de un millón de pesos a los contratistas... A $300.000,00 alcanzó la tajada de Zayas en este turbio asunto, acusación pública que se le hizo y que nunca negó.

\* \* \*

Pero en medio de toda esta cochambre gubernamental y podredumbre cívica, los valores indestructibles del Pueblo, representados por sus *"Minorías Históricas"*, se alzaron para oponerse a la debacle zayista y para rescatar la moral ciudadana del abismo donde la habían sumido los generales y doctores, sembrando de nuevo la simiente revolucionaria de la cual nacerían las generaciones que más adelante repetirían, en sus épocas, los mismos gestos de rebeldía cívica que ellos protagonizaron en la suya.

\* \* \*

El abandono y posterior olvido de las enseñanzas nacionalistas y revolucionarias de José Martí, unido a la rapiña efectuada sobre la República por quienes fueran muchos de sus seguidores y discípulos, hizo que la juventud cubana se inspirase en los pensamientos sociales de intelectuales extranjeros como el argentino José Ingenieros —llamado Maestro de Juventudes—, el chileno Joaquín V. González y el mexicano José Vasconcelos, entre los hispanoamericanos. El conservadorismo de Enrique José Varona había sido la impedimenta mayor a que sus ideas positivistas fueran simpáticas a la promoción generacional de los años veinte, cuyos más exaltados y ardientes temperamentos se saturaban de romántica propaganda que maliciosamente presentaba la revolución bolchevique ante sus jóvenes ojos como una cruzada humanista contra la explotación capitalista y no como lo que en realidad era y que conocemos por experiencia sufrida.

La llegada a Cuba del Dr. José Arce, Rector de la Universidad de Buenos Aires, Argentina, y sus conferencias sobre la intervención de los estudiantes en los planes de trabajo, administración y estudio en las Universidades de su país, se conjugó con la corrupción que permeabilizaba el Claustro universitario habanero, despertando en los alumnos de nuestro primer centro docente un sentimiento de reformas que fue la génesis del movimiento estudiantil que siempre después ha sido gloria de Cuba y que trataremos más adelante. La Asociación de Buen Gobierno, después de un prometedor inicio, había caído en un rutinario quehacer de Juntas y Declaraciones inocuas. El chivo del Convento de Santa Clara inflamó las pasiones cívicas de un grupo de jóvenes intelectuales que, encabezados por Rubén Martínez Villena, hicieron acto de presencia en el salón de la Academia de Ciencias, donde increparon al Secretario de Justicia, Regüeifeiros, por su participación en el enjuague criminal. El siguiente día, marzo 19 de 1923, la prensa hizo pública la siguiente declaración, firmada por 13 de los protestantes, que fue luego conocida como *"La Protesta de los Trece"*:

*"Un grupo de jóvenes cubanos ha realizado ayer en el salón de la Academia de Ciencias un acto cívico de protesta. "Nosotros, los firmantes, nos sentimos honrados y satis-*

*fechos por habernos tocado en suerte iniciar un movimiento que patentiza una reacción contra aquellos gobernantes conculcadores, expoliadores, inmorales, que tienden con sus actos a realizar el envilecimiento de la Patria.*

"*Ante lo ocurrido ayer en la Academia de Ciencias, declaramos:*

"PRIMERO: *Que por este medio pedimos perdón nuevamente al Club Femenino, reiterando que no ha sido intención nuestra perturbar en modo alguno sus funciones, ni mucho menos el homenaje que se rendía a Paulina Luissi. En espíritu estamos con las mujeres dignas y lamentamos que la medida tomada por nosotros, producto del civismo y reflexión, haya tenido efecto en un acto organizado por ellas.*

"SEGUNDO: *Que sólo es nuestro objeto manifestar la inconformidad de la juventud, que representamos, con los procedimientos usados por ciertos hombres públicos.*

"TERCERO: *Que siendo el acto homenaje a Paulina Luissi el primero público en que tomaba parte el señor Erasmo Regüeifeiros, personalidad tachada por la opinión pública ante el hecho de haber refrendado el decreto inmoral y torpe relativo a la adquisición del Convento de Santa Clara, sólo contra él, o contra su actuaión, debe entenderse nuestra actitud al retirarnos de la sala.*

"CUARTO: *Que la juventud consciente, sin ánimo perturbador ni más programa que lo que estima el cumplimiento de un deber, está dispuesta en lo sucesivo a adoptar idéntica actitud de protesta en todo acto en el que tome parte directa o indirecta una personalidad tachable de falta de patriotismo o de decoro ciudadano.*

"QUINTO: *Que por este medio solicitamos el apoyo y la adhesión de todo el que, sintiéndose indignado contra los que maltratan a la República, piense con nosotros y estime que es llegada la hora de reaccionar vigorosamente y de castigar de alguna manera a los gobernantes delincuentes.*"

Esta explosión de la conciencia juvenil cubana aparecía firmada por hombres que más tarde en la vida tomarían un rumbo tránsfuga, se mantendrían inclaudicantes o se alejarían de la palestra cívica, pero quienes, indudablemente influenciaron grandemente en la formación de nuestra sociedad. Fueron ellos Rubén Martínez Villena, José Antonio Fernández de Castro, Calixto Masó, Félix Lizaso, Alberto Lamar Schweyer, Francisco Ichaso, Luis Gómez Wangüemert, Juan Marinello Vidaurreta, José Z. Tallet, José Manuel Acosta, Primitivo Cordero Leyva, Jorge Mañach y José R. García Pedrosa. Una asamblea de la Asociación Nacional de Veteranos reunida en el Teatro Martí, de La Habana, el 12 de agosto de 1923, con el objeto de reclamar el pago de los atrasos en las pensiones de sus miembros, de súbito se tornó en una indignada protesta contra el régimen de latrocinios zayista, encabezada por el general Carlos García Vélez, a la sazón Ministro de Cuba en Inglaterra. Los viejos mambises estallaron en cólera y, arengados por el general Loynaz del Castillo, acordaron constituirse en Asamblea Magna con carácter permanente y nombrar una comisión formada por los generales García Vélez, Loynaz, Varona, Lara Miret, Cebreco y Pedro Díaz; los coroneles Laredo Brú y Camejo; el comandante Secades y el capitán Oscar Soto, para que vertebrase un movimiento nacional que reclamase de Zayas la rectificación de sus corrompidos métodos de gobierno. Este movimiento cívico que reunió en él a los Veteranos, a miembros de la Asociación de Buen Gobierno y a la Falange de Acción Cubana de Martínez Villena, se fundió en la Asociación de Veteranos y Patriotas, que llegó a alzarse en armas contra el zayismo, pero que tuvo un final indecoroso y turbio generado por *la libreta de cheques* de Zayas, y que infortunadamente frustró una vez más las esperanzas de reforma y adecentamiento cívico y gubernamental del pueblo cubano. La Asociación hizo públicos una serie de manifiestos de los cuales el número 16, de 31 de agosto de 1923, bajo el título de Proclama al País, era el que mejor expresaba los propósitos adecentadores del movimiento de los Veteranos y Patriotas. Decía así:

*"La Asamblea Magna de Veteranos y Patriotas, reunida por primera vez en La Habana, el día 12 del actual, para protestar de la Ley de Lotería; de la impremeditada aprobación de la llamada Ley de Consolidación Ferrocarrilera, en la Cámara de Representantes, y para solicitar que se normalice el pago de las pensiones a los miembros del Ejército Libertador, llevándolas por una Ley al Presupuesto de la Nación, acordó en asamblea verificada en el Teatro Martí, el miércoles último, dirigirse al país, concretando el programa de rectificaciones que se propone convertir en realidad por medio de la acción pública que se ha organizado y actúa dentro de la más estricta legalidad, justamente esperanzada de que no se le cerrará el camino a las aspiraciones ciudadanas, obligando al pueblo, burlado en sus ansias reivindicadoras, a defender su derecho en el campo de peligrosas violencias, al cual no han de querer atraerlo, para honor y gloria de la República, los que más obligados están a escuchar sus clamores y a resolver, en derecho, sus demandas.*

*"Mienten a sabiendas los que, en su desmedido afán de enturbiar las corrientes más puras, atribuyen a este movimiento, fortalecido por la opinión más sana de Cuba, miras interesadas, propósitos de elevar sobre su carro de representación patriótica y de moral justiciera, intereses personales que serían malditos en este instante, por legítimos que fueran.*

*"La Asamblea Magna de Veteranos y Patriotas no pretende mezclarse en la vida de los Partidos, invitados por ella a intervenir en este debate de luz contra la sombra; sino que aspira, únicamente, a poner en pie, como lo ha conseguido ya, las fuerzas vivas y conscientes que padecen el trastorno de esta hora las consecuencias de los que elaboran su ruina en provecho propio y provocan el desastre con sus métodos desmoralizadores.*

*"La Asamblea Magna de Veteranos y Patriotas declara, una vez más, que no tiene otra mira que la de resguardar al país del desorden culpable, poniendo en alto el decoro y la dignidad de la Nación dirigida por la incapacidad, cuando no por la mala fe, de los que se han erigido por decreto en sus amos.*

*"Y a la consecución de propósitos tan enaltecedores, desprovistos de soluciones partidarias y animosidades de bandería consagrarán los que han asumido la dirección de este movimiento eminentemente popular, todas sus energías, las viejas energías y el mismo ánimo de sacrificio que alentó a los precursores y mantenedores de los ideales de la Patria en sus luchas por la Independencia.*

*"Nuestro programa no es de odios, sino de rectificaciones. No es contubernio aspirar a tender velos de olvido sobre el pasado, si es a base de que comencemos a purificar el presente, afirmando el porvenir. La ambición, el fraude, el ansia inmoderada de lucro han envenenado y corrompido el alma de la patria, y no hay lógica, ni patriotismo, ni previsión honrada que pueda llevarnos a pactos circunstanciales que no tengan por base remover y sustituir los cimientos podridos sobre los cuales descansa y bambolea la República, restableciendo, con libertad de honda raíz y espíritu democrático, el predominio de la honradez sobre el pillaje en alza, y de la capacidad creadora sobre la ignorancia endiosada.*

*"Con leyes de colecturías vitalicias y de monopolios escandalosos; con leyes como las que se están urdiendo entre sombras, para impedir la reorganización de los Partidos y encadenar la suerte de la nacionalidad a la prórroga de poderes; con leyes de concupiscentes amnistías y de negocios públicos elaborados en beneficio de unos cuantos y en mengua*

*de las instituciones nacionales, no es posible soñar con galanas soluciones.*

*"Sin cóleras ni recriminaciones, respetuosamente, ejerciendo un derecho constitucional, y en uso de otro, no más noble pero sí más directo, el que tienen los mandantes sobre sus mandatarios, hemos dirigido una exposición a los Cuerpos Colegisladores de la República invitándolos, con palabras de sereno patriotismo, a realizar una acción conjunta que ponga término a la concupiscencia que socava la nacionalidad y convierte en ricos, de la noche a la mañana, a menesterosos de la víspera, divide a los cubanos en castas mediante la concesión de privilegios y monopolios a los cuales no escapará ni el aire que respiramos si no hacemos un alto en el camino de perdición emprendido.*

*"La Asamblea Magna de Veteranos y Patriotas ha recomendado a los Cuerpos Colegisladores los doce puntos que a continuación se expresan:*

1. — *Derogación de la Ley de Lotería.*
2. — *Evitar que llegue a adoptarse la que crea en nuestro país el monopolio ferrocarrilero.*
3. — *Promulgar una que fije el cobro puntual de las pensiones de los Veteranos de la Independencia.*
4. — *Legislación que garantice, con procedimientos prácticos, la absoluta independencia del Poder Judicial.*
5. — *Derogación de los preceptos del Código Electoral que dan voz y voto en las asambleas de los partidos políticos, como miembros natos, a los Congresistas, Gobernadores, etc., con lo que se hace imposible la renovación de dichos organismos.*
6. — *Votar una Ley de Contabilidad que impida disponer los fondos públicos sin responsabilidades efectivas.*
7. — *Fijación de los límites de la inmunidad parlamentaria para evitar que se amparen en ella los autores de delitos comunes.*
8. — *Promulgación de una Ley que armonice el esfuerzo del capital y el trabajo, garantizando los derechos preferentes del obrero cubano contra el extranjero, en las industrias y trabajos del país.*
9. — *Abolición de las reelecciones presidenciales en la oportunidad de hacer modificaciones a la Constitución de la República.*
10. — *Que la Constitución de la República se reforme también en el sentido de conceder a la mujer cubana igualdad de derechos políticos para estas dos finalidades: ser electores y elegibles.*

11. — *La no promulgación de leyes de amnistías por delitos comunes.*

12. — *Que se desista de la aprobación de la Ley por la cual se le concede al Ferrocarril del Norte de Cuba franquicia arancelaria, porque perjudica grandemente al Erario Público y los industriales y comerciantes de Cuba.*

*"La Asamblea Magna de Veteranos y Patriotas eleva su voz ante el pueblo de Cuba para informarle de cuanto ha hecho y excitarlo a que continúe prestándole su concurso en esta empresa de reconstrucción nacional, de cívico alarde y de indispensables rectificaciones. Que nadie se quede atrás en esta hora solemne en que la Patria llama a las conciencias y ansía despertar con grito desesperado a los que todavía, tímidos y vacilantes, no han respondido a su llamada. Que nadie se quede atrás en esta hora de las grandes resoluciones. Los convictos de crimen, o impertérritos en él, han de ser pocos y la mirada del pueblo alerta los habrá de seguir en su ruta bochornosa hasta que la vergüenza de verse señalados los convierta."*

A este noble y patriótico exordio respondió Zayas con su acostumbrada desfachatez. Dirigió a los protestantes una larga exposición, plagada de ironías, en la que les aseguraba *por su honra de cubano* que no tenía noticias que durante su mandato se malgastase el Tesoro Público, ni que se hiciesen contratas sin subastas, y que ignoraba quiénes se enriquecían ilegalmente a la sombra del Poder. Aseguraba con desparpajo que se perseguía el juego prohibido y la prostitución y que no se daba por aludido acerca del primer vicio, ya que nunca había jugado, y que en cuanto a lo segundo, según lo había informado al Congreso, había hecho que las prostitutas habitasen sólo en altos, con lo cual se evitaba *el callejeo, el ventaneo* y las ofensas a la moral pública y la dignidad de los peatones. Agregaba su deploración porque las acusaciones de la Asamblea perjudicaban el crédito mundial de Cuba, y sarcásticamente pedía excusas por el poco caso que les había hecho debido a sus múltiples ocupaciones en beneficio patrio. Después de esta burla, Zayas remachó a la Asamblea con su desdén por ella nombrando a su hijo Alfredo, quien se encontraba procesado con exclusión de fianza por malversación de caudales cuando era Subdirector de la Renta, Director de Lotería. *El Chino* estaba seguro de sus pasos porque sabía perfectamente que García Vélez no estaba dispuesto a coger el monte a pesar de todas sus bravatas, sus amenazas y su altanería. Asiáticamente decidió darles suficiente soga, para que se ahorcaran con ella, a los asamblearios.

El primer gran tropiezo que tuvo la campaña regeneradora fue el imprevisto ocultamiento del general García Vélez, dejando abandonada la Asociación de Veteranos y Patriotas y sumidos en gran confusión a sus dirigentes (a los cuales se había sumado Despaigne después de cesanteado) inmediatamente después de publicar aquélla otro manifiesto en el cual se hacían a Zayas y al Congreso terribles acusaciones, entre ellas que Tarafa había logrado la aprobación de la Ley de Consolidación Ferrocarrilera mediante el soborno de $500.000,00 a Zayas, $20.000,00 a cada Senador y $6.000,00 a cada Representante; que la mayoría de la prensa era sobornada y que los miembros del Poder Judicial, salvo unas pocas excepciones, eran una sarta de pillos. Terminaba el manifiesto amenazando con obtener las rectificaciones pedidas por la fuerza, en previsión de que los Estados Unidos aplicaran la Enmienda Platt debido al caos gubernamental. Este sueño de opio, de hacer una revolución para impedir la intervención americana —que sólo estaba dispuesto Wáshington a efectuarla precisamente para evitar revoluciones— fue el patinazo de los Veteranos y Patriotas que Zayas aguardaba ansiosamente para guillotinarlos. El Presidente acusó de injurias a la Asociación y a los periódicos que publicaron el manifiesto, los declaró instrumentos del ingerencismo y decretó, en la Gaceta Oficial, la prohibición de reunirse, excepto en su local social, a la Asociación de Veteranos y Patriotas. Ésta respondió ordenando a sus miembros la desobediencia al Decreto.

García Vélez hizo esta vez algo más incomprensible aún que su anterior escondite: publicó un manifiesto de última hora en el que denunciaba la maniobra zayista como un acto de provocación y aconsejaba a los Veteranos y Patriotas "no hacer una algarada más, ni una de nuestras habituales revoluciones, que actualmente sería peligrosa para Cuba y para los cubanos...". Terminaba su arenga García Vélez con este ambiguo párrafo:

"La rectificación que anhelamos llegará pronto, porque la traerán los acontecimientos que se desarrollan. No la esperemos espontánea, ni del Congreso, envilecido en el soborno, ni del Presidente, obcecado en su codicia acostumbrada. Pero tampoco creamos que hemos de imponerla en seguida, mediante hechos que en la actualidad pondrían en peligro nuestra independencia. Esperemos aún. Aunque no con la rapidez que desean los impacientes, la hora del triunfo se acerca..."

Como remate de la perplejidad que en todos produjera su inexplicable actuación, y mientras la fuerza pública disolvía a golpes en Las Villas y Camagüey las reuniones en desafío al Decreto que las prohibía, García Vélez abandonó secretamente el país con rumbo a los Estados Unidos. El Comité Ejecutivo de la Asociación de Buen Gobierno fue llevado a la Corte por ratificar sus acusaciones de peculado y exhortar al pueblo *"a que llegado el momento se decida a actuar enérgicamente, sin temores ni vacilaciones..."* La situación del orden público se hacía más tirante por momentos, pero Zayas, dicho sea esto en su favor, se mantenía dentro de un marco legal de respeto a la libertad de prensa y de expresión, sin acudir a medios represivos brutales para acallar a sus enemigos. Aguardaba que se produjera el desacuerdo entre ellos para pasar a la ofensiva y darles el puntillazo. Con acero o con oro.

* * *

*Génesis del movimiento estudiantil. — Mella. — El Primer Congreso Nacional Revolucionario de Estudiantes. — Los iniciadores. — La guerra de pan duro. — El pacto de San Blas. — Orgía de peculado. — Las elecciones generales de 1924. — Consideraciones sobre Alfredo Zayas.*

Paralelamente a estos aconteceres, tenía lugar en La Habana el Primer Congreso Nacional Revolucionario de Estudiantes. Este evento, ignorado por el Gobierno, subestimado por el Profesorado y despreciado por Crowder en un informe enviado al State Department, fue la génesis del movimiento estudiantil cubano y se unió al Movimiento de Reforma Universitaria, la Protesta de los Trece y la acción de los Veteranos y Patriotas para echar los cimientos de la próxima estructura revolucionaria cubana. Fue organizado bajo la personal inspiración de Julio Antonio Mella y con el lema *"Todo tiempo futuro tiene que ser mejor..."*, comprendió en él a 53 instituciones estudiantiles que enviaron 128 delegados. Mella era un estupendo ejemplar humano, destacado estudiante y atleta que había encontrado en el marxismo su rumbo político y en su logro había puesto los mismos bríos y entusiasmos que siempre había volcado en sus actividades deportivas. Dinámico y enérgico, era no obstante formidable razonador y polemista cuya avasalladora personalidad le hacía simpático, aun a sus enemigos y adversarios. No era Mella de origen proletario, sino de la clase media, de familia acomodada, y frecuentaba los

— 337 —

mejores clubs de la época, ya que era remero distinguido de uno de ellos. Este hecho han querido disimularlo inútilmente los rusófilos y han pretendido ocultarlo borrando los monogramas de las camisetas de Mella y los otros remeros que aparecen con él retratados en una foto de una competencia de remos en el Habana Yacht Club, el *non plus ultra* de los clubs aristocráticos cubanos. Empeño tan inútil como lo ha sido el pretender destruir todas las fotos y boletas electorales en que aparecen acompañando a Batista.

No era Mella, en aquellos momentos, un militante comunista, pues no se había aún organizado el Partido, ni siquiera clandestinamente, sino un simpatizante ideológico del marxismo, al igual que Martínez Villena. Ambos achacaron su actitud al fracaso del atractivo revolucionario martiano como consecuencia de la prostitución que de él habían hecho quienes más obligados estaban a cumplirlo y preservarlo intacto, especialmente en lo que se refería al anti-imperialismo y la Enmienda Platt. La posterior actuación política de Mella y Martínez Villena, así como la expulsión de ambos de los cuadros comunistas organizados, los destaca como *sarampionados* y no como ejemplos del frío cálculo y cínico aprovechamiento politiquero que distingue a los comunistas profesionales. Ya que no hablar del valor personal que aquéllos demostraron y la nauseabunda cobardía propia de estos otros vende-patrias y bastardos contrarrevolucionarios.

La Declaración de los Derechos y Deberes del Estudiante proclamada en aquel Primer Congreso, sentó la pauta a seguir por las generaciones estudiantiles futuras. Decía, entre los Derechos:

*"Por libertad de enseñanza sólo puede entenderse la independencia de ésta del actual sistema de Gobierno democrático, representativo o parlamentario, existente en casi todos los pueblos del mundo; pero debiendo regular esa libertad y dirigir esa enseñanza libre los mismos educandos y educadores, mediante el organismo que ellos designen por elección, en virtud del Derecho de Soberanía reconocido al estudiante en la Declaración primera (el estudiante tiene el derecho de elegir los directores de su vida educacional, y de intervenir en la vida administrativa y docente de las Instituciones de Enseñanza), que lo iguala al profesor, que usurpaba este derecho desde tiempo inmemorial..."*

Entre los Deberes se destacaba el siguiente:

*"El estudiante tiene el deber de trabajar intensamente por el progreso propio, como base del engrandecimiento de la fa-*

*milia, la Región, de la Nación, de nuestro Continente y de la Humanidad; por ser este progreso la suprema aspiración de los hombres libres, ya que reconocemos una completa superioridad de los valores humanos sobre los continentales, de éstos sobre los nacionales, de los nacionales sobre los regionales, de éstos sobre los familiares y de los familiares sobre los individuales, ya que el individuo es base y servidor de la familia, de la región, de la Nación, de nuestro Continente y de la Humanidad..."*

Era la primera vez que en Cuba se esbozaba un pensamiento Cosmológico y se esquematizaba el Humanismo. Algo que en 1923 estaba muy por encima de aquella sociedad decrépita que glorificaba al bandolero *Arroyito* por su fuga de la cárcel de Matanzas y que el periódico El País, de La Habana, abría una suscripción popular para comprar su indulto o sacarle al extranjero, ya que, según publicaba, *"la fuga de Arroyito, que con valor intrépido hizo volar el muro con dinamita, es acogida con admiración y simpatía..."* Y que los ñáñigos, los apaches franceses, los manengues y los traficantes de drogas valían más que las personas decentes.

El Congreso estudiantil reclamó la Autonomía Universitaria; la creación de un Central Azucarero Modelo adjunto a la Escuela o Facultad correspondiente; un Curso de Educación Física Superior para todos los estudiantes; la creación de la Cátedra de Historia Patria en la Universidad, como base de la Moralización Nacional; censuró a los catedráticos que daban clases en academias particulares o eran dueños de éstas; demandó una campaña de alfabetización; rechazó y se negó a incluir en una moción en pro de la unión de los pueblos latinoamericanos una frase de Mella al respecto que *"con la sola excepción de la actual República Rusa, ninguna otra comunidad de pueblos está más capacitada que nuestra América para dictar ideas y principios renovadores...";* protestó contra la opresión imperialista ejercida en las Antillas, Centroamérica, Filipinas, Irlanda, Egipto, India, Marruecos y partes de China y reclamó el reconocimiento beligerante de los luchadores por la autodeterminación de los pueblos; protestó *"del injusto aislamiento a que en parte tienen sometidas las potencias del mundo a la Rusia Nueva..."* y pidió al Gobierno de Cuba *"considere el reconocimiento de la República Socialista de los Estados Unidos de Rusia...";* favoreció las carreras de tipo científico y la supresión de las oposiciones a cátedras y rechazó una proposición de Mella que se acordase el intercambio estudiantil *"solamente entre las Universidades Latinoamericanas y no con las del Norte, ya que, por regla general, el nacional educado en el Norte es nocivo a la cultura e ideología de la Patria..."*

El plattismo y la versión americana del Panamericanismo —como la practicaba en aquella época en Santo Domingo, Haití y Nicaragua— recibieron la inevitable andanada del Congreso, que aprobó las siguientes Resoluciones que a ellos se referían:

*"El Primer Congreso Nacional Revolucionario de Estudiantes se declara contrario a todos los imperialismos y especialmente en contra de la intromisión del imperialismo yanqui en nuestros asuntos interiores.*

*"Se declara, asimismo, contrario abiertamente al Tratado Permanente entre Cuba y los Estados Unidos (Enmienda Platt) y proclama que una de sus más vehementes aspiraciones es verlo desaparecer. La propaganda para la consecución de este ideal se encomienda a la dignidad de la Juventud Cubana. Se declaran contrarios esos sistemas a la Doctrina de Monroe y al Panamericanismo."*

El orden socio-económico de la era no quedó olvidado por el Congreso estudiantil. A él fueron dedicadas las siguientes aprobadas mociones:

*"Se declara contrario al actual sistema económico imperante en Cuba y contra el Capitalismo Universal.*

*"El Primer Congreso Nacional Revolucionario de Estudiantes enviará un cordial saludo a la Federación Obrera de La Habana, le comunicará los acuerdos tomados en este Congreso y le hará presente los deseos de una perfecta unión entre Estudiantes y Obreros, mediante el intercambio de ideas e intereses, con el fin de preparar la transformación del actual sistema económico, político y social, sobre la base de la más absoluta justicia..."*

Por unanimidad fue aprobada la siguiente trascendental moción —presentada por Mella—, que fuera aceptada como divisa por posteriores generaciones estudiantiles universitarias para gloria de Cuba y terror de sus opresores:

*"Recomendar a los Estudiantes y Profesores la formación del nuevo espíritu universitario a base de la lucha por la mayor justicia social y de una mayor fraternidad entre los pueblos que tienen la misma orientación que nosotros, con el fin de que este espíritu nuevo sustituya al antiguo espíritu reli-*

*gioso, que ya cumplió su misión histórica y que, a pesar de haber fenecido, no ha sido sustituido por nada digno todavía, dejando sólo como vínculo inter-univeritario el puro, pero frío amor a la ciencia...*"

Después de una repetición de sus ataques al tutelaje, a los tratados que limitaban la soberanía de los Estados y de llamar a la unidad latinoamericana en contra del imperialismo yanqui, el Congreso finalizaba su obra invitando a las Federacioens Latinoamericanas de Estudiantes *"a levantar un fondo común y con él erigir un monumento alegórico al Genio Latinoamericano en esta Universidad y que nuestro Gobierno o la autoridad u organismo a quien corresponda, invite para su inauguración al pensador mexicano José Vasconcelos, al jurisconsulto Joaquín V. González y al humanista José Ingenieros, de nacionalidad chilena y argentina, respectivamente, por ser en el presente los tres grandes luminares del latinoamericanismo."*

\* \* \*

El tiempo, y la Historia, se encargarían de recordar la actuación posterior de aquellos jóvenes —los iniciadores— que profundamente dejaron su huella revolucionaria y nacionalista en aquel Primer Congreso. Legisladores, Ministros, Magistrados, Internacionalistas, Catedráticos y Militares, sus nombres serán encontrados en esta Historiología Cubana enhebrados con los acontecimientos de que fueron autores o fautores. Y quienes de ellos aún afortunadamente sobrevivan y nos honren con la lectura de este romántico recuento, estamos seguros lo harán con el humo de la nostalgia empañándoles los ojos. Las firmas que aparecen en las actas como pertenecientes al Comité Ejecutivo son las siguientes: Julio Antonio Mella, Rogelio Sopo Barreto, Leonardo Fernández Sánchez, Gerardo Portela, Eduardo Suárez Rivas, Pablo Lavín, Francisco Adolfo Bock, Alfonso Bernal del Riesgo, Elías Entralgo, Jorge Barroso, Fernando Sirgo, Emilio Menéndez, Herminio Portell Vilá, Emilio Núñez Portuondo, Carlos Azcárate y Manuel Bisbé.

\* \* \*

El misterioso incidente de la salida al extranjero del general García Vélez se unió al decreto de Zayas y Regüefeiros en que se declaraba extinguida la acción penal contra los miembros del Consejo Supremo de la Asociación de Veteranos y Patriotas. El Consejo Supremo hizo de público conocimiento el que

García Vélez "había partido para ultimar detalles que son absolutamente indispensables para la realización de nuestro empeño..." Rubén Martínez Villena y José Antonio Fernández de Castro hicieron aparición en Ocala, Florida, tomando un curso de aviación civil que tenía el escondido propósito final de bombardear el Campamento de Columbia. La prensa new-yorkina informó "que se estaba preparando en los Estados Unidos por el general García Vélez, el coronel Despaigne y un tercer cubano misterioso, un golpe rápido y completo..." Zayas ordenó el procesamiento de García Vélez y Despaigne al tiempo que ordenaba al primero que se reintegrase a su cargo de Embajador en Inglaterra o lo perdiera por abandono. García Vélez, desde su escondite en New York, envió a Cuba una fiera arenga cuyo más sobresaliente párrafo decía así:

"Yo he sellado con el pueblo cubano un pacto de honor en el que me juego la vida. No tengo más disyuntiva que vencer o morir. Los hombres de mi estirpe y de mi raza son de esos. Mi padre no sabía caer prisionero y yo he de mantener por dignidad el mismo criterio. He jurado luchar por la regeneración de Cuba y lucharé o moriré en la demanda..."

Esta tremebunda declaración fue respaldada por el Consejo Supremo, que ya se ponía en pie de guerra al declarar a sus miembros "que se mantengan en sus puestos esperando las órdenes que han de recibir para el momento de la acción..." En Las Villas la rebeldía iba materializándose en un alzamiento armado al frente del cual se había puesto el coronel Federico Laredo Brú. Gustavo Gutiérrez, profesor universitario y Secretario de la Asociación de Veteranos y Patriotas, salió precipitadamente para New York en los momentos que el Estado Mayor del Ejército informaba a Zayas que "partidas de alzados se movían por los campos de Las Villas capitaneados por Laredo Brú..." La guerra de pan duro —como bautizó el ingenio criollo la revuelta— había estallado. Como una bombita de peste.

* * *

El desarrollo de los acontecimientos posteriores no ha sido diáfanamente aclarado hasta el presente. No se ha encontrado por nadie documentación verídica que demuestre sin oscuridades el proceso turbio que condujo al fracaso el levantamiento contra Zayas y su desgobierno. Sólo los reportes de prensa nos han legado el recuento del grotesco final que tuvo el movimiento de Veteranos y Patriotas. Sólo una cosa es cierta, lo demás, fingido: Zayas triunfó en la contienda apoyándose en la codicia, la indecisión o la cobardía de los politiqueros que secuestraron la dirigencia del pronunciamiento.

\* \* \*

Apenas supo del alzamiento villareño de Laredo Brú y su *Ejército de Regeneración Nacional de Cuba*, Zayas embarcó rumbo a Cienfuegos completamente solo y llevando con él una maleta repleta de billetes de banco americanos de alta denominación. Su viaje fue envuelto en un velo de misterio, y al regreso del mismo publicó un Decreto en cuyos Por Cuantos... se explicaba que durante su visita a Las Villas *"había podido adquirir el convencimiento pleno de que muchas personas que aparecen en rebeldía armada contra los poderes constituidos y otras que se han ausentado de sus hogares, lo han hecho movidas por la creencia errónea de que podrían ser objeto de persecuciones..."* y que el Gobierno *"tenía el deber de aminorar y desvanecer esas condiciones anormales..."*, en vista de lo cual se resolvía *"conceder un plazo de diez días para que sin quedar sujetos a medidas represivas ni persecutorias, puedan retornar a sus hogares cuantas personas se encontrasen ocultos, aparentemente alzados en armas..."*

Ni tardo ni perezoso, Laredo Brú hizo presentación acompañado de su flamante Estado Mayor y dio publicidad a los términos acordados con Zayas durante su encuentro secreto con éste, en lo que vino a conocerse como El Pacto de San Blas, porque se efectuó en el lugar de ese nombre: no formular cargos contra nadie; no retirar a militares complicados ni cesantear empleados y poner en libertad a los presos. Laredo Brú requintó el torniquete declarando: *"Me estimo desligado de todo lazo con los actuales directores de la Asociación de Veteranos y Patriotas. He recuperado mi libertad de acción. Procederé ahora de acuerdo con los dictados de mi conciencia. Cienfuegos estima liquidada su situación en este asunto."* Éste era el ex-Secretario de Gobernación de José Miguel Gómez, que había renunciado como consecuencia del atropello que éste hacía víctima a los zayistas. Todo el mundo envuelto en el movimiento quedó asombrado con su giro de 180 grados en la cuestión.

En los Estados Unidos el Presidente Coolidge ordenó un embargo de armas y el arresto de Martínez Villena, quien pasó un mes en la cárcel de Ocala. García Vélez era imposible de localizar, pese a la ingente búsqueda de Gustavo Gutiérrez y de su apelación por medio de la prensa para que aquél le concediese una entrevista en la cual definiese su posición ante la revuelta que tenía lugar en Cuba. Remitió a García Vélez las acusaciones que en Cuba se le hacían de haberse vendido a Zayas y el aludido contestó *"que no había dinero en el mundo para comprarlo y que ni se rajaba ni se vendía y que seguiría firme hasta el final, cuando el último Veterano o Patriota se haya cansado..."* Pero no se dejaba ver por Gutiérrez. Desalentado, éste le dirigió una carta pública de cuyo texto escogemos para reproducir estos esclarecedores párrafos:

*"Pero usted, en lugar de salir para Cuba, se ha quedado y continúa empeñado en la inútil labor de esconderse de la policía, cuando usted sabe que nada le pueden hacer, como nada nos han hecho ni a Despaigne ni a mí. En lugar de mantenerse en contacto directo con nosotros, nos ha obligado a no saber una palabra de su paradero ni de sus ideas. Y eso, general, ¡en los precisos días en que llovían de toda Cuba gritos de los patriotas pidiendo la orden suya del alzamiento! Usted mismo indicó que no podíamos dejar solo a Laredo, y en los instantes que había que acudir en su auxilio, usted desapareció.*

*"Su escondite y su resistencia a volver a Cuba han sido dos estupendos errores suyos, y si no los rectifica con toda urgencia, creo mi deber advertirle que se va a quedar solo, y que hasta sus más íntimos amigos le van a volver la espalda. Usted no tiene derecho a mantener su criterio contra el criterio unánime de todos los demás, en un movimiento como este, que no persigue su éxito personal sino la regeneración de Cuba.*

*"Mi impresión franca es que usted debe abandonar su escondite, dejarse ver de todo el mundo, incluso de la policía secreta, conferenciar, discutir, escribir y, sobre todo, volver a Cuba en la primera oportunidad si es que usted quiere permanecer en la jefatura del movimiento; de lo contrario, o el movimiento lo eliminará a usted, o él y usted se irán acabando lenta, penosa y ridículamente..."*

Gustavo Gutiérrez regresó a La Habana sin haber obtenido respuesta de García Vélez a su carta. Laredo Bru resumió su vida normal en Cienfuegos y, según la prensa, *"asistiendo a sus habituales prácticas de esgrima en el Casino Español, donde se brindó con champán por su regreso..."*. Zayas fue proclamado *Restaurador de las Libertades Públicas* y se hizo abrir una colecta pública para construirse la estatua que se levanta frente al Palacio Presidencial, en el parque de su nombre. Dio nuevo impulso a su campaña reeleccionista muy al temor de Crowder y Menocal. La Asociación Nacional de Veteranos y Patriotas se desalmidonó totalmente y con un final estertor de agonía propaló la especie de que García Vélez había partido para Cuba a ponerse al frente de *la guerra de pan duro,* pero que al enterarse de que la Casa Blanca había decretado la intervención había dado contramarcha para salvar la República, transmitiendo en esos instantes la orden de disolverse. Nadie lo creyó y la censura pública, alentada desde Palacio, hizo trizas de la Asociación y sus dirigentes. Al pasar el tiempo, fue tomando cuerpo la versión de que Zayas había inventado la pantomima del alzamiento para luego ganar honores pacificándolo, al igual que se dijo de José Miguel Gómez y la guerra de razas.

\* \* \*

En la parte que correspondía a la Administración Coolidge, quedaba como cierto el hecho que aunque no aprobaban ni la conducta personal ni los métodos de gobierno de Zayas, preferían que éste siguiese en el poder —a pesar de su anti-plattismo— a que fuese derrocado por una revolución. Por dos razones fundamentales: porque ésta podría derivar hacia un nacionalismo legítimo, contrario a los intereses imperialistas, y porque si servía de ejemplo a Hispanoamérica frenaría la doctrina expansionista del *"destino manifiesto"* proclamada por Orville H. Platt, con estas palabras, ante el Senado americano:

*"Toda expansión de nuestro territorio ha estado de acuerdo con la ineludible ley del crecimiento. La historia de la expansión territorial es la historia del progreso y de la gloria de nuestra nación. Es cosa de que debemos estar orgullosos y no lamentarnos. Debemos alegrarnos que la Providencia nos haya dado la oportunidad de extender nuestra influencia, nuestras instituciones y nuestra civilización a regiones que hasta ahora estaban cerradas para nosotros, más bien que luchar por torcer esos designios..."*

No es lo que antecede mera conjetura nuestra, sino una demostrada verdad. Coolidge dictó un embargo contra posibles compras de material de guerra y posterior embarque por parte de los alzados, mientras que oficialmente vendió a Zayas tres partidas de material de guerra para combatirlos, que consistieron, principalmente, de parque, fusiles, ametralladoras y piezas de artillería ligera. Sin olvidar que en plena crisis envió a La Habana, con fines no especificados, al crucero "Cleveland".

\* \* \*

Una vez libre de la fiscalización beligerante de los Veteranos y Patriotas, Zayas resumió con renovados bríos la orgía de peculado corruptora de conciencias. Zorramente disimuló esto tras el telón prestigioso de la exaltación del coronel Cosme de la Torriente a la Presidencia de la Cuarta Asamblea de la Liga de las Naciones y el nombramiento de Sánchez de Bustamante como miembro del Tribunal Permanente de Justicia Internacional, así como de la reclamación presentada a Washington para que éste reconociera que la Isla de Pinos era parte integral del territorio cubano. La zafra de 1924-25 implantó el record de 5.189.346 toneladas, que, al precio de 2,35 centavos libra, alcanzó un valor de $ 290.832.027,00, repletando el Tesoro y permitiendo la disminución de la Deuda Pública en $ 36.898.200,00 y haciéndola bajar a $ 99.768.800,00 de la cifra de $ 136.667.000,00 a que había ascendido al sumársele los $ 50.000.000,00 del empréstito grande a la que había dejado Menocal de $ 86.667.000,00. Este hecho habla a favor de Zayas durante su etapa de latrocinios, que cerró con la *puñalada* de la importación nueva de braceros haitianos y jamaicanos por los monopolios azucareros y la venta por $ 4.000.000,00 al general Machado de la Presidencia de la República.

El enjuague de la inmigración antillana se efectuó de acuerdo con la sucarocracia mediante un Decreto fundamentado en *"que es un hecho real y positivo, de todos reconocido, que en la última zafra quedó mucha caña por cortar debido a la falta de brazos..."*, que autorizó a la United Fruit, la Tacajó, la Atlantic Fruit y la Cuban American Sugar Companies a importar, en conjunto, 10.000 haitianos y jamaicanos. Al finalizar el período zayista esta importación de braceros —convertida en flagrante contrabando neo-esclavista— había vomitado sobre las provincias orientales 32.740 haitianos y 15.385 jamaicanos, que hacían un gran total de 48.125 futuros indigentes y posibles bandoleros. Salvo excepciones. Las Companies se beneficiaron con la mano de obra, más que barata, miserable, y las autoridades gubernamentales con el margen de soborno que aquéllas les pagaron.

No fue solamente en el renglón antillano donde hubo fraudes de inmigración, sino que miles de polacos, rusos, lituanos, latvios, estones, ukranianos y letones entraron subrepticiamente en Cuba con la esperanza de luego pasar clandestinamente a los Estados Unidos, siempre por un precio que iba a parar a los bolsillos de funcionarios zayistas. Gran parte de estos inmigrantes eran hebreos, y con ello se inició el barrio judío de La Habana Vieja, donde establecieron su sinagoga, su periódico, su escuela, su comercio minoritario y sus establecimientos *kosher*. Entre ellos —al igual que hicieron los anarco-sindicalistas cuando la populosa inmigración hispana— se colaron en Cuba los primeros enviados de la Internacional Comunista, y de ellos, el más notable y aún sobreviviente, un misterioso sujeto, elusivo y sombrío, que bajo el seudónimo de *Fabio Grobart* tomó de la mano a Julio Antonio Mella para encaminarlo por el sendero del comunismo profesional y curarlo del *sarampión* que le hacía creer posible la compatibilidad de la democracia con la tiranía y cambiarle esa creencia por una concepción partidista de un gobierno formado por una aristocracia burocrática vulnerable solamente a periódicas purgas.

La reorganización de los Partidos, con vista a las elecciones generales de 1924, fue testigo de la lucha entre Liberales por ganar la nominación presidencial para Carlos Mendieta o Gerardo Machado. Los Conservadores, por su parte, pretendían el mantenimiento de la Liga Nacional como forma de obligar a Zayas a que respaldase la candidatura de Menocal, tal y como se había comprometido a hacerlo en 1920, y para ello contaban con el apoyo de Juan Gualberto Gómez, presidente del Partido Popular, pero la asamblea Popular, siguiendo órdenes palaciegas, eliminó a Juan Gualberto y eligió para sustituirlo a Celso Cuéllar, yerno de Zayas. *El Chino,* sagazmente, dividió a los Conservadores en dos bandos: uno que apoyaba su reelección y otro que llevaba a Menocal de candidato. Logró esto haciendo que el Partido Popular lo nominase candidato presidencial a la reelección con el general Carlos Gonzálvez Clavel de compañero en el ticket y con el apoyo de parte de los Conservadores de la Liga. Logrado esto, se sentó a esperar que tocara a su puerta el mejor postor presidencial.

Menocal impuso su autoridad personal en las filas Conservadoras y destruyó los rejuegos de Zayas con Wilfredo Fernández, rompiendo así la Liga Nacional. Al mismo tiempo se atrajo a Juan Gualberto Gómez, quien rompió su amistad de toda la vida con Zayas, el viejo amigo que ahora lo trapisondeaba. Así era la politiquería: el presidente del Partido Conservador se pasaba al zayismo y el presidente del Partido Popular se cambiaba al menocalismo. Como decía una caricatura de la época con singular ortografía: *"por con$ideracione$ de política de alto$ vuelo$..."* Los Conservadores, presididos por Aurelio Álvarez, proclamaron el ticket Mario García Menocal-Domingo Méndez Capote con el lema de ¡A CABALLO, SIEMPRE A CABALLO...! Méndez Capote resucitaba a la vida electoral después que había desaparecido de ella cuando fue fraudulentamente elegido Vice de *Don Tomás* en 1905 y luego había provocado intencionadamente la Segunda Intervención.

El liberalismo tenía su preferencia en Carlos Mendieta, ídolo de las masas del Partido, pero sin experiencia ni dinero para dominar las asambleas. Mendieta durmió el sueño de los justos confiando en la lealtad de sus amigos, delegados a la Asamblea Nacional, y cuando vino a despertar ya Machado, a través de Clemente Vázquez Bello, presidente del Partido Liberal, había controlado la mayoría en aquélla, que eligió el ticket Gerardo Machado-Carlos de la Rosa, con el lema de ¡A PIE Y CON EL PUEBLO...! La Rosa era el incoloro alcalde de Cárdenas, Matanzas. Mendieta sufrió tan grande desengaño que se retiró a sus posesiones agrícolas de Cunagua, Camagüey, solitario y alejado de la política militante. No aceptó la oferta machadista de la Presidencia del Senado ni de la Vicepresidencia del Partido Liberal. Machado pactó el apoyo de Zayas a base de conceder a éste 4 Senadurías, 12 candidaturas completas por colegio que asegurasen a *los cuatro gatos* el factor cameral y dos Subsecretarías de Despacho. Además, y esto de capital importancia, Machado firmó a Zayas pagarés por valor de $4.000.000,00, avalados con la firma de Laureano Falla, magnate azucarero, quien, para asegurarse que Machado no le fallaría en el pago, exigió y logró que éste nombrase a su yerno, Viriato Gutiérrez, Secretario de la Presidencia, quien, a su vez, cumplió su encomienda con fondos de la Renta de Lotería.

La campaña presidencial de 1924 careció de la violencia que había distinguido a las anteriores, porque en ella se introdujo el mercantilismo electoral y por primera vez *la divina pastora* sustituyó al escopetazo emboscado. La corrupción del gobierno zayista había calado tan hondamente en la sociedad cubana que, ayudada aquélla por la ausencia de aspiraciones electorales en los jefes militares —acomodados y prósperos—, no hubo necesidad de ejercer coacciones físicas ni implantar el terror para obtener éxitos comiciales. Lo que se implantó fue el sistema de volcar colosales cantidades de dinero —particular o robado al Tesoro— para la compra de votos y conciencias. El despilfarro de dinero electoral fue fantástico en todas las provincias. Tanto Machado como Menocal se gastaron millones de pesos en propaganda y en el engrase de sus respectivas maquinarias politiqueras. Todos los días, durante la campaña, fueron de fiesta y feria en los pueblos y caseríos, con comilonas, bailes, torneos, peleas de gallos, chambelonas y congas. Los desfiles pedestres Liberales y los de caballería Conservadora eran interminables, con cientos de aprovechados tomando parte en ambos por un precio. Los trenes especiales, de excursiones, pululaban por las vías férreas de toda la Isla. Hubo alguna que otra violencia aislada, como fueron el tiroteo al tren menocalista en Jicotea, Camagüey; las riñas callejeras por causa de versos ofensivos cantados a los compases de *La Chambelona* o de *Tumba la caña*... y el conato menocalista de secuestro al Jefe del Distrito Militar de Camagüey. La candidatura de la Coalición Liberal-Popular obtuvo mayoría en cinco provincias, perdiendo la de Pinar del Río por sólo 200 votos, derrotando decisivamente, pues, al Partido Conservador Nacional y su candidatura.

Alfredo Zayas llegaba al término de su mandato presidencial el 20 de mayo de 1925, dejando tras él una era de cubileteos politiqueros y de intrigas palaciegas que no sería superada hasta veinte años justos después, por Ramón Grau San Martín. El robo despiadado de los caudales públicos en la Administración Zayas tuvo como contorno positivo de realizaciones el Retiro de Ferroviarios y Tranviarios; los proyectos de refacción agrícola y molienda de cañas; el de la Comisión de Examen y Calificación de Adeudos del Estado; el de la Comisión de Inteligencia Obrera; el de aumento de sueldos a los maestros de Instrucción Pública; la creación de varios Municipios y la rebaja en la Deuda Pública. Ejerció el veto treinta y una veces pero la generalidad de ellas porque las leyes propuestas eran de imposible cumplimiento económico. Llegó a inverosímiles extremos en la tolerancia, tanto en los insultos a su gobierno como a su persona por parte de individuos y de la prensa. Su astucia diplomática le permitió torear a Crowder y ganarle la partida. Fue singularísimo en la conducción de *"la nave del Estado"* —como llamaba a la República— y estableció un nuevo record para los gastos palaciegos, pues la Comisión de Adeudos rechazó cuentas a pagar que eran verdaderas atrocidades, tales como $4.000,00 por consumo de hielo en un mes; $10.000,00 por pollos comidos en el mismo espacio de tiempo; $800,00 por huevos, que, al precio de entonces, si hubiesen sido realmente deglutidos por Zayas y su familia, sumaban 500 diarios, y $800,00 en perfume que se utilizó en aromar una fiesta nocturna en Palacio.

El aspecto económico de la era de Zayas muestra que el volumen total del comercio de exportación-importación fue de $2.556.000.000,00, correspondiendo a lo primero $1.459.600.000,00 y a lo segundo $1.096.400.000,00. El total de las zafras azucareras fue de 16.981.467 toneladas, que a un precio promedio de 3,51 centavos libra produjeron $1.314.521.017,00. La Administración Zayas recaudó fiscalmente $314.844.000,00, que, unidos al neto del empréstito grande, $48.385.00,00, suman un total de $363.229.000,00. Gastó, conforme a presupuestos, $251.274.334,00 y fuera de ellos, incluyendo las partidas del empréstito, $67.734.522,00, o séase un total de $319.008.856,00. Amortizó la

Deuda Pública en cerca de $37.000.000,00. No podemos, lamentablemente, asegurar su balance de créditos al dejar la Presidencia, porque no hemos, hasta el momento, conseguido los datos exactos de la cantidad que dejó en el Tesoro, que sabemos fue un superávit. Nada hizo por regimentar la industria azucarera, que siguió funcionando bajo el sistema de "laissez-faire", al extremo que en 1924 las refinerías del país producían solamente 28.498 toneladas cortas, haciendo a Cuba, ¡colmo de sarcasmos!, importar azúcar refinado de los Estados Unidos para consumo interno.

Zayas se retiró a la vida privada al final de su mandato, sin que jamás tuviera que ver después con la vida pública de la Isla. Había amasado suficiente fortuna para vivir sin preocupaciones económicas el resto de sus días, que terminaron plácidamente en 1934, en su finca Villa María, que tenía un valor aproximado de medio millón de pesos. El Chino fue un ladrón de levita y un manengue de altura, pero, en su propia y extraña manera, un anti-plattista y un defensor de la soberanía nacional. No cercenó las libertados públicas ni ensangrentó la República, porque no era ni un tirano ni un asesino. Eso quedó serlo, en demasía, a su sucesor, Gerardo Machado Morales.

CAPÍTULO VI

## GERARDO MACHADO MORALES
### (1925-1933)

*Las clases vivas.* — Gerardito. — *Los primeros crímenes.* — *Primeros pasos del comunismo.* — *Glorificación de Machado.* — *El cooperativismo.* — *Las parciales de 1926.* — *Amenaza de reelección.* — *El Directorio Estudiantil Universitario de 1927.*

Las elecciones generales de 1924 fueron testigo de un hecho excepcional, primero en Cuba: las *clases vivas,* o quienes decían representarlas, se lanzaron a defender sus intereses en la arena electoral. No se quedaron detrás los Veteranos y Patriotas, quienes también participaron en la contienda sufragista. Ambos sectores se solidarizaron con la candidatura Menocal-Méndez Capote mediante un acta firmada en la finca El Chico, del ex-Presidente, el día 19 de septiembre de 1924, y en ella éste ratificaba *"la aceptación pública que repetidas veces había hecho del programa de regeneración de los Veteranos y Patriotas..."* El acta terminaba dando fe *"que todos los concurrentes, puestos de pie, aplaudieron los levantados y nobles propósitos del general Menocal, reconociendo que reúne las condiciones de energía, capacidad y honradez personal indispensables para llevarlos a la práctica desde el Poder Ejecutivo..."* A pesar de los daños sufridos por Cuba durante el Mayoralato, para los siguientes sectores sociales y económicos su vuelta al Poder era de vital importancia, según firmas en el acta: Lonja del Comercio: Tomás Fernández; Centro de la Propiedad Urbana: Enrique Gómez; Asociación de Industriales: Ramón Crusellas; Asociación de Comerciantes y Federación de Corporaciones Económicas: Carlos Alzugaray; Bolsa de La Habana: Julio Forcade; Asociación de Buen Gobierno: Andrés Terry; Club Rotario: Alfredo Arellano; Vedado Tennis Club:

Porfirio Franca; Asociación de Hacendados y Colonos: Alejo Carreño, y Asociación de Veteranos y Patriotas: general Agustín Cebreco. Para ellos, Machado era la continuación de Zayas y el Partido Liberal la chusmocracia. Olvidaban que Zayas había sido puesto en la poltrona presidencial por el mismo Menocal y que éste era la continuación de sí mismo. Pero estas clases vivas aseguraban ser, como su vocero El Diario de la Marina, la representación de los intereses generales y permanentes de la República.

Machado, por su parte, una vez electo hizo saber que comenzaría un programa de regeneración, echando por la borda al zayismo y gobernando con un Gabinete ideal, que tradujese en realidades su promesa electoral de AGUA, CAMINOS Y ESCUELAS... para todo el país. Hizo publicar una proclama "Al País" en la que afirmaba su fe democrática *"compendiada en un deseo vivísimo, en un vigoroso movimiento de la voluntad, para dar a este País un Gobierno liberal y demócrata, recto y justo, de óptima conducta; rígido guardador de la Constitución y el Derecho, modesto y ayuno de vanidad y de pompas que no se compadecen con la juventud actual de nuestra Nación, y cuyo principal propósito sea el de recobrar perdidas virtudes cubanas que empero estamos en el deber de transmitir a nuestros hijos..."* Terminaba lacrimosamente: *"Ojalá que éstos, puesto el pensamiento en Dios, puedan, con razón sobrada, esculpir algún día en el escudo de la Patria, a la manera de nuestro lema único, estas simples palabras: Sencillez y Grandeza..."*

El nuevo Presidente, *Gerardito*, frisaba en los 54 años y era nativo villareño. Había sido general mambí y ganado la admiración del Generalísimo al punto que éste, al ascenderle a Coronel, le auguró un brillante futuro. Era de sencillas costumbres y afable trato que dondequiera le ganaba amigos. Poseía notable inteligencia que le permitía, sin tener profundos conocimientos, llegar al fondo de las cuestiones en poco rato. Era hombre de familia, devoto a ella y de sobrios hábitos, pues ni fumaba ni bebía café, hábitos raigalmente cubanos. Mostró siempre un constante afán de superación y en su logro no reparó en sacrificios propios ni en los derechos ajenos. Alcalde de Santa Clara a la evacuación de las tropas españolas en 1898, fue sustituido por la Intervención, pero reelecto para ese mismo cargo en las primeras elecciones municipales de 1900. Fue reelecto en las de 1901. Postulado al cargo de Gobernador Provincial de Las Villas en 1905 por el Partido Liberal, obedeció el retraimiento ordenado por éste y posteriormente se alzó contra *Don Tomás* en la revuelta de agosto. Fue derrotado por el general Robau en las parciales de 1908, como candidato a

Gobernador, a causa de la división electoral entre miguelistas y zayistas. Pertenecía entonces a la primera facción. Fue Inspector de la Guardia Rural bajo Monteagudo y brevemente Jefe del Ejército Permanente, después del atentado que sufrió *Pino* Guerra, con el cargo de Brigadier. Secretario de Gobernación con José Miguel, se enemistó con éste y renunció a su cargo cuando aquél postergó a Zayas en 1912 en favor de Menocal. Fue postulado Gobernador por La Habana y derrotado por Ernesto Asbert. Jefe del Partido Liberal Unionista de la provincia habanera en 1916, se alzó en Las Villas cuando la revolución de La Chambelona. Luego renegó de ésta, acusando a José Miguel de embarcador y poniéndose de parte de Zayas, pero en 1920 se puso en contra de éste y apoyó a aquél en las elecciones presidenciales. En 1924 se ganó a los jefes provinciales del liberalismo: *Pino* Guerra, de Pinar del Río; José M. de la Cuesta, de La Habana; Aquilino Lombard, de Matanzas; Clemente Vázquez Bello, de Las Villas; Rogerio Zayas Bazán, de Camagüey, y Anselmo Alliegro, de Oriente, para ganarle la postulación a Carlos Mendieta con el aporte financiero de su socio, Henry W. Catlin, funcionario de la Electric Bond & Share, en el negocio de plantas eléctricas en toda la Isla. Redondeó su postulación presidencial con los $4.000.000,00 que le facilitó Laureano Falla. Se había expresado como opositor a la Enmienda Platt en una serie de artículos publicados en El Día durante 1922. Las ansias de regeneración que hacían presa en la sociedad cubana hicieron que ésta le contemplase benévolamente, sin fijarse en la característica de su soberbia cuando se le contrariaba, y que creyese a pie juntillas en su prédica anti-reeleccionista y anti-caudillista.

Previamente a su toma de posesión, Machado dio un viaje a Wáshington para presentar sus respetos a Coolidge y allí declaró enfáticamente: *"Bajo mi gobierno ninguna huelga durará más de quince minutos..."* Regresado a Cuba, fue homenajeado por la oficialidad castrense en el Campamento de Columbia y allí se apareció fastuosamente vestido con el uniforme de Brigadier, en un golpe efectista y publicitario. Su primer Gabinete lo formaron Carlos Manuel de Céspedes: Estado; Daniel Gispert: Sanidad y Beneficencia; Guillermo Fernández Mascaró: Instrucción Pública y Bellas Artes; Rogerio Zayas Bazán: Gobernación; José M. Espinosa: Comunicaciones; Jesús M. Barraqué: Justicia; Enrique Hernández Cartaya: Hacienda; Carlos Miguel de Céspedes: Obras Públicas, y Viriato Gutiérrez: Presidencia. El Senado quedó presidido por Clemente Vázquez Bello, y la Cámara por Ramón Zaydín. Las celebraciones se vieron ligeramente empañadas por la muerte de José R. Cano Guzmán en alevoso atentado a la salida del Frontón Jai-Alai, en La Habana, en venganza por el asesinato que había cometido en el Hotel Luz en la persona de Martínez Alonso. La candidatura Machado-La Rosa había obtenido 200.840 votos contra 136.154 la de Menocal-Méndez Capote. Los festejos populares duraron varios días, antes y después de la toma de posesión, y en ellos Machado tomó parte mezclándose en la calle con la plebe y restregándose en los salones con la canalla dorada.

La primera muestra de lo que sería su energía en el mando la dio Machado cuando el periodista Conservador Armando André, creyendo que podría hacer con el nuevo Presidente lo que había hecho con Zayas, publicó un libelo en el cual no solamente llamaba a Machado inmoral, sino que afrentaba la santidad del hogar presidencial. Fue muerto a perdigonazos, por la espalda, en los momentos que abría la puerta de su casa. Machado, ante la general protesta, declaró que él no alentaba la justicia particular, pero que tampoco podía evitar que la efectuasen sus simpatizantes. Poco tiempo después su amigo, el coronel Enrique Pina, fue secuestrado en Camagüey por unos canarios mandados por Secundino Rosales que cobraron $50.000,00 por su rescate. Machado quiso ejemplarizar y ordenó una masacre de isleños que alcanzó la suma de cerca de cien suicidados y ley fugados. No tardó hacer sentir su pesada mano sobre los activistas sindicales y el ferroviario Enrique Varona fue acribillado a balazos en Morón, Camagüey, cuando se dirigía al cine en compañía de su esposa y menor hijo.

Machado se granjeó las simpatías del profesorado universitario cuando devolvió a sus cátedras a quienes de ellas habían sido expulsados por Zayas como consecuencia del movimiento de renovación de 1923. Opuestamente a esto concitó la protesta del estudiantado dirigido por Mella. Después de una algarada en la Colina, Mella fue expulsado por un año de la Universidad. Detenido por sus actividades subversivas —había fundado en 1924 el Partido Comunista de Cuba, con José Rego, Carlos Baliño y Fabio Grobart—, Mella inició una huelga de hambre que fue aprovechada al máximo, propagandísticamente, por sus cofrades comunistoides, comparándola con la que había matado al alcalde de Cork, Irlanda, en protesta contra la ocupación inglesa, que era la sensación de aquellos días. Después de 17 días de ayuno, Mella fue puesto en libertad y embarcado para Honduras, vía Cienfuegos, por gestión del Secretario de Justicia, Barraqué. Desde aquel instante hasta el momento de su muerte, en México, en 1929,

Mella estuvo ausente de Cuba y ajeno a las luchas del estudiantado cubano contra Machado. Todas sus actividades, en ese espacio de tiempo, fueron hechas dentro de la organizaciós del Comintern, siempre dentro del esquema anti-yanqui en favor de Rusia; nunca en favor de Cuba ni del nacionalismo revolucionario.

Machado contrarrestó la protesta estudiantil mediante la concesión de amplios créditos para el Alma Máter y la ampliación de facilidades estudiantiles y deportivas para ésta, incluyéndolas en su programa de Obras Públicas aprobado por el Congreso en el verano de 1925, que originó la Ley de Obras Públicas y el Fondo Especial de Obras Públicas, cuyas características y resultados analizaremos más adelante. Machado, de acuerdo con el general Herrera, reorganizó el Ejército en forma que posibilitase la separación, sin previo expediente, de los Oficiales en altos mandos. Se aprovechó de ello para limpiar las filas castrenses de menocalistas y rellenarlas con sus incondicionales. La primera cabeza en rodar fue la del coronel Eduardo Pujol, victimario de Gustavo Caballero. A partir de entonces las Fuerzas Armadas cubanas no fueron más que dócil instrumento de Machado y Herrera, excepto por las magníficas excepciones que veremos, y con él las arrastró en su caída en 1933 manchadas del fango y la sangre que su Gobierno destilaba a chorros y que no pudieron, a tiempo, lavar con su tardío golpe de estado, que efectuaron, no por patriotismo, sino por temor a la Enmienda Platt.

A mediados de 1925 se constituyó en Camagüey la Confederación Nacional Obrera de Cuba (CNOC), por iniciativa de los líderes anarquistas de la Federación Obrera de La Habana. Más tarde esta efímera unión proletaria se dividió como consecuencia de las pugnas entre stalinistas y trostkistas. Los stalinistas siguieron la línea del Comintern —dirigidos por César Vilar—, en tanto que los trostkistas se afiliaron a la Cuarta Internacional y fundaron más tarde el Partido Bolchevique-Leninista, encabezados por Sandalio Junco y Marcos García Villarreal. Los elementos que fueron tildados de *amarillos* por ambos bandos extremistas se reagruparon en la Federación Cubana del Trabajo, con Juan Arévalo, y se sometieron totalmente a Machado. El movimiento proletario primitivo era un rompecabezas de tendencias e ideologías y campo de batalla de los activistas sindicales que luchaban por controlarlo en favor de sus respectivos grupos, y dentro de él dio sus primeros pasos el comunismo. Machado distribuyó jugosas prebendas entre los dirigentes obreros, hasta el punto que le proclamaron *Primer Obrero de la República*. Aquellos primates comunistas criollos dieron la primera muestra de su mala casta en esta ocasión, pues hicieron olvido total de los asesinatos de Varona y Claudio Bruzón. Este último era español, y en compañía de un comunista judío, Noske Yalob, fue asesinado en las mazmorras de la Fortaleza de la Cabaña. Fueron arrojados al mar en la Boca del Morro y pocos días después fue pescado un tiburón y en su vientre hallado un brazo de Bruzón, identificado por su esposa a causa de un tatuaje. El cadáver mutilado de Yalob fue encontrado en los arrecifes del Malecón, hacia donde lo empujó el oleaje. amarrado a un lingote de hierro. Machado acalló el escándalo, y evitó futuros, ordenando la prohibición de la pesca de tiburones.

Las posteriores acciones tiránicas de Machado están íntimamente relacionadas con el encumbramiento idólatra de que fue objeto por parte de instituciones y masas que reafirmaron en él su convencimiento providencialista. No se le escatimaron honores ni adjetivos glorificativos y Cuba se convirtió en un jardín de guatacas. Un recuento salteado de los homenajes y adulonerías que inflaron el ego presidencial muestra que, por ejemplo, con motivo de un conato de pánico bancario, Machado depositó gran suma de dinero en el Royal Bank of Canada para en esa forma demostrar su fe en el crédito de la banca y ésta lo recompensó con el título de *Salvador de la economía.* Después fue rutinario el bautizarlo *Egregio, Regenerador, Salvador de la Patria, Primer Ciudadano de la República,* etcétera, etcétera y etcétera.

La Facultad de Derecho de la Universidad de La Habana, por moción de su Decano, Del Cueto, y de Ricardo Dolz, acordó concederle el título de Doctor en Derecho Público, Honoris Causa, moción que fue aprobada por el Claustro General con un solo voto en contra. Muchos de los catedráticos que calzaron con sus firmas el homenaje luego se convirtieron en sus implacables enemigos, entre ellos Dolz, Grau San Martín y Méndez Peñate. Dos poblaciones, Esmeralda, en Camagüey, y Rancho Boyeros, en La Habana, cambiaron sus nombres por el de General Machado. Todos los Municipios de la República lo nombraron Hijo Adoptivo, y el suyo natal, Santa Clara, lo nominó Hijo Prócer. El historiador Ramiro Cabrera dijo emocionado en una sesión de la Academia de la Historia: *"El general Machado es la República; la República vive en él; y todo depende de él..."* La Bolsa de La Habana lo hizo su Presidente de Honor, y Salvador Salazar, en su Historia de la Literatura Cubana, lo ensalzó como *"uno de los más grandes oradores cubanos..."*

Las clases vivas que apoyaron a Menocal se volcaron en

favor de Machado una vez que éste ganó la Presidencia y demostró su decisión de mantener el sistema de *"dejar hacer, dejar pasar"*. Hasta el propio general Menocal le brindó apoyo en distintas ocasiones. La prensa lo muestra haciéndolo el 26 de septiembre de 1928, en Santa Cruz del Sur, Camagüey, donde *"ratificó entusiasmado su identificación con la obra presidencial..."*; el 19 de diciembre de 1928, en una fiesta militar en el Campamento de Columbia, y el 6 de marzo de 1929, cuando fue a Palacio *"a ofrecerle su incondicional apoyo frente a la oposición al reeleccionismo..."* En julio 17 de 1929, la Gaceta Oficial reproduce un decreto machadista nombrando al ex-Presidente para un cargo de miembro de la Comisión Nacional para la Defensa del Azúcar. Sin olvidarnos que cobraba un gran sueldo como Inspector de la Carretera Central y que, según José Emilio Obregón asegurara, por gestión de su suegro, Machado, obtuvo $125.000,00 del Chase National Bank, en 1926, que utilizó en su ingenio "Santa Marta", *"sin que pagara del préstamo nunca ni plazos ni intereses algunos..."*

Las Sociedades de Color le endilgaron el sobrenombre de Benefactor de la Raza Negra y le tributaron un sonado homenaje y banquete en el Teatro Nacional, en el cual habló Miguel Ángel Céspedes en su honor y a quien siguió Machado en el uso de la palabra para alardear de haber nombrado al general Manuel Delgado Secretario de Agricultura y hacer ostentación *"del amplio apoyo que a su Gobierno y a su persona daba la raza de color..."* No se quedaron detrás los Masones, ya que el Supremo Consejo del Grado 33, con la presencia de los 54 Soberanos Grandes Inspectores, aprobó clamorosamente la moción de Enrique Elízaga nombrando a Machado Gran Inspector General y Miembro Supernumerario del Supremo Consejo, al tiempo que le era impuesta la Orden del Grado 33. El Gran Maestro de la Gran Logia de Cuba, Antonio Iraizoz, pronunció el discurso-apología de *Gerardito*. Siguiendo el precedente, los masones americanos del Mahi Temple, o Shriners, lo hicieron su Miembro de Honor honorario. Y como demostración amplia de neutralidad religiosa, al tiempo que para no ser excedido por sus archienemigos masones, el Arzobispo de La Habana, Excelentísimo e Ilustradísimo Señor Don Manuel Ruiz y Rodríguez, exclamó transfigurado por la pasión clerical durante un sermón en la Catedral: *"¡Dios en el Cielo y Machado en la Tierra...!"*. Frase que luego negó haber dicho. Toda esta glorificación de Machado tuvo lugar entre los años 1926 y 1930, a partir de cuya última fecha se inició la caída en barrena de *La Bestia, El Asno con Garras, El Cuatrero Mocho*, etcétera, etcétera y etcétera, como ahora se le llamaba.

La Administración Machado tuvo un rumbo moralizador en sus primeros dos años de Gobierno, pues reorganizó la cosa pública; acabó con las botellas y los negocios sucios; suprimió los indultos y amnistías y Zayas Bazán emprendió la limpieza de las zonas de tolerancia de chulos, prostitutas y celestinas con la manga del codo. Las obras públicas, dirigidas por *El Dinámico* Carlos Miguel de Céspedes, multiplicaron los acueductos, escuelas y caminos vecinales, aunque consumían enormes cantidades de dinero, especialmente sus proyectos favoritos, la Carretera Central y el Capitolio. Este último tendría en su cúpula un revestimiento de láminas de oro de 18 kilates. La delincuencia era drásticamente eliminada por medio de la Ley de Fuga y las gúasimas y se construyó el Presidio Modelo, en Isla de Pinos, donde el Supervisor, comandante Castells, alimentaría los cocodrilos de la ciénaga pinera con genuina *carne de presidio*. Detrás de esta visible moralización pública, privada y secretamente las plantas eléctricas eran acaparadas por la Electric Bond & Share hasta consumarse el Trust de la Electricidad, que comprendió en él a la Havana Electric y la Compañía Cubana de Electricidad, empezado en tiempos de la Segunda Intervención, como aparece relatado en anteriores páginas.

La politiquería congresional, dirigida por Wilfredo Fernández, inventó el *cooperativismo,* o séase una forma en que los Conservadores pudieran comer del jamón presupuestal. A esos efectos, en diciembre 20 de 1925, el Congreso aprobó una ley que reducía aún más el Código Crowder de 1919, pues prácticamente prohibía la organización de nuevos Partidos y prevenía la reorganización de los existentes poniendo su control en manos de los Congresistas por ellos electos, que serían sus delegados sin previa elección popular. Estas medidas abominables, desvirtuadoras de la democracia representativa, introdujeron nuevamente los vicios electorales de los primeros años republicanos con su secuela de *piñas, cartabones* y crímenes políticos.

Las parciales de 1926 se celebraron en medio de un clima de indiferencia ciudadana, excepto en la Capital, donde Machado, con ayuda de dinero mal habido y de colecturías de billetes de Lotería, trató de cerrar las puertas de la Alcaldía a Miguel Mariano Gómez en favor de José María de la Cuesta. Se repitió el caso anterior Varona-Aspiazu, pues el pueblo habanero eligió a Miguel Mariano en la candidatura del Partido Popular, haciendo rabiar al Presidente y al Cenáculo. En los comicios el Partido Liberal volvió a ganar 5 Gobiernos Provinciales, quedando en poder del Partido Conservador sólo el de

Pinar del Río. El Liberal obtuvo 36 Representantes, 31 Consejeros y 102 Alcaldes. El Conservador, 29 Representantes, 21 Consejeros y 17 Alcaldes, y el Popular, 5 Representantes, 2 Consejeros y 4 Alcaldes. Los Gobernadores electos fueron: Pinar del Río, Ramón Fernández; La Habana, Antonio Ruiz; Matanzas, Juan Gronlier; Las Villas, Juan A. Vázquez Bello; Camagüey, José A. Villena, y Oriente, José R. Barceló. El Gobernador electo de La Habana, apodado *Sinmigo*, que derrotó a Asbert, era un pintoresco guajiro de ocurrente lenguaje, quien llamaba al teléfono *bejuco*, a la puerta del Palacio *talanquera* y a sus ayudantes *buquenques*. Debía su apodo a que un día dijo a los periodistas que los Liberales habaneros no podían estar en la cerca, recalcándoles: *"Tienen que estar conmigo o sinmigo..."* Durante la campaña de las parciales se produjo el arresto y desaparición del dirigente obrero tipógrafo Alfredo López. Ese mismo año azotó a Cuba uno de los más fuertes ciclones de su historia, ocasión que tuvo Machado de hacerse popular con la ayuda oficial a los damnificados por aquél.

El año de 1927 fue de gran resonancia, pues abrió el paréntesis historiológico que se cerraría en 1933 con la repulsa revolucionaria del plattismo. La maquinaria electoral machadista se movilizó hacia una prórroga de poderes y subsiguiente reelección. Ya Machado había lanzado al espacio su globo de ensayo, utilizando un recorrido ferrocarrilero desde La Habana a Santiago de Cuba, durante el cual se movilizaron masas que en cada pueblo o apeadero lo aclamaron como candidato único de los tres Partidos nacionales. De vuelta a La Habana, los hacendados cubanos, presididos por Higinio Fanjul y los americanos por Walter H. Armsby, le pidieron que aceptase la reelección que proponía el cooperativismo. La alta oficialidad militar le dio un banquete en el Castillo de Atarés y le reiteró su incondicional apoyo en lo que fuese... Machado dio un viaje a Wáshington con la excusa de invitar a Coolidge a que presidiera la Conferencia Panamericana que tendría lugar en La Habana, pero en realidad con el propósito de sondear la opinión de la Casa Blanca y el State Department respecto de su reelección y de lograr el apoyo de éstos en casos de rebelión popular contra aquélla. A su vuelta desembarcó por un muelle flotante que se le construyó ex profeso y caminó al Palacio por una pasarela que se elevaba por sobre la muchedumbre, en el trayecto que es hoy la Avenida de las Misiones. Inmediatamente después aceptó públicamente la candidatura reeleccionista y emprendió un viaje de propaganda por toda la República que culminó apoteósicamente cuando, a su regreso a la Capital, fue cargado en hombros desde la Estación Terminal hasta el Palacio por toda la calle Monserrate, un trayecto de cerca de tres kilómetros. Sincronizadamente, *Gerardito* imitó la pose nacionalista de Zayas y propició una reforma arancelaria que posibilitó una incipiente industrialización al par que aumentó la tributación aduanal de ciertos productos extranjeros, pero teniendo buen cuidado de invertir caudales, con ayuda del Chase, en fábricas de pinturas, zapatos, envases y muebles que manufacturaran los productos que dejarían de recibirse del extranjero.

La primera dificultad que tenía que resolver Machado era la Reforma Constitucional —en violación del artículo 115—, que fijaba que la Constitución de 1901 no podría reformarse, total ni parcialmente, sino por los votos de las dos terceras partes del número total de miembros del Senado y la Cámara y que seis meses después de acordada la Reforma procedía la convención de una Constituyente cuyas funciones se limitarían a aprobar o desaprobar la Reforma votada por los Cuerpos Colegisladores. Apenas se reunió la Cámara el día 28 de marzo de 1927 para considerar el proyecto de Prórroga de Poderes, estalló sobre la cabeza de Machado la tormenta cívica que venía incubándose en el seno de una nueva *"minoría histórica"* que se enfrentaría a la veleidad, incapacidad y demencia de las masas frenetizadas por la demagogia y las bajas pasiones. El Partido Nacionalista, formado por Liberales antimachadistas como Mendieta, Méndez Peñate y Laredo Brú; por Conservadores que repugnaban el maridaje politiquero reeleccionista de Menocal con Machado, comandados por Enrique José Varona y Aurelio Álvarez; Populares lidereados por Juan Gualberto Gómez y personalidades como los generales Manuel Piedra y José Martí y el intelectual Emeterio Santovenia, hicieron público un manifiesto en el que se atacaba duramente la Reforma Constitucional y la Prórroga de Poderes.

Un escrito de Varona en el cual acusaba a la juventud cubana de ocuparse más de las curvas que lanzaba Luque y los golpes que propinaba Kid Chocolate que de los destinos de Cuba, provocó una manifestación estudiantil de desagravio que fue violentamente disuelta por la policía habanera, que llegó en su furia represiva a destruir los muebles de la sala del hogar del venerable educador y patriota. Los estudiantes universitarios constituyeron un Directorio Estudiantil Universitario Anti-Prorroguista compuesto por estudiantes de las distintas Facultades y que luego se convirtió en el organismo oficial del estudiantado universitario mediante asambleas que eligieron a sus miembros fijos y que oficialmente cambiaron su nombre por el de Directorio Estudiantil Universitario. Este nuevo organismo se encargó de codificar las peticiones hechas por su antecesor y de ratificar su protesta por la violación del recinto universitario por la fuerza pública y por el nombramiento de un Supervisor Militar para el Alma Máter, así como pedía la renuncia del Rector y del Consejo Universitario por su falta de valor y dignidad al aceptar la supervisión militar. La orden de detención librada contra el Directorio y la formación de un Consejo de Disciplina para juzgarlo hizo que la protesta estudiantil trascendiese del ámbito universitario al nacional y que las proyecciones cívicas estudiantiles se derramasen como deslumbrante luz por todos los rincones de Cuba y tomasen forma en una lucha a muerte contra la tiranía que se barruntaban y tuvo su más clara expresión en el siguiente manifiesto dirigido *"Al Pueblo de Cuba"* y titulado *"Contra la Prórroga de Poderes":*

*"El regreso del señor Presidente de la República de su viaje a los Estados Unidos va a ser aprovechado por los elementos partidarios de la prórroga de los poderes para propiciar este atentado a las libertades y a la soberanía del pueblo de Cuba, transformando a su antojo, en un triunfo insólito y sin precedentes, el fracaso más grande de nuestra diplomacia, y fundamentando en él la necesidad, que nadie acepta, de reformar la Carta Fundamental, en un sentido que permita al Primer Magistrado disponer del tiempo indispensable para desarrollar sus planes internacionalistas, y obtener la derogación de la Enmienda Platt. Conscientes de nuestros deberes, nos creemos obligados a condenar nuevamente y con la claridad de siempre el intento prorroguista y a descubrir las estratagemas que utilizan para hacerlo viable aquéllos que han de ser beneficiados exclusivamente por él.*

*"Con anterioridad al viaje del señor Presidente, la prórroga de los poderes sólo lesionaban las leyes que sirven de fundamento a la nacionalidad cubana. Después de este viaje, después de los discursos que con ocasión de él se han pronunciado y de los comentarios que a su margen ha hecho la prensa de los pueblos latinoamericanos, el proyecto encierra peligros aún más trascendentales, porque lleva implícitos ataques directos e innegables a nuestros prestigios internacionales. Descubrir la extensión de estos peligros, señalarlos sin temor a posibles persecuciones, es el servicio más grande que puede esperar de nosotros la República, y lo prestamos serenos y resueltos.*

*"Recientemente se ha dicho por funcionarios diplomáticos*

*latinoamericanos, que Cuba es un país mediatizado, y al co-
mentarse por los periódicos de Europa y América esta noticia,
se ha llegado a afirmar que nuestra Patria era en el seno de
la Liga de las Naciones, el agente de la policía norteamericana,
y en el Nuevo Continente una avanzada incondicional de la
Diplomacia del Dólar y del Imperialismo. El viaje del Presidente, sus múltiples discursos cantando las excelsitudes de los
procedimientos internacionales de los Estados Unidos, en abierta oposición con el criterio que, sobre esos procedimientos,
mantiene toda América Latina, no han sido el mejor mentís
a nuestros denostadores. Por el contrario, han contribuido a
robustecer esa tesis, que quebranta nuestra soberanía y agra-
via nuestra dignidad de pueblo independiente. La prensa de
los países hermanos sugiere que esas declaraciones insensatas,
la sustitución propuesta del Tratado Permanente por otros cuyas cláusulas nadie conoce, son el precio de la Prórroga de
los Poderes, y en Cuba misma, toma cuerpo este criterio en el
alma acongojada de los patriotas, a quienes sobresaltó antes
el misterio de que fue rodeado el viaje y sobresalta ahora más
la contradicción manifiesta entre estos discursos del Presidente
y aquél en que declarara solemnemente "que Cuba era libre
en el orden político, pero estaba expuesta a la servidumbre
económica si él no contaba con el concurso de los cubanos
para impedirlo". De todas maneras, cualquiera que sea el juicio
que se tenga sobre estos dolorosos acontecimientos, la aprobación o la no aprobación de la Prórroga será interpretada
por todos, dentro y fuera de Cuba, como una solución impuesta
por la Casa Blanca.*

*"Y, aparte de estas declaraciones, como protesta firme y
para evitar lo que pudiera interpretarse de la asistencia de
estudiantes a algún acto público, este Directorio decreta el
día de hoy, sábado 7 de abril de 1927, de absoluto recogimiento
para la clase estudiantil. En tal sentido nos dirigimos a nuestros compañeros que han prestado su apoyo en este conflicto,
provocado por la incapacidad de los gobernantes, al oponerse
a la actitud digna y honrada de los estudiantes cubanos.*

*"¡Por Cuba, por la República democrática, por la integridad
de la Constitución y por la estabilidad de nuestra Soberanía!"*

*Luis E. Arissó, José Chelala, Manuel Bernal, Reinaldo Jor-
dán, Gabriel Barceló, Eduardo R. Chibás, Óscar Hernández,
Ramón Hermida, Luis Lozano, Carlos M. Rosell, Edgardo But-
tari, Filiberto Ramírez, Rodolfo Enríquez, Domingo Avalos, José
Inclán, Antonio Guiteras, Leonardo Hevia, Inocente Álvarez y
José A. Viego.*

\* \* \*

*La Reforma Constitucional. — La Prórroga de Poderes. — La expulsión de los estudiantes universitarios. El Grupo Minorista. — Azúcar y Población en las Antillas. — La reelección. — Sus nexos con la Administración Hoover. — El Ejército Nacional.*

El Partido Nacionalista presentó un alegato jurídico al Senado contra la Prórroga en el que pedía que éste rechazara el proyecto, pero se le hizo el caso del perro. El Consejo Universitario trató de justificarse sometiendo a consejo disciplinario a los estudiantes rebeldes, pero Machado, bruscamente, decretó la suspensión del Estatuto Universitario, respaldó la actitud del Consejo Universitario contra los estudiantes y autorizó la clausura de los locales de las asociaciones estudiantiles. Los universitarios respondieron a estas amenazas rechazando la convocatoria a exámenes. Machado ordenó la disolución de la Universidad Popular José Martí y ordenó el arresto de sus izquierdistas profesores. La inconformidad general iba en aumento, pero el cooperativismo seguía su loca carrera hacia la hecatombe. La Cámara y el Senado aprobaron la Reforma Constitucional en el verano de 1927. En la primera sólo votaron contra el proyecto los Representantes Armando Chardiet, Manuel Castellanos, Ramón Zaydín, Antonio Bravo Acosta, Wolter del Río, Carlos Manuel de la Cruz, Gustavo González Beauville y Manuel Capestany. En el Senado se pronunciaron contra la Reforma tan sólo Ricardo Dolz y Fausto Menocal. Sus más acérrimos defensores fueron Jorge García Montes y Santiago Rey, en la Cámara, y Manuel Vera Verdura, en el Senado. Se libró convocatoria a la Constituyente para que ésta ratificase o rechazase la Reforma.

\* \* \*

Mientras se hacían los preparativos constituyentistas tuvo lugar en La Habana la Sexta Conferencia Internacional Americana, presidida por Calvin Coolidge y con representación de todas las Repúblicas del Continente. La Presidencia efectiva de ella recayó en Antonio Sánchez de Bustamante. Hubo disturbios en la inauguración del Parque de la Fraternidad y los decantados delegados contemplaron la repartida de tiros y toletazos en la titulada Suiza de América que era Cuba. Según palabras de Machado en su discurso-bienvenida.

\* \* \*

La Convención Constituyente inició sus sesiones en abril de 1928, bajo la presidencia de Sánchez Bustamante, quien, una vez más ignominiosamente, volvía a llenar de porquerías su distinguida toga al prestarse a tamaña canallada. Llegó en su incomprensible avilantez a sancionar el acuerdo que confirió a Machado el título de Ciudadano Ilustre y Ejemplar de la República. La Constituyente se arrogó facultades que no le correspondían, violando descaradamente la Constitución de 1901 y aprobando la extensión de los mandatos por dos años de los Senadores electos en 1920 y 1924 y de los Representantes electos en 1924 y 1926. Se beneficiaron con la Prórroga el Presidente, electo en 1924, y los Gobernadores, Consejeros, Alcaldes y Concejales electos en 1926. Hipertrofió más aún al Senado al aprobar un supuesto derecho minoritario electoral, elevando de 2 a 4 el número de Senadores por provincia: 3 por la mayoría y 1 por la minoría.

No contenta con toda esta ignominia, la Constituyente suprimió el cargo de Vicepresidente de la República y concedió el regalo a Carlos de la Rosa de una Senaduría sin elección cuando terminase su mandato como tal en 1929. A Machado le concedió una Senaduría vitalicia cuando su mandato nuevo terminase, que sería en 1935. Para deshacerse de Miguel Mariano, Machado logró que la Constituyente dictaminara la supresión del Ayuntamiento de La Habana y su conversión en un Distrito Central regido por un señalamiento presidencial. Rubricó la Convención Constituyente con cieno sus actividades prohibiendo al Tribunal Supremo de Justicia el libre nombramiento de Magistrados y Jueces, destruyendo la independencia del Poder Judicial. Las inconformidades dentro de su propio equipo gubernamental fueron acalladas por Machado en forma violenta. El Secretario de Guerra y Marina, Rafael Iturralde, tuvo que huir precipitadamente de Cuba cuando supo de la advertencia del Presidente a un amigo mutuo: *"¡Si no se va de Cuba antes de 24 horas, lo mato!"* Una semana después el coronel mambí Blas Masó, amigo de Iturralde, fue ultimado por un tirador emboscado. Bartolomé Sagaró, Representante oriental enemigo de la Prórroga, murió con el cráneo destrozado a martillazos por un misterioso asesino.

Paralelamente a estos sucesos, el Consejo de Disciplina formado en la Universidad de La Habana por los catedráticos Francisco Muñoz Silverio, Juan San Martín Sáenz, Alberto Recio Forns, Manuel Dorta Duque, Julián M. Ruiz Gómez, Luciano de Goicochea Plaza y René San Martín Sáenz expulsó de la Universidad de La Habana *"con las accesorias de inhabilitación permanente para formar parte de las Directivas de las Asociacio-*

*nes de Estudiantes y de la Comisión Atlética Universitaria, la
pérdida de todos los cursos o asignaturas que tuviesen matriculados, así como el derecho a penetrar en el recinto de la Universidad y sus dependencias...*", a los estudiantes José Chelala Aguilera, Carlos Rosell Moynier, Gabriel Barceló Gomila, Aureliano Sánchez Arango, José Elías Borges Cabrera, Leopoldo Figueroa Franqui, Ramón Hermida Antorcha, Antonio González Muñoz, Manuel Pérez Medina, Manuel Durán Guerrero, Reinaldo Jordán Martín, Rogelio Teurbe Tolón, Oscar Hernández Hernández, Rodolfo Henríquez Lauranzón, Antonio Leonardo Inclán, Edgardo Buttari Puig y Alberto Inocente Alvarez Cabrera. Excluido del proceso por hallarse ausente en el extranjero, Eduardo R. Chibás Ribas se solidarizó por escrito ante el Consejo Universitario con el proceder de sus compañeros y fue a su vez expulsado por un término de cuatro años.

Machado tenía sus panegiristas y entre ellos a un tránsfuga de Los Trece, Alberto Lamar Schweyer, quien publicó un librejo titulado Biología de la Democracia, en el cual excretó la tesis del *cesarismo democrático* como modelo de gobierno para Hispanoamérica, poniendo a Machado como ejemplo. Al ser botado públicamente del Grupo Minorista, Lamar negó la existencia de tal organización intelectual anti-machadista y ésta le respondió por la prensa en forma tan enérgica que valió a los firmantes la persecución policíaca y el castigo de la disolución del Grupo. El documento, conocido con el título de Declaración del Grupo Minorista, hizo pareja con La Protesta de los Trece en los anales de la intelectualidad revolucionaria nacionalista cubana. He aquí su texto completo:

*"Con motivo de cierta afirmación lanzada por un periodista
y ensayista local, el señor Lamar Schweyer, asegurando la no
existencia del Grupo Minorista, los abajo firmantes, que se consideran componentes de dicho grupo, estiman necesario aclarar,
de una vez y definitivamente, el error de apreciación que, juntamente con el señor Lamar, sufren algunos equivocados.*

*"¿Cómo nació, qué es, quiénes constituyen verdaderamente
el Grupo Minorista?*

*"Hace algunos años, el 18 de marzo de 1923, un reducido
número de intelectuales —artistas, periodistas, abogados—, reunidos accidentalmente en la Academia de Ciencias, llevó a
cabo un acto de rebeldía y censura contra el entonces Secretario
de Justicia, allí presente, significando así el repudio que la
opinión pública hacía de la memorable compra por el Gobierno
del Convento de Santa Clara, como imposición gubernamental
a la mayoría del país.*

*"Aquel acto marcó una orientación destructiva, apolítica, a la juventud interesada en influir honradamente en el desarrollo de nuestra vida pública, dando una fórmula de sanción social y actividad revolucionaria a los intelectuales cubanos.*

*"Como ese núcleo de protestantes se reunía a la sazón habitualmente para acopiar datos y libros al proyecto de publicación de una antología de poetas modernos de Cuba, tuvo así el doble vínculo de una colaboración artística y una corresponsabilidad pública y hasta penal.*

*"Se hizo en seguida el intento de organizar y ampliar aquel conjunto, y a tal propósito tendió la formación de la llamada Falange de Acción Cubana. Esa manera de agrupación no plasmó en realidad efectiva, pero casi todos los componentes de aquel núcleo, ya aumentado por simpatizadores decididos, volvió a hallarse en las filas de la Asociación que se denominó de Veteranos y Patriotas, la cual preparaba un movimiento armado contra la corrupción administrativa y la incapacidad gubernamental.*

*"¿Qué sintomatizaban estos hechos? ¿A qué se debían las frecuentes reuniones no oficiales, sino espontáneas, de los mismos invariables elementos, casi todos jóvenes, casi todos artistas? ¿Por qué en las conversaciones del grupo se hacía burla de los falsos valores, de los mercachifles patrioteros, de los incapaces encumbrados, de los genios oficiales; y se censuraba el desconocimiento de los problemas cubanos, el sometimiento de nuestro Gobierno a la exigencia extranjera, la farsa del sufragio y la ovejuna pasividad del medio?*

*"Todo esto era indicio de que en Cuba se integraba, perfilándose sin organización estatutaria, pero con exacta identidad de ideales y creciente relieve, un grupo intelectual izquierdista, producto natural del medio, y órgano histórico fatalmente determinado por la función social que había de cumplir.*

*"La circunstancia de que habitualmente algunos componentes del grupo se reunieran cada sábado y luego almorzaran juntos en un lugar público, explica por qué a su mesa se sentaban amigos que no eran propiamente compañeros, y eso es el origen del error que confunde a la llamada minoría con una reunión accidental y heterogénea que no tiene carácter sesional ni actividad trascendente.*

*"La minoría, pues, constituye un grupo sin reglamento, sin presidente, sin secretario, sin cuota mensual, en fin, sin campanilla ni tapete; pero es ésta precisamente la más viable organización de un grupo de intelectuales: en diversos sitios ha fracasado la reglamentación de grupos análogos, en los cuales la vertebración que impone la unidad substantiva de criterio*

es *más importante y no tiene los inconvenientes que una estructura formal, externa y adjetiva.*

"*Es fenómeno innegable, comprobado en distintos países, la renovación ideológica, de izquierdización, de los grupos de esta índole. La minoría sabe hoy que es un grupo de trabajadores intelectuales (literatos, pintores, músicos, escultores, etc.). El Grupo Minorista, denominación que le dio uno de sus componentes, puede llevar ese nombre por el corto número de miembros efectivo que lo integran; pero él ha sido en todo caso un grupo mayoritario, en el sentido de constituir el portavoz, la tribuna y el índice de la mayoría del pueblo; con propiedad es minoría, solamente, en lo que a su criterio sobre arte se refiere.*

"*En el transcurso de un año, interpretando y traduciendo la opinión pública cubana, ha protestado contra el atropello de Nicaragua, contra la política de Wáshington respecto a México, contra el allanamiento del recinto universitario y el domicilio de Enrique José Varona por las fuerzas de la Policía Nacional. Y nada importa a su unidad ni a su existencia que en sus manifestaciones y declaraciones acompañen episódica y esporádicamente nombres y firmas que no forman parte integramente de su núcleo.*

"*Colectiva, o individualmente, sus verdaderos componentes han laborado y laboran:*

> *Por la revisión de los valores falsos y gastados.*
>
> *Por el arte vernáculo y, en general, por el arte nuevo en sus diversas manifestaciones.*
>
> *Por la introducción y vulgarización en Cuba de las últimas doctrinas, teóricas y prácticas, artísticas y científicas.*
>
> *Por la reforma de la enseñanza pública y contra los corrompidos sistemas de oposición a las cátedras.*
>
> *Por la autonomía universitaria.*
>
> *Por la independencia económica de Cuba y contra el imperialismo yanqui.*
>
> *Contra las dictaduras políticas universales, en el mundo, en la América y en Cuba.*
>
> *Contra los desafueros de la pseudo-democracia, contra la farsa del sufragio y por la participación efectiva del pueblo en el Gobierno.*
>
> *En pro del mejoramiento del agricultor, del colono y del obrero de Cuba.*
>
> *Por la cordialidad y la unión latinoamericana.*

*Rubén Martínez Villena, José A. Fernández de Castro, Jorge Mañach, José Z. Tallet, Juan Marinello, Enrique Serpa, Agustín*

*Acosta, Emilio Roig de Leuchsenring, María Villar Buceta, Mariblanca Sabás Alomá, Antonio Gattorno, José Hurtado de Mendoza, Otto Blhume, Alejo Carpentier, Orosmán Viamontes, Juan Antiga, Arturo Alfonso Roselló, Juan José Sicre, Diego Bonilla, Conrado W. Massaguer, Eduardo Abela, Luis López Méndez, Armando Maribona, Guillermo Martínez Márquez, José Manuel Acosta, Alfredo T. Quílez, Federico de Ibarzábal, Luis Gómez Wangüemert, Juan Luis Martín, Félix Lizaso, Francisco Ichaso, Martín Casanova, Luis A. Baralt y Felipe Pichardo Moya.*

\* \* \*

El espíritu nacionalista y revolucionario que crecía en la intelectualidad cubana recibió nuevo ímpetu con la aparición del libro *Azúcar y Población en las Antillas*, de Ramiro Guerra Sánchez. Por primera vez, y de manera fría y descarnada, se hacía la disección de la industria azucarera cubana y se ponía al descubierto toda la podredumbre que bullía en el fondo de la canalla dorada de la sucarocracia. El proceso histórico de la apropiación y división de la tierra en Cuba hizo hervir en cólera la sangre de sus apasionados lectores, pues el latifundio aparecía en sus páginas como el monstruo de tenebrosa leyenda que devoraba insaciable el patrimonio nacional y proletarizaba al campesino cubano. La Cuba Cane, la Cuban American y la United Fruit Companies acaparaban, respectivamente, 23.150, 15.663 y 8.341 caballerías de tierra cubana. Al mismo tiempo eran dueñas de gran número de centrales azucareros que controlaban la mayor parte de la producción del dulce producto. Leamos algunos escalofriantes párrafos de *Azúcar y Población en las Antillas*, que nos ilustren acerca del latifundio:

*"Según un cuadro estadístico publicado en mayo del corriente año por la Comisión Nacional de Estadísticas, con datos suministrados por los mismos centrales, en 1925-26 los ciento ochenta y tantos ingenios de Cuba poseían más de 170,873 caballerías de tierra. Caulculada a 134,202 metros cuadrados por caballería, arrojan un total de 22,931 kilómetros cuadrados, que representan aproximadamente el 20 % del área total de Cuba. La provincia de Santa Clara, la tercera en extensión de Cuba. cuenta con 21,411 kilómetros cuadrados de superficie. De manera que los ingenios poseen tierras que, en total, ocupan un área mayor que dicha provincia. Pinar del Río y La Habana tienen, en conjunto, 21,721 kilómetros. Así, pues, la tierra poseída por los ingenios representan una superficie más extensa que estas dos provincias.*

"Numerosos centrales constituyen de por sí gigantescos latifundios. El Chaparra y el Delicias reúnen 11,600 caballerías de tierra. El Cunagua, 9,702. El Manatí, 6,523. El Preston, 5,644. El Jaronú, 4,500. Los cuatro ingenios de Mr. Hershey, a las puertas de La Habana, la provincia más poblada y de propiedad más dividida, reúnen 1,575 caballerías. Piénsese que en Cuba hay vastas regiones como la Península de Zapata y la de Guanacahabibes, la Sierra Maestra, el macizo montañoso de Sagua-Baracoa y otras que no son cultivables y se tendrá idea de la proporción en que el latifundio azucarero ha acaparado la tierra laborable de Cuba. Pero todavía hay más. Los ingenios controlan, por arrendamiento, muchos miles de caballerías de tierra, aparte de las que poseen y otras miles más de fincas que, enclavadas dentro de la zona del latifundio y sin ferrocarriles de servicio público a su alcance ni centrales vecinos a los cuales vender la caña, están enteramente a merced de la compañía latifundista, que las domina sin haber invertido un centavo en comprarlas. Más del 40 % del área total de Cuba quizás está dominada por el latifundio. Dentro de esa enorme porción de su patria, el cultivador cubano no puede alentar la aspiración más profunda y viva del hombre que tiene una familia y desea velar por su destino futuro: poseer un pedazo de tierra propio para levantar su hogar y cultivar, como trabajador libre, la tierra donde nació. En los dominios del latifundio ha de vivir como colono feudatario del ingenio, como empleado o como jornalero, y como el latifundio avanza, cada día se reduce la parte del suelo cubano donde se puede vivir independientemente, con la agravante de que el central, con su colono sometido y su jornalero haitiano, hace una competencia ruinosa al colono independiente y al obrero nativo.

"Durante cuatro siglos fuimos poblando poco a poco nuestro país; lo desmontamos, lo saneamos; importamos sus principales plantas industriales; trajimos y aclimatamos el ganado y las crías domésticas; erigimos, en los lugares más adelantados del interior y de las costas, los pueblos y las ciudades; defendimos bravamente la Isla contra el extranjero; hicimos la apropiación y división de la tierra entre los cultivadores; trazamos y construimos los caminos modernos, como la vía férrea, o antiguos, pero útiles, como los viejos caminos vecinales; luchamos por la libertad y la independencia, aspirando a fundar una República cordial, con todos y para todos; el genio de un cubano, Finlay, preparó el camino para liberar, no sólo a Cuba, sino al mundo entero, de una de las peores plagas, y cuando toda esta obra secular de construcción parecía casi terminada y llamados nuestros hijos a beneficiarse

24

*con el fruto de un trabajo de siglos, el latifundio azucarero, que acarreó la decadencia de las Indias Occidentales, con sus dos palancas formidables, capital extranjero y trabajo importado a bajo precio, hace irrupción en nuestro suelo, comienza la destrucción en gran escala de nuestra pequeña y media propiedad, y va reduciendo la clase cubana de propietarios rurales y cultivadores independientes, nervio de la nacionalidad, a la inferior condición de un proletariado que cada día siente con mayor agudeza la asfixia económica, que hoy ya alcanza y oprime el país de un extremo a otro..."*

No se quedaba atrás el latifundio ganadero, pues en toda la República ocupaba 229,935 caballerías de tierra que estaban en poder de menos de cincuenta personas, que preferían rendirlas al marabú a que la cultivasen los campesinos. Y que mantenían tan sólo 10 ó 12 reses por caballería en terrenos que cómodamente soportaban 30 ó 40. El peón ganadero vivía en igual, y a veces superior, miseria que el cortador de caña, pues donde éste se alimentaba del jugo azucarado a aquél le estaba terminantemente prohibido ordeñar la vacada para llevar leche a su hogar. Y sería indefectiblemente colgado de una guásima si el hambre le hacía desollar una res y era descubierto el hecho por el amo.

\* \* \*

El mes de julio de 1928 encontró a los rectores de los tres partidos políticos nacionales, Clemente Vázquez Bello (Liberal), J. M. Cabada (Conservador) y Celso Cuéllar (Popular) firmando un acuerdo —refrendado por Menocal— por el cual postulaban a Machado candidato único a la reelección. La Ley de Emergencia Electoral, aprobada por el Congreso ese mismo mes, había prohibido la reorganización de los Partidos y por tanto la actividad del Nacionalista, de Carlos Mendieta, era obligada a ser clandestina. El cooperativismo había triunfado en toda la línea con la expresa ayuda de Menocal. Línea guataqueril y alcahueta, naturalmente. No hubo elecciones para cargo alguno otro que el presidencial, pues la Prórroga de Poderes había extendido, como hemos explicado, el mandato de todos los Congresistas, Consejeros, Alcaldes y Concejales. Sin olvidar los Gobernadores.

El por qué Machado pudo reelegirse, violar la Constitución y rudamente suprimir la oposición sin que Crowder pusiese reparos a ello, o que la Casa Blanca invocase los preceptos de la Enmienda Platt, hay que buscarlos en la estructura político-económica de la Administración de Herbert Hoover, quien había sustituido a Coolidge en la Presidencia de los Estados Unidos, también electo por el Partido Republicano. El ideal de Hoover era la promoción de los negocios y la aplicación del proteccionismo. Los Estados Unidos tuvieron en esta época sus vacas gordas, que allí fueron conocidas como *la inflación*, que fomentó excepcionalmente el crecimiento de los monopolios dentro de lo que Hoover llamó *"política de alianza con las grandes asociaciones comerciales y compañías poderosas"*. Se inició en los Estados Unidos la práctica del *merger* —o consolidación de empresas—, al punto que las combinaciones industriales, mineras, comerciales y de servicios públicos hicieron desaparecer a más de 6.000 empresas pequeñas y a más de 10.000 bancos. La American Telephone y la Western Unión adquirieron el dominio del teléfono y del telégrafo. Las cadenas de tiendas literalmente se comieron a los tenderos independientes. El resultado de este proceso de combinación y consolidación de grandes intereses fue el dominio de la industria, el transporte, las comunicaciones y las finanzas por gigantescos consorcios monopolistas.

La Corporación Morgan controlaba, directa o indirectamente, alrededor de $74.000.000.000,00 de riqueza, o sea una cuarta parte, más o menos, de los capitales totales de las corporaciones financieras de los Estados Unidos. El control de la producción de energía eléctrica estaba concentrado en las manos de seis colosales pulpos financieros: General Electric, Insull, Morgan, Mellon, Doherty y Byllesby. Con el primero de ellos estaba asociado en Cuba el Presidente Machado, a través su subsidiaria, la Electric Bond & Share, y su representante Henry Catlin. La United States Steel controlaba entre la mitad y los dos tercios de todo el mineral de hierro; la Aluminium Company el monopolio de la bauxita; la Standard Oil de Rockefeller reinaba en el campo petrolero y ocho corporaciones eran dueñas de tres cuartas partes de la producción de carbón de piedra. El rejuego bolsístico de acciones subió a escandalosas proporciones, en algunos casos hasta 225 dólares por sobre 100 de valor par. Borrachos con estas ganancias fabulosas, los corredores de valores aumentaron sus empréstitos bancarios de tres mil millones a ocho mil millones de dólares, produciendo una fiebre inversionista rayana en la demencia. Un verdadero *dollarium tremens*, como ya hubimos de calificar esta obsesión capitalista. Machado, en Cuba, era la absoluta garantía de estos intereses y de ahí su brutal represión contra todo lo que pudiera calificarse de comunismo convenientemente, reflejando así la campaña que en los Estados Unidos se originaba y que tuvo su apogeo en la ejecución de Sacco y Vanzetti.

La preocupación cardinal de Machado era mantenerse en

el Poder con la ayuda del State Department y el visto bueno de la Casa Blanca y en su logro sacrificó su cacareado antiplattismo anterior. Su embajador en Wáshington, Orestes Ferrara, exclamó en la sesión del 4 de febrero de 1928, efectuada por la Comisión de Derecho Público Internacional y Policía de Fronteras por encargo expreso de Machado:

*"No nos podemos unir al coro general de "no intervención" porque la palabra "intervención", en mi país, ha sido palabra de gloria, ha sido palabra de honor, ha sido palabra de triunfo, ha sido palabra de libertad: ha sido la Independencia. La palabra "intervención", ésta que por hechos circunstanciales es hoy puesta al índice de esta reunión, ha sido siempre en el mundo, cuanto más noble y de más grande ha habido..."*

Al mismo tiempo, a Wáshington le era de vital importancia que Machado rigiese a Cuba —aunque fuese tiránicamente— y que no se alterase el status quo puesto que ésa era la excelente manera de garantizar a Wall Street sus dineros invertidos en la Isla, que en esa época pasaban de mil millones de dólares, distribuidos como a continuación se detalla:

| | | |
|---|---|---:|
| Industria azucarera ... ... ... ... | $ | 600.000.000,00 |
| Servicios públicos ... ... ... ... ... | | 115.000.000,00 |
| Ferrocarriles ... ... ... ... ... ... | | 120.000.000,00 |
| Minería ... ... ... ... ... ... ... ... | | 50.000.000,00 |
| Industria tabacalera ... ... ... ... | | 20.000.000,00 |
| Hoteles y recreación ... ... ... ... | | 15.000.000,00 |
| Comercio ... ... ... ... ... ... ... | | 30.000.000,00 |
| Agricultura ... ... ... ... ... ... ... | | 25.000.000,00 |
| Fábricas ... ... ... ... ... ... ... | | 15.000.000,00 |
| Edificios y terrenos urbanos ... | | 50.000.000,00 |
| Bonos de la Deuda Pública ... | | 100.000.000,00 |
| | $ | 1.140.000.000,00 |

Machado sabía perfectamente bien que su principal sostén eran las Fuerzas Armadas y su Policía Represiva y a ellas dedicó toda su atención para beneficiarlas económicamente como infalible medio de asegurarse su lealtad. Mantuvo en todo tiempo el alto presupuesto de Guerra y Marina, aun en los más graves momentos de crisis financiera, y nunca, jamás, redujo los gastos castrenses como hizo con los civiles. Llegó un momento, bajo su mandato, en que un mulo del Ejército recibía una asignación superior para mantenimiento que un ciudadano hospitalizado. El Ejército, machadista hasta la médula, contaba con la friolera de 88 Jefes Superiores, 547 Oficia-

HISTORIOLOGÍA CUBANA

les, 412 Suboficiales, 1.876 Clases y 9.825 Alistados. La Marina de Guerra tenía 16 Jefes Superiores, 152 Oficiales, 57 Suboficiales, 273 Clases y 782 Marinos. En el seno de estas Fuerzas Armadas hubo solamente las honrosísimas excepciones antimachadistas de las expulsiones de sus cuadros, en 1930, del coronel Julio Aguado, los tenientes Emilio Laurent y Feliciano Maderne, y el sargento Miguel Ángel Hernández, asesinado este último en el Castillo de Atarés. El presupuesto de Guerra y Marina fue elevado por Machado a $15.000.000,00, es decir, más que los de Instrucción Pública y Sanidad juntos.

* * *

*El nuevo período presidencial. — Ámbito hispanoamericano. — El principio del fin. — Muerte de Rafael Trejo. — El Directorio Estudiantil Universitario de 1930. Inicio de la rebeldía. — Depresión azucarera. — La tarifa Hawley-Smoot. — El plan Chadbourne. — Crisis económica.*

El nuevo período presidencial de Machado comenzó el 20 de mayo de 1929 y se suponía que terminase ese mismo día del año 1935. Crowder fue relevado por Noble B. Judah, pero envió desde Wáshington calurosas felicitaciones a Machado por su reelección, diciéndole: *"Que siempre su triunfante Administración la siga en continuada y progresiva marcha hacia la felicidad, bienestar y prosperidad del pueblo cubano..."*. El nuevo Gabinete fue compuesto por cuatro generales mambises: José B. Alemán, en Instrucción Pública; Carlos Rojas, en Guerra y Marina; Eugenio Molinet, en Agricultura, y Manuel Delgado, en Gobernación. Quedaron ratificados del anterior, Carlos Miguel de Céspedes, en Obras Públicas y Jesús M. Barraqué, en Justicia. Completaron el equipo ministerial Francisco M. Fernández, Sanidad; Mario Ruiz Mesa, Hacienda; Rafael Sánchez Aballí, Comunicaciones; Rafael Martínez Oritz, Estado, y Ricardo Herrera, Presidencia. Durante la jura del cargo y de la nueva Constitución, hecha en la escalinata del Capitolio, que se construía en el Prado de La Habana, se dio una algarada antimachadista que la policía disolvió por la fuerza. Mella fue muerto en México por un problema de faldas mezclado con trostkismo, por orden del Comintern y costeado por Machado, sin que el movimiento marxista derramase lágrimas ni pusiese banderas a media asta. Ramón Zaydín fue sustituido en la Presidencia de la Cámara por el incondicional machadista Rafael Guas Inclán. El periodista venezolano Francisco Laguado Jaime fue arrojado a los tiburones en un servicio prestado por Machado a su colega Juan Vicente Gómez. En los Estados Unidos la catástrofe bancaria azotó el país y millones de ahorristas perdieron su dinero. Miles de millones de dólares en acciones se convirtieron en papel sanitario de la noche a la mañana. Las vacas flacas americanas, o *depresión*, tornaron en indigentes a cientos de miles de ciudadanos yanquis, pero los intereses y dividendos se siguieron pagando a los tenedores de acciones preferidas, por lo que la carga infamante de la depresión sólo la cargaron los hombros de las clases no privilegiadas.

El año de 1930 trajo a Cuba, como Embajador, en sustitución de Judah, a Harry F. Guggenheim, libertino millonario que se asoció a Machado y fue su sicario y cuyas actividades diplomáticas tuvieron su mayor auge cuando fue declarado *campeón bailador de rumba* en el Casino de la Playa. La situación política hispanoamericana se vio estremecida por una serie de convulsiones que forzosamente harían repercusión en Cuba. En este año de 1930 fue destituido por un pronunciamiento militar el Presidente de Santo Domingo, Horacio Vázquez, y sustituido por el general Rafael Estrella, quien a su vez fue derrocado por el coronel Rafael L. Trujillo después que éste venció a Cipriano Betancourt. En Haití, Luis Bono abandonó el Poder, mientras que en Bolivia una Junta Militar ocupaba el Gobierno después de graves disturbios en La Paz. En Perú, después de una terrible lucha, el Presidente Leguía fue expulsado por el general Sánchez Cerro. En Argentina, el Gobierno de Hipólito Irigoyen fue derribado y el general Evaristo Uriburo ocupó la Casa Rosada. En Chile estalló un movimiento armado contra el Gobierno del general Carlos Ibáñez, pero éste pudo conjurar la situación. En Brasil, el gaucho Getulio Vargas llegó al mando carioca después de derribar el régimen de Wáshington, Luis. Estas conmociones suramericanas trajeron a Cuba muchos exiliados políticos y entre ellos a Víctor Raúl Haya de la Torre, líder del APRA, quienes abrieron los ojos de nuestras juventudes de la época acerca de cómo salir a la palestra política y los saturaron de anti-imperialismo. Las noticias que llegaban de España acerca de la pugna contra la dictadura de Primo de Rivera por el establecimiento de una República, provocaban enconadas peleas en los Centros Regionales y dentro de la colonia hispana en Cuba.

Las elecciones parciales que debían celebrarse en 1930 fueron el principio del fin del régimen machadista. Machado, ya en pose de tirano, arbitrariamente prohibió la reorganización partidista señalada bajo el pretexto de que entorpecería las labores de la zafra, en un Decreto que, apelado ante el Tribunal

Supremo, éste anuló. El Partido Unión Nacionalista desafió las amenazas gubernamentales y en mayo de 1930 organizó un mitin en Artemisa, Pinar del Río, previa legal autorización. Pero apenas si hubo Lucilo Peña iniciado su discurso cuando la Guardia Rural irrumpió en él a tiros y planazos, dejando un saldo de cuatro muertos y docenas de heridos. Machado asumió la total responsabilidad de lo ocurrido. Las protestas de los periodistas de la oposición fueron acalladas mediante los asesinatos de Abelardo Pacheco en La Habana y Lora Infante en Santiago de Cuba. Enrique José Varona hizo una dramática apelación al estudiantado y la juventud y los universitarios salieron en manifestación hacia su hogar. Frente al parque Eloy Alfaro, en la calle Infante de La Habana, fueron interceptados por la Policía, produciéndose la muerte de Rafael Trejo. Su entierro constituyó una multitudinaria manifestación de duelo popular. El Congreso, a petición de Machado, suspendió las Garantías Constitucionales el día 3 de octubre y a ello respondió el Directorio Estudiantil Universitario con el siguiente Manifiesto-Programa al Pueblo de Cuba, el día 23 de octubre de 1930:

*"Pasados los momentos en que se sobrepuso a la indignación más justa el dolor por la muerte de nuestro compañero Rafael Trejo, parece llegada la oportunidad de decir a todos nuestros propósitos, nuestros ideales, nuestra actitud frente a la injusticia triunfante, nuestro modo de acción futura.*

*"La protesta del pasado día 30 —acto puramente estudiantil— que ahogó en sangre la Policía Nacional, no fue más que una etapa del movimiento que desde hace más de siete años alienta, manifiesta y latente, nuestra Universidad. En eso, como en tantos aspectos, responde Cuba a las inquietudes mundiales de la hora. Quien haya estado atento a la evolución social de la post-guerra y de modo especial a la vida de la comunidad hispanoamericana, sabe cómo las masas estudiantiles —olvidadas de las viejas, ruidosas e infecundas algaradas— ha realizado intensa labor de renovación. Convencidos los estudiantes del Continente de que la Universidad ha venido siendo durante siglos lugar propicio a la cristalización de las más monstruosas desigualdades; sabedores de que la función docente ha mirado de modo casi exclusivo a la provisión de títulos académicos, armas las más poderosas para la perpetuación de seculares injusticias; y penetrados además de que la cultura que imparte la actual Universidad es socialmente inútil, cuando no perjudicial (inutilidad y perjuicios de que habló agudamente nuestro Martí), se ha impuesto el estudiante nuevo de América la labor rudísima —que ya cuenta, para su gloria, con*

*más de una víctima— de transformar plenamente la naturaleza de la docencia oficial. En esa labor estuvieron empeñados los más puros y altos representativos de nuestros anhelos colectivos. En ella estuvieron los compañeros que fueron expulsados de la Universidad no hace cuatro años. A esa obra, arrostrando todas las consecuencias, nos damos ahora por entero.*

*"No se oculta a los estudiantes de la Universidad de La Habana, con cuya representación se honra este Directorio, que la responsabilidad que el momento echa sobre sus hombros es de las más comprometidas. Como ha ocurrido en otros países, debe el estudiante de Cuba realizar obra política de importancia innegable. Si la Universidad es centro de reacción y organismo militarizado, es porque la militarización y la reacción son características del actual Gobierno cubano.*

*"Conscientes, pues, del papel que la hora nos señala, nuestra voz se oirá un día y otro día, recabando para nuestro pueblo las libertades que la oligarquía ha suprimido: libertad de pensar (censura previa), libertad de reunión (supresión de gremios y asociaciones nacionales y estudiantiles), libertad de locomoción (detenciones ilegales). Ya que ni egoístas en nuestras peticiones ni aislados del medio en que nos desenvolvemos, comprendemos que no puede existir una nueva Universidad mientras no exista un estado de nuevo tipo, distinto en lo fundamental del presente, serena, pero enérgicamente, luchará el estudiante de Cuba por la honda transformación social que los tiempos piden e imponen. De hoy en lo adelante realizará obra política que, por merecer tal nombre, estará bien lejos de los bajos chalaneos de nuestra farsa electoral.*

*"Para llevar a cabo la obra que las circunstancias imponen al estudiante cubano precisa —sin que se abandone ningún campo de actividad cívica— sentar las bases que permitan a la Universidad el cumplimiento de sus verdaderos fines, que la transformen en organismo viviente, en propulsora del progreso común, en vehículo de toda honrada y honda apetencia popular. Urge que la Universidad sea entre nosotros voz de la nueva política y no, como hasta ahora, campo y pasto de los viejos politiqueros. Las reformas que en este Manifiesto-Programa se piden quieren hacer de la Universidad la célula de la nueva acción civil, la entidad receptora y difundidora de las nuevas corrientes, el órgano de cultura útil al pueblo, que en vano hemos pedido una y otra vez.*

*"Para hacer posible la nueva Universidad y, por ella, la nueva ciudadanía, se hace indispensable que los estudiantes entren a colaborar en su advenimiento con su dignidad de hombres plenamente satisfecha. Esta acción que ahora reiniciamos tuvo inicio ocasional en una protesta en que perdió la*

*vida un compañero queridísimo. El recuerdo de Rafael Trejo —al cual hemos de mantenernos siempre fieles— impone de modo imperativo que junto a reformas de orden permanente y general, situemos las peticiones que nacen de los hechos dolorosos del día 30. No por circunstanciales tiene para este Directorio menor importancia.*

*"Las reivindicaciones indispensables para que los estudiantes de la Universidad de La Habana reanuden con los profesores la normalidad académica son las siguientes:*

*a) Depuración de responsabilidades por los hechos del día 30 del pasado septiembre y castigo adecuado de los culpables.*

*b) Expulsión del Dr. Octavio Averhoff como catedrático de la Universidad de La Habana, y su renuncia como Secretario de Instrucción Pública y Bellas Artes.*

*c) Expulsión del Dr. Ricardo Martínez Prieto, actual Rector Interino de la Universidad de La Habana.*

*d) Desmilitarización de todos los Centros Docentes de la República.*

*e) Derecho de federación de las Asociaciones Estudiantiles Universitarias y Nacionales.*

*f) Intervención del Estudiante en el gobierno de la Universidad.*

*g) Rehabilitación plena de los estudiantes expulsados con motivo del movimiento Universitario de 1927.*

*h) Plena autonomía Universitaria en lo académico, administrativo y económico.*

*"El Directorio Estudiantil declara que todo pacto que excluyera cualquiera de las bases precedentes impediría la transformación básica de la Universidad —verdadero fin último a que todos tienden— traería nuevos males, la reproducción de hechos de triste significado y sería la traición del nuevo espíritu. Sólo sobre estas bases puede llegar él para el estudiante, para la Universidad y para Cuba un tiempo mejor.*

*Por la Facultad de Derecho: Carlos Prío Socarrás, Manuel Antonio de Varona Loredo, Augusto Valdés Miranda, Justo Carrillo Hernández, José Sergio Velázquez, Raúl Ruiz Hernández, José Morell Romero, Alberto Espinosa Bravo, Francisco Suárez Lopetegui.*

*Por la Facultad de Medicina: Rubén de León García, José Leyva Gordillo, Carlos Guerrero Costales, Fernando López Fernández, Juan Antonio Rubio Padilla, Rafael Escalona Almeida, Roberto Lago Pereda.*

*Por la Facultad de Letras y Ciencias: Ramón Miyar Millán, Carlos M. Fuertes Blandino, Ramiro Valdés Daussá, Rafael Sardiñas, Antonio Viego."*

El Senador Alberto Barreras inició gestiones amigables con los estudiantes para restablecer la alterada paz, pero Machado ordenó enérgicas represalias contra los universitarios, acusándoles de perturbadores de oficio y de comunistas. Esto movió a los estudiantes a declarar que en vista de que grandes sectores de la ciudadanía se solidarizaban con su programa, ahora su lucha trascendía los muros del Alma Máter y exigían el total y definitivo cambio de régimen político en Cuba y resolvían, por tanto, no aceptar ninguna negociación. Las Federaciones Universitarias de Hispanoamérica se solidarizaron con sus compañeros cubanos; el Claustro Universitario que había concedido a Machado el doctorado *honoris causa,* hizo suya la causa estudiantil; José Ignacio *Pepín* Rivero —desde las columnas del Diario de la Marina—, Carlos Manuel de la Cruz —desde su escaño cameral— y Fernando Ortiz —en la prensa capitalina— aconsejaron la renuncia de Machado y la convocatoria de una nueva Constituyente, pero el ensoberbecido *Gerardito* clausuró los periódicos, la Universidad y los Institutos de Segunda Enseñanza. Las algaradas estudiantiles, que fueron conocidas siempre después como *tánganas,* se sucedían como un rosario de palos, tiros, petardos y vidrieras rotas. El Alcalde habanero, Miguel Mariano Gómez, autorizó un acto estudiantil en homenaje a Trejo y tuvo que refugiar en su casa a la comisión que fue a darle gracias, pues la policía los agredió a toletazos. La protesta del Alcalde equivalió a su destitución inmediata.

Machado nombró Supervisores Militares en las seis provincias con vista a la celebración de las parciales que pensaba utilizar para dar visos de legalidad a su espurio régimen. El resumen de esas elecciones, celebradas bajo el terror y al arbitrio de las *piñas* de candidatos, mostró que el Liberal eligió 18 Senadores y 28 Representantes; el Conservador, 6 Senadores minoristas y 23 Representantes, y el Popular, sólo 8 Representantes. Se dio inicio en el Congreso a una lotería que premiaba con períodos largos y cortos, de disfrute de sueldos bajo pretensiones de legislar, a sus miembros. Fueron ratificados en sus respectivas Presidencias, Vázquez Bello en el Senado y *Felo* Guas Inclán en la Cámara.

En el campo económico el régimen de Machado tropezaba con tremendas dificultades debido a la Ley de Tarifas Hawley-Smoot, que impuso un tercer —y más fuerte— aumento al arancel cubano. El proteccionismo que esta Ley brindaba a las áreas americanas libres de derechos (Puerto Rico, Hawaii y Filipinas) hizo a éstas aumentar su producción azucarera, en perjuicio de Cuba. La alarma alcanzó a los hacendados, y de acuerdo con Machado y Viriato Gutiérrez, idearon protegerse a costa del pueblo cubano, gestionando un convenio cubano-americano entre barones del azúcar que gestó el Plan Chadbourne.

El descenso en el precio mundial del azúcar comenzó a partir de 1926-27 y los hacendados y consorcios azucareros convencieron a Machado —o éste estaba en acuerdo previo con ellos— que la restricción de la producción aumentaría el precio mundial y que el crear una institución reguladora sería el ideal vehículo para un retorno a la prosperidad de las vacas gordas. Por indicación de Tarafa se crearon la Comisión Nacional para la Defensa del Azúcar y la Compañía Exportadora del Azúcar que redujeron las zafras progresivamente de 4.932.095 toneladas en 1926, a 4.508.600 en 1927, y a 4.041.856 en 1928. El precio mundial bajó de 2,22 centavos libra en 1926, a 2,18 en 1928. Los demás países productores no restringieron su producción y por tanto en nada se beneficiaron los azucareros en ese orden de cosas.

Pero en lo que se refería a la fuerza laboral y al campesinado, la sucarocracia se recompensó a su costa de sufrimientos de las pérdidas tenidas en el mercado. La duración de las zafras se redujo de 135 días en 1926 a 86 en 1928, con lo que se ahorró cientos de miles de pesos en jornales. Además, continuó introduciendo en la Isla, de contrabando, braceros antillanos que trabajaban la caña por jornales misérrimos. 70.338 de estos parias fueron introducidos clandestinamente en Cuba por los azucareros de 1925 a 1928 y se unieron a los otros miles que ya apenas libraban la subsistencia en las colonias y se revolcaban en la inmunda miseria de los barracones. Pensando solamente en rebajar los costos de producción, en pagar dividendos a sus accionistas y en compensarse de la baja del precio mundial, las *Companies* pusieron en circulación vales y fichas —contraviniendo descaradamente, con la complicidad del Gobierno, la Ley Arteaga— y establecieron Departamentos Comerciales donde se refaccionaba a los colonos y se hacían anticipos a los obreros. En estos Departamentos Comerciales se les vendía desde los aperos de labranza hasta medicamentos y en los víveres se comprendían las viandas, ya que se prohibió terminantemente que los macheteros cultivasen frutos menores en las propiedades de los latifundios azucareros. El acortamiento del período de las zafras alargó el tiempo muerto, haciendo deambular harapientos y empeñándose más cada día con el ingenio, a cerca de medio millón de trabajadores agrícolas. Pero durante este tétrico período no dejó de exportarse a Wall Street el monto de sus ganancias.

En vista de que los otros países competidores no cumplían los programas de restricción, la Administración Machado decretó la zafra libre. La producción azucarera cubana llegó en 1929 a la cifra récord de 5.156.278 toneladas, que, unidas a la superproducción mundial, llegaron a hacer bajar el precio al ínfimo de 1,72 centavos la libra. Los consorcios americanos se unieron en un sindicato de ventas administrado por Manuel Rionda con el fin de protegerse mutuamente. A fin de contrarrestar esa acción de sus hermanos lobos, Tarafa logró de Machado el establecimiento de un Vendedor Único formado por los magnates Viriato Gutiérrez, José Gómez Mena, Gerard Smith (Cuba Cane), Walter Armsby (Cuban - Dominican) y M. Leonard (Punta Alegre), que en definitiva no logró otra cosa que convertir la economía azucarera cubana en una casa de locos para los hacendados y colonos que se vieron impedidos de vender sus azúcares y no pudieron liquidar sus deudas por medio de la pignoración de sus productos almacenados. Cuando la situación se hizo insostenible para los azucareros cubanos pequeños y se liquidó el Vendedor Único ya los intereses financieros americanos se habían salvado del desastre. Machado jugaba sus cartas apostando a la protección que le darían estos intereses en el State Department y la Casa Blanca para mantenerlo en el poder en contra de la voluntad de sus infelices desgobernados.

La implantación de la Tarifa Hawley-Smoot, que imponía un impuesto de dos centavos por libra a los azúcares cubanos, coincidió con la baja del precio promedio a un ínfimo nivel mundial: 1,04 centavos libra, el más bajo desde las Cruzadas... Esto movió a los barones del azúcar a buscar una nueva forma de programar la defensa de sus intereses a costa de los del pueblo cubano y lograron la complicidad de Machado en el crimen de lesa economía patria que elucubraron llevar a cabo a través del Senador Viriato Gutiérrez y con la cooperación de los capitalistas cubanos Julio Lobo, José Gómez Mena, Marcelino García y Jacinto Pedroso, y los americanos William C. Douglas, Charles Haydn, John R. Simpson y Thomas L. Chadbourne. Este último personaje era la eminencia gris de este cambalache azucarero y era, a la vez, abogado de las *companies* y propietario de dos centrales azucareros. Gómez Mena, García y Pedroso dependían de los bancos americanos para efectuar sus grandes negocios, por lo que podían considerarse como meros peones de éstos, en especial de la Casa Morgan y del Chase. Tal como correspondía a este conciliábulo de atracadores elegantes, el anuncio de su constitución no se hizo en Cuba, sino en un salón del Hotel Biltmore, de New York, lo que a la vista de los empobrecidos y tiranizados cubanos lució como una prueba de servilismo al imperialismo yanqui por parte de la sucarocracia.

El proyecto preparado por este comité cubano-americano fue bautizado con el nombre de Plan Chadbourne. Se trataba de un supuesto convenio de caballeros mediante el cual Cuba se comprometía a restringir su exportación a los Estados Unidos hasta la cifra de 2.000.000 toneladas, porque los productores americanos comprometían su palabra de limitar su producción. Como si en el mundo existiese el honor entre ladrones. La otra parte del plan consistía en que el Estado cubano emitiese bonos por valor de $42.000.000,00, oro, determinándose que la responsabilidad bancaria la asumiría la República. O séase que el Pueblo de Cuba pagaría con su hambre y miseria el posible —y luego efectivo— fracaso del Plan.

Poco tiempo después de aprobarse el Plan Chadbourne y de votar el Congreso machadista la Ley de Estabilización del Azúcar, se pusieron en circulación, por medio del Chase, 36 de los 42 millones de pesos oro en Bonos, cuyo propósito no era otro que reembolsarle a la sucarocracia el precio del azúcar que iba a segregarse de la producción cubana. Tal como era de esperarse, debido a la depresión económica mundial, el consumo de azúcar descendió, consecuentemente aumentando los sobrantes y rebajando aún más el precio por libra de aquélla. El azúcar segregado, 1.300.000 toneladas, pertenecía en su mayor parte a un grupo de centrales controlados por bancos americanos que se habían equivocado al calcular el mercado, pero Machado hizo, por Ley, pasar el gravamen de ellos a toda la industria azucarera. No conforme con esto, creó la institución que ha sido, junto con la Renta de Lotería, la sentina económica de Cuba: el Instituto Cubano de Estabilización del Azúcar (ICEA), organismo que ha servido para toda clase de rejuegos, cambalaches y trapisondas con la principal industria del país y fuente de enriquecimiento de especuladores y gobernantes. En 1932 el precio del azúcar llegó a cotizarse a 0,52 centavos libra y la zafra cubana reducida a menos de dos millones de toneladas. Pero esta reducción del 61 % en un período de cuatro años, así como el descenso en el abastecimiento del mercado americano del 52 % al 25 %, pasó por sobre la economía de la clase rica como suave brisa sobre un mar de aceite.

Pero otra terrible cosa pasaba en el medio vital de las clases medias y pobres que sufrieron en sus carnes famélicas la contracción económica. Los jornales azucareros totales bajaron en un año (1929-30) de 100 millones de pesos a 40 (1930-31), dejando una secuela de 2.349 suicidios y 162.196 juicios de deshaucio en los años 1930 y 1931 solamente. La circulación de efectivo bajó de 188 millones en 1925 a 64 millones en 1932. Las exportaciones de tabaco bajaron de un valor de 43 millones de pesos en 1929 a 14 millones en 1932. El trust tabacalero americano cesanteó a miles de obreros y se trasladó de Cuba a Trenton, New Jersey, obligando a los torcedores a trabajar por su cuenta y surtir el mercado local con tabacos *de a kilito*. Los centrales se cubrieron las pérdidas mediante la molienda de cañas de administración, es decir, el derecho que se les concedió a moler la caña que tuviesen sembrada en sus latifundios antes que la de los colonos independientes. Estas cañas de administración representaron más de dos mil millones de de arrobas, o un promedio del 22 % del total de cañas molidas en cada zafra. Calculando que una pequeña colonia cortaba 30.444 arrobas, resultaba que esas dos mil millones de anticubanas arrobas hacían imposible a más de 85.000 nativos mantener sus familias. El éxodo de éstas hacia las ciudades, unido a las cesantías en masa decretadas por Machado para reducir todas las partidas del presupuesto —menos las de las Fuerzas Armadas—, hizo brotar las excrecencias urbanas de los barrios de indigentes, en especial los de la Capital: *Las Yaguas, La Cueva del Humo, Isla de Pinos, Llega y Pon y La Purísima.* Y lo repetimos una vez más: ni un solo instante dejó Machado de pagar intereses o amortizaciones de la Deuda Pública ni de remitirlos a la banca extranjera.

\* \* \*

*Las luchas callejeras. — La Partida de la Porra.— La bomba de Palacio. — El plan de Obras Públicas.— Las nuevas mambisas. — Río Verde. — Gibara. — Censo de 1931.*

La agitación estudiantil aumentó en toda la República y a ella se sumaron las mujeres cubanas que vivían la transformación feminista que las sacaba de la sumisión hogareña tradicional en Hispanoamérica a la vida pública. Con el pelo cortado a la melena y el espíritu combativo de las próceres del 68 y el 95, estas nuevas mambisas concurrían a las tánganas ataviadas, bajo la saya, con el amplio y semi-masculino *bloomer* que les permitía libertad de movimientos sin pérdida de pudor, ocultando en ellos las proclamas y los petardos que sacudían el letargo ciudadano, y recibiendo, sin miedo, golpes y tiros de la jauría machadista. Hubo una tregua en la lucha callejera y Machado restableció las Garantías suspendidas, pero pronto volvió a cercenarlas cuando la lucha estudiantil se inflamó como reguero de pólvora por provincias. Cerró nuevamente los centros de enseñanza superior y cuando el Rector universitario renunció en protesta Machado cesanteó a 52 catedráticos. El profesor Dorta Duque presentó un recurso de inconstitucionalidad que fue aceptado por el Tribunal Supremo y en represalia Machado ordenó el procesamiento de 89 profesores universitarios. La clausura de los principales periódicos y el encarcelamiento de sus directores fue acompañada de la creación de La Partida de la Porra, una gavilla de asesinos a sueldo, por el director de La Noche, Leopoldo Fernández Ros.

Los porristas habaneros, los miembros de la Sección de Expertos de la Policía que mandaba el capitán Miguel Calvo y los sicarios del Supervisor de Oriente, comandante Arsenio Ortiz, llenaron de sangrientas páginas la historia de la lucha contra Machado. Arsenio Ortiz, *El Chacal de Oriente,* en menos de dos meses asesinó a 44 personas en Santiago de Cuba. Fue denunciado por el cívico Juez Dr. Luis Echevarría y Ortiz no logró atemorizarlo por más que le colgó el cadáver de un hombre en un árbol frente a su residencia. Ortiz fue trasladado a La Habana para sustraerlo a la acción de la justicia santiaguera, y el Jefe del Ejército, Herrera, lo alojó en el Club de Oficiales del Campamento de Columbia, sin hacer caso a la protesta del coronel Julio Sanguily. Durante su permanencia en La Habana, el *Chacal de Oriente* fue objeto de un frustrado atentado, en el cual dio cruel muerte al estudiante Argelio Puig Jordán e hirió gravemente a los acompañantes de éste, Luis Orlando Rodríguez y Domingo Cañal. Ortiz ayudó al Jefe de Policía, Rafael Carrerá, en los asesinatos de los hermanos Freyre de Andrade, Julio Pérez y Juan Manuel González Rubiera, antes de que Machado lo enviase a Alemania como agregado militar.

El día 23 de febrero de 1931 hizo explosión una bomba en Palacio. Había sido colocada en un tubo que embocaba en el cuarto de baño de Machado, pero fue detenida en un codo y allí estalló. Fue detenido el autor, el soldado Camilo Valdés, un retrasado mental que acusó a su tío Emiliano Machado, *El Tuerto,* de haberlo inducido. Bajo el tortor recibido en Atarés, Valdés se comprometió a involucrar al comandante Manuel Espinosa, cuñado de Miguel Mariano Gómez y ayudante presidencial, en el complot. Espinosa fue exonerado por un Consejo de Guerra, en tanto que Miguel Mariano era destituido en firme como Alcalde de La Habana y sustituido por José *Pepito* Izquierdo, el alzado chambelonero que humillase al general mambí Javier de la Vega, en Camagüey. El torturador de Atarés, Crespo, asesinó a un inocente que se apellidaba Machado y que casualmente era tuerto. Raúl Martín, mendietista acusado por Valdés de haberle entregado la bomba, fue ahorcado en una mazmorra, y Francisco *Panchito* Díaz, jefe de los Fosos Municipales, donde se había fabricado aquélla, torturado brutalmente, pero afortunadamente salvó la vida. El atentado dinamitero de Palacio, a pesar de la quiebra de Valdés, sirvió de aliento a la oposición.

Al día siguiente de la explosión en Palacio, aniversario de Baire, Machado inauguró la Carretera Central y el Capitolio Nacional. La primera de esas obras es algo que no puede restársele de sus méritos al cruel Presidente, pues ha perdurado a través del tiempo y no ha sido superada ni en calidad ni en utilidad por ninguna otra realizada en la República. La Carretera y el Capitolio fueron financiadas por medio del Plan de Obras Públicas y en matrera combinación con el Chase National Bank. La Administración Hoover sirvió de cómplice, pues hizo olvido del punto 2 de la Enmienda Platt y permitió que la República se empeñase al máximo con el Chase, demostrando con ello una vez más que el plattismo funcionaba a conveniencia de Wall Street y no de Cuba. El Representante Hamilton Fish ratificó esto en la Cámara de Wáshington cuando declaró: *"Las relaciones del Chase y el City Bank con la dictadura cubana no sería una grata lectura. Es característico de la Diplomacia del Dólar americana, en su peor fase, hacer cualquier cosa para proteger los intereses creados sin preocupación alguna por los derechos humanos o las libertades del pueblo cubano".* Los rejuegos bolsistas fueron varios y complicados, y como sería largo y tedioso el relatarlos minuciosamente, nos basta saber que José Emilio Obregón, yerno de Machado, era funcionario del Chase; que Enrique Hernández Cartaya, ex-Secretario de Hacienda y consejero legal del Presidente, recibió $87.500,00 por sus servicios como abogado en relación con los financiamientos del Chase y que Henry Catlin, socio de Machado en la Planta Eléctrica, recibió $55.000,00 por comisiones en relación con los préstamos. Obregón pagó $2.000,00 a cada uno de diez periódicos para que publicaran notas favorables al empréstito con el Chase y la agencia fiscal del City.

La Compañía Constructora Warren Brothers subastó la totalidad de las obras de la Carretera Central en $76.000.000,00, con el compromiso de ceder una cuarta parte de la contrata a la Compañía Cubana de Contratistas, empresa en la cual tenían intereses Machado, Carlos Miguel de Céspedes y otra gentualla de su corrillo. El costo final alcanzó $101.123.089,00.

El Gobierno estaba comprometido a entregar a los contratistas Certificados de Obras, de pago diferido, que luego el Chase compraría a los contratistas —a la par— y sobre los cuales el Gobierno le pagaría el 6 % de interés anual, tomando para los pagos de redención de los Certificados de Obras el producto de los impuestos recaudados por el Fondo Especial de Obras Públicas creado al efecto. A medida que fue construyéndose la Carretera Central los gastos fueron aumentando y el Chase fue adelantando nuevas cantidades y el Gobierno emitiendo nuevos Certificados de Obras. Mediante un rejuego financiero, les Certificados se convirtieron en obligaciones de la República, que fueron vendidas al público americano y cubano por un sindicato financiero formado por la Chase Securities Corporation, Blair & Company y el Equitable Trust Company of New York, viniendo a convertirse en parte de la Deuda Pública con la denominación particular de Deuda de Obras Públicas, que algunos años después fuera objeto de otro enjuague durante el período presidencial de Laredo Brú. Con todo y eso, no se pudo obtener dinero suficiente y la Warren Brothers fue obligada a aceptar esos Bonos en pago de sus trabajos.

Machado protegió los intereses bancarios hasta insólitos extremos, en completo desprecio de la vida y economía del pueblo cubano, llegando a dejar de pagar los sueldos de los empleados públicos para continuar pagando la Deuda Exterior y mantener intacto el alto presupuesto de Guerra y Marina. En esa forma se aseguraba el concurso de las dos poderosas fuerzas que lo mantenían en el poder: Wall Street y el Ejército Nacional. Lo más abominable de todo fue esto: Machado convino en depositar quincenalmente en las cajas del Chase National Bank todos los ingresos del Fondo Especial recaudados para que aquél se asegurase el cobro de vencimientos e intereses de los Certificados de Obras. Mientras los politicastros charlataneaban en un Capitolio que costó 22 millones de pesos contantes y sonantes y el pueblo se moría de hambre, ¡la Hacienda Pública cubana en manos de garroteros imperialistas!

La lucha estudiantil se incrementó durante la primera mitad de 1931 en todas las poblaciones importantes de la Isla, dejando tras ella un reguero de muertos y heridos por parte de la policía. Las mujeres cubanas —cual nuevas mambisas— se lanzaron nuevamente a la lucha callejera y Machado contrató los servicios de prostitutas que formaron una porra femenina al mando de Josefa Méndez, alias *La Camagüeyana,* y Estela Moré, alias *Mango Macho,* para que las golpearan y desnudaran en plena vía pública. Los estudiantes se disfrazaron con ropas femeninas y cuando un día fueron atacados por las mujerzuelas porristas dieron a éstas una soberana paliza. Las damas cubanas estuvieron a la altura de sus deberes cívicos y desafiaron la dictadura por medio del siguiente manifiesto, que sacudió las conciencias de gran número de hombres sietemesinos que se mantenían al margen de la pelea democrática:

*"Las mujeres que suscribimos estas declaraciones, o mejor dicho, esta ratificación de declaraciones, lo hacemos con el derecho que nos asiste como ciudadanas cubanas, y lo hacemos porque sentimos honda y apasionadamente en estos momentos de angustia nacional, la patria como "Agonía y Deber".*

*"Queremos hacer constar que por las mismas razones que repudiamos el voto político para la mujer otorgado por un Congreso que consideramos ilegítimo, negamos hoy a ese mismo Congreso el derecho y la capacidad moral para aceptar u ofrecer fórmulas que puedan allegar la normalidad en nuestro doloroso proceso nacional, y mucho menos estudiar y dictaminar acerca de las nuevas reformas a la Constitución, que han de orientar en lo futuro nuestras normas de Gobierno.*

*"Asimismo repudiamos como indigna de un pueblo que ama la libertad y la justicia toda llamada "solución cubana" que no tenga por base la reivindicación total del Derecho y la Libertad en Cuba, entendiendo que esto no puede lograrse después de la traición a los principios fundamentales de la Democracia realizada por este Gobierno, sino por una reparación justa, donde aquélla pueda ser: cesación del Poder Ejecutivo y Poder Legislativo. Entonces, y sólo entonces, podremos darnos con plena dignidad a crear el futuro sobre la única base firme para edificar la cordialidad ciudadana y la paz moral en Cuba: la Justicia.*

*"Transigir en estos momentos con soluciones a base de la permanencia en el Poder de este Gobierno, no sería obra de cordialidad, sino de tolerancia culpable a la más desastrosa obra de gobierno, política y moral, en contra de los principios jurídicos que deben ser el alma intangible en la vida de un pueblo civilizado.*

*"Queremos la reivindicación de los principios democráticos claros, inmaculados, para sobre ellos crear, inmaculadamente también, nuestra República, que aún está en gestación cruenta. ¿Bases? Las que no significan pacto alguno con la Tiranía, las que curen a fondo nuestra dolencia, mantenida a través de este cuarto de siglo por esa tolerancia culpable para los gobiernos, hasta culminar en éste, cuya obra ha puesto espanto aún en las conciencias menos sensibles.*

*"Solución Cubana y Patriótica: Renuncia del Poder Ejecutivo*

*y del Poder Legislativo y depuración del Poder Judicial. Gobierno Provisional que merezca la confianza de todas las clases del pueblo de Cuba, que convoque a una nueva Asamblea Constituyente por medio de un Plebiscito, a la reorganización de Partidos Políticos; que haga el Censo Electoral; y elecciones libres y honradas. Esta solución no será victoria fácil ni del gusto del Gobierno, pero la estimamos la única que pueda ser la victoria de la República."*

*Firmaban: Hortensia Lamar, Pilar Jorge de Tella, María J. de Shelton, Pilar Morlón, María J. I. de Gómez Toro, Esther Izaguirre, Rita Shelton, Teresa Moré de Suárez Solís, María Teresa Suárez Moré, Felicia González de Hernández, Juana María González de Raskowz, Georgina Shelton, Armantina Cotoño, Aida Hernández, Basilia Vergara, Carmen Castellanos, Margarita López, Blanca Puentes, Margot Baños de Mañach, Piedad Maza, Elena Mederos de González, Carmen Guanche, Juana M. Barceló.*

Los acontecimientos forzaron a los elementos políticos de la vieja escuela a reconsiderar su posición ante el Gobierno tiránico de Machado y pensaron capitalizar aquel momento de rebeldía colectiva por medio de un alzamiento a la antigua usanza. No comprendían que los tiempos eran nuevos y que se imponían nuevos métodos de lucha y, sobre todo, el dejar en manos de la juventud combatiente los destinos de la revolución. Se abroquelaron en el caduco pensamiento de que tan sólo era necesario un cambio de hombres en la gobernación y el contar con el apoyo de Wáshington. Tenían a su alcance los medios económicos de que carecían los jóvenes y pensaban que tenían también la madurez necesaria para reconstruir el país y reconciliar la dividida familia cubana de que carecían aquéllos. Sus puntos de reunión y contactos eran el Habana Yacht Club y el Unión Club y en la Cámara habían creado un puñado oposicionista que respondía a Menocal —ya distanciado de *Gerardito*— que se autotitulaba Grupo Ortodoxo y que regenteaba Carlos Manuel de la Cruz. El prestigioso oftalmólogo, oficial mambí y coronel retirado del Ejército Nacional, Horacio Ferrer, trató de hallar un arreglo mediatizador entre Machado y Menocal, tratando de evitar lo inevitable, pero fracasó en su empeño, porque ambos caudillos abrigaban las mismas ambiciones de poder. Menocal y Mendieta se pusieron de acuerdo para encabezar un alzamiento que estuviese sincronizado con la llegada de una expedición desde los Estados Unidos, financiada por azucareros menocalistas que se ocuparían de gestionar el apoyo del State Department a través de sus conexiones con Wall Street.

En New York se formó una Junta Revolucionaria que fue perseguida por las autoridades federales con el pretexto de la Ley de Neutralidad, pero con el propósito de evitar la caída de Machado. Los expedicionarios de New York tuvieron que recurrir a los contrabandistas de licores y traficantes ilegales de armamentos para preparar su alijo. Los componentes de la expedición de New York, en su gran mayoría, no respondían a las orientaciones de los viejos políticos, ni mucho menos, pero se dispusieron a la cooperación rebelde antes que permanecer inactivos. Aunque distantes del sector estudiantil universitario, los elementos newyorkinos compusieron la *"Minoría Histórica"* que más tarde, en Gibara, salvase la honra del movimiento revolucionario que enlodase la actuación turbia y oportunista de los camajanes de Río Verde.

El proyecto de rebelión de los viejos políticos contaba con que Menocal, Mendieta y un grupo de sus seguidores embarcarían el 9 de agosto de 1931 por el muelle del Habana Yacht Club para luego trasladarse al cañonero Baire, cuyo capitán, Juan Rivera, lo pondría a su servicio y los trasladaría a Puerto Padre, Oriente, para desembarcarlos allí y, con la ayuda de los ex-coroneles menocalistas Eduardo Pujol y Rosendo Collazo, sublevar Camagüey y Oriente con el armamento que traería la expedición de New York. En La Habana, Miguel Mariano se alzaría con la Policía Municipal, que se le suponía adicta. Menocal, Mendieta, Méndez Peñate, Dolz, Aguiar, Raúl Menocal y otros complotados embarcaron en el yate Coral, pero el Baire no acudió a la cita. Al derrumbárseles el proyecto de Puerto Padre, los navegantes enfilaron hacia la Península de Guanacabibes y desembarcaron por Río Verde, lugar aislado donde nadie los esperaba y donde nada podían hacer. Poco tiempo después fueron rodeados por fuerzas del Ejército y la aventura tuvo un indecoroso final cuando uno de los alzados gritó desaforadamente a la tropa que se acercaba: *"¡No tiren que aquí está el General...!"* Prisioneros todos, fueron regresados a La Habana en un buque costero que fue escoltado por el mismo capitán Juan Rivera, que fue acusado de traición por los fracasados rebeldes.

La Junta Revolucionaria de New York estaba compuesta por Domingo Méndez Capote, Aurelio Álvarez, Cosme de la Torriente, Sergio Carbó y Fernando Ortiz, quienes hicieron todos los humanos esfuerzos por alijar una expedición. Fueron detenidos por las autoridades americanas Aurelio Álvarez, Rosendo Collazo y Rafael Iturralde, y luego acusados de violar la Ley de Neutralidad. Temiendo que fuesen ocupadas las armas expedicionarias, la Junta ordenó la salida para Cuba del barco

Ilse Volmauer, cuyos doscientos hombres que debían transportar se redujeron a treinta y siete, debido a la tenaz persecución policíaca americana ordenada por la Administración Hoover. No todo el grupo estaba compuesto por cubanos, sino que en él venían también algunos hispanoamericanos. El Ilse Volmauer estuvo veinte días frente a la costa de New Jersey esperando el grueso de la expedición y a su jefe, Aurelio Álvarez, pero sus filibusteros recibieron la noticia de la prisión de éste y la orden de capturarlos dictada por el State Department al Servicio de Guardacostas. Se constituyó una Junta a bordo, formada por Carlos Hevia, Emilio Laurent y Sergio Carbó, y en acta firmada se hizo constar que se dirigían a Gibara, Oriente, por voluntad colectiva. Llegaron a ese puerto con bandera alemana y una vez atracados tomaron por asalto la población.

El general Herrera les echó encima 3.000 hombres divididos en tres Tercios de Caballería, cinco Escuadrones de la Guardia Rural, un Batallón de Artillería de Costa, un Batallón de Infantería, una Batería de Artillería de Campaña, una Compañía de 24 ametralladoras, la Aviación Militar y el crucero Patria. Durante tres heroicos días los expedicionarios, dirigidos per Hevia, Laurent, Maderne y Carbó, se batieron de igual a igual con aquellas superiores fuerzas, reforzados tan sólo por un grupo de valientes pero inexpertos guajiros mandados por el coronel mambí Lico Balán, quien, sin temor, acudió a unirse a los expedicionarios en cuanto supo de su llegada a Gibara. El Ilse Volmauer se hizo a la mar apenas desembarcó su bélico cargamento, quedando los rebeldes abandonados a su suerte, rodeados por tierra y mar de tropas enemigas. Trescientas bajas le hicieron a la fuerza machadista los bravos legionarios antes de verse forzados a capitular por agotamiento de fuerzas físicas y de parque. El verdadero *Tuerto Machado* de la bomba de Palacio venía en la expedición, siendo herido en combate y luego sacado del hospital y muerto ferozmente por orden expresa de Machado. Con excepción de Carbó y otros 14 expedicionarios que pudieron escapar por mar hacia Jamaica, todos los sobrevivientes fueron apresados y encerrados en los calabozos de La Cabaña. Gibara quedó como un jalón de gloria en los anales nacionalistas y revolucionarios cubanos. Pero el dolor de ella derivado se cebó en Aurelio Álvarez, quien además de no poder ir en la expedición, sufrió la pérdida de su hijo, de 17 años, René, quien fue asesinado en Camagüey por orden del Supervisor Militar, Samaniego.

El decisivo apoyo recibido por Machado del Ejército en Río Verde y Gibara fortaleció temporalmente su régimen y el Presidente inició una campaña de pacificación politiquera que se inició con la reorganización de los partidos con vista a las elecciones parciales de 1932. Se ordenó la confección de un nuevo Censo de Población y Electoral. La reorganización no comprendía a Unión Nacionalista, sino a todos los demás reconocidos como legales por el Tribunal Superior Electoral y que disfrutaban del prebendaje cooperativista. Ernesto Asbert aprovechó la oportunidad para, en compañía de Virgilio Ferrer, crear el partidito Renovación Nacionalista, y con dinero de Machado, tratar de dividir el mendietismo, cosa que no lograron, por lo que se reintegraron al Liberal. Mejor suerte tuvieron los promotores del Partido Progresista, también financiados por Machado, pues lograron el mínimo de afiliaciones que les permitió ingresar en el cooperativismo. El Partido Conservador se dividió en dos tendencias: una que seguía apoyando a Machado y otra dirigida por los legisladores ortodoxos, que reclamaban la dirigencia de Menocal. Ganaron la pelea los ortodoxos, quienes eligieron como líder nacional al Senador oriental Pedro Goderich. La tendencia machadista dentro del Conservador quedó en manos de José Emilio Obregón y del decrépito ex-colonialista Rafael Montoro.

Dentro del Partido Liberal se originó una violenta pugna entre los Senadores camagüeyanos Rogerio Zayas Bazán y Modesto Maidique que culminó en la muerte, en una emboscada, del primero por el segundo, en el parque Miramar de La Habana, después de lo cual Maidique escapó hacia Honduras. En un duelo a tiros en la Junta Electoral de Perico, Matanzas, el Representante Aquilino Lombard victimó al Secretario de aquélla, Carlos Cuchet. Carlos Miguel de Céspedes fue postulado para la vacante de Zayas Bazán. El resultado de las afiliaciones fue como sigue: Partido Liberal, 323.585; Partido Conservador, 127.552; Partido Popular, 62.097, y Partido Progresista, 5.870. Celso Cuéllar siguió de jefe de *los cuatro gatos*. Clemente Vázque Bello fue reelegido en la presidencia del Liberal, a pesar de la piña que contra él formaron Barceló, Viriato, Carlos Miguel, Enrique Recio y Carlos Machado. Este último era hermano de *Gerardito,* y junto con otro yerno de éste, Baldomero Grau Triana, era Senador por Las Villas.

* * *

La Memoria del Censo de 1931 nunca fue publicada, indudablemente por el deseo de Machado de que no se supiera por nadie la realidad de la situación económica y social de la Isla. Los datos obtenidos por nosotros para parcialmente reconstruir los resultados del Censo se han basado en la Memoria del Censo de 1943, que contiene algunos de ellos. Por tanto, lamentablemente, no se podrán hacer detalladas comparaciones historiológicas con el precedente de 1919.

\* \* \*

La población total de Cuba era, en 30 de septiembre de 1931, de 3.962.344 habitantes. Había aumentado en 1.073.340 desde 1919, o sea el 37,2 %. El promedio de población por kilómetro cuadrado era de 34,2 habitantes, o sea 9 más que en 1919, que era de 25,2. La población blanca, incluyendo los nativos y los extranjeros, ascendía a 1.079.016, o sea un 27,2 %, más o menos igual a 1919. De la población blanca eran legítimamente casados el 25,2 %, en tanto que en la población de color el porcentaje de matrimonios llegaba al 13,4 %, sin gran variación desde el anterior Censo. Los sancionados en establecimientos penales habían aumentado en número desde 1919 por causa de la miseria reinante, llegando a la cifra de 5.375, de los cuales eran hombres 5.248 y 127 hembras. De los hombres presos, 2.724 eran blancos y 2.524 de color, habiéndose invertido los factores desde 1919. De las hembras, 46 eran blancas y 81 de color. El promedio de vida del cubano era de 23,8 años, habiendo disminuído desde 1919 porque la tuberculosis, la tifoidea y el paludismo hicieron estragos en los organismos depauperados por el hambre de los años intercensuales. De la población total sabían leer 2.095.836 personas, o sea el 71,7 %, un 10 % más que en 1919. Esto seguía demostrando el ansia de superación del pueblo cubano, a pesar de sus malos gobernantes. La Universidad contaba con 119 Profesores Titulares, 89 Auxiliares y 116 Agregados, que hacían un total de 324, comparados a los 180 de 1919. Los ciudadanos cubanos de la población total eran 3.111.931 y 850.413 los extrajeros. De estos últimos habían entrado en Cuba la enorme suma de 598.906 desde 1919. El porcentaje de haitianos había aumentado en un 279,9 %; el de jamaiquinos, un 123,3 %; el de españoles, un 51,9 %, y el de chinos, un 137,7 % desde 1919. En contraste, los cubanos blancos habían aumentado un 37,2 % y los de color un 26,1 %. Entre los extranjeros se contaban miles de *polacos,* que se colaron en Cuba con la intención de luego introducirse clandestinamente en los Estados Unidos. Nada más ha podido ser hallado en el Censo de 1931 que tenga interés historiológico.

\* \* \*

*Repudio de la Junta Revolucionaria de New York al
entendimiento cordial. — Amnistía. — Nuevo rumbo
revolucionario. — Terror y contra-terror. — Las parciales de 1932. — El Manifiesto-Programa del ABC.*

Durante la última parte de 1931 los elementos politiqueros
quisieron hacer caldo gordo del espíritu pacifista propio de las
Navidades y elucubraron un tinglado que titularon *entendimiento cordial,* algo similar al fraudulento *diálogo cívico* entre
Batista y la pseudo-oposición en 1957. Formaron parte de la
tramoya Enrique Recio, Rafael Montoro, Clemente Vázquez Bello, Celso Cuéllar, Carlos de la Torre, Juan Gualberto Gómez
y Cosme de la Torriente. Este último desertó de la Junta de
New York y negó en Cuba la existencia de ésta al sumarse a
la mediatización propuesta. Domingo Méndez Capote dio a la
publicidad la siguiente nota aclaratoria:

*"El Dr. Torriente no forma parte de la Junta Revolucionaria
de New York, porque Cosme de la Torriente no es revolucionario. Él niega la existencia de la Junta Revolucionaria de
New York y nosotros, en cambio, la afirmamos. Está integrada
esta Junta por su Presidente que suscribe, y por Aurelio Álvarez, Miguel Mariano Gómez, Sergio Carbó y Fernando Ortiz.
Nadie más. Reside en New York. La prueba de que esta Junta
existe es que el propio Dr. Torriente firmó el Manifiesto Revolucionario de su constitución, y que ahora esa misma Junta lo
separa de sí, porque el Dr. Torriente es anti-revolucionario.
El Dr. Torriente, en contra del sentir revolucionario de New
York, piensa que el problema social-político de Cuba se puede
solucionar por medio de concesiones y compromisos entre el
Gobierno y la Oposición. La Junta Revolucionaria de New York,
con una visión exacta del problema, no cree más que en la
efectividad revolucionaria. El Gobierno considera al Dr. Torriente amigo de la cordialidad, le deja libre —"sin molestarlo"—, según declaró el propio Secretario de Gobernación. En
cuanto a la autoridad que pueda tener la Junta de New York,
expresamos que mientras sea revolucionaria tendrá la autoridad suprema del pueblo de Cuba, y que el Dr. Torriente se
equivoca al pensar que se podrá solucionar el problema histórico que confronta Cuba si se transaran Menocal y Mendieta.
Ellos están en actitud francamente revolucionaria y no admiten
transacciones; pero, además, el pueblo entero de Cuba, con su
juventud al frente, quiere realizar la revolución contra el régimen de Machado y contra los vicios históricos de la política
cubana,* Y NO TOLERARÁ JAMÁS NINGÚN CHANCHULLO POLÍTICO. *El*

*pueblo de Cuba mantendrá firme su espíritu revolucionario, cueste lo que cueste, hasta conseguir la creación de una nueva República...*"

Los mediacionistas continuaron sus gestiones, a pesar de que el Supervisor de la Prisión de La Habana, Díaz Galup, incitó, mediante promesas de acortar sus condenas a los presos comunes, a que atacaran, armados de estiletes, cabillas y manoplas, a los indefensos presos políticos, a quienes hirieron y llenaron de fracturas y contusiones. El experto Casimiro Olave fue víctima de mortal atentado y el estudiante Félix Ernesto Alpízar fue herido al resistir, a tiros, el arresto. Más tarde fue bárbaramente torturado por Crespo en Atarés, y después de muerto, fue enterrado en la caballeriza. Sin embargo, los tramitadores lograron que Machado libertase a Menocal, Mendieta, Méndez Peñate y Grau San Martín, entre otros, y que se dictase una Ley de Amnistía para los condenados por los sucesos de agosto, con lo que fueron puestos en libertad más de 500 presos políticos en toda la República.

No lograron con esto ni Machado ni los mediatizadores el cese de la lucha. Por el contrario, ésta se recrudeció apenas salieron a la calle los revolucionarios presos. La batalla contra la tiranía tomó un rumbo distinto, alejado de los viejos políticos virtud a una combinación de fuerzas entre los estudiantes, los profesionales y la media clase dentro de los marcos de un estricto clandestinaje y la militancia en una organización contra-terrorista que por su esquematización celular vino a ser oficialmente conocida como El ABC. Aunque el estudiante universitario conservaba su individualidad revolucionaria e indiscutible prestigio cívico, los recursos económicos que el ABC conseguía, así como la experiencia combativa de sus coordinadores de acción polarizó hacia esa organización a gran número de estudiantes. La única organización que se mantuvo prácticamente inactiva en la lucha física frontal contra la tiranía machadista fue el Ala Izquierda Estudiantil, de filiación comunista, a quien nada más interesaba la agitación callejera, la propaganda panfletaria y el dividir las fuerzas oposicionistas en beneficio propio de su servicio a la Internacional Comunista, teniendo siempre en mente el oportunismo y la posibilidad de pactar con Machado el reconocimiento del Partido Comunista y la agresión a los Estados Unidos en beneficio, no de Cuba, sino de Rusia.

El año 1932, desde su comienzo a su final, fue una despiadada lucha entre Machado y la Oposición. El primero dio rienda suelta a su primitivismo sustituyendo a Rafael Carrerá con otro Jefe de Policía aún más sádico que éste: Antonio Ainciart, ente feminoide que colmaría la copa infernal de la barbarie y que sólo ha tenido paralelo con José Eleuterio Pedraza, Pilar García y Ramiro Valdés por su crueldad inhumana y su carencia de escrúpulos. Frente a esta situación, el ABC puso luz verde al atentado dinamitero y al escopetazo. Como adelanto breve al relato de lo ocurrido en ese año, reproducimos el informe emitido por el teniente Florindo Fernández, Jefe del Servicio Secreto de Palacio: *"Lo ocupado ascendió a 562 bombas, 1.755 granadas, 2.946 cartuchos de dinamita, 12.563 libras de clorato, 4.025 cartuchos de "rompe-roca", 438 libras de pólvora, 2.261 de mirbano, 38.741 fulminantes y 37.359 de pies de mecha..."* A esto se sumaron la explosión de la casa dinamitada en Flores, 66, Santos Suárez, por conexión en el teléfono, donde perdieron la vida el teniente Betancourt y el experto Vaquero; la bomba enviada por correo al teniente Diez Díaz, quien había asesinado al general Peraza y varios estudiantes, que lo voló en mil pedazos; la bomba conectada a una gaveta en la casa de Revillagigedo, 65, La Habana, que despedazó al capitán García Sierra y llenó de metralla a tres porristas; la del Parque Vidal, en Santa Clara, que mató una mujer e hirió a 35 personas, y la del café Trianón, en La Habana, que destruyó el lugar y ocasionó 10 heridos. No estallaron ni un auto lleno de dinamita en Marianao ni una bomba-sorbetera cargada con 47 libras de T.N.T. y conectada a un magneto por medio de un alambre de 300 pies de largo que debía hacer explosión al paso del auto del Presidente por la Quinta Avenida y Calle 4, en Miramar. Fue descubierta por un gallego jardinero, quien avisó a la Policía diez minutos antes de pasar Machado por el lugar. El Presidente recompensó al informante con $2.000,00 y un viaje a España, pero el peninsular no vio su aldea porque dos días después amaneció ajusticiado y con la boca llena de tierra.

El dictador no aguantó la mano, sino que aplicó terror con aún más fuerza. Fueron asesinados Daniel Buttari, vigilante, acusado de terrorista; los hermanos Narciso, Ramón y José Álvarez; tres jóvenes matanceros hijos del coronel mambí Santiago Álvarez, quien se había alzado en 1931; el coronel mambí Esteban Delgado; el ex-miembro de la Legión Extranjera y técnico en explosivos Antonio López Rubio; Julio M. Pérez, militante de Unión Nacionalista, y el joven estudiante, de 17 años de edad, Juan Manuel González Rubiera. En venganza a estos desmanes fue muerto a perdigonazos desde un auto en movimiento, frente al Hotel Nacional de La Habana, el Jefe de la Sección de Expertos, capitán Miguel Calvo. Desesperadamente, buscando la liquidación física de Machado, estudiantes y abecedarios cazaron a tiros en una avenida del Country Club, Marianao, a Clemente Vázquez Bello. Fue un crimen tan injusto como el perpetrado en la persona del Sr. Rivero Agüero, hermano del candidato presidencial de Batista, en 1958. El atentado a Vázquez Bello era parte de un plan por el que, cuando su cadáver fuera a ser enterrado en el panteón de su suegro en el cementerio habanero, volaría el mausoleo junto con Machado y sus acompañantes, pues había sido previamente dinamitado por vía del alcantarillado. El plan macabro se frustró porque los familiares del asesinado decidieron darle sepultura en su ciudad natal, Santa Clara. Machado enfureció homicidamente y ordenó el asesinato de los Representantes menocalistas Miguel Ángel Aguiar, Gonzalo Freyre de Andrade y Carlos Manuel de la Cruz, y de Ricardo Dolz. Aguiar y Freyre fueron muertos por los porristas de Ainciart, así como también dos hermanos de Freyre, Leopoldo y Guillermo, quienes se encontraban en su hogar. Carlos Manuel de la Cruz salvó la vida gracias al aviso que le dio su socio, Carlos Miguel de Céspedes. Dolz no pudo ser hallado por los asesinos y se asiló en una Embajada. Lo inesperado sucedió cuando el Heraldo de Cuba publicó la muerte de Dolz y De la Cruz por un informe desde Palacio, cuando los dos estaban vivos, demostrándose con ello la premeditación de los asesinatos.

La aproximación de las elecciones parciales de nuevo hizo a Machado intentar una maniobra pacifista por mediación de los profesionales de la política electoral. Restableció las Garantías e indultó a los presos políticos. Pero la campaña terrorista continuó por ambas partes —Gobierno y Oposición—, y Machado suspendió las Garantías en la provincia de La Habana. El presidente del Tribunal Supremo, Gutiérrez Quirós, solicitó su jubilación y el Embajador de Cuba en México, Márquez Sterling, renunció al cargo. Ante los recursos presentados en el Supremo por la Oposición contra la inconstitucionalidad de su Gobierno, Machado exclamó truculentamente: *"¡a mí no se me tumba con papelitos...!"* Menocal, Mendieta, Grau San Martín y Dolz embarcaron para el extranjero por vía del asilo político. El Supervisor Militar de Marianao, teniente Francisco Echenique, y el capitán Jefe de Policía de esa población, Estanislao Massip, murieron destrozados al tratar de levantar una caja que contenía una bomba. La oposición contra Machado se dividió en tres sectores: uno formado por el Directorio y el ABC aliados en la pelea por una revolución integral; otro compuesto por los viejos políticos y sus simpatizantes, quienes aspiraban tan sólo un cambio de métodos y personas y el mantenimiento estructural del *dejar hacer, dejar pasar;* y el tercero amalgamado por los comunistas y miembros del Ala Izquierda Estudiantil que dedicaron sus esfuerzos a una campaña de organización entre los obreros azucareros, los desempleados y la raza negra. Para esta última reclamaba la autonomía en una *franja negra* de la provincia de Oriente.

Las parciales de 1932 fueron una farsa más, quizás la más impúdica de todas las realizadas hasta entonces, y de ellas sólo quedaron los sangrientos recuerdos de riñas electorales que produjeron las muertes del Jefe de la Policía de Viñales, Pinar del Río; del Representante oriental Morales Milanés y la del Representante matancero Óscar Montalvo, esta última en plena Cámara. José Emilio Obregón fue sonoramente derrotado por *Sinmigo* en la lucha por el Gobierno Provincial de La Habana. Las elecciones fueron enteramente pro-machadistas y de ellas se aprovecharon para entrar en la Cámara de Representantes por un Partido Conservador falso y vendido Eugenio Rodríguez Cartas, Santiago Rey Pernas, Jorge García Montes y Fidel Barreto. El Partido Liberal eligió Senador por Camagüey a Carlos Miguel y reeligió sus cinco Gobernadores, además de obtener 35 Representantes, 28 Consejeros y 84 Alcaldes. El pseudo-Conservador ganó la Senaduría vacante en Pinar del Río por muerte de Cabada, el Gobernador de esa provincia, 25 Representantes, 18 Consejeros y 33 Alcaldes. El Popular obtuvo 9 Representantes, 7 Consejeros y 3 Alcaldes, y el Progresista, 2 Alcaldes y 1 Consejero. No se discutió la Alcaldía de La Habana porque había sido suprimida para liquidar a Miguel Mariano Gómez. En esas elecciones, efectuadas bajo el terror e impugnadas por la Oposición, el Partido Comunista ordenó a sus miembros acudir a ellas y votar en candidatura en blanco, en La Habana por César Vilar para Gobernador y por Juan Conde Nápoles para Representante, y en Oriente, para los mismos cargos, por Serafín Portuondo y Francisco Calderío (Blas Roca).

\* \* \*

La economía cubana iba cada día más y más en descenso. Las exportaciones bajaron de $301.000.000,00 en 1926, a $80.000.000,00 en 1932, y las exportaciones, de $260.000.000,00 a $51.000.000,00. La zafra de ese año sólo produjo $57.743.000,00. Los ingresos estatales sólo llegaron a $53.000.000,00 y de ellos la mayor parte la dedicó Machado a pagar la Deuda Pública y al mantenimiento de las Fuerzas Armadas. El hambre del pueblo se mataba con harina de maíz hervida y en las grandes ciudades los puestos de chinos, las fondas y las dulcerías institucionalizaron, respectivamente, *la completa, el pito de auxilio* y *el mata-hambre*. Los limosneros, los vendedores de tabaco y café de a kilo, de fichas para el tranvía, de billetes y *chivichanas* y los lavaderos de sombreros de pajilla eran casi tan abundantes como las moscas y mosquitos que proliferaban por la falta de sanidad pública. La Ley de Orden Público vigente —la misma impuesta por España cincuenta años antes— se encargaba de liquidar las protestas y las marchas de hambre de caravanas de famélicos cubanos que se desplazaban por una flamante Carretera Central que ni para eso servía.

En esos momentos fue elevado a la Presidencia de los Estados Unidos Franklyn Delano Roosevelt, por el Partido Demócrata, quien proclamaba la política de Nuevo Trato (New Deal) y cuya filosofía respecto del *destino manifiesto* quedó lapidariamente expresada cuando dijo: *"El mantenimiento de gobiernos constitucionales en otras naciones no es una obligación sagrada que pese exclusivamente sobre los Estados Unidos..."* Roosevelt lanzaba una clarinada de combate contra la miseria y el férreo control monopolista de la economía, rompiendo la hegemonía que había sido privilegio, durante casi veinte años, del Partido Republicano y Wall Street. Esto, unido a la proclamación de la República española después de los alzamientos de Jaca y Madrid, amén del triunfo republicano en las elecciones municipales de la Península, insufló nuevos bríos a los anti-machadistas. El Embajador americano, Guggenheim, ante la publicación en los Estados Unidos de los horrores de Cuba, declaró cínicamente: *"La opinión pública americana está muy lejos y la cubana muy ignorante de la realidad de los asuntos de Cuba..."*

\* \* \*

En el mes de diciembre de 1932 se publicó clandestinamente el Manifiesto-Programa del ABC bajo el título de El ABC al Pueblo de Cuba. Su ideario se resumía en el siguiente lema: *Hombres Nuevos, Ideas Nuevas y Procedimientos Nuevos*. Los principales remedios para la crisis republicana se condensaban en estos tres: *Libertad Política, Reconquista de la Tierra y Justicia Social*. El ABC iniciaba su Manifiesto haciendo un recuento histórico del proceso cubano, achacando sus males a causas económicas que habían desplazado al cubano de las riquezas patrias, tales como la supeditación económica del Gobierno de Cuba al capital extranjero, la carencia de una clase de propietarios y de banca nacional y en la extensión desorbitada del latifundio azucarero; a causas políticas tradicionales que se heredaron de la Colonia y a institucionales, porque se copiaron las de Norteamérica. Estas causas —decía— habían tenido como efectos la supeditación cívica, el continuismo, el pretorianismo en el Ejército y el sometimiento del Congreso y el Poder Judicial a la voluntad presidencial, que propiciaron la ofensiva contra la cultura y que habían tenido en Machado la culminación de aquel proceso. Después de haber tratado *"el cuadro de las causas y modos por los cuales había llegado Cuba al grado de opresión y de ruina que padecía...",* el ABC propugnaba como remedio las siguientes medidas económicas y políticas:

a) *Fomento y protección de la pequeña propiedad rural, mediante una política de colonización interior.*

b) *Implantación de medidas que propendan a la desaparición de los latifundios, tales como el impuesto progresivo sobre la tierra; la urbanización y municipalización de los bayetes de los ingenios; la conversión de los ferrocarriles de uso privado a fines de uso público; la prohibición de la inmigración de braceros —sustituyéndola en su oportunidad por la de familias debidamente seleccionadas— y la reglamentación de los sub-puertos.*

c) *Limitación en cuanto a la adquisición del dominio de la tierra por compañías, y adopción de medidas que tiendan a la nacionalización de la misma.*

d) *Creación del "homestead" o patrimonio familiar mínimo, inejecutable y exento de responsabilidad por deudas, que asegure al campesino contra toda depredación.*

f) *Adopción de medidas que propicien la formación de cooperativas de producción, tales como la creación de un Banco Agrario que refaccione dichas cooperativas.*

g) *Rescate de la propiedad minera concedida y no explotada.*

h) *Nacionalización de los Servicios Públicos que tiendan al monopolio.*

i) *Adopción de medidas contra los Trusts.*

j) *Promulgación de una legislación bancaria adecuada para la protección del depositante y del crédito.*

k) *Promulgación de una legislación monetaria que se ajuste a las necesidades del país.*

l) *Fomento de la Banca Nacional, e instituciones nacionales de ahorro. Creación de un organismo de emisión. Constitución de reservas metálicas idóneas. Adopción de medidas en pro de una mayor elasticidad del crédito, haciéndolo accesible a los pequeños productores y es-*

*timulando la producción y consumo de producción agrícola y las operaciones comerciales.*

*ll)*   *Estimulación de la cooperación en la producción, el consumo y el crédito.*

*m)*   *Reducción de los impuestos que graven las operaciones comerciales, y organización racional de impuestos progresivos sobre la renta.*

*n)*   *Protección a la pequeña industria y al comercio pequeño.*

*ñ)*   *Adopción de una legislación social avanzada, de protección al obrero; seguro contra la inhabilitación, vejez, muerte y desempleo; protección a las corporaciones y sindicatos; jornada de ocho horas; descanso periódico; regulación del trabajo de mujeres, niños y adultos; reglamentación de la contratación industrial; derecho de huelga; conciliación y arbitraje.*

*o)*   *Promulgación de legislación que asegure la intervención preferente del cubano en las actividades comerciales e industriales.*

Para contrarrestar las causas políticas que habían engendrado la tiranía, se proponía el ABC limitar las facultades presidenciales; establecer el sistema de responsabilidad de los gobernantes y fomentar, popularizar y nacionalizar la cultura. A esos fines creía necesarias las medidas siguientes:

*a)*   *Implantación de un sistema de gobierno que eluda los inconvenientes y deficiencias acusados por el presidencial y recoja las innovaciones y experiencias provechosas de otros sistemas.*

*b)*   *Prohibición absoluta de delegación de funciones por el Congreso.*

*c)*   *Limitación de la inmunidad de los congresistas a las opiniones y labores legislativas.*

*d)*   *Sustitución del Senado por una Cámara Corporativa.*

*e)*   *Supresión del voto al analfabeto.*

*f)*   *Restablecimiento del voto femenino.*

*g)*   *Reducción de los períodos de duración de los cargos públicos, con objeto de que se hagan consultas frecuentes al electorado.*

*h)*   *Supresión de las provincias.*

*i)*   *Elecciones por circunscripción.*

*j)*   *Robustecimiento y reorganización de los municipios, para que estos organismos presten los servicios públicos locales.*

k) *Definición constitucional de los delitos contra las libertades públicas y el derecho del sufragio y prohibición del indulto o amnistía para los mismos.*

l) *Restricción del derecho de amnistía general.*

ll) *Anulación constitucional de cualquier amnistía o de cualquier ley que directa o indirectamente beneficie a los que la aprueben.*

m) *Suspensión del período de prescripción para la persecución de delitos cometidos por funcionarios electivos mientras estén en el desempeño de sus cargos.*

n) *Creación de tribunales de responsabilidad política ante los cuales los funcionarios electivos habrán de responder de cualquier acto realizado en contra del programa conforme al cual fueron electos.*

ñ) *Creación de tribunales que conozcan de los bienes de los funcionarios públicos, antes de que ocupen sus cargos y después que los abandonen.*

o) *Reorganización y ordenamiento de la contabilidad del Estado y los Municipios. Creación de Tribunales de Cuentas.*

p) *Supresión de la Lotería.*

q) *Creación del Servicio Militar Obligatorio y desmilitarización de la Guardia Rural. Prohibición de la extensión del fuero militar a los civiles.*

r) *Independencia del Poder Judicial. Substitución de los Juzgados Municipales por tribunales cuyos fallos sean apelables.*

s) *Fomento y difusión popular de la enseñanza.*

t) *Autonomía universitaria.*

El Manifiesto-Programa abecedario terminaba haciendo un llamamiento a todos los cubanos para que repugnasen el fascismo y el comunismo, *"sistemas que excluyen formalmente la libertad de Cuba. ¡Todos unidos bajo la bandera del ABC!"*

Eran párrafos vibrantes, llenos de belleza, y cláusulas programáticas concisas, debidas a las plumas de Jorge Mañach, Francisco Ichaso y Joaquín Martínez Sáenz, que recordaban el nacionalismo anti-imperialista y social democrático de La Protesta de los Trece y del Grupo Minorista. Pero cuando materializaban en el Estado las ideas expuestas en la introducción del Manifiesto-Programa, el ABC se desviaba por canales fascistoides y clericales, pues propugnaba la creación del Estado Corporativo similar al existente en Italia bajo Mussolini y la implantación de la Economía Corporativa que advocaba la doctrina social pontificia, ambas cosas en abierta pugna con el ideario democrático que el ABC decía defender. Esta contradicción interna del ABC, unida a la quiebra política de sus dirigentes posteriormente, fue causa de una nueva frustración republicana. Hasta después de la caída de Machado no supo la ciudadanía que las cabezas pensantes del ABC eran Martínez Sáenz, Mañach, Ichaso, Santovenia y Pedro López Dorticós. Y que las cabezas calientes eran Óscar de la Torre, Alfredo Botet y Ramón Hermida.

* * *

*El Buen Vecino.* — *Incremento del terrorismo.* — *La proclama de Miami.* — *La batalla del exilio.* — *Oportunismo comunista.*

El acceso de Roosevelt al poder en los Estados Unidos marcó una etapa de incógnitas respecto a la política que seguiría el Partido Demócrata en relación a los poderosos intereses del capitalismo financiero reaccionario, tanto domésticos como internacionales, especialmente con aquéllos de Hispanoamérica en general y Cuba en particular. Machado y la Oposición se hacían los sesos agua tratando de adivinar qué les deparaba el futuro en los predios de la Casa Blanca. El primero estaba seguro que el hombre de Hyde Park seguiría las huellas de Hoover en cuanto a Cuba, porque para eso él, Machado, regenteaba un gobierno que mantenía el orden público, garantizaba las inversiones americanas, pagaba cumplidamente la Deuda Exterior y era declaradamente anti-comunista y amigo de los Estados Unidos. La Oposición, a su vez, se dividió en dos corrientes de pensamiento: una ingerencista y otra anti-intervencionista. La primera deseaba que Wáshington ejerciese su influencia plattista para eliminar a Machado, pero siempre manteniendo la estructura social-político-económica tradicional. La segunda aspiraba a que el Potomac se mantuviese neutral en la contienda solamente, pues no esperanzaba simpatía de éste hacia un movimiento revolucionario de fondo. Dentro de estas esferas los comunistas eran pescadores de río revuelto: censuraban la intervención plattista, pero la provocaban con el propósito de desprestigiar a los Estados Unidos; reclamaban público concurso contra Machado y concurrían a sus elecciones y secretamente trataban de pactar con él; y en la Universidad se oponían al Directorio, pero no lo emulaban en valor y sacrificio. Dentro de Cuba, el Ejército Nacional seguía incondicionalmente al lado de Machado.

El misterio acerca de las proyecciones de Roosevelt en el

JOSÉ DUARTE OROPESA

campo socio-económico se despejó algo cuando en su discurso inaugural flageló a *"los cambistas de dinero sin escrúpulos..."* que habían provocado el desastre financiero americano y a los cuales responsabilizó con el siguiente sombrío cuadro que pintó de los Estados Unidos:

*"Los valores han descendido a niveles fantásticos; los impuestos han subido; nuestra capacidad de pago ha disminuido; todas las esferas del gobierno tropiezan con una seria reducción de los ingresos; los medios de cambio están congelados en las corrientes comerciales; las hojas marchitas de la empresa industrial yacen por todas partes; los granjeros no encuentran mercados para sus productos; millares de familias han visto desaparecer sus ahorros de muchos años. Pero aún una legión de ciudadanos sin empleo se encuentran ante el sombrío problema de la subsistencia y otro número no menor de ellos trabaja a bajo salario. Sólo un optimismo impenitente puede negar las negras realidades del momento..."*

Roosevelt realizó que la única forma en que los Estados Unidos podían volver a la prosperidad era quitando el dogal económico que las administraciones Republicanas habían puesto a las naciones de Hispanoamérica porque así éstas podrían contar con divisas para importar de los Estados Unidos los productos que su sub-desarrollo les impedía manufacturar. Su Secretario de Agricultura, Henry Wallace, lo había descubierto en un informe de su oficina:

*"Durante el período de declinación de los embarques de azúcar de Cuba a los Estados Unidos, el poder adquisitivo del pueblo cubano se redujo agudamente. Esta pérdida del poder adquisitivo cubano llegó a un punto en el cual Cuba dejó de ser el sustancial mercado que había sido para los productos americanos. Anteriormente Cuba había sido un importante consumidor de muchos productos de las granjas americanas, incluyendo mantequilla, queso, leche, carne de puerco, manteca, maíz, cebada, harina de trigo y aceites y grasas vegetales y animales. Las compras de productos de las granjas americanas por Cuba declinaron a medida que el mercado para el azúcar de Cuba iba siendo absorbido por las posesiones insulares y que el sobrante de los azúcares en almacén reducía el precio mundial del azúcar, hasta llevarlo cerca del nivel de cero..."*

La suerte de Machado, pues, estaba echada. Roosevelt, sin ser un radical, era un liberal jeffersoniano que salvó el sistema capitalista americano despojándolo de sus más graves abusos y forzándolo a acomodarse al interés público. Y el interés público, en cuanto a Cuba se refería, era liquidar a Machado sin enfrentar los riesgos de una revolución nacionalista que perjudicase los intereses financieros americanos que su Administración estaba en la obligación de proteger. Una Cuba tranquila y próspera era un buen negocio para los Estados Unidos y, por tanto, Machado ya no era un buen amigo de los negocios y había que disponer de él. La versión rooseveltiana de la democracia era función principal del Nuevo Tratado doméstico y su extensión a Hispanoamérica se hizo bajo los auspicios de *la política del buen vecino* (Good Neighbor's Policy). Roosevelt estaba convencido de que puesto ante la alternativa del pan o la libertad, el hombre escogería el pan, y que, por tanto, la función de la Democracia consistía en conseguirle ambas cosas: pan y libertad. La lectura de una de sus charlas radiales *al calor del hogar* demuestra un singular parecido a las primeras audiciones de Fidel Castro después del primero de enero de 1959, cuando conmovía los corazones y sacudía las conciencias cubanas predicando la doctrina revolucionaria y nacionalista de *pan sin terror* que, al traicionarla en favor de un totalitarismo comunistoide, se transformase en la actual pragmática de *terror sin pan*. Examinémosla:

*"La democracia ha desaparecido en algunas grandes naciones, no porque el pueblo la repudiara, sino porque el pueblo se había cansado de la desocupación y la inseguridad, de ver pasar hambre a sus hijos mientras los padres contemplaban perplejos la debilidad y confusión de los gobiernos carentes de una dirección apta. En la desesperación, los pueblos sacrificaron la libertad en la esperanza de obtener algo de comida. Nosotros, en los Estados Unidos, sabemos que nuestras instituciones democráticas pueden mantenerse y hacerse eficientes. Pero para mantenerlas debemos probar que el funcionamiento práctico del gobierno democrático equivale a la tarea de proteger la seguridad del pueblo. Los pueblos de América están de acuerdo en defender sus libertades a toda costa y la primera línea de dicha defensa consiste en la protección de la seguridad económica. El único baluarte seguro de la libertad es un gobierno bastante fuerte para proteger los intereses del pueblo y un pueblo bastante fuerte y bien informado para mantener su control soberano sobre el gobierno..."*

\* \* \*

Al tiempo que en Cuba se celebraba la farsa electoral y que Roosevelt era electo, ocurrió la hecatombe natural más tremenda de nuestra historia. En la madrugada del 10 de noviembre de 1932 un espantoso ciclón azotó la población de Santa Cruz del Sur, Camagüey, literalmente borrándola del mapa. A la furia del viento se sumó la violencia de un ras de mar que arrasó con todo a su paso, ocasionando 3.500 muertos y no dejando un solo edificio en pie. Los horrores de la catástrofe sólo pueden ser apreciados debidamente mediante los relatos hechos a la prensa de la época por los contados sobrevivientes.

* * *

El año 1933 alboreó con un horizonte de rojas llamaradas en los campos de caña, principalmente en aquéllos de propiedad americana. Arreciaron las explosiones dinamiteras y la represión de La Porra. Fueron asesinados por ésta Antonio Pío Álvarez, Francisco Martínez, Mariano González Gutiérrez, estudiantes; Gustavo Lucio y Berl Waxman, abecedarios, y Mirto Milián, comunista. Machado reimplantó la censura y durante la inauguración de la carretera de La Habana a General Machado (Rancho Boyeros) amenazó hacer temblar a Cuba antes de retirarse. El Ejército asaltó las oficinas del Tribunal Supremo, robándose la documentación que trasladaba a la jurisdicción civil una causa incoada contra los acusados de enviar la bomba por correo al teniente Diez Díaz. El servil nuevo Presidente del Supremo, Clemente Vivanco, acalló las protestas ciudadanas cesanteando al portero que permitió la entrada de los genízaros al archivo. El creador de la Liga Patriótica (Partida de la Porra), Fernández Ros, fue escopeteado en Carlos Tercero y Luaces, La Habana. El capitán Pau, Supervisor de Guanabacoa, fue balanceado mortalmente en la villa de Pepe Antonio. La represalia machadista fue el abatir a Carlos Fuertes Blandino, miembro del Directorio Estudiantil Universitario, en la Ermita de los Catalanes, Habana. Una semana más tarde, el 14 de abril, fueron asesinados en pleno día los hermanos Raimundo y José Antonio Valdés Daussá en las malezas de lo que es hoy el Campo Deportivo José Martí, de La Habana. Este doble crimen tuvo enorme trascendencia, porque fue presenciado desde un balcón cercano por el corresponsal del New York Times, Mr. J. D. Phillips, quien envió el macabro relato a la prensa americana y mundial.

La repulsa del público norteño a los crímenes de Machado movió al exilio a la unificación de los sectores que contra él luchaban y su resultante fue la publicación de la siguiente proclama en Miami, el 27 de marzo de 1933, titulada *"Al Pueblo de Cuba"*:

*"Los distintos sectores de la Oposición, unidos siempre en su propósito fundamental de derrocar al régimen ilegal y tiránico de los que se irguieron por un Golpe de Estado en detentadores del Gobierno y están aniquilando con la muerte y la miseria a la nación, han llegado a una realidad objetiva constituyendo una Junta Central en que todos esos sectores tienen representación y que será de ahora en adelante el organismo supremo que dirija y ejecute, con solidaridad y armonía, cuanto sea necesario para llevar a cabo los ideales de restauración constitucional y de imperio del derecho en un régimen justo y democrático.*

*"Para ello contamos los firmantes con que el pueblo de Cuba apoya y secunda al organismo que representamos, en la seguridad de que, lejos de personales ambiciones y de miras políticas partidaristas sólo anhelamos propender al establecimiento de un Gobierno Provisional que propicie campo de derecho a todos los ciudadanos, sin distinción de sus anteriores opiniones, a fin de que Cuba elija, en comicios intachables, sus legítimos representantes, y éstos decidan, como apoderados inexpugnables, la marcha futura de la República bajo los principios consagrados por el esfuerzo de heroicas generaciones, de soberanía y democracia.*

*"Al solicitar el concurso de todos los cubanos, tiende este Manifiesto, que es un grito de patriotismo, auxilio que esperamos será oído para dar a la República la tranquilidad y el sosiego de que tanto necesita y que, a veces, como en esta ocasión, ante la insistencia del Gobierno en el mantenimiento de su ilegalidad y en el ejercicio de la tiranía, se hace indispensable la fuerza como único medio para el triunfo del Derecho, y con él, de un estado de civilización que sustituya la anarquía y el salvajismo del actual estado cubano.*

*"A todos los cubanos, sin distinción, pedimos su concurso para esta labor de dignidad y justicia en que hace más de un lustro viene debatiéndose la Oposición contra los elementos oficiales que han hecho de la nación un coto privado para su disfrute, y de la República un instrumento de persecución y de muerte para cuantos no quieren someterse, dócilmente, al yugo de la Tiranía.*

*"Dr. Carlos de la Torre, Presidente; coronel Roberto Méndez Peñate, Vicepresidente; Luis Barreras, Secretario; Guillermo Barrientos, Vicesecretario; general Mario G. Menocal, coronel Carlos Mendieta, coronel Aurelio Hevia, Dr. Miguel Mariano Gómez, Dr. Juan Espinosa, Dr. Carlos Peláez, Dr. Ramón*

*Grau San Martín, Dr. Ricardo Dolz, Dr. Carlos Saladrigas, Dr. Juan A. Lliteras, Ing. Carlos Hevia, Dr. Pedro Martínez Fraga y Dr. Santiago Verdeja."*

La campaña contra Machado prendió en los Estados Unidos como candela en yerba seca. Las organizaciones más militantes hicieron suya la causa oposicionista y, naturalmente, algunas de tinte comunistoide se solidarizaron oportunistamente con ésta. Entremezcladas estaban la National Student's League (Liga Nacional de Estudiantes), la Women International League for Peace and Freedom (Liga Internacional Femenina por la Paz y la Libertad), la American Civil Liberties Union (Unión Americana de Libertades Civiles) y la Cuban-American Friendship Council (Concejo de Amistad Cubano-Americana). El libro de Carleton Beals *The Crime of Cuba* (El Crimen de Cuba), pletórico de tétricos relatos y sórdidas fotografías, puso la carne de gallina a los sensitivos lectores americanos, quienes inundaron el Congreso con correspondencia protestando por el estado de cosas en Cuba. Machado no se cruzó de brazos, sino que inició una contra-ofensiva por medio de planas enteras, a un elevadísimo costo, publicadas en los principales periódicos de la Unión, defendiendo su régimen de *"los terroristas, comunistas y anarquistas..."* que lo combatían. Contrarrestando las filípicas de Borah y Fish pidiendo la aplicación a Machado de la Enmienda Platt *"para poner término al reino de terror que presidía...",* se apareció un tal Shoemaker, Representante por Minnesota, pidiendo el procesamiento de la Junta Central de Oposición *"por estar contra la paz y la dignidad del Gobierno de los Estados Unidos y contra la Administración, debidamente constituída, del Presidente Machado..."* El Tirano nombró Secretario de Estado al Embajador en Wáshington, Orestes Ferrara, sustituyéndolo con el millonario mecenas Óscar B. Cintas, en un esfuerzo destinado a frenar en la Capital americana el impulso de la campaña desatada contra él. La Federación Cubana del Trabajo envió un mensaje, firmado por Juan Arévalo, a William Green, líder de la American Federation of Labor (Federación Americana del Trabajo), asegurándole que Machado era amigo de los obreros, en ocasión de Green haber pedido a la Casa Blanca que investigase la situación de los trabajadores cubanos.

El carácter generalizador que le había sido imprimido al movimiento revolucionario contra Machado, por los principales sectores que se le oponían, lo dejó vacío de una perspectiva clasista. De esto se aprovecharon astutamente los seguidores de la línea moscovita para capitalizar núcleos entre los obreros.

Principalmente entre los azucareros, de los cuales procedían la mayor parte del medio millón de desempleados que existían en Cuba. Mientras los demás oposicionistas se jugaban el pellejo diariamente en la lucha contra los porristas, expertos y el Ejército y predicaban la unidad para el triunfo, ellos hacían la labor de zapa encomendada por la III Internacional Comunista, tendiente a dividir las fuerzas nacionalistas y a debilitar la unidad revolucionaria. Se declaraban públicamente enemigos del atentado personal y contrarios a la dinamita, pero no eran capaces siquiera de tirarle una trompetilla a un porrista. Las publicaciones comunistas de la época, de Rubén Martínez Villena, Raúl Roa y Aureliano Sánchez Arango, eran reimpresas por el vocero machadista Heraldo de Cuba, porque beneficiaban enormemente al Gobierno, ya que difamaban al Directorio y a los viejos políticos por igual. El ataque de Martínez Villena al Manifiesto-Programa abecedario fue publicado íntegramente en el Heraldo. Mientras en Cuba le echaban con el rayo al imperialismo yanqui, los exiliados comunistas vivían en New York como burgueses. Allí no hicieron otra cosa violenta que realizar un ataque montonero al indefenso Viriato Gutiérrez a la salida del Hotel Alamac, quien, a pesar de que los reconoció, no profirió acusación alguna contra ellos. Las diatribas del Ala Izquierda Estudiantil —mareas de hojas sueltas y octavillas—, redactadas por Salvador Vilaseca, José Utrera, Porfirio Pendás, Ladislao González Carbajal, Manuel Guillot, etcétera, calificando al heroico Directorio Estudiantil Universitario de "*fuerza de choque de la burguesía y los terratenientes...*", "*embaucadores de los estudiantes...*", "*agencia política de Wall Street...*", etc., no lograron disminuir la admiración que por éste tenía el pueblo cubano.

El Partido Comunista, que había concurrido a las elecciones de 1932, cuando hasta los viejos políticos anti-machadistas se habían abstenido de ellas, vertebró una serie de organizaciones fantasmas y sindicatos de dedo, entre los que se encontraban la Liga Anti-imperialista, la Liga Juvenil Comunista, la Liga de Pioneros y el Socorro Rojo Internacional, organismos colaterales supuestamente existentes que firmaban miles de volantes para que dieran sensación de poder. La más efectiva y poderosa agrupación que crearon fue la Confederación Nacional Obrera de Cuba (CNOC), que se encargó de dirigir Joaquín Ordoqui. Dentro de ésta se crearon los comités de lucha, de huelga y *de estaca,* que tenían por consigna atacar, no a los machadistas ni a la policía, sino a los "*trostkistas y burgueses*" dentro de los gremios. Las artificiales Unión Radical de Mujeres y la Defensa Obrera Internacional sumaron sus firmas a las de quienes se preparaban a gritar más alto y reclamar más derechos en la hora de la victoria ganada por otros. Por de pronto dedicaban sus algarabías a *"exigir el derecho de los negros a ocupar cualquier puesto de trabajo en las fábricas, oficinas y comercios, de ser miembros de las quintas, de ser admitidos a todos los hoteles, teatros, cines, parques, etc..."*, con un oportunismo que les era facilitado por la discriminación racial existente y en contra de la cual no se había pronunciado la Oposición.

Reclamaban *"un gobierno de obreros y campesinos, soldados y marinos, para establecer en Cuba la dictadura democrática del proletariado..."*, profetizando algo que fue cierto: negaban que para establecer un régimen comunista en Cuba había que esperar a que una revolución social triunfase en los Estados Unidos. Estaban seguros de que la explotación inmisericorde del pueblo por el capitalismo reaccionario y la estupidez de los expertos en asuntos cubanos en Wáshington se conjugarían para materializar, tarde o temprano, su ambición destructiva y caótica. Su criminal fantasía les hacía asegurar *"que en caso de un posible bloqueo económico del exterior, la economía interna de Cuba podría ser fortalecida, al aumentar la producción de ciertos artículos alimenticios esenciales, tales como arroz, papas y fríjoles..."*, y que además *"la estimulación del comercio con la Unión Soviética permitirá cambiar azúcar por trigo, petróleo, maquinarias y otros productos..."* Hoy, treinta años después de estas declaraciones, huelgan los comentarios.

\* \* \*

*La Mediación. — La Huelga General. — Pacto del comunismo con Machado. — La masacre del 7 de agosto de 1933. — Ultimátum de Sumner Welles. — Amenaza de intervención. — Sublevación de la oficialidad del Ejército Nacional. — Huída de Machado. — Herrera y Céspedes. — Autopsia.*

En el mes de marzo de 1933, el Secretario de Estado americano, Cordell Hull, llamó a sus oficinas al Embajador Cintas, sin que se supiese públicamente para qué. El siguiente abril el Presidente Roosevelt, rompiendo la tradición protocolar, llamó a Cintas a la Casa Blanca, conferenciando con él a puertas cerradas. Tampoco esta vez fueron de público conocimiento las razones de la entrevista o las cuestiones en ella tratadas. Sumner Welles, el antiguo ayudante de Crowder en Cuba, fue llamado de su retiro y nombrado Subsecretario de Estado. Después que celebró varias reuniones secretas con Cintas se dio la noticia en Wáshington que había sido nombrado Embajador en Cuba y Enviado Especial del Presidente. El nuevo Embajador, pero supuesto viejo experto en asuntos cubanos, después de hacer un inocuo recuento de las buenas relaciones de siempre entre los Estados Unidos y Cuba, declaró a los periodistas: *"Iré a Cuba con la absoluta determinación, de acuerdo con las instrucciones que he recibido, de aunar los intereses de ambas naciones..."*

Los acontecimientos tomaron un rápido ritmo a partir del momento en que se hizo pública la misión encomendada a Welles de mediar entre Machado y la Oposición. La Junta Central de Oposición, de Miami, se apresuró a manifestar que seguía siendo partidaria de la revolución, pero que no obstante ello, en vista de las realidades de la situación, aceptaría la mediación del Gobierno americano para llegar a una solución de la crisis, siempre y cuando se le invitara oficialmente a negociar y su programa político fuese considerado por Wáshington. Las bases que la Junta proponía como solución eran las siguientes:

1. *Renuncia de Machado y de todos los Secretarios de Despacho.*
2. *Disolución del Congreso.*
3. *Organización de un Gobierno Provisional integrado por nueve personas, de entre las cuales una actuaría como Presidente Provisional, nombradas por la Junta. El Gobierno Provisional funcionaría en forma corporativa, asumiendo las facultades Legislativas y Ejecutivas.*
4. *Disolución de los partidos políticos existentes.*
5. *Destitución de todos los Alcaldes, Gobernadores, Consejeros Provinciales, Concejales y miembros de las Juntas de Educación, electos el primero de noviembre último, debiendo ser sustituidos por personas designadas por el Gobierno Provisional.*

Ni la Casa Blanca ni el State Department se dieron por aludidos: ignoraron oficialmente a la Junta. Sumner Welles embarcó para Cuba y durante su viaje se celebró en La Habana la fiesta laboral del primero de mayo con la asistencia posterior a Palacio de Juan Arévalo, Salvador Nieto y Sergio Fernández, a quienes aseguró Machado que seguía siendo *"el Primer Obrero de la República..."* y que *"no permanecería en la Presidencia ni un minuto más ni un minuto menos del 20 de mayo de 1935..."* El Ejército seguía en el disfrute de sus prebendas, reprimiendo la rebeldía campesina y distribuyendo por los cuarteles el cargamento de armas adquirido por Machado en Europa. Adelantándose a los acontecimientos, Cosme de la Torriente inició unas entrevistas conciliatorias con Orestes Ferrara, Secretario de Estado, y con Alberto Barreras, Presidente del Senado. El periódico El País, del Senador Alfredo Hornedo, tomó el carácter de abanderado de la *leal oposición* con el marcado propósito de ir separando gradualmente al Partido Liberal de sus responsabilidades machadistas. Una bomba fue lanzada contra el Heraldo de Cuba, ocasionando la muerte del portero. Antonio Guiteras Holmes se alzó en armas en la zona de San Luis, Oriente, y con su pequeño grupo ocupó brevemente la población, que tuvo que abandonar cuando el Ejército envió tropas de refuerzo desde Palma Soriano. Cuatro de los alzados fueron presos y luego asesinados a la vista del público en Santiago de Cuba. Welles llegó a La Habana en medio de gran recibimiento popular, ya que entre la prensa y la imaginación cubanas su misión se había establecido como una de tumbar a Machado... Pero *El Maniquí* —como se le bautizó a causa de su impecable vestir— no soltó prenda y declaró ambiguamente *"que venía a conciliar las dificultades económicas y a tratar de la reciprocidad comercial..."* Pero su apartamento del Hotel Nacional se convirtió rápidamente en el centro de operaciones de la prensa, los oposicionistas y los espías palaciegos.

Sumner Welles, ceremoniosamente, presentó sus credenciales al Presidente, al tiempo que hacía entrega a éste de una carta personal de Roosevelt en la que le advertía *"que cuanto dijera Mr. Sumner Welles podía estimarse como dicho por él..."* Las informaciones oficiales presentaron a Welles como tratando con Machado la rectificación de los Aranceles, pero bajo cuerda el Embajador americano estaba tratando con Cosme de la Torriente la forma de mediatizar el movimiento revolucionario y encontrar una *solución constitucional* al derrocamiento de Machado, quien, a su vez, planificaba neutralizar las gestiones ingerencistas abrazándose a un oportuno y artificial nacionalismo. Tal y como es aprovechada tan noble y legítima filosofía política por los pillos y los tiranos para crearse un último y bastardo refugio y confundir al pueblo para mantenerse o perpetuarse en el poder.

Welles, por mediación de Torriente, logró atraerse a los representativos de la vieja politiquería y de *los intereses generales y permanentes de la Nación...* y con ello como base comenzó la construcción de un edificio de utilería que vino a conocerse como La Mediación. La historia de esta versallesca y anti-revolucionaria trama es complicada, larga y llena de oscuridades, a pesar de que sólo duró tres meses y de ella haremos una síntesis con sus más relevantes aspectos.

En el mes de julio aparecían ya definidos los perfiles de la Mediación. La afirmación de Machado a los obreros *amarillos* de que no abandonaría el poder hasta el fin de su legal mandato hizo que Welles decidiera apresurar su sustitución. Pensó hacerlo contando con el Congreso y los sectores oposicionistas que se habían oficialmente sumado a la Mediación y que eran los siguientes, integrados en un titulado Comité de la Mediación: Cosme de la Torriente, Presidente; René Lufriú, Secretario; Joaquín Martínez Sáenz, por el ABC; Rafael Santos Jiménez, por los seguidores de Miguel Mariano; el Representante Wilfredo Albanés, por los legisladores ortodoxos; Hortensia Lamar, por las Mujeres Oposicionistas; Nicasio Silverio, por la Organización Celular Radical Revolucionaria (OCRR); Gustavo Aragón, por el profesorado del Instituto de La Habana; Carlos Piñeiro y María Corominas, por las Escuelas Normales de Maestros y Maestras; y Manuel Dorta Duque, por el profesorado Universitario. En representación del Gobierno estaban Octavio Averhoff y Mario Ruiz Mesa, Secretarios de Instrucción Pública y Hacienda, respectivamente. El tal Comité de la Mediación era un verdadero ajiaco de representaciones sin representados.

El Alcalde de La Habana, *Pepito* Izquierdo, extorsionó a los propietarios de ómnibus, obligándoles a consumir una determinada cantidad mensual de gasolina, grasa, gomas, etc., si querían disfrutar del permiso de línea. El transporte motorizado fue a la huelga y a ella pronto se sumaron los tranviarios. Una algarada huelguística en la esquina de Águila y Neptuno, La Habana, produjo un tiroteo que dejó un saldo de un muerto y varios heridos. En Santiago de Cuba fue muerta de un balazo, en una manifestación, la obrera comunista Ana Luisa Lavadí. El Comité de la Mediación se llenó de pánico e inmediatamente publicó esta cobarde y anti-revolucionaria comunicación:

*"El Comité que representa la Oposición ante el señor Mediador, considera favorable a los intereses de la República y a los propios trabajos de la Mediación recomendar a todos los sectores oposicionistas que, por estos momentos, se abstengan de celebrar actos públicos, los cuales darían lugar a desórdenes de extraordinaria gravedad, por la acción proyectada por agentes perturbadores al servicio de elementos interesados en perjudicar la Mediación..."*

A esta insidiosa patraña respondió el Directorio Estudiantil Universitario con la siguiente aclaración, el día 3 de agosto:

*"El Directorio Estudiantil Universitario, en cumplimiento de un acuerdo, hace saber que han sido retiradas de la organiza-*

*ción ABC la Delegación que este Directorio tenía en la Célula Directriz y en la Comisión Técnica que con aquella institución colaboraba.*

*"La fuerza incontrastable de los hechos nos ha obligado a tomar esta determinación, cuyo motivo principal lo constituye la divergencia ideológica entre el citado organismo ABC y este Directorio, hecha patente en la actual Mediación.*

*"Deseamos aclarar, no obstante, que este Directorio está dispuesto a colaborar, como siempre, con cualquier organismo —incluso el propio ABC— en cualquier tipo de acción enérgica y eficaz destinada a dar el triunfo a nuestros ideales."*

Dentro del ABC se produjo de inmediato un cisma. Un grupo procedente de las células de acción se separó, encabezado por óscar de la Torre, y fue a unirse al Directorio en su postura anti-mediacionista con el nombre de ABC Radical. Lo mismo ocurrió en la OCRR: un desprendimiento de ella dirigido por Alfredo Nogueira, con el nombre de Unión Celular Radical Revolucionaria (UCRR), formó filas con el Directorio. Dos otros grupos se organizaron rápidamente y fueron a engrosar las fuerzas contrarias a la Mediación: el Ejército Caribe, un pelotón de universitarios armados, y la agrupación Pro-Ley y Justicia, de Ramiro Valdés Daussá y Mario Labourdette, compuesta de estudiantes y jóvenes.

El sábado 5 de agosto, por acción colectiva espontánea, estalló una Huelga General. Todas las actividades se paralizaron en la República. Los comercios cerraron a cal y canto y en aquéllos de propiedad española apareció un cartelito que decía: *La llave en la Embajada...* Los comunistas, activamente y más enérgicos que nadie, se desplegaron entre los gremios obreros hasta lograr que la organización de la Huelga fuese confiada a Rubén Martínez Villena y Joaquín Ordoqui. En el seno del Ejército se movilizaron apresuradamente los intereses que representaba la oficialidad y se dieron los primeros pasos en la gestación de un cuartelazo a Machado con el visto bueno de Sumner Welles y el State Department. Su materialización quedó en manos del coronel retirado Horacio Ferrer y del coronel Julio Sanguily. Dentro de esta órbita de violencia y confusión, el pueblo se hallaba desorientado con la falta de noticias veraces, pero ansioso de cooperar activamente en la pelea contra la dictadura. Menocal, astutamente, se abstuvo de formar parte de la Mediación, porque en ella los mendietistas eran parte principal y porque, viejo conocedor de ardides politiqueros, sabía guardarse para mejor ocasión. Horacio Ferrer lo quiso convencer de que aceptara la dirección del golpe militarista que se preparaba, pero el Mayoral echó su resto con la juventud y el Directorio.

Machado, en cuanto se dio cuenta que la misión de Welles era sustituirlo, se puso abiertamente contra el Embajador americano. Tomando como enseñanza la actuación de Zayas contra Crowder, inició un barrage de improperios contra el yanqui y envió a su Secretario de la Presidencia, Ramiro Guerra, a reclamar derechos de soberanía en Wáshington, pero allí dieron a éste con la puerta en las narices. El plan de Welles consistía en lograr que el Congreso reformara la Constitución para que, con la anuencia de aquella oposición mediatizada del Comité de la Mediación, Machado fuese depuesto y un títere situado en su lugar presidencial. El bien vestido componedor de bateas hacía total y absoluto desprecio de los estudiantes, la juventud, la clase laboral y el pueblo.

Aquella primera quincena del tórrido agosto de 1933 se hizo aún más candente a causa de la desesperación producida por la falta de alimentos, transporte y noticias. La cólera ciudadana iba en aumento a medida que la penuria y el hambre se iban haciendo sentir en los hogares. Solamente transmitían —en aquel tiempo en que no abundaban los radios— la emisora oficial del Gobierno y alguna que otra estación pirata de poca energía. Las bolas se aumentaban al pasar de boca a boca y la intranquilidad general se agigantaba día a día. El tránsito veloz de los autos porristas, erizados de armas largas, se equiparaba en sensacionalismo a las continuadas explosiones de bombas y petardos. Machado, en abierta beligerancia contra Welles, decidió suspender oficialmente las Garantías Constitucionales y para ello citó al Congreso para el lunes 7. Además, gestó secretamente con los comunistas la maniobra más canallesca que darse podía en aquellos momentos: la entrega de la Huelga General a cambio del apoyo gubernamental al Partido Comunista.

Esgrimiendo la tesis de Martínez Villena "de que la cantidad se había convertido en calidad...", Ordoqui, Blas Roca y Marinello se reunieron en Palacio con Arévalo y Machado y allí pactaron la vuelta al trabajo de los sectores obreros controlados por la Confederación Nacional Obrera de Cuba y la Federación Cubana del Trabajo, empezando por los tranviarios, como manera de romper totalmente, en forma escalonada, la Huelga General que tenía caracteres de política y que Martínez Villena ahora se empeñaba en hacer aparecer como simplemente económica para que una vez concedidas por Machado ciertas ventajas de este tipo, convencer a la masa obrera que le convenía la vuelta al trabajo y la no cooperación con los sectores burgueses en una cuestión política ajena a ella y contraria a sus intereses. Machado decretó y puso en libertad a los comunistas presos y se dispuso a reconocer la legitimidad de la CNOC y la legalidad del Partido Comunista en el instante que cesase la Huelga General. El pacto del comunismo con Machado —repetido luego con Batista y Fidel Castro— era un conveniente maridaje entre un nacionalismo de burdel y un antiimperialismo bastardo. La ruin maniobra fracasó estrepitosamente cuando el Directorio y sus aliados impidieron la salida de los tranvías por la fuerza y repartieron leña de lo lindo entre los rompe-huelgas comunistas y los estudiantes del AIE reunidos en el Sindicato de Torcedores de La Habana. Los trabajadores se negaron de plano a secundar la traición comunista y continuaron firmes en su postura huelguística revolucionaria. Sobre Martínez Villena hizo caer todo el peso de la culpa el comunismo —como pantalla conveniente—, expulsándolo de sus filas junto con Gabriel Barceló. Ordoqui fue sustituido por César Vilar. Aquella imperdonable felonía luego han querido disfrazarla de error político tanto los que tomaron parte en ella y renegaron más tarde del comunismo como los que permanecieron dentro de éste.

En los momentos en que el Congreso trabajaba en la suspensión de las Garantías y que el Representante Salvador García Ramos acusaba a Sumner Welles de *"agente provocador que violaba la soberanía cubana..."*, la tarde del día 7, una estación de radio —que nunca se ha aclarado si fue gubernamental u oposicionista— echó al aire la tremenda noticia de que Machado acababa de renunciar. La alegría popular se convirtió en histeria colectiva y las masas se lanzaron a la calle a celebrar el fausto acontecimiento. La llegada de una manifestación frente al Capitolio fue recibida a tiros por porristas, expertos y personas dentro del Capitolio, dirigidas, según acusación popular, por García Ramos y un funcionario del Congreso, Óscar Gans, quienes siempre negaron los cargos, que nunca pudieron ser probados. El saldo de muertos y heridos fue elevadísimo —se calculó en cerca de cien— y el espectáculo de los cuerpos sangrantes regados por el Paseo del Prado estremeció hasta los cimientos tanto al régimen machadista como a toda la sociedad cubana. El Presidente achacó a Welles la propagación del infundio para impedir la consolidación de su Gobierno con la ayuda proletaria y dar oportunidad al desembarco de marines con el pretexto de proteger vidas y haciendas. Acudió a la Jefatura de Policía y por su emisora pronunció un violento discurso contra la Mediación, llegando a amenazar con ponerse al frente del Ejército para resistir con las armas la supuesta intervención americana. Esto no pasó de ser un alarde —se comprobó cuando después huyó de Cuba—, pero tuvo la facultad de apresurar las gestiones que hacían Ferrer y Sanguily con la alta oficialidad castrense para dar al Presidente un cuartelazo. Al día siguiente de la masacre Mr. Welles, tieso y enlutado, presentó a Machado el siguiente memorándum, que a todas luces era un ultimátum:

1. *Que el Presidente de la República nombre inmediatamente un Secretario de Estado, que será una persona imparcial y que no esté relacionada con la política activa y que tenga la confianza de todos los sectores.*

2. *Que inmediatamente después de que el Senado confirme ese nombramiento, el Presidente solicite una licencia del Congreso, cuya licencia continuará hasta que el Vicepresidente tome posesión.*

3. *Inmediatamente después que tome posesión el Vicepresidente, el Presidente de la República renunciará a su cargo, permitiendo al Vicepresidente que continúe en el cargo de Presidente de la República desde esa fecha hasta el 20 de mayo de 1935.*

4. *Al Secretario de Estado, que habrá de ser designado de esta manera y que bien puede ser la misma persona escogida para Vicepresidente, inmediatamente, se le darán amplias facultades para reorganizar el Gabinete, dando representación en el mismo a todos los grupos importantes de la República, haciendo que el Gabinete sea de un verdadero carácter nacional.*

5. *Los miembros de la Cámara de Representantes convendrán en reducir los actuales períodos de duración de sus cargos, de tal manera que permita a aquellos miembros de la Cámara de Representantes cuyos períodos vencen, según la Constitución actual, en 1937, que cesen en sus cargos en 1935, siendo electos sus sustitutos en las elecciones nacionales de 1394, y que todos los demás miembros de la Cámara de Representantes acuerden reducir sus períodos en igual grado.*

6. *Ya que los períodos de una mitad de los miembros del Senado terminan en 1935, siendo electos sus sustitutos de acuerdo con la Constitución actual en las elecciones nacionales de 1934, no hay necesidad de acordar que los períodos de los demás miembros del Senado se recorten.*

Machado expresó a Welles su disposición a renunciar, pero se negó a hacerlo, alegando *"que después se produciría el caos..."*, aunque le aseguró que estudiaría cuidadosamente sus proposiciones para responderle después. Íntimamente, Machado no creía que los Estados Unidos deseaban intervenir en Cuba, debido a la proximidad de la Conferencia Panamericana de Montevideo, sino en que le estaban metiendo miedo para que renunciase... Influyó en la Cámara para que ésta aprobase una moción de García Ramos en la que se pedía a las naciones de Hispanoamérica que se dirigiesen al Poder Ejecutivo americano protestando por la ingerencia de Welles *"en los asuntos internos de Cuba u obligándolo a confesar su intención de intervenir en Cuba, como se deducía del apoyo irrestricto que brindaba a su Enviado Especial..."* La respuesta de Roosevelt, cuando se enteró, fue llamar a Cintas a la Casa Blanca y decirle claramente que o Machado se largaba o Cuba era intervenida. La nota oficial que se dio en Wáshington a la prensa acerca de la entrevista estaba redactada en términos amables, pero no podían ocultar éstos su fondo conminatorio:

*"El Presidente Roosevelt, a petición del Embajador Cintas, le ha concedido una entrevista. Comenzó el Presidente Roosevelt haciendo presente al Embajador Cintas que conocía perfectamente la situación de Cuba por los informes de su Embajador, que tenía, como siempre había tenido, toda su confianza y la de su Gobierno, actuando en todo de acuerdo con su criterio. Que el Presidente Machado tenía la oportunidad de realizar un gesto que lo cubriese de gloria ante la historia, evitando nuevos derramamientos de sangre. Que si el Presidente Machado realizaba ese gesto, él enviaría en seguida a Cuba varios barcos cargados de víveres para aliviar la crítica situación actual del pueblo cubano. Que si el Presidente Machado no lo realizaba, él advertía que los Estados Unidos, por sus compromisos internacionales, por la Enmienda Platt y por su responsabilidad ante el mundo civilizado, no podrían permitirle la continuación del estado de anarquía, caos y tiranía existente en Cuba. El Embajador Cintas dijo al Presidente Roosevelt que si al Presidente Machado se le daba la oportunidad de salvar las apariencias, él creía que había la posibilidad de que aceptaría. El Presidente Roosevelt le contestó que no sólo se trataba de salvar las apariencias, sino que el gesto de Machado sería aplaudido por el mundo entero. Cintas insistió preguntando si se le permitiría a Machado hacer una contraproposición durante el día de hoy. Roosevelt contestó que con toda seguridad Welles estudiaría y consideraría esa contraproposi-*

*ción si no pasaba del plazo de hoy. Al terminar la entrevista, Cintas le ofreció que tan pronto como llegase a New York comunicaría a Machado el resultado de la entrevista..."*

A partir de aquel instante todos los hilos de la trama para derrocar al Presidente cubano quedaron en las incapaces manos de Sumner Welles, quien tenía completamente confundido a Roosevelt acerca de la realidad cubana con sus amañados informes. De la lectura de los documentos relacionados con la crisis se percibe cómo la política del State Department —entonces como hoy— se regía por un código absurdo de menosprecio a la capacidad intelectual de los hispanoamericanos y cómo se guiaba por el determinado interés de prevenir una revolución o mediatizarla en un *revolico*. El cual, como es de presumirse, no pusiera en peligro los intereses financieros de Wall Street aunque estuviese en abierta contradicción con la política doméstica del New Deal. Los días que transcurrieron entre el 8 y el 12 de agosto fueron empleados por Sumner Welles para construir un retablo politiqueril con ayuda de los mediacionistas cubanos. Por de pronto, facilitó al ABC una copia del informe de la entrevista Roosevelt-Cintas, que aquella organización reprodujo en millares de hojas sueltas, en las cuales se falseó el texto, para atemorizar las fuerzas machadistas, en la siguiente forma: la advertencia de Roosevelt a Cintas se presentó como aquél diciendo a éste: *"En caso contrario, el Gobierno americano intervendrá en Cuba inmediatamente..."*

La conspiración de la alta oficialidad del Ejército no progresaba porque no encontraba campo fértil dentro de unos cuadros militaristas que de Machado no habían recibido más que beneficios sin cuento. Los Jefes de Distritos no se sumaban al movimiento y nada tenían que ofrecer los coroneles Ferrer y Sanguily, de móviles patrióticos, a gente que impasiblemente habían permitido el desangre de un pueblo y habían contribuído a acogotarle. Dentro de la tropa no contaban ni con simpatías ni con hombres, puesto que las Clases despreciaban a la alta oficialidad y la mayoría de los Soldados la odiaba mortalmente. Su única esperanza para lograr el triunfo del cuartelazo era el apoyo de Welles y la ciega obediencia de los subalternos. La amenaza de intervención pesó más en el ánimo de la oficialidad que sus instigaciones a la sedición y algunos oficiales, independientemente de ellos, se dedicaron a conspirar abiertamente contra Machado con el propósito de situar al general Herrera en el puesto Vicepresidencial que Welles había ideado en su componenda con la oposición mediacionista. Sin encomendarse a Dios ni al Diablo, tres comandantes, Rousseau, Betancourt y Pineda se aparecieron en el despacho del Jefe del Campamento de Columbia y furibundo machadista, coronel Castillo, manifestándole su opinión de que Machado debía renunciar, por el bien de Cuba, siendo remitidos bajo arresto al Club de Oficiales. Lo mismo hicieron ante el Jefe de La Cabaña y también machadista, coronel Cruz Bustillo, el teniente coronel Erasmo Delgado —instructor de las causas criminales de Atarés y apañador del torturador Crespo— y el comandante Patricio de Cárdenas, de triste recordación en La Chambelona.

Alarmados porque se les iba de las manos su conspiradera, Ferrer y Sanguily planearon exigir de Herrera la renuncia de Machado. Así lo hizo el coronel Ferrer, logrando obtener la promesa del Secretario de Guerra y Marina y Jefe del Ejército de que Machado saldría de Cuba en 48 horas a cambio de la palabra de Ferrer de detener el cuartelazo en ciernes. Sanguily aceptó el compromiso y lo comunicó a sus complotados oficiales del Cuerpo de Aviación, ordenándoles la suspensión de las actividades sediciosas. Pero Herrera los burló, acudiendo al Castillo de la Fuerza, sede del Estado Mayor, y tomando rápidas medidas para prevenir el golpe, entre ellas el traslado inmediato para Cienfuegos del teniente coronel Delgado, el desarme de las ametralladoras del Batallón 1 de Artillería del cuartel Máximo Gómez (que se encontraba en el lugar que hoy ocupa el MINFAR en la Avenida del Puerto) y las del Batallón de Infantería acampado en la Quinta de los Molinos, unidades en que sabía abundaban los desafectos a Machado entre su oficialidad. Ferrer falló de actuar con energía. Por el contrario, aconsejó a Delgado que obedeciera la orden de traslado a Cienfuegos *"porque ya lo llamarían cuando hiciera falta..."*

\* \* \*

En momento alguno pensó el coronel Horacio Ferrer en hacer una revolución, sino solamente en tratar de acomodar sus movimientos sediciosos a los deseos de Sumner Welles y pretender, con su tardía acción, lavar la espesa costra de estiércol que cubría los entorchados de la jerarquía militarista. No tuvo en instante alguno conciencia de revolucionario ni propósito de reivindicación nacionalista, limitándose —de entera buena fe— a propiciar un cambio de personas sin afectar intereses. Ya Machado era una maldición para el Ejército y podía llevar a la alta oficialidad a la pérdida de sus prebendas y su bien vivir a costa del Erario. En ningún momento pensaron los coroneles Ferrer y Sanguily en Laurent, Maderne, Aguado u otros de los oficiales que como Callava, Silva y Nin sufrieran expulsiones del Ejército y persecución machadista y quienes tenían aval revolucionario entre los civiles, sino que concentraron todos sus esfuerzos en el cuartelazo. Y ni mencionar a las Clases y Soldados —a quienes con tradicional concepto consideraban meros autómatas—, ni se acordaron que de sus filas procedía el mártir sargento Miguel Ángel Hernández, ni dieron un minuto de su precioso tiempo a pensar en la posibilidad de que entre la tropa hubiera afiliados o simpatizantes de la oposición anti-mediacionista. Fulgencio Batista, un sargento-taquígrafo de aceitunada piel y taínas facciones, les era totalmente desconocido.

\* \* \*

Sumner Welles estaba en perfecto conocimiento de lo que sucedía en el Ejército y procedió a la selección del Gabinete de Concentración que se haría cargo del Gobierno una vez que las cosas se desarrollasen como él las había planificado. Echó mano a Carlos Manuel de Céspedes —quien había sustituido a Márquez Sterling cuando éste renunció— para ponerlo en el mismo lugar que le había buscado en tiempos de Zayas y por las mismas razones personales. Nada había aprendido El Maniquí acerca de Cuba y los cubanos desde entonces. Los sectores mediacionistas doblaron el testuz una vez más y dieron su visto bueno a Welles. El napolitano, Secretario de Estado, Ferrara, se devanaba los sesos buscando una fórmula que permitiese a Machado y los machadistas retirarse sin sufrir castigo. Welles se desentendió totalmente de Palacio. En Miami y en Cuba la oposición anti-mediacionista estaba a la expectativa.

De pronto el Jefe del Batallón 1 de Artillería, comandante Alonso Gratmages, resolvió pronunciarse y marchó a ocupar el Estado Mayor, lugar donde se le unió el teniente coronel Delgado, que desobedeció la orden de traslado. Raúl de Cárdenas, presidente del Centro de la Propiedad Urbana y furibundo mediacionista, avisó al coronel Sanguily lo que pasaba y éste salió a la carrera a ver a Ferrer con intención de frenar la sublevación que se les escapaba. Decidieron que Sanguily sublevara al Cuerpo de Aviación, cosa que éste hizo. Pero cuando luego se dirigió a Columbia a destituir al coronel Castillo se encontró el lugar lleno de porristas porque allí estaba Machado esperando por Herrera, ya que habíase enterado del alzamiento del cuartel Máximo Gómez. A Sanguily se le enfriaron los bríos y retornó al Cuerpo de Aviación a esperar mejores tiempos. Machado y su plana mayor hacían inútiles esfuerzos por localizar a Herrera. Éste, al saber lo que ocurría en La Fuerza, se dirigió hacia allí —justo es decirlo—, acompañado de tan sólo dos ayudantes, y tal era su ascendiente en el Ejército que dominó la situación, asegurando a los pronunciados que Machado se iría y que él, Herrera, sería su sustituto. El comandante Gratmages, con suma entereza, le manifestó que no lo aceptarían por estar tan maculado como el Presidente. Herrera se indignó y expuso su actuación, siempre beneficiosa al Ejército, ante lo cual Delgado intervino poniéndose de su parte y dando un *"¡Viva el general Herrera, próximo Presidente de la República...!"* El brigadier Lores, segundo de Herrera, ordenó a las tropas de Columbia marchar sobre La Fuerza, pero éste las encontró en el camino y les ordenó reintegrarse a sus cuarteles.

Al llegar a Columbia, Herrera informó a Machado que tenía todo bajo control y acordaron que el Presidente fuese para su finca en Rancho Boyeros mientras aquél regresaba al Estado Mayor a reafirmar su mando. Luego —ya era el atardecer del día 11— Herrera se dirigió al Cuerpo de Aviación a hablar con Sanguily y en cordial entrevista participó a éste que Machado se iría y que él sería electo Presidente, a lo que Sanguily respondió que consultaría el asunto con la oficialidad. Una hora después informó a Herrera que los pilotos no lo querían como Presidente Provisional. Herrera se reunió con Cosme de la Torriente, Ferrara y Wilfredo Fernández, quienes se mostraron contrarios a los pilotos, y para contrarrestar la acción de éstos —y de esa forma mantener *la solución constitucional* deseada por el State Department— *"acordaron llamar a todos los Jefes de Distritos y comunicarles que Herrera sería designado para ocupar la Presidencia, y que si cada uno de ellos estaba conforme lo telefonearan al Embajador de los Estados Unidos..."* (La cita es del coronel Horacio Ferrer en su autobiografía "Con el Rifle al Hombro"; el subrayado, nuestro.)

Herrera se quejó a Welles de la oposición de los aviadores lidereados por Sanguily, y aquél, molesto, se entrevistó con éste. Sanguily cuenta que Welles le exigió que aceptara a Herrera como Presidente, de acuerdo con sus planes, y que él se negó de plano, por lo que fue amenazado por el Mediador con la intervención de los marines. En vista de tal amenaza, Sanguily propuso a Welles consultarlo con los pilotos, pero éstos mantuvieron su firme actitud y además pusieron a funcionar una radio-estación pirata que hizo de público conocimiento su actitud frente a Herrera, pero sin alusión a Welles. Los acontecimientos estaban tomando un rumbo contrario a los deseos del Mediador y éste realizó que si no quería verse en aprietos con Roosevelt precisaba de una rápida maniobra diplomática que le salvara la cara. El único Jefe de Distrito que se mantuvo fiel a Herrera fue el coronel Juan Cruz Bustillo, de La Cabaña. La Marina de Guerra, por boca de su Jefe, coronel González del Real, se declaró neutral en el conflicto. Welles decidió reunirse con Sanguily y el Comité de la Mediación en la Embajada Americana la mañana siguiente para romper el impasse. El plattismo enfermaba gravemente en aquellos instantes.

Machado había partido de Columbia hacia Palacio convencido de que Herrera había dominado la sublevación y que sólo le quedaba renunciar dentro de 48 horas. Después de conversar unos minutos con Orestes Ferrara y Ramiro Guerra, se dirigió hacia su finca de Rancho Boyeros, donde comió y luego se echó a dormir el sueño de los justos. Cerca de la media noche lo llamó su yerno, Obregón, urgentemente desde Varadero, Matanzas, para avisarle que Herrera había sido aceptado como Presidente por el Ejército. Machado no quiso creerlo y se comunicó con Herrera en el Estado Mayor, quien le confirmó *"que había aceptado por el bien de Cuba..."* Machado sólo atinó a responderle: *"Cuídese, que lo que usted me ha hecho se lo pueden hacer a usted..."* Inmediatamente regresó a Palacio, a pasar allí la noche del 11, ante la consternación de familiares y amigos. Entretanto, se había hecho voz popular, y divulgado en el extranjero, que los coroneles Ferrer y Sanguily habían encabezado un movimiento militar que había derrocado al Presidente Machado. Wáshington no hizo declaraciones y los grupos anti-mediacionistas esperaban tensamente el desarrollo final del drama. Las Clases y Soldados iniciaron secretamente la constitución de un organismo conspirativo que se transformó en la Unión Militar de Columbia, bajo la inspiración de los sargentos Fulgencio Batista, Pablo Rodríguez, Manuel López Migoya y el soldado Mario Hernández.

En la madrugada del día 12, Cosme de la Torriente, Carlos Saladrigas y otros mediacionistas propusieron al coronel Ferrer que se hiciese cargo de la Presidencia en lugar de Herrera, pero aquél —por propia confesión biográfica— rehusó. Cuando Menocal lo llamó desde Miami para proponerle lo mismo, volvió a rehusar. Las razones las da el propio coronel Ferrer en su autobiografía: *"Puesto que conocíamos la opinión del Embajador, de que el Presidente debía ser el general Herrera, para ser sustituido después por el Dr. Céspedes, según se había tratado en el seno de la Mediación, era preferible no destruir totalmente los planes de Welles, porque sería provocar la intervención armada; que con Céspedes en la Presidencia y Sanguily de Jefe del Ejército, el país se encausaría sin grandes dificultades, restableciéndose la normalidad, que era lo único a que todos aspirábamos..."* Aquí, sin comentarios historiológicos, cabe perfectamente aquello de que a confesión de partes, relevo de pruebas...

Menocal sabía que Ferrer y Sanguily eran sus adictos desde La Chambelona, y ahora, oportunista y aprovechado, los quería en los más altos puestos públicos, demostrando lo falso de su postura anti-mediacionista y de su proclamada simpatía por los estudiantes. Por su parte, los coroneles Ferrer y Sanguily querían a toda costa evitar la inevitable destrucción de los cuadros militaristas que amaban, tanto por una legítima revolución como por enfrentamiento con los marines. Los abecedarios mediacionistas buscaban inútilmente la forma de atenuar su sometimiento a Welles para con ello justificar el viraje que habían dado al nacionalismo expresado en su Manifiesto-Programa. Cruz Bustillo, el irreductible machadista de unas horas antes, ofreció su apoyo a la candidatura inaceptada por Horacio Ferrer. Al enterarse Ferrara de la posible Presidencia de éste, lo vetó en nombre de Machado. Los valores presidenciales de Céspedes volvieron a cobrar vigencia impulsados por Welles, aunque ya se sabía que inicialmente había sido el candidato favorito de la Mediación. El propio Céspedes así lo confesó tiempo después: *"Rechazados Herrera y Ferrer, mi candidatura surgió de nuevo, que fue aceptada y había sido acordada antes por todos los elementos oposicionistas que tomaron parte en la Mediación, y por los Partidos Liberal, Conservador y Popular, que habían figurado igualmente en las conferencias..."* (Bohemia, agosto 12, 1934.)

En la mañana del 12 se reunieron Welles y Sanguily en la Embajada Americana. La noche anterior, en Palacio, Machado, Ferrara y Guerra habían redactado la documentación que mantuviese *la solución constitucional,* así como un mensaje dirigido Al Honorable Congreso, que firmó el Presidente y que leía:

*"Razones que no debo explicar en este momento me llevan a la decisión de presentar la renuncia de mi cargo. Por simple fórmula constitucional pido ahora una licencia, pero deseo hacer constar que queda presentada mi renuncia para su oportunidad.*

*"Agradezco en el momento de abandonar el Poder Ejecutivo a todos los miembros de ese Cuerpo legislador, de todos los Partidos, incluyendo el grupo oposicionista, la cooperación prestada para la obra patriótica que hemos realizado en estos pasados años y que la Historia tranquilamente juzgará..."*

La entrevista entre Welles y Sanguily fue tempestuosa. El primero, pensando en el ridículo que haría ante Wáshington si su plan se venía abajo, se obstinó en la aceptación de Herrera. El segundo, presionado por los pilotos, persistió en la negativa militar a su Presidencia Provisional. La intransigencia de Sanguily, motivada por el conocimiento de que la Presidencia de Herrera reforzaría la vieja oficialidad maculada, fue robustecida por las noticias radiales emitidas desde el Cuerpo de Aviación informando al pueblo que los pilotos reclamaban a Céspedes como Presidente y que se oponían a Herrera con el apoyo de todos los Distritos Militares, la Marina de Guerra y la Policía. Welles mordió el cordobán y aceptó aquella alteración de su plan, que en definitiva nada cambiaba y que sólo afectaba su cacareado orgullo profesional de amigable componedor. Propuso a Sanguily que aceptara a Herrera por sólo unas horas y éste accedió. Con esta hojita de parra pretendió Welles tapar ante Wáshington su encueramiento. Welles citó a Ferrara para la casa de Herrera y allí, al mediodía, hizo el solemne anuncio que Herrera, como Presidente Provisional, nombraba al Dr. Carlos Manuel de Céspedes su Secretario de Estado y que acto seguido renunciaba a la Presidencia, que, por disposición constitucional, pasaba a la persona del Secretario de Estado. Aplaudieron entusiásticamente los coroneles Julio Sanguily y Erasmo Delgado, nombrados con anterioridad por Herrera Jefes del Cuerpo de Aviación y del Distrito Militar de La Habana, respectivamente, y Cosme de la Torriente, presidente del Comité de la Mediación. En un rincón, Orestes Ferrara musitaba en italiano lo que anteriormente había declarado públicamente en español: *"Cuba era una República de chicharrones y café con leche..."*

La noticia corrió por la urbe capitalina como un relámpago engrasado: ¡Cayó Machado...! Las turbas —como siempre hacen cuando son desembridadas— se lanzaron a la quema y el saqueo de los hogares de los más connotados machadistas. Un par de horas antes Machado había dejado Palacio y partido rumbo a su finca Nenita, custodiado por la Guardia Presidencial (Escuadrón 5 de Atarés), mandada por el capitán Manuel Crespo. Allí, en un ambiente pastoral, se enteraba por radio de la caza de porristas y expertos. Horas más tarde escapó hacia Nassau en un avión facilitado por el Ejército, acompañado de los Secretarios de Instrucción Pública y Agricultura, Averhoff y Molinet, del Alcalde habanero *Pepito* Izquierdo y el torturador Crespo. A la hora de salir, éste sacó la pistola y amenazó con matarlos si lo dejaban en tierra. Los demás apearon del avión al Secretario de Gobernación, Octavio Zubizarreta, para darle su puesto.

El resto de la comedia mediacionista tuvo lugar en el Capitolio, mientras en las calles la canalla —la machadista que huía y la que había encumbrado al Dictador— se despedazaban mutuamente. Con la asistencia de sólo ocho Congresistas fue aprobada la renuncia de Machado y conocidas las renuncias falsas de todos sus Secretarios de Despacho, con excepción del de Guerra y Marina, general Alberto Herrera; del ascenso de éste a la Presidencia por una hora; de su nombramiento de Céspedes a la Secretaría de Estado; de su renuncia como Presidente Provisional y de su sustitución constitucional por Céspedes. El timbeque de la *solución constitucional* inventado por el State Department, construído por Welles y apuntalado por el Comité de la Mediación, estaba listo para ser presentado al mundo como una obra maestra de la Diplomacia del Dólar. El paquete repugnante aparecía bellamente envuelto en papel constitucional. El Machadato había terminado: el machadismo no.

Las iras de la plebe apenas pudieron ser contenidas y durante tres días la República vivió una orgía de venganzas, justas e injustas. La chusma dio rienda suelta a su primitivismo y su cobardía de años se tornó en una furia destructiva destinada a ocultar su anterior servilismo y cooperación con el derrocado tirano. La persecución justiciera sirvió de excusa al revanchismo personal, que nada tenía que ver con la acción revolucionaria. Una ola verde —ése era el color de la enseña abecedaria— cubrió la Capital de telas y trapos desde los arrabales hasta el Parque Central. El culto al odio que Machado había instilado en los cubanos se volvió furioso contra los suyos en la hora de la derrota. Los *apapipios* o chivatos, porristas y expertos que pudieron ser hallados por las turbas fueron muertos, descuartizados y exhibidos como macabros trofeos. La furia de la raza negra —dicho sea esto a plenitud de responsabilidad— se ensañó con los miembros de su sector pertenecientes al machadismo militante pretendiendo encubrir con su vesánica represalia la solidaridad que había brindado al derrocado sátrapa. El Ejército cooperó alegremente a la cacería de fugitivos. El Heraldo de Cuba fue hecho pavesas, como lo fueron los hogares y el mobiliario de los más destacados colaboradores de la dictadura machadista. Cadáveres de asesinos a sueldo fueron quemados en la vía pública en muchas ciudades de provincias. En Santiago de Cuba, el cabo Heredia y otros chacales de Arsenio Ortiz, fueron triturados por el populacho desenfrenado. En La Habana, el cadáver del suicida Jefe de Policía, Ainciart, fue desenterrado y colgado de un poste frente a la Universidad hasta que Eduardo Chibás, a punta de pistola, lo rescató después de increpar vigorosamente a la plebe por su cobarde frenesí homicida. Pero los grandes culpables se sustrajeron a la justicia revolucionaria gracias a la protección que les brindaron Welles y el mediacionismo. Herrera y muchos altos personajes machadistas fueron hospedados en el Hotel Nacional, protegidos por la bandera americana. Ferrara audazmente abordó un hidroplano bajo una lluvia de tiros. El coronel Antonio Jiménez, jefe porrista, se batió a tiros en el Paseo del Prado con el Ejército, vestido de dril cien blanco, sombrero de jipi y zapatos de dos tonos, con indiscutible decisión de morir peleando.

A las pocas horas de tomar posesión Céspedes se dirigió al pueblo cubano con las siguientes palabras:

*"La unión de los cubanos es el anhelo más vehemente de cuantos anhelan la salvación de la patria. La sensatez de la gran mayoría de los elementos políticos, sociales, intelectuales, obreros y económicos, representativos o influyentes del pueblo cubano, hace posible su realización en estos momentos decisivos para los destinos nacionales.*

*"Bajo los más altos, amistosos y favorables auspicios, nos hemos acogido a soluciones cubanas llamadas a restablecer la paz moral en los espíritus, el imperio de la libertad y la justicia en nuestra sociedad hondamente perturbada, y la confianza en el porvenir político y económico del país.*

*"De este modo se ha abierto un capítulo glorioso en la Historia de Cuba, que si registra en el pasado muchos y lamentables errores y desventuras, como la de tantos otros pueblos en sus épocas de público infortunio, también encierra el relato admirable de nuestro heroico, abnegado y tesonero esfuerzo por conquistar la independencia y de los inmensos y positivos progresos realizados por los cubanos en el orden material, después de obtenerla. En sus páginas de oro inscribiremos nuestra previsora y sensata actitud presente, porque hemos acordado con sumo acierto que la lucha franca y sin trabas de los principios e ideas sustituyan al áspero y enconado combate de las pasiones para que cedan en breve plazo, como las armas a la ley, el resentimiento y los excesos partidistas al respeto mutuo y a los sentimientos más fraternos; la inquietud y la desesperación a la paz y tranquilidad general e individual de todos los habitantes de nuestra querida tierra; el pesimismo desconsolador y enervante, a la confianza en el bienestar económico y estabilizador de la Nación que hemos constituido; y para que todos estos medios y razones nadie pueda dudar, en*

lo sucesivo, de la capacidad de nuestra democracia para el gobierno propio.

"Ello, a mi juicio, equivale a decir que a fin de asegurar la grandeza de la República apelamos a la virtud cívica de todos los ciudadanos y que, por consiguiente, para dirimir las diferencias existentes en nuestro seno se ha optado por los medios pacíficos y generalmente puestos en práctica por los pueblos libres y civilizados.

"Para llevar a cabo el hermoso programa de conciliación nacional se acordó que la obra de pacificación moral y de justicia se realizase bajo la responsabilidad y dirección de un compatriota vuestro que ofreciese suficientes garantías de que el trascendental acuerdo se cumpla íntegramente, por su imparcialidad en la lucha política y por el sereno y puro entusiasmo que le inspiran los viejos ideales patrios que hoy renuevan y amplían, defendidos por la bella y ardorosa juventud cubana.

"El destino ha querido que el comienzo de ese programa se verifique bajo el signo inmortal del Padre de la Patria, para que la obra comenzada en la Demajagua el 10 de octubre de 1868, y ratificada el 24 de febrero de 1895, se consolidase en nuestros días, retrotrayendo así al instante en que quedara interrumpida por la fatalidad, para continuarla con firme paso bajo la gloriosa enseña que a todos nos cobija, la marcha ascensional de los destinos patrios.

"Con aquel programa luminoso y esta bandera sagrada que es la de Céspedes y Martí, y que todo el Ejército de Cuba tremola con honor, se me ha escogido por el nexo histórico y familiar, quizás tanto como por diversas otras causas pasajeras, para conferirme la dirección del hermoso esfuerzo común que va a realizarse, porque seguramente se ha pensado que a tan excepcional misión y a tan señalada muestra de confianza yo no podría dejar de corresponder, al menos como cumple al que lleva con plena conciencia sus deberes, el mismo nombre de aquél que abrió nuestra existencia de nación independiente.

"Pero este servicio, que me esforzaré en prestar cumplidamente, sería en definitiva estéril e ingrato si las altas finalidades que el pueblo cubano desea alcanzar no resultasen permanentemente aseguradas. Al aceptar, pues, sin vacilaciones el alto honor de esa designación y asumir la Presidencia Provisional de la República, cuento con la colaboración eficaz de todos los poderes públicos e instituciones nacionales y reclamo el imprescindible concurso de todos mis conciudadanos para mantener sin menoscabo ni quebranto las leyes que nos *hemos dado, o que en lo sucesivo nos demos, así como el libre juego de las actividades cívicas y de todo orden legítimo dentro de la nueva era de Libertad, Paz y Progreso que se abre, lisonjera y fecunda, para nuestra joven República, cual un poderoso resurgimiento de las esperanzas, energías y virtudes de la patria cubana."*

\* \* \*

Si no fuera porque los acontecimientos posteriores se entrelazaron con lo dicho por Céspedes, no hubiésemos perdido el tiempo reproduciendo esta monserga de naderías y melosas mentecateces que desentonaban con la época de realidades y de necesidades de cambios estructurales que eran imperativos después de la cruenta lucha contra la tiranía de Machado. Céspedes heredaba un pueblo hambriento y sub-desarrollado, una economía arruinada y una soberanía castrada y se aparecía ante una juventud ansiosa de raigales transformaciones revolucionarias y nacionalistas hablando como si estuviera en una clase de Kindergarten. Esa *"colaboración eficaz de todos los poderes públicos e instituciones nacionales"* no valía el papel en que aparecía escrita. Lo que Céspedes tenía a su lado era una mayoría de arribistas, ilusos y mediacionistas que ni inspiraban respeto ni importaban un bledo a la minoría decidida y fuerte que muy pronto iba a enfrentárseles y a bajar de aquella nube a Mr. Sumner Welles.

\* \* \*

El Gabinete de concentración —escogido de antemano en la Embajada americana— fue el siguiente: Presidente y Secretario de Estado, Carlos M. Céspedes; Secretario de Gobernación, Federico Laredo Brú; Secretario de Hacienda, Joaquín Martínez Sáenz; Secretario de Sanidad, José A. Presno; Secretario de Guerra y Marina, Demetro Castillo Pockorny; Secretario de Justicia, Carlos Saladrigas; Secretario de Obras Públicas, Guillermo Belt; y Secretario de Comunicaciones, Nicasio Silverio. Era del Partido Unión Nacionalista, Federico Laredo Brú; del ABC, Martínez Sáenz y Saladrigas; de la OCRR, Silverio; apolíticos escogidos por el Comité de la Mediación, Presno y Chibas; y seleccionados por Welles, Castillo Pockorny y Belt. A estos dos últimos tocaron los cargos más espinosos y calientes, pues estaban frente a frente, respectivamente, a los soldados y los estudiantes. A los marianistas se les otorgó la Alcaldía de la Capital, que recayó en Estanislao Cartañá.

\* \* \*

Alberto Herrera Franchi había ingresado en el Ejército procedente de las filas del Ejéricto Libertador con el grado de teniente. Fue ascendido a capitán y nombrado ayudante del Jefe de la Guardia Rural, general Alejandro Rodríguez, siendo más tarde trasladado a la Infantería, al crearse el Ejército Permanente. Se destacó como un gran organizador administrativo y fue nombrado Jefe de Estado Mayor por Zayas el 20 de junio de 1922. Permaneció en el cargo once años y en todo tiempo se dedicó a mejorar el Ejército, hasta el punto que éste llegó a ser conocido como el más disciplinado y eficiente de Hispanoamérica. De acuerdo con los cánones del militarismo y la politiquería, naturalmente. Gozó del aprecio de la oficialidad y les correspondió con toda clase de beneficios materiales que logró de Zayas y Machado. Su influencia sobre el Ejército Nacional era indiscutible. En mayo de 1933 fue llevado a la Secretaría de Guerra y Marina y más tarde a la de Estado por acuerdo entre Welles y Machado, para que sustituyese a éste en la eventualidad de una renuncia presidencial. Interinamente lo sustituyó en el Estado Mayor el brigadier Eduardo Lores. No hay duda ninguna sobre el hecho positivo que era el *goldenboy* de Sumner Welles para ocupar la Presidencia Provisional debido a su control sobre la oficialidad castrense.

Carlos Manuel de Céspedes y Quesada era el hijo que nunca tuvo la dicha de conocer su ilustre padre, pues nació en New York poco antes de la muerte del Padre de la Patria en San Lorenzo. Estudió en los Estados Unidos y Alemania y se incorporó tempranamente a la Guerra de Independencia, llegando a obtener en ella el grado de Coronel. Fue Gobernador de Oriente bajo la Primera Intervención, Representante a la Cámara en 1902 y 1904, siendo derrotado en su aspiración al Gobierno Provisional de Oriente en 1908. Pasó a la carrera diplomática y en ella ocupó distintas Embajadas. Fue Secretario de Estado en la Administración Zayas dentro del Gabinete de Crowder y señalado para sustituir al *Chino de la Peseta* en caso de renuncia o intervención. Fue miembro de las Asambleas de La Yaya y Santa Cruz del Sur. Era, como su padre, de pequeña estatura y gran corazón. Estaba alejado de Cuba desde hacía muchos años y por tanto un extraño casi a su turbulencia política. Su gestión presidencial estaba condenada al fracaso porque el movimiento revolucionario que lo llevó a Palacio estaba viciado de origen. Fue carnero de sacrificio de la entelequia gestada por Welles y el Comité de la Mediación y del plattismo de los coroneles Ferrer y Sanguily. En su autobiografía citada, Ferrer, con entereza y honradez incomparables, hace la autopsia del cuartelazo a Machado:

*"El golpe de Estado se produjo porque abiertamente enemistados Machado y Welles; desintegrándose la Mediación y exigiendo Roosevelt que se aceptaran inmediatamente los términos del ultimátum del Mediador, hubo que evitar males mayores, ya que el Presidente, hablando por radio desde la jefatura de la policía, había amenazado con oponerse con el Ejército al desembarco de los americanos. Si en aquel momento Welles hubiera tomado una actitud expectante, dejando a las fuerzas armadas y al pueblo resolver su propio problema, le hubieran bastado cuarenta y ocho horas para ver cómo se instalaba un Gobierno "de facto" con el apoyo de todo el país, y el Embajador hubiera salido del embrollo en que estaba metido. Pero preciso es confesar que ni Sanguily ni yo le apuntamos tal solución; lejos de ello, nos sentimos temerosos de que pudiéramos provocar sus iras, el frustrar sus planes; y yo cometí el error de no acercarme a él en ningún momento..."*

CAPÍTULO VII

## LOS CIEN DIAS

### (1933-1934)

*El golpe del 4 de septiembre. — La Pentarquía. — Infiltración comunista. — Muerte del plattismo.*

Los primeros diez días que siguieron a la caída de Machado fueron empleados por cada uno en hacer el relato, real o supuesto, de la participación que había tenido en la lucha. El ABC abrió sus filas y todo el mundo y su parentela fue a inscribirse en él. De la noche a la mañana miles sobre miles de personas ostentaban un carnet verde con la Estrella de David superpuesta. La tela de color verde se agotó en las tiendas y los cubanos de ambos sexos lucían alguna prenda de ese tinte en sus vestimentas. Las Comisiones de Depuración y los Comités de Vigilancia florecieron en los barrios como el marabú. Las acusaciones de machadismo, las contra-acusaciones y las aclaraciones hacían olas. La pintoresca figura del alzado guajiro Blas Hernández era exhibida en los salones elegantes como una curiosidad de moda. Los artículos en la prensa sobre *Cómo desaparecieron Barberán y Collar ..., Diario Secreto de un íntimo amigo de Machado..., Los crímenes de Arsenio Ortiz..., Mi participación en el golpe de Estado...*, etc., compartían la atención pública con la reseña del hallazgo en las caballerizas del Castillo de Atarés de los restos de Félix Alpízar, Alfredo López, Margarito Iglesias y Miguel Ángel Hernández y el relato de las torturas realizadas por el capitán Crespo. El trasfondo lúgubre del Machadato llegaba a su culminación con el descubrimiento de que uno de los más arriesgados revolucionarios, José Soler Lezama, era a la vez chivato del Jefe de la Policía Secreta, comandante Trujillo, y culpable de las entregas de Pío Álvarez y Carlos Fuertes Blandino. Soler Lezama era un narcómano cuyo vicio explotaba Trujillo y quien, cosa singular y extraña, sólo delataba a la policía aquellos revolucionarios que le eran antipáticos. Fue ajusticiado por sus propios compañeros después de un juicio en que se confesó culpable.

Apenas regresaron los líderes exiliados —Menocal, Mendieta, Grau San Martín, etc.— y se hubieron asentado los polvos emocionales de los primeros días de júbilo, los simpatizantes de aquéllos comenzaron a exigirles su acomodo en el Gobierno y el desplazamiento de los culpables de machadismo o de los indiferentes. Los que estaban encasillados en el presupuesto y nada habían hecho contra la dictadura defendían sus cargos acusando a aquéllos de haber hecho una revolución de *One, two, three, cojan puesto*... La alocución de Céspedes a nadie satisfacía por inocua, excepción hecha de quienes no deseaban ser removidos de sus cargos civiles y de la vieja oficialidad militarista que se creía invulnerable y protegida por los americanos. Jurídicamente el viejo régimen seguía vigente, ya que no se había derogado la Constitución de 1928. Ese hecho era el blanco de tirios y troyanos. Al fin, el 24 de agosto, Céspedes sancionó una Ley-Decreto por la cual se disolvía el Congreso y se reemplazaba por una Comisión Consultiva presidida por Carlos Saladrigas y echaba abajo la Constitución de 1928 y la sustituía por la caduca de 1901. Al mismo tiempo nombraba Gobernadores y Alcaldes de facto y convocaba a elecciones generales para el 24 de febrero de 1934. Esto último era una continuación de la farsa mediacionista, que no aceptaron quienes suspiraban por una revolución genuina, y así fue que ese mismo día 24 de agosto el Directorio Estudiantil Universitario publicó un manifiesto en el que acusaba al Gobierno de leguleyista y de no querer ir al fondo de las cuestiones latentes en la problemática cubana, que no eran simplezas electoralistas, sino realidades revolucionarias. Se exigían reivindicaciones sociales y económicas, la convocatoria a una Constituyente y la provisionalidad gobernante de una Comisión Consultiva de carácter colegiado. Los párrafos más importantes del manifiesto del DEU que provocó la caída de Céspedes eran los que siguen:

*"El régimen provisional rehuye convertirse en Gobierno Revolucionario de facto, y deja constituidos en el desempeño de sus funciones al Congreso, a la Magistratura, a los Gobernadores y Alcaldes. El golpe de Estado, pues, ha destituído a Machado; pero por aprensión constitucional, no ha querido destruir el Machadato, y está esperando que se caiga solo.*

*"La manera como se ha constituído este Gabinete de Concentración, deponiendo la urgente realización del programa revolucionario ante la captura del poder, obliga a pensar que el programa básico de los representativos oposicionistas que hoy forman Gobierno ha sido el disfrute y reparto de posiciones en la nueva Administración.*

*"Si el Ejército Nacional que durante tantos años fue señalado por la Opinión Pública como sostén y baluarte de la dictadura en Cuba, no asume una actitud netamente revolucionaria, haciendo cumplir el programa de la gente nueva, su labor puede considerarse poco menos que nula. Si los hombres de armas no abrazan el programa revolucionario de la Juventud, darán pábulo a que se piense que su actitud en estos instantes responde a los mismos móviles que hasta ayer se imputaban a su conducta. Si no destruyen lo caduco, no cooperan con la gente joven a asentar la República sobre una base sólida, entonces no podrán eludir su responsabilidad en los atropellos que hasta hace poco se han venido cometiendo.*

*"Los hombres de armas de nuestra Patria hasta hace unos días han tenido la repulsa popular. Hasta qué punto cada miembro del Ejército es responsable de esta condenación por parte de la Opinión Pública, es punto que por el momento no nos proponemos dilucidar. Pero sí conviene que hagamos constar que la reivindicación de las Instituciones Armadas sólo puede consumarse cuando éstas demuestren con sus hechos que no son unos meros sostenedores del hombre que está arriba.*

*"Si ese pronunciamiento llevado a cabo por los más destacados jefes militares, bajo la imposición amistosa de Mr. Welles, secundados de buena fe por parte sana y pura del Ejército cubano, no se respalda con una digna y valiente actitud revolucionaria, el Ejército Nacional quedará ante la Historia con el desairado papel de querer apoyar, en contra de la razón o a favor de ella, a los que representan la fuerza en un momento dado. El Ejército si ni siquiera lleva la primera etapa de la acción a que está obligado moralmente, quedará señalado por el índice de la Juventud como un cuerpo de individuos listos a servir únicamente a quien venga respaldado por la Potencia del Norte.*

*"El Directorio, pues, hace un llamado a los elementos sanos del actual movimiento militar, para que —ganándose la reivindicación y el aplauso sincero de la Juventud, y siendo verdaderos intérpretes de las ansias populares— exijan la verificación inmediata del programa revolucionario estudiantil, único llamado, por la virtud de los principios en que se sus-*

— 433 —

*tenta, a plasmar en realidad la República libre, próspera y feliz a que aspiran los que aman a Cuba de todo corazón..."*

\* \* \*

Un par de días después de haberse efectuado el cuartelazo se le perforó una úlcera estomacal al coronel Sanguily, teniendo que urgentemente ser internado víctima de un ataque de peritonitis. La jefatura del Estado Mayor recayó escalofonariamente en el teniente coronel Héctor de Quesada, oficial administrativo sin ascendiente sobre la tropa ni facultad de mando. Castillo Pockorny, en la Secretaría de Guerra y Marina, se había dedicado a quitar y poner Alcaldes y no dedicó su atención a la indispensable labor depurativa que requerían los cuadros militares de machadistas. La moral estaba muy baja en los cuarteles y la tropa obedecía a sus superiores a regañadientes. Entre los Cadetes y los Sargentos se inició una sorda pugna por el derecho a ocupar las Tenencias que vacasen en caso de depuración. La necesaria reducción presupuestal se proyectaba sombríamente sobre las altas asignaciones que el Ejército siempre recibió de Machado. El desbordamiento comunista por los bateyes no era reprimido por los soldados porque sus jefes no lo ordenaban, temiendo ser acusados por el Ala Izquierda Estudiantil de machadistas. El ambiente cuartelario era de franco derrotismo entre la oficialidad y de abierta beligerancia entre la tropa. La fraternización de ésta con los estudiantes era evidente en los lugares públicos y la animosidad de ambos con la oficialidad era voz popular. Ante aquella situación, los oficiales jóvenes fueron equivocadamente a acogerse a los predios de Menocal, con la simpatía embozada de algunos de sus superiores que veían en éste el Caudillo *timbalero* que podía recuperarles el terreno que perdían y el prestigio extraviado.

\* \* \*

De que las razones que habían movido al Gabinete de Concentración a abandonar su cauce legalista y convertirse en Gobierno de Facto por mediación del Decreto de 24 de agosto eran inspiradas por Sumnes Welles, no debe quedarle duda alguna a nadie. Éste no hacía más que seguir la política tradicional de *trial and error* (prueba y error) que ha caracterizado al State Department en sus relaciones con Hispanoamérica y que en los momentos en que estas líneas son escritas —más de treinta años después de los sucesos cubanos bajo examen— están repitiendo en Santo Domingo consecuentemente con el ajusticiamiento revolucionario del sátrapa Rafael Trujillo, a quien, al igual que Machado, ayudaron a mantenerse en el poder en contra de la voluntad del pueblo dominicano. El manifiesto del DEU con su apelación a la rebelión militar revolucionaria; la propaganda sediciosa entre las Clases y Soldados por el ABC Radical; la laxitud del Secretario de Guerra y Marina, Castillo Pockorny, al permitir toda clase de indisciplinas por temor a ser depuesto o escopeteado; la vacilante conducta del coronel Horacio Ferrer ante Welles; las imbecilidades del Secretario de Instrucción Pública, Belt, pretendiendo contentar las aspiraciones revolucionarias del estudiantado con el ofrecimiento de puestos administrativos, y el reniego abecedario a los postulados de su Manifiesto-Programa y su dedicación desenfrenada a convertirse en un partido político a la vieja usanza, se conjugaron en una explosiva situación que Welles y Cosme de la Torriente idearon conjurar y mediatizar usando el tardío expediente del Decreto del 24 de agosto para cubrir con falso barniz revolucionario el cambalache que era el Gobierno de Céspedes. Irrelevante es decir que los comunistas —choteados por su venta a Machado— acicateaban las masas embrutecidas en actos de calle, tomas de centrales azucareros y ataques al imperialismo yanqui, tanto para hacer olvidar su tortuosa actuación cuando la Huelga General como para cumplir las órdenes de Moscú. La más clara demostración de la tormenta que se incubaba, ante la ceguera de Welles y Céspedes, fue lo ocurrido en el sepelio de los restos del asesinado líder obrero Margarito Iglesias: el sargento Fulgencio Batista, a nombre del Ejército, pronunció un encendido discurso en el cual atacó a la oficialidad y bendijo la unión de estudiantes, obreros y soldados para conseguir *una revolución auténtica*.

La bronca entre sargentos, cadetes y oficiales jóvenes traspasó los límites de los canales reglamentarios, yendo cada uno de estos grupos a buscar respaldo en los sectores revolucionarios que más garantías parecían ofrecerles. La demora en hacer la depuración militar hizo que los tenientes propugnaran la derogación del decreto zayista sobre el ascenso a oficiales de los sargentos y, naturalmente, encontraron apoyo en los cadetes. Los sargentos, por su parte, se disgustaron con esta cuestión que consideraron lesiva a sus intereses. Algunos de ellos que pertenecían al ABC encontraron que esta organización simpatizaba con la oficialidad y a causa de esto se tornaron en enemigos mortales de la verde enseña. Los más avispados sargentos comenzaron a ganarse el apoyo de la soldadesca para hacer un frente común opuesto a la oficialidad. Enterado Horacio Ferrer de los pormenores de la situación, habló con Cosme de la Torriente y Céspedes para que se tomaran medidas preventivas. Se nombró a Ferrer Secretario de Guerra y Marina en lugar de Castillo Pockorny y se llamó de su retiro al general Armando Montes (el mismo que se opuso a la Ley de los Sargentos cuando Zayas) para situarlo en la jefatura del Ejército en lugar del convaleciente Sanguily. Estas medidas cayeron bien en la oficialidad, especialmente entre la que conspiraba con Menocal para dar un nuevo cuartelazo. Pero a pesar de las medidas de Ferrer, a sus espaldas Sanguily permitió la continuación de las reuniones y debates entre oficiales y clases acerca de la tan necesitada y tan demorada depuración. Para efectuar ésta —siguiendo instrucciones de Ferrer—, Céspedes había llamado al servicio activo a los coroneles retirados Miguel Varona, Eduardo Pujol y Leandro de la Torriente y al Capitán de Navío retirado Julio Morales Coello. Ferrer, ilusoriamente, creyó reafirmada su jerarquía entre la oficialidad y la tropa y en consecuencia dictó la Orden General destinada a recuperar el principio de autoridad en crisis:

*"Siendo necesario restablecer el imperio de la ley en todo el territorio de la República con la mayor rapidez, tome las medidas de seguridad oportunas para la mejor protección de vidas y haciendas. Detenga a todo individuo portador de armas y a los que atenten contra la propiedad saqueando casas, repartiendo ganado, destruyendo siembras, etc., poniéndolos a disposición de las autoridades civiles.*

*"En relación con las huelgas, observe cordura, pero esté dispuesto a intervenir aunque su intervención no sea demandada.*

*"Manténgase constantemente en contacto con todos los destacamentos de su mando y envíe informes telegráficos al Estado Mayor todos los días a las ocho de la mañana y a las cuatro de la tarde de los accidentes que ocurran, a reserva de informar inmediatamente de cualquier asunto importante.*

*"Es urgente que lleve Ud. al ánimo de sus subalternos la necesidad imperiosa de restablecer el orden. Acuse recibo."*

En los instantes que se desarrollaban los anteriores hechos, la parte central de Cuba fue azotada por un huracán que hizo enormes estragos en Sagua la Grande y Cárdenas, en cuyos lugares se perdieron más de sesenta vidas. En Cayo Cristo, frente a Isabela de Sagua, fueron barridas por el mar todas las casas y sus 35 veraneantes ahogados. El Presidente Céspedes y el Jefe del Ejército, general Montes, salieron a recorrer las zonas devastadas y a confortar a los dolientes haciendo olvido del ciclón revolucionario que se gestaba en La Habana. Ya las ráfagas de éste se habían hecho sentir en la polémica entablada entre la Federación Médica, capitaneada por los comunistas José Elías Borges y Gustavo Aldereguía, y los Centros Regionales, pues aquélla pretendía el cierre de éstos por cuestiones clasistas que perjudicaban a los asociados sin beneficiar a los polemistas. El último y vano esfuerzo del coronel Ferrer por evitar la marea de indisciplina que amenazaba destruir la organización castrense fue su equivocación —pensando en pasado y no en presente— de apelar al estómago y no a la conciencia de la tropa. El 3 de septiembre hizo leer en todos los cuarteles la siguiente Circular:

*"Ha llegado a conocimiento de este Estado Mayor que personas mal intencionadas vienen propagando con insistencia que los efectivos del Ejército serán reducidos y que los sueldos de los soldados serán rebajados a trece pesos mensuales; y aunque esta patraña es de las que nadie debe darle crédito por carecer de fundamento, precisamente en estos momentos en que el Ejército está rindiendo el máximo de eficencia para restablecer el orden perturbado, y viene actuando con el aplauso y beneplácito del pueblo, sin embargo, interesa a este Centro dar un mentís rotundo a esas especies falsas y repetir que el Ejército goza del prestigio que siempre ha disfrutado y que los efectivos y sueldos de nuestra institución permanecerán inalterables en cuanto a su cómputo y ascendencia, pudiendo agregar que cuando las condiciones económicas de la nación se normalicen y todos los sueldos se restituyan a la cuantía que antes regía, también nosotros los militares, como servidores de la nación, percibiremos lo que justamente nos corresponde."*

Y, efectivamente, el día siguiente, 4 de septiembre de 1933, percibieron lo que justamente les correspondía. La prensa y el radio hicieron de público conocimiento la siguiente Proclama al Pueblo de Cuba:

*"La Agrupación Revolucionaria de Cuba, integrada por alistados del Ejército y la Marina y por civiles pertenecientes a*

*distintos sectores, encabezados por el Directorio Estudiantil Universitario, declara:*

*"Primero: Que se ha constituído para impulsar, de manera integral, las reivindicaciones revolucionarias por las cuales lucha y seguirá luchando la gran mayoría del pueblo cubano, dentro de amplias líneas de moderna democracia y sobre principios puros de soberanía nacional.*

*"Segundo: Estas reivindicaciones, de manera sucinta, son las siguientes:*

*"1. Reconstrucción económica de la nación y organización política a base de una próxima Asamblea Constituyente.*

*"2. Depuración inmediata y sanción total para los delincuentes de la situación anterior, tanto de la civilidad como del Ejército, sin las cuales es imposible el restablecimiento del verdadero orden y de la auténtica justicia, salvaguardando la vida y la propiedad de nacionales y extranjeros.*

*"3. Respeto estricto de las deudas y compromisos contraídos por la República.*

*"4. Formación inmediata de tribunales adecuados para exigir las responsabilidades mencionadas.*

*"5. Reorganización dentro del menor plazo posible de todos los servicios y actividades nacionales, procurando un rápido retorno a la normalidad.*

*"6. Tomar, en fin, todas las medidas aún no previstas en este documento para iniciar la marcha hacia la creación de una nueva Cuba asentada sobre las bases inconmovibles del derecho y del más moderno concepto de la democracia.*

*"Tercero: Por considerar que el actual Gobierno no responde a la demanda urgente de la Revolución, no obstante la buena fe y el patriotismo de sus componentes, la "Agrupación Revolucionaria de Cuba" se hace cargo de las riendas del poder como Gobierno Provisional Revolucionario que resignará el mandato sagrado que le confiere el pueblo tan pronto la Asamblea Constituyente que se ha de convocar, designe el Gobierno Constitucional que regirá nuestros destinos hasta las primeras elecciones generales.*

*"Este Gobierno Provisional dictará Decretos y Disposiciones que tendrán fuerza de Ley.*

*"Ante el pueblo de Cuba y con el indudable beneplácito del pueblo de Cuba, al que saludamos en nombre de la Libertad y la Justicia, este nuevo Gobierno irá adelante garantizando plenamente la estabilidad de la República y desenvolverá dentro de los tratados, confiando en que Cuba sea respetada como*

*una nueva patria soberana que surge plena de vigor a la gran*
*vida internacional.*
*"Campamento de Columbia, a 4 de septiembre de 1933.*
*"Carlos Prío Socarrás, José Morell Romero, Rafael García*
*Bárcenas, Justo Carrillo Hernández, Guillermo Barrientos,*
*Juan A. Rubio Padilla, Laudelino H. González, José M. Irisarri,*
*óscar de la Torre, Carlos Hevia, Emilio Laurent, Roberto Lago,*
*Ramiro Valdés Daussá, Gustavo Cuervo Rubio, Guillermo Por-*
*tela, Ramón Grau San Martín, Sergio Carbó, Julio E. Gaunaurd,*
*Fulgencio Batista, sargento jefe de todas las Fuerza Armadas*
*de la República."*

\* \* \*

¿Qué había ocurrido entre los sectores olvidados por la Mediación desde la toma de posesión de Céspedes? ¿Cómo se
contestaba el *¿que pasó?*, de Horacio Ferrer, Sumner Welles y
el State Department? ¿Quién, o quiénes, y de qué truco se
habían valido para quitar la escalera a los abecedarios y dejarlos agarrados de la brocha? ¿Cómo era posible que a la
alegre caravana del Gabinete de Concentración la hubiesen
hecho salir pitando? ¿Dónde *la mula tumbó a Genaro?*
La historia es muy sencilla de contar. Los documentos probatorios son más que elocuentes. El testimonio de los participantes, incontrovertible.

*"Durante la mañana del 4 de septiembre estuve despachan-*
*do asuntos rutinarios en la Secretaría de la Guerra, sin que*
*nada de particular se me informara. El Presidente Céspedes*
*continuaba en Sagua la Grande, inspeccionando los daños cau-*
*sados por el ciclón, tres días antes, y su regreso era esperado*
*para el siguiente día; con él retornaría el general Montes, jefe*
*accidental del Estado Mayor, y yo lo esperaba para darle for-*
*ma a los decretos impulsando la depuración de las fuerzas*
*armadas. Almorcé en el Palacio Presidencial con el Dr. Presno,*
*Secretario de Sanidad, y otras personas, y a las dos de la*
*tarde fui a la casa del general Sanguily, que permanecía en*
*cama, y por tanto fuera de servicio, pero quería tratar con él*
*algunos asuntos, especialmente el problema de la depuración.*
*Acordamos que ningún oficial fuera expulsado ni retirado sin*
*que se depurara su conducta por un consejo de guerra, pero*
*que podíamos separar de los cuadros del Ejército y de la Ma-*
*rina a ciertos oficiales cuyo criminal comportamiento todos*
*conocíamos, a reserva de que fueran juzgados cuanto antes.*
*El capitán Juan Manuel Villalón redactó el proyecto de decreto,*
*que yo recogí para presentarlo en el Consejo de Secretarios*

*que probablemente se celebraría el siguiente día 5. Acordamos
también activar la actuación de los Consejos de Guerra utilizando los coroneles llamados al servicio cuatro días antes exclusivamente para llenar esa misión, y publicar diariamente
sus fallos, para satisfacer la opinión pública y atender al bienestar de los militares y marinos; y esperábamos que en quince
o veinte días la depuración se habría completado, haciéndose
los ascensos para cubrir las vacantes sin apartarnos de las
leyes ni reglamentos.*

*"Ultimando lo relativo a este importante asunto, Sanguily
me informó que en el Campamento de Columbia había cierta
agitación, porque oficiales y sargentos querían intervenir en la
reorganización que se llevaría a cabo en el Ejército y la Marina, y que él tenía citada para las diez de la mañana del
siguiente día a una comisión de sargentos que deseaba tratarle
de este asunto. Me opuse a que dicha entrevista se efectuara.
Le dije que él y yo conocíamos bien las necesidades del Ejército; que el momento no era propicio para hablar de reorganización, sino sólo de depuración y control de la disciplina,
y que cuando llegara la ocasión de reorganizar —si esto fuera
necesario— nos aconsejaríamos de los jefes mejores conocedores de los distintos departamentos. El general me dijo entonces que quería recibir a los sargentos, porque durante la
mañana se había celebrado una junta de oficiales y alistados
en Columbia, presidida por el capitán Torres Menier, tratándose diversos asuntos. Me quedé sorprendido. ¡Oficiales y soldados en junta discutiendo tópicos militares...! El general hizo
entrar en la habitación al capitán Torres Menier, que se encontraba en la casa, y le dijo que me contara lo ocurrido. El
capitán me informó que el día anterior, 3 de septiembre, se
había enterado de que un grupo de sargentos estaba incitando
a la tropa a establecer determinadas reclamaciones y se habían
reunido en el Hospital Militar; que durante la mañana del
día 4, día en que hablábamos, se había celebrado una reunión
en el Club de Alistados, concurriendo gran número de oficiales
y alistados, presidiendo él la reunión. El sargento Batista, asumiendo la representación de los alistados, habló del mal trato
que se le daba a la tropa; del propósito que había de rebajar
los sueldos; que era denigrante para los soldados servir de ordenanzas a los oficiales; que los oficiales se habían cogido
para ellos la caída de Machado, y muchas cosas más. Que él,
Torres Menier, discutió con Batista extensamente rebatiendo
sus afirmaciones y acordaron que le entregarían una exposición de las demandas para que se la llevara a Sanguily.*

*"Aquel relato me produjo, primero, sorpresa, y seguidamen-*

*te, indignación. El capitán Torres Menier, en el "Diario" que más tarde publicara en "Bohemia", al referirse a mi actitud frente a su conducta, dice sin nombrarme: "se me censuró por persona cuyo nombre me reservo, en forma bastante descompuesta..." No trataré de disculpar la forma en que me expresé. Repetí, indignado, que todo aquello demostraba una degradación de la disciplina y una manifiesta desobediencia a mis órdenes. ¿No había yo dispuesto en una circular que quedaban terminantemente prohibidas las reuniones de militares? ¿Cómo, pues, la mayor parte de los oficiales de Columbia y cómo mil soldados se atrevían a reunirse para discutir públicamente, frente a frente, asuntos del servicio? Torres Menier trató de disculparse diciendo que el Jefe del Puesto había autorizado la reunión. Para mí no cabían reflexiones. Me volví hacia Sanguily y le dije: "Esto es una traición que se me hace. Inmediatamente voy a renunciar a mi cargo de Secretario de Guerra y Marina. ¡Yo no me quedo entre traidores!" La frase dolió al capitán Torres; pero seguramente, reconociendo la razón que me asistía, sólo pudo contestarme: "Yo lo hice obedeciendo órdenes del general Sanguily." El general repuso que al enterarse de la actitud de los sargentos, la noche anterior le había dicho al Capitán que se metiera entre ellos para conocer mejor cómo pensaban y que los trajera a una entrevista con él a las diez de la mañana del siguiente día..." (Horacio Ferrer, "Con el rifle al hombro", autobiografía.)*

Si Ferrer había sido engañado por Sanguily —ascendido a General—, éste, a su vez, había sido burlado por un puñado de oficiales menores que se titulaban Grupo de Renovación del Ejército, y quienes, lidereados por Torres Menier, habían divulgado un documento en el cual se aceptaban los puntos básicos del Decreto de 24 de agosto y del programa del DEU, lo que equivalía a una petición de disolución del Congreso, de Gobernadores, Alcaldes y del Tribunal Supremo. Estos oficiales de menor graduación ambicionaban sustituir a sus superiores y alentaban la esperanza de que las Clases los apoyarían a cambio de ser ascendidas a las posiciones de mando que ellos vacarían. Esto lo confirma Ferrer citando el informe que le hizo el capitán Carlos Montero:

*"Lo inexplicable de la actuación de los oficiales el 4 de septiembre fue la pasividad expectante con que lo aceptaron los oficiales con mando de tropas y en general todos los que pertenecíamos al Ejército. Estoy seguro de la complicidad de algunos oficiales con las clases en la preparación y plan ori-*

*ginal de la asamblea de Columbia para eliminar a un grupo de oficiales y jefes y llamar a otro... Para aclarar esto tal vez sea conveniente estudiar la mala fe de algunos oficiales, los cuales, creyendo que el general Sanguily se moría, quisieron aprovechar el momento para ser nombrados jefes de Estado Mayor, del Departamento de Dirección, del de Administración y otros altos puestos del Ejército. Fueron los más altos culpables del inexplicable éxito del 4 de septiembre..."*

El nombramiento del general Montes —que, como sabemos, se había opuesto vigorosamente, aunque sin éxito, a la Ley de los Sargentos dictada por Zayas— hizo confabularse a las Clases en un movimiento defensivo que se solidificó cuando los Cadetes pretendieron que Céspedes la derogara. La antipatía de la tropa hacia la oficialidad por haberse ésta cogido los honores del derrocamiento de Machado, se unió a la irrespetuosidad que levantó el ver el complejo de culpa que reinaba entre aquélla. La arenga del Directorio hizo el resto. La incipiente Unión Militar de Columbia se vertebró en la Junta Revolucionaria o *de los Ocho*, compuesta por Pablo Rodríguez, sargento cuartel-maestre y presidente del Club de Alistados; Fulgencio Batista, sargento-taquígrafo del Estado Mayor; José Eleuterio Pedraza, sargento-primero de Infantería; Manuel López Migoya, sargento cuartel-maestre; Juan Estévez Maymir, sargento-sanitario del Hospital Militar; Ángel Echevarría, cabo de Infantería; Mario Hernández, soldado de Infantería; y Ramón Cruz Vidal, soldado-sanitario.

Rodríguez era el más culto del grupo, pues era Bachiller; Batista, el más inteligente; y Pedraza y Hernández, los más temerarios. El resto era solamente comparsa. Todos eran hombres muy por encima del nivel del alistado corriente y se hallaban millas delante de los oficiales en cuanto a pensamiento revolucionario. Dos de ellos eran totalmente psicópatas: Mario Hernández, que era un tarado sifilítico, y José Eleuterio Pedraza, que era un lunático homicida. El azar los juntó; la acción los hermanó; la ambición los dividió; la necesidad los re-unió; y, finalmente, el odio los destruyó. En distintas épocas y en diversa forma, pero en esa precisa secuencia. La Junta Revolucionaria de Columbia fue personal hechura de Batista, fundada para el logro de la ambiciosa meta que le hicieron concebir los oficiales superiores maculados y los oficiales menores que aspiraban a sustituirlos trapaceramente. Si de la gloriosa gesta mambí la República había heredado el caudillismo politiquero de Menocal —su primera maldición—, la noble hazaña del 4 de septiembre le legó el caudillismo militarista de Fulgencio —su segunda maldición—. Hasta que el infortunio engendró después de la apoteosis Verde Olivo la funesta combinación politiquero-militarista del nuevo caudillo —su tercera maldición—, Fidel Castro.

El DEU contaba con grandes simpatías entre la población cubana, pero carecía de la fuerza armada que le respaldase a materializar su programa revolucionario. Dentro del estudiantado universitario se había creado el grupo Pro-Ley y Justicia, una fuerza activista que contaba con libertad de movimientos políticos, ligado estrechamente al ABC Radical y a la persona del periodista Sergio Carbó, quien, aunque originalmente menocalista, se había radicalizado y llegado a ser, a través de su semanario La Semana y sus méritos combatientes de Gibara, un verdadero orientador de juventudes de tendencia izquierdista, pero no comunista. Ramiro Valdés Daussá y Santiago Álvarez, dos destacados estudiantes y líderes de Pro-Ley y Justicia, mantenían estrechas relaciones con el grupo de los ocho sargentos de la Junta Revolucionaria de Columbia, y con ellos influyeron para que se sumaran a la agrupación revolucionaria que se gestaba entre los antimediacionistas. Carbó y Batista sentían grandes simpatías mutuas y el segundo pensó en el primero para que fuese la figura civil del movimiento que planeaban. Los ocho sargentos realizaron que el momento había llegado para destituir a aquella dividida oficialidad, y después de la asamblea de Columbia decidieron que Rodríguez y Pedraza fuesen a Matanzas a asegurar el concurso de las clases y soldados de este Puesto, cosa que lograron sin dificultad. El juicio y ejecución de Soler Lezama ocupó la atención de la mayor parte de los miembros del DEU, por lo que estuvieron ausentes de los trámites finales del sargentazo. El Embajador Welles dormía a pierna suelta. Los móviles cuartelarios del golpe y la preponderancia de Batista en él fueron descritos por dos testigos excepcionales en la forma que sigue:

*"La decisión de separar a la oficialidad provino de una indicación de Carbó a Batista, según me han referido indistintamente dos de los principales miembros de la Junta Militar, López Migoya y Pablo Rodríguez, quienes me han afirmado que en un principio nunca pensaron desplazar a los oficiales, sino asegurar sus demandas a través de una protesta colectiva, habiéndose cambiado de criterio por sugerencias de Carbó. En resumen, lo proyectado por los sargentos, iniciado demagógicamente con la mentira de la rebaja de sueldos, aprovechándose del confusionismo general, nunca tuvo finalidad*

*de reformar en lo político, en lo social, en lo moral, ni en lo económico, ni en nada que redundara en beneficio de la patria..." (Ricardo Adam Silva, "La Gran Mentira".)*

*"Batista, por obra y gracia de un accidente, era el sargento Jefe del Ejército. Él no fue el jefe del grupo de sargentos; él fue, tan sólo, el más listo de todos. Y desde los primeros momentos, valiéndose más que de la jefatura accidental del compañerismo, dictó las primeras órdenes, sin poner obstáculos. El momento era de grave responsabilidad. Había que obedecer el primero que diera la orden. Batista fue más audaz y él las dictó y los demás destacados dentro del grupo obedecieron. Pablo Rodríguez, que fue quizás el espíritu máximo de la obra, no objetaba en cumplirlas. Él, como los otros, no creía que aquellas órdenes de Batista serían las que más tarde, a él, al más grande propulsor de la idea dentro del grupo, lo harían prisionero... repitiendo el proceso seguido el 4 de septiembre —en que se hacía aparecer como jefe sin estar autorizado—... Y así, lo que aparecía al principio como un hecho casual, se fue haciendo costumbre y ante los ojos del pueblo Batista fue apareciendo como jefe." (Rubén de León, "La verdad de lo ocurrido desde el 4 de septiembre", Bohemia, 1934.)*

La consumación del golpe no presentó dificultades, pues los oficiales se dejaron quitar mansamente el mando. No hubo una instancia de rebeldía ni corrió una sola gota de sangre. En cada Distrito Militar y en cada buque de la Marina de Guerra los oficiales se sometieron sin complicaciones. Tres de ellos, del Ejército, Manuel Benítez, Raimundo Ferrer y Francisco Tabernilla, se arrancaron las insignias de sus guerreras y se pusieron galones de sargento. El cabo Echevarría ocupó las estaciones de radio y participó al pueblo la toma del poder militar por clases y soldados y su alianza con el Directorio. Grupos de revolucionarios se dieron a la tarea de ocupar edificios del Gobierno mientras que patrullas del Ejército, la Marina y de milicianos de Pro-Ley y Justicia ocupaban las Estaciones de Policías en La Habana y cubrían postas en sus calles. Los comunistas cooperaron con entusiasmo a tomar edificios y lanzar discursos en apoyo a un movimiento que ni era de ellos ni al que se les había invitado. El ABC Radical, dirigido por Laurent, ocupó la Jefatura de Policía habanera. En unas pocas horas los resortes del poder estaban en las manos *de la revolución auténtica.* El inefable Sumner Welles fue informado de lo que sucedía y con más rabia que vergüenza cablegrafió a Wáshington diciendo que existía un estado de revolución encabezado *"por un sargento llamado Batista..."*

La conjunción revolucionaria en el Campamento de Columbia de civiles y militares y su aceptación del programa del DEU originaron la proclama ya conocida de la llamada Agrupación Revolucionaria de Cuba. A continuación se constituyó el Gobierno Provisional Colegiado —conocido como La Pentarquía—, compuesto por Ramón Grau San Martín, Sergio Carbó, Guillermo Portela, José Miguel Irisarri y Porfirio Franca, quienes fueron escogidos por los asambleístas *"para cumplir y hacer cumplir las leyes y aspiraciones del Pueblo de Cuba, consagradas en la Revolución triunfante"*. De Columbia se trasladaron al Palacio Presidencial, acompañados de un número grande de estudiantes y soldados mientras que Batista iba a participar lo sucedido al Embajador Welles. Los cargos Secretariales fueron distribuidos entre los pentarcas en la siguiente forma: Estado y Justicia, Portela; Gobernación, Comunicaciones y Guerra y Marina, Carbó; Hacienda, Franca; Obras Públicas y Agricultura, Comercio y Trabajo, Irisarri; Instrucción Pública y Bellas Artes y Sanidad y Beneficencia, Grau San Martín. La primera Orden General del Ejército consistió en informar a la tropa que el Jefe del Movimiento era Fulgencio Batista, y su ayudante, Ignacio Galíndez, y que el Jefe de Columbia era Pablo Rodríguez, y su Ayudante, Manuel López Migoya.

En Palacio se comisionó a Grau San Martín para que diera la infausta nueva al Presidente Céspedes, quien ya había recibido la renuncia verbal del Gabinete de Concentración. Céspedes se retiró de Palacio con toda la dignidad a que pudo echar mano y con él el general Montes y sus Ayudantes. La Pentarquía se posesionó del Palacio y sus miembros hablaron brevemente al público congregado frente al mismo. El DEU hizo pública una exposición en la que relataba lo acontecido en Columbia al tiempo que Batista, en su carácter de Jefe de las Fuerzas Revolucionarias de la República, daba a la prensa una proclama dirigida Al Pueblo de Cuba, en la que se hacía constar que por primera vez en la República se producía la unión revolucionaria de fuerzas cívico-militares para constituir un Gobierno popular. Decía así:

*"El movimiento triunfante, producido por las clases y soldados del Ejército y la Marina de Guerra, está consolidado a virtud de la conducta que vienen observando los ciudadanos, coadyuvando así al mantenimiento del orden, y de este modo, al inmediato restablecimiento de la paz y la consolidación de la República.*

*"El representante de los Estados Unidos de Norteamérica*

*ha aceptado los hechos consumados; podemos afirmar enfáticamente que no existe peligro de una intervención, porque, como ha dicho el propio Embajador repetidas veces, los problemas de Cuba deben y han de ser resueltos por los cubanos.*

*"Tampoco existe peligro comunista, que ha sido siempre el fantasma con que desde hace años se pretende ahogar, desacreditándolo así, todo movimiento de opinión pública. El país reclama un cambio de frente: no se ha producido la revolución para que un hombre desaparezca del escenario político, sino para que cambie el régimen, para que desaparezca el sistema colonial que 31 años después del 20 de mayo de 1902, continuaba ahogando al país. Ahora nace la República estructurada sobre bases inconmovibles, porque tendrá la forma que señale la libre determinación del País. No será una república fascista, ni socialista, ni comunista, sino que tendrá la orientación que la voluntad de la mayoría del país quiera darle.*

*"Dispongámonos a esa labor, en un ambiente de paz y de trabajo. El Ejército y la Marina de Guerra han consolidado ahora su obra iniciada el 11 de agosto último, queda a los civiles la labor política, mientras las fuerzas armadas continúan manteniendo las instituciones patrias.*

*"Agradecemos cordialmente la cooperación de todos los individuos que constituyen el elemento sano del país y queremos hacer constar que así como reconocemos esa noble ayuda no seremos débiles al imponer el castigo merecido a cuantos traten de destruir la noble obra que estamos realizando por el bien de Cuba. Reprimiremos enérgicamente a todo el que aprovechando estos instantes cometa delitos contra las personas o la propiedad."*

El impacto producido en la estructura social cubana por el golpe revolucionario fue de órdago. La consternación en *las fuerzas vivas* fue fantástica. El coronel Horacio Ferrer, con honestidad incomparable, confiesa en su autobiografía citada su estupor:

*"No cabía en lo posible imaginar que cuatro sargentos desconocidos, sin razones que invocar para justificar su actitud, pudieran sublevar a todo un Ejército cuyos oficiales habían sido educados en el concepto del deber militar, y gran parte de ellos se habían perfeccionado en las rígidas y prestigiosas academias del Ejército de los Estados Unidos. No se registraba un hecho semejante en la historia. La suerte de los que se lanzaron a tal aventura, parecía razonable que terminara frente a un piquete de ejecución..."*

El informe de Welles a la Cancillería americana fue devastador para la legitimidad nacionalista y revolucionaria del movimiento, acusándolo de comunista y anti-americano. A los dos días ya estaba una flota de 30 buques de guerra rumbo a los puertos de Cuba en disposición de bloquearlos. Las acusaciones de comunismo se basaban en el carácter colegiado del Gobierno, la toma de los mandos por clases y soldados y por las acciones de pescadores de río revuelto puestas en efecto por los servidores de Moscú en bayetes y centrales azucareros americanos.

Lo ocurrido durante la permanencia en el poder por cuatro meses del Gobierno Revolucionario nacido el 4 de septiembre fue de una complejidad tremenda. Fueron tantas las facetas del proceso, y tan complicadas, que sus consecuencias y muchos de sus personajes aún tienen vigencia en el presente. Entonces, al igual que ahora, la problemática cubana se entrelazaba con la panamericana y la internacional. Los Estados Unidos en aquellos precisos instantes se oponían a la intervención japonesa en Manchuria porque eran los líderes de un movimiento pacifista mundial tendiente a prevenir la hegemonía germano-italiana en Europa, algo de que habían sido involuntarios cómplices cuando se negaron a formar parte de la Liga de las Naciones escudándose en la doctrina del aislamiento. Mussolini se preparaba a crear un nuevo imperio romano a costa de Libia y Etiopía. Hítler y sus camisas pardas se burlaban del Tratado de Versalles y se proyectaban tenebrosamete sobre Austria usando como excusa el incendio del Reichstag. Roosevelt recién había dispuesto el retiro de los marines que ocupaban a Nicaragua y Haití con vista a la próxima Conferencia de Montevideo, pero tenía sobre sí la presión de los acreedores bancarios de Cuba, los monopolistas de servicios públicos y los terratenientes ausentistas que esgrimían como arma contra-revolucionaria ante él los tétricos informes de Welles pintando de comunista al nacionalismo del movimiento que había derrotado la Mediación. Asustado, Roosevelt ordenó una concentración de marines en Quantico, Virginia, y el envío a La Habana del acorazado Mississippi, el crucero Richmond y los destructores 237 y 246.

Roosevelt estaba justificado en su alarma acerca del peligro comunista en Cuba. No solamente a causa de los exagerados informes de Welles, sino porque en aquellos momentos los comunistas desataban una campaña accional como jamás han vuelto a igualar en Cuba, precisados por la necesidad de borrar la mancha de su venta a Machado y acicateados por su militancia joven. Las huelgas azucareras que se iniciaron contra Machado revivieron con nuevos impulsos comunistas en cuanto los Estados Unidos demostraron su oposición al golpe del 4 de septiembre. La reacción mediacionista aprovechó zorramente la circunstancia para secretamente financiar las actividades anti-americanas con la esperanza de provocar una intervención que degollase por igual al nacionalismo revolucionario y al comunismo. Apenas instalada en Palacio la Pentarquía, quince ingenios fueron tomados por los obreros, dirigidos por comunistas, y se declararon *soviets* en Mabay, Jaronú, Senado y Santa Lucía, donde se hicieron rehenes a los gerentes americanos. Los activistas del Ala Izquierda Estudiantil se trasladaron rápidamente a aquellas zonas y en ellas organizaron *guardias rojas* y procedieron a la implantación de una rudimentaria e ilegal reforma agraria. Fueron muchos los casos en que sus inflamadas y demagógicas arengas en defensa de la Revolución lograron la confraternización de soldados, obreros y campesinos, engañándoles hasta lograr la ocupación de las provincias orientales —a mediados de septiembre— de treinta y seis ingenios. Adolescentes habaneros a quienes las mentiras marxistas lucían como una nueva religión humanista y cuyo entusiasmo revolucionario no supieron canalizar los gobernantes, fueron aprovechados por los comunistas para adoctrinarlos y remitirlos a compartir la penuria de guajiros y antillanos, a enfrentarse desarmados a la fuerza pública y a movilizar con su ejemplo de sacrificio el odio contra los terratenientes, los comerciantes y los americanos. Esta sarampionada adolescencia que enfermó de parasitismo intestinal, que la nigua destrozó los pies, que generalmente calmó los dolores del hambre con tan sólo jugo de caña y que fue presa de la tuberculosis en sus vicisitudes campesinas, fueron luego desencantados por la cruda realidad de la bastardía politiquera y oportunista de los profesionales marxistas, tornándose en su más enconado adversario.

El desplazamiento del poder del ABC, OCRR, Unión Nacionalista, marianismo, etc., desencadenó inmediatamente su furia contra la Pentarquía. Las campañas de prensa, tanto en Cuba como en los Estados Unidos, contra el estado de cosas fueron virulentas. Los comunistas aprovecharon la circunstancia para organizar un mitin en el Parque Central de La Habana en defensa de la Revolución, en honor del día de la Juventud Comunista y en apoyo a la democracia. Dos días después la Liga Anti-imperialista convocó otro en el Teatro Nacional en contra de la Enmienda Platt y la intervención. El 7 de septiembre arribó al puerto habanero el Secretario de

Marina de los Estados Unidos, Mr. Claude A. Swanson, a bordo del Indianápolis, acorazado que fue atacado a tiros de revólver al hacer su entrada por el canal del Morro. El almirante Freeman, comodoro de la escuadra bloqueadora, ya había conferenciado con Mr. Welles a bordo del crucero Wyoming, fondeado en la bahía. La intervención americana parecía inminente. El Claustro General de la Universidad de La Habana se solidarizó con los postulados revolucionarios del DEU y esto movió a la unificación de las multitudes en defensa de ellos. Los mediacionistas se cuidaron muy bien de hacer pública demostración en su contra. Pero mantenían un constante estado de alarma haciendo explotar bombas intermitentemente durante 24 horas diarias, manteniendo en precario el orden público. Los Embajadores en Wáshington de Argentina, Brasil y Chile se interesaron en la cuestión cubana, y Roosevelt, en una entrevista, les aseguró que estaba haciendo lo imposible por no intervenir. Los planes de Welles y Torriente, encaminados a provocar la intervención, se vinieron abajo cuando el Secretario de Estado americano, Cordell Hull, enemigo de Welles, amenazó con renunciar si se ordenaba aquélla y se ponía en peligro la armonía de la próxima Conferencia de Montevideo. Roosevelt dejó a Swanson a bordo del Indianápolis y luego le ordenó trasladarse a Panamá. Innecesario es decir que inmediatamente los comunistas se adjudicaron la victoria y celebraron actos en celebración al triunfo de sus fuerzas *"que habían impedido con su acción la ingerencia armada yanqui..."*.

Dentro de la Pentarquía se produjeron temores plattistas que fueron rápidamente conjurados por Sergio Carbó. Sin contar con los demás petarcas y *"en nombre de la Comisión Ejecutiva y en su carácter de Comisionado al frente de los Departamentos de la Guerra, Marina y Gobernación..."* ascendió al sargento Batista al grado de Coronel *"por méritos de guerra y excepcionales servicios prestados a la patria..."*, e inmediatamente lo nombró Jefe del Estado Mayor del Ejército, sellando con ello la suerte de la oficialidad desplazada. Sus componentes, sin dilación, fueron a concentrarse en el Hotel Nacional, residencia del Embajador Welles. Éste había prometido a Céspedes y Ferrer *"25.000 marines y que el Gobierno de su nación no reconocería al nuevo Gobierno de Cuba, sino que el Dr. Céspedes recuperaría el poder y entonces los oficiales serían, a su vez, restablecidos en sus respectivos mandos..."* Dentro de su agonía, el plattismo tenía estertores de vida. Para evitar el membrete de comunista por su carácter colegiado, el DEU exigió de la Pentarquía el nombramiento de un Presidente Provisional, el cual, debido a la apasionada defensa de Eduardo Chibás, resultó ser el Dr. Ramón Grau San Martín, médico y catedrático universitario, que declaró sus simpatías por las víctimas de la expulsión del año 1927. El día 10 de septiembre se congregaron en Palacio los estudiantes, soldados, obreros y pueblo en general para presenciar la toma de posesión de Grau San Martín. Todo el Cuerpo Diplomático acreditado estuvo ausente de la ceremonia. Los Magistrados del Tribunal Supremo fueron a tomar juramento al nuevo Presidente cuando, ante su general consternación, éste les dijo con firmeza: *"No deseo jurar la Enmienda Platt..."* y volviéndoles la espalda se dirigió a la terraza seguido de sus acompañantes. Una vez acallados los vítores de la multitud, Grau exclamó: *"Juro, solemnemente, cumplir y hacer cumplir el programa de la Revolución..."* Cuatro días después, por medio de un decreto, la Constitución de 1901, junto con su infamante apéndice, fue derogada. De hecho y de derecho en ese instante preciso, y no meses después cuando se hizo protocolariamente, de la Historia de Cuba se borraba la mancha que la denigraba. El plattismo había muerto.

\* \* \*

*El Gabinete Revolucionario. — El Hotel Nacional. — Provocaciones comunistas. — Leyes revolucionarias. — Contragolpe abecedario. — Atarés. — Turbulencia general. — Asesinato del estudiante Mario Cárdenas. — Conferencias de Montevideo y Warm Sprins.*

El Gabinete Revolucionario quedó formado como sigue: Estado, Manuel Márquez Sterling; Justicia, Joaquín del Río Balmaseda; Instrucción Pública, Manuel Costales Latatú; Comunicaciones, Miguel A. Fernández Velasco; Hacienda, Manuel Despaigne; Sanidad, Carlos Finlay; Guerra y Marina, Julio Aguado; Obras Públicas, Gustavo Moreno; Agricultura, Carlos Hevia; Gobernación, Antonio Guiteras; y Presidencia, Ramiro Capablanca. Posteriormente se creó la Secretaría del Trabajo y se le confió a Ángel A. Giraudy. Márquez Sterling manejaba a una vez la Secretaría de Estado y la Embajada cubana en Wáshington. Río Balmaseda había sido fiscal en la causa contra Arsenio Ortiz. Costales, Finlay y Capablanca eran profesores universitarios. Despaigne era el mismo viejo coronel mambí que había formado parte del Gabinete de la Honradez cuando Zayas. Moreno procedía de la Sociedad de Ingenieros y ocupó el lugar que rehusó continuar ocupando Eduardo Chibás (padre). Aguado era el Coronel del Ejército encausado por Machado. Hevia era el jefe de la expedición de Gibara y Guiteras y Fernández Velasco procedían de las filas más radicales del movimiento revolucionario anti-mediacionista. Emilio Laurent fue nombrado Jefe de Policía de La Habana.

Los primeros en presentar un valladar al Gobierno Revolucionario fueron los antiguos oficiales del Ejército Nacional y la Marina de Guerra. Sus representantes fueron llamados a Palacio y ofrecidos el retorno a sus puestos si aceptaban los hechos consumados y las jefaturas de los ascendidos sargentos. Se negaron de plano, a pesar de la promesa de Batista de reintegrar al Estado Mayor a los coroneles Perdomo y Quesada, no sólo porque quizás confiaban en la promesa de Welles a Ferrer y Céspedes, sino porque su orgullo profesional se los impedía. Un poco tardía la explosión de orgullo tal vez, pero el gesto de renunciación los reivindicaba de su anterior pasiva humillación. Poco a poco, individualmente y en grupos, se fueron alojando en el Hotel Nacional —que abandonó en seguida Mr. Welles—, junto a Ferrer y Sanguily, quienes decidieron correr la suerte de sus subordinados. Los sectores mediacionistas ofrecieron su apoyo al plan de que Céspedes fuera a residir en el Hotel Nacional y establecer allí *un gobierno constitucional,* pero el ex-Presidente se negó a ello. Ferrer acudió a Palacio, invitado por Grau, y ante éste ratificó la decisión de la oficialidad de no someterse al sargentazo. El Gobierno ordenó el inmediato sitio del Hotel.

El 24 de septiembre se decretó el reintegro de la oficialidad a las filas del Ejército y la Marina dentro de los tres días siguientes, bajo pena de ser separados de sus cuadros sin derecho alguno a beneficios adquiridos en el servicio de las armas si se negaban. Aguado renunció a causa del tratamiento que se daba a sus antiguos compañeros oficiales y Guiteras se hizo cargo de la Secretaría de Guerra y Marina, firmando el referido decreto. El Hotel Nacional se convirtió en un Puesto Militar al mando de una Junta de Oficiales encabezada por el general Sanguily. La situación era de explosivas características, pues se sabía que el ABC conspiraba para derribar el septembrismo y que los comunistas aumentaban su poderío. Dentro del Hotel había división clasista, pues los oficiales no-maculados repudiaban a los machadistas allí presentes. Lo único que los aliaba era la decisión de no someterse a los sargentos y la esperanza del apoyo americano y mediacionista.

Los sargentos no las tenían todas consigo, pues la indisciplina que habían introducido en la tropa al rebelarse amenazaba devorarlos. Las ambiciones despertaron y las pugnas internas por ocupar los cargos de oficiales vacantes creaban disgustos personales que fácilmente se convertían en focos de sedición. Batista, astutamente, alejó a Pablo Rodríguez de Columbia, nombrándole Ayudante Presidencial y Jefe de la Casa Militar de Palacio, mientras él iba creando un aparato militarista que respondiera enteramente a su persona y sus intereses. Por tener la Marina de Guerra un carácter técnico, no pudo sacudir sus cuadros violentamente, conformándose con poner al sargento Ángel M. González al frente de la Infantería de Marina. Guiteras, desde que asumió la regencia de la Secretaría de Guerra y Marina, dedicó su atención a la fuerza naval, ya que realizó que el Ejército era coto privado de Batista, y con esto se inició una lucha interna entre los dos hombres y los dos organismos armados que se resolvió trágica y sangrientamente algunos meses después en el Morrillo de la bahía matancera. El ABC Radical y Pro-Ley y Justicia circulaban como milicia uniformada de kaki, pero sin insignias. Batista dio orden al Regimiento de Oriente para que se aceptara el mando del comandante Cabrales; al de Camagüey para que obedecieran al comandante Betancourt, y al de La Habana para que se sometiera al mando del coronel Perdomo, todos antiguos oficiales, pero éstos y el coronel Quesada rehusaron aceptar los mandos ofrecidos. Aurelio Álvarez fue al Hotel Nacional a inquirir de los sitiados el porqué no volvían a sus cargos, y una comisión de éstos le informó *"que el único Jefe de Estado Mayor que los oficiales podían aceptar y la única autoridad que en esos momentos acataban era la del general Sanguily..."*

En tanto el Gobierno preparaba una legislación que se ajustara a la proclama en que se aceptó el programa del DEU, los conflictos ideológicos hicieron acto de presencia en su seno. La piedra de discordia era la falta de una filosofía que predeterminase el método de gobierno deseado. Aunque Grau era el Presidente, la titulada Junta Revolucionaria pretendía ser la rectora de la Administración. A su vez, las diferencias entre los grupos que formaban aquélla se ventilaban tanto en la Universidad como en Palacio. La situación caótica de la economía aumentaba las tensiones ya de sí elevadas al máximo en la sociedad. Los estudiantes, obreros y jóvenes que no tenían representación en el Gobierno, puesto que las organizaciones que formaban éste eran de carácter directivo y no asambleario, y quienes tenían ansiedades revolucionarias se encaminaron hacia las filas del comunismo, que los acogía sin reservas, los alentaba a la lucha y los organizaba como tropa de choque engatusándolos con la idea que luchaban "contra la burguesía, el imperialismo yanqui y en defensa del proletariado". La gran cantidad de reivindicaciones exigidas y la intransigencia de muchos patronos —en varios casos por interés de agravar las cosas y provocar la intervención—, provocaron movimientos huelguísticos sin fin y una ola de agitación y descontento que, manejada hábilmente por el comunismo, llegó a tremolar la bandera de la hoz y el martillo en el Ayuntamiento de Antilla, Oriente. La pugna entre alumnos examinados y no-examinados fue aprovechada por el Ala Izquierda Estudiantil para ponerse de parte de los primeros y por boca de Ladislao González Carbajal se opuso al proyecto de decreto de anulación de exámenes que calorizaba el DEU alegando que los examinados representaban la mayoría del estudiantado y que la huelga de cultura contra Machado había sido improcedente... Tan fuerte llegó a sentirse la organización comunista que decidió dar un gran golpe de efecto y con miras a ello inventó el traslado ficticio desde México de los restos de Julio Antonio Mella para enterrarlos públicamente en un panteón que construirían en el Parque de la Fraternidad, al que denominaron Plaza Roja de La Habana. Después de gran despliegue de publicidad, y con fondos allegados de los mediacionistas a quienes convenía la agitadera, el comunismo organizó un multitudinario desfile e inició la construcción del panteón. El Gobierno permitía la actividad comunista estúpidamente pensando que convenía a sus intereses mantenerla para usarla como arma contra la reacción intervencionista.

La tarde del 29 de septiembre, bajo un torrencial aguacero, el Ejército destruyó a mandarriazos el panteón-obelisco y avanzó Reina arriba disparando indiscriminadamente contra el público congregado a lo largo de esa avenida habanera, causando una matazón que dejó un saldo de 6 muertos y 27 heridos. El local de la CNOC en Monte y Prado fue destruido y sus muebles y archivos incendiados en la calle. Al mismo tiempo, en Oriente, el Ejército disolvió por la fuerza de tiros y planazos los soviets de Mabay y Jaronú, también con un elevado saldo de muertos y heridos. Ni había tales restos de Mella que enterrar ni un leve rasguño sufrió líder comunista alguno. Pero la difusión por la prensa de la macabra foto del cráneo destrozado del niño *Paquito* González crispó de horror a muchos cubanos que repudiaron la acción del Gobierno y se solidarizaron con los marxistas en su provocación. Los máximos culpables de aquella carnicería fueron Juan Marinello, por lanzar la manifestación a la calle con propósitos provocativos, y Fulgencio Batista, por ordenar el ataque del Ejército después que el Gobierno había concedido el permiso para el desfile.

El día 2 de octubre se produjo el asalto de la tropa al Hotel Nacional, dando lugar a una batalla en que intervinieron fuerzas de Infantería, de Artillería, de camiones blindados y dos buques de guerra, el Cuba y el Patria. Los defensores ofrecieron heroica resistencia hasta que, agotado el parque y lleno de agujeros de balas de cañón el Hotel, se vieron obligados a capitular. El recuento de las víctimas de la batalla dio por resultado que la soldadesca asesinara impunemente a un grupo de oficiales rendidos, en los jardines del Hotel, puesto que los sitiadores llevaron la peor parte en la lucha. El team olímpico de tiro del Ejército, parapetado en los miradores de la azotea del Hotel, había hecho diana innumerables veces en los cuerpos de los atacantes. Los oficiales supervivientes fueron remitidos a las prisiones militares después de ser vejados y maltratados de obra por sus airados ex-subalternos.

Intercalándose con los anteriores sucesos, fueron promulgadas leyes revolucionarias que al tiempo que beneficiaban a las clases pobres y medias, concitaron el odio de explotadores y poderosos. Ellas fueron la convocatoria a elecciones constituyentes, la Autonomía Universitaria, la liquidación de la Deuda de Obras Públicas, la repatriación de antillanos, la creación de la Secretaría del Trabajo, la jornada máxima de ocho horas, la gratuita atención de enfermos y de enterramientos de pobres y la Colegiación Profesional obligatoria.

Pero no se había aún secado la tinta en los decretos cuando el ABC se lanzó a la contra-revolución en noviembre 8. La Aviación se sublevó y tres de sus aparatos se elevaron la madrugada de ese día para bombardear Columbia y el Palacio, sin poder lograrlo a causa de la tupida defensa antiaérea y del miedo de los pilotos a bombardear la población civil. En la Capital, lugar donde se circunscribió el alzamiento, el ABC dominó por varias horas los precintos y la Jefatura de Policía, así como ocupó la casi totalidad de edificios públicos, con excepción del Palacio. Pero en cuanto las mejor organizadas tropas leales comenzaron su contra-ofensiva, los civiles abecedarios tuvieron que abandonar unas posiciones que de nada servían militarmente. Siguiendo un corte fascistoide, el ABC intentó un putsch en lugar de una revolución. Del cuartel de Dragones se replegaron hacia el de San Ambrosio y de aquí y la Jefatura de Policía fueron a concentrarse en la ratonera que resultó serles el Castillo de Atarés. El día 9 el contragolpe abecedario estaba ya prácticamente destruído. Convergieron sobre Atarés todas las fuerzas del Gobierno y, al igual que en el Hotel Nacional, los cañones de 75 y los morteros de 60 ablandaron la posición hasta hacerla insostenible, causando tremenda carnicería entre los sitiados. El comandante Ciro Leonard y el joven abecedario Enrique Pizzi de Porras se suicidaron antes que rendirse. Producida la capitulación, el demente Mario Hernández fusiló masivamente a docenas de prisioneros y mató fríamente, de un tiro entre los ojos, al legendario guerrillero camagüeyano Blas Hernández. Grau resistió con ayuda de tropas navales los ataques al Palacio, pero la noche de la victoria empañó ésta ordenando la iluminación del Capitolio para celebrarla. Cientos de prisioneros, entre los cuales abundaban las mujeres, fueron a repletar las cárceles. El ABC no logró tampoco la intervención americana. Batista se iba haciendo más fuerte cada vez. Roosevelt comenzó a poner en duda los juicios de Welles y envió a Cuba como observador a Adolph Berle, quien se suponía fuese también experto en asuntos cubanos del State Department. Creyendo que la discordia reinante en Cuba les brindaba una posibilidad de regreso, los machadistas exiliados en Miami crearon una Junta Reivindicadora de los Derechos del Pueblo de Cuba, presidida por Orestes Ferrara y Alberto Barreras, y secretariada por Salvador García Ramos y Octavio Averhoff. Los tremendos jefes invasores eran Carlos Miguel de Céspedes en la posición de jefe de las fuerzas terrestres y Rodolfo *Fifo* Herrera —primogénito del ex-Jefe de Estado Mayor— como aviador supremo.

Una vez pasada la conmoción de los sucesos del Hotel Nacional y el Castillo de Atarés, el Gobierno decretó el licenciamiento de toda la oficialidad que no se reintegró a sus mandos, la nacionalización del trabajo, de los sindicatos obreros, la progresiva de la industria y de la tierra y la proporcional de las utilidades azucareras. A estas cuatro leyes nacionalistas revolucionarias se añadieron las siguientes: la creación del papel moneda cubano, el restablecimiento y ampliación de la Ley Arteaga, la de construcción de viviendas campesinas y de protección a los colonos y hacendados cubanos, la de accidentes del trabajo, descanso semanal retribuído, jornal mínimo diario de $1,00 y arbitraje obligatorio en disputas laborales. Siguieron rápidamente leyes contra el garrote y la usura, de oposiciones para cubrir cargos públicos, de descanso a los obreros de Servicios Públicos y declarando inembargables los salarios de obreros y empleados.

Estas leyes, altamente beneficiosas al pueblo, desgraciadamente no eran acompañadas por una actitud conciliadora de parte de los jóvenes revolucionarios que compartían el Gobierno. Por el contrario —quizás por inexperiencia—, su actitud petulante y auto-suficiente les enajenaba cada día más y más la amistad de sus originales simpatizantes. Adoptaron una pose de providencialismo que les hacía creerse superiores a los demás cubanos y rayaban en el fanatismo en lo que se refería a la aplicación de sus métodos de Gobierno. Parte grande de la culpa por esta actitud de la juventud revolucionaria se debía al menosprecio por la politiquería que en ellos habían sembrado los pasados gobernantes. Laurent protestó por el carácter represivo que estaba tomando la policía y tuvo que exiliarse. Su cargo de Jefe de Policía fue ocupado por el irresponsable y sobre-girado Mario Labourdette, de Pro-Ley y Justicia, quien volcó sobre la urbe capitalina, vestidos de oficiales, a su nueva grey de valentones, los cuales, con su genizarial actuación posterior, agravaron más aún los problemas del Gobierno con la ciudadanía que debía apoyarlo en contra de la reacción. Batista, atento el ojo a estos aconteceres, seguía tejiendo en la sombra la madeja de su oportunismo y apretando las clavijas a la armazón militarista.

Un artículo del comunista Raúl Roa, titulado Efebocracia, Mongonato y Mangoneo, que vitriólicamente satirizaba el predominio de la juventud estudiantil en el Gobierno, fue utilizado por la reacción en la misma forma que Machado utilizó la catilinaria de Martínez Villena contra el ABC. Las Quintas Regionales fueron clausuradas por negarse a cumplir la Colegiación Médica y sus miles de asociados se pusieron contra Grau de inmediato. Las huelgas provocadas por comunistas y patronos reaccionarios continuaron su loca carrera. La Alianza Tabacalera y el Sindicato de Torcedores paralizaron la industria del tabaco en La Habana. La Cuban American Sugar Company suspendió la zafra en los centrales Chaparra y Delicias y su acción fue contrarrestada por Guiteras ordenando su ocupación y nacionalización. Santiago de Cuba fue tomada militarmente debido a los disturbios provocados por los comunistas en protesta de la ley de nacionalización del trabajo —o del 50 %—, que acusaban de ser divisionista del proletariado. Esa misma ley que los consorcios azucareros acusaban de comunista porque había hecho saltar a gran cantidad de americanos que ocupaban cargos en la industria en perjuicio de nativos tan cultos y preparados como ellos. El Diario de la Marina financió la publicidad de un titulado Partido Fascista Nacional, supuestamente dirigido por un tal R. Verges, así como también sufragó los gastos y brindó sus páginas a una tal Afirmación Nacional, grupo anti-comunista de ocasión fundada por el cronista teatral Eduardo Héctor Alonso. Una estadística al efecto mostró que de septiembre a diciembre habían muerto violentamente en Cuba 1.110 de sus habitantes. El mes de diciembre de 1933 fue crucial para el Gobierno Revolucionario. A medida que la oposición se fue ampliando, el círculo gobernante se fue estrechando. El Directorio Estudiantil Universitario fue disuelto y su lugar ocupado, en la vida estudiantil, por la Asamblea Universitaria, francamente opuesta al Gobierno y llena de justos e injustos resentimientos contra sus antiguos compañeros que ahora regían la República con mortificante exclusivismo. La figura cohesionante dentro de Palacio no era ya Grau, sino Antonio Guiteras, y la fobia de éste por los viejos políticos había hecho tomar el camino del exilio a Cuervo Rubio y Menocal como consecuencia de la prohibición dictada contra los viejos Partidos y sus lemas. La campaña del periódico El País contra la ley del 50 % exacerbó de tal modo las pasiones gobiernistas que después de una manifestación tumultuosa en apoyo de ella las turbas fueron desde Palacio a destruirlo e incendiarlo, dejando en las ruinas un balance de nueve muertos. Grau no había logrado un acercamiento con los sectores que se oponían al Gobierno porque las leyes que se habían promulgado estaban en conflicto con las clases altas económicas, con la Embajada americana y con los grandes intereses inversionistas que habían declarado un boycott de contribuyentes formidablemente organizado.

Cuando el Claustro Universitario se hallaba gestionando un retorno de la simpatía estudiantil al Gobierno, ocurrió el abominable asesinato del estudiante Mario Cadenas. Los pormenores de esta barbaridad —tomados del Auto de Procesamiento del Juez Especial, León M. Soublette— indican que una prostituta despechada acusó en Marianao al estudiante Cadenas de ser el autor de los atentados dinamiteros ocurridos en esa población. Fue detenido por los soldados Cosme Velázquez Casanova y Fernando Gras y de León, quienes lo llevaron ante el capitán Ramón Corvo Barquín y el comandante Ignacio Galíndez, Jefe del Puesto de Columbia, los que ordenaron a los soldados que lo hicieran hablar, ya que Cadenas negaba una y otra vez su culpabilidad. La mañana siguiente su cadáver fue encontrado en el campo de tiro del Campamento de Columbia con dos balazos en la nuca, pero la autopsia reveló algo horrendo que a continuación transcribimos, tal como fue reportado por el periodista Jorge Quintana en la revista Bohemia:

*"Las huellas de la tortura a que fue sometido muestran una crueldad inaudita, una animalidad ínfima, un retroceso a la caverna, un refinamiento bárbaro. Mario Cadenas, antes de ser muerto fue torturado en la siguiente forma: las dos tetillas le fueron arrancadas al parecer con un alicate; el brazo derecho fracturado por dos lugares; los aparatos genitales hechos papilla; las uñas de los pies arrancadas; treinta pinchazos dados con una lima o punzón de forma cuadrada en diversas partes del cuerpo. El ojo izquierdo estaba reventado. Se supone que le golpearon con el cañón de un revólver y se lo saltaron. El dedo medio de la mano derecha, roto. El cuerpo era una criba, un guiñapo sangriento..."*

De inmediato los estudiantes organizaron una manifestación, encabezada por EDDY Chibás, a exigir la renuncia de Grau, gritando: ¡KING KONG, QUE SE VAYA RAMÓN...!, en protesta contra los desmanes del Ejército. El Presidente, contrariando los deseos de sus afines, bajó a la calle y parlamentó serenamente con los protestantes, que acabaron dándole vivas. Pero ya el daño estaba hecho. Toda la prensa, nacional y extranjera, culpó a Grau de debilidad ante el desafuero militarista. El escándalo fue tan grande que hizo a Batista enviar a los soldados culpables a Santiago de Cuba para sustraerlos a la investigación y a los tribunales. Cuando el Juez Especial encargado de la causa los reclamó, fueron enviados bajo custodia a La Habana. Cerca de Camagüey fueron muertos, *cuando trataban de fugarse...* El trágico asesinato de Cadenas fue legalmente cerrado por medio del traspaso de la causa a un tribunal militar que exoneró de culpa a Galíndez y Corvo Barquín, formado por los comandantes Querejeta, García Pedrosa, Tabernilla, Echevarría y Dole, y del cual fue Oficial Investigador el comandante Manuel Benítez. La sentencia absolutoria fue publicada en la Orden General 83 de mayo 26 de 1934.

La Conferencia de Montevideo se celebró y en ella Cuba obtuvo un resonante triunfo, a pesar de la manifiesta hostilidad demostrada contra ella por países estrechamente vinculados a los Estados Unidos y que lograron que la Conferencia negara a la delegación cubana, formada por Carlos Prío Socarrás, Herminio Portell Vilá y Ángel A. Giraudy et. al., toda posibilidad de tratar sus asuntos en relación con Wáshington. La Conferencia de Montevideo aprobó una resolución en la que jurídicamente se suprimía el derecho de intervención, con ello dando pleno respaldo a la negativa de Grau a jurar la Enmienda Platt y a derogar la Constitución de 1901 por contenerla. Las únicas naciones que habían reconocido al Gobierno Revolucionario eran España, México, Perú y Panamá. Roosevelt ordenó a Welles que se reuniera con él en Warm Springs, Georgia, para efectuar consultas sobre Cuba.

De la conferencia de Warm Springs se derivaron tres cosas: la sustitución de Sumner Welles por Jefferson Caffery, la declaración tajante de Roosevelt de que no reconocería al Gobierno cubano y el cambio del plattismo por el paternalismo. El sustituto de Welles traía con él una negra reputación por su actuación anterior en Colombia y ostentaría el mismo título que Crowder: Representante personal del Presidente. La política que iba a seguir el State Department con relación a Cuba, que luego confirmaría Márquez Starling a su regreso de Wáshington, se condensaba en las siguientes palabras de Roosevelt:

*"El reconocimiento por los Estados Unidos de un Gobierno en Cuba, supone, más que una medida ordinaria, soporte material y moral a ese Gobierno. Nosotros deseamos comenzar negociaciones para una revisión de las relaciones comerciales entre nuestros dos países y para una modificación del Tratado Permanente entre Cuba y los Estados Unidos. Será bienvenido cualquier Gobierno Provisional en Cuba en el cual el pueblo cubano demuestre su confianza..."*

Roosevelt, como todos los cubanos, se había dado cuenta que el Gobierno de Grau no contaba con todo el apoyo popular requerido para estabilizarse y que se mantenía en el poder por obra y gracia del Ejército que regenteaba Fulgencio Batista. Aunque éste no fuera santo de su devoción, a la hora de escoger entre un Gobierno Revolucionario permeabilizado de comunismo, o uno anti-comunista, pero nacionalizador de las riquezas propiedad de Wall Street, y una dictadura militar derechista, los Estados Unidos, bajo la Administración Roosevelt o la de cualquier otro Presidente, se inclinaría siempre por el hombre fuerte que garantizase la estabilidad del dejar hacer, dejar pasar... Y en la Cuba de entonces, con o sin Enmienda Platt, Batista, con tal de asegurar su omnipotencia, estaba dispuesto a someterse a los dictados de Caffery como el más servil lacayo. Los Embajadores en La Habana de Uruguay y México ya gestionaban un acercamiento entre los Estados Unidos y Cuba. Era voz popular que el candidato unánime para sustituir a Grau lo era el coronel Carlos Mendieta, líder de Unión Nacionalista. Alejandro Vergara, Alcalde de La Habana, renunció en protesta contra el militarismo imperante y el nombramiento del comandante Ulsiceno Franco

Granero como Supervisor de la Policía Municipal. En Miami la Asamblea de Exiliados Políticos Cubanos, formada por mediacionistas, menocalistas y septembristas escarmentados, una vez que supo de la declaración de Warm Springs, presentó las siguientes demandas:

1. *Elección de una Constituyente que dé a Cuba una nueva Carta Magna, una ley electoral y un Presidente Provisional.*
2. *Libertad electoral para todos los Partidos, nuevos y viejos.*
3. *Suspensión de los Tribunales Especiales.*
4. *Igualdad para todos los cubanos.*
5. *Restauración de un régimen legal.*

El carácter de las peticiones demostraba un filo de perdón al machadismo en la bandeja que las presentaba, aunque todos coincidían en repudiar a Machado. No pedían ni insinuaban intervención porque la Conferencia de Montevideo había determinado: *"Ningún Estado tiene derecho a intervenir en los asuntos internos de otro. Los extranjeros en él residentes no pueden reclamar para sí más derechos que los disfrutados por los nacionales..."* La proyección del Exilio fue bien recibida entre los círculos oposicionistas internos.

\* \* \*

*Anarquía. — Jefferson Caffery y Fulgencio Batista. Las tres tendencias: Chibás, Guiteras y el Exilio. — Tácticas del comunismo. — La solución cubana. — Flor de un día. — La butifarra.*

Amparándose en la decisión de la Conferencia de Montevideo contra el ingerencionismo, Guiteras ordenó la nacionalización de las empresas extranjeras que se colocasen fuera de la ley. La primera en sufrir las consecuencias fue la Compañía Cubana de Electricidad. Esto volvió a atizar el fuego de las acusaciones de comunismo sin que se tomasen en consideración las palizas que el Gobierno propinaba a los seguidores de Rusia. Los Ferrocarriles Unidos fueron a la huelga y los consorcios azucareros se negaron a comenzar la zafra alegando que la ley del 50 % equivalía a una confiscación. El incremento del petardismo ocasionó que el comandante Marchena fuese nombrado Jefe de la Plaza Militar de La Habana. El semanario de Sergio Carbó, La Semana, fue objeto de un atentado dinamitero mientras que la Ley del Talión les fue aplicada a los responsables del asesinato de los jóvenes hermanos Álvarez, en Colón, en el mismo lugar que éstos habían sido muertos *"cuando les fueron arrebatados a sus custodios por un grupo de desconocidos armados..."* Los comunistas, con declarada anuencia del Gobierno, siguieron su campaña antiyanqui y celebraron en el Instituto de La Habana una Conferencia Anti-imperialista, a la cual vinieron delegados americanos. La clausura de las Quintas concitó la protesta del Embajador español, quien hizo responsable al Gobierno del daño ocasionable a sus súbditos... Los partidarios del Gobierno crearon Comités de Salvación Pública, que levantaron aún más odios contra Grau y el Directorio. La anarquía era tal que al finalizar el año 1933, y desde agosto solamente, se habían producido en Cuba 211 huelgas. De ellas 5 generales en otros tantos Términos Municipales; 86 en centrales azucareros; 14 entre Gremios panaderos, más la Huelga General que había derribado a Machado. En Bueycito, Yara Arriba y Cayo Espino, Oriente, existían soviets campesinos, mientras que en la bahía de La Habana estaban fondeados el acorazado Wyoming y los destructores 125, 126, 154 y 155. Welles se retiró de Cuba y cinco días después hizo su entrada el hermético Caffery. Este escenario estaba presto para que en él tuviera lugar un nuevo acto del drama cubano.

Mientras que para gobernar Grau sólo contaba con los cabeza calientes del antiguo DEU y sus aliados, Batista contaba con la solidaridad total del Ejército y parcial de la Marina, así como con el aconsejamiento politiquero inapreciable de Carlos Manuel de la Cruz y Lucilo de la Peña. Éstos le habían reclutado un equipo de viejos políticos, astutos picapleitos y nuevos manengues que constituirían los fundamentos de la estructura civil que serviría de marco al caudillaje militarista del sargento-coronel. Caffery puso en marcha su plan de convencer a Batista de que lanzara por la borda a Grau y que se convirtiese después en el poder tras el poder... No le costó mucho trabajo convencerlo, especialmente después que le prometió un pronto reconocimiento americano al nuevo Gobierno, la facilitación de un préstamo a éste y la abolición de la Enmienda Platt. En añadidura sería dictado un embargo de armamentos en los Estados Unidos que ayudase a consolidar la paz en Cuba... El Gobierno dictó una suspensión de los juicios de desahucio y una moratoria en los adeudos eléctricos y telefónicos, pero no halló soluciones satisfactorias a los líos de las Quintas y la Federación Médica; a los de los hacendados con los colonos; a los de las huelgas incesantes; y a los de los estudiantes con los militares.

La problemática política cubana se debatía entre tres tendencias, dentro y fuera del Gobierno y el país: a) que se vaya Grau y deje el Gobierno enteramente a una dictadura militar para que ésta fracase y pueda retornar un nuevo Gobierno Revolucionario; b) que resista Grau y con ayuda popular derrote al militarismo incipiente; y c) que se vayan Batista y Grau y gobiernen los sectores con el apoyo de unas Fuerzas Armadas compuestas de septembristas y oficiales no-maculados.

La primera tendencia, al realizar que la obra de Caffery está destinada a consolidar la fortaleza del militarismo, se reforma en otra que comprende la entrega del Poder a un nuevo Gobierno Revolucionario que no tenga, como el de Grau, la repulsa de la opinión pública, para que ese Gobierno, con el apoyo del pueblo, reduzca al Ejército a sus funciones propias y salve la Revolución... Esta tendencia, lidereada por el joven revolucionario Eduardo *Eddy* Chibás —quien comienza a destacarse sobre los demás por la fuerza de sus convicciones y por un apasionamiento, a veces insensato, en lograr su meta aún al riesgo de la vida— hiere de muerte al régimen cuando logra que la Asamblea Universitaria tome los siguientes acuerdos:

1. *El estudiantado universitario se pronuncia contra el Gobierno Provisional, por haber defraudado los ideales estudiantiles y por encontrarse incapacitado para cumplir el programa revolucionario.*
2. *Denunciar el movimiento contra-revolucionario que se incuba con el apoyo financiero de corporaciones extranjeras para implantar en Cuba un régimen reaccionario mediatizado.*
3. *Combatir toda forma de intervención extranjera en los asuntos interiores de Cuba.*

La segunda tendencia la capitanea Antonio Guiteras y cuenta con las simpatías del Presidente y parte de la Marina de Guerra, así como tiene coincidencias tácticas con los activistas bélicos del AIE y la CNOC, que discrepan de los teorizantes y politiqueros del Partido Comunista.

La tercera tendencia se origina en el Exilio, donde todos sueñan con un arreglo incruento a base del State Department, y se destacan en ella los menocalistas, marianistas, abecedarios, septembristas tramitados y hasta los machadistas que reniegan de su ex-líder.

\* \* \*

Lo que pensaban los comunistas, y los medios que pensaban utilizar para lograr sus propósitos, quedará mejor explicado si reproducimos algunos párrafos de las Resoluciones de la Primera Conferencia Nacional del Partido Comunista, publicadas en febrero de 1934, en las que aseguraban que lo lograrían *"porque contaremos, y contamos ya, con la ayuda de las organizaciones proletarias más capaces del mundo: la Internacional Comunista y la Internacional Sindical Roja, con cuyo concurso y experiencia venceremos..."*

*"Nuestro ataque principal no lo dirigiremos ahora contra el imperialismo, lo cual pudiera precipitar y utilizarse para justificar la intervención militar, quitando a nuestro Partido la capacidad de maniobrar con el fin de garantizar el triunfo y la consolidación de la revolución obrera y campesina. Nuestro ataque principal tiene que ser dirigido ahora contra la burguesía y terratenientes nativos, desenmascararlos despiadadamente de toda su demagogia. Nuestro cambio de táctica frente al imperialismo debe comprenderse en el sentido de desarrollar las luchas de los obreros en todas las empresas y fábricas, sin excepción, ya sean imperialistas o nativas, mediante acciones de masas, huelgas, mítines, demostraciones, etc., sin forzar la ocupación o toma en los casos de empresas imperialistas. Ahora bien, cuando esta ocupación se realice por movimientos surgidos de las mismas masas, nuestro deber como comunistas, no es el de frenarlos, sino el de encabezar dichas luchas, elevándolas hacia formas cada vez más elevadas, tales como cercar la empresa, impedir que los rompe-huelgas entren a la misma, realizar grandes concentraciones de obreros y de campesinos en diversos lugares contra la empresa, etc.*

*"Es preciso, urgente, dar a las huelgas un sentido de clase más agudo, politizar las huelgas, enlazando simples demandas inmediatas con demandas políticas cada vez más elevadas, llevando así el movimiento huelguístico a una etapa superior, desarrollando ampliamente las huelgas de solidaridad, y orientando diariamente de una manera práctica todo el movimiento huelguístico alrededor de la consign apolítica central del Partido: todo el poder para los obreros y campesinos, apoyados por comités de soldados y marinos.*

*"Realizará la igualdad de los negros y los blancos, permitiendo a aquéllos constituir un Estado independiente en la faja negra de Oriente, donde ellos constituyen la mayoría de la población, garantizando al mismo tiempo la más completa igualdad a la minoría negra que viva en el resto del país. La lucha por el derecho de auto-determinación de la población*

*negra en la Faja Negra de Oriente, no es una cosa aparte, sino una forma culminante, incluso a la separación en un propio Estado independiente si así lo desean las masas negras de la Faja Negra de Oriente, y que debe ser clarificada entre las masas negras y blancas.*

*"En la realización de todas las tareas anteriormente fijadas, debemos prestar una atención especial al trabajo entre las mujeres, jóvenes y niños. Hasta hoy, salvo contadas excepciones, no se realiza en general un trabajo sistemático específico entre estos sectores. Es preciso terminar esta situación, formular en cada caso demandas específicas de las mujeres, la juventud y los niños, además de las demandas generales en las luchas, organizar luchas específicas por tal o cual demanda femenina, juvenil o infantil, adoptar métodos de agitación, propaganda y organización más atractivos, flexibles y fáciles de comprender para la mujer, jóvenes y niños..."*

\* \* \*

Las conferencias secretas de Caffery con Batista y Mendieta fueron viabilizando lo que llamaron *solución cubana*. Los dos últimos la presentaron a Grau, quien ya convencido de la inutilidad de sus esfuerzos y siendo contrario a la idea de Guiteras de hacerse fuertes en Palacio y con ayuda de la Marina destituir a Batista y sustituirlo con Pablo Rodríguez, accedió a presentar su renuncia a la Presidencia ante la misma Junta Revolucionaria que lo había exaltado a ella, la cual fue convocada para Columbia en la noche del 14 de enero de 1934. A ella acudieron para conocer la renuncia de Grau y nombrar su sustituto los más destacados sargentos golpistas, ahora altos oficiales del Ejército y la Marina, presididos por Batista. De los civiles firmantes de la proclama de la Agrupación Revolucionaria del día 4 de septiembre y de la exposición del DEU del día 5, sólo concurrieron Óscar de la Torre, Sergio Carbó, Rubén de León y Eduardo Chibás. La presidencia del acto recayó en Batista, Carbó y Fernández de Velasco, brazo derecho de Guiteras este último. Después de una agria disputa entre Batista, De León, Chibás y Vergara, se acordó entregar la Presidencia a Carlos Hevia, bajo protesta de Chibás, quien se retiró con sus amigos del acto. El nombramiento de Hevia era una concesión temporal de Batista a los revolucionarios jóvenes, pues su acuerdo secreto con Caffery era a base de situar a Mendieta en la Presidencia con un nuevo Gabinete de Concentración. Cuando le fue avisado su ascenso presidencial, Hevia creyó en él de buena fe y en la posibilidad de actuar en firme, por lo que se dispuso a nombrar su Gabinete. Fueron a Palacio a notificarle a Grau su cesantía un grupo de oficiales navales y miembros del DEU con la escolta de un camión cargado de soldados al mando del capitán Belisario Hernández. Frente a Palacio se hallaba concentrada una multitud que, al enterarse del golpe de estado a Grau, comenzó a proferir gritos contra los viejos políticos y los militares. Belisario ordenó disparar sobre ella, y cuando la multitud se dispersó, se recogieron seis cadáveres y una docena de heridos del pavimento. Grau abandonó el Palacio, y posteriormente el país, acompañado de su familia y de su ayudante, el teniente Genovevo Pérez Dámera. Grau declaró a la prensa:

*"Me he mantenido en el puesto en contra de mi voluntad, cediendo a la presión de mis amigos, los componentes de la Junta Revolucionaria, pero hacía tiempo que les había entregado mi renuncia. Me vuelvo a casa, a cuidar de mis enfermos. Me voy tranquilo. Estoy satisfecho de mi actuación. He cumplido con mi deber. A pesar de todos los obstáculos que se me han presentado, he dictado algunas leyes beneficiosas todas para el país. No me he sometido a Embajadas extranjeras. He tratado de beneficiar al pueblo y he procedido con firmeza contra las grandes empresas..."*

Gracias al ingerencismo, a la reacción y a Batista, Grau San Martín se retiraba dejando detrás una mística de nacionalismo, socialismo y anti-imperialismo que unos años más tarde le llevarían constitucionalmente al Poder. A defraudar criminalmente las esperanzas del pueblo que en él había puesto su fe.

Carlos Hevia confrontó de inmediato grandes problemas. Los mendietistas lo impugnaron violentamente, reclamando la Presidencia para su líder. Menocal lo calificó de figura continuista. Los más destacados septembristas de la oposición a Grau —Chibás, Irisarri, Portela, Vergara, Laurent y García Bárcenas— manifestaron que se negaban a aceptarle *"porque han entendido y entienden que si lo que se trataba era nombrar un Presidente que propiciara la paz moral, haciendo un alto en las discordias políticas que hoy dividen el país, el candidato no debía ser ni proceder del seno de la Junta ni del Gobierno sustituído..."* y porque *"la persona designada debía merecer la previa aceptación de los grandes núcleos de opinión, cuya adhesión diera estabilidad y autoridad al Gobierno constituído..."* El State Department declaró categóricamente que no reconocería a Hevia. El antiguo cadete de Annápolis

30

—bautizado popularmente luego como *Flor de un día*— se resignó a ratificar a Don Manuel Márquez Sterling en la Secretaría de Estado y de inmediato enviar a la Junta de Columbia su renuncia. De hecho, la República quedó por unas horas sin Presidente ni Gobierno. Hevia consignó los motivos de su renuncia a la Junta, por vía de Batista, en una comunicación que decía escuetamente:

*"Acepté el cargo de Presidente creyendo que podría obtener la paz en Cuba, y después de que se me aseguró que contaba con el apoyo del coronel Carlos Mendieta, y pensé que con esta base podría alcanzar el concurso de los demás sectores. En vista de que no cuento con el apoyo de los nacionalistas y de que la situación seguirá siendo la misma, he decidido renunciar, irrevocablemente, al cargo que ocupo..."*

Ante aquella situación de caótica anarquía, Caffery, Batista y Márquez Sterling idearon una maniobra que diera un viso legal al ascenso de Mendieta a la Presidencia. Ya éste se había negado al chanchullo de que Márquez Sterling se posesionase de la Presidencia al renunciar Hevia, lo nombrase a él Secretario de Estado, renunciase luego, y entonces él, Mendieta, fuese Presidente por solución constitucional, porque alegaba que quería ser electo por voluntad popular y no por imposición de Batista o la Junta

En unas horas del 18 de enero se convocó por Márquez Sterling *"a los Sectores Revolucionarios a fin de que designen la persona que deberá asumir la Primera Magistratura de la Nación..."* Mendieta fue elegido Presidente Provisional por una serie de tituladas organizaciones revolucionarias que no eran tales, sino en realidad un determinado número de personas que alegaban representarlas. Que la seriedad del ascenso presidencial reclamado por Mendieta era puro relajo lo demuestra el hecho de que entre los sectores conocidos ya del público como Acción Republicana de Miguel Mariano, Conservadores Ortodoxos de Carlos Manuel de la Cruz, Conjunto Revolucionario Cubano de Menocal, y Unión Nacionalista de Mendieta, se hallaban unos grupitos denominados Partido Radical de Óscar de la Torre, Organización Celular Radical Revolucionaria de Arturo Comas, ABC Internacional de Cuba, Conservadores Revolucionarios y Ala Izquierda del ABC Radical, estos tres últimos representados por unos tales Peña, Pérez y Béguez, de quienes nadie sabía y de quienes nadie supo nada después. Todos sirvieron de relleno a la butifarra politiquera que se iba a presentar a la Isla, al Continente y al Orbe como legítima representación de la República. El risible proceso quedará mejor explicado con la reproducción literal del Acta que fue levantada del mismo:

*"En la ciudad de La Habana, a los diez y ocho días del mes de enero de mil novecientos treinta y cuatro, se reunieron, previamente convocados al efecto y bajo la presidencia del Secretario de Estado, Dr. Manuel Márquez Sterling, todos los Sectores Revolucionarios que firman este documento, y previo un examen y consideración de la actual situación, expuesta por el señor Márquez Sterling, y de un discurso del señor Miguel Coyula a nombre del Conjunto Revolucionario Cubano, en que expuso los puntos de vista de éste, y otro del Dr. Carlos Manuel de la Cruz, en representación de los Conservadores Ortodoxos, proponiendo que se designara Presidente Provisional de la República al Coronel Carlos Mendieta y Montefur, y tras de haber declarado el señor Coyula a nombre de sus representados que aceptaba con gran placer la candidatura de tan eminente patriota, la que fue apoyada por el Dr. Manuel Mencía a nombre del sector Acción Republicana, la Asamblea en pleno y por aclamación designó Presidente Provisional de Cuba al Coronel Carlos Mendieta y Montefur para ocupar la vacante de dicho cargo producida por la renuncia de carácter irrevocable del Ingeniero señor Carlos Hevia. La Asamblea acordó invitar al señor Mendieta a concurrir al Palacio Presidencial para que prestara juramento de ritual ante el Tribunal Supremo de Justicia en Pleno..."*

De acuerdo con la palabrería precedente, Mendieta era elegido Presidente por un movimiento revolucionario. Es decir, por un *meneito* titulado revolucionario, del tipo preferido del State Department cuando no pueden contar con una *solución constitucional.*

\* \* \*

CAPÍTULO VIII

## CARLOS MENDIETA MONTEFUR
### (1934-1936)

*El Solitario de Cunagua. — Siervo de la reacción. — La masacre abecedaria. — Extiéndese el control de Batista. — Bombas y palmacristi. — Incremento comunista. — Nuevos Partidos.*

Mendieta llegaba a la Presidencia en contra de sus deseos, pues éstos siempre fueron el llegar a ella por virtud del voto libre en elecciones constitucionales. Médico y Coronel del Ejército Libertador, era un cubano integérrimo hasta el momento de hacerse cargo de la Primera Magistratura. Creador, con José Miguel Gómez, del Partido Republicano Federal de Las Villas, en 1901, fue electo Representante ese año por esa provincia. Al llegar la campaña electoral de 1904, el Partido Liberal Nacional, de Zayas, dividió el republicanismo villareño y Mendieta siguió a José Miguel en la organización del Partido Republicano Conservador, que aceptó en su seno a los antiguos autonomistas de Unión Democrática. Se alzó contra Estrada Palma en la guerrita de agosto de 1906. Fue reelecto Representante por Las Villas en 1908 por la Coalición Liberal y escogido como jefe provincial del Partido Liberal en la reorganización de 1912, y desde cuya posición respaldó a Zayas cuando José Miguel lo traicionó favoreciendo la elección de Menocal. Fue nuevamente electo Representante por Las Villas en estas elecciones y creó el Partido Liberal Unionista en esa provincia para elegir Representantes en las parciales de 1914 a su fraterno amigo, el coronel Roberto Méndez Peñate. La reunión de Zayas y José Miguel lo llevó a candidato Vicepresidencial del primero en las elecciones de ese año, en las cuales la brava menocalista ocasionó la revuelta de La Chambelona, en la cual se alzó y combatió fieramente hasta su epílogo en Camagüey, por donde embarcó clandestinamente hacia Bahamas. Una vez regresado del exilio volvió a ser electo Representante por Las Villas en las parciales de 1918, también por el Liberal Unionista. Después de cumplir su término congresional, y hasta 1924, estuvo retirado de la política electoral para dedicarse a los negocios y al periodismo, pero dio su total respaldo al esfuerzo que llevó a Méndez Peñate al cargo de Gobernador villareño. Fue director del Heraldo de Cuba. Vencido por el dinero de Machado y Falla Gutiérrez en la postulación presidencial de 1924, se retiró amargado y solitario a Cunagua hasta fundar Unión Nacionalista contra la dictadura de Machado. Su posterior actuación es ya conocida.

El regocijo sin igual que el pueblo demostró al ser hecha pública su elección presidencial provisional no era un repudio a las leyes revolucionarias nacionalistas del Gobierno de Grau San Martín, sino alegría por lo que se suponía fuera un retorno a la paz y la concordia. La mala fama que le hacía aparecer como un hombre de violento carácter que con los dientes arrancaba la cabeza a los gallos que se le huían en las peleas, se disipó con su declaración inicial *"que no mancharía jamás su traje blanco..."* y que *"el Gobierno que presido aspira a ser, y será, un Gobierno nacional, limpio de impurezas sectarias, mantenedor de la libertad, procurador del orden y de la paz dentro del más absoluto respeto a todos los derechos e intereses legítimos y propugnadores, en suma, de una vida nueva y abogará por que tengan éxito las gestiones diplomáticas que logren la abolición de la Enmienda Platt".*

El primer Consejo de Secretarios de Mendieta se formó con las siguientes personas: Cosme de la Torriente, Estado; Félix Granados, Gobernación y Guerra y Marina; Gabriel Landa, Comunicaciones; Luis Baralt, Instrucción Pública; Joaquín Martínez Sáenz, Hacienda; Juan Antiga, Trabajo; Santiago Verdeja, Sanidad; Daniel Compte, Obras Públicas; Roberto Méndez Peñate, Justicia; Carlos de la Rionda, Agricultura; y Emeterio Santovenia, Presidencia. Torriente, Antiga y Méndez Peñate eran mendietistas; Granados y Rionda, marianistas; Landa, Verdeja y Compte, menocalistas; y Baralt, Martínez Sáenz y Santovenia, abecedarios. La Alcaldía de La Habana se entregó a Miguel Mariano Gómez, el más popular, constructivo y honesto de todos sus Mayores republicanos. No demoró el reconocimiento de Wáshington, que fue saludado con salvas de 21 cañonazos por el Wyoming y los destructores que lo escoltaban.

La provisionalidad de Mendieta duró dos años, durante los cuales su abyecto sometimiento a Batista destruyó la reputación de integridad y honradez que durante años había aureolado su persona y lo marcó como un siervo de la reacción. Muy poco tiempo después de haber sido nombrado Presidente, su amigo de toda la vida y leal compañero de luchas, Roberto Méndez Peñate se quitó la vida de un balazo, abochornado por la actuación de Mendieta y abrumado por las intrigas palaciegas de Cosme de la Torriente. Nada de lo prometido acerca de cordialidad lo cumplió y tan temprano como en marzo 5 ya había creado los Tribunales de Defensa para perseguir oposicionistas y que por no ser suficientemente rápidos en sus trámites de condena fueron cambiados a Tribunales de Urgencia en junio 15 y extremados en rigor, facultándoles aplicar la pena de muerte, en septiembre 14. Mas, sin embargo, se concedió al comunismo el derecho de celebrar en la Arena Cristal de La Habana su Cuarto Congreso de Unidad Sindical, presidido por César Vilar, para protestar de la Ley del 50 %, mientras Antonio Guiteras tenía que sumergirse en el clandestinaje por amenaza de ser muerto a la vista.

La Administración Mendieta en seguida devolvió los centrales Chaparra y Delicias a la Cuban American Sugar Company; la Compañía Cubana de Electricidad, a la Electric Bond & Share —que prontamente volvió a subir sus tarifas de consumo—; clausuró el Colegio de Abogados; disolvió el Ejército Nacional y creó el Ejército Constitucional; oficializó la bandera y el himno del 4 de septiembre y eximió del requisito de subasta previa a la Secretaría de Defensa, que sustituyó la de Guerra y Marina. Mendieta se convirtió en un firmón de Batista y su díscolo carácter se transformó en una mansedumbre ovejuna de extraordinario servilismo. No ya a Batista y Caffery, sino hasta a Ulsiceno Franco Granero, Jefe de la Casa Militar de Palacio, quien se metía *de a pepe* en los Consejos de Secretarios para escuchar lo que se hablaba e informarlo a Batista. El Presidente instaló una chicharra en la antesala del Salón del Consejo para que por lo menos aquél avisara cuando quería entrar a las sesiones, pero un día el andaluz Ulsiceno violentamente la arrancó de la pared. Y siguió ostentando *el derecho de mampara*.

El Gabinete de Concentración de Mendieta era aún más falso que el de Céspedes. Tan pronto como el ABC entró en él se dedicó a robustecer sus cuadros electoralistas con el propósito de superar a los demás partidos que lo componían. Esto no fue del agrado de mendietistas y menocalistas, que aspiraban igualmente al control burocrático y consiguiente maquinaria electoral. La fuerza que adquiría el comunismo sirvió para que el ABC tratase de poner en práctica sus teorías fascistoides, ganándose con ello el mote de *porra verde* y el odio del guiterismo, que se vertebró en una organización titulada Joven Cuba. Batista estaba atento a todo lo que pasaba, pero fiel a su compromiso con Caffery los dejaba hacer mientras fortalecía su control sobre las Fuerzas Armadas, especialmente en la Marina, donde no contaba con simpatías y la que tenía un matiz guiterista. Esto se pudo comprobar en ocasión de una visita de Mendieta al Distrito Naval del Norte, en la bahía de La Habana, el día 15 de junio de 1934. Mientras Mendieta pronunciaba un discurso de sobremesa, hizo explosión una bomba oculta en una cámara fotográfica de trípode situada detrás de él, que milagrosamente no lo mató, porque la metralla alcanzó a un oficial y un marinero que estaban parados a su espalda. Nunca llegó a saberse, por lo menos oficialmente, quiénes habían sido los autores del atentado, pero lo ocurrido costó el puesto al Jefe de Estado Mayor de la Marina, comandante Salvador Menéndez Villoch, a quien Batista sustituyó con el ex-sargento, Jefe de la Infantería de Marina, comandante Ángel González, hecho que hizo amotinarse a la tripulación del Cuba, comandado por Evaristo Ulloa, en la bahía de Nipe, Oriente, pero fue sometida por otras unidades navales que rápidamente la rodearon, sin disparar un tiro. Los problemas del Gobierno aumentaron al declararse una huelga telefónica; al atentarse contra la vida de Caffery cuando salía para misa y ser muerto uno de los soldados que lo custodiaban; y al resultar herido en otro atentado *Pepín* Rivero, director del Diario de la Marina. Estos hechos fueron atenuados por la propaganda que se dio a la derogación oficial de la Enmienda Platt y por los festejos en su honor, durante los cuales se ofrecieron entradas gratuitas a peleas de boxeo, funciones de cines y teatros y juegos deportivos. La Liga Anti-clerical de Cuba acusó a Mendieta ante el Juzgado por haber asistido a un Te-Deum en gracias a la derogación.

La Administración Mendieta enfrentó su primera crisis de Gabinete en el verano de 1934. El ABC había organizado una demostración de fuerza electoral citando para la Capital a cerca de cien mil de sus afiliados y simpatizantes. Los comunistas y guiteristas amenazaron con destruir por la fuerza la manifestación planeada, en tanto que el ABC prometía su celebración a todo trance y defenderla con armas. Ladinamente Batista ordenó el acuartelamiento del Ejército y la Marina, dejando a la débil Policía Municipal el cuidado del orden público. La víspera del desfile hubo varios tiroteos nocturnos y riñas entre los abecedarios y sus enemigos. La tarde de la concentración abecedaria fue testigo de la más grande salvajada cometida en las calles habaneras. Unas máquinas tripuladas por hombres armados abrieron fuego de ametralladoras contra los manifestantes, asesinando a 14 personas, entre ellas 4 mujeres. Una de las máquinas atacantes fue volcada, muerto su chofer, Armando Dobal, y capturados Loeche, Jaime Albos y Evelio Torres, identificados como pistoleros del Ala Izquierda Estudiantil y la CNOC. La última de estas organizaciones comunistas verificó lo anterior cuando hizo publicar en los periódicos El Mundo y Ahora la siguiente nota, que fue confirmada en el Juzgado por el director de Ahora, Guillermo Martínez Márquez, como entregada por su firmante, Joaquín Ordoqui:

*"La CNOC y demás organizaciones revolucionarias se han anotado un nuevo éxito en la lucha contra la concentración fascista abecedaria y en apoyo a las huelgas existentes, llevando al paro de una hora a más de 50.000 obreros durante el sábado de 9 a 10 de la mañana, manteniendo una disciplinada huelga en el transporte de ómnibus y otros sectores durante el día de ayer, y movilizando a sus efectivos para tratar de impedir la marcha fascista en medio de rudos y constantes combates que tuvieron por escenario las calles de la Capital.*

*"Con todo el coraje y decisión las masas obreras supieron corresponder al llamamiento que le hizo la CNOC para que participaran en acciones combativas que en más de una ocasión rompieron la llamada "concentración" y que si no lograron su total disolución fue debido al apoyo oficial con que la misma contaba y el armamento de que disfrutan estas huestes reaccionarias, bien pagadas por los patronos nacionales o imperialistas."*

La masacre abecedaria hizo a sus personeros retirarse del Gobierno en protesta por la actuación cómplice de Batista, pero esta decisión ocasionó un cisma en sus filas, puesto que Carlos Saladrigas y Alfredo Botet se solidarizaron con Mendieta y Batista, abandonando su militancia en el ABC y aceptando las carteras de Hacienda y Comercio, respectivamente, en el nuevo Gobierno formado. Batista había logrado sacar del Gobierno al ABC y dividir su militancia. Eliminado este obstáculo, volvió todo el poder militarista en sus manos contra los moscovitas, posteriormente a su declaración tajante de que disolvería por la fuerza los *comités de estaca* y que *"el Ejército estaba dispuesto a defender y respaldar al Gobierno y no permitir bajo ningún concepto el comunismo, pase lo que pase y cueste lo que cueste..."* Ya antes de la concentración abecedaria había eliminado a Labourdette de la Jefatura de Policía enviándolo a Génova como Cónsul, sustituyéndolo por el renegado machadista Raimundo Ferrer. Después —como concesión a Mendieta— relevó a éste en favor del viejo político Enrique Pedro —quien no había sido ni guarda-jurado— para cuando el desorden aumentase y éste fracasase, rematar su plan cesanteándolo, como lo hizo, y trayendo del Regimiento oriental al genízaro José Eleuterio Pedraza y entregando en sus brutales garras los destinos de la urbe capitalina.

Apenas Batista chasqueó el látigo sobre las cabezas comunistas, César Vilar se apresuró a pedir parlamento y en una entrevista con Mendieta aseguró a éste que la CNOC no era contraria a la zafra, sino *"que sólo deseaba el cumplimiento de la Ley de 8 horas y el jornal mínimo de $1,00"*, cosa que violentó a los sarampionados activistas del comunismo, que decidieron actuar independientemente de la jerarquía comunistoide y acercarse coincidentemente al guiterismo. Secuestraron a Ivo Fernández y Evelio Torres del Hospital Universitario y el Reina Mercedes; se agruparon en la organización T. N. T. —nombre que se las traía—, dirigida por Carlos Fernández Conde; arreciaron la campaña de fuerza contra las Quintas, que culminó en la muerte a tiros del médico federado José Elías Borges, al tratar de cerrar por la fuerza la botica de Condesa y Campanario, Habana, y se opusieron, a balazos, a la entrega ordenada por Mendieta de la Quinta de Dependientes a sus asociados, dejando un balance de un muerto y seis heridos. Ivo Fernández asaltó el Juzgado donde comparecían los atacantes de la manifestación abecedaria, llevándose a uno de ellos, Rodolfo Rodríguez Díaz. Perseguida la máquina en que huía con varios seguidores suyos, la abandonó en San Lázaro y Crespo, refugiándose herido, con Rodríguez Díaz, en la azotea de una casa cercana. El hilo de sangre que descendía por un tubo de desagüe los delató, siendo capturados por los agentes de Pedraza. Trasladados esa noche al Castillo del Príncipe, fueron muertos *cuando trataban de fugarse...* Un ocasional acompañante, el preso común Reinaldo Balmaseda, sobrevió y acusó al teniente Powell de haberle asesinado, pero luego se retractó por dinero o por miedo.

El desorden y la violencia aumentaron su ritmo tanto en La Habana como en el interior de la República. El palmacristazo —copiado de Mussolini— hizo aparición y le fue administrado en dosis de un litro a los redactores de La Hora Auténtica, al director de Bohemia, Miguel Ángel Quevedo, y al de Ahora, Martínez Márquez, entre otros muchos. A un ciudadano le hicieron ingerir una dosis de aceite de aeroplano que le costó la vida. Las bombas explotaban con más frecuencia que en tiempos de Machado. Un recuento salteado de ellas, tomado de la prensa de la época, lo demuestra: en el Havana Post y en los hogares de Cosme de la Torriente; Santiago Verdeja, Secretario de Sanidad; de Pelayo Cuervo, Subsecretario de Gobernación; y de Miguel Mariano Gómez, Alcalde capitalino. Las *botellas incendiarias* —como entonces se llamaba a los cócteles Molotov— pegaron fuego a los ómnibus de la Habana (hoy ruta 14), empresa americana que no utilizaba conductores y cuyos chóferes usaban gorra, guerrera y polainas, destruyendo su nave y carbonizando a cinco obreros. El periódico El País de nuevo ardió, y la Nestlé de Cuba, el periódico Ahora y los Almacenes Pella fueron reducidos a pavesas por el fósforo vivo. Los escopetazos se enfilaron sobre el Secretario de la Embajada americana, Mr. H. J. Mathews, el Conde de Rivero, los porristas que estaban siendo juzgados por la muerte de los hermanos Freyre de Andrade, el coronel Cosme de la Torriente y el administrador del sanatorio Hijas de Galicia. Una bomba hizo explosión en El Encanto de La Habana, causando la muerte a una dama y un hombre e hiriendo a 16 personas más. Se dio el trágico caso que una bomba mató a una joven que estaba por casarse y el novio mató a balazos, en pleno Juzgado, al acusado de dinamitero.

En el ámbito estudiantil también se ventilaban violentamente las cuestiones. El desplazamiento del DEU del poder retornó a las aulas universitarias a sus componentes, quienes encontraron hostilidad en la Asamblea de Estudiantes que lo había sustituido y que trataba de controlar el Ala Izquierda Estudiantil. Ante el peligro de que los comunistas del AIE se adueñaran del movimiento estudiantil, los universitarios enemigos del comunismo y del fascismo se aliaron bajo el liderato de Eduardo Chibás. El Rector fue atacado en pandilla por los comunistas de Chelala, Roa y Aureliano, provocando que Chibás los vituperase públicamente por el cobarde y malevo hecho e iniciando con el último de ellos una enemistad personal enconadísima que tuvo un trágico final en 1951. La cuestión de la matrícula gratis sirvió al AIE para tratar de erigirse en campeón de los estudiantes pobres y su demagogia le costó la destrucción de su local. Este fragmento que reproducimos del discurso pronunciado por Chibás en el Anfiteatro del Hospital Calixto García, impugnando la actuación del AIE, describe la situación de la Colina y el odio y la envidia generada contra él por los dirigentes de aquélla, en especial de Roa y Aureliano:

*"A estos lidercillos tropicales atacados de sarampión iz-
quierdista sólo se les ocurre, como táctica para radicalizar al
proletariado, turbar el mecanismo de la producción, empeorar
la condición de vida de obreros y campesinos y llevar a los
hogares trabajadores el hambre y la desesperación.*

*"Sólo se les ocurre, para radicalizar al estudiantado, hacer
todo lo posible por clausurar la Universidad. Es una táctica
pobre y torpe que representa un insulto a la inteligencia de
las masas. Ellos mismos arrastraron al Partido Comunista a
las elecciones de noviembre de 1932, cuando los más corrompidos políticos iban al retraimiento; yo los he visto aquí en
estas asambleas pidiendo la expulsión de catedráticos por haber concurrido a esas mismas elecciones Esos catedráticos merecen la expulsión, pero no son los lidercillos comunistas, que
también concurrieron a las elecciones, quienes puedan pedirla.*
*"Líderes" que después de la masacre del 7 de agosto ordenaron
al proletariado la vuelta al trabajo pretendiendo romper así
la huelga general que derribó a Machado, hoy pretenden hablar
en nombre de la revolución. Es táctica vieja en ellos atacar
con más vigor a los revolucionarios que a la reacción. Cuanto
más revolucionario es uno, más violento es el ataque de los
comunistas. Atacan al ABC con más fuerza que a Menocal;
a los Auténticos con más coraje que al ABC, y a Guiteras se
lo comerían crudo si pudieran..."*

El Partido Comunista vio su dorada oportunidad en aquellos precisos momentos y se decidió a materializar las instrucciones que había impartido en su Primer Congreso.
Movilizó sus cuadros de activistas para que capitalizaran el
descontento general contra la defraudación mendietista y se
dio a la tarea de vertebrar organizaciones fantasmas que sir-
vieran de pantalla a sus actividades servidoras de Rusia. Juan
Marinello y José Chelala eran los ideólogos del comunismo
criollo, Presidente y Secretario, respectivamente, del Partido.
César Vilar y Joaquín Ordoqui regenteaban la CNOC, en tanto
que el movimiento juvenil era dirigido por Carlos Fernández R.,
quien a la vez era el encargado de orientar a los pioneros.
Brotaron de la nada la Legión de Mutilados, que amenazaba
con lanzarse a una guerra inmisericorde *"por no tener ali-
cientes en la vida...";* la Unión General de Inquilinos, que se
negaba a pagar alquileres; la Unión Radical de Mujeres, que
reclamaba para sí la herencia patriótica de Mariana Grajales,
y la Agrupación de Desempleados, que demandaba la inmediata confiscación de industrias.

La columna vertebral del poderío comunista era la Confederación Nacional Obrera de Cuba. En ella radicaban el Sindicato Nacional de Obreros de la Industria Azucarera (SNOIA), el Sindicato Nacional de Obreros del Transporte (SNOT), el Sindicato Nacional de Obreros de la Industria Fabril (SNOIF) y el Sindicato de Obreros del Ferrocarril del Norte de Cuba (SOFNC), que si no comprendían en ellos la totalidad del movimiento proletario, ciertamente contaban con los más experimentados y combativos de sus dirigentes. Además, estaban ayudados por el apostolado de los sarampionados del AIE. Uno de éstos explicó así sus esfuerzos: *"Estuve en un central tres días orientando una huelga. De día me escondía en un bohío en ruinas, y me alimentaba con guarapo, y sólo salía en la noche para caminar entre muchos kilómetros de cañaverales y distribuir la propaganda que se me había encomendado..."* Por su parte, un activista sindical relató así su labor: *"La CNOC no necesitaba mucho dinero porque sus organizadores podían viajar gratis en los ómnibus, muchos de los cuales eran manejados por compañeros, y cuando llegaban a alguna población o central les daban de comer y un lugar para dormir y a menudo les ofrecían una camisa y un par de pantalones. Estaban tan pobres que frecuentemente llegaban sin un kilo en los bolsillos..."*

En la Cuba de aquellos momentos no había propiamente comunismo, sino hambre. Y la doctrina soviética, unida al ejemplo sacrificial de sus propugnadores y a la barbarie de la reacción capitalista, tenía que encontrar, forzosamente, prosélitos entre las masas campesinas hambreadas y las colectividades obreras menesterosas, que veían en las promesas marxistas una esperanza de redención o una justificada venganza. La obstinada oposición oligárquica a los esfuerzos nacionalistas del autenticismo hicieron fracasar éstos. Con el advenimiento de Mendieta a la Presidencia retornaron los viejos métodos de explotación humana y de ello se aprovechó zorramente el comunismo para hacer aparecer como suyas unas demandas laborales que habían sido legalizadas durante la Administración Grau y que se negaba a cumplir la sucarocracia. Tan cierto era ello que solamente hay que leer "los cinco puntos" que demandaba la CNOC del Gobierno para comprobarlo:

1. *Jornada de 8 horas en vez de 12 a fin de que trabajen tres obreros en lugar de dos, disminuyéndose la desocupación.*
2. *Supresión de los pagos en tickets y vales para los Departamentos Comerciales, donde todo cuesta el doble.*

3. *Casa, luz y agua gratis para los obreros e higienización de los barracones.*
4. *Médicos, Casas de Socorro y Hospitales.*
5. *Jornal Mínimo de $1,00 para obreros industriales y agrícolas y escuelas para los hijos de éstos.*

\* \* \*

La huelga no estalló de pronto, sino que fue incrementándose escalonadamente en toda la República y fue acompañada de disturbios y actos de calle con diferentes excusas y motivos. La acusación contra Ernst Thaelman por el incendio del Reichstag en Berlín; la condena de los negros de Scottsboro; el supuesto linchamiento de una persona de color en Trinidad; la muerte alevosa de Sandino en Nicaragua; los apaleamientos a las marchas de hambre en New York; los motines comunistas en Austria, Francia y España, etc., servían de magníficas excusas para protestas públicas y alteraciones del orden que terminaban a palos, planazos y tiros por la Policía y el Ejército. Las tánganas estudiantiles entre examinados y no-examinados; la expulsión de los catedráticos maculados; la absolución de los profesores componentes del Consejo de Disciplina de 1927; la separación del Padre Mendiola como Superintendente Escolar de Camagüey; la toma de la Escuela de Artes San Alejandro por estudiantes que reclamaban la inmunidad de una zona estudiantil dentro de ella, etc., se entremezclaron con las actividades huelguísticas y de ello se aprovechó el régimen para reprimir en forma draconiana todos los movimientos dirigidos contra él, aunque no tuviesen matiz comunista.

Batista requirió de Wáshington un experto en asuntos policiales y se le envió uno que aconsejó la adquisición de perseguidoras, gases lacrimógenos, cachiporras de goma y ametralladoras de mano como objetos de persuasión. Poco tiempo después La Habana sufrió sus primeras experiencias con este tipo de policía represiva que repartía *goma* a diestro y siniestro, que tiraba al aire produciendo muertos y heridos a granel, que palmacristeaba al pinto de la paloma y que se conoció popularmente como *La Jara*. El ingenio musical cubano no dejó de inspirarse jocosamente en tales abominables métodos y popularizó los danzones *Masacre, Palmacristi, Perseguidora, Con la antiaérea en la mano..., Espanta el mulo y La Jara*. Que todo lo que provocaba la brutal reacción militarista no era comunismo se demuestra por la reclamación pública de Chibás al régimen y que decía:

*"Un poco más de energía, pero no en contra del pueblo indefenso, no en contra de obreros cubanos que reclaman legítimos derechos arrebatados por compañías extranjeras que compran conciencias de funcionarios, o contra débiles mujeres llevadas a la cárcel en racimos por hablar mal del Gobierno, sino energía desplegada contra aquéllos que asesinan ciudadanos a mansalva —más responsables si son militares que terroristas—, contra los que incendian periódicos que recogen el clamor de la protesta popular, contra los "guardadores del orden" que atropellan inicuamente a ciudadanos pacíficos, cuyo único delito es pasear por el Prado o los portales del Parque Central (lo que no ocurrió en tiempos de Machado), contra los que dan palmacristi a periodistas que merecen respeto por su honradez y prestigio..."*

Mendieta se valió de un ardid politiquero para sustraer de la circulación a los elementos revolucionarios susceptibles al halago o la comodidad, ofreciendo becas de estudio a aquéllos que quisieran salir del país. La nómina del Servicio Exterior fue rellenada con un número grande de nombres, entre los cuales sobresalían los de Evaristo Fernández, Mario Salabarría, Edgardo Butari, José Díaz Garrido, Carlos G. Peraza, Antonio Acosta Borges y Graciela Garbalosa. Queriendo conciliar la sociedad cubana, aprobó una Ley Constitucional que, según alegábase, *"respeta la propiedad ajena y prohíbe la confiscación de bienes, reconoce el sufragio femenino y los Tribunales de Sanciones, determina que no podrá ejecutarse a ningún reo mientras no se apruebe la Constitución definitiva, a mediados de 1935, la que dirá si se suprime la pena de muerte..."* También zurció el Consejo de Estado, organismo de peleles con facultades de asesoramiento nada más, ya que las legislativas seguían correspondiendo al Consejo de Secretarios, y que presidieron en distinto tiempo Carlos de la Torre, Pablo Desvernine y Carlos Manuel de la Cruz. Este último era ya el principal consejero político de Batista.

La oportunidad que se brindaba de organizarse políticamente a las agrupaciones no insurreccionales embulló la creación de nuevos Partidos. Nacieron el Partido Revolucionario Cubano (Auténtico), por fusión del Block Septembrista de Carlos Prío, Rubén de León y Carlos Hevia, entre otros, y la Coalición Nacional Revolucionaria de Grau San Martín y Félix Lancís; y el Partido Revolucionario Cubano (Realista) de Sergio Carbó, el cual secundó las maniobras de Batista y que, según su fundador, se atenía a *realidades*. Pero que sus sus adversarios, los Auténticos, maliciosamente describían como *reali$ta$* cuando por escrito se referían a ellos. También hicieron aparición el Partido Aprista de Cristóbal A. Zamora y Alberto Arredondo y la Unión Democrática Revolucionaria de nada más y nada menos que el magnate marianista de la *charada* y la *bolita* José Manuel Castillo. Rafael Iturralde declaró públicamente que retornaba al Partido Liberal, a revivirlo sin machadistas. Fueron amnistiados la totalidad de los presos por los sucesos del Nacional y Atarés, así como los deudores fiscales anteriores a julio de 1933. Caffery fue confirmado como Embajador en Cuba por el Senado americano, al tiempo que Roosevelt dictaba un embargo de armas y municiones a Cuba *"para ayudar al Gobierno a mantener la paz..."* Se dictó una Ley de Orden Público con una nota cómica: se ofrecía comprar las armas a sus poseedores al precio de $50,00 las ametralladoras de trípode y de mano; a $15,00 las pistolas y revólveres calibre 45. El ex-Presidente Alfredo Zayas falleció, dejando una herencia de $3.000.000,00 en efectivo.

\* \* \*

*Huelga comunista de 1934. — Reacción violenta del Gobierno. — Asesinato del coronel Mario Hernández. — Cambios sociales. — Panorama mundial. — Apetitos burocráticos. — Anatomía de la estructura comunista. — Las Fuerzas Armadas.*

El movimiento huelguístico comunista fue heterogéneo y hasta de carácter anarquista en su concepción. Nunca trató de ser una vertebración insurreccional con miras a capturar el Poder, sino un aprovechamiento oportunista de las circunstancias y el entusiasmo juvenil de sus afiliados y simpatizantes para dar cumplimiento a las consignas de la Internacional Comunista que se estaban cumpliendo en varios países de Europa y en los Estados Unidos. Y de pasada con la esperanza, por parte de Marinello y Blas Roca, de obligar al Gobierno a parlamentar y chantagearle el control oficial por la CNOC del movimiento proletario cubano. Las coincidencias entre las reclamaciones comunistas y las realizaciones nacionalistas del autenticismo no eran de fundamentos leales por parte de los primeros, sino un aprovechado oportunismo que seguía fielmente lo preceptuado en el catecismo rojo de Stalin y Dimitrov para sus agentes en los países sub-desarrollados: *"En los pueblos no desarrollados tenemos que ayudar a la burguesía nativa. El socialismo no lo podemos hacer con la población agrícola, tenemos que ayudar al nacionalismo, para que la bur-*

*guesía se desarrolle y obtenga el Poder, degollarla después y establecer una lucha social que permita el triunfo de nuestra ideología."*

Los primeros en acordar una huelga general —de nombre solamente— fueron los tabacaleros en demanda del retorno de las fábricas de H. Upmann y Partagás a La Habana desde Bejucal y *"en adhesión a la huelga de los Ferrocarriles del Norte de Cuba, en apoyo a reivindicaciones inmediatas de todos los huelguistas existentes, el no pago de los alquileres decretado por la Unión General de Inquilinos y el linchamiento de un negro en Trinidad..."* La secundaron el Sindicato Nacional del Ramo Doméstico y el Comité Conjunto Tabacalero, Portuario, Azucarero y del Transporte. Siguieron a éstos una huelga de trabajadores tabacaleros agrícolas en Habana-Campo y una intensa propaganda callejera y de agitación procomunista. La huelga del Ferrocarril del Norte de Cuba había sido decretada en apoyo a la reposición de extranjeros afectados por la aplicación de la Ley del 50 %. La huelga, naturalmente, fracasó y Lázaro Peña, a nombre del Comité Conjunto, dispuso una nueva modalidad huelguística: la de exigir el cumplimiento del 50 % con trabajadores extranjeros en los centros de labor donde todos los obreros fueran cubanos. En la Hermandad Ferroviaria los comunistas crearon un cisma al organizar un Comité Conjunto de Ferroviarios para combatir la Ley de Nacionalización del Trabajo. Marinello, en las páginas de Bohemia declaró: *"Batista es el mejor amigo de los terratenientes criollos y de los Embajadores yanquis en Cuba. El Ejército actual es igual a todos los demás..."*

Estallaron huelgas en la bahía de La Habana contra los embarques de tabaco boycoteado; en la Droguería Sarrá, que fue secundada y apoyada por los empleados de farmacias; en los Ferrocarriles Consolidados; en la Compañía Lechera de Cuba; una entre los empleados del comercio, y finalmente las dos huelgas que provocaron las más drásticas medidas gubernamentales: la de la Compañía de Teléfonos y la de los Telegrafistas de la Secretaría de Comunicaciones, dirigida esta última por el líder del AIE, Arnaldo Escalona, quien refugió en la Universidad a los huelguistas para provocar la intervención de ésta por el Ejército. La fábrica de H. Upmann fue asaltada y quemado todo el tabaco allí almacenado. Explotaron 10 bombas en un solo día en Santiago de Cuba. Se declaró una huelga de autos de alquiler y varios de ellos fueron incendiados en La Habana. La anarquía laboral era casi completa cuando Mendieta firmó en sucesión varios decretos represivos cuyas disposiciones principales eran las que siguen:

31

*"Prohibición de huelgas o lock-outs sin someterse a previo arbitraje. Impedimento a paralizar por motivo alguno los servicios de luz, agua, teléfono, telégrafo, extinción de incendios, transporte y medicina. Declarar ilegales a Gremios, Sindicatos y entidades que mantengan "huelga política". Decretar libre contratación de empleomanía, pero respetando leyes del 50 % y Jornal Mínimo. Prohibición a los empleados del Estado de sindicalizarse. Declarar ilegales los Sindicatos existentes y dando 24 horas a los trabajadores para reintegrarse a sus labores, bajo amenaza de remisión a los Tribunales de Urgencia de los nacionales y expulsión del país a los extranjeros."*

Inmediatamente —no podía ser de otro modo tratándose de comunistas— la CNOC ordenó el regreso al trabajo de sus afiliados y simpatizantes. Según alegaron, *"como medida de no aceptar la provocación..."* y amenazando *"que la vuelta al trabajo ordenada por ella no era más que una tregua..."* Pero lograron parte del todo que se proponían: el régimen, tomando como excusa la fallida huelga, desató una feroz persecución sobre los auténticos que obligó a Grau San Martín a exiliarse nuevamente y a Guiteras a sumergirse en el clandestinaje. Éste fue localizado por la Policía en una casa de altos en el Vedado y se tiró por una ventana al patio, rompiéndose las dos piernas, pero escapando de aquélla. El Segundo Jefe de Policía, Salvador Díaz Versón, acusó a Ciro Leonard, Eduardo Toméu y Mario Torres Menier, ex-pilotos del Ejército Nacional, de ser los cabecillas de una tremendísima conspiración de ex-oficiales *"para establecer un gobierno de obreros y campesinos, soldados y marinos..."*, algo que más que mentira era una ridiculez. Después Díaz Versón inició una campaña anticomunista rayana en la hidrofobia y comprometiendo a tantos inocentes que un día se enteró por la prensa que Batista lo había cesanteado y puesto en su lugar al capitán Antonio Brito. Aunque en menor escala, el anticomunismo de Díaz Versón en Cuba puede compararse al del fallecido Senador Joseph McCarthy en los Estados Unidos. Todas aquellas personas que acusó de comunistas fueron puestas en libertad por falta de pruebas. Pero, sin embargo, frente a la exageración de la verdad por Díaz Versón, el Secretario de Trabajo, Juan Antiga, se apareció con la subestimación de ésta declarando que *"el comunismo era un fantasma..."* Fué obligado a renunciar y lo reemplazó Rodolfo Méndez Peñate.

Las leyes represivas ocasionadas por la huelga comunista fueron aprovechadas por muchos patronos, entre ellos los dueños de las droguerías Sarrá y Johnson, para cesantear empleados, acusándolos de comunistas. En un mes fueron expulsados ciento cincuenta extranjeros, en su mayor parte españoles y *polacos*. Un decreto dispuso que no podrían formar parte de Juntas Directivas de Gremios y Sindicatos quienes lo habían sido de otros ya disueltos por ley. El Alcalde de Santiago de Cuba fue destituído por el Ejército. El Tribunal Supremo ordenó reponer a los huelguistas cesanteados por la Compañía de Teléfonos, pero Mendieta, por Decreto, revisó la sentencia y mandó reponer algunos y dejar en la calle otros. La radioemisora Casa Lavín fue clausurada. Alfredo Nogueira y Ramón Hermida fueron presos bajo la acusación de contrabandear dinamita por la playa de Cojímar, La Habana. El Ayuntamiento de La Habana fue asaltado y de allí se llevaron $158.000,00. Aunque la Policía dijo que había sido una simulación del Tesorero, Segundo Curti Messina, no pudo probarle los cargos y éste poco después se exilió. Raúl de Cárdenas, ahora Secretario de Justicia, disolvió el Colegio de Abogados después que éste acordó que sus miembros no acudieran a los Tribunales de Urgencia. Enrique Mazas fue nombrado Secretario de Gobernación. Sus gestiones de paz tuvieron un mal comienzo cuando Julio César González Rebull, director del periódico habanero El Crisol, fue víctima de un palmacristazo. Las guayabas verdes aumentaron de precio, al igual que el marañón y el caolín. Decían los chistosos.

Marginalmente a esto, Batista seguía redondeando su equipo amarillo, blanco y azul. Reactivó la Escuela de Cadetes para promover nuevos cuadros de jóvenes oficiales que rigieran profesionalmente las Fuerzas Armadas, mientras los sargentos-coroneles engordaban y se enriquecían. Puso como condicional que los Cadetes sirviesen dos años en filas para darle un sabor septembrista a la carrera militar. Estudió concienzudamente todos los sistemas de gobierno y se decidió por uno propio que era mezcla del corporativismo fascista, la democracia electorera y la maffia siciliana. De que de esta última seguía fielmente los postulados de la *combinazione* y la *omerta* dio prueba cuando suprimió físicamente a Mario Hernández. Éste, que era Teniente-coronel y Jefe del Distrito Militar de Pinar del Río, estaba molesto con Batista porque no cumplía lo acordado entre ellos el 4 de septiembre acerca de que la Jefatura del Ejército fuese rotativa. Los demás sargentos-coroneles estaban plenamente satisfechos con Batista, así que cuando Hernández se les apareció con insinuaciones de cuartelazo prontamente se lo informaron a aquél. Batista comisionó a Manuel Benítez para que solucionara el problema, y éste, ansioso de promoción, lo asesinó *cuando resistió el arresto*. Lo peculiar

del caso fue que el cadáver de Mario Hernández fue hallado
bajo un gran montón de piedras en un lugar de la carretera
Habana-Pinar del Río. Benítez fue ascendido a Teniente-
coronel y premiado con el mando que ocupaba el difunto. El
comandante Ángel Echevarría, Jefe del Escuadrón 4 del Campamento de Columbia y el capitán Agustín Eirice, del Cuerpo
de Señales, fueron acusados de complicidad con Mario Hernández y condenados a muerte por un Consejo de Guerra su-
marísimo, pero la pena les fue conmutada por Mendieta. Posteriormente fueron indultados.

\* \* \*

Las trepidaciones políticas afectaron la sociología cubana
y por ende a la familia. La revolución, por así decirlo, se metió
bruscamente en los hogares. La vieja autoridad paternal se
desmoronó ante su impacto. El dominio profesoral sobre el
alumnado se redujo a mera expresión. El pudor redujo sus
límites y en las revistas de más circulación el cuerpo desnudo
femenino aparecía profusamente. En los cines —aunque se
seguía exigiendo a los hombres la concurrencia a ellos vistiendo
saco—, las películas eran de una extraordinaria audacia si
se comparaban con las silentes. *Elysia,* un documental sobre
una colonia nudista americana, y *La Verdad Desnuda,* otro
sobre las enfermedades venéreas, se exhibían en tandas se-
paradas para hombres y mujeres. Las super-emociones de
*King-Kong, Frankestein, Drácula,* etc., tenían su contrapar-
tida en las gangsteriles de *Cara Cortada, Dillinger* y *Contra
el Imperio del Crimen.* La visión de sangre y cadáveres regados
por las calles cubanas encalleció paulatinamente el alma
criolla.

Las *Academias de Baile* eran patrocinadas con preferencia
al club de barrio por una adolescencia que había abandonado
el *bombacho* y vestía en su totalidad el pantalón largo. El *niño
gótico* fue vencido por el *chuchero.* El ritual casero de la entrega de la llave de la casa al varón cuando vestía por primera
vez de largo; la concesión del permiso a la muchacha para ser
visitada; el bailar a la vista de la vieja acompañante; el no
atreverse a fumar delante de los mayores; el irse a la cama
con el cañonazo de las 9; el uso de uniformes en la Segunda
Enseñanza y la separación de sexos en las aulas y el uso
obligado del sombrero de pajilla en verano y el *panza de burro*
en invierno, tomaron el camino del olvido ante el espanto de
los viejos. Las películas musicales de Hollywood tales como
*Las Explotadoras de Broadway, Carioca y Bataclán,* proyecta-

das ante un público mixto, arruinaron el Alhambra porque el desnudismo de éste ya resultaba arcaico. Y ni hablar de la sacudida que experimentó nuestra sociedad rural cuando estas atrevidas innovavaciones invadieron su medio. Si Sally Rand había estrepitado los Estados Unidos con su Danza del Abanico, una vedette norteña nombrada Donna Lysa dejó chiquitas a *La Chelito* y a Blanquita Becerra, del Alhambra, cuando hizo temporada en Campoamor con La Danza del Globo.

* * *

Aquellas conmociones sociales no eran más que reflejos de los dolores de parto del mundo nuevo que nacía. Una rápida ojeada sobre el mapamundi mostraba en todos los países la misma situación cubana. La turbulencia político-económica agitaba las naciones y los pueblos. Los avances de la democracia se veían frenados por la reacción dictatorial. Las clases explotadoras —culpables de todo el odio engendrado contra ellas— buscaron desesperadamente el apoyo de *los hombres fuertes* para conservar sus infamantes privilegios. Los dictadores europeos y americanos fundaban su existencia en el anticomunismo. Paradójicamente, en la Unión Soviética, también con la excusa del anti-comunismo, se iniciaban las purgas de sangre stalinistas después del asesinato de Kirov en Leningrado. Las cabezas de Zinoviev, Kamenev, Nicolaiev y de cientos de otros rodarían Kremlin abajo por cortesía de Beria y Vishinski y con la bendición de Molotov, Mikoyan, Bulganin y Kruschev. En Europa los paladines de la civilización eran Mussolini en Italia, Kemal Ataturk en Turquía, Kondylis en Grecia, Hítler en Alemania, Carmona en Portugal, Schuschnigg en Austria, Zikvovitch en Yugoeslavia y Pilsudsky en Polonia. El Canciller austriaco, Dollfuss; el Ministro de Estado francés, Barthou, y el Rey Alejandro de Yugoeslavia habían muerto víctimas del atentado personal. En la lejana China, su *señor de la guerra*, Chiang Kai Shek, anunciaba *"la derrota total de las hordas guerrilleras analfabetas de Mao Tse Tung, que emprendían una huída desordenada por el camino de Yenan..."*
En Hispanoamérica los prohombres de la democracia eran Trujillo en Santo Domingo, Benavides en Perú, Juan Vicente Gómez en Venezuela, Jorge Ubico en Guatemala, Plutarco Elías Calles en México, Maximiliano Martínez en El Salvador, Anastasio Somoza en Nicaragua, Tiburcio Carías en Honduras y Gabriel Terra en Uruguay. Los Estados Unidos no estaban exentos de su cuota de perturbaciones. El desplazamiento hacia California de los arruinados granjeros de Oklahoma daba

el triste espectáculo que describiese vívidamente John Stein-
beck en su obra Las Viñas de la Ira. La abolición de la Ley
Seca dejó sin negocios a los contrabandistas de licores y surgió
la ola de crímenes, asaltos bancarios y secuestros que popularizaron los nombres de John Dillinger, Jack *Legs* Diamond,
*Pretty Boy* Floyd, *Babyface* Nelson, *Mamá* Baker y la pareja
de Bonnie y Clyde. El secuestro del Bebé Lindbergh y la elec-
trocutación de Bruno Hauptmann compartían el sensacionalismo con la acusación de comunista que se hacía al aristo-
crático Roosevelt por sus leyes de recuperación económica
(NRA), de electrificación popular (TVA), de conservación forestal (CCC), de nacionalización de la Banca, de rejuveneci-
miento del Tribunal Supremo, de abolición del patrón oro y
de federalización de los recursos básicos de la Unión.

\* \* \*

Una vez fracasada la huelga comunista, los politiqueros
volvieron a la carga y a la pelea de perros por los puestos
burocráticos. La nueva modalidad creada fue la propaganda
periodística reclamando posiciones específicas para determinadas personas. Miguel Mariano amenazó con renunciar a la
Alcaldía de La Habana si no se concedían a su Partido, Acción
Republicana, dos Secretarías de Despacho para en sus nóminas encasillar sus seguidores. En la ciudad de Camagüey, en
la Jefatura de Obras Públicas, hubo una riña a tiros por una
disputa sobre la nómina, muriendo en ella el Ingeniero Se-
rapio Recio. En el Acueducto de La Habana los menocalistas
y marianistas se fajaron por el control de Plumas de Agua
con un saldo de varias cabezas rotas y ojos abollados. Al bardo
de La Zafra y Gobernador de Matanzas, Agustín Acosta, le
pusieron una bomba en su hogar porque no era pródigo en
el reparto de posiciones. La fantasmagórica OCRR dijo tener
miles de afiliados en Camagüey y por tanto reclamó para sí
*la* Alcaldía de la Ciudad de los Tinajones. Y como si todo
fuera poco, Ramón Vasconcelos amenazó al Gobierno con va-
ciar el Partido Liberal dentro del Comunista si se mantenía
la proscripción contra aquél. Wilfredo Fernández, originador
del cooperativismo y máximo culpable intelectual de la reelección de Machado, se suicidó en la prisión de La Cabaña; el
Diario de la Marina, en su panegírico, lo describió como "*político popularísimo, pluma combativa ilustre, escritor brillante
de impar ejectuoria, parlamentarista de grandes vuelos y orador de verbo elocuente...*" Miguel Mariano patrocinó unos
carnavales originales: no se podía usar careta en los paseos.

En los bailes sí, pero previa identificación y registro de los concurrentes. Se prohibía el uso de capuchones y de uniformes en imitación de personajes nativos o extranjeros. La tragedia azotó la sociedad cubana cuando el vapor Morro Castle se incendió frente a la costa de New Jersey, con pérdida de 134 vidas, entre ellas muchos miembros de aquélla.

En las Fuerzas Armadas hubo pequeñas discrepancias, especialmente en la Marina de Guerra. El capitán de ésta, Manuel Hidalgo, fue detenido como consecuencia de una bronca pública entre oficiales frente a la Secretaría de Hacienda. Batista luego publicó unas declaraciones en las que negaba que hubiera diferencias entre los distintos Cuerpos armados, y al ponerlo en duda el periódico abecedario Acción, fue clausurado al tiempo que sus redactores Francisco Ichaso, Jess Losada, Eduardo Héctor Alonso y cuatro empleados fueron purgados con un litro de aceite de higuereta por cabeza. La rebeldía continuó intermitentemente: Artes y Oficios fue destruída en la lucha entre estudiantes comunistas y anti-comunistas; a una mujer, Elisa Montoto, le fue pedida la pena de muerte por petardista, pero fue absuelta; las organizaciones gangsteriles tituladas Escuadrilla del Terror de la X, Klu-Klux-Klan de Cuba, Los Once Mil y Los 31, aprovecharon la situación para chantagear comerciantes al estilo Chicago.

Pero dentro de este lúgubre cuadro político, las clases económicas —capital y trabajo— se esforzaban por levantar a Cuba del abismo. La clase media seguía ascendiendo por sus propios esfuerzos a pesar de los errores del Gobierno, la Oposición y los altos comerciantes. La zafra había sido de 2.274.303 toneladas, que al precio de 1,19 centavos libra, importaron $60.623.820,00, o sea $17.500.000,00 más que en 1933. El nuevo Tratado de Reciprocidad y la Ley Costigan-Jones habían beneficiado a Cuba en el renglón azucarero —comparada al Arancel Hoover—, pero había sido a costa del sacrificio de seguir estrechamente amarrada al carro económico americano. El poco de prosperidad traído por la zafra se perdía en el aumento del juego prohibido y en los fraudes de Lotería. Mendieta llamó al viejo coronel Manuel Despaigne a la Secretaría de Hacienda para que pusiera fin a las filtraciones. A los pocos días de su toma de posesión hubo en Hacienda una riña tumultuaria con intervención policíaca, pues los muchos cesanteados se negaron a abandonar los cargos.

El fiasco de la huelga comunista, unido a la camorra en Moscú, dividió las filas marxistas en Cuba. El Partido Comunista que siguió fiel a las directrices stalinistas fue formado por la Liga Juvenil Comunista, la Liga de Pioneros y el Par-

tido ya dicho. La primera se relacionaba con la Internacional
Juvenil Comunista y se componía de menores de 21 años; la
segunda de menores de 13. El sector estudiantil seguía bajo la
égida del Ala Izquierda Estudiantil. La Confederación Nacional Obrera de Cuba era el organismo supremo del proletariado y dentro de ella su más fuerte baluarte era la Federación Sindical Regional de La Habana, la cual comprendía a
los Sindicatos de esta provincia y que publicaba El Martillo.
la CNOC estaba afiliada a la Confederación Sindical Latinoamericana y ambas a la Internacional Sindical Roja que tenía
asiento en Moscú. Los organismos colaterales del Partido Comunista eran los Amigos de la Unión Soviética y la Liga Anti-
imperialista, formados por intelectuales y gente de la clase
media. Su organismo de beneficencia era el Socorro Rojo Internacional. El intermediario entre Moscú y La Habana era
el Secretariado del Caribe, con residencia en New York, filial
del Partido Comunista de los Estados Unidos, que dirigía Earl
Browder. La CNOC era regida por César Vilar y la FSRH por
Joaquín Ordoqui.

El método clandestino del comunismo era el siguiente: cada
cinco miembros del Partido formaban un grupo, el cual recibía el nombre de *célula;* las células comprendidas en un
barrio o localidad formaban una *sección,* la cual era dirigida
por un comité de cinco miembros, elegidos entre los delegados
de las células, el cual recibía el nombre de *Comité de Sección;*
los comités de sección comprendidos en una provincia designaban un delegado cada uno, eligiéndose de entre ellos un
comité de cinco miembros, llamado *Comité Distrital,* el cual
tenía la misión de dirigir la campaña en la provincia. De
cada comité distrital, que eran seis, uno por cada provincia,
se elegía un miembro y el así formado comité venía a ser el
Comité Central Ejecutivo del Partido Comunista de Cuba.

Por su parte, la otra ala del comunismo cubano, el Partido
Bolchevique-Leninista, era una amalgama de trotskistas, anarquistas y anarco-sindicalistas afiliados a la Cuarta Internacional, con sede en París, que tenía su base laboral en la
Federación Obrera de La Habana, compuesta por antiguos Gremios artesanales, de albañiles, carretoneros, etc., la mayor
parte de cuyos miembros eran españoles y *polacos.* Tenían
como organismo de adoctrinamiento la Unión de Jóvenes Bolcheviques y de abrigo al Socorro Rojo de Cuba. Sus líderes
principales eran Sandalio Junco y Marcos García Villarreal.
El viejo líder Antonio Penichet era su bonzo laboral. Eventualmente el trotskismo se disolvió y de sus afiliados y simpatizantes unos fueron al autenticismo y otros fundaron la

Asociación Libertaria de Cuba, fiel a las enseñanzas ácratas de Mikhail Bakhunin. El Ejército había aumentado sus plazas de 9.000 a 14.600 y su presupuesto a la suma de $11.300.000,00. Para contrarrestar la demagogia comunista, e imitando lo que hizo Machado, el coronel Batista tomó la raza negra como *mingo* y enroló en sus fuerzas gran cantidad de sus componentes masculinos. Luego alardeó de que un 75 % de las nuevas plazas habían sido cubiertas con negros y que el 35 % del total de miembros del Ejército eran hombres de la raza de color.

El Ejército, parte principalísima de las Fuerzas Armadas, se componía del Cuartel General, las Academias Militares, las Armas de Infantería, Caballería y Artillería; Cuerpos de Aviación, Ingenieros, Señales, Veterinaria, Jurídico y de Sanidad Militar; y las Bandas de Música del Cuartel General y los Regimientos. Fue estructurado por ley de noviembre 9 de 1934 con el nombre de Ejército Constitucional. Su fuerza era de 1 Coronel; 11 Teniente-coroneles; 41 Comandantes; 186 Capitanes; 222 Primer-tenientes; 147 Segundo-tenientes; 157 Sargentos de primera; 283 Sargentos de segunda; 843 Sargentos de tercera; 1.661 Cabos y 10.718 Soldados, que hacían un total de 14.115 hombres. No hay más que comparar esta cifra con las anteriores de las Fuerzas Armadas en otros Gobiernos para realizar cómo, y a qué velocidad, se dirigía la Isla hacia una dictadura militar. Los Jefes Superiores más destacados del Ejército, por Distritos, eran los siguientes: Oriente, Diego Rodríguez; Camagüey, Manuel Miranda; Las Villas, Abelardo Gómez Gómez; Matanzas, Desiderio Sánchez; La Habana, Gonzalo García Pedrosa; Pinar del Río, Manuel Benítez; Columbia, Ignacio Calíndez; y La Cabaña, Francisco Tabernilla. La Capital estaba sometida al Jefe de la Policía Nacional, José Eleuterio Pedraza. La Jefatura de Dirección del Ejército estaba regida por Julio Velasco. Todos ellos eran Teniente-coroneles. La Aviación Militar estaba siendo reorganizada, pues carecía prácticamente de pilotos. Los Ayudantes de Batista, contactos suyos con el pretenso Poder Civil, eran los comandantes Ulsiceno Franco Granero y Jaime Mariné, curro uno y catalán el otro.

La Marina de Guerra no había sufrido grandes alteraciones en sus cuadros. Al frente de ella se encontraba el teniente-coronel Ángel González. Pero había algo nuevo en las Fuerzas Armadas: se habían creado el Servicio de Inteligencia Militar (SIM) —que era una gestapo criolla— y la Reserva Militar, cuerpo de chivatos, turiferarios y plumíferos que hacían alarde de servilismo civil al poderío militarista, ya actuando dentro de la burocracia o ya vistiendo de uniforme en los actos oficiales. Su titulado Comandante en Jefe era Lucilo de la Peña, el antaño ejemplar combatiente de Artemisa y Gibara. Dentro del Cuerpo Jurídico habían encontrado acomodo un selecto grupito de abogados que servían de cerebro a Batista, encabezados por Arístides Sosa de Quesada. Columbia se convirtió en un despacho donde acudían diariamente los buscavidas y politiqueros a simbólicamente pulir la bota militar que apisonaba Cuba.

\* \* \*

*Rejuegos de Batista y Caffery. — Terrorismo. — Fortalecimiento de la represión. — Huelga de marzo de 1935. Consecuencias trágicas. — Muerte de Guiteras. — Batista, dueño de Cuba.*

La maniobra de Caffery iba consolidándose: aunque él seguía conservando los resortes de procónsul, Batista era su Gran Elector. Mendieta era solamente el bufón de la corte. Las promesas mendietistas de elecciones generales en 1934 se habían cambiado en otras que aseguraban se celebrarían sin falta en marzo de 1935. En febrero de este año el Gabinete adoptó una resolución cambiando las elecciones generales prometidas por una Constituyente a celebrarse entre julio y agosto de 1935. Ante la realidad de los rejuegos de Caffery y Batista para ganar tiempo en que el último perfeccionara su aparato militarista, los mismos organismos revolucionarios que negaron su concurso a Grau San Martín, provocando con ello su caída, ahora se volvían airados contra Mendieta, pretendiendo crearle a su Administración una crisis que se resolviera en la selección de un nuevo Gabinete, con la vana esperanza de llegar a disminuir la influencia de Batista sobre el Gobierno. Una conferencia entre Caffery, Batista y Mendieta, seguida de un rápido viaje del primero a Wáshington a consultar con Sumner Welles, trajo como consecuencia —bajo la excusa de la zafra— la suspensión de las Garantías Constitucionales durante 90 días. Una nueva tormenta se cernía sobre el cielo cubano.

La campaña terrorista, de una y otra parte, llegó a límites absurdos. Las bombas explotaban en todas las poblaciones de la República y la represión gubernamental no se quedaba atrás en violencias. El promedio de explosiones dinamiteras en La Habana era de 25 a 30 diarias, semana tras semana, y puede calcularse cómo eran las cosas en el campo cuando en Guanajay, por ejemplo, explotaron diez bombas en una sola noche. En la Alcaldía de Regla fueron ocupadas gran cantidad de granadas, escopetas recortadas y parque; tres individuos aparecieron acribillados, cerca de un niple, en el reparto Buenavista; Ramón Vasconcelos fue herido en un atentado en el que murió uno de sus custodios; en Santiago de Cuba, el periodista Leví Marrero fue brutalmente agredido por el Jefe de Aduana, Arturo Illas, por atreverse a denunciar sus fraudes; y en La Habana otro periodista, José López Vilaboy fue obligado a tragarse un litro de palmacristi. La administración forzada de este purgante se hizo tan corriente que hasta dos sepultureros del cementerio de Guanabacoa fueron dosificados con un litro por cabeza sin que pudieran explicarse el porqué. Mientras Batista ordenaba la construcción de un alto muro protector alrededor del Campamento de Columbia, en New York los señores Herminio Portell Vilá y Norman Davis reclamaban que la Liga de las Naciones fuera árbitro en el conflicto cubano.

La demora en celebrar elecciones enajenó al régimen la amistad del menocalismo. Los estudiantes volvieron a la carga, esta vez en tácito acuerdo con los insurreccionalistas del AIE. La Joven Cuba organizó un Comité de Acción Autónomo, jefatureado por Guiteras y su primer hecho fue el intento de ajusticiar en las soledades del reparto Lawton, de La Habana, a *Chano* Penabaz, a quien acusaban de traición y quien había sido Gobernador de Oriente durante el período de Grau. Guiteras exoneró de responsabilidades a los otros organismos y personalidades de Joven Cuba por éste y por los futuros actos del Comité de Acción Autónomo. Sin darse cuenta, Guiteras estaba sembrando la semilla de un futuro gangsterismo político que utilizaría su memoria con inconfesables propósitos de lucro monetario y politiqueril. Ante la tempestad que se avecinaba, Mendieta efectuó cambios en su equipo gobernante, siempre buscando fortaleza reaccionaria, y el primero de ellos consistió en entregar la Secretaría de Gobernación a Raúl de Cárdenas —quien ya contaba con la de Justicia— para que éste pusiese en práctica tremendas medidas de represión. El que Cárdenas fuese en aquellos momentos, en su vida social, presidente del Habana Yacht Club, fue pintado por los comunistas y guiteristas como algo asociado a la reacción y la sucarocracia.

Además de exigir de los Tribunales de Urgencia el mayor rigor posible —en esta labor se hicieron notorios tres de sus Magistrados: Maximiliano Smith, Leonardo Anaya Murillo y José R. Cabezas—; de disminuir el número de los componentes de sus Salas, de cinco a tres, para que fueran más expeditivos en acordar los castigos; de haber disuelto el Colegio de Abogados y perseguido a sus miembros; de pronunciarse como el más destacado vocero clericalista; Cárdenas logró del Gabinete la aprobación de un Decreto por el cual se sancionaba con cadena perpetua o con pena de muerte a todos los que incendiasen cañaverales o perturbasen o entorpecieran las labores de la zafra. Pero a pesar de lo anterior, Batista lo consideró un peligro a sus intereses y logró que Mendieta lo sacase del Gabinete, junto con el Secretario de Educación, Capote, y los sustituyese. A Cárdenas, en Justicia, con Andrés Domingo y Morales del Castillo, y en Gobernación, por Maximiliano Smith. A Capote, por Leonardo Anaya Murillo. Smith y Anaya habían sido traídos del Tribunal de Urgencia por su fama de verdugos.

El autenticismo, aunque contaba con un Comité Gestor que realizaba sus funciones dentro de los límites de la política electoral, secretamente alentaba el movimiento de acción contra Mendieta y Batista y en sus filas se creó el Ejército Auténtico destinado a cooperar en la huelga general revolucionaria que proyectaba Guiteras, con promesas de apoyo comunista, como medio de derribar al Gobierno. La coincidencia entre guiteristas y comunistas, que eran enemigos, fue provocada por la brutal represión fascistoide. Es positivamente cierto que cuando la reacción derechista adopta esta actitud en defensa de sus intereses, sitúa al nacionalismo revolucionario en un disparadero tal que los comunistas se aprovechan de ello para sacar ventajas de su tragedia. El ejemplo más fehaciente de esta conveniente alianza por la supervivencia se daba en la Universidad y en las filas del Magisterio, donde coincidían en un Frente Unido marxistas y anti-comunistas. Estos últimos a veces dudaban si no estarían equivocados acerca de los primeros, puesto que a ellos se les daba el trato de comunistas, sin serlo, por quienes los perseguían por ser anti-fascistas y anti-imperialistas. Las demandas estudiantiles, firmadas por un Comité de Huelga Universitario del que formaban parte principal los auténticos y guiteristas Carlos Martínez, José F. Botet, Guillermo Barrientos, *Polo* Miranda, Roberto Lago y Manuel Aranda y los comunistas Ladislao González Carbajal, José A. Bustamante y José Utrera, eran las siguientes:

1. *Derogación del fuero militar, cese de los supervisores militares y desmilitarización de los cuerpos policíacos.*
2. *Restablecimiento de los principios democráticos; respeto a la vida ciudadana y derechos del hombre.*
3. *Libertad de los presos políticos.*
4. *Supresión de los Tribunales de Urgencia.*

Las medidas de precaución represiva tomadas por el Gobierno en el Instituto de Segunda Enseñanza de La Habana ocasionaron la muerte —en un tiroteo *al aire*— del joven Orlando Lazcano. Encarceló a las Directoras de las Escuelas Normal y Técnica de Mujeres, María Josefa Vidaurreta y Dulce María Escalona, ambas comunistas, ocasionando con ello una huelga estudiantil en esos planteles que prontamente fue secundada por todos los de enseñanza secundaria de la República. El Claustro Universitario declaró públicamente:

1. *Que las demandas de orden nacional a que se refiere el manifiesto estudiantil, ratificadas por los acuerdos del Claustro General de Profesores, expresan el sentir de la Universidad de La Habana.*
2. *Que La Universidad no pretende constituir un nuevo sector político partidarista, por entender que la función que le incumbe y que desde un principio se ha trazado en los asuntos nacionales, es mantener los más puros principios democráticos y ser orientadora y desinteresada cooperadora a la solución de los graves problemas que confronta el país.*

Los Servicios Municipales Médicos fueron a la huelga porque el Alcalde Miguel Mariano suspendió de empleo y sueldo al alumno comunista de una Casa de Socorro, Carlos Font, quien con una actitud irrespetuosa provocó su ira. El paro tomó tal fuerza que el Mayor de la Ciudad renunció a su cargo irrevocablemente, siendo sustituido por el Secretario del Consejo de Estado, Guillermo Belt. La Confederación de Profesionales Universitarios se solidarizó con la Universidad. Los alumnos de Instrucción Primaria fueron a la huelga en apoyo a las demandas de sus maestros —pago de atrasos, material y desayuno escolar y aumento de plazas— con un acompañamiento de sus padres. Todo lo anterior iba acompañado de algaradas, tiroteos, gases lacrimógenos y saldo sangriento de muertos, heridos y contusos. La demora en fijar las nuevas tarifas de carga por carretera sirvió de base a la CNOC para planificar una huelga del transporte que paralizaría, consecuentemente, la zafra y los trabajos portuarios. Los empleados públicos se sumaron en masa a la agitación reclamando la inamovilidad y un aumento del 30 % en los salarios. Los Tribunales de Urgencia no daban abasto y las cárceles estaban abarrotadas.

La huelga política era ya un hecho y esto hizo exclamar

al Secretario de Comunicaciones, Pelayo Cuervo Navarro, en un arranque de furia: *"¡O la huelga acaba con el Gobierno o el Gobierno acaba con los huelguistas...!"* Después de una reunión militar en Columbia, Batista declaró *"que ante el problema de orden público que se avecina por la amenaza de una huelga general, el Ejército intervendrá para garantizar la propiedad y la vida..."* Pedraza exigió manos libres para actuar en La Habana y el Gobierno se las concedió al nombrarlo Jefe de la Plaza Militar de La Habana, con facultades omnímodas —las mismas concedidas a Tacón por España— y de inmediato éste ordenó la ocupación militar de la Universidad y de todos los Centros de Enseñanza Secundaria de la República.

El viernes 8 de marzo de 1935 comenzó una ola de represión y terror en la Capital que no volvió a repetirse hasta el 9 de abril de 1958, también bajo otra dictadura de Batista, pero con Pilar García en lugar de Pedraza. Cerca de 10.000 empleados públicos fueron a la huelga en las Secretarías de Educación, Hacienda, Trabajo, Agricultura, Sanidad, Obras Públicas y Comercio. En Comunicaciones los telegrafistas fueron obligados a permanecer en sus puestos desde el día 7. En el Ayuntamiento de La Habana el fastidioso Belt se tornó de pronto en una miniatura de Pedraza, actuando como si el Cabildo habanero fuese otra plaza sitiada. Los ciudadanos de la Capital y los pueblos provincianos fueron obligados a irse a la cama a las 9 de la noche bajo pena de ser muertos en la vía pública. Tropas del Ejército y la Reserva ocuparon los Servicios Públicos mientras los genízaros del SIM, al mando de Mariné, regaban por toda La Habana cadáveres de huelguistas. Los líderes comunistas, Vilar, Ordoqui, Marinello, Blas Roca, etc., se escondieron. La CNOC no ordenó el paro en firme ni sus dirigentes se aparecieron por los centros laborales a confirmarlo. En cambio fueron apaleados y expulsados de sus lugares de trabajo por los esbirros todos los obreros de conocida militancia comunista o auténtica. Las luchas de barricada fueron siempre entre auténticos y guiteristas contra la fuerza pública y en ellas llevaron la peor parte los primeros. No se publicó periódico alguno durante una semana, ni en ese tiempo se permitieron las noticias radiales. Nunca se ha sabido con exactitud cuál fue el saldo de personas muertas por orden de Pedraza durante la semana del 8 al 15 de marzo de 1935, aunque fue grande el número de reportados como desaparecidos por familiares. Hasta que no cesó Batista de dominar en Cuba, en 1944, no se empezaron a publicar relatos de la barbarie perpetrada. De uno publicado en Bohemia por José *Pepín* Sánchez, reproducimos el siguiente fragmento:

*"Entre los crímenes horribles se encuentra el cometido con Armando Feito y su suegro Miguel Roque Fraga. El destacado revolucionario fue detenido en la noche del 9 de marzo, en su casa, situada en Malecón, 23. Al salir el detenido con sus captores para la Jefatura de Policía, un cuñado de Feito quiso acompañarlo, pero éste prefirió que fuese su suegro. Los esbirros no pusieron reparos a los deseos de la futura víctima, pero a la mañana siguiente los dos aparecieron, con el cuerpo atravesado a balazos, en el reparto Miramar.*

*"Esa misma mañana fue encontrado en la Quinta Avenida y Calle 34, el cadáver del ex-militar Juan María Muñoz. En el reparto Querejeta aparecieron dos cadáveres más, encontrándose en el pavimento de la parte Sur de la Avenida de Aviación los cadáveres de René Lago y Julio Álvarez. Ese mismo día, a eso de las seis de la tarde, en la Avenida Miraflores y Quijano, cerca del Lago, fue muerto a balazos Marcelino Fernández y gravemente herido Evelio Matoso, quien más tarde falleció. Entre los asesinatos más espantosos cometidos en aquellos días se encuentra el de Enrique Fernández Velasco, que había sido Subsecretario de Gobernación con Antonio Guiteras. El distinguido revolucionario fue detenido por el comandante Jaime Mariné en persona, en la mañana del 10 de marzo, en la Quinta Avenida del reparto Miramar, cerca del puente del Río Almendares. Lo llevaron a la Jefatura de Policía. A su esposa había llegado la noticia de su detención y la desconsolada mujer llegó hasta las puertas de la Jefatura indagando por su compañero, contestándosele que no se encontraba allí. Cayendo la tarde, sufrió los rigores de una feroz tortura. Después lo llevaron al reparto Miramar, lugar donde fue acribillado a balazos."*

\* \* \*

El SIM realizaba sus labores de información con relativa facilidad en aquella época de ingenuidad clandestina, en la cual era tan denigrante la labor del chivato que a duras penas podía conseguir uno la policía. El SIM contó con la ayuda de la Reserva, que reclutó sus delatores entre los miembros de fila en las Secretarías de Despacho, en los tranvías, plantas de gas y electricidad, tanques de agua de Palatino y Vento y en ómnibus y ferrocarriles. En cada barrio contrató los servicios de personas que la tuvieran al tanto de las conversaciones en lugares públicos y de las actividades de los más conocidos oposicionistas del lugar. Al contar con perseguidoras provistas de radio-teléfonos, le era muy fácil al SIM dirigirlas hacia los lugares donde se le reportaban reuniones clandestinas para efectuar arrestos. Había adelantado mucho técnicamente la Policía desde los tiempos en que Plácido Hernández hacía herrar con goma maciza los cascos de sus caballos para que el galopar silente de éstos no descubriese su proximidad a los conspiradores.

\* \* \*

La resaca sangrienta de la huelga de marzo arrastró consigo a la miseria a miles de infelices que fueron cesanteados para cubrir sus cargos con los miembros y recomendados de los militaristas, politiqueros y chivatos de la Reserva. Anaya Murillo literalmente diezmó las filas magisteriales. Batista aprovechó la ocasión para situar en el Gabinete a otros dos de sus incondicionales: Aurelio Ituarte, en Sanidad, y Emilio G. Rodríguez, en Trabajo. Las marañas palaciegas de Cosme de la Torriente terminaron por cansar a Batista y fue sacado de la Secretaría de Estado y su puesto, por decantación, ocupado por José A. Barnet. Los Consejos de Guerra Sumarísimos pusieron a funcionar los pelotones de fusilamiento, y aunque en La Habana le fue conmutada la sentencia de muerte a Bellido de Luna, en Santiago de Cuba fue pasado por las armas Gabriel Angulo Terry. Después se supo que su nombre no era tal, sino Julián Greinstein, de ascendencia hebrea y filiación comunista. Había denunciado, para salvar la vida, a Eduardo *Yayo* Gálvez, quien también fue condenado a muerte, pero luego su sentencia cambiada por la de cadena perpetua. En Las Villas fue fusilado el auténtico José Castiell, alzado en Pedro Barba. Los Veteranos resucitaron y con apoyo de Menocal reclamaron el restablecimiento de la Constitución de 1901, con Apéndice y todo. La orden de poner precio a la cabeza de Guiteras y de matarlo en cuanto fuese hallado comenzó a cumplirse celosamente por la dragonada amarilla. Uno de sus hombres de confianza, Armantino *El Indio* Feria, fue cazado a tiros en La Habana y capturado herido después de un espectacular combate.

Finalmente, el 8 de mayo de 1935, virtud a una delación que se atribuyó posteriormente a los oficiales navales Carmelo González y *Cuco* Díaz Joglar, quienes se habían comprometido a sacarlo de Cuba, Antonio Guiteras fue localizado en el Morrillo de la bahía de Matanzas, acompañado de varios de sus seguidores, entre los que había dos damas —Conchita Valdivieso y Xiomara O'Hallorans—, pereciendo en el combate que se entabló con el Ejército. Junto a él cayó el coronel venezolano Carlos Aponte, legendario personaje que, exiliado por Juan *Bisonte* Gómez, había combatido junto a Sandino en Nicaragua. Aponte, tiempo antes, había protagonizado un duelo a balazos en el lobby del Hotel Roosevelt de La Habana con el también coronel venezolano Simón Urbina, resultando herido. Aponte luego fue rescatado del Hospital por *El Indio* Feria a punta de pistola. Urbina, años después, en Venezuela, secuestró y dio muerte al coronel Delgado Chalbaud, promoviendo el ascenso al poder del dictador Pérez Jiménez, quien le dio muerte, según se dijo, para callarlo, pues le había pagado para que matase a Delgado Chalbaud. En el combate del Morrillo pereció un cabo del Ejército, de apellido Mon, a quien Batista erigió un obelisco que Eduardo Chibás destruyó a mandarriazos tan pronto como Batista dejó el poder. Los compañeros de Guiteras que sobrevivieron el combate fueron juzgados en Consejo de Guerra y sometidos a distintas penas de cárcel.

La muerte de Guiteras marcó el fin de la lucha insurreccional contra la incipiente dictadura de Batista. La tesis de las armas perdió vigencia después de su desaparición. Los líderes comunistas más destacados salieron del país y se dirigieron a Rusia a perfeccionarse en los métodos de penetración marxista en la estructura democrática, bajo la orientación de Manuilski. Los auténticos que no fueron encarcelados por el SIM fueron a pasar cuatro largos años de destierro en Miami, New York y México. El hecho de que Guiteras muriese con sólo 83 centavos en el bolsillo no fue obstáculo para que El Diario de la Marina lo presentase como un gangster y un enemigo público, achacándole el secuestro del millonario azucarero Eutimio Falla y el cobro de $300.000,00 por su rescate. Falla nunca acusó a Guiteras de secuestrarlo, aunque muchos, inclusive alguno de los acusados, aseguraron que él fue el cerebro del hecho. Ni el dinero fue recuperado ni se supo nunca que fuese invertido en acciones revolucionarias.

El general Rafael Montalvo —el mismo *jorocón* que llevó a *Don Tomás* a la ruina política—, ahora dueño de ingenios, escribió una carta pública a Batista felicitándolo por la muerte dada a Guiteras y participándole que le enviaba mil pesos *"para iniciar una campaña monetaria que beneficiase a los deudos de los que habían caído gloriosamente defendiendo la causa del orden, la civilización y la moral cristiana..."*, acción que fue inmediatamente secundada por *Pepín* Rivero. Maximiliano Smith declaró que *"la muerte de Guiteras representaba*

32

*el fin del gangsterismo en Cuba...*", y en seguida logró la aprobación de una Ley de Represión del Gangsterismo contra el secuestro, el portar armas largas o cortas y que autorizaba a todos los ciudadanos a proceder contra los acusados de violarla, ofreciendo premios en metálico por la captura o delación de los mismos. Pronto esta Ley fue seguida de otra atrocidad, la Ley de Prensa, que era una verdadera mordaza. Comprendía *"delitos y faltas de publicidad, mendaces o insidiosas, con el fin de producir alarma, agitación, descontento o confusión públicas, incitar a la rebelión o a la huelga, o menospreciar a las autoridades..."* Los impresores, periódicos y estaciones de radio quedaban obligados a depositar una fianza de cinco mil pesos que respondiese de futuros delitos de prensa. Además, debían contar con permisos concedidos por el Secretario de Gobernación para efectuar sus funciones periodísticas. Un denso manto de silencio envolvió a Cuba. Batista era dueño de la República.

* * *

"Problemas de la Nueva Cuba". — *El Pacto Institucional.* — *Rehabilitación de machadistas.* — *Reavivamiento de la politiquería.* — *Renuncia de Mendieta.* — El gastrónomo. — *Elecciones generales de 1936.* — *El Decreto-regalo.* — *El Decreto-remache.*

En esa misma hora crítica en que Cuba se abocaba a la dictadura militar hizo aparición el libro Problemas de la Nueva Cuba, informe de la Comisión de Asuntos Cubanos de la Foreign Policy Association (Asociación de Política Extranjera), organismo *"sin carácter ni conexiones oficiales y dedicado a la investigación y la ilustración de la opinión pública en asuntos internacionales..."* que había sido invitado por Mendieta para que hiciese un estudio sobre la situación cubana y brindase después recomendaciones al efecto. La invitación fue aceptada con la advertencia previa *"que la Comisión sería enteramente no oficial y que trabajaría con absoluta independencia científica..."* Esta Comisión, formada por quienes eran legítimos expertos en asuntos Latinoamericanos —a diferencia de los empistolados diplomáticos o farsantes intelectualoides que nutrían la nómina del State Department—, trabajó bajo difíciles condiciones y en los momentos *"que se profetizaba el establecimiento de una dictadura militar, así como que el futuro consistiría en un continuo terrorismo hasta que Cuba cayese en un estado de anarquía..."* Mas sin embargo, a través de 600 páginas de interesantísimos análisis, la Comisión llegó al fondo de la cuestión cubana en su problemática político-social-económica, haciendo recomendaciones de carácter agrario, electoral y de relaciones diplomáticas con los Estados Unidos que fueron echadas al cesto de la basura por el Gobierno. Reproducimos a continuación algunos de los párrafos como ratificación a nuestro criterio de que la politiquería y el militarismo han sido los culpables de nuestra frustración Republicana y de que el nacionalismo revolucionario es el motor del resurgimiento cubano.

*"Durante los cuatro meses que el Gobierno de Grau estuvo en el poder promulgó un gran número de decretos, relativos a las siguientes materias: jornada de 8 horas; obligación de que el 50 %, por lo menos, de los trabajadores debían ser cubanos nativos; jornal mínimo para el cortador de caña; creación de la Secretaría del Trabajo; suspensión de los pagos por los empréstitos del Chase National Bank; incautación provisional de las propiedades de la Chaparra Sugar Company y de la Compañía Cubana de Electricidad; establecimiento de la Asociación de Colonos; reconocimiento de la Federación Médica de Cuba; cesantía de Mr. Chadbourne como presidente de la Compañía Exportadora del Azúcar; concesión de cuota de producción ilimitada a los centrales que molían menos de 60.000 sacos; inicio de un programa de reforma agraria que incluía las actuaciones judiciales para que el Gobierno adquiriese las propiedades de la Cuba Cane Products Company, que estaba en quiebra; reducción de las tarifas de electricidad; extensión a los empleados de las compañías de electricidad de los beneficios de la Ley de Jubilaciones y Pensiones de los Ferrocarriles; autonomía universitaria; autorización para acuñar hasta $20.000.0000,00 en plata, etc.*

*"El Gobierno de Grau ocupó el poder en momentos en que había una gran inquietud obrera reveladora de que Cuba vivía no sólo las agonías de una revolución política, sino de una revolución social también. En varios lugares los trabajadores huelguistas se apoderaron de las propiedades azucareras y por un momento Cuba estuvo amenazada de un serio movimiento comunista. Muchos cubanos culparon al Gobierno de Grau por esta ola comunista; pero es de justicia decir que, debido a la existencia de una muy generalizada miseria social, una crisis de esta clase tenía que ocurrir a la caída de Machado. Los comunistas, lejos de apoyar a Grau, atacaron violentamente muchas de sus medidas, especialmente la Ley del 50 %, que iba contra el principio de la solidaridad universal de la clase trabajadora. Las medidas que acabamos de enumerar y otras*

*disposiciones nacionalistas del Gobierno de Grau, no hay duda que fueron un factor que produjo verdadero mejoramiento en la condición del trabajador cubano y contribuyó a la derrota del comunismo.*

*"Los intereses mercantiles, los viejos políticos, los españoles residentes en Cuba, los elementos del ABC y muchos norteamericanos se mostraron intensamente hostiles al Gobierno de Grau. El propio embajador norteamericano, Mr. Welles, era decididamente contrario al nuevo régimen, que los Estados Unidos rehusaron reconocer. Esta actitud de la cancillería de Wáshington privó al Gobierno de Grau de una condición que resultaba indispensable para su continuada existencia; y las dificultades aumentaron aún más por el hecho de que este experimento de gobierno tenía lugar durante "el tiempo muerto". Los críticos proclamaban que aquel régimen sólo representaba una pequeña minoría fanática dominada por los estudiantes y mantenida en el poder por un ejército indisciplinado; y lo acusaban de demagógico, incompetente y enemigo de los Estados Unidos. Por lo general, las mismas acusaciones, con más o menos fundamento de verdad, pueden hacerse contra cualquier Gobierno revolucionario que de repente asuma el poder sobre una ola de exaltada emoción y sin preparación o experiencia. Sin embargo, hoy en día algunos de los que más duramente combatieron el Gobierno de Grau, admiten que él ha sido el único presidente que ha tratado de mejorar la fortuna de la empobrecida mayoría del país.*

*"Cuba resolverá su problema racial con el mantenimiento de escuelas que estén abiertas para los niños negros, sin distinción; con el aumento de facilidades educacionales para los niños que no van a los colegios, y con la implantación de un sistema social y económico en el que los negros, en igualdad con los blancos, tengan su oportunidad de ganarse la vida y construir una civilización.*

*"Cuba independiente no ha podido realizar su ideal democrático de proporcionar educación, por lo menos elemental, a todos sus ciudadanos. Se han establecido escuelas elementales para menos de la mitad de los niños de edad escolar, y del número total de matriculados, la proporción más grande siempre ha correspondido a los dos primeros grados. La escasez de escuelas, naturalmente, ha sido mayor en las secciones rurales de la Isla que en las ciudades más grandes, en donde se ha hecho razonablemente posible un período de seis años de enseñanza primaria.*

*"Para resumir lo que dejamos dicho sobre las instituciones sociales cubanas en conjunto, la necesidad urgente es de crear*

*una vida de comunidad y de hogar, que sea mejor que la actual, en lugar de conformarse solamente con proporcionar refugio institucional a los fracasados y a los agotados.* Los establecimientos benéficos existentes, nacionales y locales, públicos y privados, deben concebirse como partes de un todo, con sus servicios sistematizados y sus planes trazados a fin de que todas las regiones de la Isla sean atendidas adecuadamente.

"El grado hasta el cual pueda el comunismo desarrollar su programa depende de dos factores principales: la fuerza interna del movimiento y la situación social y económica en que se desarrolle. Muchos de sus miembros pertenecen a aquella pequeña minoría de cubanos que tienen una verdadera "religión" en el sentido de que representa una devoción profunda que orienta las actividades completas de su vida. Este factor produce una seguridad y una unidad que se destacan en medio de una sociedad confusa y desorganizada, en la cual casi todos los grupos se ven divididos por cismas motivados por ambiciones personales. La influencia más profunda del movimiento comunista, sin embargo, ha sido ejercida no tanto por los pocos millares de miembros que aceptan la rígida disciplina del partido, cuanto por los centenares de miles de cubanos que simpatizan más o menos abiertamente con las ideas y finalidades comunistas. Estos cubanos han recibido gustosos al comunismo como una fuerza redentora que podría sacarlos del desierto de pobreza en que se había convertido Cuba.

"Algunas de las recomendaciones más importantes propuestas por esta Comisión pueden resumirse en la forma siguiente:

1. Adopción de una política agraria en conformidad con la cual el Gobierno de Cuba adquiera tierras con el fin de establecer la pequeña propiedad, efectuando la consiguiente indemnización en bonos internos o en efectivo.

2. Aplicación de un programa de diversificación por medio: a) del establecimiento de colonias agrícolas; b) del desarrollo de las investigaciones y de la educación agrícola; c) de la creación de una entidad de ventas bajo auspicios gubernamentales; y d) de la adopción de una política arancelaria científica.

3. Aplicación por parte del Gobierno cubano de un programa de educación agrícola, de enfermeras de sanidad pública, de investigación médica y de previsión social.

4. Realización de un estudio de las tierras, iniciado con la ayuda de expertos extranjeros, con el objeto de obtener bases científicas para la diversificación de la agricultura, la selvicultura y la industria de la leche; y

*para el establecimiento de pequeñas fincas con propietarios independientes.*

5. *La legislación que requiera que cada uno de los centrales azucareros destine tierras en las cuales los trabajadores puedan producir alimentos, y designar un gerente de subsistencia que dedique todo su tiempo a fomentar la producción de alimentos.*

6. *Establecimiento de un impuesto a las tierras baldías con objeto de fomentar el aprovechamiento de millones de hectáreas de tierras incultas, en manos de particulares, así como el establecimiento de un impuesto progresivo a la exportación de azúcar con el objeto de aumentar los ingresos y poner un freno a la expansión indebida de la producción azucarera que podría ocurrir a raíz de una elevación sensible de su precio.*

7. *Establecimiento de un banco agrícola para alentar la diversificación y fomentar el desenvolvimiento de cooperativas locales.*

8. *Establecimiento de una comisión de servicios públicos que tenga jurisdicción sobre la luz y fuerza eléctrica, los teléfonos, los ferrocarriles y las carreteras.*

*"Evidentemente, la solución fundamental de los problemas políticos y sociales de Cuba radica en un mejoramiento de la moralidad en los asuntos públicos y en el desenvolvimiento de una opinión pública ilustrada y patriótica. Al ocurrir este mejoramiento muchos de los defectos del sistema tradicional de Cuba se habrán eliminado. Los cubanos, por lo tanto, deberían continuar esforzándose porque haya elecciones honradas, un servicio administrativo permanente e idóneo, libre de manipulaciones partidarias, responsabilidad estricta para la erogación de los fondos públicos y desarrollo de partidos políticos para los cuales sea supremo el interés de la patria. No puede negarse, sin embargo, que el proceso de purificación y mejoramiento de la administración haya de ser largo y difícil. Es dudoso que pueda alcanzarse este fin mientras no mejoren las normas de vida y disminuya el analfabetismo entre el pueblo. Ante la ausencia de tal mejoramiento, siempre existe el peligro de que la maquinaria política tradicional de la democracia se vea sujeta a la explotación inmoral del politiquero sin escrúpulos.*

*"Repetimos que sólo podrá desarrollarse plenamente un plan de reconstrucción si se cuenta con el apoyo de los cubanos de todas las clases sociales. Pero si un grupo dedicado de cubanos tiene la determinación de iniciar este plan, su desenvolvimiento originará gradual pero inevitablemente el des-*

*arrollo de una nueva conciencia cívica y de un patriotismo
en las masas del pueblo.*

*"Esta Comisión expresa la esperanza de que los Estados
Unidos apliquen el espíritu de la Convención Panamericana
de Montevideo a sus relaciones con Cuba, y de que se ponga
punto final a las actividades ambiguas de los diplomáticos
norteamericanos de ejercer influencia en cuanto a la composición interna de un gobierno.*

*"Esta Comisión no propone que los Estados Unidos renun-
cien al derecho de representación diplomática a favor de cualquier interés particular legítimo, pero sí cree que la diplomacia
norteamericana debería ejercer particular cuidado para mantener una actitud imparcial en las disputas entre el capital
y el trabajo y para cultivar la amistad de todos los grupos
políticos y sociales de Cuba.*

*"Finalmente, el Gobierno de los Estados Unidos debería
adoptar la política de restringir el uso de tropas y de marines,
al exclusivo objeto de evacuar a los extranjeros de unos cuantos puertos en el área de los disturbios, y sólo en épocas de
graves desórdenes y de posible caos. El Gobierno del presidente Roosevelt dio muestras de admirable cordura al no desembarcar marines en Cuba durante las repetidas crisis ocu-
rridas en los últimos años. Sin embargo, el buen efecto de
esta política en la opinión pública de Cuba fue disipado hasta
cierto punto por el hecho de que los acorazados norteamericanos permanecieron en aguas de Cuba durante casi un año.*

*"Cuando se termine el actual difícil período de transición
hay derecho a esperar que Cuba pueda llegar a ser uno de los
lugares privilegiados del hemisferio occidental, ya que su pueblo ha aprendido a sufrir, a combatir la opresión, a resistir
la miseria y tiene, además, una capacidad única de autocrí-
tica. Si los cubanos ahora pueden aunar sus indudables ha-
bilidades en un esfuerzo cooperativo de progreso humano, Cuba
merecerá por más de un concepto su histórico sobrenombre
de "Perla de las Antillas".*

Las personas que firmaban el informe de la Comisión de
Asuntos Cubanos de la Foreign Policy Association y que lan-
zaban a los cubanos la clarinada de advertencia contra la
politiquería y el militarismo y en favor de la honestidad administrativa y la justicia social como bases de la reconstrucción ciudadana eran Raymond Leslie Buell, Charles A. Thom-
son, Frank Whitson Fetter, Frank Dunstone Graham, Ernest
Gruening, Helen Hall, Leland H. Jenks, Wilson G. Smillie, Les-
ter McLean Wilson, Milburn Lincoln Wilson y Carle C. Zim-
merman.

\* \* \*

Los Comisionados de la Foreign Policy Association estuvieron muy claros acerca de los problemas de la Nueva Cuba. Durante sus investigaciones habían realizado la verdad de la infamante condición de parias a que los cubanos habían estado sometidos desde la Colonia y que se repetía en la República. Comprendieron que el brote comunista se debía, más que nada, a los errores de la reacción capitalista que tras *ley y orden* ocultaban sus propósitos de perpetuación explotadora. Se dieron cuenta de que si esos errores no se rectificaban a tiempo, en Cuba sobrevendría el caos y la miseria. Y tal como temían, sucedió lo peor. Los mismos que los contrataron echaron al alcantarillado sus recomendaciones. Años después, cuando se redactó una nueva y progresiva Constitución, sus vaticinios y consejos fueron considerados y se plasmaron en ella justas reivindicaciones. Pero como no se mejoró la moralidad en los asuntos públicos y los gobernantes fueron ejemplos de corrupción política, la Constitución se volvió letra muerta de imposible cumplimiento, tanto por la canallesca voluntad de los politiqueros y militaristas como por el sometimiento de nuestro honor nacional al extranjero que desde la Embajada americana nos proconsulaba.

\* \* \*

Pretendiendo dar un mortal golpe a la insurrección obligándola a transitar por los putrefactos senderos de la sargentería, el manenguismo y los chanchullos electorales y asamblearios, Batista revivió los trajines de la politiquería para que ésta sirviese de máscara a su dictadura. José Ignacio Rivero y Óscar Zayas sirvieron de celestinas politiqueriles al adúltero maridaje electoral que se llevó a cabo el 31 de marzo de 1935 —aún tibios los cadáveres de los asesinados en la huelga— entre Mario García Menocal, Ramón Vasconcelos Maragliano, Miguel Mariano Gómez Arias y Justo Luis del Pozo y del Puerto en nombre, respectivamente, del Conjunto Nacional Democrático, el Partido Liberal, Acción Republicana y Unión Nacionalista, y que pomposamente titularon Pacto Institucional. Sus bases fueron: sufragio universal; no reelección; mantenimiento del status quo del Ejército y la Marina; elecciones el primero de noviembre; Código Crowder; reforma constitucional por el Congreso que resultase electo; imparcialidad gubernamental; derecho de los Partidos a delegados en Juntas Municipales Electorales; y comité conjunto de Partidos para velar por la pureza de los comicios. Cinco días después de la firma del Pacto se formó un Comité Conjunto con Manuel Capestany y Carlos Márquez Sterling, por el Partido Liberal, Justo Luis Pozo y José A. Casabuena, por Unión Nacionalista; Rogelio Pina y Rigoberto Ramírez, por Acción Republicana; y Daniel Compte y Alberto Boada, por el Conjunto Nacional Democrático. Mendieta declaró su renuncia a ser candidato presidencial en las propuestas elecciones.

La dificultad legal y política que presentaba el Liberal por causa de su machadismo se obvió gracias a las gestiones realizadas por Vasconcelos con Batista, quien propició su reavivamiento mediante su rehabilitación electoral previa una tacha que alcanzaba a las siguientes personas: Congresistas que acordaron la Reforma Constitucional de 1928; miembros de aquella Constituyente; miembros del Ejecutivo Nacional de Partidos que proclamaron su candidatura única; miembros del Colegio de Compromisarios Presidenciales; Jefe del Distrito Central de La Habana y miembros de su Consejo Deliberativo; Gobernadores y Alcaldes a la caída de Machado; procesados por el Tribunal de Sanciones y declarados en rebeldía por dicho Tribunal; Presidente de la República, Secretarios y Subsecretarios de Despacho; y Jefes de Distritos Militares. Se exceptuaron de la tacha a los Congresistas que no votaron la Prórroga de Poderes, los legisladores del Comité Conservador Ortodoxo, los Jefes de Distritos que hubiesen sido condenados por Tribunales Militares previamente al 12 de agosto de 1933 y *"a la persona que cooperase ostensiblemente al derrocamiento de Machado..."* Los dirigentes Liberales Pedro Goderich, Ramón Vasconcelos, Enrique Recio, José Manuel Cortina y Ernesto Rosell quedaron oficialmente limpios de toda mácula machadista.

Nuevamente la politiquería proliferó por toda Cuba como la mala yerba. Enrique Recio ocupó la presidencia del Partido Liberal, que nombró jefes provinciales, de Pinar del Río a Oriente, a Manuel Benítez (padre), Ramón Vasconcelos, Prisciliano Piedra, Manuel Capestany, Ernesto Rosell y Luis F. Caiñas. El Conjunto nombró su presidente a Santiago Verdeja, recayendo las jefaturas provinciales, de San Antonio a Maisí, en Guillermo Cuervo Barrena, Raúl de Cárdenas, Santiago Verdeja, Pedro Cué, J. Sosa Calcines y Wilfredo Albanés. Acción Republicana tenía como presidente a Miguel Mariano y como jefes provinciales a Octavio Rivero Partagás, Ramón Zaydín, José Manuel Gutiérrez, Agustín Cruz, Arturo Recio y Adriano Galano. Unión Nacionalista tenía a Justo Luis Pozo como presidente y jefe provincial pinareño y en sucesión, hasta Oriente, a José A. Casabuena, Agustín Acosta, Federico Laredo Brú, Gonzalo del Cristo y Ángel Pérez André. La oposición se negó a reorganizarse y de ello se aprovecharon unos caretudos dirigidos por Eduardo Coloma Álvarez y financiados por Batista para crear Renovación Auténtica, con el propósito de dividir el septembrismo anti-gubernamental. No tuvieron éxito en sus mercenarias gestiones y fueron a engrosar las filas de Acción Republicana.

Los que quedaron fuera de las dirigencias de los partidos viejos y que habían renegado de la revolución trataron, sin suerte favorable, de crear nuevos partiditos. Éstos fueron Conjunción Centrista Nacional, del ex-Presidente Provisional Carlos Manuel de Céspedes; Renovación Nacional, del ex-abecedario Carlos Saladrigas; Socialista-Democrático, del también renegado abecedario Alfredo Botet; Unión Ciudadana, del ex-Segundo Jefe de la Policía, Salvador Díaz Versón; Asteria, una organización fascistoide de personas de color, de Luciano Herrera; y Unión Revolucionaria, de Andrés L. Ferrer, quien posteriormente vendiera su derecho sobre ese título partidista a Juan Marinello. Al socaire de este retroceso político Batista perfeccionaba al máximo su equipo armado. Compró 16 aviones de persecución Waco y 6 Bellancas de bombardeo y transporte para el Cuerpo de Aviación que renacía. Demostraba, además, los indiscutibles adelantos del Ejército en cada desfile conmemorativo de alguna fecha patria. La vestimenta de los soldados era igual a la de los oficiales, diferenciándose solamente por las insignias del rango. Las cintas, medallas, botas y correajes daban tremendo aspecto marcial a la tropa. Y, sin lugar a dudas, el espíritu de cuerpo en ella era muy superior al del antiguo Ejército Nacional. Aunque había levantado el toque de queda, Pedraza seguía disolviendo a fustazos los grupos de más de tres personas. Y no permitía andar sin sombrero o con pull-over a los hombres, ni a las mujeres sin medias, por los parques y paseos de la Capital.

A medida que su poderío fue creciendo hicieron presencia en Batista las ambiciones sociales. Ya no se conformaba con regir la vida económica y política del país: ahora quería ser admitido en el coto privado de la *high life* habanera. Para lograrlo pensó que su mejor escala para trepar sociedad arriba sería patrocinar la candidatura presidencial de Miguel Mariano, aunque con ello traicionara a quien tan bien le había servido: Carlos Manuel de la Cruz. Así, pensó, tanto por agradecimiento como por afinidad, se le abrirían espontáneamente las puertas de los salones de la sucarocracia. Además, equivocadamente, pensaba que Miguel Mariano era más fácil de manejar que Carlos Manuel de la Cruz. Éste había creado el Partido Constitucionalista con la esperanza de ser seleccionado por Batista a la Presidencia de la República y con la idea de redactar una nueva Constitución. Su primer tropiezo lo tuvo cuando Mendieta promulgó una Ley Constitucional basada en la Constitución de 1901. El segundo, y decisivo, fue cuando se hizo público que Batista favorecía a Miguel Mariano. Cruz ingresó entonces en el Partido Liberal y éste lo proclamó su candidato presidencial, llevando a Miguel Llanera como Vice. En octubre de 1935 se verificó una alianza entre Acción Republicana y Unión Nacionalista, que proclamó el ticket presidencial Miguel Mariano Gómez-Federico Laredo Brú. Esto deshizo los planes de Pelayo Cuervo, que aspiraba a unir a mendietistas y menocalistas. Lió sus bártulos y se pasó al Conjunto Nacional Democrático, que lo postuló a la Alcaldía de La Habana. Batista intervino proponiendo a Cruz la Alcaldía de La Habana o la Presidencia del Senado si llevaba al Liberal a apoyar la candidatura Gómez-Laredo, pero éste se negó rotundamente, sellando con ello su suerte en el favor de Batista.

Las Asambleas Provinciales del Partido Liberal dieron su apoyo a Miguel Mariano, pero el Tribunal Superior Electoral falló un recurso impuesto por un testaferro de Cruz declarando *"que los Compromisarios Presidenciales del Partido Liberal no podían votar por otro candidato que Carlos Manuel de la Cruz..."* Ante el dilema, el Gobierno contrató los servicios de un experto electoral, Mr. H. Willis Dodd, presidente de la Universidad de Princeton, quien después de estudiar el caso —y cobrar buen número de dólares— ofreció una salomónica fórmula por la cual se soslayaba el fallo del Tribunal y se sugería que el liberalismo designase nuevos Compromisarios que votasen por Miguel Mariano. Así fue hecho, y consolidada consecuentemente la Coalición Tripartita que produjo un trasiego y eliminación de candidatos mendietistas para poder encasillar a los Liberales, que costó un buen número de miles de pesos, que gustosamente aceptaron los sacrificados. El viejo ex-Gobernador de La Habana, Asbert, revivió el Unionista Cubano y lo unió al Conjunto Nacional Democrático para que juntos proclamaran el ticket presidencial Mario García Menocal-Gustavo Cuervo Rubio. Al cabo de tantos años pasados, el *Mayoral* era todavía figura presidenciable en un bendito país que parecía padecer de amnesia.

Las elecciones no pudieron efectuarse en la fecha señalada de noviembre de 1935 y se pospusieron para enero de 1936. Pero en diciembre el menocalismo acusó a Mendieta de parcialidad marianista y amenazó con ir al retraimiento. A esto el *Solitario de Cunagua* respondió renunciando irrevocablemente, siendo sustituído reglamentariamente con el Secretario de Estado, José A. Barnet. En este catalán tuvo la República el Primer Mandatario más fantoche y glotón de su Historia. Andaba siempre vestido de etiqueta o con una casaca rameada y noche tras noche celebraba un banquete en Palacio o una cena en otro lugar. Se dio cuenta que no era más que un ocasional pelele de Batista y dedicó todo el tiempo al bien vivir y al mejor comer durante su interinatura. Nombró un remedo de Gabinete, que formaron José Luis Echarte en Estado y Obras Públicas; Ricardo Ponce en Hacienda y Comercio; Francisco Gómez en Comunicaciones; José García Baylleres en Agricultura y Emilio Martínez en Sanidad. Quedaron ocupando sus carteras, como celosos guardianes de Batista, Maximiliano Smith en Defensa y Gobernación; Andrés Domingo en Justicia y Presidencia; Gaspar Rodríguez en Trabajo; y Leonardo Anaya Murillo en Educación. Lo único que decretó Barnet durante su gastronómico mandato fue la inamovilidad magisterial y la disolución de los Tribunales de Sanciones que juzgaban a los porristas. Así era la cosa: se indultaba a los criminales machadistas y se encarcelaba a quienes los combatieron. Batista inició una gira por toda la Isla, haciendo sus primeros pininos en la tribuna, engolando la voz y disparatando por la libre. No dejó de contribuir a la politiquería con su cuota de demagogia. Ya no había Enmienda Platt que abolir, pero sí nacionalismo que prometer. Dijo en un mitin: *"Tenemos mucho trabajo que hacer, trabajo que requerirá muchos años. Precisa que modifiquemos nuestros sistemas económico, social y político; que reconquistemos nuestras tierras, nuestras industrias y nuestro comercio que ahora están en manos extranjeras..."*

Las elecciones fueron ganadas por la candidatura Gómez-Arias-Laredo Brú por 343.289 votos contra 256.606 la de Menocal-Cuervo Rubio. La Coalición ganó todas las provincias y con ellas la totalidad de los 24 curules Senatoriales. Pero *Pepín* Rivero y Óscar Zayas comenzaron una campaña —generada por Batista— para que se diera representación minoritaria en el Senado al Conjunto, con el propósito de sobornar y mediatizar la oposición. Morales del Castillo hizo a Barnet firmar un Decreto —que se conoció como *el Decreto-regalo*— por el cual se autorizaba, mediante reforma de los artículos 40 y 46 de la Ley Constitucional, que las Asambleas Provinciales del Conjunto escogieran dos de los cuatro postulados Senadores para que formaran la minoría de la Cámara Alta. Menocal se opuso a ello, pues quería que fuera el Ejecutivo del Partido quien hiciera la selección, pero las Asambleas se le alzaron y escogieron a quienes se pusieron con más plata. El número de recursos presentados al Tribunal Superior Electoral fue de espanto. Los fraudes habían sido tan abundantes como en los peores tiempos pasados. Pelayo Cuervo juró que Antonio Beruff Mendieta le había robado la Alcaldía de La Habana. Ante aquel estado de cosas, Maximiliano Smith hizo a Barnet firmar un Decreto que paralizaba todas las acciones reclamatorias y que daba por electos en firme a todos los impugnados. Éste fue el famoso *Decreto-remache* que luego repetiría como los pepinos.

Las elecciones fueron salpicadas de sangre. En el interior de un auto carbonizado aparecieron los cadáveres de los auténticos Octavio Seiglie y Francisco Martínez, asesinados por orden de Pedraza por los esbirros del SIM, que ahora regenteaba Belisario Hernández, quien había adquirido fama de palmacristero mayor. Los Senadores y Representantes fueron sorteados para ocupar plazos largos y cortos, de 8 y 4 años y 4 y 2 años, respectivamente. Fue elevado a la Presidencia del Senado el mendietista Justo Luis del Pozo y de la Cámara el Liberal Carlos Márquez Sterling. En marzo de 1936 tomaron posesión los Gobernadores, Consejeros, Alcaldes y Concejales; en abril los Senadores y Representantes; y el 20 de mayo el Presidente de la República y el Vice. Los mendietistas ganaron cinco Gobiernos Provinciales y uno los marianistas, el de Camagüey. La fugaz unión de militares y políticos habida el 4 de septiembre de 1933 era ahora suplida por una bastarda alianza de militaristas y politiqueros. El ceremonial conveniente de las elecciones era un ínfimo bikini con que el régimen cuartelario pretendía cubrir su impúdica desnudez política.

Las elecciones se habían efectuado bajo un Código que exigía el *voto convoyado,* es decir, que cuando el elector votaba por un Representante, Consejero o Concejal, automáticamente lo hacía por los postulados a Presidente y Vice, Senadores y Alcaldes. El votante sólo podía escoger candidatos dentro de la columna de un solo Partido. Y se seguía eligiendo la candidatura presidencial por la quinta rueda del coche que eran los Compromisarios. El Senado quedó compuesto por 24 Coalicionistas (10 Liberales, 9 de Unión Nacionalista y 5 Republicanos) y 12 Conjuntistas. La Cámara, por 90 Coalicionistas (35 Liberales, 30 de Unión Nacionalista y 25 Republicanos), 70 Conjuntistas y 2 Unionistas. Correspondieron 29 Consejeros a la Coalición (11 Liberales, 11 de Unión Nacionalista y 7 Republicanos), 23 al Conjunto y 2 a los Independientes de Pinar del Río. De las Alcaldías, 67 fueron a la Coalición (23 Liberales,

28 de Unión Nacionalista y 16 Republicanos), 56 al Conjunto y 3 Independientes en Pinar del Río y Las Villas. Hubo Re--presentantes elegidos por menos de mil votos. Uno del Unionista, en La Habana, fue electo con tan sólo 671 votos. El nuevo Gobierno no era todavía uno de índole Constitucional, pero se le consideraba como uno legal.

# CAPÍTULO IX

## MIGUEL MARIANO GOMEZ

### (1936)

EL 88. — *Situación mundial y local.* — *Hegemonía de Batista.* — *El pequeño gigante.* — *La ley de los 9 centavos.* — *Derrocamiento de Miguel Mariano.*

El nuevo Presidente, Miguel Mariano Gómez Arias, era, como ya sabemos, hijo único de José Miguel. Aunque carecía de la estatura física de su progenitor, lo había superado en contextura moral política. Era abogado y, al igual que su padre, no carecía de valor personal. Había sido Representante y alzado en La Chambelona, pero sus más notables éxitos los había logrado durante su mayorazgo de la Capital, que ha sido el mejor de los que ha tenido y que le ganaron el título de Alcalde Modelo. Fue digno opositor de la tiranía machadista y tenía en gran estimación su dignidad personal y más aún que ésta la de los cargos públicos que ocupaba. Gozaba de gran afecto entre la alta sociedad y entre la masa Liberal. Resentía las bromas sobre su pequeña estatura, algo de que los humoristas hacían feria. Porque una vez exclamó colérico que *"su calibre era 88"* (doble del 44), ese número vino a ser conocido en la bolita como cábala de *Miguel Mariano.* Él mismo admitía que *"se ciscaba"* fácilmente cuando se le hacía aparecer como subordinado de alguien. La prepotencia de Batista, unida a la chacota cubiche, le costaron, por aquella razón apuntada, el cargo presidencial siete meses después de electo. A su regreso de un viaje que dio por Suramérica y los Estados Unidos —durante el cual Barnet hizo sus últimos esfuerzos por matar de agotamiento al cocinero de Palacio—, nombró su Gabinete, que quedó compuesto por José Manuel Cortina, en Estado; Rafael Montalvo, en Defensa; Rafael Santos Jiménez, en Comunicaciones; Eudaldo Bonet, en Comercio; Manuel Mencía, en Salubridad; Raúl Simeón, en Obras Públicas; Germán Wolter del Río, en Hacienda; José Gómez Mena, en Agricultura; Luciano R. Martínez, en Educación; Agustín Cruz, en Trabajo; Estanislao Cartañá, en Justicia; y Domingo Macías, en Presidencia. Miguel Mariano heredaba de Mendieta el problema estudiantil, la oposición auténtico-abecedaria-comunista y el macabro binomio Caffery-Batista.

\* \* \*

La situación mundial no era tranquilizadora. Hítler invadía Rhinlandia y se reía del Tratado de Locarno como antes lo había hecho con el de Versalles mientras se armaba formidablemente a un ritmo apresurado. Mussolini, a su vez, se burlaba de la Liga de las Naciones y bañaba en sangre abisinia a la infeliz Etiopía. Las izquierdas españolas ganaban las elecciones y lo celebraban incendiando iglesias, periódicos, escuelas religiosas, monasterios y conventos y liberando a más de 30.000 presos políticos de las cárceles peninsulares. Huey P. Long, *Kingfish* (Sábalo), Gobernador de Louisiana, había sido acribillado a balazos en Baton Rouge, mientras en Wáshington el Presidente Roosevelt pronunciaba un famoso discurso en el cual denunciaba la autocracia de los hombres de negocios que se oponían a las medidas del New Deal. En México, Lázaro Cárdenas la emprendía contra los callistas, y en Nicaragua el Jefe de la Guardia Nacional, Anastasio Somoza, eliminaba del poder al Presidente Juan B. Sacasa, con el visto bueno del State Department. La muerte accidental de Carlos Gardel produjo una histérica ola de suicidios femeninos, entre ellos seis en Cuba.

La sociedad cubana vivía un momento de exaltación sensualista. La película de Hedy Lamarr, *Éxtasis*, llenaba de bote en bote los cines. El coreógrafo francés Albert Bouché presentaba en el Nacional su espectáculo *La Vie Parisienne* —reproducción del Follies Bergere—, que copiábase obscenamente en el Shanghai de la calle Zanja y el Molino Rojo de Monte y Matadero. El Alhambra habíase desplomado, causando la muerte a dos personas e hiriendo a diez y ocho; en su lugar se construía el moderno Alkázar. La media clase ascendía en la escala clubística en La Habana, pues los viejos clubes de barrio como el San Carlos, Loma Tennis, etc., habían quebrado ante la competencia que les opuso el opulento pero barato Casino Deportivo de La Habana, construído por Alfredo Hornedo, según se dijo en venganza porque el Habana Yacht Club no le había abierto sus puertas. El cierre de las escuelas de enseñanza secundaria, más el temor a que sus hijos participasen en la lucha estudiantil contra el Gobierno, hizo que muchas familias los enviaran a estudiar a los Estados Unidos. De esa forma se inició la americanización de las juventudes cubanas, pues a su regreso trajeron las innovaciones de la afición por los cigarrillos rubios, los deportes colegiales, la vestimenta escandalosa, el jazz, la independencia femenina y los conocimientos de los métodos impetuosos del comercio americano.

\* \* \*

Batista nacionalizó la Policía, es decir, la sustrajo del control municipal para someterla a la jurisdicción militar, disponiendo que su Jefe tenía que ser un oficial de alta graduación del Ejército y que en el futuro sus filas se nutrieran con hombres procedentes de los cuadros del Ejército y la Marina. Hizo igual con la Cruz Roja: la adscribió al Cuerpo de Sanidad Militar. Continuó metódicamente poniendo en práctica su plan de ejercer su hegemonía sobre toda la vida cubana. Como sabía que el estudiantado era su enemigo, ideó la creación de una juventud que respondiera enteramente a su persona e intereses, valiéndose del ejemplo del fascismo y del comunismo. Por mediación del Cuerpo Jurídico del Ejército creó un aparato administrativo que controlase las finanzas que le producía el monopolio de la charada y la bolita, en asociación con el aventurero uruguayo Amletto Battisti. Éste había fundado el Banco de Cuba, S. A., para emitir los Boletos de Beneficencia, usando las facilidades de la Renta de Lotería para sus sorteos diarios. Este tipo de bolita oficial fue bautizado popularmente como *Jalisco,* asociándolo al apodo dado a Batista porque éste, como decía la letra del corrido, *"nunca pierde, y cuando pierde, arrebata..."* También Battisti creó la Compañía Cubano Uruguaya para Fomento del Turismo, que no era más que un frente, en complicidad con Batista, para la organización legal de garitos y juegos de azar en los centros turísticos. La Renta de Lotería fue puesta bajo el mismo método operacional que cuando Zayas, repartiéndose las colecturías por igual entre politiqueros y militaristas. Pedraza nombró a Bernardo García, hombre suyo, como su segundo en la Policía Nacional y éste prontamente sistematizó el cobro de gabelas a los prostíbulos, antros de drogas heroicas y vidrieras de apuntaciones. La Marina de Guerra era la apañadora de todos los contrabandos y las Aduanas fuente de peculado, como en tiempos de la Colonia. Los Jefes de Distritos

Militares tenían sus buscas en la ganadería, la zafra y los latifundios.

Para el insaciable apetito de riquezas de Batista todo lo anterior parecían mendrugos y con el consejo y ayuda de varios audaces inversionistas ideó un vasto plan de construcciones que fuese la gallina de los huevos de oro. Pero era indispensable, para llevarlo a cabo, el sacarlo fuera del control Presidencial aunque manteniéndolo dentro de los límites de la Ley Constitucional. Batista echó mano al expediente corporativista que había aprendido del ABC y el fascio italiano. Lo lograría no porque la institucionalidad estatal lo permitiese, sino porque su predominio sobre el Congreso era casi absoluto y éste votaba favorablemente cualquier proyecto de ley que beneficiase los intereses militaristas al tiempo que recogía para sí algunas migajas. Batista planeó, y luego realizó, el secuestro de la niñez, la adolescencia y la juventud en su personal provecho, combiándoles a los padres sus hijos por el beneficio de vestirlos, calzarlos y alimentarlos al precio de adoctrinarlos. Pero al mismo tiempo sacando de esto, para él y los suyos, grandes lascas monetarias. No queriendo compartir con Miguel Mariano ninguna prerrogativa, o por temor que éste no le hiciese el juego, Batista se asesoró de pícaros cultos que le fabricaron el esquema del Congreso Corporativo de Educación, Sanidad y Beneficencia, organismo que comprendía en sí a la Corporación Nacional de Asistencia Pública (CNAP), el Servicio Técnico de Salubridad Pública, el Consejo Nacional de Tuberculosis, el Instituto Cívico Militar y las Escuelas Rurales Cívico-Militares. Esa monstruosidad orgánica —comparable solamente al actual INRA— manejaría millones de pesos, que dedicaría, supuestamente, a construir innumerables edificios para hospitales, escuelas, oficinas, salas médicas, etc., por toda la República.

Desde 1936 hasta que la Convención Constituyente de 1940 prohibió tales empresas, Batista puso bajo su hegemonía los siguientes organismos, creados todos con el propósito de sojuzgar la maquinaria estatal y de instrumentar el enjuague fraudulento de millones de pesos que fueran a parar a sus bolsillos: Escuela Normal Rural (ENR); Consejo Central de Servicios Públicos: Patronato Nacional de Colonias Infantiles (PNCI); Patronato para la Profilaxis de la Lepra, Enfermedades Cutáneas y Sífilis; Centro de Orientación Infantil; Comisión Nacional de Transportes; Hogares Infantiles Campesinos; y la Dirección Nacional de Deportes. Al frente de ésta situó a su compinche, el catalán Mariné. Además de lo que antecede, inició las labores de construcción, reformas y me-

joramiento de los cuarteles de todos los Regimientos y la reestructuración del Campamento de Columbia, que tomó el nombre de Ciudad Militar, con 194 nuevos edificios, y el que vino a ser el centro de operaciones políticas y electorales, en lugar del Palacio o el Capitolio. Innecesario es decir que pedraza y los Jefes de Distritos se salpicaron con este baño de dinero mal habido que se dio Fulgencio.

Miguel Mariano no era Mendieta y muy pronto se daría cuenta de aquella situación que menospreciaba su condición de Primer Mandatario. El Presidente realizó el laberinto en que estaba metido y el desprestigio que sobre su buen nombre caería si se hacía cómplice de los atracos que planeaba Batista. Decidió oponerse a ello con una firme actitud que, no obstante, en la obra Historia de la Nación Cubana, ambivalentemente han querido presentarla como una en que simplemente Miguel Mariano *"quiso marchar de espaldas a las realidades cubanas, pretendiendo desconocer por completo la significación e influencia de Batista en aquella hora cubana..."*

Era cierto que Miguel Mariano debía al pretorianismo de Batista su ascenso a la Presidencia, pero no era menos cierto que Batista estaba enfrentado a la posibilidad de que Menocal fuera electo y que trajera con él a la vieja oficialidad. Puesto en la disyuntiva de escoger entre uno y otro —una vez descartado Carlos Manuel de la Cruz como consecuencia de su constitucionalismo y del dinero de Hornedo y la intriga de Vasconcelos—, Batista se decidió por Miguel Mariano pensando que lo manejaría como a Mendieta y que, además, por agradecimiento lo ayudaría a encumbrarse socialmente. Pero el ex-Alcalde Modelo, al igual que el Padre de la Patria, aunque de pequeña estatura física, era de inconmensurable estatura moral y no se iba a prestar, como Mendieta, a un rejuego financiero que empañase su bien ganada reputación de político honrado de acuerdo con aquellos tiempos. Era un pequeño gigante.

Miguel Mariano procedía de la clase alta de la sociedad cubana, pero era digno émulo de los patricios del 68 y no exponente de los múltiples aprovechados que pululaban por los salones de la *high life* y la sucarocracia, como los que hicieran el juego a Menocal, Machado y al propio Batista en la época que tratamos y después en 1952-59. Las sátiras periodísticas y la prepotencia de los militarotes fueron llenando de justa cólera al pequeño Presidente hasta el punto de hacerse en él una obsesión el rescate de la autoridad civil, aún al riesgo suicida de ser víctima de un cuartelazo. No tenía Miguel Mariano una fuerza armada que pudiera respaldar su decisión y muy dudosa era la cooperación que podría brindarle aquel Congreso sometido a Batista, pero se decidió a echar el resto en la confianza de que el caudillo militarista no se atrevería a destituirlo por miedo a antagonizar al State Department. Muy pronto lo bajarían de aquella nube de ilusiones.

Tan pronto como supo que el Congreso se preparaba a votar una ley que legalizaría el asalto al Tesoro por Batista, Miguel Mariano dijo a todo el que quiso oírlo que la vetaría. El derecho que tenía a hacerlo no era nuevo, ni se apartaba de ninguna consideración legal, ni entrañaba ninguna coacción, pero indudablemente era un reto al poderío militarista que Batista no podía permitirle por miedo a que después todo el Gobierno le saliese la criada respondona. La ley en cuestión —conocida popularmente como *La Ley de los 9 centavos*— establecía un impuesto sobre cada saco de azúcar de producción nacional, por valor de aquella cantidad, y disponía que lo recaudado por tal concepto por las Zonas Fiscales, más sus recargos y multas, se remitiese a la Tesorería Nacional para que ésta lo pusiese a disposición de un Patronato, regido por el Ayudante General y el Cuartel Maestre General del Ejército, para que a su vez éste lo destinase al sostenimiento y ampliación de las Escuelas Cívico-Rurales y *"al establecimiento de cuantos otros organismos se consideren necesarios para mejorar la enseñanza en dichas escuelas creadas por el Ejército Constitucional..."*

\* \* \*

Lo que se ocultaba detrás de la Ley es lo mismo que estamos viendo en la educación actual bajo el comunismo: el *hacerle la mente* a los futuros miembros de *la nueva esclavitud,* como así la llamase y describiese el Apóstol en su crítica a Herbert Spencer en abril de 1884. Las Escuelas Cívico-Rurales tenían al frente un sargento-maestro, previamente sometido a un cursillo de aplicación doctrinal bajo la dirección de la Sección de Cultura del Ejército y sujeto a la disciplina estricta de éste. El plan de estudio alegaba constituir la lucha contra el analfabetismo, pero las cartillas usadas por los escolares para aprender a leer no eran más que un catecismo batistiano (al igual que el fidelista presente), muy lejos de la democracia y del nacionalismo. Con lo anterior queda demostrado que no hay nada más parecido al comunismo que el fascismo. Y viceversa.

\* \* \*

Miguel Mariano, con su veto, envió al Senado un mensaje en el que señalaba que se estaba privando al Ejecutivo de facultades Constitucionales por parte de un Congreso que se las arrogaba; que como Jefe del Estado había de observar que no continuase reduciéndose la órbita de la Administración Civil, *"cuyos fueros y prestigios ha de mantener y a la que durante las postrimerías de la provisionalidad se le cercenaron importantes Departamentos correspondientes a los ramos de Sanidad y Educación..."*; y en el que, aunque reconocía la bondad del empeño, le recordaba al Congreso *"que dentro de nuestro sistema democrático esa misión debe encomendarse al Ejecutivo, por medio de las Secretarías de Despacho, y que la difusión de la cultura y la extinción del analfabetismo corresponde a la Secretaría de Educación y no a las instituciones militares, porque para la formación del ciudadano es la enseñanza civil, dirigida por el maestro, y no por el militar, lo que necesita el régimen republicano..."*

La furia de Batista sólo tuvo paralelo, en tamaño, con el servilismo abyecto de un Congreso que ha sido vergüenza del parlamentarismo cubano. Muchos de sus miembros habían llegado a él con el aval de una votación que en tiempos normales no les hubiera ganado un puesto de barrendero urbano o de cartero rural. En cuanto los padrastros de la Patria —salvo honrosas excepciones sea aplicado este calificativo—, supieron de una reunión en Guane, Pinar del Río, de los Coroneles, en la cual, sin recato, se habló de dar un cuartelazo deponiendo a Miguel Mariano y disolviendo el Congreso si éste no reconsideraba el veto presidencial, se movilizaron estrepitosamente para presentar y aprobar una reconsideración el día 20 de diciembre de 1936. Pero ésta no bastaba al ensoberbecido sargento-coronel: había que derrocar a Miguel Mariano. El día siguiente, firmada por 111 Representantes, la Cámara aprobó una moción en la que se pedía su destitución *"por coaccionar a los congresistas e interferir con el libre funcionamiento del Parlamento..."*

La Comisión de Derecho Constitucional de la Cámara formuló un dictamen contrario a la destitución presidencial, pero el Pleno de la Cámara se pronunció a favor de ella y acordó acusar ante el Senado al Presidente, a pesar de que 48 Representantes apoyaron el texto del dictamen que alegaba *"que el documento acusatorio carece de toda veracidad por cuanto hecho un análisis acucioso y desapasionado de todos y cada uno de los cargos formulados a esta Cámara, se evidencia la improcedencia de los fundamentos de derecho invocados y la falsedad de los hechos imputados..."* Una vez aprobada la acusación de que el Presidente había interferido *"el libre juego del Poder Legislativo..."*, la Cámara designó como fiscales para mantenerla ante el Senado a los Representantes Antonio Martínez Fraga, del Conjunto Nacional Democrático; Felipe Jay, de Unión Nacionalista; y Carlos M. Palma, del Partido Liberal. Al primero de ellos se le conocía con el mote de *Ñico Maraña* por razones fáciles de imaginar, y el último era comandante de la Reserva Militar.

De acuerdo con la Constitución vigente, el Senado se formó en Tribunal Supremo de Justicia, mediante la asistencia a aquél de su presidente el Magistrado Juan Federico Edelman. La defensa del Presidente fue brillantemente hecha por el Senador José Manuel Gutiérrez, pero cayó en el vacío. Doce Senadores emitieron votos particulares oponiéndose a la destitución, pero al ser sometidos a votación se les rechazó por una mayoría que estaba al servicio de Batista. Y de sus propios estómagos, por supuesto. Al quedar vigente la acusación la combatieron nuevamente los doce Senadores mencionados —7 marianistas y 5 menocalistas—, pero los restantes 22 que estaban presentes sancionaron la acusación presentada por la Cámara. En la Nochebuena de 1936 Batista recibió como aguinaldo pascual la destitución del Presidente de la República, Dr. Miguel Mariano Gómez. El bochornoso episodio —muestra fiel de la perversión politiquera de la Democracia Representativa— fue tardíamente rectificado el 20 de diciembre de 1950, cuando el Congreso acordó la rehabilitación póstuma del Presidente derrocado, quien había fallecido, en La Habana, el 26 de octubre de ese año 1950. De nuevo en Cuba se desagraviaba a un muerto en lugar de castigar los vivos que lo infamaron.

# CAPÍTULO X

## FEDERICO LAREDO BRÚ

### (1936 - 1940)

*La transformación. — Encumbramiento social de Batista. — Reapertura de los Centros de Enseñanza Superior. — Las parciales de 1938. — Actividades menores de Gobierno y Oposición. — La guerra civil española y Cuba. — Control de Batista sobre toda la vida cubana. Alineamiento de fuerzas electorales. — Editorial nacionalista de Bohemia.*

El derrocamiento de Miguel Mariano hizo ascender automáticamente a la Primera Magistratura al Vicepresidente, coronel Federico Laredo Brú. El nuevo Presidente era villareño, Doctor en Derecho, y había sido Secretario de la Audiencia de Santa Clara en 1900 y Presidente de ella en 1907. En 1910 fue Fiscal del Tribunal Supremo y de la Audiencia de La Habana. Como quedó dicho en anteriores páginas, fue Secretario de Gobernación de José Miguel Gómez. Durante el Gobierno de Zayas encabezó el bufonesco alzamiento cienfueguero de los Veteranos y Patriotas, que terminó en el Pacto de San Blas. En 1934 fue nombrado Registrador de la Propiedad del Centro de La Habana, después de haber sido Secretario de Gobernación durante el efímero mandato de Céspedes, y en ese cargo se rumoraba insistentemente habíase hecho de una regular fortuna. Fue uno de los fundadores del Partido Unión Nacionalista y presidente del Consejo de Estado que actuase como gomígrafo de Batista durante la provisionalidad de Mendieta, así como líder de una agrupación que respondía al estrafalario nombre de Legión de Hierro del Nacionalismo. No era un tipo popular entre las masas y carecía de algún apodo vernáculo entre éstas. Tan pronto como entró en posesión del cargo se produjo en Laredo Brú una sorprendente transformación: aceptó la superioridad militar de Batista en el Gobierno, pero se negó a ser su siervo o a comportarse servilmente. Es más, hubo ocasiones en que adoptó posturas de franca rebeldía ante el matonismo de Fulgencio, sin que éste se atreviese a derrocarlo como a Miguel Mariano. Estuvo ajeno durante su mandato presidencial a glotonerías de dinero y no se le señaló participación personal en los fraudes habidos en su Administración.

Su Gabinete inicial fue formado por Rafael Montalvo, Estado; Raúl Zárraga, Comercio; Amadeo López Castro, Agricultura; Manuel Castellanos, Justicia; Emiliano Amiel, Gobernación; Manuel Giménez Lanier, Hacienda; Melanio Díaz, Comunicaciones; Fernando Sirgo, Educación; Zenón Zamora, Salubridad; José A. Casas, Obras Públicas; Juan J. Remos, Defensa; y José E. Bringuier, Presidencia. La anormalidad de tener a un intelectual como Remos en Defensa y un exmilitar como Montalvo en la Secretaría de Estado fue prontamente rectificada: cambiaron de carteras. Montalvo se dio a la tarea de encumbrar socialmente a Batista, sirviendo de anfitrión en su central azucarero a los múltiples banquetes y agasajos con que regaló a Fulgencio y sus Coroneles. Un par de alcahuetes de la Reserva Militar, cronistas sociales a sueldo, José Sánchez Arcilla y Leandro García, se encargaron de embarrar las páginas de los periódicos con loas y adjetivos grandilocuentes para el dictador y su parentela. De ahí en adelante fue cosa obligada una foto diaria en la prensa con Batista haciendo equitación con más maña que Búffalo Bill; practicando gimnasia con más destreza que Charles Atlas; bailando con más elegancia que Fred Astaire; revistando tropas con más marcialidad que Bismarck; recibiendo con más diplomacia que Talleyrand; lanzando primeras bolas con más pericia que Luque; y disertando con la misma sensatez que el Caballero de París.

El primer problema grande que enfrentaba el Presidente Laredo —el estudiantado— se lo resolvió hábilmente el Secretario de Educación, Sirgo. Los Centros de Enseñanza Superior seguían clausurados y por tanto la falta de labores en los estudiantes los hacía rebeldes en potencia. La disolución del DEU y la persecución de guiteristas y auténticos había posibilitado la influencia comunista en la formación de un Comité Estudiantil Universitario. Éste facilitó el acercamiento con el Gobierno publicando la siguiente declaración de principios firmada por Ladislao González Carbajal, José F. Botet, Manuel Lozano y Augusto Valdés Miranda:

HISTORIOLOGÍA CUBANA

*"El Comité Estudiantil Universitario, en su deseo de coad-*
*yuvar a la reanudación eficiente de la vida cultural de Cuba,*
*se compromete, satisfechas sus tres demandas: 1) Libertad de*
*estudiantes presos; 2) Solución técnica del problema de la*
*Segunda Enseñanza; 3) Autonomía Universitaria (incluyendo*
*el Hospital Universitario); a velar por el normal desarrollo*
*de las actividades educacionales del país (mientras no haya*
*una agresión del exterior) y a defender con toda energía en*
*la Universidad Autónoma de La Habana la disciplina educa-*
*cional, así como a combatir el desorden docente representado*
*por la piratería de títulos..."*

El manifiesto, o declaración de principios, no era una cosa
espontánea, sino el primero de una serie de arreglos entre
Batista y el comunismo. Como que el primero de sus puntos
era de competencia Congresional, puesto que reclamaba una
amnistía, Batista ordenó al Congreso votarla. En las Navidades
de 1937 se abrieron las puertas de la cárcel para que salieran
a la calle, por igual y sin mácula, porristas, terroristas, tortu-
radores machadistas y batistianos, estudiantes y revolucionarios, acusados o culpables de *"todo lo que respecta a las pugnas*
*de carácter social, luchas clasistas, diferencias surgidas en el*
*trabajo, pugnas políticas y sociales perpetradas con intención*
*de derrocar el régimen, recabar fondos para fomentar la re-*
*volución y ausentarse del territorio nacional a fin de eludir*
*responsabilidades penales, huelgas, sabotajes, propaganda se-*
*diciosa, etc."*

Sirgo se entregó a la reorganización de su Departamento
a fin de cumplimentar el punto segundo. Creó 21 nuevos Institutos de Segunda Enseñanza en toda la República, a los que
acudieron gran cantidad de estudiantes que fueron así sus-
traídos a la rebelión. El punto tercero también el joven Secretario de Educación lo solucionó favorablemente, evitando
con ello que Pedraza continuase bañando en sangre a la Capital y consiguiendo una relativa pacificación de ánimos en
el Alma Máter. Sirgo obtuvo el relevo del Interventor Universitario, Evelio Luis Barrena, odiado al extremo que se le había
hecho un atentado, y con ello dio oportunidad a que el Claustro
eligiese su propio Rector, con el apoyo del estudiantado. La
salida de prisión de los estudiantes y la apertura de las aulas
los retornó a la pacífica e ingente labor de terminar sus
estudios y obtener sus diplomas. Las luchas estudiantiles continuaron, pero circunscritas al recinto universitario y al margen de la política insurreccional. Los Rectores, Cadenas y
Ortega, estuvieron a la altura de sus altas investiduras. El

primero es recordado por su inclaudicante postura ante un grupo de *bonchistas* que le puso delante su renuncia y una pluma para que la firmase, bajo amenaza de colgarlo si se negaba, a lo que respondió el Rector Cadenas serenamente rompiendo el papel y desmoralizando a sus presuntos ahorcadores. La Autonomía Universitaria quedó prometida para más adelante. Los comunistas se atribuyeron el triunfo de la pacificación y aumentaron su influencia en la Universidad.

Las elecciones parciales de marzo de 1938 fueron efectuadas con la abstención de auténticos, abecedarios, comunistas y un grupo menocalista que discrepó del Conjunto Nacional Democrático y siguió a su Caudillo en la formación del Partido Demócrata Republicano. La causa del cisma había sido que el Herald Tribune, de New York, publicó unas declaraciones de Menocal afirmando *"que sobre Cuba se cernía la amenaza de una dictadura militar..."*, palabras que repudiaron Santiago Verdeja y sus seguidores del CND, que no querían enemistarse con Batista aunque supuestamente eran sus opositores. Unión Nacionalista, digna de su ancestro Liberal, fue escindida por Justo Luis del Pozo, quien creó el Partido Social-Demócrata con elementos de su seno. Rafael Iturralde, José R. Barceló y Carmelo Urquiaga revivieron el Partido Popular, pretendiendo sin éxito nutrirlo con deserciones del Partido Liberal. Los fraudes fueron tan escandalosos en estas parciales que Laredo Brú se vio obligado a firmar una ley-remache. De los 81 escaños camerales discutidos, correspondieron 22 a Unión Nacionalista; 25 al Partido Liberal; 23 al Conjunto Nacional Democrático; 6 al Social-Demócrata; 3 al Popular Cubano; y 2 al Unionista Cubano. Nada hubo de efectividad que legislase este nuevo Congreso. Pero implantó un nuevo récord de aprobaciones-relámpago: entre el 17 y el 18 de septiembre de 1937 la Cámara aprobó 238 leyes sin importancia, a un promedio de una ley por cada 6 minutos y 32 segundos de aquella larga sesión. De ellas se publicaron en la Gaceta Oficial 64, dejando de publicarse, por razones desconocidas, pero imaginables, las restantes 174. La reducción de los gastos gubernamentales originó gran descontento entre los legisladores y para contentarlos se inventaron *las compensaciones,* instalándose en Palacio una Oficina de Control Burocrático ante la cual los Congresistas presentaban la lista de sus recomendados, vivos o imaginarios, para situarlos en la plantilla presupuestal y resarcirse de sus gastos electorales en la compra de votos y conciencias.

Los comunistas, habilidosamente aprovechando su acuerdo secreto con Batista, crearon la Hermandad de Jóvenes Cubanos dentro de la raza negra, bajo la dirección de Salvador García Agüero, como fachada legal a sus actividades racistas en favor de Fulgencio. Éste les concedió permiso para la celebración de una Convención Nacional de Sociedades Cubanas de Color, en concordato con Pedro Portuondo Calá y Nilo Zuaznábar. Durante ella sospechosamente fueron hechos pronunciamientos de matiz batistiano en apoyo a la enseñanza cívicorural y el Plan Trienal. Esto último era un engendro intelectual de tipo demagógico y corte fascistoide, producido por *Pepín* Rivero y óscar Zayas, que los comunistas abrazaron calurosamente y que de pronto se tornó en un Moloch que amenazaba destruir *los intereses generales y permanentes* con su reparto de tierras, casas para obreros, leyes de retiro, etc., que los auténticos acusaban de falso y que rápidamente tuvieron que enterrar sus gestores por miedo a que los devorase.

Los auténticos empezaron a ser conmovidos internamente por un vigoroso movimiento electoralista dirigido por Sergio Carbó y Rubén de León que no demostraba una concreta definición partidarista, pues se proclamaban grausistas sin tener la aprobación de Grau. Habría que esperar un poco antes de saber la realidad de esta mascarada. De pronto el SIM anunció haber dado muerte a cuatro conspiradores en la Cueva de los Camarones, entre La Cabaña y Cojímar, llamados Raúl Magarán, Domingo León, Philip Bermúdez y José Santos, los dos primeros militares y los dos últimos civiles. El SIM acusó a Alejandro Vergara, Guillermo Belt y Edgardo Martín de haberse escapado y de estar comprometidos en el complot a Gustavo Cuervo Rubio, Cosme de la Torriente, Octavio Rivero Partagás, Emeterio Santovenia y Juan Marinello, todos los cuales fueron absueltos por la Audiencia de La Habana. Este *paquete,* en el que aparecían confabulados auténticos, abecedarios, marianistas, menocalistas, mendietistas y comunistas, según el SIM para derrocar a Batista mediante un atentado y *"alegando contar con el apoyo americano para consolidar el poder así alcanzado..."* no era más que una maraña de Tabernilla para disimular los asesinatos y una oportunidad que aprovechaba el SIM para, como advertencia, chasquear el látigo sobre las cabezas de los acusados.

La rebelión franquista iniciada en la Península en julio de 1936 repercutía violentamente en el ámbito político-social cubano. De hecho, toda la vida del país se vio afectada por los sucesos de la guerra civil española. Las simpatías por los republicanos y los falangistas se demostraban beligerantemente por la prensa y la radio y servían de excusa para defender o atacar al Gobierno cubano solapadamente y cada uno de acuerdo con su militancia pro o anti-franquista. De Cuba salían para España grupos de voluntarios a enrolarse en las fuerzas republicanas y en las franquistas y se crearon organizaciones de auxilio a los combatientes de uno y otro bando en la Península. En las esferas gubernamentales el general Montalvo, Secretario de Defensa, y José Manuel Casanova, Senador por el Partido Liberal y presidente de la Asociación de Hacendados, eran los campeones del franquismo. Estaban apoyados desde fuera por *Pepín* Rivero y El Diario de la Marina y Elicio Argüelles y su Comité Nacionalista Español. Opuestos al franquismo estaban Eduardo Chibás y la revista Bohemia, que combatían también al comunismo, ya que éste, aunque estaba contra Franco, era enemigo de la República española. Las trifulcas en las calles habaneras y en los locales de los Centros Regionales entre españoles franquistas y antifranquistas eran constantes y lo mismo los asaltos y contraasaltos a los locales donde se hallaban las oficinas de reclutamiento y de auxilio. Unido a esto se encontraban los sucesos mexicanos de la nacionalización del petróleo, el alzamiento fascista del general Cedillo en San Luis Potosí, el filo-comunismo de Lázaro Cárdenas y la ayuda militar a la República española, cosas que influían poderosamente en la problemática cubana.

Batista seguía con ojo avizor estas polémicas mientras continuaba enriqueciéndose y robusteciendo su control sobre la sociedad cubana con el consejo de su grupito de asesores y consejeros áulicos. Constantemente organizaba desfiles militares que mostraran el poderío castrense y paradas estudiantiles de los Institutos Cívico-Militares, Escuelas Rurales, Misiones Campesinas, etc., en todas las capitales de provincias, que coincidieran con su visita a esos lugares. Invadió las esferas deportivas por medio de Mariné y financió la creación de la Organización Deportiva Amateur de Cuba (ODAC) para oponerla a la oficial y discriminatoria Unión Atlética Amateur de Cuba (UAAC) que comprendía en ella a los clubes aristocráticos y a los modestos de barrios y provincias que incomprensiblemente no practicaban la integración racial deportiva. El baseball profesional fue sometido a la potestad del teniente-coronel Ignacio Galíndez, nombrado Comisionado Nacional de Baseball Profesional, al tiempo que se oficializaba el semi-profesionalismo con la celebración del Campeonato Inter-Fuerzas Armadas. En éste se hizo famoso el ompaya Amado Maestri cuando ordenó la salida del terreno, bajo amenaza de no seguir actuando, al Jefe de la Marina, Ángel González, cuando éste pretendió forzarlo a cambiar una decisión, abusando de su autoridad naval. Penetró hasta la Casa de

Beneficencia y Maternidad, situando allí a su compinche A. *Fifi* Bock, quien era también responsable de Educación Física en el Instituto Cívico-Militar de Ceiba del Agua.

Los mismos desfiles de guajiritos en monos azules y sombreros de yarey; las mismas concentraciones de campesinos; las mismas aclamaciones multitudinarias que hoy se hacen en favor de Fidel Castro fueron iniciadas en favor de Batista por las mismas personas que hoy las organizan, y por los mismos motivos de entonces. El grito de aquella hora de contubernio batistiano-comunista era: *¡El coronel Batista vive en el corazón de los guajiros cubanos...!* Y para completar la demagogia Fulgencio aseguró que él seguía siendo el mismo *guajirito de Banes.* Las esposas de los Secretarios de Despacho encabezaron la delegación cubana de la Liga Panamericana de Mujeres; Edmond Chester, representante en Cuba de la Associated Press, fue contratado como publicista extranjero de Batista y el Plan Trienal (Plan de tres años para la Reconstrucción Económico-Social de Cuba), para alentar en los Estados Unidos la concesión de un empréstito y proclamar la tranquilidad que reinaba en Cuba, mientras Carmelo González, Jefe del Puesto Naval de Cienfuegos, era despedazado por la explosión de una bomba enviada por correo, disfrazada de regalo de bodas, el mismo día aniversario de la muerte de Guiteras en El Morrillo. Un automóvil-bomba estalló frente al periódico El País, dejando un trágico saldo de 6 muertos y 35 heridos. El dueño de la emisora CMCU, García Serra, fue purgado con un litro de palmacristi para que fuera menos locuaz. En México la Joven Cuba arreglaba sus problemas internos a la tremenda. En el camino de la Capital a Toluca fue hallado muerto a balazos Torrado, según declaró Óscar Dennes, por haber hecho mal uso de los fondos que procedían del rescate pagado por el millonario Eutimio Falla Bonet cuando fue secuestrado por Guiteras antes de caer en El Morrillo.

Las aspiraciones presidenciales de Batista se hicieron evidentes y ello movió al autenticismo a cerrar sus filas como paso previo a la posterior organización de una maquinaria electoral que se opusiera victoriosamente a aquél. Aunque oficialmente desde 1934 existía el Partido Revolucionario Cubano, sus organismos funcionales y asamblearios permanecían estáticos debido tanto a las leyes represivas como a la ausencia en Miami de su líder natural, Ramón Grau San Martín. Ya Menocal y Miguel Mariano habían pactado unirse contra la posible candidatura de Batista. El ataque continuo de Batista contra el ABC —al que calificaba de *sirena verde*— levantó los valores de éste hasta hacerlo un potencial aliado de sus enemigos. Las fuerzas que podían calificarse de izquierdistas se agruparon en un Block Revolucionario Popular que comprendía en él al Partido Revolucionario Cubano, la Izquierda Revolucionaria, la Joven Cuba y la Unión Revolucionaria. Los menocalistas del Partido Demócrata Republicano y los marianistas de Acción Republicana aparecían como un centrismo inclinado a la derecha. El ABC, aunque opuesto a Batista, era francamente derechista aunque sus apologistas se empeñaban en hacer aparecer lo contrario. Los viejos partidos que apoyaban al Gobierno y por ende a Batista no eran, en puridad, ni izquierdistas, ni centristas, ni derechistas, sino tan sólo un conglomerado de politiqueros que tenía como meta el seguir viviendo bien a costa del Tesoro Público. Dentro de su seno había una tendencia de extrema derecha que Batista había utilizado para consolidarse y que ahora le precisaba echar por la borda en favor de la formación de un pseudo frente popular que incluyese a los comunistas y que le sirviese para socavar los cimientos populares de las tituladas izquierdas oposicionistas. La guerra civil española, el avance nazi-fascista en Europa, el cardenismo mexicano, el frentismo popular chileno que llevara a Dávila a la Presidencia y el dilema americano de escoger entre el pacifismo y la beligerancia los barajó astutamente Batista con el cisma que promovió en el autenticismo y el apoyo comunista para darse un barniz politiquero que tapara su militarismo.

México se había declarado abiertamente en favor de la República española y hacia allí fluían las reservas monetarias hispanas y de allí salían para España armamentos y provisiones que no podía ésta adquirir en los Estados Unidos como consecuencia de la Ley de Neutralidad puesta en vigor por Roosevelt. El absurdo ataque de los imperialistas petroleros contra la Administración Cárdenas no logró otra cosa que aumentar las simpatías hispanoamericanas por ésta y el odio contra los Estados Unidos hasta que Roosevelt envió a Dwight Morrow a conjurar exitosamente aquella situación perjudicial a los intereses americanos, reconociendo el derecho mexicano a la nacionalización petrolera. Marcelino Domingo vino a Cuba como representante de la República española, siéndole tributados numerosos homenajes, especialmente uno en el Stadium Polar, que reunió miles de asistentes. Para contrarrestar la propaganda republicana, el franquismo cubano ideó utilizar la fecha del 4 de julio para brindar un acto pro-americano y anti-comunista que celebraron con también una gran concurrencia. Tanto el extremismo izquierdista del comunismo como el derechista del fascismo aprovechaban la tradicional simpatía cubana por el republicanismo y los Estados Unidos para explotarlos en su bastardo provecho. Haciendo pagar las consecuencias a las masas desorientadas y a la clase media. La revista Bohemia, que sin duda alguna comandaba el favor de la opinión pública y era faro de orientación política reconocido, percibió el peligro que para la República cubana significaba el rumbo partidista que pretendía dársele a la noble cuestión a mano y lanzó un trompetazo de advertencia que desgraciadamente no fue escuchado, en un editorial que reproducimos y que no vacilamos en suscribir porque con ello nos honramos. Y porque tuvo entonces, tiene ahora y tendrá siempre la misma vigencia anti-totalitaria y nacionalista que nos legaran los mambises del 68 y el 95 y los cuales periódicamente renuevan las Minorías Históricas cubanas:

*"Terminados los actos organizados en honor y homenaje a los Estados Unidos y a ese paladín de la democracia que es el Presidente Roosevelt, se han pronunciado y escrito, como colofón, palabras significativas de algo así como el entusiasmo de poder hacer una advertencia amenazadora. No las copiamos textualmente, pero poco más o menos, respetando todo su espíritu han dicho: del resultado que ha ofrecido el homenaje llevado a cabo, en honor de la gran nación norteamericana y de su Primer Magistrado, debe sacarse la consecuencia, por el aporte y presencia de los elementos que han cooperado a la magnificencia del mismo, que todos estamos preparados y dispuestos a unirnos en cualquier momento contra los rojos.*

*"¡Bien! Muy bien dichas esas palabras. Contra la acción perturbadora y la destructora política comunista, que socava la nacionalidad y derriba todo lo estatuido, desde el hogar a las leyes y desde el régimen a la familia, hasta someter a los hombres a una férrea dictadura y convertirlos en instrumentos de una maquinaria vesánica, nunca será bastante estrecha ni suficientemente fuerte la unión que establezcan los amantes de la libertad individual y los devotos de eso que los anti-rojos llaman patria.*

*"No podría precisarse, desde ahora, en frío, hasta qué punto pudiera contarse con quienes en estos instantes se pronuncian contra el marxismo; pero sí sería cosa de hacer votos muy fervorosos, para que nadie diese el paso atrás, y que, efectivamente, si lo que hoy es apenas un esbozo, una sombra, un amago, tomase fuerza y cuerpo, se pudiera contar con el arrojo y la acción decisiva de los elementos que ahora aparecieron unidos. Los ensayos, es decir, los titulados ensayos de comunismo (una cartilla que ha costado ya excesivo tiempo y exce-*

*siva sangre en deletraerse), ya nos han ofrecido suficientes demostraciones de fracaso y de inhumanidad. Ni el loro hará nada uncido al yugo de la carreta, ni el buey definiría filigranas de equilibrio en el aro en que meció su pintoresco plumaje el loro. El úkase es de tan odiosa imposición si proviene de abajo como de arriba. Las teorías rojas parecen dictadas por el desequilibrio mental; las prácticas parecen haberse confiado a domadores enloquecidos. Y es cierto que nunca sería bastante la unión de los hombres para luchar contra la zarpa artera de Moscú.*

*"Pero ahí no para la reflexión que es necesario hacerse, ni ahí se detiene la conveniencia de una unión estrecha y sólida entre los hombres. Porque es preciso que los mismos que azuzan a la lucha contra el comunismo, se dispongan a presentar igual actitud contra esa otra hidra monstruosa del fascio. Si macabro es uno, funesto es el otro. A la hora del reparto del despotismo, llegaron a un tiempo y alcanzaron partes iguales. Nada hay tan parecido a un sangriento tirano rojo como un sangriento dictador fascista. Un puño se aprieta como si agarrotase gargantas; la otra mano se extiende como si las cercenase a modo de una guadaña. Uno esclaviza a los hombres; el otro los mecaniza y anula. Aquí el ciudadano es una pieza en el laberinto de la maquinaria; allí es una hilacha en la alfombra tendida para ser hollada por las pezuñas del amo. Uno lanza a los cuatro vientos la bandera roja de la barbarie; el otro iza el negro pabellón de la muerte.*

*"Comunismo. Hoces para segar la libre determinación de los hombres. Martillos para golpear sobre las espaldas del pueblo hechas yunque, hasta forjar la destrucción de los pueblos. Nazismo. Swástica. Cruz inquisitorial de tortura. No el leño sagrado de Cristo, sino concepción zamba y retorcida para desgajar al hombre en cuatro pedazos. Fascismo. Haces de flechas. Flechas negras para envenenar el aire y hendir las carnes vacilantes de los hombres que quieren ser libres. Saetas emponzoñadas, para clavarse en la carne santa de las madres, en los pechos hundidos de los ancianos y ver cómo atraviesan los corazones de los niños para que se desangrasen, por el placer satánico de verlos caer a tierra como en una desfloración de rosales. Fascismo. Símbolo bestial del yugo. Uncimiento del hombre al carro de la fuerza. Ningún derecho, animalización. Que nunca la frente pueda alzarse porque está condenada a sucumbir bajo la pértiga ominosa. Comunismo: confinaciones, traiciones, intrigas, fusilamientos, condenación de las estepas. Fascismo: mazmorras, vejación inicua de palmacristi, crímenes, fusilamientos, intrigas, traiciones, confina-*

*ciones. Comunismo: perturbación de los pueblos, derrumbe de la paz, perenne atentado contra la fraternidad, laboratorio del descontento y del pesimismo, caos. Fascismo: destrucción de los pueblos, masacre de Etiopía, masacre de China. Comunismo: puñalada a traición. Fascismo: ensañamiento de la puñalada.*

*"Y para lo que tenemos que unirnos, muy de verdad, es para el afianzamiento de la nacionalidad, para el sostenimiento de la moral, para el cultivo de la honestidad y del honor, para el mantenimiento de la libertad y el triunfo de la democracia. Contemplarnos las manos a ver si las tenemos sucias de fango, o rojas de sangre, o engarabitadas de latrocinio. Y si están así de maculadas, cortárnoslas, y si no nos alcanza la vergüenza para darnos valor, echarlas atrás como si no las tuviéramos. Mas si, por el contrario, están limpias, empuñar las armas del trabajo y la péñola de la honradez, y emprender la obra constructiva. No basta ser enemigo de uno malo, declarar la guerra al mal, si se es cómplice y adalid de otro peor mal. De los tres caminos, uno sólo ha de ser el nuestro. El del centro. El de la democracia y la libertad, el de la justicia y la razón. Si el verdugo es despreciable por verdugo, éste no puede diferenciarse de aquél. De la soga que ahorca no va nada al torniquete que estrangula. Comunismo: patíbulo rojo. Fascismo: patíbulo negro. Abolición de la conciencia, desprecio de la vida humana. Cruces laterales de los dos ladrones del Calvario.*

*"La unión de los cubanos no debe ser para ir contra el marxismo, dicho sea con la flamante arrogancia de aquellas declaraciones. La unión tiene que ir contra todo lo que repudia la cubanidad; contra todo lo que no sea el amor a Cuba que costó sus preciosas vidas a nuestros mártires. Ellos estarían también contra la fascicanalla que se nos ha colado solapadamente para destruirnos los ideales de redención, por cuya defensa se empapó la tierra cubana de sangre caliente de Maceo, de sangre hirviente de Martí.*

*"La bandera es sólo una. Cubana. El cubano quiere paz y justicia, trabajo y amor. Democracia. La unión y las palabras de velada amenaza no pueden ir solamente contra la barbarie roja; tiene que ir, porque así es como la siente hondamente el pueblo de Cuba, contra la barbarie roja y contra la bestialidad sangrienta de la tiranía fascista. Y antes y después, ahora y siempre, por encima de todo, Cuba. A despecho de comunistoides imbéciles, y a despecho también de la fascicanalla inmunda."*

\* \* \*

34

*El Sagitario. — Cisma del autenticismo. — Batista:*
*Padre del comunismo. — Glorificación de Fulgencio.*

Eduardo Chibás mantenía la misma equidistante posición combativa que expresaba el editorial de Bohemia. Desde 1934 venía blandiendo, a dos manos, una tizona contra el fascismo y el comunismo. Y continuamente lanzando flechas envenenadas contra el totalitarismo. Sus luchas contra el Ala izquierda Estudiantil y los comunistas en el ámbito universitario se habían trasladado a la arena política con el mismo vigor y virulencia y su desenmascaramiento constante de las tortuosidades del comunismo era un puñal clavado dolorosamente en el costado de éste. Su simpatía por la causa de los republicanos españoles no le impedía combatir a los sovietizantes partidarios supuestos de aquélla. A un tiempo batía a la canalla roja y se volvía airado contra la canalla dorada que se amparaba en Batista para loar a Franco y su *nazionalismo*. Sin arredrarse los azotaba por igual. Sus polémicas con *Pepín Rivero*, defensor a ultranza del falangismo, se equiparaban en violencia con las que sostenía con los marxistas y que le llevaron a sostener un duelo con Carlos Font, director del periódico Línea, vocero del AIE. Chibás militaba entonces en Izquierda Revolucionaria, que se había nutrido con la membrecía de la Organización Revolucionaria Cubana Anti-imperialista (ORCA) que habían fundado Aureliano Sánchez Arango, Porfirio Pendás, Manuel Guillot y Raúl Roa a raíz de su desencanto con la trapacería comunista cerca de Batista. Chibás se separó de aquella organización para ingresar en el Partido Revolucionario Cubano, del cual muy pronto fue su líder y vocero. Este paso de Chibás lo separó para siempre del pensamiento insurreccional y lo acercó al del sacrificio personal y la lucha sufragista que probó ser su némesis. La declaración de principios del PRC lo comprometió para siempre, consigo mismo y ante su pueblo, a no incitar a la rebelión armada contra los poderes constituídos y a preferir la destrucción de la vida propia antes que la ajena, aun cuando la insurrección fuese vía corta de triunfo revolucionario. Decía, en su parte más explícita de pacifismo la declaración de principios del Partido Revolucionario Cubano:

*"Somos contrarios a las formas autoritarias de gobierno. Nos pronunciamos, por igual, contra el fascismo y el comunismo. La dirección del PRC está integrada en su mayoría por hombres que estando en el Poder, prefirieron caer, víctimas de la libertad, antes que convertirse en victimarios de la De-*

*mocracia, y se propone llegar al Gobierno por la vía cívica
para continuar desde el Poder la obra truncada del gobierno
de Grau. Por ello el PRC se responsabiliza con la causa de la
seguridad pública.*

*"El PRC propugna de inmediato la convocatoria a eleccio-
nes a Constituyente libre y soberana y demanda del Gobierno
con ese motivo: Libertad de presos políticos y sociales; Libertad de palabra, reunión y organización para todos los ciudadanos y partidos políticos por igual; Reorganización de los
partidos; y Revisión del censo electoral.*

*"No pretendemos, de ningún modo, hacer la Revolución
contra el Ejército, pero tampoco con el Ejército. Eso queda
para los partidos sin masa que precisan de bravas electorales
para ganar. Aspiramos a llegar al Poder, no con los rifles
—que hemos enterrado—, sino con el voto de nuestros ciudadanos. Así tendremos la máxima autoridad moral para gobernar. A las Fuerzas Armadas sólo les pedimos la más absoluta neutralidad política. Con ello se cumplimentaría el verdadero espíritu que animó al movimiento septembrino..."*

Entretanto, Batista había estado secretamente tallando con
personeros del autenticismo la división de éste mediante una
campaña de soborno y compra de conciencias, pero aparentando los tramitados el apoyo a Grau. Éste fue el cisma del
autenticismo consumado por Sergio Carbó, Rubén de León,
Óscar de la Torre y José Maceo, quienes, financiados por Batista, trataron de aprovechar la ausencia de Grau en Miami
para crear artificiales asambleas del PRC para luego aliar éste
a Fulgencio. Chibás desenmascaró la logrería de los tránsfu-
gas y consiguió la consolidación del autenticismo desde San
Antonio a Maisí. Los cismáticos se valieron del talento legal
de José Agustín Martínez, autor del Código de Defensa Social,
para reclamar del Tribunal Superior Electoral la propiedad
del nombre del PRC, pero éste se declaró incompetente para
decidir y remitió el pleito al Tribunal Supremo, que falló en
contra de los desertores del autenticismo. Éstos se conforma-
ron con resucitar el Partido Nacional Revolucionario (Realista),
cuyo ejecutivo quedó integrado con las siguientes personas:
Sergio Carbó, Presidente; Óscar de la Torre y Santiago Álvarez,
Vices; Rubén de León, Secretario General; Enrique Delahoza,
Secretario de Propaganda; Alberto Arredondo, Secretario Funcional; Pablo Lavín, Secretario Jurídico; y José Maceo, Óscar
Rodríguez Loeche, Evelio Pentón y Guillermo de Zéndegui,
Vocales. Una vez proclamados se uncieron al yugo del carretón
batistiano.

En cuanto Batista realizó el fracaso de su intento de perforar el autenticismo enfiló sus baterías monetarias y chanchulleras sobre el comunismo. Ya tenía amarrada a la sucarocracia; ahora precisaba la alianza con un sector popular que se le enfrentara al PRC en el terreno que éste señoreaba. No pudiendo encontrar esto en los viejos partidos, astutamente se granjeó el favor comunista con la promesa de financiarlos, entregarles el timón del movimiento proletario y autorizar el reconocimiento oficial del Partido Comunista. Había leído, o le habían contado, el viraje dado por Rusia en su método subversivo, que se conoció como El Camino de Yenán y que aconsejaba a los partidos comunistas participar en falsos frentes populares para sacar ventajas a costa de la estupidez democrática, tal como lo explica con lujo de detalles el renegado comunista peruano Eudocio Ravines en su libro La Gran Estafa.

\* \* \*

En este instante es indispensable aclarar que este contubernio de Batista con el comunismo tenía lugar a principios de 1938 —más de año y medio antes de comenzar la II Guerra Mundial y cerca de cuatro años antes del ataque nipón a Pearl Harbor— para con ello desmentir categóricamente el alegato batistiano de que Fulgencio se unió al comunismo solamente cuando los Estados Unidos y Rusia eran aliados en la guerra contra el eje Roma-Berlín-Tokio.

\* \* \*

Aunque en España el franquismo se aproximaba rápidamente al triunfo, la causa del fascismo perdía terreno en Hispanoamérica porque los Estados Unidos cada día se oponían más al expansionismo germano que había resonantemente triunfado en Munich y luego se había engullido a Checoeslovaquia. Rusia y Alemania se acercaban al abrazo canallesco del pacto nazi-comunista que permitió después a la primera anexionarse la mitad de Polonia y partes de Finlandia. Las purgas stalinistas habían ya dado cuenta de los mariscales Tukhachevski, Gamarnich y Bluecher; los generales Feldman, Kork, Eideman, Yakir, Oborevicht y Primakov; el jefe de la OGPU (Policía Secreta), Yagoda; el ideólogo y autor del Materialismo Histórico, Nicolás Bujarin; y los miembros del Comité Central del Partido Comunista Belondorov, Rykov, Rakowski y Sokolnikov. León Trotski andaba fugitivo por los montes del Cáucaso, de donde pasaría a París y luego a México.

Aquí fue ultimado a golpes de pico por el infiltrado agente de la NKVD, el español Ramón Mercader, que se hizo pasar por francés bajo el nombre de Jacques Mornard.

\* \* \*

La alianza de Batista con los rojos cubanos tiene un trasfondo que es imprescindible detallar. El movimiento sindical latinoamericano tenía su más alto exponente en el mexicano Vicente Lombardo Toledano, y Lázaro Cárdenas era para los países al sur del Río Bravo lo que Gamal Abder Nasser fue después para el mundo árabe. Cárdenas era el tipo de general convertido en caudillo político que le venía como hecho a la medida a Batista. Los valores comunistoides habían aumentado en Hispanoamérica después que la organización laboral americana CIO —dirigida por el minero John L. Lewis— respaldó la expropiación petrolera mexicana y evitó represalias del State Department contra Cárdenas. El comunismo original cubano de Mella, Martínez Villena y el AEI había pasado a las hábiles manos del oportunista Blas Roca (Francisco Calderío), agente incondicional del Comintern, entrenado en Moscú y destacado en su país de origen, quien había desbancado al Secretario General del Partido, José Chelala Aguilera, cuando éste se mostró inconforme con la nueva línea. Consecuentemente con ésta, Blas Roca había hecho crear la Agrupación de Jóvenes del Pueblo y puesto ésta bajo las órdenes de Severo Aguirre, así como comprado los derechos electorales de Unión Revolucionaria, que entregó a Juan Marinello. Ambos grupos se fueron a concatenar con la Hermandad de Jóvenes Cubanos de Salvador García Agüero y la Unión de Mujeres Cubanas de Esperanza Sánchez Mastrapa. El primer indicio de la trapisonda batistiano-comunista se hizo evidente con la solución que se dio al pleito republicano-falangista por el vapor Manuel Arnús y que produjo una crisis en el Gabinete de Laredo Brú.

La tripulación del buque español Manuel Arnús se había amotinado y hecho entrega de éste a las autoridades consulares republicanas en La Habana. Los armadores establecieron un pleito para recuperarlo y el Arnús estuvo inmovilizado largos meses en el puerto habanero y con su tripulación internada en Triscornia. Inicialmente Batista se inclinó por los franquistas e hizo que la Marina de Guerra ocupase el buque. El general Montalvo, Secretario de Defensa, se hizo el paladín de la Falange en el pleito. Después de 17 meses de litigio, sorpresivamente el Gobierno entregó el Arnús a su amotinada tripulación y el buque zarpó rumbo a Veracruz bajo el mando del capitán naval mexicano José M. Coello, Comandante de la Zona Naval de Acapulco. El regocijo de los anti-franquistas fue igualado con la furia impotente de sus enemigos falangistas. Montalvo renunció y con ello promovió una crisis que fue resuelta mediante la entrada de los Realistas Manuel Costales Latatú en Sanidad, Edgardo Buttari en Comercio y Aurelio Fernández Concheso en Educación, así como la de tres amigos personales de Batista: Domingo Ramos en Defensa, Augusto Saladrigas en Justicia y José García Montes en Agricultura. Amadeo López Castro pasó de esta Secretaría a la de Hacienda. El Gobierno clausuró todas las sociedades políticas hispanas, pero extraoficialmente las dejó seguir actuando. En una primera demostración de acercamiento a Batista los comunistas organizaron un desfile de obreros del transporte frente a Palacio con la excusa de agradecer al Gobierno la supresión de la Ley de Peaje.

La consagración comunista por parte de Batista se produjo en la segunda mitad de 1938. La Secretaría del Trabajo reconoció legalmente a la Federación Obrera Marítima Nacional, a la Hermandad Ferroviaria de Cuba, a la Federación Sindical de Plantas de Electricidad, Gas y Agua, a la Federación de Agrupaciones de Espectáculos, a la Federación Nacional Tabacalera y a la Federación Nacional Obrera del Transporte. Independientemente de estas Federaciones laborales existían la Federación Obrera de Caibarién, la Federación de Trabajadores de Oriente y la Federación de Trabajadores de La Habana. Todas ellas estaban en manos de comunistas profesionales o de *compañeros de viaje*. Además, el comunismo controlaba la recién creada Federación Estudiantil Universitaria (FEU) por mediación de su presidente, José A. Bustamante. Poco a poco, mediante mítines pro-amnistía, en favor de la República española, en apoyo al Plan Trienal, etc., se fue promoviendo el ambiente propicio para patrocinar un Congreso de Unificación Obrera. El golpe maestro se dio en México, en combinación con Lázaro Cárdenas. Allí se celebró un Congreso Obrero Latino-Americano para constituir la Confederación de Trabajadores de la América Latina (CTAL), bajo la presidencia de Vicente Lombardo Toledano, que se afilió a la Federación Sindical Internacional de Amsterdam, controlada directamente por Moscú. Las razones que tuvo Lázaro Cárdenas para subvencionar y apoyar el Congreso Obrero de México se deducen de la lectura de las Resoluciones tomadas por éste:

*"1) Enviar un mensaje de adhesión al Gobierno mexicano;*
*2) Solicitar el apoyo de los pueblos y gobiernos de América*

*en el problema de las Compañías Petroleras; 3) Solicitar el concurso del Gobierno de los Estados Unidos; 4) Propender cerca de los Estados Unidos para una política de Buen Vecino; 5) Invitar a las organizaciones obreras de los Estados Unidos para que apoyen a los obreros mexicanos; y 6) Exponer cerca de los obreros europeos el problema mexicano."*

La creada Confederación de Trabajadores de la América Latina (CTAL), según estatutos aprobados, tenía supuestamente por objeto lo que sigue:

*"a) Realizar la unificación de la clase trabajadora de la América Latina; b) Contribuir a la unificación de la clase trabajadora en el seno de cada uno de los países latinoamericanos; c) Trabajar por la unificación de los trabajadores del continente americano; d) Laborar por la unificación de todos los trabajadores del mundo; e) Defender los intereses y esfuerzos del movimiento sindical de los países latinoamericanos; f) Prestar ayuda al movimiento obrero de cualquier país para la mejor defensa de sus intereses; g) Cooperar al progreso de la legislación del trabajo en la América Latina; h) Luchar por la plena autonomía de las naciones latinoamericanas; i) Luchar contra la guerra de agresión o de conquista, contra la reacción y el fascismo."*

La delegación cubana al Congreso de México, compuesta por Avelino Fonseca, Hermandad Ferroviaria de Cuba; Juan Arévalo, Federación Obrera Marítima Nacional; Carlos Fernández R., Federación Nacional Obrera del Transporte; Pedro Pérez Crespo, Unión de Dependientes del Ramo del Tabaco; Luis Almuiñas, Asociación de la Prensa Obrera de Cuba; Lázaro Peña, Federación Tabacalera Nacional; Ramón Granados, Federación de Trabajadores de la Provincia de La Habana; Manuel Suárez, Federación de Trabajadores Azucarero de la Provincia de Matanzas; Ángel Cofiño, Federación Sindical de Plantas de Electricidad, Gas y Agua; y Alfredo Padrón, Unión de Dependientes y Trabajadores del Puerto de La Habana, firmaron en aquella ciudad un Pacto de Unidad que fue avalado con las firmas comunistas de Vicente Lombardo Toledano, Secretario de la Confederación de Trabajadores Mexicanos y Presidente de la Confederación de Trabajadores de la América Latina, y de Alejandro Carrillo, del Comité de Relaciones de la CTM, que en su parte más sustancial expresaba lo siguiente:

*"En cumplimiento de ese alto propósito, los suscritos, representantes efectivos de las organizaciones obreras de Cuba, declaramos formal y solemnemente ante los representantes de la Confederación de Trabajadores de México que es nuestra más firme decisión trabajar con empeño, bajo el signo de la lucha de clases, a fin de convertir a la mayor brevedad posible una Central Sindical Nacional en la República de Cuba, empeñando nuestra palabra de honor de luchadores obreros para que en un breve plazo se organice y celebre en nuestro país un Congreso Nacional Obrero de Unificación como base previa indispensable para lograr la estructuración de un organismo sindical nacional..."*

Efectivamente, poco después de su regreso a Cuba y siempre protegidos y financiados por Batista, constituyeron el Congreso de Unificación Obrera las siguientes personas: José María Pérez y Lucas Pino, Presidente y Vice; Ramón Granados y Teresa García, Secretario de Actas y Vice; y Ángel Cofiño e Ignacio González Tellechea, Secretario de Correspondencia y Vice. Derivación directa de esto fue el Primer Congreso Nacional Obrero de La Habana, celebrado del 23 al 28 de enero de 1939, al que concurrieron delegados de 567 sindicatos, reales y de dedo, que dejaron constituida la Confederación de Trabajadores de Cuba (CTC), cuyo organismo rector quedó formado por las personas siguientes: Lázaro Peña, Secretario General Nacional; Juan Arévalo, Secretario de Organización; Ángel Cofiño, Secretario de Actas; Carlos Fernández R., Secretario de Propaganda; y Ramón León Rentería, Delegado ante los Organismos Oficiales y Patronales. A este último, que era Representante por el Partido Unionista de La Habana, le fue ofrecida la Secretaría General de la CTC, pero la rehusó en favor de Lázaro Peña, por no dejar su acta congresional. El Secretario de Organización era el mismo Juan Arévalo, que, junto con Ordoqui, había traicionado la Huelga General contra Machado, que había puesto el movimiento proletario al servicio de éste, que era chivato del Jefe de la Policía Judicial machadista, Alfonso Fors, y que había sido excarcelado virtud a la amnistía general de 1937.

Mientras tenían lugar estos trajines de entregar al comunismo la CTC, en septiembre 13 de 1938 —un año justo antes del comienzo de la II Guerra Mundial—, se participó a Joaquín Ordoqui y a Marcelino Dorado, por el Secretario de la Administración Provincial de La Habana, Tomás Ramos Merlo, que se había reconocido la legalidad solicitada por ellos para el Partido Comunista de Cuba por encontrarse ajustado a las disposiciones legales vigentes. Poco tiempo después tuvo lugar la celebración del Décimo Plenum del Comité Central del Partido Comunista, cuya declaración fulminante fue: *"Batista ha comenzado a dejar de ser el centro de la reacción en Cuba."* Inmediatamente de esto, por mención de Blas Roca, el Partido Comunista se pronunció públicamente *"por el apoyo a los pasos progresistas de Batista y por la constitución de un frente de fuerzas populares..."* Con la entrega del movimiento proletario organizado al comunismo, con el reconocimiento legal del Partido Comunista y con la declaración del Décimo Plenum, Fulgencio Batista de hecho y de derecho era el indisputado PADRE DEL COMUNISMO.

Batista aumentó el ritmo de sus apariciones públicas, aparentando neutralidad entre unos y otros reaccionarios de izquierda y de derecha. En una comparecencia en Santiago de Cuba dijo grotescamente mientras levantaba una copa de champán: *"Como el pan bíblico: para ninguno y para todos..."* Rogelio Sopo Barreto, el precursor estudiantil de 1923 y ahora médico naval, ¡lo comparó con Cristo, Maceo y Martí! No se quedaban atrás los amigotes de Batista: el teniente coronel Gonzalo García Pedroso fue electo Gran Maestro de la Gran Logia de Cuba, con el aplauso de los ex-Grandes Maestros Carlos M. Piñeiro, Rafael Santos Jiménez, Gabriel García Galán y Enrique Elízaga. Augusto Rodríguez Miranda, Gran Orador, exaltó al electo como Gran Masón, Gran Hombre y Gran Patriota. Recordando lo sucedido con Machado, el Arzobispo de La Habana se cuidó esta vez de loar a Batista. El teniente coronel Desiderio Sánchez, notorio por el obsceno tatuaje que exhibía en el abdomen, declaró públicamente su aspiración senatorial por Camagüey, provincia de cuyo Distrito Militar era Jefe. La radioemisora CMQ fue temporalmente clausurada y ello casi produce una revolución. No porque el derecho de expresión hubiera sido conculcado, sino porque *La Corte Suprema del Arte* y *Chan-Li-Po,* sus programas favoritos, fueron suspendidos también. Toda Cuba sintió el duelo de la catástrofe de aviación ocurrida en Cali, Colombia, en la cual tres aviones cubanos que efectuaban un vuelo de buena voluntad Pro-Faro de Colón, se estrellaron, perdiendo la vida todos sus tripulantes y el periodista Ruy Lugo de Viña.

A fines de 1938, el Secretario de la Guerra americano, Harry Woodring, extendió a Batista, por mediación del general Malin Craig, Jefe de Estado Mayor del Ejército Americano, una invitación para que asistiese a las ceremonias del Día del Armisticio que habrían de celebrarse en Wáshington. Todo el mundo en Cuba sospechó que lo que se ocultaba detrás de la invitación era un llamado a capítulo del Presidente Roosevelt para que Batista explicase sus propósitos en aquella alianza con el comunismo. Pero los panegiristas batistianos canalizaron el asunto por otros rumbos publicitarios, haciendo aparecer que la invitación correspondía a la tramitación de un empréstito por valor de $50.000.000,00 para invertirse en obras públicas y para revisar el Tratado de Reciprocidad. A tan ridículos extremos se llegó en la propaganda que el Presidente Laredo Brú bautizó a Batista con el nombre de *Procurador de la República;* la Asociación Nacional de propietarios, con el de *Embajador de la Buena Voluntad,* y la Unión Social-Económica de Cuba, con el de *Mensajero de la Prosperidad.* El viaje de Batista fue aprovechado por el general Montalvo, *Pepín* Rivero y José Manuel Casanova para mover sus respectivas influencias en Wáshington con el afán de neutralizar la ascendencia que iba adquiriendo el comunismo y resubir la parada de éste en cuanto a servirle de utilidad a Fulgencio. Las *clases vivas* dedicaron enormes cantidades de dinero a la organización de un monumental acto de recibimiento a Batista a su regreso. La responsabilidad de esto se dejó a la Unión Social-Económica de Cuba (USEC), presidida por Casanova, quien era a la vez presidente de la Comisión Organizadora del recibimiento y de la Asociación Nacional de Hacendados. La USEC estaba formada por representaciones de la Banca, las Sociedades Regionales, los Centros de Detallistas y de la Propiedad, y la Asociación de Industriales.

El viaje de Batista ocupó diariamente las primeras páginas de los periódicos habaneros y las fotos de éste llenaban la crónica social. El número de veces que cambiaba diariamente de uniformes o trajes era reportado con lujo de detalles; los agasajos que se le ofrecían se relataban con meticulosa religiosidad. Las ceremonias oficiales en que aparecía se tomaban como indicativas de su gran importancia continental. La conferencia secreta que tuvo con Roosevelt y Welles se interpretó como una irrefutable prueba de la confianza que el Presidente americano tenía en los juicios del dictador cubano. La única declaración oficial hecha sobre la conferencia fue una diciendo que habían tratado sobre la conveniencia de revisar los tratados entre Cuba y los Estados Unidos. La verdad la reveló Sumner Welles tiempo después: Batista afirmó seguir siendo leal al State Department. Ni un kilito prieto le fue dado a Batista por el Tesoro americano.

El regreso del sargento-coronel fue tan apoteósico como había sido el de Machado, excepto por la falta de pasarela.

La USEC movilizó contingentes humanos, pagando $5,00 por cabeza para que llenaran la Avenida de las Misiones. Las Fuerzas Armadas prepararon el mayor de los desfiles militares habidos hasta esa fecha. El comunismo ocupó los primeros puestos, desde muy temprano, frente a la terraza norte del Palacio. El crucero Cuba, engalanado, lo trajo desde Cayo Hueso y fue recibido con una salva de 21 cañonazos en cuanto enfiló el canal del puerto. El Ayuntamiento de La Habana lo declaró Hijo Adoptivo y lo calificó de Embajador de la Nacionalidad Cubana. Fue cargado en hombros desde el Malecón al Palacio y vitoreado ensordecedoramente. Ya antes, en New York, la Cámara de Comercio Cubana le había ofrecido un banquete de honor en el Waldof-Astoria y lo había presentado en un programa radial de costa a costa. Mientras tanto, Gerardo Machado agonizaba en un hospital americano víctima de un cáncer en el recto. En el recibimiento aparecieron, por inspiración comunista, los primeros carteles de propaganda electoral en que aparecía la figura olímpica de Batista sobre la tronante exclamación: *"¡Éste es el Hombre...!"*

Los nombres de los componentes de la Comisión Organizadora del recibimiento merecen, al igual que las instituciones que representaban, ser recordados: José Manuel Casanova, Asociación de Hacendados; Isaac Cowley, Asociación de Colonos; Estanislao Sabino, Confederación de Corporaciones Económicas; Juan Sabatés, Cámara de Comercio; Manuel Ortega, Lonja del Comercio; Lucio Fuentes, Federación de Detallistas; Bernardo Pardía, Comité de Sociedades Españolas; George Foster, Cámara de Comercio Americana; Raúl de Cárdenas, Centro de la Propiedad Urbana; Julio Forcade, Bolsa de La Habana; Gárate Brú, Club Rotario; Emilio Marill, Club de Leones; José I. Cámara, Havana Clearing House; Luis M. Santeiro, Asociación de Industriales; Luis Loret de Mola, Federación Ganadera; Rogelio Acosta, Ómnibus Aliados; Blas Roca, Partido Comunista; Carlos Rafael Rodríguez, Unión Revolucionaria; Santiago Verdeja, Conjunto Nacional Democrático; Enrique Recio, Partido Liberal; José A. Casabuena, Unión Nacionalista; Sergio Carbó, Partido Realista; Ángel Cofiño, José María Pérez y Lázaro Peña, Comité Obrero; y Ramón Vasconcelos, Aníbal Escalante, Alfredo Hornedo, Arturo Mañas y Joaquín Ordoqui, Vocales. Cinco horas duró el desfile de masas ante Palacio. Una vez terminado, Batista hizo el resumen del acto en un largo discurso plagado de disparates gramaticales y fonéticos que, al igual que todos los suyos, terminaba con las palabras *"¡Salud, salud...!"*

A este viaje de Fulgencio al Norte siguió otro, unos meses

después, a México, invitado por el general Eduardo Hay, Secretario de Relaciones Exteriores de ese país. La fraternización de Batista con Lázaro Cárdenas no complació a la USEC y mucho menos gracia le hizo que los honores del recibimiento se confiaran esta vez a la CTC. Toda la anterior matraca de Rivero y Casanova fue repetida por Juan Marinello y Lázaro Peña en México para ganarse la voluntad de Batista. La entrevista secreta entre Cárdenas y Fulgencio recibió el mismo tratamiento que la de éste con Roosevelt. En resumen, esto de los viajes no era más que mera propaganda politiquera para satisfacción del ego del dictador. Las clases vivas mohínamente se mantuvieron alejadas del escenario palaciego. Los comunistas se dieron un banquete publicitario puesto que Lázaro Peña pronunció el discurso de bienvenida al regreso de Batista de México, todo lleno de ditirambos y alabanzas para el progresista Fulgencio. Que era el mismo Batista que había ordenado las matanzas comunistas de Jaronú y Cunagua. Sergio Carbó no pudo resistir la tentación de romper el programa y coger el micrófono para espetar una perorata en honor a Batista que recordaba aquella entusiasta que años antes hiciera a *los timbales* de Menocal y que finalizó gritando: *"Aquí estamos todos a saludarte porque en ti, Coronel, en tu persona, en esa parte de tu corazón que late en el corazón de cada uno de nosotros, a quienes tú superas en preeminencia, tú, Coronel, que eres el Héroe de la Fiesta y que el peso de, tus laureles no es nada comparado con el peso abrumador de nuestras angustias, ¡oye, Coronel!, ¡nos va haciendo falta un Cireneo...!"*

\* \* \*

*Unificación Auténtica. — Ataques de Chibás al comunismo. — Elecciones Constituyentes. — El Loco. — Retiro de Batista del mando del Ejército. — Anatomía del Ejército Constitucional. — La fiera humana.*

Las distintas tendencias septembrinas se unificaron dentro del PRC por gestiones de Chibás. Éstas fueron la Organización Auténtica de Carlos Prío, Carlos Hevia y Antonio de Varona; Izquierda Revolucionaria, de Manuel Guillot y Porfirio Pendás; Legión Revolucionaria de Cuba, de Guillermo Ara y Gustavo Moreno; Joven Cuba, de Sandalio Junco, Eusebio Mujal y Evaristo Ulloa; y Revolucionarios Independientes, de Roberto Agramonte, Rafael García Bárcenas y Manuel Bisbé. El regreso a Cuba del ex-Presidente Grau —recibido multitudinariamente— cohesionó firmemente las filas del autenticismo frente a los batistianos. Fulgencio demandó de Blas Roca el cumplimiento de lo pactado y la jauría de chacales comunistoides se lanzó temerariamente al ataque contra Grau y el PRC. José Utrera acusó a Grau de fascista y fue callado lapidariamente por un certero ataque de la pluma de Chibás. Aníbal Escalante fue el próximo alabardero batistiano víctima de los mandobles del Sagitario. Luego tocó el turno a Blas Roca, a quien acusó de traidor dos veces: a Cuba y al comunismo de Mella y Martínez Villena. Arévalo, el chivato machadista, fue desratizado en una polémica pública que sostuvieron Chibás y Carlos Prío con Lázaro Peña en la Sociedad de Torcedores de La Habana. La politiquería entreguista, rastrera y deshonesta del comunismo, al servicio de Moscú y a la paga de Batista, dejaremos que sea descrita por *Eddy* Chibás, por medio de la reproducción de algunos pasajes de sus artículos de prensa y discursos radiales atacando la gavilla roja:

*"También tenemos nosotros en Cuba nuestro Pacto de Munich. ¿Quiénes lo forman? Batista, que hace un doble papel, el de Hitler y Mussolini, Carbó y Blas Roca. El primero, Batista, nuestro Señor de la Guerra, de adusto semblante, gestos marciales y uniformes vistosos, es un político ladino que sabe pronunciar discursos sensacionales y brillantes y unir en su apoyo al general Montalvo con Blas Roca, a Pepin Rivero con Lázaro Peña, a Lucilo de la Peña con Casanova, a Marinello y Salvador García Agüero con Alonso Pujol y Carlos Font, a Joaquín Ordoqui con Carlos Saladrigas y a los dos con Viriato Gutiérrez y Orestes Ferrara. No admite colaboradores, sino servidores incondicionales.*

*"También tenemos nuestro Daladier: Blas Roca, Calderío, o Martínez, etc. Es el secretario del Partido Comunista. Cambia tanto de nombre como de color político y varía más de línea táctica que de camisa. Es un camaleón político. Un día ataca al militarismo y otro lo defiende. Hoy propugna la civilidad y mañana la combate. Tan pronto levanta a Grau como a Batista. Un día está sentado entre Menocal, Miguel Mariano y Martínez Sáenz en la Mesa Redonda o Conferencia de Sectores y al día siguiente está sentado en Columbia entre Batista y Carbó.*

*"Dúctil y maleable como el "acero ruso" (el Stalin ruso), su sostén y guía, a este Daladier cubano le sienta mejor el nombre de Calderío que el de Blas Roca, pues no tiene la firme consistencia de la roca, sino la fluidez versátil de la calderilla. No se piense por ello que es un logrero vulgar o*

*un ventajista cualquiera. Nada más lejos de la verdad. Es
un político inteligente y honrado en el sentido burgués de
la palabra y un revolucionario disciplinado que sigue al pie
de la letra las instrucciones del Partido Comunista de los
Estados Unidos, que a su vez sigue las de Moscú.*

*"Ninguna de las acusaciones formidables y precisas lanza-
das contra los dirigentes del Partido Comunista desde la tribuna revolucionaria del Parque Central con motivo del aniversario de la muerte de Guiteras, ha sido contestada; Blas
Roca, Escalante, Escalona y compañía se han ido por la tangente. Es que toda la política oficial, que es también la de
Blas Roca, consiste en inventar inexactitudes e infundios, confundir a las masas populares y enredar las cosas más sencillas.
Estos señores, como ciertos seres, le tienen horror a la claridad.
Sólo pueden prosperar en la confusión, en el desorden, en la
penumbra. Están hechos de hipocresía, de una hipocresía como
no se ha visto jamás en la historia del mundo.*

*"El Partido Revolucionario Cubano (Auténtico), presidido
por Grau San Martín, está por la democracia, por la democracia auténtica, y combate el sistema totalitario, lo mismo
el fascista que el comunista. Queremos una Cuba libre del
imperialismo económico de Wall Street y del imperialismo político de Roma, Berlín y Moscú. Queremos una sola bandera:
la de Agramonte, la de Maceo, la de Martí. ¡Queremos una
Cuba para los cubanos...!"*

De la célebre polémica de la Sociedad de Torcedores quedaron como quemante maldición para los comunistas estas
palabras:

*"Denuncio como enemigos de la unidad, de la verdadera
unidad del proletariado, a los actuales dirigentes de la CTC.
Lázaro Peña invitó a los obreros, el primero de mayo, al Hipódromo. No tratan de unificar, sino de rusificar. Hablan de
imperialismo y piden el pago de las espurias obligaciones oro
a una empresa imperialista y favorecen la concertación de
empréstitos onerosos para nuestro pueblo, algo que nos ataría
más al yugo imperialista. Hablan de socialismo y de honradez,
mientras los periódicos capitalinos anuncian que su líder supremo, Blas Roca, se prepara a recorrer los Estados Unidos
en una gira política dando conferencias en favor de un gobierno castrense que es la negación de todo lo democrático, de
todo lo popular. Hablan de democracia y piden la clausura del
periódico "La Prensa", la revista "Zig-Zag" y la hora "Micrófono", y tratan de obtener la clausura de "La Voz del Aire".*

*Piden a gritos en las calles la inmediata convocatoria de las Elecciones Constituyentes y al mismo tiempo Blas Roca trata de conseguir en Columbia que se pospongan hasta las calendas griegas. Hablan de nacionalismo y Blas Roca embarca para New York, a recibir instrucciones del Partido Comunista americano, que a la vez las recibe de Moscú. Un día forman un Frente Popular y al otro lo rompen para volverlo a formar al siguiente y romperlo más tarde. Un día combaten a Batista y al otro lo defienden, para volverlo a combatir mañana y defenderlo de nuevo después. El día 8 están unidos a Batista y llaman a Grau traidor. El día 17 Batista los ha botado por incapaces y entonces le piden a Grau que les permita ayudarle a salvar la Revolución. No tienen criterio fijo, ni orientación clara. Siguen la política saltarina del grillo."*

\* \* \*

Para comprender la situación que en 1939 mantenía en disputa a las distintas corrientes electorales acerca de Elecciones Constituyentes y Elecciones Generales, es preciso remontarse, aunque sea someramente, al Acuerdo de 16 de diciembre de 1936, uno de cuyos puntos comprendía *"la reforma del artículo 115 y la decisión de convocar a una Convención Constituyente para que, funcionando con entera independencia del Congreso, acordase dentro de los tres meses de constituida, ejerciendo el Poder constituyente libre y soberanamente, la nueva Constitución de la República, cuya forma de gobierno habría de ser republicana, democrática, representativa, y debía entrar en vigor el 20 de mayo de 1940".*

La convocatoria a una Convención Constituyente se había fijado para seis meses después de la fecha del Acuerdo, o sea después del 16 de junio de 1937, pero la destitución de Miguel Mariano primero, y la sentencia del Tribunal Supremo declarando imperativa la renovación parcial de la Cámara después, en 1938, obligaron su posposición hasta otra fecha, que el Congreso dispuso fuese el día 30 de agosto de 1939 y que las elecciones generales se celebrasen el 15 de febrero de 1940.

La reorganización de los Partidos trajo consigo la lucha de sus jerarcas por posiciones de mando en ellos, y esto, unido a la oposición de los viejos caciques que veían en la Constituyente un peligro renovacionista, hizo que esgrimiesen el mismo argumento menocalista de 1935, *elecciones primero y Constituyente después,* con el propósito de que ésta no fuera libre y soberana, sino enyugada al Congreso. El autenticismo se opuso terminantemente a los leguleyismos electoralistas y amenazó con el retraimiento si se alteraba la consigna de *Constituyente primero y elecciones después*. Menocal se dio cuenta que su antigua posición era inoperante y se unió a la de los auténticos. Los abecedarios y los marianistas se sumaron a los auténticos y menocalistas y los líderes de esos sectores de oposición —Grau, Menocal, Martínez Sánchez y Miguel Mariano— firmaron un pacto tendiente a mantener la exigencia de Constituyente primero y elecciones después. Ante la encrucijada, Laredo Brú propició una reunión en su finca Párraga entre Grau y Batista. Allí se decidió que se convocara primero a Constituyente y luego a elecciones generales —triunfo indiscutible de la Oposición—, fijándose las fechas de primero de octubre de 1939 y 14 de febrero de 1940 para las respectivas elecciones. Dificultades de tipo jurídico obligaron cambiar la fecha de las elecciones constituyentes para el 11 de noviembre de 1940, en que tuvieron lugar. Las elecciones generales fueron sucesivamente cambiadas, por las mismas razones jurídicas, para el 28 de febrero, el 18 de mayo y por último para el 14 de julio de 1940 en que se celebraron.

La movilización electoral para las elecciones constituyentes fue enorme. Además de los grandes viejos partidos tradicionales estaban los nuevos grandes núcleos de oposición. Junto a éstos y aquéllos proliferaron nuevas agrupaciones que eran en realidad pequeños desprendimientos de unos y otros. La relación de los Partidos existentes, antes que las elecciones eliminaran los que no alcanzaron factor, era como sigue, añadido el nombre de sus presidentes: Unión Nacionalista, Agustín Acosta; Demócrata Republicano, Mario G. Menocal; Liberal, Enrique Recio; Acción Republicana, Miguel Mariano Gómez; Conjunto Nacional Democrático, Santiago Verdeja; Popular Cubano, Rafael Iturralde; Unionista Cubano, Ernesto Asbert; Social Demócrata, Justo Luis del Pozo; Revolucionario Cubano, Ramón Grau San Martín; ABC, Joaquín Martínez Sáenz; Unión Revolucionaria, Juan Marinello; Comunista, Blas Roca; Agrario Nacional, Alejandro Vergara; Nacional Revolucionario, Sergio Carbó; y Socialista Independiente, Elio Roselló. Los comunistas y compañeros de viaje se fundieron en Unión Revolucionaria-Comunista. La eliminación comicial dejó las fuerzas electorales divididas en dos bandos: el Frente Gubernamental (Liberal, Conjunto, Nacionalista, Realista y Comunista) y el Block Oposicionista (Auténtico, ABC, menocalistas y marianistas).

El Código Electoral vigente disponía el *voto selectivo* y además la posibilidad de elegir un mismo candidato por distintas provincias y que éste luego renunciara para que su lugar fuese ocupado en la Convención por un suplente. De esto se aprovecharon Grau, Menocal, Cuervo Rubio, Miguel Mariano, Zaydin y Francisco Rivero. La víspera de las elecciones Chibás se dio un tiro a sedal en el abdomen insensatamente, arriesgando la vida para galvanizar el entusiasmo en favor de su Partido y su candidatura. Al hacerlo se ganó una ratificación a su mote de *El Loco* que lo perseguiría hasta el fin de sus días. Las elecciones, celebradas dentro de un marco de garantías, fueron reñidísimas. El Block Oposicionista logró elegir 45 Delegados, de los cuales correspondieron 18 al Partido Revolucionario Cubano (Auténtico), 17 al Demócrata Republicano, 6 a Acción Republicana y 4 al ABC. El Frente Gubernamental —dirigido por Batista y apoyado por Laredo Brú— obtuvo 36 Delegados: 17 al Partido Liberal, 9 a Unión Nacionalista, 6 a Unión Revolucionaria-Comunista, 3 al Conjunto Nacional Democrático y 1 al Partido Nacional Revolucionario (Realista). La votación nacional correspondiente a los Partidos fue la siguiente: PRC, 225.223; PL, 182.246; PDR, 170.681; PUN, 132-189; URC, 97.944; AR, 80.168; CND, 77.527; ABC, 65.842; PNR, 37.933. El Popular y el Agrario, que no alcanzaron factor, obtuvieron, respectivamente, 10.521 y 9.359 votos.

La composición de la cónclave Constituyente era de los más variados matices políticos. Antonio Bravo Correoso era el único de sus miembros que había participado en la de 1901. Había en ella viejos políticos y jóvenes manengues, comunistas y fascistas, revolucionarios y reaccionarios, profesionales y obreros, tribunos y escritores, blancos y negros, hombres de armas tomar y primorosas damas, ricos y pobres, poblanos y guajiros, mercachifles y poetas, y hombres de inmaculados antecedentes y asesinos confesos, convictos e indultados como Eugenio Rodríguez Cartas. Pero era lo más cercano posible a la perfección y sin duda alguna cumplieron su cometido a cabalidad. Después de todo, ellos eran la representación medular de nuestro republicanismo y, malos y buenos, eran el genuino producto social de éste. El contraste de cultura y personalidades se diluía en la buena intención visible en todos ellos y ésta era el rasero que los igualaba. Las explosiones de genio y las actitudes temperamentales eran cosa esperada como propia de cubanos y los alardes tribunicios y las poses teatrales no causarían asombro ni en los radio-oyentes ni en los espectadores. Todo el mundo en Cuba sabía perfectamente que la Constituyente sería tribuna abierta a los debates sectarios y las cuestiones personales. Y que los núcleos ciudadanos iban a tratar de influir sobre los Delegados para que plasmasen sus aspiraciones y ambiciones en la Carta Magna bajo pena o premio de su votación a los que luego fuesen candidatos en las venideras elecciones generales. El tiempo y los hechos se encargaron de confirmar esto.

Mientras se resolvían los recursos presentados por el Frente Gubernamental contra las candidaturas múltiples y los Constituyentes se preparaban a tomar posesión de sus escaños, Batista dio el paso que todos esperaban: renunció a la Jefatura del Ejército para aspirar a la Presidencia de la República por la Coalición Socialista Democrática, que así se denominó la agrupación de Partidos que proclamaron después su candidatura. El retiro de Batista en nada afectó la organización castrense, que pasó a las manos de José Eleuterio Pedraza. Se produjeron los ascensos y retiros que a continuación se detallan, copiados literalmente de la Gaceta Oficial: *"Aceptando la jubilación solicitada por el Jefe del Ejército Constitucional, Coronel Fulgencio Batista y Zaldívar, Cruz de Honor; ascendiendo a Coronel Jefe de Estado Mayor de dicho Cuerpo armado al Teniente Coronel Inspector General del Ejército, Jefe de la Policía Nacional en comisión, José E. Pedraza y Cabrera, Mérito Militar; ascendiendo a Teniente Coronel al Comandante Jaime Mariné, M. M., y aceptando la renuncia del expresado militar; ascendiendo a Coronel Auxiliar, Inspector General del Ejército, al Teniente Coronel Manuel López Migoya; ascendiendo a Coronel Auxiliar, Cuartel Maestre General, al Teniente Coronel Ignacio Galíndez, y ascendiendo a Teniente Coronel Jefe de la División Central de la Policía Nacional, al Comandante Bernardo García, que ha sido nombrado Jefe en propiedad de dicho Cuerpo."* Batista ocupó una mansión del Reparto Kohly y a ella se trasladó el centro de operaciones politiqueras de la Coalición, de cuyas oficinas era gran chambelán el *noy* Mariné.

El Ejército que Batista dejaba era la más perfecta organización que existía en la República. Sus hombres todos respondían íntegramente a su persona e intereses. Comparados con él, todos los otros organismos militares que la República había padecido eran una verdadera basura, tanto en el aspecto técnico como en el humano. Sin haber sido nunca un soldado, clase u oficial de línea, Batista poseía un sentido de organización insuperable y lo había transmitido a los hombres de su confianza que lo rodeaban. Las Escuelas Militares, tanto las de Clases como las de Cadetes, eran de corte enteramente militarista y en ellas no había oportunidad para la influencia o la mala crianza. No quiere esto decir que se trataba de una organización democrática, sino que en sus rangos se mantenía una rígida disciplina cuartelaria sin consideración a orígenes sociales o nexos familiares con jerarcas civiles o militares. Batista había construido el Ejército sin margen alguno a la penetración de la politiquería, como había ocurrido antes con sus predecesores. Sin preocupación alguna podría dormir Batista porque le constaba que los hombres que rodeaban al nuevo Jefe eran de su entera confianza y que no le permitirían a éste una frescura o una intriga contra él, tal como se comprobó un año después. Había privilegios, sí, pero eran los mismos de todas las castas militaristas en los países que dominan. En otras palabras: el Ejército era el dueño de los destinos de Cuba. Y quien fuera el amo del Ejército sería amo de la República. El poder real radicaba en los cuarteles de Columbia y no en el Palacio, el Capitolio o el Tribunal Supremo de Justicia.

Este Ejército que durante 25 años acogotó la vida cubana fue estructurado por Ley de noviembre 9 de 1934, con el nombre de Ejército Constitucional. El nombre no era correcto, pues no había Constitución en vigor, sino tan sólo una Ley Constitucional que distaba mucho de ser una Carta Fundamental. Al momento de dejarlo Batista contaba con cerca de 20.000 hombres, que costaba a la República cerca de una veintena de millones de pesos el mantener. Se componía de las siguientes organizaciones: Cuartel General, Armas de Infantería, Caballería y Artillería, Cuerpo de Ingenieros, Cuerpo de Señales, Cuerpo de Aviación, Cuerpo Jurídico-Militar, Cuerpo de Sanidad Militar, Cuerpo de Veterinaria Militar, Academia Militar, Personal de Oficinas y Alistados Retirados, Reserva Militar y Servicio de Inteligencia Militar (SIM). El Arma de Caballería estaba integrada por los Tercios Tácticos y la Guardia Rural.

Supuestamente el mando supremo del Ejército correspondía al Presidente de la República, quien lo ejercía directamente por conducto del Secretario de Defensa. Pero en la práctica el Jefe del Ejército Constitucional, coronel Batista, era el dueño de todo el cotarro civil-militar. Tenía a su cargo la dirección, inspección y administración de todos los organismos del Ejército, incluyendo las escuelas militares y el mando directo e inmediato de todo el personal que componía el Ejército, la Marina y la Policía. Para desempeñar estas variadas funciones tenía tres auxiliares: el Inspectotr General, el Ayudante General y el Cuartel Maestre General, con grados de Coronel Auxiliar. El ejercicio del mando estaba distribuido así: para el Coronel Jefe, la Jefatura del Ejército; para un Coronel Auxiliar, un Departamento; para un Teniente Coronel, un Regimiento; para un Comandante, un Batallón o un Tercio;

para un Capitán, una Compañía; para un Teniente o Suboficial, un Pelotón; para un Sargento, una Sección; y para un Cabo, una Escuadra. La jerarquía militar era, por consiguiente: Jefe del Ejército, Inspector General, Ayudante General, Cuartel Maestre General y Jefes de Regimientos. La división territorial militar de la Isla se componía de ocho Distritos, ocupados, en orden de Oriente a Pinar del Río, por los siguientes Regimientos: Número 1, *"Maceo"*, Oriente; Número 2, *"Agramonte"*, Camagüey; Número 3, *"Leonico Vidal"*, Las Villas; Número 4, *"Plácido"*, Matanzas; Número 5, *"Martí"*, Habana; Número 6, *"4 de Septiembre"*, Campamento de Columbia o Ciudad Militar; Número 7, *"Máximo Gómez"*, Fortaleza de La Cabaña; y Número 8, *"Rius Rivera"*, Pinar del Río.

El Ejército, baluarte principal del poder batistiano, tenía bajo su jurisdicción las Escuelas Cívico-Militares, los Hogares Infantiles Campesinos y las Escuelas Provinciales de Agricultura. Su Cuerpo de Cultura tenía un Negociado de Radiodifusión, encargado de las emisoras CMZ y COX, que diariamente transmitía programas de adoctrinamiento batistiano a las zonas donde estaban enclavadas las escuelas rurales cívico-militares que estaban dotadas de un aparato radio-receptor. La Ciudad Militar era un verdadero feudo medieval, rodeada de una muralla de piedra, con parapetos, casamatas, trincheras y seccionada por gran número de postas de vigilancia perpetua. Dentro de su perímetro se encontraban el Cuerpo de Aviación, el Polígono, las residencias de Jefes y Oficiales Superiores, planta eléctrica y acueducto, Centro de Comunicaciones, depósitos de combustible y aceite, Departamento comercial, cuarteles y clubes. Nada quedaba del viejo Columbia: ni sus inmundas barracas de madera, ni sus harapientos soldados, ni sus sucias caballerizas, ni sus infectas zanjas de desagüe. Anexo a la Ciudad Militar, pero formando parte de ella, se encontraban los edificios del Consejo Corporativo, del Tribunal Superior de Guerra, del Hospital Militar, del de Veterinaria y las casas de Clases y Soldados. A la izquierda del Hospital Militar se hallaba un imponente edificio, frío y misterioso, rodeado de una alta muralla de ladrillos con alambradas en su tope y con una puerta de acceso en la muralla que siempre estaba fuertemente custodiada. Solamente se abría para dejar entrar o salir automóviles cuyos ocupantes eran hombres de siniestro aspecto y torva mirada. Nadie se detenía en sus alrededores y todos sentían un escalofrío de miedo cuando pasaban cerca de él. Aunque no tenía un cartel de anuncio, todos sabían que allí radicaban las oficinas y mazmorras del SIM.

La Policía Nacional se componía de una División Central y una para cada provincia. La División Central, que correspondía a la Capital y sus alrededores, constaba de 15 Demarcaciones y varias organizaciones administrativas para el servicio y personal. Sus brazos tenebrosos eran las Secciones Radio-represiva y de Investigaciones, creadas personalmente por Pedraza. El ejercicio del mando en la División Central estaba distribuido así: para un Teniente Coronel, una División; para un Comandante, un Distrito o Sección; para un Capitán, una Estación; para un Teniente, un Pelotón; para un Sargento, una Sección; y para un Cabo, una Escuadra. La Marina de Guerra y la Aviación eran Cuerpos de carácter técnico y como no ejercían influencia directa alguna sobre la política, pasaremos por alto su descripción. Bástenos saber que eran simples instrumentos de Batista.

La Plana Mayor que Batista dejaba en manos de Pedraza al retirarse era la siguiente: Coroneles Auxiliares: Manuel López Migoya, Inspector General; Julio Velasco, Ayudante General; e Ignacio Galíndez, Cuartel Maestre General y Jefe del Regimiento 6. Teniente Coroneles: Demetrio Despaigne, Jefe del Cuerpo de Sanidad Militar; y Arístides Sosa de Quesada, Jefe del Cuerpo Jurídico. Comandantes: Rogelio López Jorge, Jefe del Cuerpo de Aviación; Francisco Tarrau, Jefe del Cuerpo de Ingenieros; y Andrés Ascencio, Jefe del Cuerpo de Señales; y Capitán: Adriano Padrón, Jefe del Cuerpo de Veterinaria Militar. Los Jefes de Regimientos, señores feudales en provincias, eran los que siguen: Teniente Coroneles: Ruperto Cabrera, Oriente; Ramón Corvo Barquín, Camagüey; Abelardo Gómez Gómez, Las Villas; Manuel Benítez, Matanzas; Raimundo Ferrer, La Habana; y Otalio Soca Llanes, Pinar del Río. Los Teniente Coroneles: Francisco Tabernilla y Bernardo García, mandaban, respectivamente, la Fortaleza de La Cabaña y la Policía Nacional.

Fulgencio Batista no era propiamente un asesino, como no lo eran sus más cercanos colaboradores, con excepción de Pedraza. Eran ladrones que toleraban el crimen como necesario a su mantenimiento en el poder y en el disfrute del prebendaje. Ocasiones hubo en que perdonaron vidas cuando pudieron liquidarlas. En el fondo eran un grupo de aventureros a quienes la cobardía de sus antecesores y la codicia de unos cuantos politiqueros había brindado la oportunidad única de ascender vertiginosamente y encumbrarse económicamente. Todos se enriquecieron ilegalmente y fueron a satisfacer luego ambiciones de opulenta burguesía, representación congresional o faramalla social. Pero el nuevo Jefe de Estado Mayor era

las dos cosas: asesino y ladrón. No era un ser humano, sino
un tigre con figura de persona; sanguinario y falto de escrúpulos. Frustrado suicida en su juventud, a partir de aquel
instante la vida humana ajena no tuvo para él valor alguno,
en tanto que ponía la suya por sobre todo lo demás. Alistado
en Las Villas en 1919, el golpe del 4 de septiembre lo inició
en su tenebroso camino de matarife. Situado en la Jefatura
de Policía de La Habana, se hizo dueño absoluto del mando
y reorganizó el Cuerpo con los peores criminales que pudo
recoger entre la hez del Ejército y los situó en mandos estratégicos: Serra, Tandrón, Caro, Collazo, Montesinos, Lima y
Vitón. Estos esbirros no reparaban en medios para cumplir
las órdenes de su satánico jefe. Daban palmacristi, propina-
ban gomazos, aplicaban tortores, administraban prostíbulos,
masacraban estudiantes, violaban mujeres y chantageaban comerciantes con la mayor insensibilidad y sangre fría. Toda
esta precedente ignominia es suficiente para terminar con la
ficha de Pedraza.

\* \* \*

*El Congreso Nacional de Estudiantes de 1939. — La
Convención Juvenil Constituyente. — Reflejos en Cuba
del triunfo franquista. — El pacto de conciliación Grau-
Batista. — La Convención Constituyente de 1940. — El
pacto Menocal-Batista.*

Coincidiendo con la retirada de Batista del mando oficial
del Ejército, se produjo en La Habana el Congreso Nacional
de Estudiantes auspiciado por el Comité Gestor Nacional de
la Confederación de Estudiantes Cubanos. Era el primero de
esta clase que se efectuaba desde aquel memorable de 1923,
aunque ahora se hacía en condiciones más difíciles que entonces, porque el dinero corruptor de Mariné financiaba las
actividades rufianescas de un *bonchismo* nacido en el Instituto
de la Víbora y trasplantado a la Universidad de La Habana,
que lo mismo apoyaba al comunismo en la Colina y los Institutos que regenteaba las cantinas estudiantiles, que extorsio-
naba catedráticos venales. La secular aversión del estudiantado cubano por las tiranías era un gigantesco escollo en
el camino de Batista hacia la Presidencia de la República que
Mariné, desde el Reparto Kohly y con la ayuda de los estudiantes marxistas, ideó quitar de la senda mediante el gangsterismo estudiantil. De nuevo se recrudecieron las pugnas
entre alumnos comunistas y no-comunistas en la Universidad

y los Institutos y con ellas sufrió tremendo apaleamiento el comunista José A. Bustamante, presidente de la FEU, y la muerte en Artes y Oficios el también comunista Carlos Ruiz Rivero, achacada ésta a los bonchistas. De éstos se decía que estaban aliados con ex-combatientes de la guerra civil española regresados a Cuba y enemigos de los rojos. Mas sin embargo el periódico comunista Hoy —fundado con fondos proporcionados por Fulgencio— publicó una foto en la que aparecían Carlos Rafael Rodríguez, José A. Bustamante y Carlos Font, comunistas, acompañados de los presuntos bonchistas Juan Ñaño González Andino y José González Cayro, en cuyo pie se declaraba por todos estar contra las pugnas estudiantiles.

Las colaterales comunistas habían organizado una Convención Juvenil Constituyente, presidida por Osvaldo Sánchez, que alegaba pretensiones democráticas y aspiraba a que de su seno salieran resoluciones en favor de los derechos juveniles que fueran materializados en la Convensión Constituyente. Participaron en ella numerosas organizaciones estudiantiles, deportivas y religiosas, que se retiraron del evento tan pronto se dieron cuenta que éste no era otra cosa que un vehículo de propaganda batistiana y comunistoide y con ello haciendo culminar la Convención en un rotundo fracaso.

Por el contrario, el Congreso Nacional de Estudiantes se desenvolvió dentro de un ambiente democrático y su programación se cumplió a plenitud, a pesar de los esfuerzos bonchistas por interrumpirlo. Su éxito quedó demostrado cuando el Rector Méndez Peñate propuso la celebración de un Congreso de Profesores que fuese digno complemento del Congreso estudiantil. Durante seis días de laboriosas jornadas aquella magna asamblea de la juventud estudiantil cubana desenvolvió sus sesiones, sin que se retirase una sola de las organizaciones participantes, hasta llegar a conclusiones y acuerdos que se destacaron como trascendentales y ejemplarizantes del espíritu nacionalista y revolucionario —anti-comunista, anti-fascista y anti-imperialista— tradicional en el estudiantado cubano y que jamás han podido, ni jamás podrán, borrar de su escudo de combate las tiranías. No importa la fuerza del terror ni el poder del soborno. Con honor reproducimos a continuación las más notables resoluciones del Congreso:

*"Propiciar la unificación de las juventudes nacionales sobre la base de la defensa de los intereses populares.*

*"Democratización de la enseñanza. Condena de la educación militarista. Incorporación de los Institutos Cívico-Militares a*

*la Secretaría de Educación. Establecimiento de las Universidades populares y comedores populares.*

*"Función educativa y revolucionaria del Arte en el momento actual. El Arte como vehículo de cultura social.*

*"Condenar las guerras inter-imperialistas que no tienen más finalidad que el nuevo reparto del mundo para la mejor explotación de los países coloniales y semi-coloniales.*

*"Condenar el fascismo como la expresión negativa de los principios en que se asienta la convivencia humana, siendo una nueva modalidad del régimen capitalista opresor.*

*"Condenar la política comunista por mixtificar los princi-* *pios socialistas, sembrando el confusionismo y propiciando el entreguismo de los movimientos revolucionarios. Condenar su ataque a las pequeñas nacionalidades y su pacto con el nazismo alemán.*

*"Condenar los imperialismos democráticos, cuya única finalidad es la de mejor explotar a los países que hoy tienen bajo su dominio.*

*"Condenar la política de los Estados Unidos de Norteamérica en su nueva forma de penetración, con las tituladas Conferencias Panamericanas, que tratan de consolidar sus conquistas económicas, aprovechando el actual conflicto europeo, que amenaza la soberanía de nuestros pueblos hasta el extremo de usurpar posesiones territoriales.*

*"Propiciar una política de nacionalismo económico para reintegrar las fuentes de producción hoy en poder del capitalismo extranjero, a las grandes mayorías explotadas de la nación.*

*"Condenar toda política de discriminación racial que tienda a dividir la colectividad, reconociendo la igualdad absoluta para el desempeño de todas las actividades sociales, obligando al Estado al cumplimiento de esta democrática legislación, que comenzando en la escuela debe llegar al desempeño de las más altas funciones públicas. Condenar toda política que tienda a agudizar la pugna racial con fines electorales.*

*"Propiciar la unión de todos los pueblos explotados de América en un frente de lucha contra los imperialismos opresores."*

Además de estas magníficas conclusiones, el Congreso acordó apoyar la lucha por la independencia de Puerto Rico y pedir la libertad de Pedro Albizu Campos; pedir la legalización de la CTC y expulsión de ella del traidor Arévalo, así como la depuración de sus dirigentes; votó por la solidaridad con Finlandia ante el artero y abusivo ataque soviético sufrido por ella y declaró su simpatía por el estudiantado checoeslovaco que estaba siendo diezmado por el invasor nazi.

El Comité Gestor Nacional de aquel glorioso Congreso Nacional de Estudiantes estaba formado por jóvenes cuyos nombres, al igual que sus antecesores de 1923, luego dejarían huellas oscuras y luminosas en el cielo político de Cuba. Ellos fueron: Eduardo Dumois, Presidente; Luis Orlando Rodríguez, Secretario General; Camilo García Sierra, Secretario de Organización; Rubén Acosta Carrasco, Secretario de Propaganda; José Díaz Garrido, Secretario de Actas; y José Aníbal Maestri, Secretario de Correspondencia.

\* \* \*

La guerra civil española había terminado con un triunfo del franquismo. La derrota comunista se convirtió en una precipitada huída hacia Francia y Rusia. Del primero de esos países emigró hacia Cuba —financiada por Batista y apadrinada por el comunismo— una caterva de aprovechados y parásitos que se comparaba a la carroña humana que volcó la Península en nuestras playas a raíz del Descubrimiento y que sin agradecimiento alguno vivirían en Cuba —fieles solamente a Fulgencio y el Partido— hasta que la traición fidelista los devolviera a la vida política cubana y a los mismos trajines canallescos que en España arruinaron la República. No tardó mucho el estallido de la Segunda Guerra Mundial, y aunque los Estados Unidos se hallaban lejos de su teatro de operaciones, Roosevelt previó los peligros que entrañaba para su país que en Hispanoamérica tomase incremento una campaña de simpatías pro-nazis y anti-americanas, basadas estas últimas en un justiciero sentimiento de revancha, y ordenó a su Secretario de Estado, Cordell Hull, que iniciase gestiones para la celebración de una Conferencia de Neutralidad. Ésta se celebró en Panamá y en ella se logró una declaración de neutralidad que equivalía, en buen romance, a poner el parche antes que saliera el grano. Si cuando la caída de Bilbao en poder de los franquistas Viriato Gutiérrez la celebró con una fiesta titulada *Una noche en España*, que le costó cincuenta mil pesos, ahora la Falange Española dio un banquete de miles de comensales en el Campo Armada, titulado *Plato único*, en favor de los huérfanos franquistas, por cuya tribuna —bajo el escudo español y la insignia falangista— desfilaron *Pepín* Rivero; el jefe provincial de la Falange, Salvador Ruiz de Luna; el jefe territorial de la misma, Gil Remírez; y el inspector extraordinario de la Falange en América, Alejandro

Villanueva. Y con la asistencia especial de los Ministros de
España, Italia y Alemania. En el entretanto murieron los ex-
Presidentes Gerardo Machado y Carlos Manuel de Céspedes.
A tiros fueron muertos el Alcalde de Marianao, Pedro Acosta,
y los porristas amnistiados Braulio Ortega y Miguel Balmaseda. Orestes Ferrara volvió a Cuba para tomar parte en la
Constituyente —había sido electo Delegado—, desfachatada y
temerariamente, dando vivas a Machado al desembarcar. Luego pagaría las consecuencias de su provocación.

* * *

Antes de dar comienzo la Constituyente se presentó un
problema de tipo jurídico que se las traía. Laredo Brú y el
Congreso debían terminar su período el 20 de mayo de 1940
y era aparente que no había tiempo de celebrar las elecciones
generales que dieran posesión a un nuevo Gobierno en esa
fecha. Los Coalicionistas, que se veían perdidos en las urnas,
se movilizaron para torpedear cualquier gestión encaminada
a apresurar la Constituyente y revivieron la consigna de elecciones primero y Constituyente después. El clima político se
enrareció terriblemente cuando, ante la amenaza del Block
Oposicionista de ir al retraimiento, Alejandro Vergara anunció
la disposición del eliminado Partido Agrario Nacional a concurrir a las urnas frente a la Coalición Gubernamental y con
ello legalizar el triunfo evidente de ésta. Esta inusitada acción
de Vergara, hombre de indudable honradez hasta aquel momento, produjo el desmembramiento del PAN y llenó de fango
la reputación de su líder, quien nunca más volvió a gozar de
simpatías populares ni de respeto político. Ante la amenaza
de una posible guerra civil, Grau y Batista firmaron un Pacto
de Conciliación y juntos visitaron a Laredo Brú para pedirle
que continuara en la Presidencia después del vencimiento de
su término de Gobierno, junto con la mitad del Congreso,
prometiéndole que la Constituyente aprobaría esto en sus primeras sesiones, cosa que efectivamente ésta hizo. El pacto
de coalición fue una ratificación del acuerdo entre caballeros
de la finca Párraga y sirvió para demostrar cómo los cubanos
—cuando no son acosados—, sin importarles lo candente de
la situación política, prefieren deponer el orgullo y atenuar
los rencores antes que ensangrentar el país.

La Convención Constituyente se inauguró en la tarde del
9 de febrero de 1940, en el Capitolio Nacional, con las galerías
llenas de público y ante los micrófonos de todas las emisoras
en cadena. Al igual que la de Guáimaro, era una bullente

caldera de cubanos de todas las militancias y clases sociales y en la que no faltaban elegantes criollas. La expectación era colosal en todo el país, pues la pugna de pasiones podía estallar en cualquier momento en su seno, bien por el sedimento revolucionario de 1933 o bien por la presión militar a la sombra del Gobierno. Ya los Partidos, de acuerdo con el Código Electoral, habían previamente presentado su programa constitucional al Tribunal Superior Electoral y ello había servido para erigir la armazón técnica de la nueva Constitución y la consideración obligada de los principios fundamentales de índole socio-económica que habían pasado por alto los Convencionales de 1901. El Presidente Laredo la declaró inaugurada con un discurso del cual copiamos el siguiente extracto:

*"Cuba espera de vosotros, señores Constituyentes, algo extraordinario. Quiere que le deis la fórmula salvadora que armonice en lo político el derecho que el hombre tiene a su libertad de pensamiento, de trabajo, con el derecho que la colectividad tiene a que tales actividades sean factores de progreso común. Cuba espera que, en orden a la familia, salvéis la crisis que sufre en el mundo esta institución, base y asiento del conglomerado social. Cuba espera de ustedes, en orden a la propiedad, que concíliéis el respeto sagrado que merece este premio al trabajo, garantía de sosiego y amparo de la familia, con la necesidad de utilizarlo en bien de la República. Y en el orden político, vosotros sabéis lo que los cubanos quieren por haberlo expresado en los programas de sus Partidos..."*

Una vez que hubo terminado, el Presidente pidió a los Delegados presentes que de ellos el de mayor edad y los dos más jóvenes ocupasen la Mesa Provisional de la Convención, y resultaron ser Antonio Bravo Correoso, sobreviviente de la de 1901 y militante del Demócrata Republicano, y los Auténticos Salvador Acosta y Eusebio Mujal. Bravo Correoso hizo una breve alocución al público para que conservara la calma y una vez comprobado el quórum declaró constituída la Asamblea. A nombre de la mayoría del Block Oposicionista habló Jorge Mañach, del ABC, y le respondió por la minoría de la Coalición Gubernamental José Manuel Cortina, del Partido Liberal. Los comunistas no perdieron la oportunidad escénica y en su nombre Juan Marinello parloteó sus consignas batistianas y anti-cubanas.

El 14 de febrero fue electa la Mesa definitiva de la Asamblea, siendo compuesta por los siguientes Delegados: Presidente, Ramón Grau San Martín (PRC); Vicepresidente primero, Joaquín Martínez Sáenz (ABC); Vicepresidente segundo, Simeón Ferro (CND); Secretario por la Mayoría, Alberto Boada (PDR); y Secretario por la Minoría, Emilio Núñez Portuondo (PL). Grau San Martín, quien había sido electo Delegado por cinco provincias, tomó posesión del cargo y pronunció un discurso que complació a todos por su moderación y en el que advirtió que *"en el seno de la Asamblea no podía resurgir la lucha que había dividido al pueblo de Cuba, porque aquella Asamblea representaba el destino de Cuba, y el destino de Cuba era uno, y tenía que ser cordial, con todos y para todos los que deseasen el prestigio de sus instituciones y la felicidad de su pueblo..."* La Asamblea se dividió en Secciones de Trabajos el día 8 de marzo. Estas Comisiones fueron 7, a saber: I.—Organización Nacional, Extranjería y Ciudadanía; II.—Derechos Individuales y Garantías Constitucionales; III.—Familia y Cultura; IV.—Trabajo y Régimen de la Propiedad; V.—Sufragio y Oficios Públicos; VI.—Organización del Estado; VII.—Asuntos Económicos y de Hacienda. La Constitución de 1940 quedó integrada por XIX Títulos, 33 Secciones, 286 Artículos, 42 Transitorias, 1 Transitoria final y 1 Disposición final, o séase que era bastante extensa. No habremos de tratarla aquí como objeto de un análisis jurídico porque no estamos capacitados intelectualmente para hacerlo. Nuestros propósitos en relación con ella son estrictamente historiológicos.

La labor Convencionista tuvo dos escenarios: uno político, que en algunos casos derivó en politiquero, y otro técnico. El primero, por su teatralidad y actualismo fue el de más popularidad; el segundo, por su característica académica y anónima labor, aunque menos recordado, no dejó de ser trascendentalísimo. El primero representó un conflicto de ideas y personalidades, en tanto que el segundo significó el logro de sus beneficiosas resultantes. Al igual que en Guálmaro, sobresalieron los jóvenes profesores de democracia y resonó la farolería forénsica, pero al final se impuso la voluntad de trabajo de aquéllos que valoraban con mayor precio las realizaciones que los laureles ganados en el campo de batalla de la retórica. A pesar de que la Convención surgió de un compromiso político, los Delegados se expresaron con absoluta libertad. Tanto fue así que hubo que disponer que en su seno sólo se trataran asuntos pertinentes a la Asamblea para evitar que la ventilación de conflictos sectarios le robase un precioso tiempo que se perdía en querellas bizantinas. A pesar de que tuvo las limitaciones de no constitucionalizar las Reformas Urbana y Agraria, ni el derecho a la participación laboral en las utilidades, ni la negación de derechos al totalitarismo, de acuerdo con un pensamiento nacionalista revolucionario, la Constitución de 1940 fue determinante de cambios fundamentales y puede ser, sin reserva alguna, calificada de social-demócrata. Tan adelantada era que dejó atrás el ritmo de las instituciones gubernamentales y este contraste entre su espíritu y su aplicación hizo evidente a la juventud que sería necesario una revolución para ponerla en práctica.

El aspecto que calificamos *político* de la Asamblea tuvo su mayor resonancia en la polémica entre Chibás y los comunistas, el atentado a Orestes Ferrara, el pase de Menocal de la Oposición al Gobierno, la renuncia de Grau a su Presidencia y el guirigay habido por la vacante Senatorial de Las Villas. En su aspecto *técnico* los honores correspondieron al contradictorio pero capaz Carlos Márquez Sterling, quien asumió la Presidencia de la Asamblea después de Grau, así como a los Delegados que lo ayudaron ingentemente, días y noches sin fin, a hacer posible el cumplimiento del término prescripto para la terminación de las labores asamblearias. Nuestro relato, pues, estará enmarcado dentro de estos límites humanos y al margen de la rigidez cronológica.

Orestes Ferrara provocó el revanchismo cuando temerariamente hizo alarde de machadismo. La campaña de prensa que contra él se desató fue monumental y le obligó a presentar su renuncia a la Asamblea, pero le fue rechazada por ésta en consideración a que había sido electo popularmente por Las Villas a plenitud de conocimientos de su pasado político. En el mes de marzo, cuando se dirigía al Capitolio, fue escopeteado en la esquina de San Miguel e Infanta y herido de gravedad, mientras moría uno de sus acompañantes. El atentado a Ferrara fue acremente repudiado por la Convención y lamentado por la misma prensa que antes justamente lo atacase. No fue el hecho una venganza política, sino un acto gangsteril del bonche con el propósito de publicitarse y atemorizar a quienes se le oponían en la Universidad. Los acusados de perpetrar el ataque a Ferrara se escondieron en la Universidad para acogerse a los beneficios de su autonomía. Luego fueron presentados al Juzgado por el Decano de la Escuela de Derecho, Guillermo Portela —acto que luego le acarrearía graves problemas— y absueltos por falta de pruebas. Los Convencionales sintieron sobre ellos la potencialidad de una agresión artera en cualquier momento futuro, y bajo esa presión tuvieron que trabajar todo el tiempo. Los presuntos agresores, Juan González Andino, Mario Sáenz Buruhaga, José Noguerol Conde, Antonio Morín Dopico y Mariano

Puertas Yero, luego serían protagonistas de otros lamentables hechos de sangre. La tensión creada por el atentado a Ferrara provocó que los esbirros que protegían la seguridad de Batista en el Reparto Kohly ametrallaran un auto que se les hizo sospechoso y en el que viajaban los adolescentes Carlos Martí Bohorques y Joaquín Ferrer de Blanck. El primero murió acribillado y el segundo milagrosamente salvó la vida después de recibir varios balazos en la cara. Pero su trágico destino era morir asesinado por la horda batistiana y éste se cumplió en Cabonico, Oriente, cuando fue inmolado, junto con su hermano Gustavo, por los chacales a la orden del coronel Fermín Cowley, en 1957, después del desembarco del Corinthya.

A la sazón Finlandia era invadida por Rusia y se hicieron en la Constituyente alusiones al vandálico hecho. El Delegado comunista Salvador García Agüero la justificó comparándola a la intervención americana en Cuba en 1898, que ahora calificaba de salvadora y altruista y protectora de las masas finlandesas oprimidas como lo fueron las cubanas por los yanquis, a quienes ahora bendecía cuando antes siempre les echaba con el rayo. Eduardo Chibás presentó una moción destinada a enviar un Mensaje de Simpatía a la República de Finlandia que desató la furia comunistoide y movió a Blas Roca a, estúpidamente, tratar de desviar la cuestión presentando una moción relativa a que Grau San Martín diera cuenta del millón de pesos que se decía había recolectado para la Revolución. Esto fue para Blas Roca peor que si hubiese metido un palo en un avispero. Grau dejó la Presidencia y le respondió en tales términos que Blas Roca se volvió una masa balbuceante de incoherencias. Como si no hubiera recibido suficiente castigo, Chibás le ripostó escupiendo fuego y azufre. César Vilar y Marinello terciaron en la cuestión. El primero inquirió de Chibás si conocía cuál había sido el precio del azúcar en la anterior zafra y éste le respondió que lo preguntara a Marinello que era dueño de un ingenio, a lo que el Delegado comunista aludido le ripostó llamándole imbécil. Chibás, belicosamente, lo rebatió y por unos instantes la Convención pareció una valla de gallos. Calmados los ánimos y puesta a votación la propuesta de Chibás, ésta fue aprobada por una mayoría inmensa de votos. Los únicos que se opusieron fueron los comunistas y el delegado del Partido Realista de Carbó.

Durante otra sesión en que se debatía la legitimidad de izar en los cuarteles la colorina bandera del 4 de septiembre, Blas Roca se hizo campeón del septembrismo batistiano y de nuevo fue Chibás quien de mala manera lo revolcó. Después de exclamar que una bandera era suficiente en cualquier régimen democrático, apabulló al vocero comunista con las siguientes palabras:

*"No tiene derecho moral el señor Blas Roca a hablar de la bandera del 4 de septiembre. Eso podemos hacerlo nosotros, algunos de los Delegados que se sientan en estos bancos de aquí. Nosotros sí podemos hablar del 4 de septiembre, porque cuando era riesgo y peligro esa palabra revolucionaria, nosotros estábamos el 4 de septiembre, aquella mañana revolucionaria por excelencia en nuestra historia, y estábamos desde aquella mañana en la Revolución que surgiera el 4 de septiembre, y se ampliara el 10 de septiembre, con las armas en la mano, defendiéndola también el 2 de octubre y el 8 de noviembre; podemos hablar nosotros del 4 de septiembre, pero es insólito esta loa al 4 de septiembre, a la calidad revolucionaria del movimiento septembrista en boca de un hombre, Secretario General de un Partido, que, durante el período álgido del septembrismo, cuando sí vibraba la Revolución en forma pura, atacaba sin cuartel y lo llamaba movimiento reaccionario, movimiento imperialista, contra la nacionalidad, contrario a la democracia. Si el movimiento del 4 de septiembre era todo lo revolucionario que explica el señor Blas Roca, ¿por qué no estaba en ese momento a su lado, sino en frente del septembrismo?*

En otra ocasión la jauría de perros jíbaros comunistas congregaron una pandilla de los suyos para que insultaran y provocaran a Chibás a la salida de una de las sesiones de la Asamblea. Éste no se arredró, sino que les fue arriba y la jauría se replegó temerosa una y otra vez entre gritos y denuestos, cada vez que Chibás avanzaba sobre ella. Nadie mejor que él para describir los hechos:

*"Inofensivos, completamente inofensivos son esos señores que están acostumbrados a retroceder siempre, a retroceder lo mismo aquí que en otras tierras lejanas; es una costumbre inveterada de los señores pertenecientes a esta Escuela; son expertos en la manera de retroceder y en la de insultar desde lejos. A esa extranjería insidiosa que se reúne para insultar, yo no he de hacerle cargo alguno; pero a los dirigentes de esa claque artificial quiero advertirles que sí he de hacerles responsables de las agresiones de que yo sea objeto por esa claque, que no fue ayer, o el sábado por la tarde, la primera vez que fuera víctima de una agresión de esos sapos cobardes y ruines. Pero lo más importante es que se pretende crear*

*conflictos que disuelvan la cubanidad. Ha habido organizaciones políticas que han dicho que yo soy partidario de la discriminación racial. Y eso es una calumnia, y eso es una mentira, y eso es un insulto a la inteligencia de las clases populares, porque hay un radio funcionando, y fue mía, es lo cierto, fue mía y no de ningún otro Delegado, la enmienda que planteaba el prohibir la discriminación racial en nuestro país. No. Ellos son los que están planteando el problema racial con sus mentiras, queriendo presentar a sus enemigos políticos como enemigos del proletariado en otras, como enemigos de Cuba en otras ocasiones, cuando lo cierto es que ellos son efectivamente los enemigos por su comportamiento y por la campaña demagógica que realizan para lucros políticos. Ellos son virtualmente los enemigos de la raza de color, los enemigos de la cubanidad..."*

La culminación tragi-cómica de las polémicas entre Chibás y los comunistas fue efectuada ante la estupefacción de espectadores y radio-oyentes cuando el Delegado comunista Romárico Cordero, desaforadamente rompiendo todos los cánones parlamentarios desafió a Chibás a fajarse en plena Asamblea. Entre risas y exclamaciones de asombro, Cordero fue aplacado por sus compañeros de delegación, evitándoles las sanciones que los demás Convencionales le iban a aplicar por su insensato acto. Blas Roca dio satisfacciones en su nombre alegando que Cordero hablaba con lenguaje campesino... La barrabasada fue saludable: motivó la decisión asamblearia de prohibir que en el futuro se trataran por los Delegados asuntos ajenos a la redacción de la Carta Magna. Si esto no evitó totalmente las broncas, por lo menos sirvió para cortar radicalmente las disputas personales apenas éstas se iniciaban.

Al margen de la Asamblea tenían lugar los chanchullos politiqueros que fueran la última iniquidad de este tipo que Menocal hiciese padecer a la República. El desmembramiento del Partido Conservador como consecuencia del cooperativismo machadista le había hecho descender en potencialidad electoral, pero le mantenía aún como factor decisivo de triunfo dentro del Block Oposicionista. Su permanencia en éste solo estaba comprometida por compromisos honorables que el *Mayoral* nunca consideró tales en política. Además, los millones no estaban en la Oposición, sino en las arcas gubernamentales a disposición del grupo de Partidos que apoyaban a Batista. Volviendo por sus antiguos ardides, Menocal comenzó a adoptar una actitud ambigua hacia los partidos que formaban el Block, que luego se tradujo en huidiza postura. Por trasmano,

Pedro Martínez Fraga y Elicio Argüelles estaban confabulándose con Domingo Ramos para el trámite menocalista de la Oposición al Gobierno y la Coalición. Dos problemas confrontaban: la aprobación del viraje por parte de la Asamblea Nacional del Demócrata Republicano y la Presidencia de la Constituyente que Grau ostentaba como representante de la Mayoría oposicionista. Del primero se encargó Víctor Vega y del segundo Antonio Martínez Fraga. Los dos fueron bien recompensados por sus maquiavélicos servicios: el primero con una Secretaría de Despacho y el segundo con una Senaduría por Las Villas.

Menocal comenzó su tortuosa maniobra exigiendo su proclamación presidencial por los partidos del Block, sabiendo que ya éste había decidido en favor de Grau. Luego, también a sabiendas que no tenía oportunidad de ganar alguna, demandó que el Demócrata Republicano fuese con candidaturas independientes a las elecciones. Después de intensos debates en el seno del Partido, se decidió subastarlo entre Batista y Grau. Este último se negó a conceder de antemano posiciones al menocalismo, exponiendo que eso correspondía hacerlo democráticamente a las Asambleas o al Directorio del Block, del cual formaba parte Menocal. Pelayo Cuervo era el más acérrimo partidario menocalista de mantenerse al lado del autencicismo, pero Víctor Vega logró el concurso de la Asamblea Nacional del Demócrata Republicano para sumarse al carro de la Coalición cuando hizo saber que Batista ofrecía, y Menocal aceptaba, dar al PDR la Vicepresidencia de la República, la Alcaldía de La Habana, los Gobiernos Provinciales de Oriente, Camagüey y Las Villas, 12 actas de Senador y amplios fondos para la campaña electoral. Inmediatamente de conocerse la venta de Menocal a Batista causaron baja del PDR Pelayo Cuervo, Manuel Fernández Supervielle, Raúl de Cárdenas y Guillermo Belt. Miguel Coyula rompió su amistad de toda la vida con Menocal y se retiró a la vida privada. Por su gesto se le simbolizó como el paradigma de la honradez política cubana. La perfidia de Menocal podía tener un atenuante filial: su deseo de que su hijo Raúl fuese Alcalde de La Habana y luego elevado a la Presidencia en 1944. Lucía como si su encono contra el difunto José Miguel traspasara las fronteras de la tumba y que quería emularlo hasta el extremo de hacer que un Menocal ocupase las dos posiciones que había ocupado un Gómez. Sin realizar que su libertino retoño era la antítesis del modesto hijo del caudillo espirituano. Y que Batista dejaría en su lugar a quien le diera su militarista gana. Porque entonces, de verdad, los timbales que sonaban no eran los del *Mayoral de Chaparra,* sino los del *Guajirito de Banes.*

Una vez consumado el infame pacto Menocal-Batista, la situación de Grau en la Presidencia de la Convención era muy precaria. Al ponerse a debate la aprobación de prolongar la legalidad de los Estatutos Constitucionales de 1935 hasta el 15 de septiembre de 1940 (o séase más allá del 20 de mayo de 1940), fecha en que debían tomar posesión los Senadores, Representantes, Gobernadores, Consejeros Provinciales, Alcaldes y Concejales que resultasen electos el 14 de julio y que debían caducar los Estatutos, el Delegado Bravo Acosta solicitó de la Presidencia saber qué tiempo tenía cada Delegado para hacer uso de la palabra, recordándole que en la sesión anterior se había convenido en limitar el turno de los oradores. Grau resolvió, después de un breve debate entre los Delegados, que, según su criterio, en la sesión que se estaba celebrando no era aplicable el acuerdo relativo a la limitación de los turnos oratorios y que en última instancia el problema podía ser discutido en ese instante por la Asamblea. Una cuestión tan sencilla fue aprovechada por Martínez Fraga para hacer honor a su apodo formando tal clase de maraña que el asunto vino a ser algo trascendental, gravísimo y, sobre todo, lesivo a la majestad de la Asamblea. Mostrándose inconforme con el veredicto de Grau, fomentó una discordia tremenda e instigó una trifulca bochornosa que en momentos degeneró en una riña de billares. Ramón Zaydin y él se insultaron soezmente y estuvieron en un tris de liarse a puñetazos. El turbio pasado político de algunos Convencionales fue sacado a relucir y los auténticos y menocalistas rezumaron a voz en cuello el rencor acumulado por la deserción del *Mayoral.* Los únicos que se mantuvieron ajenos a la trifulca, pero gozando de ella, fueron los comunistas. Se puso en duda la unidad moral de la Asamblea y Grau fue acusado de parcialidad. La cuestión pasó a ser una de confianza y aquél renunció irrevocablemente a seguir presidiendo la Convención, gesto que imitó el Vicepresidente Martínez Sáenz. Grau fue sustituído por Carlos Márquez Sterling y Martínez Sáenz por Jorge Mañach. A partir de aquel instante toda la propaganda electoral gobiernista se encaminó a presentar a Grau como un fracasado y a recalcar el peligro que representaría, por ello, el que presidiera la República.

La última trifulca de consideración ventilada en la Asamblea tuvo el trasfondo de la división Liberal existente en Las Villas. Allí Manuel Capestany se había alzado políticamente contra la Coalición y llevado a la masa del partido del gallo y el arado a un pacto con el Block Oposicionista. La muerte del Senador villareño Carlos Fonts había dejado una vacante a la que aspiraban dos tendencias Liberales: una oficialista y otra independiente. El Tribunal Superior Electoral dictaminó que fuese la Constituyente quien decidiera la forma en que habría de cubrirse la vacante —que en definitiva se hizo por una elección especial— y el debate de la cuestión inició nuevos fuegos artificiales, esta vez entre Martínez Fraga y Emilio Núñez Portuondo. A ellos se sumaron los pendencieros villareños de una y otra tendencia, repitiéndose el espectáculo deprimente de parecer la Asamblea más una reyerta entre pelafustanes que un debate entre caballeros. Pero la sangre no llegó al río y los ánimos fueron calmados con libaciones durante un oportuno receso.

Al fin la Convención Constituyente pudo arribar a un feliz término, no sin que antes se hubiera tenido que dar a sí misma *una cañona*, pues como había comenzado sus labores oficiales el 15 de febrero, éstas debían terminar el 14 de mayo y al realizar que ello era imposible, soberanamente determinó *"que había comenzado sus labores al constituirse en Secciones el día 8 de marzo de 1940..."* —una especie de *quórum-Dolz*—, por lo que extendió la fecha de clausura hasta el 8 de junio, cumpliendo en esa forma el término de tres meses que el Congreso le había fijado. Los últimos 17 días de trabajos fueron titánicos, con sesiones de la madrugada a la noche y con la aprobación de Títulos enteros sin discusión previa. En esos 17 días se aprobaron 236 artículos de los 286 que forman el Texto Constitucional, con el respaldo de todos los demás Convencionales que no tomaron parte en las tareas técnicas vertebradas por el genio de Márquez Sterling. Como homenaje a los Constituyentes de la primera República en Armas, se decidió que el nuevo Texto Fundamental se firmara en Guáimaro. Iba a ser, en realidad, el primer Estado de Derecho en que la República viviría desde su fundación.

Lo que fue la Constituyente de 1940 lo resumió en el acto de su firma en Guáimaro el Delegado Rafael Guas Inclán, prototipo del cacique político. Primer líder estudiantil rebelde en la República, de admirable ancestro mambí, de oratoria inimitable y prometedora juventud, había tenido que salir huyendo de Cuba a la caída de Machado, debido a su identificación con aquella tiranía. Y aunque además de eso luego cometió el mismo error al asociarse estrechamente a la tiranía de Batista y tener que salir huyendo nuevamente de Cuba en 1959, su análisis de la Constituyente fue certero, honrado y profético y por tanto merece ser reproducido enteramente:

*"En el seno de la Asamblea hemos figurado hombres muy antagónicos, históricamente considerados. Cuando entramos en el hemiciclo no nos saludábamos los unos a los otros, buena parte de los Delegados. La terminamos en un superior ambiente de respeto recíproco y de camaradería. Unos y otros hemos modificado los prejuicios, para mejorar recíprocamente el concepto que nos merecemos. Las ideas han pugnado con vehemencia. El tono de los debates subió a veces al rojo vivo, como cumplía al tema apasionante debatido. Pero el incidente personal no pasó nunca de la saeta verbal, de la riposta aguda. Una Asamblea sin ese colorido, sin esas cambiantes, sin esos momentos tensos, no es una Asamblea democrática ni puede representar, cumplidamente, a una sociedad dividida por hondas discrepancias. Sin Chibás y sin Blas Roca, la Asamblea no hubiera sido la cabal expresión de este momento. Sin Marinello y sin Mañach —antípodas ideológicos con un común denominador de grandeza y elegancia que los comprende—; sin Zaydin y Ferrara, Cortina y García Agüero, Aurelio Álvarez y Prío Socarrás, Mujal y Casanova, Rey y Núñez Portuondo, la Asamblea no hubiera tenido todas las aristas y todos los salientes de un ser vivo, sensible y dinámico. La Constitución de 1940 durará mucho o poco, según sean las circunstancias del porvenir, pero siempre quedará como la fiel reproducción de una época y de la expresión de los anhelos de Cuba en esos momentos, con todo lo que tiene de angustia y de inconformidad, el bullir de ideas que ha agitado su conciencia y conturbado su vida..."*

El final definitivo tuvo lugar con su promulgación en la escalinata del Capitolio, el día 5 de julio de 1940. Su aplicación tuvo alzas y bajas y su inoperancia frente a los intereses creados se hizo evidente en distintas ocasiones. Pero era la Carta Magna de la República y el garante del proceso constitucional pacífico que legalizaba el derecho a la rebelión cuando fuera violada. Hasta que sus entrañas fueron desgarradas por la puñalada trapera del cuartelazo del 10 de marzo de 1952, por la ambición de una casta de pretorianos y por la culpable complicidad de politiqueros que no la defendieron o que ayudaron a matarla a pesar de que una vez les cupo el honor de darle vida.

\* \* \*

El proceso electoral de 1940. — Los affaires de la
Herencia Aulet y de los Bonos de Obras Públicas.

El proceso electoral de 1940 fue una reproducción de las
bravas menocalistas de 1916 y 1920 y de los chanchullos de
cualquiera de las realizadas desde 1901. Esto último no ocurrió esta vez solamente entre los Partidos de la Coalición
batistiana, sino también entre los del Frente Oposicionista.
Entre los primeros hubo que efectuar un replanteo en las
candidaturas Senatoriales para encasillar en ellas a los menocalistas; en los segundos la pugna fue de tal naturaleza
que un buen día Grau y Miguel Mariano renunciaron a sus
postulaciones de Presidente y Alcalde de La Habana en protesta por la indisciplina en las filas oposicionistas. Una manifestación popular de desagravio les hizo retirar las dimi-
siones, pero a fin de cuentas no lograron vertebrar un sólido
frente de sus parciales. Las trapisondas de los aspirantes pinareños dejó al PRC sin candidaturas congresionales y tuvo que
encasillarlas en las del ABC y Acción Republicana. En la nacional, el autenticismo se negó a llevar de Vicepresidente a
Martínez Sáenz y cubrieron el vacío con el desconocido Carlos
E. de la Cruz, antagonizando profundamente con ello a los
seguidores de la verde insignia. Como el PRC no contaba con
dinero para sobornar las Asambleas y los sargentos políticos,
echó mano al recurso de la coacción gangsteril. En Pinar del
Río, su candidato Senatorial y Profesor Universitario, Raúl
Fernández Fiallo, utilizó el bonche para lograr su postulación.
En Las Villas, los Auténticos se aliaron a los Liberales Independientes y postularon en su columna los candidatos de éste
—desde Senadores a Alcaldes—, a lo que respondió el ABC
negándose a aceptarlos y rompiendo su pacto con el PRC. De
hecho, la Oposición salía a la carrera electoral coja en lo que
a candidaturas homogéneas se refería. El Auténtico sufría
dolores de crecimiento como cualquier Partido joven.

En el lado coalicionista los problemas de ajustes de candidaturas, a pesar de ser muy complejos porque eran siete
los Partidos, se resolvían con facilidad por dos razones: porque la voluntad de Batista era omnipotente y porque el Gobierno repartía dinero a manos llenas. Debido al tipo de
votación que iba a efectuarse, los Senadores y Gobernadores
estaban asegurados de antemano, pero los demás candidatos
a cargos electivos tenían que fajarse por los palos y acaparar
para sí una buena tajada del jamón presupuestal a repartir.
La división Liberal villareña obligó a Batista a poner en manos de Eduardo Suárez Rivas cerca de un millón de pesos para

contrarrestar la actuación rebelde de Capestany. Suárez Rivas logró encasillar los candidatos del liberalismo coalicionista en las boletas de otros Partidos, remunerando generosamente a quienes le cedieron sus postulaciones y a la sargentería capestanista que corrió presurosa a cambiar de casaca. En el Realismo las broncas fueron de película: en la Asamblea de Oriente hubo una riña a puñaladas que dejó un saldo de un muerto y tres heridos graves y en Marianao resultaron heridos varios de sus miembros como consecuencia de una trifulca por el reparto del dinero para la campaña. Paulino Pérez Blanco y Julio Ayala, dos sobrevivientes del Morrillo tramitados al Realismo, acusaron a Óscar de la Torre, Sergio Carbó y Rubén de León de haberse cogido la plata entregada por Batista al PNR.

Los viejos Partidos que formaban la Coalición se acomodaron a la nueva fase candidaticia y transigieron con los cambios a base de futuras posiciones administrativas y de presentes compensaciones en efectivo. El balance del reparto coalicionista de posiciones aseguradas —sin contar la tajada grande del menocalismo— quedó en la siguiente forma: Partido Liberal: 5 Senadurías y los Gobiernos Provinciales de Pinar del Río y La Habana; Unión Nacionalista: 5 Senadurías; Conjunto Nacional Democrático: 2 Senadurías; y Partido Nacional Revolucionario: el Gobierno Provincial de Matanzas. El resto de los cargos electivos, todos inseguros, fueron objeto de sub-coaliciones en provincias que llegaron a la cifra de 21. En algunos lugares los comunistas apoyaban a sus aliados coalicionistas, y en otros, como la Alcaldía de La Habana, llevaron candidatos propios. En lo nacional votaron cerradamente el ticket presidencial y por los candidatos a Senadores y Gobernadores. Para los comunistas ya Menocal no era *el mamarracho de Río Verde,* y para Cuervo Rubio ya Batista no era un dictador militar.

Una vez cerrada la Constituyente y abierta la campaña electoral, pudo comprenderse lo que el futuro reservaba para la Oposición. El Ejército se volcó brutalmente contra ella y las coacciones y el terror remedaron y a veces superaron las de tiempos pasados. Mientras Pedraza socarronamente aseguraba la neutralidad de las Fuerzas Armadas, los Jefes de Regimientos —en especial Manuel Benítez, Raimundo Ferrer y Abelardo Gómez Gómez— ejercieron toda clase de presiones sobre el electorado grausista. Las deportaciones, el plan de machete, el secuestro de cédulas y las amenazas de muerte fueron múltiples. De nada valían las quejas oposicionistas, pues la campaña batistiana era arrolladora. El dinero sobornante corría a torrentes, la propaganda radial, de prensa y callejera era abrumadora; los compases de la conga *Batista Presidente,* mareaban a los radio-oyentes de la mañana a la noche. El comunismo se dedicó enteramente a canalizar odios raciales en favor de la candidatura de Batista, organizando congas, bembés y comparsas en las que el aguardiente fluía caudalosamente y en las que se desataban las más bajas pasiones. Hicieron que todos los miembros de la raza de color que simpatizaban con Batista se anudasen al cuello un pañuelo rojo —reeditando el símbolo machadista— y azuzaron odios injustos hasta el extremo de crear un resentimiento terrible contra la raza negra por parte de anti-batistianos y anti-comunistas ante el horror de los miembros de esa colectividad étnica que discrepaban de esos abominables métodos comunistas que entonces, al igual que ahora, tomaba de instrumento politiquero al racismo para apoyar un dictador. Hasta de la brujería se aprovecharon: difundieron una foto de Batista en cuyo fondo la enramada siluetaba una cabeza de indio —que hicieron destacar retocándola—, haciendo correr luego la superchería de que el *ser* de un Indio Putumayo lo protegía contra todo mal. Ése fue el fetichista origen de la insignia que siempre los batistianos de fila han lucido como símbolo de su servilismo a Fulgencio. Batista hizo estimular el rumor de su mestizaje para granjearse la votación racista. Los comunistas organizaron una tropa de choque que golpeaba la concurrencia cuando en los cines chiflaban la imagen de Batista cuando aparecía en las pantallas. A Beruff Mendieta, Alcalde de La Habana, que apoyó la aspiración de Raúl Menocal y no financió la de Marinello, no lo dejaron hablar en un mitin coalicionista efectuado en el Parque Central a fuerza de gritos, trompetillas y cencerradas.

El extremo de bajeza a que se llegó en la campaña antigrausista se puede apreciar examinando unos volantes —archivados en la Biblioteca Nacional y el Tribunal Superior Electoral— que distribuyeron las perseguidoras en la Capital y el Tren de la Victoria por el interior de la Isla, en las que aparecen insidiosamente alteradas una serie de fotografías familiares y reproducido el angustioso texto de una nota suicida que canallescamente hicieron pública para difamar una expresión demente torciéndola a los ojos de los mal intencionados o estúpidos con la diabólica intención de hacerla aparecer como veraz. Fue una vileza mil veces peor que la perpetrada por Menocal contra Zayas o que utilizara Machado contra aquél. Y que sólo se compara en avilantez a los insultantes calificativos de Fidel Castro a las cubanas que emigran.

Las visitas de Batista a los pueblos de provincias se sincronizaron con desfiles militares y escolares. El tren que lo transportaba era una verdadera longaniza de carros que llevaban una imprenta gigante, una radioemisora de gran potencia, una tropa de trovadores y titiriteros, un almacén de víveres y bebidas alcohólicas, una banda de música, un selecto grupo de charlatanes y una batería de camarógrafos y periodistas. Pero lo único que se recuerda de esa fabulosa caravana es el hecho que cada vez que Batista hablaba en un mitin los cielos se abrían sobre su cabeza y llovía torrencialmente. Las congregaciones oposicionistas se realizaban dificultosamente debido a la coacción ejercida sobre los guajiros por la Guardia Rural y a las provocaciones comunistas en los pueblos y ciudades. Las horas radiales de propaganda grausista eran clausuradas por motivos baladíes y se impedía la distribución del periódico auténtico Luz en el interior y se sobornaba a los vendedores de la Capital para que no lo distribuyeran a suscriptores ni lo vendieran al público. La compra de cédulas se hacía públicamente en los Comités de Barrio de la Coalición y se comprometió a los burócratas a que sus dependientes votaran por los candidatos que se les había señalado a ellos bajo amenaza de cesantía.

Las protestas públicas de Chibás hicieron que Pedraza trasladara de Camagüey al coronel Raimundo Ferrer, pero éste fue sustituído por su hombre de confianza, el comandante Foya. El día de las elecciones Mariné se situó en el pueblo de Contramaestre, Oriente, y ordenó el aislamiento telefónico y telegráfico de Camagüey y Oriente para que no llegaran al Tribunal Superior Electoral las protestas oposicionistas por el terror imperante allí. Los votantes fueron separados en dos filas y sólo se brindaron facilidades a los coalicionistas para ejercer el sufragio. En numerosos lugares se alteró la votación o se secuestraron las urnas. En Las Villas, soldados vestidos de paisanos asesinaron en La Esperanza al viejo mambí José Marimón, y en Manacas, al civil Agustín Borges. Los fraudes fueron tantos como en cualquiera de los peores tiempos pasados, y los posteriores recursos electorales ascendieron a cientos. El cómputo oficial ofrecido mucho tiempo después dio al ticket Batista-Cuervo Rubio 805.125 votos, contra 573.526 el de Grau-Cruz.

La estadística electoral de 1940 muestra que la Coalición Socialista Democrática obtuvo 22 Senadores (10 PDR, 5 PL, 5 PUN y 2 CND), 95 Representantes (22 PDR, 23 PL, 21 PUN, 13 CND, 10 URC, 4 PNR y 2 PPC), 6 Gobernadores (3 PDR, 2 PL y 1 PNR), 34 Consejeros (6 PDR, 18 PL, 7 PUN, 2 CND y 1 PNR) y 93 Alcaldes (24 PDR, 30 PL, 24 PUN, 12 CND, 2 URC y 1 PNR). Las siglas corresponden a los Partidos Demócrata Republicano, Liberal, Unión Nacionalista, Conjunto Nacional Democrático, Unión Revolucionaria-Comunista, Nacional Revolucionario y Popular Cubano. El Frente Oposicionista obtuvo 14 Senadores (8 PRC, 3 ABC y 3 AR), 67 Representantes (41 PRC, 11 ABC y 15 AR), 21 Consejeros (18 PRC y 3 AR) y 33 Alcaldes (19 PRC, 4 ABC y 10 AR). La razón del porqué el Frente Oposicionista obtuvo dos Senadores más a expensas del menocalismo fue que reclamó ante el Tribunal Superior Electoral *"que la Coalición Socialista Democrática habíase dividido a los efectos de la mayoría senatorial, ya que 2 de sus candidatos, Boada y Solaún, aparecían con números de orden distintos en los partidos coalicionistas..."* y al fallar en su favor el Tribunal pasó a tener mayoría senatorial en Matanzas, que era la provincia en donde las boletas aparecieron impresas con ese error que nadie rectificó antes de las elecciones. Primera vez que en Cuba se daba ese peculiar caso.

Inmediatamente después de las elecciones el autenticismo inició una campaña en pro de que rehusasen tomar posesión sus candidatos electos, como protesta contra los fraudes y las coacciones. Pero, al igual que siempre antes sucedió, los electos se inclinaron por la toma de posesión y Grau, Miguel Mariano y Martínez Sáenz tuvieron que poner luz verde antes que arriesgarse a que sus respectivos Partidos se quedaran sin representación congresional. Los recursos fueron a parar al tambucho de la basura eventualmente. En Camagüey se originó una pugna entre los candidatos del PUN Modesto Maidique y Carmen Tous. La anulación de 13 colegios ocasionó a Maidique la pérdida de su ganado escaño, pero cuando apeló al Tribunal Supremo éste revocó la nulidad de 5 colegios, con lo que Maidique recuperó su curul. Pero no llegó a tomar posesión, puesto que el 13 de enero de 1941 fue muerto a tiros, junto con su secretario particular, en el Edificio Metropolitana, en la Capital, por dos desconocidos. Agonizante, acusó a Carmen Tous y su esposo como instigadores de su asesinato, pero los acusados fueron absueltos por falta de pruebas al efecto. La señora Tous heredó reglamentariamente el acta de Maidique, contradiciendo aquello de que el crimen no paga. O reafirmando el dicho, ya que diez años antes el muerto había despachado para el otro mundo, por esa misma vía, a Rogerio Zayas Bazán.

El Código Electoral que rigió en las elecciones de 1940 permitió que de los seis candidatos que cada coalición llevó en su ticket senatorial, los dos primeros, cualesquiera que fuese el número de votos alcanzado, fuesen automáticamente electos y que cada candidato senatorial tuviese un suplente. De esto se aprovechó Eugenio Rodríguez Cartas para situar a su esposa, María Teresa Zayas, en el número que correspondía a la candidatura senatorial concedida en La Habana al CND, yendo él como su suplente. En 1942 la Sra. Zayas renunció a su acta y la sustituyó su esposo, a quien había vencido su término de Representante, elegido en 1938 por cuatro años. Todo quedó en familia. Otra anomalía de estas elecciones fue la hipertrofia de la Cámara. Se eligió la totalidad de ella, o séase 162 miembros, los que, unidos a los 81 electos por 4 años en 1938, hizo ascender su número a 243, cosa que provocó un verdadero abarrote legislativo. La presencia de Alejandro Vergara como candidato en la lid municipal capitalina restó cerca de 5.000 votos a Miguel Mariano, pluralidad que Raúl Menocal obtuvo sobre éste. Con gran satisfacción para el ex-Presidente y General. El Senado escogió para presidirlo a Antonio Beruff Mendieta, del PUN, y la Cámara a Gustavo Gutiérrez, del PL.

La Administración Laredo Brú llegaba a su término. El viejo coronel se había mantenido tambaleante en la Presidencia, pero había capeado inteligentemente las peores tormentas. Ejerció el veto numerosas veces, algunas de ellas contra la voluntad manifiesta de Batista. Como quedó dicho anteriormente, no tuvo participación en fraudes ni extorsiones, aunque hubo varias durante su mandato. Las más notorias fueron los affaires de la Herencia Aulet y de los Bonos de Obras Públicas, ambos reminiscentes del zayismo.

Don Bartolomé Aulet era un ermitaño millonario que a su muerte dejó dos testamentos muy mal redactados. Nunca ha podido saberse con exactitud cuál fue el procedimiento fraudulento que se siguió para disponer de la herencia, pero su reconstrucción casi fidedigna es la siguiente: En un testamento aparecía su hija adoptiva como universal heredera y en el otro una serie de instituciones benéficas y religiosas en España y unos parientes peninsulares. Éstos reclamaron la herencia basados en el testamento que alegaban era el último hecho por el difunto, pero no lo hicieron por vía diplomática y con ello se privaron de una posible e importante influencia favorable. La hija adoptiva, Evangelina Aulet, reclamó para sí todos los derechos hereditarios, exponiendo que tanto en el testamento como en el Codicilio cerrado el difunto la instituía única heredera si le sobrevivía en 14 de marzo de 1950. Si ella fallecía antes de esa fecha, nombraba herederos fideicomisarios al hijo o hijos que hubiera tenido en ulterior matrimonio, pero siempre excluyendo a sus sobrinos Roberto y Gerardo Aulet, a quienes detestaba y a quienes sarcásticamente legó la suma de un peso por cabeza. El volumen de la herencia era de dos millones de pesos en efectivo y no se sabe cuántos más en bienes raíces, ya que éstos comprendían los más valiosos terrenos del Vedado, entre ellos casi toda la Loma de Medina, lugar que hoy ocupan el Habana-Hilton, y sus alrededores. La Secretaría de Justicia reclamó para el Estado el 40 % del total de la herencia por la Ley de Emergencia Económica y el 10 % adicional para los Retiros Civil, del Magisterio y de Comunicaciones, por tratarse de una herencia de más de cinco millones de pesos.

La apertura del testamento sellado fue rodeada de un sospechoso misterio y finalmente, en un proceso en que intervinieron el Fiscal de la Audiencia, Augusto Saladrigas; el Administrador Judicial de los bienes y Director de Justicia, Raúl García Cantero, y el Juez Decano, Juan Ignacio Justiz, se hicieron prevalecer los derechos de la Sra. Aulet y los del Estado cubano. La primera recibió mucho más de lo que esperaba y el segundo casi nada de lo que le correspondía. El Jefe del Ejército, Pedraza, metió una avariciosa garra en el pastel y se llevó la mejor tajada. El Juez Jústiz llegó al fin de sus días procesado por cohecho, sin que nunca se emitiese un juicio definitivo sobre su honrada o deshonesta conducta en el bochinche.

El chivo de los Bonos de Obras Públicas fue una obra maestra del genio financiero y maquiavélico de Guillermo Alonso Pujol, Senador coalicionista. El repudio de la deuda al Chase por el Gobierno de Grau en 1934 se disipó tras la cortina de humo de un proyecto para una titulada rehabilitación del crédito cubano mediante la consolidación y el pago de los adeudos a los bonistas y al Chase. Mientras se hizo circular el rumor de que el Gobierno no admitía la deuda —cosa que hizo bajar al mínimo la cotización de los bonos—, secretamente se constituyó una Comisión para el pago de las deudas de Obras Públicas, compuesta por Alonso Pujol, Presidente del Senado; su cofrade Antonio Martínez Fraga, Presidente de la Cámara; Manuel Giménez Lanier, Secretario de Hacienda; Alberto del Junco, Titular de Derecho Procesal; y Eduardo Montolieu, Director del Fondo Especial de Obras Públicas, que no solamente recomendó el pago de la espuria deuda, sino que incluyó en el proyecto la suma de $10.147.000,00 para el pago de supuestos adeudos del Estado a los ferrocarriles. La nueva emisión de bonos al 4,5 % significó la concertación de dos operaciones bursátiles por un valor de

$93.664.400,00, que fueron a inflar más aún el globo de la Deuda Pública. El botín repartido fue monumental. Batista, Pedraza y González se disputaron más de un millón de pesos. El enjambre de Congresistas que se le echó encima a Alonso Pujol, con intenciones violentas, hizo a éste marchar precipitadamente a los Estados Unidos, país hasta donde fueron a perseguirlo algunos de ellos. Alonso Pujol se les perdió y para despistarlos llegó al extremo de hacer publicar que estaba recluído en un Sanatorio para enfermedades nerviosas y mentales y aislado totalmente del mundo exterior por órdenes facultativas.

Para cubrir el nuevo empréstito se dispuso por el Congreso la implantación de un impuesto de un quinto de centavo por kilómetro en cada pasaje y de medio centavo por tonelada de carga, también por kilómetro, en los medios de transporte de la República. De su producto se destinaba el 50 % para el Fondo Especial de Obras Públicas; el 20 % para reparaciones de carreteras y caminos vecinales; el 20 % para los Municipios; y el 10 % para sobresueldos de obreros del transporte por carretera. Laredo Brú vetó la Ley, pero haciendo la salvedad que *"el veto va enderezado exclusivamente contra aquella parte de la Ley que dispone el pago de las deudas de los ferrocarriles y contra aquellos artículos que establecen un impuesto sobre el tráfico por carretera..."* Es decir, que Laredo objetaba solamente la marca del cuchillo y no la puñalada. El Congreso prontamente reconsideró el veto y, como de costumbre, el pueblo cubano pagó las consecuencias.

CAPÍTULO XI

## FULGENCIO BATISTA ZALDIVAR

### (1940 - 1944)

Mulato Lindo. — *El bonchismo.* — *Asesinato de Ramiro Valdés Daussá.* — *La mafia roja.* — *Inicio del gangsterismo político.* — *Panorama mundial.*

El nuevo Presidente, Fulgencio Batista Zaldívar, había nacido en Banes, Oriente, en 1901. Mucho se ha escrito sobre él, y mucho habrá aún de escribirse, desde que surgió a la vida política cubana el 4 de septiembre de 1933. Todo lo pertinente a su persona antes de esa fecha está envuelto en un misterio y la mayor parte de lo que sabemos es producto de la imaginación de sus panegiristas. Pero su más profundo analista y severo crítico, Ricardo Adam Silva, en su libro La Gran Mentira, lo presenta en su infancia escapando de los predios hogareños por un motivo radicalmente distinto a la sed de aventuras que le inspiraron libros leídos al azar, como dicen sus demás biógrafos. Dice Adam Silva:

*"Los primeros pasos conocidos de Batista, en relación con el Ejército, se remontan a sus infructuosas pretensiones de alistarse como soldado en el Tercio Táctico del Noveno Distrito Militar, en Holguín, cuando fue rechazado por no alcanzar la edad reglamentaria. No obstante, como es frecuente en toda guarnición, fue uno de esos individuos que merodean alrededor de los cuarteles, haciendo mandados, llevando recados, ayudando a los soldados en la limpieza de frenos y sillas, a cambio de algunas pesetas, disfrutando también, de pasada, de la siempre abundante comida del cuartel.*

*"Desconocido por completo a la sazón, por ignorarse su nombre, se le endilgó pronto un remoquete: 'Mulato Lindo'. Y el*

*esmirriado y trigueño mozalbete fue conocido en lo adelante por ese apodo de 'Mulato Lindo'. Posteriormente se supo que se llamaba Rubén Zaldívar. Decepcionado por ese inconveniente de la minoridad que le impedía ser soldado, le vemos resurgir en la provincia de Camagüey, llegando a retranquero de los Ferrocarriles Consolidados, tras haber ensayado diversos empleos de poca importancia..."*

Adam Silva reproduce la Orden General 148, de 6 de noviembre de 1923, tomada del expediente 215, del año 1923, de la Sección de Auditoría del Estado Mayor del Ejército Nacional, en la que se ordena la corrección *"de algunos errores respecto a su nombre y demás generales"* y en la que *"se dispone que haga constar en dicho expediente personal y en cuantos documentos se relacionen con su ingreso y permanencia en el Ejército, que su nombre, apellido y demás generales, son los siguientes: Fulgencio Batista, natural de Veguitas, Banes, Oriente (Cuba), de 22 años, 9 meses y 19 días (cumplidos en 25 de octubre de 1923), e hijo de Belisario."* Y finaliza su resumen el citado autor diciendo:

*"Alistado primero en 1921, en la Cuarta Compañía del Batallón número 1 de Infantería en Columbia, cumplió su contrato de dos años sin distinguirse mucho. Como no logró abrirse paso en la vida civil, se realistó muy pronto en el Escuadrón número 5 de la Guardia Rural, tramitando entonces el expediente relativo a su cambio de nombre. Más tarde, pero todavía soldado, logró su traslado como escribiente a las oficinas del Estado Mayor. Y entonces comenzó a estudiar taquigrafía. Nunca, como se ha dicho tanto, fue sargento-taquígrafo del Estado Mayor, sino soldado raso.*

*"Vacante la plaza de sargento-taquígrafo del Séptimo Distrito (La Cabaña) porque cada Distrito tenía una plaza de éstas para los Consejos de Guerra y no para las oficinas, como se ha dicho muchas veces erróneamente, se convocó a exámenes para cubrirla, ganando las oposiciones. Podemos agregar que se admitían también aspirantes civiles. De un salto, pues, ascendió de soldado a sargento mayor taquígrafo, el más alto rango entre los alistados, siendo destinado a La Cabaña, pero poco tiempo después permutó con el de Columbia, sargento Urbano Soler. Una vez en Columbia quedó a las órdenes del Fiscal de ese Distrito y Jefe del Servicio Secreto, teniente Ricardo Gómez, cooperando con éste durante el proceso revolucionario contra el presidente Machado.*

*"Era frecuente entonces que cuando se celebraba un Consejo de Guerra importante, como los efectuados con motivo de los distintos complots contra Machado, se reunieran varios taquígrafos de diversos Distritos para repartirse la tarea. De ahí su participación en algunos de los Consejos de Guerra más sonados de la época. Esta actuación, al ponerle en contacto con los letrados defensores y otros civiles relacionados con los procesos, le hizo ver que el régimen se venía abajo, y como es astuto se enroló en el ABC, aunque se abstuvo de toda actividad comprometedora, porque también es prudente. Ni en pro ni en contra: jamás conspiró contra la tiranía..."*

Varios de los conceptos que emite Adam Silva sobre Batista quedaron confirmados plenamente con posterioridad, tales como aquellos acerca de su astucia y prudencia. Prueba final de ello la dio la noche de Año Nuevo de 1959, cuando simuló una fiesta en Columbia y huyó por la puerta trasera al extranjero, dejando atrás, para que fuesen fusilados, a veintenas de sus colaboradores. Pero hay que reconocer que Batista era un tipo tan excepcional y de intelecto tan fuera de lo común como cualquiera de los caudillos militaristas que han desgobernado muchos pueblos. La humildad de su ancestro no puede tenerse en cuenta, pues Hitler había sido un pintor de brocha gorda y Stalin un herrero. Pero inclinados al mal y conscientes de la debilidad estructural y la podredumbre de la sociedad que los rodeaba y dispuestos a llegar a la cumbre del poder a cualquier precio y en cualquiera forma. Dígase lo que se diga, la triste realidad fue que Batista no sometió a los civiles a su mandato voluntariamente, sino que los politiqueros y el Embajador americano Caffery, lo incitaron a convertirse en dictador para que defendiera sus intereses de la Revolución. La historia se repitió en 1952 y en el pecado llevaron la penitencia los politiqueros que nuevamente se pusieron a su servicio y los Estados Unidos, que lo apoyaron sin reserva hasta que fue demasiado tarde. Batista no era más que un ambicioso de dinero y posición social, que utilizó el poder para lograr sus propósitos y que mataba por incidencia, pero que estaba dispuesto a huir para gozar su fortuna mal habida antes que perder la vida defendiendo su falsa reputación de hombre valiente que, según él mismo, *tenía una bala en el directo* para morir antes que huir o caer prisionero.

\* \* \*

La primera función presidencial de Batista fue promulgar la Constitución y estrenar el absurdo régimen Semi-Parlamentario. Nombró Primer Ministro a Carlos Saladrigas e integró su primer Gabinete con José Manuel Cortina, Estado; Juan J. Remos, Educación; Andrés Domingo y Morales del Castillo, Hacienda; Juan Rodríguez Pintado, Gobernación; Francisco Herrero Morató, Obras Públicas; Joaquín Pérez Roa, Agricultura; Víctor Vega Ceballos, Justicia; Juan A. Vinent, Trabajo; José T. Oñate, Comercio; Domingo Ramos, Defensa; Demetrio Despaigne, Salubridad; Orosmán Viamontes, Comunicaciones, y Aurelio Fernández Concheso, Presidencia. Por primera vez en Cuba se crearon Ministerios Sin Cartera y se pusieron en manos de Alfredo Jacomino, Daniel Compte, Marino López Blanco y Ramón Vasconcelos. No eran botellas lo que se entregaba a estos ciudadanos. ¡Eran garrafones!

Entre el 10 de octubre, fecha de la toma de posesión de Batista, y el 31 de diciembre de ese año 1940, sangrientos sucesos conmovieron hasta los cimientos a uno de los más fuertes pilares de la estructura social cubana: la Universidad de La Habana. Toda la violencia posterior experimentada en su recinto se originó con el *bonche,* cubanización del vocablo inglés *bunch* (pandilla).

La cronología del bonchismo se remonta a los incidentes estudiantiles del año 1934, a raíz de las luchas entre auténticos y comunistas. En un grupo de los primeros se reunieron estudiantes del Instituto de La Habana y del posteriormente creado de la Víbora. De ellos los más destacados fueron Juan *Naño* González Andino, José Noguerol Conde, Antonio Morín Dopico, Andrés *Baby* Prieto Quincy y Mario Sáenz de Buruhaga. Cierta laxitud disciplinaria por parte de algunos Catedráticos aumentó la truculencia del grupo —o bonche—, que se tradujo en el control de ciertas industrias estudiantiles tales como las cantinas, la impresión y venta de conferencias y textos, el suministro de materiales, etc. Al producirse su ascenso a la Universidad trasladaron a ésta sus actividades político-gangsteriles. A medida que fue transcurriendo el tiempo se fueron envalentonando y creciendo sus ambiciones. En el ámbito universitario también encontraron Catedráticos —débiles o venales— que les apadrinaron sus fechorías disfrazadas de anti-comunismo. Como no podían controlar la FEU porque las condiciones requeridas para pertenecer a ella jamás las hubieran podido cumplir, el bonche ideó la creación de un organismo estudiantil que sirviera de pantalla a sus fechorías y al que titularon "Asociación Estudiantil Alma Máter". Al frente de esta entelequia pusieron al estudiante Jorge Bacallao. Ya el bonche había degenerado en una mafia extorsionista que lo mismo cobraba un barato que asesinaba por dinero. Y era utilizado por los mismos comunistas que antes combatieron para atemorizar a quienes en la Universidad se oponían al Ala Izquierda Estudiantil. Más aún, fueron financiados por Mariné para que crearan disturbios universitarios que hiciesen aparecer a la Colina como una cueva de bandidos. Jorge Bacallao, Arnelio López y Felipe González Sarraín viajaron en la comitiva de Batista cuando éste visitó los Estados Unidos, pagados por Mariné, como matasietes y detectores de posibles agresores de aquél. El local de la Asociación Estudiantil Alma Máter, situado en Infanta, 204, se convirtió en, o fue siempre, un antro de perdición, homosexualidad y fumadero de marihuana.

El atentado a Ferrara fue utilizado por el bonchismo como advertencia a la FEU y la Policía Universitaria que no interfiriesen con sus actividades. La presentación al Juzgado por el Decano de Derecho, Guillermo Portela, de los bonchistas acusados como autores del atentado a Ferrara dio un viso de contubernio entre éstos y aquél. La utilización de bonchistas por el Profesor Raúl Fernández Fiallo, en su campaña Senatorial en Pinar del Río, los destacó más aún como disfrutadores de cierta impunidad que era protegida por parte del profesorado. El acceso gratuito al comedor y cantina del Hospital Universitario que dirigía el politiquero realista Manuel Costales Latatú, reafirmaba la certeza del rumor. La gota que colmó el vaso de desfachatez del bonche fueron los ejercicios de oposición a la cátedra de Historia que se efectuaron entre los Profesores Herminio Portell Vilá y Calixto Masó, este último abiertamente señalado como protector del bonchismo. El vergonzoso acto de coacción ejercido por el bonche sobre el Tribunal Calificador hizo a éste declarar tablas el concurso. Pero el íntegro Rector Cadenas adjudicó a Portell Vilá la cátedra, por decreto, produciéndose entonces el incidente del intento de ahorcamiento que ya quedó relatado.

El repentino deceso del Rector Cadenas quitó un gran obstáculo del camino bonchista. Volvieron éstos por sus antiguos fueros y durante las fiestas del Día del Graduado vejaron al nuevo Rector, Rodolfo Méndez Peñate, agredieron a los estudiantes que propugnaban la creación del Comité de Superación Universitaria Estudiantil y llegaron en su osadía a desarmar dos policías universitarios, en mayo de 1940. El Jefe del Cuerpo de Seguridad, o Policía Universitaria, Antonio Díaz Baldoquín, confesó su impotencia para hacer prevalecer su autoridad y renunció al cargo. A petición del Rector, el Profesor de la Facultad de Ingeniería, Ramiro Valdés Daussá, revolucionario distinguido y hombre denodado, aceptó sustituirle. Inmediatamente reorganizó el Cuerpo de Seguridad, añadiéndole nuevas plazas y nombrando como su Segundo Jefe al estudiante de Ingeniería *Manolo* Castro. Valdés Daussá convocó una Asamblea y en ella formuló graves acusaciones contra los bonchistas, ocasionándose un serio altercado entre él y Felipe González Sarraín, quien lo acusó de haberse apoderado de su cátedra a punta de pistola. De hecho, quedó planteada la cuestión básica de la futura lucha de grupos: la rivalidad entre el Bonche y el Comité.

Terminada la Asamblea, los bonchistas estimaron correctamente que Valdés Daussá era su mayor enemigo e hicieron proyectos para arrojarlo del Claustro de Ingeniería mediante una campaña de atemorización y descrédito. Pero el Comité, lidereado por Mario Salabarría y Cándido Mora, tomó contramedidas. Las riñas verbales y a puñetazos entre unos y otros militantes del Bonche y el Comité derivó a terrenos trágicos cuando Morín Dopico fue herido de un tiro por Cándido Mora, el día 4 de junio, como consecuencia de una acusación hecha por éste a aquél de haber metido un forro en un examen de Derecho Penal. Cinco días después, cuando estaba sentado en la Plaza Cadenas, Mario Sáenz de Buruhaga fue ultimado a balazos *por un desconocido*. Valdés Daussá, con la aprobación del Claustro General, aumentó nuevamente las plazas en la Policía Universitaria y las cubrió con personas afectas al Comité, entre ellas Roberto Pérez Dulzaides, Eufemio Fernández, Roberto Meoqui Lezama y Oscar Fernández Caral. Las medidas de seguridad tomadas por la Policía Universitaria incluyeron el registro de personas, el impedir acceso al Alma Máter de quienes no se identificasen como universitarios y la prohibición de entrada de automóviles al recinto. El Claustro General dispuso la expulsión de los que usaren armas, diez años de suspensión a quienes las portasen y cinco a quien tratase de introducirlas. Todo esto incrementó el encono del bonchismo contra Valdés Daussá, ya que estimaba que sus medidas estaban encaminadas a destruirlo físicamente o a erradicarlo de la Universidad.

Advertido por un rumor que el bonche había efectuado un sorteo entre sus tiratiros para darle muerte, Valdés Daussá llamó, uno por uno, a sus más notorios afiliados para resolver la cuestión, pero todos le negaron la veracidad del rumor. Mas, sin embargo, el 15 de agosto, en los momentos que salía de la casa Mazón, 18, donde acostumbraba hacer sus comidas, Valdés Daussá fue emboscado y acribillado a balazos. Cuando los agresores huían, uno de ellos, Andrés Prieto Quincy, accidentalmente hirió de un balazo en la nuca al chófer del auto, José Noguerol Conde, quien perdió el control de éste y se precipitó loma abajo hasta chocar con un poste. Al ruido de los disparos acudieron varios agentes de la autoridad que detuvieron a Noguerol y Prieto, no así al tercer agresor, Enrique Martínez, que pudo darse a la fuga. El asesinato de Valdés Daussá desencadenó la furia ciudadana contra el bonchismo y de ella se aprovecharon Batista y el comunismo para enlodar a su gusto la reputación de la Universidad. Pero Eduardo Chibás, en el periódico Luz de agosto 24, situó las cosas en su lugar describiendo sin tapujos a los instrumentos materiales del crimen en la forma siguiente:

*"Un bonche de vulgares delincuentes que descendieron por el plano inclinado de la escala criminal hasta perder en absoluto el sentido moral y alcanzar el último grado de perversión. Una banda común de ladrones y asesinos. Un grupo de hampones, borrachos consuetudinarios, explotadores de mujeres, narcómanos y degenerados sexuales, como se comprobó en el registro que se hiciera en su cuartel general de Infanta. Mercenarios al servicio de cualquiera que los pague, ni uno sólo de ellos fue jamás revolucionario ni verdadero estudiante. Eran criminales calorizados por determinadas autoridades oficiales para que se hicieran pasar por estudiantes revolucionarios con el fin de desacreditar a la Revolución y a la Universidad. Perros de presa con carnet estudiantil, porristas disfrazados de revolucionarios, eso es lo que son..."*

La muerte alevosa de Valdés Daussá hizo trepidar la Universidad y el Claustro General —o Consejo Universitario— expulsó a los bonchistas detenidos en el atentado y además a los estudiantes Ñaño González Andino, Benjamín Gallego Gutiérrez, Antonio Morín Dopico y Miguel Echegarrúa. Las autoridades públicas disolvieron la Asociación Estudiantil Alma Máter pero exhoneraron de culpabilidad a los estudiantes expulsados por las autoridades universitarias. El Claustro de la Facultad de Ingeniería pidió la formación de expediente a los Catedráticos Guillermo Portela, Raúl Fernández Fiallo y Calixto Masó acusándolos de protectores del bonche. El Claustro General engavetó los expedientes y la FEU protestó violentamente de esta oscura actitud. Transcurrido algún tiempo fueron exculpados Portela y Masó por sus respectivos Claustros, o séase Derecho y Filosofía y Letras. El de Ciencias Comerciales, al que pertenecía Fernández Fiallo, no acababa de determinar sobre la situación de éste, a pesar de que había ofrecido renunciar su Cátedra. El resumen fatídico del bonchismo tuvo lugar en los últimos días de noviembre, cuando el Dr. Fernández Fiallo fue muerto de siete balazos al pie de la Universidad, hecho que se le achacó —sin que pudiera probarse— al Segundo Jefe del Cuerpo de Seguridad Universitario, *Manolo* Castro, quien se decía gozaba de la protección de Roberto Meoqui Lezama, sustituto de Valdés Daussá en la Jefatura del Cuerpo. De inmediato, el Claustro General declaró ilegal la existencia del Comité de Superación Universitaria y sustituyó a Meoqui por el Ingeniero Benito Herrera Porras. El aciago acontecer del bonchismo, al parecer, había terminado.

En cuanto el comunismo vio que el bonche agonizaba se dispuso a ocupar su lugar. Había perdido la batalla del Alma Máter cuando el Ala Izquierda Estudiantil se desmembró como consecuencia del apoyo comunista a Fulgencio, pero ahora reactivó sus células estudiantiles del Instituto de La Habana y las reforzó en la calle con los matones que utilizaba para combatir las demostraciones populares contra Batista en cines y espectáculos públicos. Tenía la misma pretensión bonchista: atemorizar los débiles y expeditar el camino a sus propósitos de dominio. Al frente de esa mafia roja puso a un holguinero recién regresado de la contienda española, en la que había servido como verdugo en la Brigada Internacional y cuyo nombre era Rolando Masferrer Rojas. La primera demostración gangsteril de esta tropa de choque se dio el 30 de septiembre de 1940, en el teatro La Comedia de La Habana, cuando atacaron a tiros a la concurrencia que conmemoraba el aniversario de la muerte de Rafael Trejo. La agresión dejó un saldo de 3 muertos y 8 heridos graves, entre éstos uno que milagrosamente salvó la vida después de recibir 6 balazos: Orlando *El Colorado* León Lemus. Además de Masferrer fue acusado como instigador de la matanza el militante comunista Fabio Escalona.

Antes que finalizara el año tuvo lugar el primero de los hechos de sangre que iniciara una larga cadena de ellos en lo que fue luego conocido como *gangsterismo político*. Julio Fernández Trevejo, un patato ex teniente del Buró de Investigaciones que se preparaba para ir de Cónsul a Europa, fue objeto de un atentado que le privó de la vida en la esquina de su casa. Al lado de su balanceado cadáver fue encontrado un cartel con la efigie de Antonio Guiteras y un letrero que decía: *"¡Que se cumpla la voluntad de los mártires! ARG"*. Era la macabra tarjeta de presentación del primero de los grupos que luego dejarían una huella sangrienta a su paso por la historia política del país: Acción Revolucionaria Guiteras. La venganza pandilleril contra el crimen policíaco iba a ser espectáculo habitual para los habaneros.

\* \* \*

El año que terminaba había sido testigo de la capitulación humillante de la inmortal Francia al invasor nazi, del inicio de la pugna entre Petain y De Gaulle y de la tercera elección consecutiva de Franklyn Delano Roosevelt a la Presidencia de los Estados Unidos. Japón había consolidado su conquista de Manchuria y de gran parte de China y establecido en esos lugares como títeres suyos a Pu-Yi y Wang-Ching-Wei. Coventry, en Inglaterra, había sido arrasada por la aviación germana sin que por ello el pueblo británico perdiese su voluntad de luchar hasta el fin bajo la dirección de Churchill. Manuel Ávila Camacho había sucedido a Lázaro Cárdenas en la Presidencia de México y el radicalismo se iba atemperando en la nación azteca. La II Reunión Consultiva de Cancilleres Americanos había tenido como sede a La Habana y en ella se había acordado el apretamiento de relaciones entre los países del Hemisferio como valladar al totalitarismo europeo. George S. Messersmith había sido nombrado Embajador americano en Cuba y Pedraza había ido a Wáshington invitado por el nuevo Jefe de Estado Mayor del Ejército de los Estados Unidos, George C. Marshall, para que estudiase las defensas militares de ese país. Y la crónica roja había puesto los pelos de punta a la sociedad cubana con el relato del descuartizamiento de que había sido víctima Celia Margarita Mena a manos de su amante, el policía René Hidalgo, quien después de accidentalmente matarla de un puñetazo la había trucidado con un verduguillo y distribuido sus pedazos empaquetados por distintos barrios de la Capital.

* * *

*Contradicciones internas del Gobierno. — La Ley de Coordinación Azucarera. — La sedición militar-naval. Replanteo ministerial. — La Segunda Guerra Mundial y Cuba. — Intervención de la COA. — Los Pagarés de Tesorería. — La II Conferencia Interamericana de Cooperación Intelectual. — Pearl Harbor.*

El nuevo Primer Mandatario enfrentaba una contradicción dentro de su equipo gubernamental. Los más reaccionarios izquierdistas y derechistas se entremezclaban con los más ambiciosos e irresponsables politiqueros. La estructura económica que tenían que mantener erguida era de una endeblez congénita que no iba a fortalecerse con los resultados de la pugna sorda entre comunistas y falangistas que militaban en el Gobierno. José Manuel Casanova, por ejemplo, representante de los segundos y de los hacendados, ya había calificado en la Constituyente a García Agüero y sus seguidores de farsantes y mentirosos cuando atacaban a la sucarocracia. Las Corporaciones Económicas, por su parte, habían sometido a aquella Asamblea un memorándum contra la Moratoria, apelando *"al patriotismo del Cuerpo asambleario para que la rechacen..."*, alegándole que si la aprobaba *"se perderá todo nuestro crédito interno y externo, haciéndose imposible una cooperación económica de carácter internacional, que paralizará esto el desarrollo del fomento del país..."* Habían firmado esta interesada y casi estúpida súplica Juan Sabatés, por la Cámara de Comercio de la República de Cuba; José I. de la Cámara, por la Havana Clearing House; R. Conroy, por la Cámara de Comercio Americana; y José Hill, por la Asociación Nacional Pro-Restauración del Crédito Cubano y por la Asociación de Fuerzas Vivas de Cuba. Estos dos últimos organismos no eran más que supercherías inventadas por los otros para dar una sensación de poder y número. También la Asociación Nacional de Industriales había protestado públicamente de los acuerdos aprobados por la Constituyente favorables al establecimiento de la semana de 44 horas de trabajo, del pago de vacaciones, maternidad y seguros obreros calificándolos de perjudiciales a la economía cubana. Y en cuanto la Asociación de Hacendados y la Confederación de Corporaciones Económicas se enteraron de la creación de la CTC se opusieron públicamente a su reconocimiento legal por el Gobierno que apoyaban. Batista no les hizo caso alguno y siguió tallando con los comunistas a sus espaldas.

Durante el tiempo de Laredo Brú había sido aprobada a instancias de Batista —el crédito es enteramente suyo— por el Congreso la Ley de Coordinación Azucarera —combatida por la sucarocracia infructuosamente—, que había sido, sin discusión alguna, un paso de avance en la cuestión agraria cubana. Sobre todo en lo que se refería al derecho de permanencia que se concedía al arrendatario, usufructuario, poseedor o a quien por otro título estuviese ocupando tierras dedicadas al cultivo de la caña y efectivamente haciéndolo y que pagase las rentas convenidas o las señaladas en la propia Ley para las tierras arrendadas. Además, la Ley creó en favor del pequeño colono una propiedad vinculada a él y su familia, casi inalienable por virtud de términos que hacían imposible desarraigarle de la tierra que cultivase, con la condición que sembrase el máximo de 30.000 arrobas de caña por caballería. Incluíase en la Ley el régimen de salarios de los trabajadores azucareros, precio o valor de las cañas que el colono entregaba al ingenio para ser molidas, calculado sobre el rendimiento en azúcar y con un límite de tantas o más cuantas arrobas de azúcar por cada cien de caña. Tan extensa y pormenorizada era la Ley que su análisis se hace imposible en esta obra. Bástenos saber que la misma originó, para su interpretación y rebate, una clase de juristas que vino a conocerse como *abogados azucareros*.

Apenas si Batista se había acomodado en el asiento de la butaca presidencial cuando Pedraza le encendió un reverbero bajo ella en febrero de 1941. Desde que asumió el control del Ejército, José Eleuterio había adoptado una actitud de franca sedición contra Fulgencio porque consideraba que éste se había ablandado y rendido en brazos del Congreso. Había llegado Pedraza a exigir la completa sumisión a su persona de todos los Jefes de Regimientos y tenía a Batista prácticamente cogido en un lazo. Sus negociazos con el Jefe de la Marina y el de la Policía hacían de éstos, más que sus socios, sus esclavos. Era rumor general que los submarinos nazis que operaban en el Caribe en misiones de observación y marca de rutas navales se surtían de combustible, que pagaban carísimo, en puestos navales cubanos. Advertido de la situación por el Embajador americano, Batista decretó la reincorporación a los Ministerios de Hacienda, Agricultura y Obras Públicas de los Departamentos de la Marina Mercante, Policía Marítima, Pesca y Alumbrado de Costas, que se hallaban bajo el control de la Marina de Guerra. Avisado Pedraza, por esta maniobra de Batista, que el Presidente trataba de recuperar su aparentemente perdida ascendencia militarista, citó al Estado Mayor a todos los Jefes Superiores del Ejército y les planteó el dilema de que tenían que escoger entre Batista y él. Tan grande era el miedo que aquéllos tenían al carácter violento de Pedraza que no se atrevieron a contradecirle, sino que aconsejaron el tantear el estado de ánimo de Batista y proponerle una transacción. Una vez que informaron a éste de lo que tramaba Pedraza en seguida se puso en contacto con la Embajada americana. Messersmith, por medio del Attaché militar, le hizo saber al coronel Galíndez que su Gobierno no toleraría, dada la situación internacional, que se alterase en Cuba el ritmo constitucional. Esto selló la suerte de Pedraza ipso facto. Batista lanzó su primer golpe de tanteo ordenando la destitución de Bernardo García como Jefe de la Policía, pero sin precisar su inmediato relevo ni por quien. Pedraza ripostó apareciéndose en la Jefatura de Policía, tomando el mando de ella y anunciando a la prensa la renuncia de García y su continuación, como civil, en servicios de confianza a sus órdenes. Las cosas volvían a situarse en posición anterior.

Durante cinco días la crisis en el seno de las Fuerzas Armadas se mantuvo tensa. Las entrevistas y los consejillos continuaron entre los Coroneles, buscando un arreglo incruento, logrando al fin que Batista y Pedraza se entrevistaran. El segundo exigió del primero la creación de una especie de Estado Mayor Conjunto donde él fuese la figura principal. Batista, prudentemente, le pidió 24 horas para considerar la cuestión y Pedraza accedió. Pero inmediatamente ordenó el acuartelamiento de la Policía y fue a situarse en la Radio-represiva. González movilizó la Infantería de Marina y ordenó que los principales buques de guerra levantaran presión y estuvieran listos a zarpar en zafarrancho de combate. Era todo esto un juego de posiciones más que una disposición a combatir, pues la tropa nada sabía de lo que ocurría en las esferas superiores de sus filas. Pero Batista tenía ganada la partida desde que supo el apoyo que tenía de la Embajada americana y lo que anhelaba era dar un *show*, haciendo aparecer su discrepancia con Pedraza como una cuestión de Estado. Galíndez preparó el escenario en Columbia, instalando una tribuna y micrófonos y citando a periodistas y fotógrafos para la función teatral que allí tendría lugar. La escena la describe magistralmente Ricardo Adam Silva en su obra ya citada La Gran Mentira:

*"Batista, en una de las pocas actitudes histriónicas más notables y afortunadas de su vida, a que es tan aficionado, se presentó en su escenario favorito, es decir, Columbia, como el valeroso caudillo que, en un arranque de audacia, sometió, con el peso de su arrojo, a un enemigo peligroso que osó salirle al encuentro para disputarle la supremacía. No faltó un solo detalle de los necesarios para que la trama fuera impecable; el indumento, en forma de jacket de cuero como el que usan los aviadores, para dar la sensación de una actitud urgente, súbita, de innegable atuendo bélico; la hora, en que al parecer se tuvo el gesto heroico, o sea la de la madrugada; el dramatismo del relato ante la tropa, aunque no había peligro alguno; y, sobre todo, la forma rápida en que fuera reducido a la impotencia el que fue también antagonista: todo contribuia a que la ilusión fuera perfecta..."*

El discurso fue una lacrimosa perorata plagada de picuencias, de citas enrevesadas y de frases acerca de la situación internacional y de alardes de su ecuanimidad y fortaleza ante el sitio y asedio por parte de sus enemigos. El remate de la ridiculez tuvo lugar a su regreso a Palacio, cuando dijo a la prensa: *"La única sangre derramada: ¡cariños del pueblo...!"* Los cambios militares no se hicieron esperar: Manuel López Migoya a Coronel, Jefe del Ejército; Ignacio Galíndez, Coronel Auxiliar, a Inspector General y en comisión al mando del Regimiento 6; Francisco Tabernilla a Coronel Auxiliar, Cuartel Maestre General y en comisión al mando del Regimiento 7; Jesús Gómez Casas a Capitán de Navío, Jefe de la Marina; José Águila Ruiz a Capitán de Fragata, Inspector General; Julio Díaz Argüelles, Capitán de Corbeta, de Ayudante Presidencial a Jefe de Administración; Manuel Benítez a Coronel Auxiliar, Jefe de la Policía Nacional; Antonio Brito a Teniente Coronel, Inspector General de la Policía; Basilio Guerra a Teniente Coronel, Jefe del Regimiento 4 (Matanzas); Óscar Díaz a Teniente Coronel, Jefe del Regimiento 1 (Oriente); Capitán Pilar García a la Jefatura de Policía de Marianao; Capitán Eduardo Hernández a la Jefatura de la Policía Marítima; y Capitán Mariano Faget a la Oficina de Control e Investigaciones de la Policía Nacional. Fueron *renunciados* el Teniente Coronel Ramón Gutiérrez Velázquez, Jefe del Regimiento 1; el Capitán Óscar H. Murias, Jefe de la Policía Marítima; y en la Policía Nacional el Comandante Juan Serra, los Capitanes Francisco *Paco* Pérez, Teodoro López y Aurelio Fernández y el Teniente Vicente Pérez. En definitiva, la sedición militar naval no fue más que una íntima reyerta entre militaristas por el disfrute de prebendas que se quiso disimular con una suspensión de Garantías Constitucionales por 24 horas y con el teatro montado en Columbia.

El final de la patraña fue la salida garantizada de Pedraza y García, primero, y González, después, para los Estados Unidos. Sin pasaportes ni cumplimientos de requisitos migratorios de clase alguna. Y la felicitación y efusivo abrazo de Messersmith a Batista junto con su declaración siguiente a la prensa: *"He venido a expresar la satisfacción de mi Gobierno por la manera en que el señor Presidente de la República de Cuba ha sofocado el atentado contra el régimen democrático-constitucional en Cuba..."* Esta clasificación que el Embajador daba al régimen de Batista era, a su vez, un atentado al pudor.

Muy pronto después se le hizo evidente a Batista que no era lo mismo manejar Presidentes desde Columbia que gobernar parlamentariamente. Apenas la Oposición se situó en el Capitolio empezó a desquitarse de los años que había estado obligada a guardar silencio bajo amenaza de recibir un palmacristazo. Se descubrió el chivo de los Bonos de Obras Públicas y se exigió una explicación por cada hecho presidencial. Se puso al descubierto que el anterior Gobernador Provincial habanero, Adelardo Valdés Astolfi, había ordenado el pago de todas las cuentas pendientes, sin verificar su legitimidad, antes de abandonar el cargo. Y en el Ayuntamiento de La Habana que Beruff Mendieta había gastado $75.000,00 en construir una Biblioteca Pública, primero, y $15.000 más en echarle un piso adicional, después, en el Parque Trillo, sin que hasta el día de hoy nadie la haya visto. El nombramiento de Juan Marinello para supervisar la Escuela Privada movilizó un gigantesco mitin titulado *Por la Patria y Por la Escuela,* que derivó en un acto anti-comunista y anti-gubernamental, organizado y apoyado por instituciones que antes habían defendido a Batista y la Coalición. A pesar de que el Ministerio de Estado había dado el visto bueno al Cónsul General de España, Genaro Riestra, el Senado pidió formalmente al Ejecutivo su expulsión de Cuba por ser un agente falangista y al gallego no le quedó más remedio que renunciar y largarse a la Península.

La inconformidad del pueblo con el equipo gobernante fue incrementándose y Batista ideó una crisis del Gabinete como recurso politiquero para resolver la situación. En julio de 1941 se produjo el primer cambalache ministerial de los muchos que plagarían la Administración Batista. El replanteo dejó como resultado que 6 Ministros permanecieron en sus cargos (Cortina, Estado; Remos, Educación; Ramos, Defensa; Vasconcelos y Compte, Sin Cartera; y Saladrigas, Premier), 4 cambiaron de posiciones (Vega, a Gobernación; López Blanco, a Comunicaciones; Jacomino, a Comercio; y Morales del Castillo, a Sin Cartera) y 8 nuevas figuras aparecieron en el Gabinete (Carlos Márquez Sterling, Trabajo; Sergio García Marruz, Salubridad; Andrés Rivero Agüero, Agricultura; Óscar García Montes, Hacienda; Amadeo López Castro, Presidencia; José A. Mendigutía, Obras Públicas; Federico Laredo Brú, Justicia; y Santiago Verdeja, Sin Cartera). Se daba el extraño caso, primero y único en Cuba, que un ex-Presidente regresaba al Gobierno como funcionario: Laredo Brú.

Si durante el régimen de su predecesor la guerra civil española había ejercido influencia sobre la sociedad cubana, la II Guerra Mundial que se estaba librando en Europa era causa de violentas conmociones internas entre comunistas, falangistas y anti-totalitarios en el régimen de Batista. Los comunistas lucharon a sangre y fuego por mantener vigente su lema *"Cuba fuera de la guerra..."* en tanto duró el pacto nazi-soviético, pero tan pronto Alemania atacó a Rusia cambiaron los gritos por unos que pedían ayuda para ésta. El falangismo libraba una campaña de simpatías por la Alemania que había ayudado a Franco. Los simpatizantes franco-ingleses se daban de cabezazos, no sabiendo si apoyar a sus enemigos comunistas que ahora eran sus aliados de conveniencia o si combatir a sus amigos falangistas que parecían encaminados a convertirse en sus enemigos si los Estados Unidos entraban en la guerra a favor de los aliados y Franco los combatía.

La posición de los Estados Unidos ante el conflicto europeo se fue haciendo más clara a medida que el tiempo fue pasando. Inteligentemente, Roosevelt maniobró desde la neutralidad inicial a la no-beligerancia una vez que se consolidó el eje Roma-Berlín-Tokío. Luego cambió la actitud tradicional capitalista americana de *paga y lleva* (cash and carry) por una nueva de *préstamo y arriendo* (lend-lease) que les permitió entregar 50 viejos destructores a la Armada británica para que escoltaran los convoyes de suministros de boca y guerra que fluían continuamente de los Estados Unidos a Inglaterra. Roosevelt y Churchill acordaron desafiar abiertamente al Eje y a ese efecto se reunieron en la bahía de Terranova, a bordo del acorazado inglés Príncipe de Gales, y firmaron la declaración conocida con el nombre de Carta del Atlántico, en la cual se reconocía *"el derecho de todos los pueblos a escoger la forma de gobierno bajo la cual vivirán"*, que los asiáticos interpretaron como un rechazo al colonialismo franco-inglés; los africanos como un repudio al que ellos sufrían de ingleses, franceses, italianos, españoles y portugueses; los pueblos bálticos como una afirmación de su independencia y que luego los rusos burlaron en Yalta. Con la complicidad americana.

Esta situación internacional afectó a Cuba política y económicamente en gran escala. Políticamente desató odios contra el Gobierno, que, en contubernio con los comunistas, acusaba a sus opositores de germanófilos o de anti-americanos porque combatían sus desafueros. Económicamente porque las exportaciones se vieron afectadas por la escasez de transporte marítimo y porque las importaciones fueron objeto de infame especulación por parte de Batista y sus amigotes. Los comunistas estaban dedicados enteramente a su campaña prosoviética y crearon el Frente Nacional Anti-fascista para que les hiciera el mismo sucio trabajo de los anteriores Comités Pro Cuba fuera de la Guerra Imperialista. Por su parte, los aliadófilos crearon el Fondo Cubano-Americano de Ayuda a los Aliados, dentro del cual encontraron las damas de la alta sociedad oportunidad para llenar la crónica social con páginas de kermesses, verbenas y concursos de simpatías para elegir anualmente la Reina de los Aliados, o Miss Democracia.

Para encubrir estas actividades clubísticas con una capa de polvos de arroz patriótico, situaron en la vidriera de un establecimiento de la calle Prado, en La Habana, una lista contentiva de los nombres de los jóvenes cubanos que servían en los ejércitos aliados. Hasta ahí llegaron sus esfuerzos en beneficio de aquella juventud que había corrido a cumplir con un deber democrático internacional. La clase capitalista cubana se aprovechó de la difícil situación económica que atravesaba el país para especular agiotísticamente con la moneda cubana, originando una gran depreciación de ésta con relación al dólar, confabulada con los intereses Rockefeller del National City Bank of New York, al extremo que el Gobierno se vio forzado a expulsar de Cuba al Jefe de Cambios de esa institución bancaria extranjera.

El peculado era tan grande dentro de las esferas gubernamentales que los Juzgados Municipales estuvieron a punto de cerrarse por falta de material para el desempeño de sus funciones. Previendo la escasez de gasolina, o su aumento de precio, los ómnibus Aliados empezaron a cambiar sus equipos por otros que consumían gas-oil, pero Batista ordenó un impuesto de $500,00 anuales por cada *petrolero,* cosa que hizo que los propietarios se negaran a sacar ese tipo de guagua a la calle —400 de ellas—, perjudicando la economía hogareña de más de 1.600 chóferes y conductores. Ante esa actitud de la Cooperativa de ómnibus Aliados (COA) fue intervenida oficialmente por un Comité de 2 representantes de empleados y obreros y 3 del Gobierno, que nombró interventor al comandante Juan Govea. Como la intervención resultaba más perjudicial que el impuesto, pronto fue conjurada la situación por los propietarios que lo aceptaron y sacaron los carros a la calle.

Las recaudaciones fiscales eran tan pobres que el Gobierno autorizó al Ministerio de Hacienda a emitir Certificados de Adeudos del Tesoro, o Pagarés de Tesorería, con un vencimiento de 90 días e interés del 3 % anual. El Ministro quedaba autorizado a suscribirlos y contratar su colocación bancaria y tendrían el carácter de valores oficiales y serían aceptados por el Estado, Provincia y Municipio después de su vencimiento, en pago de Impuestos y Contribuciones.

A pesar de que el Congreso había aprobado en agosto de 1940, en tiempo récord de 24 horas, una Ley autorizando un empréstito de $50.000.000,00, nada se había logrado obtener. El Congreso, atiborrado de legisladores, al punto que faltaban asientos para éstos, nada hacía de beneficio popular. Un día en que se debatía en el Senado la clausura de la emisora La

Voz del Aire, el irascible Arturo Illas, hombre de gran corpulencia y mayor mal genio, arremetió contra el minúsculo y débil Senador auténtico oriental Emilio *Millo* Ochoa, golpeándolo brutalmente, se dijo que con una manopla, al igual que una vez hizo con el periodista Leví Marrero. Luego se explicó que había sido con un grueso anillo de camafeo y no con una manopla que había lesionado a ambos. Las zafras de los dos últimos años alcanzaron un promedio de 3 millones de toneladas, que al precio promedio de 1,40 centavos libra, produjeron un poco más de 100 millones de pesos cada una.

Las actividades de los *grupos de acción* se hicieron sentir estruendosamente por medio de bombas colocadas en las peleterías La Moda y El Mundo, en La Habana, en las residencias del Senador Emeterio Santovenia y el industrial Enrique Gancedo y en una fábrica de espejos de la calle Ayestarán, que dejaron un balance de once personas heridas. En todos esos lugares aparecieron carteles con la sigla ARG. El periodista Bernardo Menéndez fue muerto a balazos dentro de un puesto de frutas situado en la esquina de Estrella y Lealtad. Junto a su ensangrentado cuerpo se halló un cartel que decía: *"Que se siga cumpliendo la voluntad de los mártires. ARG".* El susodicho cartel tenía pegado un recorte periodístico en el que aparecía una foto del cadáver de Enrique Fernández Velasco en el depósito del cementerio de La Lisa. Las investigaciones demostraron que el infortunado periodista había sido confundido con el ex-teniente de perseguidores Abelardo Caro, con el cual, para su desgracia, tenía gran parecido físico. Fueron acusados de ser los autores de los atentados personales y dinamiteros Arcadio Méndez, Pedro Flores, Vicente Martín y Antonio Torres. Mariano Faget anunció haber descubierto una organización terrorista que tenía su cuartel general en una guarapera de San Rafael y Aramburu, de origen falangista y que se auto-titulaba Legión Nacional Revolucionaria Sindicalista y a la cual se le había ocupado propaganda nazi-fascista, petardos y una lista de peninsulares susceptibles a extorsión. Su líder era un buhonero llamado José Pando.

Toda la actividad oficial se consumía en discursos y actos en defensa de la democracia. Gonzalo García Pedroso, ex-Coronel y ahora Director de la Renta de Lotería, en su carácter de Gran Maestro de la Gran Logia de Cuba, brindó un gran acto en el Teatro Nacional y un opulento banquete en los jardines de La Tropical en honor *"al afianzamiento democrático contra la barbarie y la opresión..."* que costearon los billeteros a quienes les cobraba primas adicionales de un centavo por Boleto de Beneficencia, diario, y de treinta centavos por billete entero, semanal, que le producían a él y Batista una ganancia diaria de $4.000,00, según denunció en la Cámara el Representante gobiernista matancero Aquilino Lombard. En ese tiempo *Pepín* Rivero recibió el premio María Moors Cabot, de la Universidad de Columbia, Estados Unidos, *"por servicios distinguidos en el campo de las relaciones interamericanas..."*, mientras el Secretario del Interior, Harold Ickes, declaraba que en Cuba había 30.000 falangistas que laboraban en favor del Eje. Todo el mundo sabía que el premiado estaba acusado de ser uno de ellos. La nota necrológica más importante fue, en aquellos días, el fallecimiento del ex-Presidente Menocal. Ante la pretensión de los legisladores gobiernistas de declarar día de luto nacional la fecha de su muerte, Chibás alzó su voz para, a nombre del PRC, oponerse al enjuiciamiento bondadoso que se hacía de la actuación del difunto como político y como gobernante en el preámbulo de la moción presentada. Pero declaró que el PRC se sumaba de modo pleno y sin reservas, lleno de respeto, al homenaje que se tributaba al ciudadano Mario García Menocal *"como Mayor General del Ejército Libertador, en el cual luchó con heroísmo extraordinario y ejemplar gallardía por la independencia de su patria..."*

En el mes de noviembre de 1941 —casi en vísperas del ataque japonés a Hawaii— tuvo lugar en La Habana la II Conferencia Interamericana de Cooperación Intelectual, en la que tomaron parte intelectuales europeos y americanos, quienes pregonaron audazmente sus convicciones en aquellas difíciles horas por medio de las siguientes declaraciones:

*"La libertad, la ilustración, la tolerancia y el respeto por la dignidad del hombre son los principios fundamentales cuya continuación es esencial a la civilización.*

*"Negamos que la civilización deba renunciar a estos principios a fin de sobrevivir y hasta que pueda sobrevivir si los traicionamos.*

*"El hecho mismo de que haya quienes deseen asumir una posición neutral en la lucha entre las víctimas de la regimentación y los partidarios de la libertad constituye de por sí una traición al deber, ya que no hay neutralidad posible en la guerra total del barbarismo y la defensa, también total, de la cilivilización.*

*"En vista de estos hechos, un número de los hombres de ciencias, escritores y artistas, reunidos en La Habana para participar en las discusiones o "entretiens" que han seguido a la II Conferencia Americana de Comisiones de Cooperación intelectual, proclaman su adhesión a los siguientes principios:*

*1. Creemos que la destrucción del régimen de Hitler es un pre-requisito para el establecimiento de un nuevo orden mundial que sea respetable.*

*2. Repudiamos los principios del totalitarismo, el sistema en sí y sus consecuencias, como contrarias a la civilización y a la felicidad del hombre.*

*3. La tolerancia de que disfrutan los enemigos de la democracia bajo nuestros sistemas constitucionales debe ser limitada por nuestro deber de proteger esas Constituciones, ya que no podemos permitir que sea usada para destruir nuestras democracias.*

*4. La erradicación de los prejuicios raciales, religiosos, sociales y políticos, es esencial para la consolidación de la paz mundial.*

*5. La política del "apaciguamiento", completamente desacreditada en Europa, en Asia y, ahora, también en el Norte de África, no debe ser empleada en el Nuevo Mundo, ora sea como cuestión de estrategia, ya en la forma de "apaciguamiento" intelectual para ganarse a los enemigos de la democracia. Ese "apaciguamiento" intelectual es un insulto a la lealtad y a las convicciones de los escritores, hombres de ciencias y artistas liberales de las Américas.*

*6. Pedimos la colaboración activa de todos los grupos democráticos intelectuales para resistir la penetración nazi-fascista-falangista."*

El documento aparecía firmado por un prestigioso número de intelectuales de aquella época, tales como Alfonso Reyes, Carlo Sforza, R. P. McKeon y por los cubanos, no menos prestigiosos, Jorge Mañach, Fernando Ortiz y Herminio Portell Vilá. Pero había una falla evidente en el conglomerado de firmas que viciaba de origen su trascendencia expresada en los puntos 2 y 3: Juan Marinello también lo suscribía. O los intelectuales eran unos ingenuos en cuanto a su apreciación del totalitarismo y no consideraban al comunismo como tal, o la circunstancia que en aquellos instantes Rusia estuviese aliada a las democracias contra el hitlerismo les hacía cerrar los ojos para no ver la sabandija en el trago que apuraban. No parece posible que a declarados anti-totalitarios como eran los firmantes se les fuera a escapar que Marinello era vocero de un totalitarismo y un comunista profesional a quien nada importaba una palabra de honor ni una firma comprometedora porque sólo se atenía a los intereses del Partido y del Comintern.

Menos de un mes después de terminada la Conferencia, el

mismo día de Duelo Nacional cubano, 7 de diciembre de 1941, el hemisferio americano fue trepidado hasta los cimientos cuando se dio la noticia del artero ataque nipón a Pearl Harbor. Tres días después de aquella fecha *"que vivirá en la infamia"* —como dijera Roosevelt—, los Estados Unidos estaban en pie de guerra. Inmediatamente, por mediación de una Resolución Conjunta del Congreso, Cuba declaraba la guerra a las potencias del Eje.

* * *

*La bolsa negra. — La Cayuga. — El Servicio Militar Obligatorio. — Las parciales de 1942. — Asesinato de Sandalio Junco. — La ORPA. — Cambalaches palaciegos. — El Gabinete de Guerra.*

A partir del momento de la declaración de guerra, los problemas del abastecimiento marítimo y de la congestión en los muelles, al igual que en 1918, plagaron al Gobierno. Un país de monocultivo y sin recursos minerales combustibles, comenzó a sufrir escaseces que mortificaban enormemente a las amas de casa. Surgieron, como por encanto, el agio y la especulación con los productos de primera necesidad. Hasta el carbón vegetal fue objeto de bolsa negra, ya que no hablar de la luz-brillante o los alimentos básicos. El miedo a la tropa de choque batistiana cerraba la boca del ciudadano medio, pero la voz agria y quebradiza de Chibás fustigaba sin tregua para hacerle saber *"los hechos que se vienen sucediendo por la falta de legislación complementaria a la Constitución y por estarse creando continuamente nuevos monopolios, como el del arroz, la carne, las cabillas, el alcohol, los víveres en general, etc., que elevando artificialmente el costo de la vida a cantidades exorbitantes gracias a la especulación criminal, representan un saqueo, de enormes proporciones, al pueblo de Cuba..."* Denunció después *"que el pueblo cubano no está conforme con morir de hambre en su propio país, o asesinado por la espalda por gangsters, para que los agiotistas —la mayoría de ellos afiliados a la Falange Española y simpatizadores de Hítler y Mussolini— se enriquezcan a costa suya con el pretexto de la guerra en defensa de la democracia y la libertad..."* Pero los agiotistas no estaban solamente afiliados a la Falange, sino también a Batista. La sorpresiva detención de un camión cargado con 12 toneladas de cabillas reveló a la indagación periodística que eran propiedad del hacendado Manuel Gómez Waddington, testaferro de Batista, a quien luego se le dieron papeles oficiales justificando la existencia en una nave de su propiedad de centenares de miles de libras de cabillas.

El Gobierno acordó permitir a los Estados Unidos la construcción de una base aérea en San Antonio de los Baños, que oficialmente fue bautizada Batista Field y popularmente conocida como La Cayuga. Hasta allí llegó la corrupción administrativa. Se vendieron los puestos a quienes podían pagarlos bien y se le facilitaron *buscas* a politicastros sin escrúpulos, tanto cubanos como americanos. Del Norte venían *play-boys* a ocupar sinecuras en la Base que los exoneraban del servicio militar activo, por un buen precio en dólares pagado en Wáshington. Los contratistas americanos en La Habana emplearon a los chicos bien del *Big Five*, concediéndoles jugosos salarios en tanto los soldados destacados en La Cayuga y los que servían en el Ejército Americano en los campos de batalla solamente cobraban $50,00, de los cuales se les descontaba el 50 % a aquéllos que tuviesen familiares que mantener. La corrupción llegó a tales extremos en La Cayuga que uno de sus principales funcionarios americanos fue arrestado a petición de la Embajada y deportado a los Estados Unidos bajo acusación de especular con los materiales de construcción y con la nómina salarial. La Base de San Antonio nunca llegó a ser posesión territorial americana y una vez terminada la II Guerra Mundial le fue entregada al Gobierno cubano. Hasta el instante en que sus pistas sirvieron a los MIGS rusos fueron utilizadas solamente para celebrar carreras de motocicletas y autos por algunos audaces deportistas cubanos.

Fingiendo un ardor bélico que disfrazaba una nueva jugarreta politiquera, Batista ordenó la implantación del Servicio Militar Obligatorio. De nuevo tuvieron lugar los matrimonios de ocasión o los legítimamente amorosos, pero apresurados, para evadir la odiosa ley. El Gobierno encontró mayor resistencia al SMO en el estudiantado. Y de éste, el Universitario se erigió en campeón de la causa anti-militarista. No era que no estuvieran dispuestos a empuñar las armas en defensa de la democracia, sino que se negaban a servir de conveniente instrumento a Batista y a servir a las órdenes de los mismos militarotes que acogotaban la República. No se había dispuesto aún la llamada a filas de los primeros reclutas cuando Batista, alegando los compromisos contraídos con las Conferencias de Panamá y La Habana —y ratificados en la de Río de Janeiro—, promovió una imaginaria reorganización militar que ascendió a López Migoya a General, a Galíndez, Tabernilla y Benítez a Brigadieres, y a Sosa de Quesada, del Cuerpo Jurídico, a Coronel. Se reservó para sí el mayor grado o jerarquía reconocido por la Ley votada, que era el de Mayor General. Así fue como *Mulato Lindo* alcanzó igualdad jerárquica con Máximo Gómez.

La campaña estudiantil contra el SMO fue cobrando vigor y a ella se sumó toda la juventud, excepción hecha de la comunista, hasta el punto de crearle un grave problema de índole política al régimen. Después de varias semanas de candentes pronunciamientos por una y otra parte, la FEU lanzó un manifiesto que fue apoyado por innumerables organizaciones y personalidades y que, dirigido Al Pueblo de Cuba, decía textualmente:

*"Nosotros, estudiantes universitarios, en representación de todo el estudiantado de la nación, y con el honor y derecho que nos confiere el ser los primeros llamados a defender la Democracia con las armas en la mano, ante la opinión pública cubana declaramos:*

*1. Que en estos momentos en que se ventila la vigencia universal de la libertad o la barbarie, nuestra posición inconmovible se encuentra —como siempre— al lado de los países democráticos.*

*2. Que conscientes de ese deber insoslayable que por ideología y por historia nos corresponde, ratificamos nuestra profesión de fe democrática con nuestra adhesión incondicional a los postulados de la Carta del Atlántico, espíritu vivo de la democracia y esencia de la libertad, y con nuestra decisión inquebrantable de defenderlas en cualquier forma y en cualquier parte.*

*3. Estimamos que las medidas tomadas ante el problema bélico internacional por el Gobierno de Cuba, tales como la regulación del Servicio Militar Obligatorio, están viciadas de incapacidad, festinación y parcialidad, lo que demuestra la ineptitud e irresponsabilidad del Gobierno en esta hora decisiva, y conducen a la nación a ser, en el concierto de naciones aliadas combatientes, un lastre infecundo en lugar de un apoyo eficaz.*

*4. Como tales gobernantes impiden una situación de confianza y garantía, que permita la unidad nacional, precisa la constitución inmediata de un Gabinete de Guerra, que cuente con el respaldo de los Partidos Políticos, el Parlamento y la Opinión Pública. No es compatible el heroísmo en los frentes de batalla con el latrocinio y el pillaje en la retaguardia. Para movilizar la juventud, exigimos una rectificación adecuada en el régimen gubernamental.*

*5. El SMO reglamentado por el Gobierno, a más de contener un cúmulo de exclusiones irritantes arroja un saldo de ignorancia inexcusable en la técnica organizativa. Por lo tanto, la FEU demanda un servicio militar obligatorio sin exclusiones de ninguna índole; un ejército idóneo con un Estado Mayor competente, y Escuelas de Guerra, que al solo imperativo de la selección funcional creen la oficialidad entre la juventud capacitada.*

*"La acción democrática de guerra no puede cimentarse sobre la mentira y el engaño; ni sobre la corrupción y la desmoralización. Por una patria de unos pocos y para unos pocos a costa de todos, la juventud —ni nadie— no está dispuesta a dar un solo paso.*

*"No en vano reclamamos todo esto, ya que está en juego el porvenir de toda una generación, que por deber y anhelo está dispuesta a afrontar, en primera línea, los más ingentes sacrificios.*

*"POR UNA MORAL DE GUERRA EN LOS GOBERNANTES PARA CREAR UNA CONCIENCIA DE GUERRA EN LOS GOBERNADOS."*

A continuación la FEU citaba al pueblo para un gran acto público que se celebró en la escalinata de la Universidad el día 21 de julio de 1942 con multitudinaria concurrencia.

Este reto abierto a su poder por parte del estudiantado no era el único dolor de cabeza del Presidente. La Audiencia habanera inhabilitó por dos años al Ministro de Salubridad, Despaigne, como consecuencia de su desacato a una orden judicial de reposición de un empleado. Batista lo sustituyó por García Marruz, pero a su vez éste se vio obligado a renunciar porque una epidemia de gripe tóxica hizo estragos en la población ayudada por el pésimo estado sanitario del país. Domingo Ramos pasó a Salubridad, mientras el Premier Saladrigas se hacía cargo interinamente del Ministerio de Defensa que ocupaba aquél. Remos presentó su renuncia en Educación presionado y molesto con las bravuconerías del Subsecretario Rubén de León, que había sido gratificado con esta posición como premio a su deserción del autenticismo. El coronel Sosa de Quesada se hizo cargo de la cartera de Defensa y se dio a la inútil tarea de exigir del pueblo una conciencia de guerra, sin que el Gobierno diese el ejemplo de una moral de guerra. La carestía de la vida aumentó en un 40 %, por lo que Batista dictó un aumento del 15 % en los salarios, que los obreros consideraron muy bajo y los patronos muy alto, sin que nadie quedase conforme.

En el Senado una maniobra logrera hizo que Alonso Pujol ocupase la Presidencia del Cuerpo, desplazando a Beruff Mendieta: Unión Nacionalista, el Demócrata Republicano y el Conjunto Nacional Democrático se refundieron en un nuevo organismo electoral que se tituló Partido Demócrata y que exigió para Alonso Pujol la regencia de la Alta Cámara. La escasez de combustible, unida al deseo batistiano de imitar la vida londinense y las precauciones costeras americanas, movieron al Gobierno a disponer un apagón de todo el cinturón de luces del Malecón habanero. La novedad hizo afluir a ese lugar, noche tras noche, a millares de curiosos, entre los que se infiltraron carteristas, ladrones y *jamoneros* que se aprovechaban de la oscuridad para darse a sus actividades preferidas. La queja airada de comerciantes y vecinos movilizó las perseguidoras y *la goma* fue repartida a dos manos en un remedio que fue peor que la enfermedad. Al fin y a la postre hubo que iluminar de nuevo el Malecón.

El año 1942 se veneró como el del Centenario de Agramonte, pero el trasfondo politiquero de éste siguió siendo el mismo estercolero de siempre. Detrás de toda la huera palabrería que ensalzaba justicieramente la memoria del Bayardo, el manenguismo continuaba llevando a Cuba por un derrotero de desvergüenzas adineradas. En la ciudad natal de Agramonte se dio la tragedia que el director del periódico Acción, Andrés Pérez Echemendía, fue asesinado en presencia de su mujer e hijita por el Ingeniero Miguel A. Bretón, Jefe de Obras Públicas de Camagüey, con motivo de una simple crítica que el occiso había hecho al matador. Para disimular un tanto las procacidades gubernamentales se inauguró en el Instituto de La Habana la Cátedra de José Martí, a cargo de Evelio Costales Latatú y con la asistencia del Ministro Remos, pero esta noble idea no pasó de ser una exhibición de simonías vestidas de dril 100. En la Cámara de Representantes se gestó la maniobra más asquerosamente politiquera que podía pensarse, en una época en que se suponía no podrían repetirse los rejuegos congresionales de los primeros años republicanos, lucubrada y dirigida por los Representantes liberales Quintín George y Francisco Lorié y el auténtico Luis Almagro. Veámosla.

Debido a la hipertrofia cameral y a lo prescripto por la Ley 162 Representantes debían cesar en 1942: 81 electos por cuatro años en 1938 y otros 81 designados por un bienio en 1940. Estos últimos no habían sufrido sorteo, sino que específicamente el Código decía que los Representantes habrían de servir su término de acuerdo con el número de votos que recibieran. Además de esto, la proporción electoral sería en 1942 de 1 Representante por cada 35.000 habitantes, en lugar de la tradicional de 1 por cada 25.000 o fracción mayor de 17.500

habitantes, por lo que sólo habrían de elegirse 57 nuevos legisladores. Pero esos 81 camajanes que debían cesar por imperativo legal alegaron que tenían derecho a disfrutar del prebendaje un par de años más y descaradamente presentaron un recurso de inconstitucionalidad ante el Tribunal Supremo para que éste diese el visto bueno a su chanchullo. Naturalmente, el Tribunal Supremo rechazó la pretensión y la remitió a la Cámara para que ella decidiese la cuestión. Los prorroguistas controlaban la Comisión de Actas de la Cámara y allí lograron un dictamen proclamándolos por cuatro años, con lo que automáticamente convertían al Poder Legislativo en una madriguera de bribones si el Pleno de la Cámara lo aprobaba. Era demasiada la vileza y fue rechazada por el Pleno. Almagro y otros auténticos que se le sumaron recibieron un despiadado y demoledor ataque de parte de Chibás en el hemiciclo.

Las parciales de 1942 se celebraron y en ellas fueron elegidos 57 Representantes, de los cuales correspondieron 21 al Demócrata; 21 al Liberal; 10 al Auténtico; 3 al Comunista y 2 al ABC. Acción Republicana se había disuelto y refundido en el Liberal, su raíz, a la retirada de la vida pública de Miguel Mariano Gómez. Como consecuencia de la campaña electoral perdió la vida el Alcalde de Marianao, Ortelio Alpízar, en una riña con Gustavo Pozo. Fue esto una repetición de lo acaecido en 1941 al Representante Gilberto Pardo Machado, quien fue muerto por René Hernández Navarro por incumplimiento de ofertas de empleo público a cambio de ayuda electoral. El Alcalde de Guane fue asesinado y por el hecho fueron procesados el presidente del Ayuntamiento, Pedro Argüelles, y el Consejero Provincial José Suárez Suquet. En estas parciales concurrió a las urnas el 40 % menos de votantes que en las precedentes y en La Habana el precio del alquiler de automóviles para trasegar electores por los candidatos descendió de $30,00 a $15,00. Y descendió también el precio del voto de $3,00 a $2,00.

En el pueblo de Santi Spíritus, Las Villas, coincidente con la celebración de un acto en memoria de Antonio Guiteras, se produjo una alteración del orden en el Ayuntamiento, pereciendo de un balazo en el pecho el líder obrero Auténtico Sandalio Junco. La víspera del acto los comunistas habían circulado un volante instigando a que no se permitiese hablar a Junco. El Alcalde, Escribano, fue anónimamente amenazado y solicitó protección policíaca, que no se le dio. El balance del tiroteo fue de 3 muertos (2 auténticos y 1 comunista) y 7 heridos. A pesar de que los Auténticos acusaron a los comunistas Catalino Monteagudo, Delfín Capote y Zenón Rodríguez como autores de los tiros, y aquéllos a su vez hicieron responsables a los Auténticos Carlos Simeón y al muerto Junco del tiroteo, nadie fue condenado posteriormente. Junco había sido uno de los fundadores del comunismo dentro del movimiento proletario, junto con Alfredo López y Margarito Iglesias. Era panadero y había concurrido a Buenos Aires en 1929 en representación del comunismo criollo. Después de la muerte de Mella, en México, embarcó a Rusia a estudiar marxismo, en 1930, y de allí regresó a Cuba desencantado con el stalinismo. Fundó el Partido Bolchevique Leninista (Trotskista), concitando contra él la furia del stalinismo cubano. Renegado del comunismo, ingresó en Joven Cuba como miembro de su Comité Central y a la disolución de ésta se afilió al PRC, haciéndose cargo de su Sección Obrera, que luego se transformó en la Comisión Nacional Obrera del PRC, de la cual era Secretario General al momento de su deceso. Su vacante fue cubierta por Eusebio Mujal Barniol, también de procedencia comunista. Nilo Zuaznábar, ya alejado del filo-comunismo, a nombre de la Federación de Sociedades de Color, acusó a los comunistas *de reclamar derechos, falsamente, sobre la raza negra...* y declaró que *Sandalio Junco quería demostrar que todos los negros cubanos no eran comunistas...* El PRC celebró a fines de 1942 un Congreso Obrero, en el que se glorificó la memoria de Junco, se combatió el comunismo, se defendió la democracia aliada y se enarboló la consigna de *Nacionalismo, Socialismo y Anti-imperialismo* como la básica doctrina social auténtica.

La intranquilidad ciudadana iba en aumento a medida que se encarecía la vida y escaseaban los alimentos. La falta de una Marina mercante contribuía a las dificultades y se creó una Comisión Marítima con la vana esperanza de que pronto ella resolvería los problemas, pero no fue así. La gasolina había aumentado de precio y junto con ella el pasaje en los ómnibus. La exportación de tabaco era casi nula y los obreros de esa industria prácticamente se morían de hambre. Se crearon por el régimen la Agencia de Exportación e Importación, la Oficina de Reglamentación de Consumo de Gasolina y la Junta de Economía de Guerra, sin que nada resolviesen y que, por el contrario, lo que hicieron fue cooperar con especuladores y agiotistas. Finalmente se procedió a la creación de la "Oficina de Regulación de Precios y Abastecimientos" (ORPA), poniendo al frente de ella al ex-Presidente-relámpago Carlos Hevia *"para asegurar los abastecimientos, regulando al propio tiempo los precios, de tal modo que fuera posible que el abasteci-*

*miento logrado estuviera al alcance de la capacidad adquisi-*
*tiva de la población...*" Lo que fue la ORPA y lo que lograron
sus funcionarios lo describió la revista Carteles dos años después en una vibrante denuncia que a continuación copiamos:

"*Para la protección del pueblo se han creado, y se siguen*
*creando, distintos centros y organismos que han demostrado*
*ser inútiles. La ORPA es uno de ellos. Desde que se fundó, a*
*despecho de que ha sido confiada su jefatura a dos personas*
*respetables (Carlos Hevia y C. Diago), el agio y la especulación*
*no han tenido sanción ni límite. Por turno se han ido aca-*
*parando, ocultando y encareciendo los productos y cada una*
*de esas manipulaciones en contra del pueblo hambriento e*
*indefenso ha producido miles de pesos, por no decir millones.*
*El alcohol, la papa, la naranja, la manteca, los frijoles e in-*
*finidad de otros artículos han logrado, por esta vía, un au-*
*mento desorbitado de sus precios. Ahora ocurre lo mismo con*
*el carbón. Dentro de poco será con el pan, como ya lo fue*
*con la leche; es decir, con todos los artículos indispensables*
*para la subsistencia. Ya se está intentando también, y sin*
*duda alguna tendrá éxito, un nuevo aumento en el precio de*
*los pasajes. No hay gomas, ni combustibles para los sistemas*
*de transportes urbanos. Pero todo el que lo desee podrá comprar*
*ambos artículos en la bolsa negra, pagando el precio fabuloso*
*que rige. Este vergonzoso sistema no puede explicarse sino*
*con la complicidad o la tolerancia de las propias autoridades,*
*porque las gomas y la gasolina que se venden de modo clan-*
*destino tienen que haber entrado de modo legal en el mer-*
*cado, y su desviación a la bolsa negra no es cosa de "hocus-*
*pocus" ni de varita mágica...*"

La determinada oposición de la juventud a inscribirse en
el SMO se unió a la interpelación ministerial dispuesta por
el Senado, a la repulsa popular que recibió Batista durante
un viaje que dio a Oriente y al fracaso de la creación de una
conciencia de guerra en el pueblo. Para conjurar esta violenta
situación que se le encimaba, Batista acudió al socorrido truco
de la crisis ministerial con que las pseudo-democracias pretenden engañar y engañarse. Dejando a Saladrigas de Premier, fomentó un nuevo cambalache que en definitiva quedó
integrado en la siguiente forma: Estado, José Manuel Cortina;
Justicia, Federico Laredo Brú; Defensa, Arístides Sosa de Quesada; Obras Públicas, Enrique Luis Varela; Comercio, Wilfredo
Albanés; Gobernación, Antonio Bravo Acosta; Educación, Ramón Vasconcelos; Salubridad, Gustavo A. Bock; Comunica-

ciones, Marino López Blanco; Agricultura, Andrés Rivero Agüero; Hacienda, óscar García Montes; Trabajo, José Suárez Rivas; Presidencia, Amadeo López Castro; y Ministros Sin Cartera, Andrés Domingo y Morales del Castillo, José Agustín Martínez, María Gómez Carbonell y Gustavo Gutiérrez. La más grande barbaridad de Batista se efectuaba al poner el Ministerio de Educación, forja de ciudadanos, en manos de un libelista, corruptor de la moral pública, craso ignorante de la más elemental ciencia pedagógica y prototipo de la más ramplona politiquería, como lo era Ramón Vasconcelos. Antes de que pasara un mes renunció García Montes en Hacienda y fue sustituido por el ex-pentarca José M. Irisarri, Agente General de Importación y Exportación. Todo siguió igual.

Al realizar que sus remiendos al Gabinete nada le resolvían, Batista maniobró hacia el soborno. Secretamente se entrevistó con Zaydín, Martínez Sáenz y Blas Roca y juntos planificaron la próxima ofensiva contra los intereses del pueblo. De nuevo la vergüenza iba a perder una batalla frente al dinero mal habido. Ramón Zaydín era Senador oposicionista y profesor universitario que gozaba de gran prestigio en la Colina y, a su vez, trataba secretamente con Octavio Hernández, presidente de la FEU, de militancia abecedaria, para meter un caballo de Troya en el Alma Máter a la hora precisa. Martínez Sáenz necesitaba una transfusión monetaria para revitalizar su verde hueste que desfallecía alejada del presupuesto. Blas Roca y sus moscovitas de nuevo servirían de tropa de choque a cambio de una representación ministerial y un edificio para la CTC. La II Guerra Mundial y la simbólica participación de Cuba en ella iban a servir de conveniente excusa al rejuego.

Batista, con gran alarde publicitario, consultó la opinión de los partidos coalicionistas *"acerca de la mejor manera de aliviar nuestras dificultades políticas y al mismo tiempo presentarles su propio plan para la creación de una unidad nacional que facilite la tarea de los hombres de Estado..."* Luego hizo pública una Proclama en la que rechazaba *"los miserables infundios que empezaron a circular hace varias semanas sin que se reparara que con ellos no sólo se fustigaba al régimen, sino que además se afrentaba a la República..."* Después apelaba a la Oposición a que se uniese con la Coalición Socialista Democrática *"en un esfuerzo por derrotar las corrientes contrarias al progreso, a la democracia y a la justicia..."* y la invitaba a formar parte del Gobierno en un Gabinete de Unidad Nacional. Esta Proclama fue expuesta en muchos lugares públicos y al pie de ella situado un agente de la autoridad con arma larga para que evitase la arrancaran los oposicionistas. Con ello se retrotrajo a Cuba al medioevo, pues esa era la forma que utilizaban los señores feudales para difundir sus Ordeno y Mando.

Los comunistas se lanzaron de cabeza a la campaña de supuesta unidad nacional mediante actos de calle, desfiles y mítines-relámpago en favor de la implantación del SMO, bajo el lema de *Cero Hítler en 1942*. El ABC no tardó mucho en unirse a sus archienemigos de Unión Revolucionaria-Comunista en el apoyo a la integración de un Gabinete de Guerra con representación de todos los Partidos. Los Liberales, lidereados por Emilio Núñez Portuondo, formularon protestas por la inclusión posible de los comunistas en el Gobierno, y ante un posible fracaso de la entente lucubrada, Batista y Zaydín decidieron prescindir momentáneamente de los rojos. Dentro del PRC se originó una corriente propensa al ingreso en el Gabinete de Guerra, instigada por Carlos Hevia y el renegado Rubén de León, pero de nuevo se alzó Chibás para combatirla y lograr que la propuesta fuese sometida al pleno del PRC, que la rechazó y se pronunció por la no-participación en la mojiganga. Alejandro Vergara aceptó sustituir a Ituarte en Inmigración, que era fuente de contrabando de hebreos europeos que pagaban a precio de oro su entrada fraudulenta en Cuba. El movimiento estudiantil universitario decreció enormemente. La siguiente FEU, presidida por Norberto Martínez, acusó a Zaydín de haberlo debilitado mediante sobornos en contubernio con Octavio Hernández.

La culminación de esa campaña de soborno y engaño fue la implantación del SMO por medio de un Reglamento que lo hacía prácticamente inútil, la creación del Cuerpo Femenino de Defensa Civil dirigido por María Gómez Carbonell y el nombramiento de un ridículo Gabinete de Guerra que, teniendo como Premier a Zaydín, estaba formado por las siguientes personas: José Agustín Martínez, Estado; Laredo Brú, Justicia; Vasconcelos, Educación; Sergio M. Valdés, Agricultura; José Suárez Rivas, Trabajo; Irisarri, Hacienda, J. Portuondo Doménech, Salubridad; López Blanco, Comunicaciones; Evelio Govantes, Obras Públicas; Bravo Acosta, Gobernación; Albanés, Comercio; Sosa de Quesada, Defensa; López Castro, Presidencia; y Andrés Domingo, María G. Carbonell, Rafael Santos Jiménez y Gustavo Gutiérrez, Sin Cartera. En realidad sólo habían entrado como nuevos Ministros el Premier y los de Obras Públicas, Salubridad, Agricultura y uno Sin Cartera. Era, en resumen, una división de posiciones entre los partidos Liberal y Demócrata y amigos personales de Batista que se titulaban independientes. Tan cierto era que todo era una patraña que medio año después se produjo otra crisis, provocada esta vez por denuncias de Vasconcelos sobre fraudes en suministros a Educación y por las protestas de Gustavo Gutiérrez contra la política económica del régimen. Salieron del Gabinete Martínez, Vasconcelos, Albanés, López Blanco, Valdés y Gutiérrez, entrando a suplirlos en sus respectivos Ministerios Emeterio Santovenia, Carlos Márquez Sterling, Anselmo Alliegro, Jerónimo Acosta Recio, Joaquín Martínez Sáenz y Juan Marinello. Con Santovenia y Martínez Sáenz el ABC se sumaba a la comparsa batistiana. Además del cargo a Marinello, los comunistas fueron premiados con el edificio en que se hallaba el Palacio de los Deportes, que cambió su nombre por el de Palacio de los Trabajadores. Apenas transcurrido otro mes, renunciaron Acosta Recio y María G. Carbonell, siendo sustituidos por unos tales José Tejidor y Elio Fileno de Cárdenas.

Mientras tenían lugar estas maromas ministeriales en nombre de la II Guerra Mundial, ésta llegó a Cuba con un brutal impacto: los buques Santiago de Cuba y Manzanillo fueron torpedeados por un submarino alemán, con un trágico saldo de 31 marinos muertos, de los cuales se pudieron recuperar solamente 8 cadáveres. El profundo dolor del pueblo quedó demostrado en el apoteósico entierro que se les hizo, comparable al de las víctimas del accidente aéreo de Cali. Los hundimientos fueron compensados con la captura en La Habana del espía teutón Heinz August Luning, que transmitía información de movimientos marítimos a los U-Boats desde un cuarto lleno de canarios para que los trinos de éstos disimularan el ruido de los zumbadores telegráficos. Luning fue fusilado en los fosos del Castillo del Príncipe, haciendo ostentación de valentía personal. Se le recuerda, más que por su espionaje, porque cuando le fue preguntada su última voluntad dijo: *"Que me traigan a Rebeca..."*, refiriéndose a una amiga íntima que tenía en los muelles. La frase quedó como parte del folklore habanero en forma de jocosa respuesta al *¿qué desea?* de un cantinero o dependiente de comercio.

* * *

*Brulotes de Chibás. — El otoño de 1942. — Censo de 1943. — Código Electoral de 1943. — La Ley de Ampliación Tributaria. — El inciso K.*

Al socaire del esfuerzo de guerra se hicieron grandes fortunas entre los corifeos palaciegos y no solamente en operaciones de quinta columna. El Embajador de Perú, Cúneo

Harrison, era el protector diplomático de las actividades del espionaje nazi-falangista. Mariano Faget, Jefe del Servicio de Investigaciones de Actividades Enemigas (SIAE) y Juan Govea, Director de Radio, eran abiertamente acusados de extorsionar a súbditos del Eje, el primero, y de radiar informes estratégicos, el segundo. Chibás asaltó las oficinas de la Dirección de Radio y se llevó documentos probatorios, desafiando después al Gobierno a que lo procesara por hacerlo. Poco después hubo un misterioso incendio en los archivos del Centro Radiotelegráfico que destruyó toda la documentación que allí se guardaba bajo sello del Juzgado que investigaba la denuncia. Debido a una delación, Faget localizó y dio alevosa muerte a Pedro *Manzanillo* Fajardo Boheras, ex-combatiente de la guerra civil española y dirigente de Acción Revolucionaria Guiteras. La insidiosa labor de Zaydín para dividir el autenticismo dio origen a una lucha de facciones dentro de la juventud del PRC, que tuvo su momento crítico cuando ARG ajustició en el Cerro a dos miembros de su Sección Juvenil, Braulio Castillo y Francisco Romero, acusados de divisionismo. Uno de los agresores, Lázaro de Bethania, fue herido accidentalmente por sus compañeros, pero astutamente se hizo pasar como inocente víctima, acusando a Chibás y Luis Orlando Rodríguez como autores del hecho para que la inmunidad parlamentaria del primero salvase al segundo y nadie fuese procesado, como así sucedió.

Los brulotes acusatorios de Chibás llegaron a inusitados extremos de gravedad, pero no eran contradichos y eso caracterizaba como ciertos sus alegatos. Acusó al Senador Desiderio Sánchez de hacer una exigencia de $10.000,00 al millonario hebreo internado en Triscornia, Henry de Boschan, para sacarlo libre. Abofeteó a Blas Roca en pleno Capitolio cuando éste se refirió a los Veteranos de la Independencia como *veteranuelos,* sin que aquél ripostase la agresión ni le retase a duelo. Varios días después azotó a latigazos al periodista Alberto Arredondo, director de Mañana, porque, en su estimación, éste había ofendido el honor de la mujer cubana. Sin temor alguno a las represalias gubernamentales y desafiando la acusación de quinta-columnista que le hacían los rusófilos, Chibás puso al descubierto la urdimbre batistiana con las siguientes palabras:

*"Agiotistas y acaparadores actúan en contubernio con figuras principalísimas de la Gobernación. Zaydín ha prometido colgar de las guásimas a los agiotistas y especuladores, pero él sabe muy bien que no lo puede hacer porque el centro de*

*la gravedad del agio y la especulación está en el propio Palacio Presidencial, en la Oficina de Propaganda y Asuntos Políticos, que dirige el coronel Jaime Mariné, el hombre de confianza del Presidente Batista. El Gobierno no puede contener el agio y la especulación porque todo el mundo sabe que ellos son fomentados, controlados y dirigidos desde el Palacio Presidencial. En nuestros gobernantes no rigen ni la moral de guerra ni la moral de paz. Entre ellos campea, en todo caso, la moral de los gangsters, el atraco y el pillaje. No es compatible el heroísmo en los campos de batalla con el pillaje y el latrocinio en la retaguardia...*"

En octubre de 1942 se establecieron relaciones diplomáticas entre Cuba y la Unión Soviética y en diciembre de ese mismo año Batista dio un viaje a los Estados Unidos, oficialmente invitado por la Cancillería americana, que había sustituido al Embajador Messersmith por Spruille Braden. Ya Batista había concertado un empréstito de $25.000.000,00 con el Second Export & Import Bank para la reconstrucción de la carretera central y obras de fomento nacional. Para administrar los fondos de esta nueva pignoración de la República se creó la Comisión de Fomento Nacional, fuente de nuevos enjuagues para el aprovechado Guajirito de Banes y para su socio Manuel Pérez Benitoa. El Senado votó una *Ley-regalo* que canceló una deuda de $10.000.000,00 que debían al Estado las empresas de servicios públicos. De ellos correspondían $4.000.000,00 a la Compañía Cubana de Electricidad. El ponente del proyecto en las Comisiones de Hacienda e Impuestos del Senado fue el miembro de ese Cuerpo Carlos Prío Socarrás, y justo es decir que esta vez Chibás no denunció el affaire, según afirmó después, por no hacer daño al PRC. Belisario Hernández, Jefe del SIM, introdujo fraudulentamente por una Aduana 15.000 zapatos militares de un pie, clasificados como muestras exentas de derechos y por otra Aduana los 15.000 restantes del otro pie, también clasificados como muestras. Luego fueron apareados por tamaños en el Cuartel Maestre y vendidos al propio Ejército a un precio que rindió pingües ganancias al genial palmacristero.

Las campañas anti-gobiernistas de Prensa Libre, periódico habanero de Sergio Carbó que emulaba a su antiguo La Semana, le ganaron una temporal clausura. Un ocurrente sargento político auténtico que se hizo popular pintando por las paredes letreros atacando al Gobierno que comenzaban con: "*Tacoronte dice...*", tuvo que deglutir un litro de aceite de ricino cuando le dieron a escoger entre esto y una lata de pintura. El único palmacristazo que todo el mundo aplaudió a Belisario fue el que propinó a tres comediantes radiales, *El Maestro, Agapito y Timoteo*, que irrespetuosamente se mofaron de los humildes orígenes de la Primera Dama (utilizando un rejuego de palabras de doble sentido), quien era un modelo de virtudes domésticas, de irreprochable conducta, ajena al interés político y merecedora del más dignísimo respeto. El Frente Nacional Anti-fascista conmemoró el aniversario de la Revolución Rusa con asistencia de Batista y los Presidentes del Senado y la Cámara. Un hermano del Presidente, *Panchín* Batista, aspiró rabiosamente a la presidencia del Centro Gallego, y fue tan grande la conmoción entre la colonia galaica que el propio Fulgencio le suplicó que retirase su candidatura y la cambiase por una de tipo político. Monseñor Manuel Arteaga fue consagrado Obispo de La Habana. El tradicional cañonazo de las nueve en la Capital fue suprimido por razones de guerra. El ex-Jefe de los expertos de la policía de Machado, José Fernández Peláez, fue muerto a balazos por personas desconocidas que dejaron junto a su cadáver un letrero que decía: *El que la hace la paga...* Eran tantas las acusaciones de peculado que se hacían al régimen que Zaydín solicitó un voto de confianza del Congreso, que le fue otorgado gracias a los votos comunistas y abecedarios dentro de la Coalición.

En 1943 se efectuó un nuevo Censo de la Población y Electoral, con vistas a las elecciones generales que debían celebrarse el siguiente año. Coincidentemente, en el Casino Deportivo de La Habana se reunieron los líderes de los Partidos para acordar una Carta de Garantía de imparcialidad electoral. Los Partidos que existían estaban sufriendo pugnas internas como consecuencia de las aspiraciones presidenciales en su seno. La más grave de todas fue la ocurrida en el Demócrata, del cual se separó una facción encabezada por Guillermo Alonso Pujol, Presidente del Senado; Gustavo Cuervo Rubio, Vicepresidente de la República; y Raúl Menocal, Alcalde de La Habana, que organizó una nueva agrupación: el Partido Republicano. Lógicamente, este movimiento los alejó de la Coalición Socialista Democrática, pero los puso en situación de subastarse entre el Gobierno y la Oposición, fieles a los métodos de su desaparecido inspirador, el ex-Presidente Menocal.

La población total de Cuba era, en 25 de julio de 1943, de 4.778.583 habitantes. Había aumentado en 816.239 desde 1931, o sea el 20,6 %. La provincia más populosa era Oriente, siguiéndole en orden La Habana, Las Villas, Camagüey, Pinar del Río y Matanzas, sin que hubiera habido alteración entre ellas desde 1931. De los 4.778.583 habitantes que tenía Cuba en 1943, vivían en poblaciones un total de 2.607.490, mientras que 2.171.093 habitaban el campo. Estas cifras representaban porcentajes de 54,5 y 45,5 para la población urbana y la rural, respectivamente. La población urbana, pues, había aumentado desde 1931 en comparación a la rural. Esto podía achacarse a que núcleos de población campesina habían pasado a ser de meros caseríos a pueblos y por tanto eran clasificados como núcleos de población urbana, aunque fueran esencialmente campesinos. El promedio de población por kilómetro cuadrado era de 41,73 habitantes. De los 4.778.583 habitantes que Cuba tenía en 1943, 2.498.810 eran varones y 2.279.773 eran hembras. Sus porcientos respectivos eran de 52,3 y 47,7, habiendo aumentado ligeramente desde 1931, que eran de 51,3 y 46,9. La restricción de la inmigración masculina ocasionó este aumento en las hembras sobre los varones. La población blanca era de 3.553.312 y la de personas de color era de 1.225.271, y sus respectivos porcentajes eran de 74,4 para los blancos y 25,6 para los de color. En 1931 estos porcentajes habían sido de 72,8 y 27,2, respectivamente, lo que demostraba un gradual decrecimiento de la población de color debido tanto a la desaparición de la inmigración de braceros antillanos y a la repatriación de millares de ellos como al aumento del mestizaje. El 25,6 % que correspondía al total de la población de color se distribuía en la forma siguiente: raza negra, 463.227; mestizos, 743.113; amarillos, 18.931. La raza negra constituía el 37,8 % del total de la población de color, comparado al 60,7 % de los mestizos. El problema negro, tal como lo definían y temían algunos, matemáticamente se comprobaba que iba desapareciendo. Los extranjeros eran tan sólo el 4,2 % de la población total de Cuba en 1943. Pero el análisis de la infancia demostraba que la proliferación era mayor en la raza de color que en la blanca, puesto que los niños, hasta 13 años, acusaban un porciento de 38 contra 37,6 los blancos. La mayor proporción de la raza de color estaba concentrada en las ciudades.

En los Censos anteriores se había clasificado la población de Cuba, en lo que respectaba al estado civil de las personas, en cinco categorías diferentes, a saber: 1) solteros; 2) casados; 3) *arrimados* o unidos sin sanción legal); 4) viudos; y 5) divorciados. Debido a que la Constitución de 1940 no establecía una equiparación de las uniones sin sanción legal al matrimonio civil, al hacerse el empadronamiento no se exigió la declaración del estado civil y por tanto los arrimados que no se declararon como tales fueron censados como solteros. Por esta causa no pueden hacerse comparaciones exactas con los resultados del Censo de 1931. La población total de Cuba en

1943, clasificada según su estado civil, se componía de 3.513.971 solteros, 1.080.030 casados, 153.672 viudos y 22.910 divorciados. La familia cubana promedio contaba con 5,18 miembros. Había en Cuba 922.500 familias que comprendían nueve décimas partes de la población, incluyéndose en ellas los miembros solteros que residían con sus familiares. Sólo 131.000 cubanos vivían solos o de *baracuteyes*, según clasificación popular siboney. Los divorciados no llegaban al 1 % de la población, pero cuadruplicaban la cifra anterior de 1931.

En 1943, de los 3.575.431 habitantes de 10 años y más, sabían leer un total de 2.550.847, cifra que representa el 77,9 %. Como se ve, la proporción de personas con instrucción aumentó entre 1931 y 1943. Entre los habitantes blancos la instrucción había aumentado del 72 % en 1931 al 79,1 % en 1943. A su vez, la raza de color había también aumentado su porcentaje de instrucción del 64,7 en 1931 al 74,6 en 1943. Mas sin embargo este aumento no debía atribuirse a un aumento real en la instrucción entre las personas de color, sino a una disminución de los analfabetos como consecuencia de la expulsión de los antillanos importados por la sucarocracia. Pero lentamente la población cubana iba superando su incultura heredada de la Colonia. Existía un total de 9.515 maestros, que se dividían en la siguiente forma: 7.964 de enseñanza común diurna; 212 de enseñanza común nocturna, 378 de escuelas primarias superiores; 11 de rutas ambulantes; 8 de penales; 637 de Kindergarten; 14 de Slloyd; 184 de Artes Manuales; y 107 de idioma inglés. Más del 80 % de la totalidad magisterial eran hembras. El número de casas-escuelas era de 3.099, con 7.516 locales para aulas. De esas casas-escuelas 198 pertenecían al Estado, 49 a diferentes municipalidades, 1.249 a particulares que las habían cedido gratuitamente, y las restantes, 1.603, eran arrendadas. El número total de alumnos matriculados en las escuelas públicas hasta el sexto grado era de 360.912, de los cuales 176.151 eran varones y 184.761 eran hembras. Su promedio de asistencia a clases era del 81,6 %. En las escuelas primarias superiores públicas existían matriculados 10.531 alumnos, de los cuales 8.367 eran hembras y 2.164 varones. Existían 587 escuelas privadas con una matrícula de 71.077 alumnos entre varones y hembras. En la precedente estadística estaban incluidos los maestros y alumnos de las escuelas cívico-rurales y de los hogares campesinos.

La enseñanza secundaria, de abajo a arriba, se componía de 21 Institutos de Segunda Enseñanza que funcionaban con el carácter de pre-universitarios y en el quinto año de sus estudios preparaban para la Sección de Letras o de Ciencias, de acuerdo con el ingreso del alumno en la Universidad de La Habana. Existían una Escuela Normal para Maestros en cada una de las capitales de provincia, sí como una Escuela Profesional de Comercio, habiéndose establecido además una de éstas en Cienfuegos, haciendo un total de siete en la República. Funcionaban Escuelas del Hogar en todas las provincias, con excepción de Pinar del Río, y una en Cienfuegos, regida por un patronato particular. Había una Escuela Nacional de Bellas Artes, con su Escuela Anexa, para el estudio de pintura y escultura, en La Habana, y tres Escuelas Superiores de Artes y Oficios que funcionaban en La Habana, Colón y Santiago de Cuba. Como escuelas de tipo especial, funcionaban dos Escuelas Técnicas Industriales, una para varones y otra para hembras; una Escuela Normal de Kindergarten y una Escuela Normal Rural.

La Universidad de La Habana, virtud a la reforma de sus Estatutos en enero de 1943, era autónoma y constaba de 13 Escuelas o Facultades, que eran las siguientes: Filosofía y Letras, Ciencias, Ingeniería, Arquitectura, Derecho, Educación, Ingeniería Agronómica y Azucarera, Ciencias Sociales y Derecho Público, Ciencias Comerciales, Medicina, Farmacia, Odontología y Medicina Veterinaria. Funcionaban también en la Universidad las Escuelas Anexas de Enfermeras y Enfermeros, Comadronas y Optometristas; el Instituto de Administración Pública; el Teatro Universitario y Seminario Anexo de Artes Dramáticas; la Escuela de Verano y el Instituto Universitario de Investigaciones Científicas y de Ampliación de Estudios; y la Escuela Práctica de Derecho. El resumen del personal Facultativo, Técnico, Administrativo y Subalterno de la Universidad era de 828 personas, como sigue: Profesores Titulares, 158; Profesores Auxiliares, 121; Profesores Agregados, 150; Personal Administrativo, 141; Personal Técnico, 52, y Personal Subalterno, 206. El promedio de matrícula universitaria era de 12.000 estudiantes.

La Federación Estudiantil Universitaria (FEU), organismo oficial del estudiante universitario, era elegida mediante la mecánica siguiente: En cada una de las asignaturas o cursos de asignaturas de cada Escuela o Facultad, los alumnos elegían un delegado propietario y uno suplente, que actuaba a falta del propietario, para que ostentasen la representación de los mismos. Esta selección era presidida por el Profesor de la asignatura, actuando de Secretario y de Vocal de la mesa de elección estudiantes designados por sus compañeros. La totalidad de delegados por asignaturas de un año académico formaba la Delegación de dicho año académico. La Delegación de cada año académico elegía un miembro de su seno, para que integrase, con los electos por otros años, la Directiva de la Asociación de su Escuela. La Directiva elegía entonces su Presidente y su Secretario. Los Presidentes de las Asociaciones de Estudiantes de las Escuelas, reunidos, constituían el Directorio de la Federación de Estudiantes Universitarios y a su vez elegían de su seno un Presidente, quien venía a ser el representante legal de la FEU.

Como complemento cultural existían en la Isla 465 bibliotecas ubicadas en la forma siguiente: Pinar del Río, 19; La Habana, 183; Matanzas, 48; Las Villas, 93; Camagüey, 46, y Oriente, 76. Existía un Archivo Nacional, así como un Museo Nacional y otros 20 museos menores diseminados por la República, de los cuales el más notable era el Emilio Bacardí, de Santiago de Cuba. El resumen de la prensa cubana mostraba un total de 469 publicaciones en las distintas provincias y de ellas eran diarias la suma de 60, a saber: Pinar del Río, 1; La Habana, 29; Matanzas, 4; Las Villas, 7; Camagüey, 8, y Oriente, 11. El total de publicaciones provinciales por período de publicación, incluyendo las anteriores, era como sigue: Pinar del Río, 12; La Habana, 366; Matanzas, 8; Las Villas, 17; Camagüey, 20, y Oriente, 46. También existían cerca de cien radio-emisoras en la República —con dos cadenas nacionales— que eran escuchadas por más de 3.000.000 de cubanos mediante 112.688 radio-receptores. La educación física del cubano contaba con una Dirección General Nacional de Deportes formada por 40 asesores de distintos eventos y manifestaciones de los deportes y el atletismo, 6 delegaciones provinciales y 298 delegaciones municipales. La DGND sostenía 7 Academias Deportivas y 1 Naval, un Departamento de Asistencia Social, una Cocina Deportiva, una Clínica, 18 Stadiums provinciales y un Palacio de Convenciones y Deportes en la calle G y Malecón, Habana.

El Censo Económico de 1943 mostraba que de los 3.246.358 habitantes de 13 años de edad y mayores, que había en Cuba, se ganaban la vida con su trabajo un total de 1.520.851 personas. Esta cifra constituía el 46,84 % del total de la población en edad de trabajo. De ellos el 89,7 % eran varones y el 10,3 % hembras. Las cifras correspondientes al grupo de profesiones más comunes y sus porcientos eran como sigue: campesinos, 622.028 (40,9 %); comerciantes, 340.668 (22,4 %); obreros calificados, 193.148 (12,7 %); obreros no calificados, 260.065 (17,1 %); profesionales y semi-profesionales, 56.275 (3,7 %); y otros empleos, 48.667 (2,2 %). Los campesinos sumaban en ellos a los agricultores, administradores de fincas y obreros agrícolas, pero si se rebajaba de su total el medio millón de obreros azucareros, nos encontrábamos que tan sólo un poco más de cien mil cubanos cultivaban la tierra con propósitos agrícolas de mantener la población total de Cuba. En contraste, los que aparecían clasificados como comerciantes superaban bárbaramente en número a los agricultores: propietarios, empresarios y gerentes, 127.000; empleados y dependientes privados, 172.000; empleados públicos, 20.168; oficinistas y vendedores, 18.000; y agentes, encargados y administradores, 3.500. Estos fríos números reflejaban el fondo de la miseria cubana, que era originada por el tiempo muerto, el latifundismo, la burocracia y el mercantilismo. Año tras año y Gobierno tras Gobierno. Para remate de esta pirámide invertida, de los calificados como otros empleos, 30.000 personas eran soldados, marinos y policías, que consumían 15 millones de pesos anuales —asignados al Ministerio de Defensa—, de un presupuesto que aplicaba solamente millón y medio al Ministerio de Agricultura, dos millones al de Obras Públicas y siete millones al de Salubridad.

Otras dos de las pavorosas facetas económicas que descubría el Censo de 1943 eran que en el comercio y en las ramas de manufacturas e industrias mecánicas la proporción de dueños extranjeros triplicaba la de cubanos y que en la Capital existía una enorme concentración de toda clase de actividades industriales, comerciales y culturales. En esta provincia los campesinos constituían solamente el 12,1 % de la fuerza de trabajo, en tanto que los propietarios, gerentes y altos empleados y los vendedores, oficinistas y similares —es decir, las ocupaciones del comercio— constituían el 35,3 % de su total. Los obreros calificados y no-calificados —como consecuencia de la importancia de la industria— llegaban al 31,2 %. Lo peor de todo era que la tremenda concentración política y administrativa se expresaba en el hecho de que de todos los 20.160 empleados gubernamentales, el 54,2 % estaban situados en la Capital. De hecho, Cuba entera trabajaba para La Habana. Como punto final al resumen del Censo de 1943, diremos que el número de electores ascendió a la suma de 2.330.021, o séase, el 48,8 % de la población. Provincialmente, el mayor número de ellos se encontraba en La Habana. Y precisamente en ella fueron hallados 77.965 electores falsos.

Un nuevo Código Electoral fue redactado por Gustavo Gutiérrez para que rigiese en las elecciones generales a celebrarse. Establecía el voto libre y directo para los cargos ejecutivos, poniendo fin al voto convoyado. Mantuvo, no obstante, la vigencia del Voto Preferencial para la selección de los candidatos a Representantes y Concejales y el Selectivo Directo para los de Senadores, escogiéndose hasta tres candidatos de esa clase dentro de una sola columna o Partido. Se aumentó la proporción senatorial a 6 por la mayoría y 3 por la minoría, o séase, 54 en total. Se hizo obligatorio el voto, imponiéndose multas y penas a los infractores. La Cédula Electoral desapareció, siendo sustituida por el Carnet de Identidad del Votante, al que en definitiva no se le fijó el retrato del elector. Para favorecer a los Partidos pequeños se introdujo la modalidad o fórmula del Sub-factor. El Código de 1943 estableció Comisiones de Escrutinio por cada 10 colegios que funcionasen y dispuso que la votación se efectuase entre las 8 de la mañana y las 6 de la tarde. La más curiosa modalidad que introdujo el Código Gutiérrez fue estipular que los Gobernadores y Alcaldes serían proclamados si obtenían la mitad más uno de los votos válidamente emitidos. Si ése no era el caso, entonces tenía que repetirse la elección en un proceso que se tituló *la segunda vuelta,* que permitía los arreglos entre candidatos y la eliminación de otros. Una Transitoria del Código ordenó que los Alcaldes y los Concejales fueran electos por un período de dos años, concurriendo nuevamente a las urnas en 1946, separando así las elecciones generales de las parciales. Los cargos de Consejeros Provinciales fueron suprimidos para que su lugar lo ocupara el Consejo de Alcaldes. El Código Gutiérrez no era una perfección electoral, pero era, indudablemente, el paso de avance más notable en ese orden de cosas dado desde la inauguración de la República, pues separaba la selección de candidatos presidenciales del convoyaje congresional. Batista declaró solemne y públicamente su decisión de que los venideros comicios fueran de absoluta imparcialidad y de inmaculada honradez y legalidad. Y lo cumplió a cabalidad, a pesar de los deseos de la Coalición y la incredulidad de la Alianza. Para su honra y la de Cuba.

Escudándose en un esfuerzo de guerra que nadie veía, el Gobierno proyectó una Ley de Ampliación Tributaria que desde el mismo instante que fue conocida motivó enconadas polémicas en las que participaron principalmente, impugnándola, las Corporaciones Económicas y la minoría congresional auténtica que presidía Eddy Chibás, y defendiéndola los viejos politiqueros y los comunistas. La mayoría gubernamental en el Congreso accedió a su aprobación a cambio de que se crearan 450 plazas en el Ministerio de Hacienda y 800 en el de Educación, para que luego se repartieran entre los legisladores coalicionistas para que éstos cubrieran sus compromisos electorales o las vendieran al mejor postor, especialmente aquéllas de Maestros y de Inspectores Fiscales. Esta ley fue creadora del inciso K, de funesta recordación. Los tributos establecidos por dicha Ley fueron los siguientes: 1) Sobre el capital cubano invertido en el extranjero; 2) Sobre las cuentas corrientes inactivas en los bancos; 3) Sobre la compra-venta de valores extranjeros; 4) Sobre el capital en función de productividad; 5) Sobre las acciones; 6) Sobre los fondos en garantías de alquileres; 7) Sobre la letra de cambio; 8) Sobre espectáculos; y 9) Sobre el consumo de cemento. Aunque a simple vista los Impuestos parecían justos, el destino que intentaba dársele a su producto era otro que el prefijado. La Ley de Ampliación Tributaria, a fin de cuentas, sólo sirvió para aumentar el robo de caudales públicos y hacer más opresiva la extorsión de los inspectores sobre el contribuyente. Ante la defensa que hacían de la Ley Salvador García Agüero en la Cámara y Juan Marinello en el Gabinete y la prensa comunista, Chibás tronó contra ellos y contra los abecedarios Martínez Sáenz y Santovenia, apostrofándoles: *"La librea del señor Batista les sienta a Martínez Sáenz, Santovenia y Marinello. Yo les diría como Wagner: ¡Bajo tu nueva librea late tu viejo corazón de esclavo...!"* Durante la sesión cameral que aprobó la Ley, Chibás habló contra ella durante siete horas seguidas. Sus palabras menos candentes fueron las que a continuación transcribimos:

*"Los actuales vampiros de la política cubana, bien cebados como están con la sangre que desde hace años vienen succionando al pueblo escuálido de Cuba, no se encuentran satisfechos todavía con lo que han atracado ya, sino que quieren más y más y siempre más. Ése es el motivo de la proposición de Ley de Ampliación Tributaria que crea impuestos nuevos por valor de treinta millones de pesos al año. En relación con los nuevos impuestos han dicho los "apapipios" de nuevo cuño, más cínicos cien veces que los "guatacas" del machadato, que hacen falta los nuevos tributos para pagar las gratificaciones, la millonésima y demás obligaciones del Estado y que las nuevas contribuciones sólo las sufrirán los ricos. ¡Qué descaro! ¡Qué manera de desbarrar! Con la mitad de los impuestos actuales, se podrían pagar las gratificaciones, la millonésima y las otras obligaciones del Estado, si hubiera honradez en los gobernantes. Las gratificaciones cuestan siete millones y medio de pesos al año, la millonésima cuesta dos millones y medio; las otras obligaciones del Estado tres millones como máximo. Todo ello suma trece millones de pesos ¿Para qué quiere el Gobierno, entonces, establecer nuevos impuestos por valor de treinta millones? ¿Qué piensa hacer con los diecisiete millones so-*

*brantes? Además, ¿qué ha hecho o qué piensa hacer con los siete millones recaudados por concepto del empréstito de los veinticinco millones que no llegó a concertarse? ¿Por qué no los utiliza para pagar las gratificaciones y la millonésima? ¿Por qué no lo hace con la Renta de Lotería? El presupuesto de gastos de 1933 era de cuarenta y cinco millones, con los cuales se cumplieron todas las obligaciones puntualmente. El actual Gobierno tiene un presupuesto de ciento dieciséis millones y con ellos no puede pagar. Encima, amplía los impuestos para lograr un ingreso de ciento cuarenta y seis millones, esto es: el 83 % del precio de la zafra."*

Chibás pidió que se considerase la oferta hecha por las Corporaciones Económicas de suscribir un empréstito interior por $ 17,000,000.00 para cubrir las necesidades gubernamentales y evitar la implantación de la Ley de Ampliación Tributaria, pero fracasó en el empeño. Durante la celebración de un acto conmemorativo del 24 de febrero, Batista había amenazado al Congreso con promover una revolución popular si no era aprobada la Ley, en tanto los comunistas congregaron alrededor del Capitolio una turba vociferante y amenazadora que exigía la inmediata aprobación y pedía la cabeza de Chibás. Los asustados legisladores coalicionistas aprobaron y sancionaron la Ley, doblegándose a la coacción. Dentro de su Capítulo I aparecía un inciso marcado con la letra K, que decía textualmente:

*"Apropiación de un crédito mensual de quince mil pesos, destinados a la ratificación del nombramiento y dotación con la misma categoría con que fueron designados en sus cargos de: Profesores de Enseñanza Superior, Inspectores Provinciales, de Distrito y Auxiliares y Conserjes de Enseñanza Primaria, Primaria Superior, Artes y oficios, Kindergarten y Especiales; Médicos, Odontólogos de Higiene Escolar, nombrados por el Ministerio de Educación con carácter honorario, en cualquier otra forma, o cuyas plazas no estuvieren íntegramente dotadas, necesarias para el servicio, estén en el ejercicio de sus respectivos cargos o hayan sido reintegrados al que desempeñaron anteriormente por virtud de las disposiciones del Decreto Presidencial N.º 911 de 1942; sin que en ningún caso puedan alegar derechos a cobrar emolumentos por los servicios prestados con anterioridad a la promulgación de esta Ley. Las aulas y demás cargos que resultasen vacantes por el cumplimiento de cuanto en el presente se dispone, serán cubiertos libremente por el señor Ministro de Educación; si hubiere sobrantes, se aplica-*

rán únicamente a la creación de aulas de Enseñanza Primaria,
Especiales y de Kindergarten."

\* \* \*

*Popularidad de Chibás. — Las Instituciones Cívicas.
La reorganización de los Partidos. — Polémicas en el
PRC. — El tren de la victoria. — La Jornada Gloriosa.
El triunfo de Batista. — Albur de arranque. — Balance
económico de la Administración Batista.*

*El Loco* era ya la primera figura del autenticismo después de
Grau San Martín. Su popularidad era fantástica de un extremo
a otro de la Isla. Sus artículos periodísticos eran devorados por
los lectores y su hora radial dominical era escuchada por millones de cubanos. Sus polémicas y sus duelos eran la admiración de la juventud y el terror de los viejos politiqueros. Actuando como vocero principal del PRC hizo promesa formal de abolir
la Ley de Ampliación Tributaria y rectificar las iniquidades del
inciso K tan pronto como el autenticismo llegase al poder. Ocupado como estaba en la labor combativa nacional del PRC, no
se dio cuenta de que en sus propias filas se estaba echando enemigos peligrosos y cuando vino a darse cuenta se encontró con-
que Félix Lancís y Florencio Nibot habían copado la municipal
habanera dejándolo sin postulación reorganizativa. Gracias al
sacrificio de uno de sus amigos, quien renunció a su postulación
para cedérsela, Chibás fue electo Delegado por el barrio del
Vedado. Fue su primer contacto cáustico con la politiquería que
se generaba dentro del autenticismo.

Tanto la labor denunciadora de Chibás como los latrocinios
gubernamentales sacudieron la conciencia de las fuerzas cívicas y pronto se fueron constituyendo organizaciones de ellas en
la República. Las más notables fueron los comités Todo por Pinar del Río, Acción Cívica Camagüeyana, Acción Ciudadana de
Santiago de Cuba, Acción Cívica de Marianao y Acción Ciudadana de La Habana. El movimiento de fuerzas cívicas fue creciendo
y unos meses después llegó a constituir un Directorio de Enlace
de Instituciones Cívicas, formado para ejercitar acciones con-
juntas en los problemas de trascendencia nacional, con vista al
mejoramiento de la vida cubana. Lo formaban las siguientes personas y grupos: José E. Gorrín, Ignacio Mendoza y Mario Padrón, por Acción Cívica de Marianao; Nicolás de Cárdenas, José
de la Riva y Julio Alvarez, por Acción Ciudadana de La Habana;
Pedro Entenza, Lincoln Méndez y Antonio Martínez, por el Club
de Leones de La Habana; José Borrell, por el Club Rotario de

La Habana, y José R. Núñez, por el Club de Leones de Marianao. Su acto de constitución fue efectuado en el Capitolio, con asistencia de Batista y Grau, pero este noble empeño se perdió en la nada cuando sus propugnadores lo abandonaron tan pronto ello les significó riesgo físico de agresión o aceite ricino, peligro para los intereses de las agrupaciones que representaban y amenaza al bienestar económico de sus familias. Su retirada de la palestra cívica dejó el campo aún más libre para los pillos, tal y como se comprobó después. La contaminación del agua en el Acueducto de La Habana ocasionó una epidemia de gastroenteritis, conocida popularmente con el sobrenombre de *el chiflido,* que hizo estragos en la población capitalina. El estado sanitario cubano era tan malo que produjo gran número de muertes a causa de epidemias de tifus, paludismo y gripe tóxica que azotaron la Isla. En Camagüey, la Guardia Rural implantó el patrullaje como consecuencia de los motines habidos por la falta de agua potable. El Gobernador de esa provincia, Octavio Pardo Machado, fue procesado por el Tribunal Supremo por malversación de $ 16,000.00 pertenecientes al Fondo de Jubilados del Retiro Civil. La moneda fraccionaria fue desaparecida de la circulación y los mercachifles subieron los precios alegando que lo hacían para no tener que dar vuelto en moneda de que carecían.

La reorganización de los Partidos en 1943 demostró que el Liberal tenía mayoría en las provincias de La Habana, Matanzas y Camagüey; el Demócrata en Pinar del Río y Las Villas y el Auténtico en Oriente. En el orden nacional las afiliaciones habían sido como sigue: Liberal, 583.683; Demócrata, 561.407; Auténtico, 467.298; Republicano, 236.571; Comunista, 122.283; ABC, 106.909, y Nacional Cubano, 30.245. Unión Revolucionaria-Comunista, consecuente con el Pacto de Teherán y la falsa disolución del Comintern, por moción de José Luciano Franco a la Asamblea Provincial de La Habana, defendida por Juan Marinello en la Asamblea Nacional, cambió su nombre por el de Partido Socialista Popular. El nombre *comunista* sonaba muy mal en aquella época de romance adúltero entre los Estados Unidos y Rusia frente al nazi-fascismo. Marinello lo explicó dialécticamente a sus seguidores, que constituían la organización comunista más poderosa del hemisferio occidental: *"Es innegable que la palabra 'comunista' en nuestra denominación sirve para limitar hoy las posibilidades de convertirnos en un gran partido de masas, en una organización que, por el número de sus integrantes, decida y oriente la actividad política de Cuba."* De la clandestinidad y la casi inexistencia, gracias a Batista el comunismo contaba con más de cien mil militantes y simpatizantes, el control del movimiento proletario, el periódico Noticias de Hoy, la emisora Mil Diez y un Ministerio sin Cartera. El Nacional Cubano era un postrer intento de Carlos Mendieta de revivir sus marchitos laureles politiqueros con la ayuda financiera del ex-Jefe de la Marina, Ángel A. González. Los jefes nacionales de los Partidos, en el orden que aparecen arriba, eran Alfredo Hornedo, Carlos Saladrigas, Ramón Grau San Martín, Gustavo Cuervo Rubio, Juan Marinello, Joaquín Martínez Sáenz y Carlos Mendieta.

Dentro del PRC la candidatura presidencial de Grau era indiscutible. No ocurría lo mismo dentro de la Coalición, pues aspiraban a tal posición Saladrigas, Alonso Pujol y Ricardo Núñez Portuondo. La decisión de Batista de apoyar a Saladrigas llevó al Republicano hacia la Oposición, nombrando como jefes provinciales, de Occidente a Oriente, a Daniel Comte, Raúl Menocal, Guillermo Alonso Pujol, José R. Andréu, Octavio Pardo Machado y Ramón Corona. A su vez los Demócratas, en ese mismo orden, nombraron a Simeón Ferro, Francisco *Panchín* Batista, Santiago Verdeja, Santiago Rey, José E. Bringuier y Pedro Goderich. El Liberal postuló provisionalmente a Ricardo Núñez Portuondo, pero en cuanto Batista lo vetó en favor de Saladrigas los chambeloneros lo despostularon y aceptaron a éste a cambio de incluir a Ramón Zaydín en la candidatura Vicepresidencial. Los Republicanos cerraron un pacto con el PRC que se tradujo en el ticket presidencial Ramón Grau San Martín-Raúl de Cárdenas y en la candidatura reeleccionista de Raúl Menocal a la Alcaldía de La Habana. El ajuste senatorial fue de 24 actas a los Auténticos, 11 a los Republicanos y 1 al Nacional Cubano. Estos Partidos formaron la Alianza Auténtico-Republicana. La Coalición Socialista Democrática se vertebró con el Liberal, el Demócrata, el Socialista-Popular y el ABC. En lo presidencial y lo senatorial tanto la Alianza como la Coalición se mantuvieron firmes, pero en lo que se refería a Gobiernos Provinciales, actas de Representantes y Alcaldías, cada Partido quedó en libertad de actuar por su cuenta en pactos, sub-pactos, contra-pactos y recontra-pactos.

Debido a sus aspiraciones electorales renunciaron el Premier, Zaydín, y los siguientes Ministros: Santovenia, de Estado; Bravo Acosta, de Gobernación; Suárez Rivas, de Trabajo, y Andrés Domingo y Juan Marinello, sin Carteras. Fueron sustituídos, en ese orden, por Anselmo Alliegro, Jorge Mañach, Máximo Rodríguez, Adalberto García, Orosmán Viamontes y Carlos Rafael Rodríguez. En mitad de estos trajines de nuevo la II Guerra Mundial lanzó un zarpazo sobre Cuba: el buque

Libertad (antiguo confiscado Recca italiano) fue hundido por un submarino nazi, con un balance de 25 marinos ahogados. Pero algún tiempo después un caza-submarinos cubano, el CS-113, mandado por el teniente Mario Ramírez Delgado, tomó cumplida venganza al hundir un U-Boat mientras convoyaba frente a Matanzas. Esta heroica acción naval cubana —comprobada después de la guerra en los archivos del Almirantazgo germano— se vio opacada por la incalificable trapisonda legal siguiente: El barco hundido era propiedad del Estado cubano, pero apareció arrendado a un testaferro de una supuesta compañía armadora titulada La Victoria, S. A., llamado Eugenio Hurtado Herp, quien cobró la suma de $494.225,25 del seguro marítimo, que se repartieron los chanchulleros palaciegos.

La campaña electoral estuvo exenta de violencias y notables hechos de sangre. Dentro del autenticismo hubo fuertes polémicas, siendo la más grave de ellas la provocada en Oriente por el regreso al PRC —impuesto por Grau— del tránsfuga realista Rubén de León. Emilio Ochoa, Jefe provincial auténtico de Oriente, se negó terminantemente a su postulación senatorial y aquél tuvo que conformarse con luchar por un acta de Representante. El dinero coalicionista financió la gestación de una Izquierda del PRC, que apoyó la candidatura Saladrigas-Zaydín, dirigida por Lincoln Rodón, José Villalobos y Alfredo Nogueira y que sólo obtuvo como premio a sus inútiles esfuerzos de perforación la Alcaldía de Guanabacoa para el segundo de ellos. En Las Villas la pugna de tendencias entre Miguel Suárez Fernández y Wolter del Río se la cogieron apasionadamente para sí los secretarios de ambos: Juan *Guancho* de Cárdenas y Manuel *Frankestein* Rivero Setién, hiriéndose en una riña mientras sus superiores arreglaban amistosamente sus diferencias. Mario Labourdette, regresado de su sinecura consular en Italia, fue herido de un balazo por el ex-porrista Ramón Souto, dándose el caso de una pieza tirándole al cazador. Un solo hecho de sangre de importancia ocurrió al autenticismo: durante la celebración de un mitin en el Parque Central de La Habana se armó un tiroteo en el cual perdió la vida el joven Orlando Morales. Un libro difamador del Dr. Grau, pagado por Saladrigas y escrito por Aldo Baroni, ex-director del Heraldo de Cuba, titulado Cuba, País de Mala Memoria, no influyó para nada, ni en favor ni en contra, en la popularidad del candidato auténtico.

El coalicionismo revivió los mismos trajines propagandísticos de la campaña de 1940. Organizó otro Tren de la Victoria, que era una nueva Arca de Noé. Los comunistas llevaron la voz cantante en el maratón de insultos dedicados a la Alianza Auténtico-Republicana. Blas Roca escupió estos sapos y culebras sobre el PRC: *"Cuando a un sifilítico se le empieza a caer el pelo, lo más grave no es que se le caiga el pelo, sino la enfermedad metida en la sangre hasta los tuétanos de los huesos que el síntoma revela. Los representantes y afiliados que se le van al PRC son como los pelos que se le caen de la cabeza al sifilítico: son el síntoma del mal profundo y más grave que tiene podrido al PRC hasta la médula de los huesos; del mal que hace que las masas estén perdiendo rápidamente todas sus ilusiones de que este partido pudiera hacer algo por Cuba..."* Los hacendados Casanova, Azqueta y Aspuru exigieron de la sucarocracia la suma de cuatro centavos por saco de azúcar para la campaña saladriguista, a la cual se sumó un festinado organismo titulado Acción Progresista Nacional, cuyos supuestos dirigentes eran José Miró Cardona, Justo Carrillo, Ignacio Fiterre, Luis Busch, Salvador Vilaseca y los comunistas Leopoldo Araujo, José Ángel Bustamante, Martín Landa Bacallao y Antonio Penichet. A estos sabelotodo se sumó otra colectividad de ellos, la de Intelectuales Pro-Saladrigas, encabezada por José Fernández de Castro, Carlos de la Torre, Francisco Ichaso, Rafael Esténger y Nicolás Guillén. Las *companies* se dispusieron a recolectar un fondo para la campaña electoral de Saladrigas, pero el Embajador Braden emitió un comunicado prohibiendo terminantemente, a nombre de Wáshington, que ciudadanos americanos o sus negocios interviniesen en la elección que iba a celebrarse, en apoyo de cualquiera de los dos candidatos presidenciales. Esta neutralidad funcionó, como puede colegirse, en favor de la Alianza.

Los postreros días de la campaña electoral fueron de colosal tensión. La Alianza dudaba mucho de las promesas de imparcialidad hechas por Batista y la Coalición creía a pie juntillas que Fulgencio no iba a permitir el triunfo de sus enemigos. Dentro de los Liberales cobró fuerza una corriente vengativa anti-saladriguista que aprovecharía las disposiciones del nuevo Código para negar el voto a la candidatura presidencial coalicionista mientras apoyaba sus candidatos para los otros cargos electivos. El dinero coalicionista era una verdadera avalancha desatada sobre el electorado. Alfredo Izaguirre, candidato Liberal a la Alcaldía de La Habana, pagó $86.000,00 a las emisoras de radio de la Capital por la exclusividad de su propaganda. Su tío, el Senador Alfredo Hornedo, ofreció públicamente jugarse $100.000,00 a su triunfo sobre Raúl Menocal. El Representante Demócrata, Miguel de León, depositó ante Notario otros $100.000,00 para jugarlos al triunfo de Saladrigas. Alonso Pujol entregó $25.000,00 a Diego Vicente Tejera para que los repartiera en Matanzas en nombre de la Alianza. La presencia de Alonso Pujol en los predios aliancistas fue aprovechada con largueza por la Coalición para recordar el chivo de los Bonos de Obras Públicas. Los votos del Republicano eran el fiel de la balanza electoral en 1944 y Grau actuó con ellos como Batista en 1940. Ellos, a su vez, recibieron los mismos beneficios en la subasta. El fin de la campaña dejó como triste recuerdo el grosero exabrupto de un desenfrenado Ramón Zaydín que puso en solfa a Grau San Martín como catedrático, como médico y como político durante un mitin en el Parque Central de La Habana, rezumando odio y revancha por la herida que Chibás y los auténticos le habían causado al bautizarlo como *Mongo Pillería* y acusarlo de protector de los mismos agiotistas y especuladores a quienes había amenazado colgar de guásimas.

Las elecciones generales del primero de junio de 1944, efectuadas bajo la amenaza del continuismo y la esperanza de la cubanidad, tuvieron como lemas *Desde Oriente hasta Occidente Saladrigas Presidente,* por la CSD, y *Grau, Presidente Cubano,* por la AAR. Las excursiones efectuadas por los candidatos presidenciales, los mítines públicos y radiales y la propaganda musical y bullanguera tenían sobre ascuas al pueblo cubano. Las Fuerzas Armadas eran un modelo de imparcialidad y corrección, por primera vez en la República. No hubo un solo reporte de coacción ni violencia por parte de ellas. Inteligentemente, Batista se reivindicaba de sus pasados errores ante los ojos emotivos de su pueblo. En lo adelante, lo sabía perfectamente, iba a ser recordado por ese último gesto de honradez y patriotismo y no por los muchos otros de doblez y tiranía que había cometido. Ni a él, ni a nadie, se le podía ocurrir en aquellos momentos la posibilidad del cuartelazo del 10 de marzo de 1952 con su secuela de sangre y terror comunista que aún nos aprisiona.

Desde hora temprana los electores formaron colas en las puertas de los colegios —mujeres, hombres, jóvenes y ancianos—, sin que fuera nadie forzado, en lo más mínimo, a cambiar su voluntad electoral. En las ciudades los automóviles sólo sirvieron para propagandizar los candidatos, pues los colegios se habían situado en las mismas manzanas de casas donde residían los votantes y por tanto no había necesidad de trasegarlos como antes. A media tarde era evidente que la votación en favor de Grau era abrumadora; a las siete de la noche era cosa confirmada su triunfo. Los cubanos se abrazaban en la calle, aun sin conocerse; el contento y la alegría reinaban por doquier; la algarabía de fotutos y sirenas era ensordecedora; los soldados, marinos y policías eran aplaudidos frenéticamente y cargados en hombros por el pueblo, con gran sorpresa y gratitud de aquéllos. Se improvisaban manifestaciones que concurrían a las Estaciones de Policía y Cuarteles del Ejército a cantar el Himno Nacional, y en ellos se improvisaban, por civiles y militares, discursos plenos de fraternal hermandad. Era una resurrección del espíritu septembrista lo que se experimentaba. Las estaciones de radio, encadenadas, daban los partes de avance de los escrutinios presidenciales y todos acusaban mayoría en favor de Grau San Martín.

Una gran multitud se reunió frente a la casa de éste, donde le escucharon hacer promesas de rectificación y de concordia. Sin que nadie lo preparase, intempestivamente, la muchedumbre se dirigió cantando desde el Vedado al Palacio Presidencial a dar las gracias a Batista. El asombro del sargento-general cuando vio aquello no tuvo límites. Era la primera y única vez que se sentía amado por el pueblo y así lo confesó a sus íntimos con humo en los ojos y un nudo en la garganta. No era Grau quien triunfaba, sino Batista. La honesta derrota valía más que todas sus sucias victorias anteriores. El derrotado Saladrigas estuvo también a la altura del momento cuando dirigió la siguiente alocución radial: *"Pueblo de Cuba, los escrutinios que se realizan permiten creer que el resultado no nos será favorable. Deseo aclarar mi sincero acatamiento a la voluntad popular. Quiero ser el primero en felicitar al doctor Grau. Debo reconocer la ejemplar actitud del actual Primer Magistrado de la Nación, Fulgencio Batista. Han existido garantías por parte del Ejército, la Marina y la Policía. ¡Muchas gracias!"*. La Jornada Gloriosa vaticinada por Eduardo Chibás había culminado en una victoria prometedora de esperanzas nacionalistas y revolucionarias.

Cuatro días después de las elecciones Grau fue a Palacio, acompañado de Raúl de Cárdenas, Eduardo Chibás y Carlos Prío a presentar sus respetos a Batista, quien, a su vez, hizo honores al Presidente electo. Juntos salieron al balcón a ser vitoreados por la multitud allí enfrente congregada. Cuatro días después de la visita la prensa informaba de la baja, por motivos de salud, y su precipitado embarque a los Estados Unidos, del general Manuel Benítez, Jefe de la Policía Nacional, a quien sustituyó el teniente coronel Antonio Brito en ese cargo, y en el de Ayudante General del Ejército, el coronel Abelardo Gómez Gómez, posteriormente ascendido a Brigadier. El círculo íntimo de Batista aseguró que Benítez pretendió hacer lo mismo que Pedraza y que *Mulato Lindo* lo había madrugado también. Benítez, por su parte, acusó a Batista y a Grau de haberle hecho *una cama* para congraciarse con el pueblo y el Ejército, que lo admiraban a él. Al igual que había sucedido con la sedición militar-naval, el pueblo fue indiferente a la pantomima.

El resultado de las elecciones mostró que el ticket Grau-Cárdenas ganó 5 provincias, perdiendo la de Pinar del Río por un margen de 25.720 votos. Pero a su vez la Coalición —virtud al voto libre— ganó la mayoría senatorial en Pinar del Río, La Habana, Matanzas y Las Villas, perdiéndolas a la Alianza en Camagüey y Oriente. La segunda posición electiva cubana, la Alcaldía de La Habana, fue ganada por el candidato aliancista Raúl Menocal Seva. La Coalición obtuvo mayor número de Representantes y Alcaldes que la Alianza, pero ésta ganó más Gobiernos Provinciales. La estadística post-elecciones fue la siguiente: Senadores: Coalición, 30 (13, PL; 10, PD; 4, ABC; y 3, PSP). Alianza, 24 (17, PRC, y 7, PR). Representantes: Coalición, 43 (18, PL; 17, PD; 4, ABC, y 4, PSP). Alianza, 4 (3, PRC, y 1, PR). Alcaldes: Coalición, 68 (32, PL; 31, PD; 1, ABC; 1, PSP, y 3, PNC). Alianza, 58 (44, PRC, y 14, PR). Al controlar las mayorías congresionales, la Coalición eligió al Liberal Eduardo Suárez Rivas como Presidente del Senado y al Demócrata Miguel de León como Presidente de la Cámara. La rivalidad en los comicios de segunda vuelta en el Municipio de San José de las Lajas hicieron perder la vida al Representante del PL Manuel López Rey a manos de Ramón Vasallo. El zar de la bolita y la charada, José Manuel Castillo, postulado a Representante por el ABC, no salió electo en La Habana, con lo que se vio el Congreso privado del concurso de un experto en números. Se dio por primera vez en Cuba el caso de que un matrimonio se sentaba en escaños camerales, el compuesto por Benito Remedios y Adelaida Oliva, coalicionistas. Ya el matrimonio Rodríguez Cartas-Zayas Arrieta habían sido legisladores a un tiempo, pero una en el Senado y el otro en la Cámara.

El tiempo que medió entre la elección de Grau y su toma de posesión fue un verdadero albur de arranque. Batista dictó los Decretos 1735 y 1738 que suspendían los derechos arancelarios en determinadas partidas de importación y dejaba al juicio de la Junta de Economía de Guerra decidir quiénes debían disfrutar de la excepción arancelaria. Los Decretos eran una copia corregida y aumentada de aquellos permisos de importación que hicieron escandalosamente notoria a la Junta de Subsistencias en la Primera Guerra Mundial y que entonces, al igual que ahora, enriquecieron ilegalmente a unos cuantos palaciegos. Anselmo Alliegro controló a un tiempo el Premierato y los Ministerios de Educación y Hacienda, y de ellos se llevó hasta los clavos. Entre un crédito para libros escolares y el nombramiento libre de maestros por el Inciso K, se repartió con Batista más de un millón de pesos contantes y sonantes. Su brazo derecho en esta jugada fue un oscuro empleado del Ministerio de Educación, Jefe de la Sección de Personal, Bienes y Cuentas y profundo conocedor de todas las artimañas presupuestales, que respondía al nombre de José Manuel Alemán Casharo.

Además, Batista dispuso una serie de medidas legales por Decreto destinadas a crearle problemas a la nueva Administración y que le hicieran aparecer a él como un benefactor de las clases humildes, tales como la inamovilidad administrativa y la rebaja de los alquileres, esta última destinada a mortificar al Vicepresidente electo Raúl de Cárdenas y a su Centro de la Propiedad Urbana. Al hacerse pública la primera de esas medidas el Representante del PRC Primitivo Rodríguez —que más ladraba que mordía—, amenazó por radio que los que no aceptasen la cesantía el 10 de octubre serían lanzados por las ventanas, creando una tremolina tal entre los burócratas que Chibás tuvo que restificarlo diciendo que se trataba solamente de quienes fueran botelleros. Los almuerzos se sucedieron, tanto en Palacio como en Columbia, como excusa para que el nuevo Presidente fuera presentado formalmente por Batista al Premier, al Gabinete y a los Jefes de las Fuerzas Armadas. Grau viajó a los Estados Unidos para conocer a Roosevelt y repetir el mismo periplo que Batista a México, diciendo que hacía el viaje por motivos sentimentales. En los últimos días de su estancia en Palacio el matrimonio Batista-Godínez efectuó la boda de su bella y distinguida hija mayor con gran fausto. El 10 de octubre de 1944 se efectuó el cambio de poderes en medio de gran alegría popular y confraternidad política. Batista abandonó Palacio y poco tiempo después salió a recorrer los países de Hispanomérica y a recoger sus impresiones de ese viaje en un libro que le escribió Aurelio Fernández Concheso, titulado Sombras de América, que si no le ganó el Premio Nobel de Literatura le sirvió para obsequiarlo dedicado a sus íntimos. Para que lo apalearan con los anillos de amatista que antes les había regalado.

El balance económico de la Administración Batista fue grandemente afectado por la II Guerra Mundial. Las tres últimas zafras de su período fueron vendidas globalmente a los Estados Unidos, como contribución cubana al esfuerzo bélico, al precio de 2,52 centavos libra. El monto total de las zafras fue de 13.867.763 toneladas, con un valor de $727.343.939,00. Además del azúcar, la exportación de mieles finales alcanzó la cifra de $31.364.181,00; la de siropes y mieles enriquecidas, $82.183.027,00, y la de alcohol, aguardiente y ron, $18.469.131,00. Todas estas exportaciones juntas sumaron $859.360.258,00, a las que hay que agregarle cerca de $20.000.000,00 por otros renglones, tales como tabaco, minerales, etc. Las importaciones de esos cuatro años llegaron a la cantidad de $559.000.000,00, de los cuales el 73% fueron alimentos y tejidos y el resto maquinaria y materias primas y productos semi-elaborados. De los alimentos, la mayor cantidad importada fue el arroz (93 %), siguiéndole los frijoles (36 %) y las papas (30 %), de todo el consumo nacional. Los Estados Unidos fueron el mayor suministrador de las importaciones, con un 80,6 % del total, habiendo absorbido el 84,1 % de nuestras exportaciones totales. Fue tanta la afluencia de dólares a Cuba que en un momento el peso cubano se cotizó sobre aquél y en 1943 más de un 70 % de los impuestos y tasas del Estado se percibieron en moneda americana. Técnicamente el *per cápita* aumentó de $38,64 en 1940 a $90,12 en 1944 y los depósitos bancarios aumentaron en un 456 % entre esos años. Pero esta matemática prosperidad no la experimentaba el pueblo y las colas y la falta de suministros eran desesperantes. La mayor parte de la abundancia de dinero había ido a parar a los bolsillos de Batista y sus paniaguados. Tanto era el capital acumulado por los desgobernantes que se dio comienzo al traspaso de grandes latifundios azucareros y ganaderos de manos de extranjeras a nativas. Durante esta época comenzó el florecimiento de Sociedades Anónimas que servían de pantalla a las inversiones de los nuevos ricos, que extraían de los rejuegos entre la empresa privada y los organismos gubernamentales enormes cantidades de dinero mal habido.